行政法 基本研究 Ⅳ

金重權 著

法文社

Basic Studies of Administrative Law Ⅳ

Kim, Jung-Kwon
Professor of Law
Law School, Chung-Ang University

2013
Bobmun Sa
Paju Bookcity, Korea

머 리 말

Ⅰ.

이 책은 그동안 행정법총론과 개별행정법의 분야에서 발표한 拙稿(연구논문과 판례평석)를 다듬어 나름의 체계로 集成한 것이다. 이미 출간된 「행정법기본연구Ⅰ」(2008), 「행정법기본연구Ⅱ」(2009)와 「행정법기본연구Ⅲ」(2010)의 후속이기에, 그곳에 수록하지 못한 글과 새롭게 작성한 글을 集成하였다. 연구자의 삶을 시작하면서 가지 않는 길을 가겠다고 다짐한 이래, 이상의 일련의 문헌을 통해 행정법의 주요쟁점에 관해 나름대로 공론화를 시도하여 왔다. 이런 시도의 중간결산으로 올해에는 교과서격인 「행정법」을 출간하였다. 하루라도 빨리 기존의 논의현황과 나름의 문제의식을 정리하지 않고서는 더 이상 나아갈 수 없다는 절박감에, 여전히 부족한 점이 태반이지만 교과서를 만들었다. 질적, 양적으로 지난 시절을 반추할 만한지 여부는 확신할 수 없지만, 아무튼 「행정법기본연구」와 「행정법」, 전체 5권을 통해 주요 공법적, 행정법적 쟁점에 대해 나름의 입론을 모색하였다.

1980년 서울의 봄에 법학과의 만남을 가졌으며 90년대 초엽까지의 대학원생활을 거쳐 1995년에 교수로 학자생활을 시작할 때, 전체 (법정의) 연구기간을 3분하여 나름의 연구계획을 세웠다. 이제까지 예정한 3분의 2에서 해온 나름의 모색이 남은 3분의 1을 위한 준비이자 기초라고 할 때, 이제 남은 3분의 1을 어떻게 보내야 할지 개인적으로 매우 고민하고 있다. 옛날 선인의 지적대로 라면, 지금쯤 惑함에서 벗어나야 할 뿐만 아니라, 하늘의 뜻을 제대로 알아야 하는데, 여전히 그에 한참 미치지 못하고 있다. 남은 학자적 삶을 후회 없이 보내려면 어떻게 해야 할지, 어떤 지향점을 향해 무엇을 주된 대상으로 삼아 공부해야 할지 적잖이 혼란스럽다. 가야 할 길은 먼데, 서산에 해가 걸려 있는 느낌이다. 지금은 빛바랬지만 한 때 '세계는 넓고, 할 일은 많다'는 표어가 유행하였다. 정말 공부를 하면 할수록 더욱더 深淵에 빠지는 느낌이다. 세월의 무게를 견딜 수 있는 것은 아무것도 없다고 하듯이, 기왕에 공부한 것에 대해 자신감은 갈수록 약해지며, 외국의 문헌을 통해 새롭게 공부할 거리는 하루가 멀다 하고 출현하고 있다. 과연 언제 쯤 우리의 구조식으로 된 행정법과 공법을 만들어 낼 수 있을지 개인적으로 지극히 회의적이다. 새삼 "인생은 짧고 학문은 길다"를 실감한다.

이제까지 엮은 5권은 사실 새로운 행정법을 모색하기 위한 나 자신의 다짐을 확인하는 동시에, 나 자신의 기왕의 알을 깨기 위한 작업이었다. 시간적으로 유한적인 상황에서 최대한 효율성을 기하기 위해서는 앞으로의 연구에서 아무래도 기본적인 물음에 천착하는 것이 그나마 덜 회한이 남을 것 같다. 입헌군주국가에 터 잡은 형성된 기왕의 근대국가에 의거하여 구축된 행정법과 공법은 부단히 현대화의 요구에 직면하고 있다. 행정법과 공법의 기왕의 패러다임은 이미 상당한 부분에서 심각한 기능부전을 노정하고 있다. 이제까지의 연구방향이 기왕의 패러다임의 문제점을 확인하고 발견하는 데 치중하였다면, 앞으로의 연구방향은 기왕의 패러다임을 대체하여 새로운 것을 구축하는 데 초점을 맞추고자 한다. 행정법과 공법의 현대화요구를 구현하는 것이 그 지향점이다. 그런데 공부를 하면 할수록 우리 행정법과 공법의 정체성이 무엇인지 궁금하게 된다. 근대시민사회를 제대로 경험하지 않은 우리로서는 그것의 소산이자 과정인 행정법과 공법을 학문으로 구축하는 데 있어서 피할 수 없는 숙명적 한계를 안고 있다. 더 이상 세월이 가기 전에 전시대 우리 행정법과 공법의 모습을 아는 것도 공부의 한 축으로 삼으려 한다.

Ⅱ.

행정법총론과 개별행정법의 분야에서 그동안 발표한 총 22편의 졸고를 아래와 같이 체계화하였다.

1984년의 행정심판법과 행정소송법, 1996년의 행정절차법, 1997년의 행정규제기본법 제정의 경우가 보여주듯이, 그동안 우리 행정법과 행정법제는 새로운 제도의 마련을 계기로 도약하였다. 실현되고 있는 법의 妥當根據는 과거에 있는 것이 아니라, 현재에 있다는 점에서, 언제까지 행정법을 구슬주머니에서 파란 구슬, 빨간 구슬을 집는 식으로 접근할 것인지를 심각하게 고민할 필요가 있다. '21세기 국가모델을 위한 가칭 행정기본법의 제정을 통한 행정법과 행정법제의 개혁'을 통해 새로운 행정법도그마틱의 성립을 강구하고자 하였다.

다른 법분야와 비교해서 다른 법상황에 처한 행정법학으로서는 비할 데 없이 다양한 학설과 견해가 전개되는 것이 자연스럽긴 하나, 그것의 난맥으로 인해 학문발전이 지장을 받는다면 사정이 다르다. 너무나 많은 학설로 인한 행정법의 난맥은 곧바로 법치국가원리의 난맥으로 귀착되어, 이미 많은 부분에서 난맥상을 노정하고 있다. '行政法에서의 학문현상으로서의 學說, 그에 대한 適正性 評價에 관한 小考'를 통해 기왕의 패러다임에 관해 성찰하면서, 아울러 기왕의 학설 전반을 그것의 출처와 현행 법제를 바탕으로 곱씹어 보았다.

법질서의 신뢰성은 자유행사의 기본적 전제요건에 해당한다. 자신의 행위가 나중에 불이익한 결과에 연계되지 않으리라고 믿을 수 있는 者만이 자신의 자유권을 행사할 것이다. 신뢰조성행위의 대표적인 양태인 행정법상의 확약마저도 바른 인식이 형성되어 있지 않은 우리의 현재상황은, 신뢰보호의 원칙에 대한 신뢰도를 저하시킨다. '行政法上 信賴保護의 原則의 信賴度提高에 관한 小考'를 통해 신뢰보호인정의 근거로서 판례가 공식화한 '공적 견해표명'과 관련하여 문제인식을 제고하고자 하였다.

행정결정에 민간전문가가 참여하는 것이 결코 새로운 현상은 아니다. 행정법집행의 최적화를 위해 민간전문가를 참여시킨다고 하여, 행정법의 기조가 급격하게 또한 완전히 새롭게 바뀌진 않는다. 이미 행정실무상으론 부분적이나마 오래 전에 여러 가지로 다양한 변위로 민간의 노우하우(Know-how)를 이용하여 왔다. 체계적인 공법적 조망이 없었을 뿐이다. '행정법집행에 있어서의 민간전문가의 참여'를 통해, 국가와 사회의 전래적인 二分과 공법과 사법에 대한 分節的 사고에서 벗어나 융합적·상호협력적인 법형상을 공법질서에 바르게 정립하고자 하였다.

권리의무를 내용으로 하는 공법관계에서 핵심은 주관적 공권의 문제이고, 그것은 특히 행정소송의 출발점이다. 행정법의 기본인 公權論에 관한 본격적인 연구가 태부족하다는 점은 우리 행정법의 기초가 매우 취약하다는 것을 시사한다. 主觀的 公權論의 기원지인 독일의 경우 과거의 보호규범설을 극복하기 위한 다양한 시도가 강구되어, 이미 문헌상으론 단지 관련규정의 사익보호성만을 탐문하던 종전의 경향에서 벗어난 지 오래되었다. '規範執行에 관한 權利로서의 行政法上의 主觀的 公權論에 관한 小考'에서 최근의 독일에서의 논의를 바탕으로 문제의식의 공론화를 도모하였다.

현대의 행정활동을 기왕의 형식패턴에 편입시킬 수 없는 상황이 점점 더 늘어간다. 형식론에서 완벽을 기하려고 하면, 자칫 현실과 동떨어진 괴리가 빚어지는데, 이런 괴리현상의 결과물의 하나가 비공식적 행정활동이고, 행위형식 · 수단의 혼합은 행정활동을 비공식화하려는 일련의 시도에 대한 평행현상에 해당한다. 시대적 트렌드가 융합이듯이, 혼합은 형식과 수단의 결합이다. 행위형식 · 수단의 혼합에 관한 논의는 우선 기왕의 작용형식론의 배경에 대한 물음을 제기하고 그 다음 작용형식론을 확충하고 풍부하게 만든다. '行政法上 行爲形式 · 手段의 混合에 관한 硏究'를 통해 행위형식 · 수단의 혼합에 대해 나름의 가이드라인을 설정하고자 하였다.

행정법의 일반이론 가운데 여전히 의견의 일치를 보지 못하거니와 활발한 논의 역시 강구되지 못한 대표적인 분야가 행정행위의 효력 분야이다. 종래 일본에서의 틀인, 공정력, 불가쟁력, 불가변력, 집행력을 바탕으로 한 접근에 별반 결정적인 변화가 없다. 비록 구성요건적 효력과 기결력(규준력)의 차원에서 새로운 모색이 강구되긴 하나, 결실을 맺지 못하였으며, 심지어 새로운 문제의식 자체가 억제되는 분위기이다. '行政行爲의 效力과 拘束效의 體系에 관한 小考'를 통해 향상된 인식에 따른 전환을 강구하였다.

신고의 기왕의 틀(자기완결적 신고와 수리를 요하는 신고)에 대해 필자는 부단히 문제제기를 하여 왔다. 즉, 허가제를 대체한 신고제의 본질을 반영하지 못하는 기왕의 틀을 버리고 금지해제적 신고와 정보제공적 신고로 나눌 것을 제안하였다. 바램과는 달리 대법원 2011.1.20. 선고 2010두14954전원합의체판결은 건축법상의 건축신고를 수리를 요하는 신고로 판시하였는데, '건축법 제14조상의 건축신고가 과연 수리를 요하는 신고인가?'는 동판결의 문제점을 극명하게 제시하고자 하였다.

평생교육시설설치신고의 반려 건에서, 대법원 2011.7.28. 선고 2005두11784판결은 마치 그것이 이른바 수리를 요하는 신고인양 수리거부의 처분성을 전제로 그것의 위법성을 적극적으로 논증하였다. 사실 자기완결적 신고에서 수리 및 수리거부의 무의미성을 견지하기 위해서는, 기왕의 접근방식처럼 법원은 애써 수리거부의 처분성을 부인하고, 신고 그 자체로서 대상평생교육의 적법한 실시라는 형성적 효과가 발생한다고 판시했어야 하며, 또한 대상적격의 부인에 따라 각하했어야 했는데, 그렇게 하지 않았다. '이른바 자기완결적 신고가 과연 존재하는가?'를 통해 자기완결적 신고 및 기왕의 신고유형의 존재이유에 대해 의문을 제기하였다.

지금의 행정법제는 60년대에 만들어진 데서 기본적 틀에 큰 변화가 없다. 이는 경제와 사회 등 다른 부문의 발전수준에 맞지 않는다. 법적 쟁점을 하나하나 성문화를 통해 정립할 때이지 언제까지 막연하게 학설과 판례에 모든 것을 맡길 것인지 근본적인 성찰이 필요하다. 언제까지 행정처분의 취소와 철회의 시스템을 불명확하게 내버려 둘 수가 없다. 과거 1987년에 행정절차법을 마련할 때도 행정처분의 취소와 철회와 같은 실체법적 내용을 담는 것에 대해 시기상조라는 반론이 제기되었다. '行政節次法의 改革을 위한 行政處分(行政行爲)規定의 整備'를 통해 새로운 국면전환을 위한 바탕을 전개하였다.

2004년, 2007년, 2011년 세 차례에 걸쳐 행정소송법개정이 강구되었지만 무산되었다. 2012년에 법무부가 새롭게 추진한 개정작업은 기왕의 논의상황을 우선 정리하고 완성하는 데 초점을 맞추었다. 하지만 법률의 제·개정은 그것이 행해짐과 동시에 또 다른 개정을 생각하게 한다. '법무부 행정소송법개정시안의 주요 내용에 관한 小

考'를 통해 행정소송법개정의 시즌 2를 준비하고자 하였다.

관헌국가적 잔흔을 떨치고 민주적 법치국가원리에 부합하게 만드는 행정법의 개혁은 항시적 화두이다. 배움을 넓게 하면 고루한 데 머물지 않듯이, 행정법학으로서는 당사자소송의 활성화를 기왕의 민사적 접근으로 인해 빚어진 공법에서의 왜곡상황을 교정하는 계기이자 공법적 관점을 법학 일반에 반영시킬 수 있는 계기로 삼아야 한다. 나아가 이를 바탕으로 가칭 '행정기본법'의 제정으로 나아갈 수 있는데, 활성화된 당사자소송은 이런 변화를 가져다줄 분기점이 될 것이다. '當事者訴訟의 活性化에 즈음한 行政法의 改革에 관한 小考'를 통해 행정법의 미래를 위한 근거점을 제시하고자 하였다.

당사자능력은 소송요건의 첫 단추임에도 불구하고 행정법문헌에서는 그냥 지나치는 수준에서 언급될 뿐이다. 행정소송법이 민사소송법의 특별법적 성격을 갖는 점에는 의문이 있을 수 없지만, 그 나름의 정체성을 담보하려는 노력이 너무 부족하였다. 입법론적으로 독일처럼 자족적인 행정소송법을 마련하는 것이 바람직한데, 그 바탕이자 전제는 관련 주제에 관한 심도 있는 논의이다. 종래 대학의 지위와 대학의 자율권에 관한 헌법상의 논의가 행정법차원에서 특히 행정소송의 차원에 연계되지 못하였다. '行政訴訟에서 大學의 當事者能力과 原告適格에 관한 小考'를 통해 이런 문제를 제기하였다.

행정법은 중요한 분야에서 유럽통합의 과정으로 인하여 동요를 겪고 있다. 환경법, 의약품법, 경제법처럼, 특별행정법의 일정한 부분영역은 결정적으로 유럽적 규준에 의하여 특징이 지워진다. 그리고 행정법의 일반이론은 물론, 행정절차법, 행정소송법 역시 유럽공동체법의 강력한 영향력 아래에 놓여있다. '유럽행정법상 행정소송을 통한 권리보호시스템에 관한 연구'를 통해 유럽행정소송법과 그에 연동된 독일행정소송법상의 변화를 우리의 행정소송법을 개혁하는 착안점을 강구하고자 하였다.

규제권한의 불행사로 인한 국가배상책임이 문제된 사안에서 논의의 바탕이 되는 리스크행정법으로서의 식품위생법의 의의를 상정하지 않은 채 단지 국가책임법적 차원에서만 논의를 할 것 같으면, 그 결론은 설득력과 공감을 가져다주기보다는 종래의 틀을 단순 대입한 것으로 여겨질 수 있다. '미니컵 젤리로 인한 질식사와 국가배상책임의 문제'에서는 논의의 전제로 식품위생법을 비롯한 일련의 식품법의 성격을 기저에 두고서 그곳에서의 식품수입에 대한 국가개입의 모습과 불행사의 구체적 대상을 먼저 살펴본 다음, 국가책임법적 물음에 접근하였다.

공용개입(공용침해)개념의 확대경향의 소산인 준공용개입(수용유사적 침해) 및 결과적 공용개입(수용적 침해)의 법리는 분리이론적 접근과는 맞지 않는다. 헌법재판소가 분리이론적 접근을 강구하였음에도 불구하고, 법원은 분명히 경계이론적 접근을 견지하고 있다. 하지만 그동안 이에 대해 아무런 의문이 제기되지 않았다. 分離理論의 구조식에 따른 나름의 법제도를 구축하려는 노력이 뒤따르지 못하였다. '分離理論下에서 공용개입유사적 개입의 인정의 問題點'을 통해 이런 교착상황을 인식하도록 도모하였다.

'구체화된 헌법으로서의 행정법'이란 F. Werner의 명제를 좇으면, 행정법은 고도로 헌법에 의해 특징이 지워지며, 헌법의 근본적인 변화의 지배를 받는다. 따라서 헌법재판소의 판례가 행정법에 결정적으로 영향을 미치는 것은 자명하다. 물론 기왕의 행정법적 관점이 헌법재판에 반영되는 것 역시 당연하다. '憲法裁判所의 判例가 行政法에 미친 影響에 관한 小考'를 통해 그동안 헌법재판소의 판례가 행정법에 미친 영향 전반을 비판적으로 검토하였다.

미국의 고유한 제도인 로스쿨제도를 그대로 도입한다는 것은 그 자체가 실험이고 모험이다. 본이 다른 양 제도를 결합하였을 경우, 서로의 접점을 중심으로 세심한 노력을 다할 때 비로소 화학적 결합이 성공하고 새로운 것이 창조된다. 반면 발상을 전환하지 않은 채 만연한 태도를 취하면 실패할 수밖에 없다. 행정법이 다른 법영역과는 다른 점에서, 로스쿨에서 교육방법차원에서 행정법의 성공여하는 전체의 그것으로 봄직하다. '로스쿨에서의 行政法判例教育'을 통해 로스쿨의 성공과 행정법의 융성을 강구하고자 하였다.

손실보상규정의 결여나 불비와 같은 입법상의 흠결은 세심한 논증을 통해 확인되어야 하고, 분리이론의 입장을 견지할 때, 형식적으로는 헌법재판소의 위헌법률심판의 메커니즘을 밟아야 한다. 입법적 불법에 대해 일반법원이 준공용개입(수용유사적 침해)의 관점에서 손실보상을 인정하면, 이는 헌법재판소의 위헌법률심판권과 마찰을 빚을 수 있다. 법관이 유추를 통해 보상부 공용개입을 인정하는 것 역시 豫算特權에 기한 의회의 歲出責任과 歲出高權과도 갈등을 빚을 수 있다. 생활대책이 마련되어 있지 않은 현행의 법상황을 헌법 제23조 제3항에 직접 근거하여 접근하는 것은 현행의 법상황에 대한 위헌성시비를 낳을 우려가 있음을, '法律的 根據가 없는 生活對策에 관한 申請拒否의 問題'를 통해 확인하였다.

판례는 「도시 및 주거환경정비법」 상의 조합설립인가처분을 인가로 본 종전의 입장을 바꿔 일종의 설권적 처분의 성격을 갖는다고 판시하였다. 이제 이를 계기로 동법상의 추진위원회 승인, 정비조합설립 후 인가사항의 변경인가, 정비사업 시행인가, 관리처분계획인가 및 준공인가에 대한 정당한 자리매김이 시급하다. '「도시 및 주거환경정비법」 상의 각종 認可의 法的 性質에 관한 小考'를 통해 논의가 극히 부족한 인가론에 관한 성찰의 계기를 제공하고자 하였다.

판결에 의하면 도시환경정비사업의 경우 사업시행인가의 법적 성질이 시행자가 누구인지에 따라 다르게 된다. 법원은 토지등소유자들이 사업시행자인 경우를 조합이 사업시행자인 경우에 연계시켜 논증하였다. 그러나 사업시행인가를 통해 토지등소유자에게 행정주체적 지위를 부여하는 것은 치명적인 공법적 문제점을 안고 있다. '도시정비법상의 事業施行認可處分의 法的 性質에 관한 小考'를 통해 사업시행인가의 원천적 문제점을 바탕으로 대상판결의 문제점을 살펴보았다.

원전폐쇄를 둘러싼 독일의 논의현황은 에너지정책의 전환과 원전의 차원만이 아니라 공법학의 차원에서도 매우 흥미롭다. 특히 종래 사회전체의 리스크로 감내되어야 할 것으로 여겨진 잔여리스크가 법적 통제의 대상이 되어, 새로운 원자력법(제13차 개정법)에서는 잔여리스크의 범주가 포기되는 결과가 초래되었다. 우리의 원자력법제가 독일의 그것과 현저히 다르기에, 논의에 한계가 있을 수밖에 없지만, '獨逸原電閉鎖의 公法的 問題點'을 통해 비단 원전폐쇄의 차원만이 아니라, 법개정에 따른 추후적인 기본권제한의 상황과 관련해서는 나름 유용한 시사점을 제시하고자 하였다.

Ⅲ.

법학은 물론 행정법과 공법에 대한 완벽한 無知의 상태에서 지금 이 자리에 오기까지 어느 곳에서나 정말 많은 분들의 도움을 받았다. 특히 일련의 시리즈로 자신의 생각을 정리하고 그 중간결산으로 교과서까지 출간할 기회를 가져서 학자로서는 개인적으로 크나큰 행운이다. 이 모두는 주변의 깊은 배려와 응원에 전적으로 힘입었다. 개인적으로 학문적으로나 학문외적으로나 과분한 행운이라 늘 여긴다. 특히 4반세기전에 金南辰 선생님과의 만남이 없었다면 지금의 나는 물론, 이번 작업 역시 존재하지 않는다. 늘 새로움을 추구하시는 선생님을 통해 학문적 기쁨이 새로움을 통한 것임을 다시 깨달았다. 여기까지 온 것에 대해 선생님의 은혜에 보답하게 되어 매우 다행이라 여기며, 앞으로도 선생님께서 그렇듯이, 항상 기왕의 접근에서 벗어나 통념에 대해 도전하는 마음으로 학문을 대하고자 한다. 짧지만 미국에서의 방문연구를 통해 대학원에서 공부한 영미행정법의 이해를 새삼 실감하였다. 아울러 행정법의 글로벌 스탠다드의 차원에서 또 다른 흥미와 재미를 느꼈다. 늘 자상하게 이끌어 주신 李尙圭 선생님의 오래 전의 가르침에 깊이 감사를 드린다. 그리고 지금의

나의 원형을 결정적으로 만들어 주셨던 고려대학교 법과대학의 모든 선생님들께도 깊이 감사를 드린다. 또한 학교생활에서 동료교수로서 많은 도움을 주셨던, 그리고 주시는 충북대학교 법과대학과 중앙대학교 법학전문대학원의 모든 선생님들께도 깊이 감사를 드린다. 특히 好學의 자세를 잃지 않도록, 이 책의 題字를 써 주신 權寧卨 선생님께 깊이 감사를 드린다. 비록 부득이 하게 다른 분들의 소중한 말씀 모두를 담지는 못하였지만, 일련의 작업을 통해 先學과 同學의 소중한 가르침이 큰 자양분이 되었으며, 학문이 축척의 산물임을 분명히 확인할 수 있었다. 부단히 제기되는 공법적 물음에 직면하여 늘 자신이 淺學菲才임을 실감한다. 앞서 우리 공법학을 이끄신 先學에 비하면 갈수록 학자로서나 교수로서나 한없이 부족하다. 새삼 여기서 존함을 올리지 않더라도, 늘 따뜻하게 격려와 성원을 해주시는 선생님들께 머리 숙여 깊이 감사를 드린다. 淺學菲才로 학자의 본연을 다하기란 처음부터 일정한 한계가 있다고 느끼기에, 펜으로나마 눌린 자를 쳐들고 굽은 것을 펴기 위하여 교수로서의 직업적 임무나마 최대한 성실하게 수행하여 기대를 저버리지 않고 그 은혜에 보답할 것을 다짐하여 본다. 은하수 너머 사는 술꾼이 부끄러움을 잊기 위해서 하루가 멀다 않고 술을 마시듯이, 끊임 없이 고민하며 성찰하고 쓰고자 한다(scribo ergo sum). 마지막으로 국가경제규모에 전혀 맞지 않는 열악한 출판사정에도 불구하고, 생경스럽게 여겨지는 저자의 도전적 시도가 일련의 시리즈로 이 세상에 나오게 해준 法文社의 임직원 여러분께도 깊이 감사를 드린다.

하루하루를 무거운 짐을 어깨에 지고 가는 것이 우리네 인생이듯이, 연구자의 삶은 고단하기 짝이 없다. 그럼에도 사사롭게 기쁨은 배가, 어려움은 반감시켜준 가족(어머니, 경수, 지연, 준형)이 있기에 큰 어려움 없이 여기까지 왔다. 사랑과 고마움을 전한다. 끝으로 이 책은 분단의 역사수레바퀴로 인해 굴절된 인생의 道程 끝에 낯선 저 남단에 흔적을 남기신 선친께 바치는 작은 하나의 보답이다.

2013년 12월

어제의 내일이 오늘인 불편한 진실을 새삼 확인하면서

金 重 權

차　례

제1편　行政法通論 · 行政作用法論

제 2 편 行政節次法 · 行政救濟法

제 3 편 建築行政法 · 科學技術行政法 등

제 1 편 行政法通論 · 行政作用法論

제 1 장

21세기 국가모델을 위한 가칭 행정기본법의 제정을 통한 행정법과 행정법제의 개혁

Ⅰ. 처음에 - 行政法의 拔本的 改革 및 變革의 요구[1)]

행정법의 매력은 비록 규범적 관점이 그것의 기본이 되긴 해도 그 대상인 행정목적과 정책을 함께 아우르는 데 있다. '행정법'은 행정'법'인 동시에 '행정'법이다. 따라서 행정목적과 정책을 법치국가원리의 구체화를 통해 실현시킬 수 없다면, 행정법은 그 존재이유에서 심각한 의문에 봉착한다. 무릇 변화와 개혁의 요구는 내부에서 그리고 외부로부터 비롯된다. 우리 행정법의 경우 특히 과거 제3공화국 이래 조성된 기본틀이 민주적 법치국가원리는 물론 그동안 변화된 국가기능을 구현하는 데 있어서 종종 난맥을 자아내고 있다. 더욱이 그 기본틀은 새로이 유입된 이른바 규제완화의 사조를 -그것의 당위성은 별개로- 성찰하면서 수용하지도 못하고 있다. 또한 비록 유럽화와 같은 외생변수는 없지만, 마치 국제법이나 타국의 행정법이 자국의 행정법이 되는 양 내외법의 경계를 허물 FTA체제가 등장하였다. 이처럼 지금 행정법은 대내외적 변화의 소용돌이의 한가운데에 위치하고 있다. 당연히 그것에 대해 부단한 혁신이 전방위적으로 요구되고 있다. 체계와 틀은 한편으론 수고로움을 덜고

1) 이 글은 '차기정부의 공법적 과제'를 주제로 2012.10.27.에 개최된 공법학회·행정법학회·국가법학회의 공동학술대회에서 발표한 것을 추가·수정한 것이다. 그리고 이 글의 일부내용은 공론화를 위해 '21세기 국가모델을 위한 행정기본법의 제정에 관한 소고'란 제명으로 법률신문 제4078호(2012.11.8.)에 게재되었다.

체계성을 확보하는 데 도움을 주지만, 다른 한편으론 새로운 인식을 구현하는 것을 어렵게 만들기도 한다. 따라서 기존의 기본틀은 물론, 시대경향에 대한 성찰과 새로운 자리매김의 요구는 行政法의 拔本的 改革 및 變革에 다름 아니다.

Ⅱ. 행정법제의 난맥상과 그 원인

다른 법분야와 구별되는 행정법의 특징은 법전이 없다는 점이다. 이 점은 행정법에 상반된 효과를 미친다. 순기능의 차원에서 행정법을 늘 활기차게 만들어 다른 법분야에 비해 역동성과 탄력성을 제고시킨다. 하지만 시종 법문제를 순전히 법도그마틱에만 의거하여 해결하는 것은 재고가 필요하다. 특히 민주화이후 국가에 대한 항변이 폭발적으로 증가하여 다른 국가에 비해 행정사건이 폭증하였다. 그에 비례하여 현행 행정법제에 대한 개선 역시 강하게 강구되었다. 즉, 법제처가 2006년부터 야심차게 진행한 '알기 쉬운 법령 만들기 사업'으로 모든 법률의 한글화와 문장과 용어가 획기적으로 변경되는 성과를 거두었다. 하지만 여전히 행정법제는 갈수록 복잡해지는 행정현상에 효과적으로 대응하지 못하고 있다.

행정법제의 이런 교착상황은 FTA라는 내외법의 경계가 허물어지는 새로운 국면전개를 맞이하여 그 문제점을 한층 여실히 드러낸다. 그리고 개별행정법에서의 활발한 전개가 행정법일반이론의 토대를 무시하고 진행되곤 하는데, 개별법의 독자성을 무시해선 아니 되지만, 전체 행정법의 체계 역시 충분히 고려되어야 한다. 법치국가원리의 구체화가 행정법인 점에서 개별행정법의 몰이해적 마이웨이식의 전개는 가히 곳곳에서 법적 문제점을 유발하고 있다. 즉, 법의 집행상의 不全이 노정되고 있다. 그리하여 행정법의 기본인 행정법일반이론의 존재와 기능 자체가 심각히 의문시되고 있으며, 그리하여 행정법의 존재이유 역시 위협받고 있다. 행정법과 행정법제가 법치국가원리를 구체화하는 것을 방해하는 양상을 제거하고, 그것이 21세기에 맞는 국가모델을 구현하는 데 이바지하도록 기본틀을 새롭게 구축할 때이다.

Ⅲ. 해결방안의 모색: 가칭 행정기본법의 모색

행정영역에서 행해지는 행정작용을 중심으로 하여 기본 내용이 행정규제기본법, 행정절차법, 행정대집행법과 행정심판법에 개별적으로 수록되어 있다. 이에 관한 교과서의 접근 역시 그러하다. 그런데 이들의 내용과 그 진행상황이 행정법의 총론에 해당한다는 점에서 통일적으로 규율하는 것을 모색할 필요가 있다. 즉, 기존의 행정규제기본법, 행정절차법, 행정심판법, 행정대집행법의 주요 내용을 하나의 법전에 수록하여 통합법(가칭 행정기본법)을 만드는 것이다. 일찍이 朴正勳 교수가 '통합일반행정법전'의 제정방안을 제시하였는데,[2] 이를 참조하여 구상의 기본틀을 구성하고자 한다.

가칭 행정기본법의 제정은 단순히 개별법을 병렬식으로 묶는 것이 아니라 행정법 일반이론에 바탕을 두고서 체계화하는 것이다. 이를 통해 법집행상의 통일성, 간편성, 능률성 등을 도모할 수 있거니와, 향후 개별 행정법령까지도 새롭게 체계적으로 정립할 수 있는 계기를 마련할 수 있다.[3] 기실 이런 통합구상은 이제까지의 행정법학이 쌓아올린 그간의 성과를 입법치원에서 결실을 맺는 작업이다. 따라서 행정법문헌에서의 논의 가운데 최대공약수를 추출하여야 한다. 그리고 이 행정기본법은 다른 행정과 관련한 법률에 대해서 일반법적 성격과 아울러 보충적 성격을 갖는다. 즉, 만약 개별법에서 달리 규정한 것이 있다면 그것이 선행한다.

Ⅳ. 가칭 행정기본법의 주요 내용

1. 구성과 편제의 방향

행정현상의 진행과정에 맞춰 행정규제기본법, 행정절차법, 행정대집행법과 행정심판법의 기왕의 내용을 그 순서대로 그 내용을 중심으로 편제한다. 그리하여 제1편 총칙, 제2편 행정조직, 제3편 행정규제와 행정작용, 제4편 행정절차, 제5편 행정강제, 제6편 이의신청과 행정심판으로 구성한다.

2. 제1편 총칙의 주요 내용

여기서는 정의개념, 행정법의 일반원칙 그리고 동법의 적용범위 및 다른 법률과의 관계 등을 규정한다. 먼저 행정규제기본법, 행정절차법, 행정대집행법과 행정심판법 등 주요 개별행정법에서 규정되고 있는 정의개념을 망라하여 규정한다. 행정법의 일반원칙을 규정하는 데 있어선 기존 실정법에 규정된 입법례를 활용하면 된다. 가령 행정절차법 제4조의 신의성실 및 신뢰보호,[4] 제5조의 명확성의 원칙, 행정규제기본

2) 동인, 올바른 규제개혁의 법이론과 구체적 방안-규제법의 일반이론의 모색-, 2011.5.20. '통합일반행정법전'의 내용은 행정법의 일반원칙, 행정조직, 행정수단, 행정절차, 행정쟁송으로 이루어져 있는데, 네덜란드의 일반행정법(Algemene wet bestuursrecht)이 이런 통합행정법의 입법례가 된다.

3) 이미 지방자치법분야에서 崔祐溶 교수가 '지방자치기본법의 구상'을 제안하였다. 동인, 제1회 행정법분야 연합학술대회 발표문, 2011.12.9., 425면 이하 참조.

4) ① 행정청은 직무를 수행함에 있어서 신의에 따라 성실히 하여야 한다.

법 제5조 제3항의 비례원칙,[5] 국세기본법 제18조 제2항과 제3항의 소급과세의 금지는[6] 일단 유용하게 활용할 수 있는데, 다만 개념의 혼란을 가능한 줄이려는 노력이 필요하다. 가령 신의성실의 원칙과 신뢰보호의 원칙을 무분별하게 사용하는 경향은 시정되어야 한다.[7]

판례와 문헌에서 공인된 일반원칙 가운데 아직 성문화되지 않은 것은 이제 적극적으로 성문화를 모색할 필요가 있다. 가령 "행정작용을 함에 있어서 상대방에게 이와 실질적인 관련이 없는 의무를 부과하거나 그 이행을 강제하여서는 아니 된다"는 의미의 부당결부금지의 원칙,[8] "상대방으로 하여금 이미 그 권리를 행사하지 아니할 것으로 믿을 만한 정당한 사유가 있게 되거나 행사하지 아니할 것으로 추인케 할 경우에 새삼스럽게 그 권리를 행사하여선 아니 된다"는 의미의 실권의 법리를[9] 예로 들 수 있다.

이미 판례에서 공인된 이런 원칙 말고도, 오늘날 헌법차원의 독립적인 공법원칙으로 강조되고 있는 기대가능성의 원칙이자 수인한도성의 원칙 역시 성문화할 필요가 있다.[10] 이는 "모든 국가기관의 활동의 경우 시민에 대한 그것의 영향은 기대가능하여야(수인가능하여야) 한다"는 것을 의미한다. 통상 기대가능성(수인가능성)은 개인적 권리에 대한 국가적 개입을 제한하기 위한 논거, 다시 말해 개인적 희생의 한계로서 기능하지만, 반대로 국가가 개인에 의해서 쟁송으로 강제될 수 있는 개입의무상황에 봉착하였을 때 그 자신의 책임을 면하기 위해서도 주장될 수 있다. 대부분의 행정법관계가 국가와 이익이 대립된 두 부류의 국민간에 형성된 삼극관계로 바뀌었다. 이런 이익의 상충상황에서 행정이 자신의 고유한 기능 · 역할을 다하기 위해 기대가능성(期待可能性)이나 비례원칙과 같은 일종의 상대화원칙(相對化原則)을 주장할 수 있다. 동 원칙은 한편으론 법치국가원리와 결합하여 기본권의 파생으로 결과로서 생겨나며, 다른 한편으론 비례원칙의 특별한 적용으로 여겨진다. 비례원칙과 비슷하게

② 행정청은 법령등의 해석 또는 행정청의 관행이 일반적으로 국민들에게 받아들여진 때에는 공익 또는 제3자의 정당한 이익을 현저히 해할 우려가 있는 경우를 제외하고는 새로운 해석 또는 관행에 의하여 소급하여 불리하게 처리하여서는 아니 된다.

5) ③ 규제의 대상과 수단은 규제의 목적 실현에 필요한 최소한의 범위에서 가장 효과적인 방법으로 객관성 · 투명성 및 공정성이 확보되도록 설정되어야 한다.

6) ② 국세를 납부할 의무(세법에 징수의무자가 따로 규정되어 있는 국세의 경우에는 이를 징수하여 납부할 의무. 이하 같다)가 성립한 소득, 수익, 재산, 행위 또는 거래에 대해서는 그 성립 후의 새로운 세법에 따라 소급하여 과세하지 아니한다.

③ 세법의 해석이나 국세행정의 관행이 일반적으로 납세자에게 받아들여진 후에는 그 해석이나 관행에 의한 행위 또는 계산은 정당한 것으로 보며, 새로운 해석이나 관행에 의하여 소급하여 과세되지 아니한다.

7) 졸고, 行政法上 信賴保護의 原則의 信賴度提高에 관한 小考, 법률신문 제4066호(2012.9.24.)(본서 60면 이하).

8) 대법원 1997.3.11. 선고 96다49650판결 등.

9) 대법원 1988.4.27. 선고 87누915판결.

10) 이에 해당하는 독일의 개념(Grundsatz der Zumutbarkeit)을 문헌과 판례에선 기대가능성의 원칙이나 수인한도성의 원칙으로 옮기고 있다. 의당 용어정리가 필요하지만 추후과제로 두고자 한다.

기대가능성의 원칙에선 구체적 사례에서 관련 사인의 보호이익에 대해 공익을 형량을 하는 것이 요구된다.

매우 다양한 목표를 추구하지만, 행정은 다른 국가기능과 마찬가지로 궁극적으로 항상 공익을 위하여 활동한다.[11] -공법형식이든 사법형식이든- 국가활동은 그것이 단지 특별이익에 이바지하는 것이 아니라 공익(공공복리)에 이바지하여야만 허용되고 정당화된다. 효율성의 원칙마냥 공익(공공복리)관련성의 원칙 역시 헌법상 자명하게 전제되는데, 또한 민주주의와 공화주의로부터도 당연히 도출된다. 공익관련성의 원칙 역시 비록 헌법이 명시적으로 언급하진 않지만, 중요한 행정법의 원칙으로 적극적으로 모색할 필요가 있다.

3. 제2편 행정조직의 주요 내용

우선 정부조직법에서의 주요 내용을 그대로 반영할 수 있다, 그 다음 행정조직법 관계에서 국가나 지방자치단체의 권한을 행사하는 행정청(행정기관)시스템을 체계적으로 정리할 필요가 있다. 사실 행정법도그마틱에서 주로 문제되는 것이 행정청의 권한행사의 메커니즘이다. 어떤 형식과 절차를 밟아서 행사되는지가 관건이다. 여기서 주로 논란거리가 권한의 위임과 대리이다. 대통령령인 「행정권한의 위임 및 위탁에 관한 규정」에 규정된 이들 내용을 법률차원에서 격상시켜 정리할 필요가 있다. 나아가 하나의 행정현상에 다수의 행정청이 참여하는 경우(가령 다른 행정청의 협력이 필요한 다단계적 행정행위처럼)처럼 복잡한 의사결정구조를 체계적으로 정리할 필요가 있다. 나아가 행정청 상호간의 관계 역시 주요사항을 법률로 규정하는 것이 필요하다.

오늘날 행정자원의 효율적 배분이나 민간에서의 노우하우 활용의 관점에서 국가임무(공임무)를 민간이 수행하는 경우가 갈수록 늘어가고 있다. 달리 보면 이는 '민간의 국가'화라고도 할 수 있다는 점에서 행정조직의 확대의 관점에서 새롭게 정리할 필요가 있다. 따라서 국가임무의 기능적 민간화에 해당하는 공무수탁사인이나 행정보조인에 대해선 그것의 허용요건과 한계 및 구체적인 법관계에 대해 규율하는 것이 바람직하다.[12]

---

11) 참고문헌: 최송화, 공익론, 2002; 공익의 법문제화, 법학 제47권 제3호(2006.9.), 10면 이하.

12) 사인에 의한 행정임무의 수행에 관한 참고문헌: 김남진, 사인에 의한 행정과제의 수행, 법학논집(고려대) 제27집(1992.4.), 33면 이하; 동인, 경찰임무의 탈국가화·민간화와 법적 문제, 고시연구 제33권 제9호(390호)(2006.9.), 15면 이하; 강구철, 독일행정법상 공무위탁제도에 관한 소고, 법학논총(국민대) 제15집(2003.2.), 73면 이하; 김기진, 공무수탁사인에 관한 연구, 법학연구 제15권 제4호(2005.12.) 101면 이하; 김명용, 사인(私人)에 의한 행정의 한계와 신장을 위한 법제개선방안, 한국법제연구원, 2004; 김민호, 행정주체로서의 공무수탁사인, 現代公法理論의 諸問題: 天鳳石琮顯博士 華甲紀念論文集 (2003.10.), 481면 이하; 동인, 공공서비스의 민간위탁과 공기업의 민영화, 토지공법연구 제25집(2005.2.), 267면 이하; 김해룡, 공적 사업의 민간화에 있어서의 법적 과제: 경제행정법의 기본문제, 외법논집 제35권 제1호(2011.2.), 207면 이하; 문병효, 최근 독일

4. 제3편 행정규제와 행정작용의 주요 내용

(1) 제1장 행정규제

기왕의 행정규제기본법의 주요 내용을 그대로 수용하더라도 무방하다. 다만 종래 규제개혁에서 규제주체가 주도하는 일방적 구조를 벗어나 민간과 함께 –경쟁적으로– 하는 프로세스로 전환할 필요가 있다(가령 네덜란드의 민간규제자문기관인 ACTAL).

행정입법의 제정절차를 종합적으로 규정하여야 한다. 그리하여 행정절차법상의 입법예고제도를 행정규제의 차원에서 통일적으로 규율할 필요가 있다.

(2) 제2장 행정작용

(가) 행정작용법의 의의: 권리구제방도를 嚮導하는 行政作用形式

행정은 자신의 임무를 실행키 위하여 명령, 금지, 허가, 승인, 지침, 지시를 발하거나, 계약이나 협상을 체결하거나, 계획을 수립시행하거나, 경고나 견해표명을 행한다. 이러한 행정작용형식은 법률과 더불어 행정법관계를 안정화시키며 확고하게 만드는 요인이 되는데. 이것이 법치국가적 행정을 과거의 관헌국가적 행정과 결별하게 한다. 요컨대 행정의 법적 작용형식은 일종의 여러 門(Tore)이다. 행정상의 다양성으로 인해 개관할 수 없고 無定型한 행정활동은 이 문들을 지나서 법의 질서세계로 들어선다. 따라서 법적으로 정연하고 법적 판단을 가능케 하는 행정작용형식을 전개하고 鑄造하는 것은, 법치국가에서 행정법학과 행정실무가 갖는 두드러진 특징이자, 지속적인 임무이다.[13] 따라서 행정의 공법적 작용형식론(Handlungsformenlehre)은 一般行政法의 핵심이다. 아울러 형식화사고(Formungsidee)와 체계사고(Systemidee)를 결합시킨 데 바탕을 두고 있는 행정작용형식론은 대륙법적 사고의 전형적인 특징이다.[14] 한편 여기선 '작용형식'을 법형식의 의미로 사용하고, 그것과 법형식과 同値시킬 수 없는 행정활동의 양상과는 구분한다. 가령 행정계획은 행정활동의 하나이긴

행정법의 변화와 시사점: 유럽화, 민영화, 규제완화를 중심으로, 고려법학 52호(2008.4.) 213면 이하; 신보성, 私人에의 行政權限委任의 法的 考察, 法曹 제49권 제7호(통권 제526호)(2000.7.), 73면 이하; 오용식, 사인(私人)에 의한 행정참여와 국가배상의 문제: 선박검사의 대행을 중심으로, (旬刊) 法制 제577호(2006.1.), 43면 이하; 이종영, 공공업무민영화의 법적 한계, 법학논문집(중앙대 법학연구소), 제24집 제1호(2000.2.), 291면 이하; 정하중, 公務受託私人의 槪念과 法的 地位, 고시연구 제29권 11호(344호)(2002.11.) 37-58; 동인, 民間에 의한 公行政遂行, 공법연구 제30집 제1호(2001.12.) 463-488; 조인성, 독일 지방자치행정에 있어서 지방임무의 민영화에 대한 법적 한계, 지방자치법연구 제5권 제1호(통권 제9호), 297면 이하; 현대호, 자율규제 확대를 위한 법제개선 연구Ⅰ(2009), Ⅱ(2010); 홍준형, 사인에 의한 행정임무의 수행: 공무수탁사인을 둘러싼 법적 쟁점을 중심으로, 공법연구 제39집 제2호(2010.12.), 629면 이하; 김중권, 행정법기본연구Ⅱ(2009), 431면 이하; 행정법집행에 있어서의 민간전문가의 참여, 공법연구 제40집 제1호(2011.10.), 189면 이하(본서 66면 이하).

13) F. Ossenbühl, Die Handlungsformen der Verwaltung, JuS 1979, S.681.

14) E. Schmidt-Aßmann, Die Lehre von den Rechtsformen des Verwaltungshandelns, DVBl.1989, S.533.

해도 행정작용형식(행정의 법형식)은 아니기에, 법적 성질에 관한 논의가 수반되는 것이다. 행정의 작용형식과 관련하여 별반 논의가 없는 우리로서는 오히려 그것의 고전적인 내용을 성찰하는 것이 시급하다.

행정기본법에 담을 내용은 우리의 문헌과 판례에서 일정한 공감대가 형성된 것을 중심으로 하여야 하는데, 독일에서의 체계와 논의내용이 유익한 도움을 줄 수 있다. 우리 행정절차법은 순전히 절차적 사항만을 규율하고 있지만, 1976년에 제정되고 1977.1.1.부터 시행된 독일 행정절차법은 행정법일반이론에 해당할 수 있는 사항 즉, 실체적 사항까지 부수적으로 규율하고 있다. 그 내용은 당시까지의 학문적, 판례적 성과를 집약하여 광범한 합의를 이룬 것이다. 물론 그들과 우리의 논의지평이 다르기에 그 내용은 당연히 다르지만, 과도한 학설다툼을 정리하고 행정법의 발전적인 미래를 위해 고민할 필요가 있다.

(나) 행정입법에 관한 주요 내용: 제1절

먼저 기왕의 행정절차법상의 행정상의 입법예고(제41조)는 물론 행정입법의 제정 메커니즘을 법률차원에서 성문화한다. 비록 연방 행정절차법은 행정행위와 공법계약에 국한하여 규정하지만 독일 일부(Schleswig-Holstein) 주의 행정절차법은 이에 더해 명령제정절차를 규정하고 있다. 오히려 우리의 경우 행정절차법이 적용영역을 행정행위에 국한하지 않기에, 통일화와 종합화의 작업이 더 쉬울 수 있다.

행정입법에서 문제는 행정규칙의 존재이다. 우선 행정규칙에 대한 猜疑가 가시도록 만드는 것이 중요하다. 행정규칙의 역할과 그 기능의 중요성을 부인할 수 없음에도 불구하고 여전히 그것의 법규적 성질을 논하는 식의 다분히 모순적 상황을 타개할 필요가 있다. 행정규칙을 법외적 영역에 두어 그것이 법이 아니라는 비현실적인 기본인식을 이젠 과감히 버릴 때가 되었다.[15] 그것의 법적 성질은 해석론의 차원에서도 충분히 법규와 다를 바 없다고 볼 수 있지만, 논의의 시비를 없애 그것을 명시적으로 법규로 격상하기 위해 입법차원에서 접근할 필요가 있다. 따라서 우선 행정규칙의 존재를 성문으로 공인하는 규정을 두어야 하고, 그에 따라 법령을 포함한 행정규칙 및 규범적 성격의 고시를 망라하여 공포하는 메커니즘을 만들어야 한다.[16]

---

15) 이런 접근으로 김중권, 행정법기본연구 I (2008), 409면 이하 참조.

16) 이 점에서 법령의 게재를 관보의 형식으로 하는 지금의 상황이 문제가 없는지 인식전환이 필요하다. 과거와는 달리 무수한 법령이 제정·개정·폐지되는데 언제까지 행정의 일상사항과 더불어 동일 장소에서 게재되어야 하는지 의문스럽다. 이제 관보가 아닌 이른바 '법령보' 또는 '법보'가 발간되어야 한다. 일찍부터 '법령보'의 필요성을 제기하였음에도(졸고, 다른 法規範의 適用·準用(指示)의 公法的 問題點에 관한 小考, 법제연구 제20호, 2001.6., 137면 이하) 불구하고 아직까지 이 문제가 공론화되지 못하고 있는 것이 그저 이상할 따름이다.

(다) 행정행위에 관한 주요 내용: 제2절

1) 행정행위의 의의와 위상

행정행위 개념은 본래 실정법상의 개념이 아니라 학문상의 개념이고, 실정법상으로는 행정처분 또는 처분이라는 용어가 많이 사용되고 있다.[17] 행정행위개념은 19세기 독일 행정법학의 창조물이다. 본래 O. Mayer는 법적 안정성의 고려에 바탕을 두고서, 행정활동을 법치국가원리에서 구속하고 제한하기 위하여 행정행위를 만들었다. 행정행위의 이런 법치국가적 기능은 오늘에도 여전하다. 따라서 행정행위의 능력이 한계에 도달하였다고 지적되긴 하나, 행정행위의 의의가 현격히 저하되진 않았다. 오히려 행정행위 자체는 잠정적 행정행위, 사전배려적 행정행위, 국제적 행정행위 등을 수용함으로써, 주목할 만한 개혁(에로의)개방성과 탄력성에 의거하여 작용형식 아래에서 진정한 생존의 명수로 발전하였다. 생각건대 절차적 권리를 보장하고 행정결정의 투명성을 구축하여 효과적인 권리구제의 체계가 보완됨으로써, 행정행위는 21세기의 시민사회와 리스크사회에서도 여전히 행정의 현대적 수단으로서 기능할 것이다.[18]

2) 주요 내용

독일 행정절차법의 행정행위 편을 참조하여 행정행위의 성립부터 그것의 폐지에 이르는 전체 과정을 커버하는 것을 내용으로 하는데,[19] 특히 다음의 점을 강조하고

---

17) 독일의 경우에도 개별법에서 '행정행위'(Verwaltungsakt)란 용어가 드물게 규정되긴 하나, 우리와 마찬가지로 결정(Entscheidung), 처분(Verfügung), 조치(Maßnahme) 등이 사용되기에 형식과 내용의 불일치가 종종 문제된다. 일부에선 행정행위란 용어를 통일적으로 사용할 것을 주장하기도 한다.

18) Vgl. Schoch, Hoffmann-Riem/Schmidt-Assmann(Hrsg.), Innovation und Flexibilität des Verwaltungshandelens, 1994, S.199(231ff); Ladeuer, Die Zukunft des Verwaltungsakts, VerwArch.86(1995), S.511ff.

19) * 참조: 독일행정절차법 제3부 행정행위(Teil III. Verwaltungsakt)
제1절 행정행위의 성립(Abschnitt 1. Zustandekommen des Verwaltungsaktes)
제35조(행정행위의 개념 Begriff des Verwaltungsakts)
제36조(행정행위의 부관 Nebenbestimmung zum Verwaltungsakt)
제37조(행정행위의 명확성 및 형식 Bestimmtheit und Form des Verwaltungsaktes)
제38조(확약 Zusicherung)
제39조(행정행위의 이유제시 Begründung des Verwaltungsaktes)
제40조(재량 Ermessen)
제41조(행정행위의 통지 Bekanntgabe des Verwaltungsaktes)
제42조(행정행위에서의 명백한 오류 Offenbare Unrichtigkeiten im Verwaltungsakt)
제42a조(허가의제 Gehnemigungsfiktion)
제2절 행정행위의 존속력(Abschnitt 2. Bestandskraft des Verwaltungsaktes)
제43조(행정행위의 효력 Wirksamkeit des Verwaltungsaktes)
제44조(행정행위의 무효 Nichtigkeit des Verwaltungsaktes)
제45조(하자의 치유 Heilung von Verfahrens- und Formfehlern)
제46조(절차 및 형식상의 하자의 효과 Folgen von Verfahrens- und Formfehlern)
제47조(하자의 전환 Umdeutung eines fehlerhaften Verwaltungsaktes)
제48조(위법한 행정행위의 취소 Rücknahme eines rechtswidrigen Verwaltungsaktes)
제49조(적법한 행정행위의 철회 Widerruf eines rechtmäßigen Verwaltungsaktes)
제49a조(변상, 이자의 부과 Erstattung, Verzinsung)

자 한다.

규정할 내용으로 먼저 가령 행정행위의 허용성 문제와 관련해서, i) 먼저 행정계약으로 인해 행정이 갖는 청구권의 경우에 행정청은 행정행위에 의해 확정하고 이를 통해 실현할 수는 없다. 즉, 그 청구권을 집행력을 갖는 하명처분을 동원해 자기집행의 차원에서 민사채권과는 달리 손쉽게 실현할 순 없다. 행정계약에서 행정은 시민과 의사합치적 규율을 받기에 당연히 시민과 동등한 질서의 차원에 있다. 따라서 계약상의 급부청구권의 실현에 있어서도 이런 차원에 변함이 없어야 한다.[20] ii) 행정이 법률상 성립한 특히 행정법적 채무관계에서의 급부청구권을 행정행위를 통해서 확정하고 나아가 필요시에는 스스로 집행할 수 있는지 여부가 다투어지는데, 문제되는 경우는 부당이득의 반환 문제이다(예: 공무원에게 과다 지급된 봉급, 법적 근거없이 지급된 교육비, 자금조성적 급부제공이후에 직권취소된 자금조성결정). 독일의 경우 판례는 행정행위의 허용성을 시인하나, 통설은 특히 법률유보의 지적하에 거부한다. iii) 끝으로 행정법적으로 외부효를 갖는 개별사건적 규율에 해당하는 경우에만 행정행위의 형식이 허용된다. 법원론에서처럼 행정행위의 경우에도 형식과 내용으로 나뉘어야 한다. 행정행위의 형식은 입법자가 달리 규정하지 않는 한 실질적으로도 행정행위가 존재하는 경우에만 선택될 수 있다. 따라서 행정행위형식에 의한 임대차계약의 해지(민법상의 의사표시)나 일반추상적 규율(법규범)은 허용되지 않는다.[21] 이런 내용의 행정행위의 허용성의 문제를 정리할 필요가 있다.

절차생략의 차원에서 의제적 행정행위가 도입되곤 하는데, 그에 관한 일반규정이 없어서 혼란스럽다.[22] 독일 행정절차법 제42조의 a가 규정한 '허가의제'(Gehnemigungsfiktion)의 예를 좇아 규정하는 것이 바람직하다.

행정법관계의 승계 문제는 특히 제재사유의 승계를 두고서 논란이 많다.[23] 행정

제50조(권리구제절차에서의 취소 및 철회 Rücknahme und Widerruf im Rechtsbehelfsverfahren)
제51조(절차의 재개 Wiederaufgreifen des Verfahrens)
제52조(증서 및 물건의 반환 Rückgabe von Urkunden und Sachen)
제3절 행정행위의 시효법적 효력(Abschnitt 3. Verjährungsrechtliche Wirkung des Veraltungsaktes)
제53조(행정행위에 의한 시효의 중단 Unterbrechung der Verjährung durch Verwaltungsakt)

20) 마찬가지로 *私法的 債權*을 행정행위를 발하는 방법으로 관철하는 것은 부인된다. 그런데 판례는 행정계약해지의 법적 성질을 행정처분으로 보았다(대법원 2011.6.30. 선고 2010두23859판결). 이는 행정법관계가 행정계약에 의해 성립한 것을 도외시한 것이어서 바람직하지 않다.

21) 대법원 2009.12.10. 선고 2007다63966 판결: [2] 공무원이 인·허가 등 수익적 행정처분을 하면서 상대방에게 그 처분과 관련하여 이른바 부관으로서 부담을 붙일 수 있다 하더라도, 그러한 부담은 법치주의와 사유재산 존중, 조세법률주의 등 헌법의 기본원리에 비추어 비례의 원칙이나 부당결부의 원칙에 위반되지 않아야만 적법한 것인바, 행정처분과 부관 사이에 실제적 관련성이 있다고 볼 수 없는 경우 공무원이 위와 같은 공법상의 제한을 회피할 목적으로 행정처분의 상대방과 사이에 사법상 계약을 체결하는 형식을 취하였다면 이는 법치행정의 원리에 반하는 것으로서 위법하다.

22) 의제적 행정행위에 관해서는 김중권, 행정법기본연구 I (2008), 340면 이하 참조.

23) 대표적으로 김남진, 행정제재사유 승계의 능부, 고시연구 2002.9.; 정하중, 경찰상의 의무의 승계, 고시연구 1999.12.; 이현수, 영업양도와 제재처분상의 지위승계, 행정판례연구 제10집, 2005.

제재처분효과의 승계규정이 명문으로 규정되어 있지 않을 때가 문제인데, 여기서는 단계적 접근을 강구해야 한다. 우선 그런 법적 지위의 승계·이전가능성 여부가 탐문되어야 하고(승계가능성·승계적격성의 물음) 그것이 시인되면 특히 의무승계와 관련해선 법적 요건의 유무가 검토되어야 한다(승계요건의 물음).[24] 승계요건의 물음은 궁극적으로 기본권제한에서의 법률유보의 물음이다. 승계요건과 관련해서는 민법의 개별포괄승계의 규정을 유추하는 것도 허용되지 않기에 자칫 절차경제적 고려가 배제될 우려가 있다. 이 문제는 일반적인 승계규정을 두면 쉽게 해결된다.

행정행위의 무효와 단순 위법의 구별은 행정법 자체는 물론, 행정법수업과 재판실무상으로도 매우 중요하다. 독일 행정절차법 제44조는 一般原則으로서 重大明白性의 原則[25]을 설정하고 -절대적 무효사유와 절대적 비무효사유를 근간으로 하는- 行政行爲瑕疵論의 체계를 구축하였다.[26] 반면 우리의 경우 行政行爲瑕疵論 자체가 처음부터 전적으로 학설과 도그마틱에 맡겨져 있다. 따라서 그것 자체가 매우 불완전할 수밖에 없으며, 궁극적으로 이는 행정법에 치명적인 난맥을 초래하여, 자칫 행정법도그마틱이 임기응변적인 것(Kasuistik)으로 전락할 수 있다. 그럼에도 불구하고, 행정행위의 하자 전체에 대한 문헌상의 논의는 殆無하다. 이에 지금까지의 학문적, 판례적 성과를 집약하여[27] 독일처럼 성문화하는 것이 바람직하다. 한편 법치국가원리의 차원에서 의문스러운 명백성 기준을 유지할 것인지 진지한 고민이 필요하다.

독일에서는 신뢰보호에 우호적인 행정절차법이 마련된 것을 두고서, 그것이 위법한 행정결정의 가능한 분명한 수정(취소)을 촉구한 과거의 통설적 입장(대표적으로 Forsthoff

---

24) 졸고(공의무, 특히 철거의무 및 이행강제금납부의무의 승계에 관한 고찰, 공법연구 제23집 제2호, 1995.6., 285면 이하)를 통해 이런 단계적 접근을 처음 제시하였다.

25) 독일에서 重大明白性說에 해당하는 용어는 Evidenztheorie이다. 그것은 '명백성설'이라는 문언적 명칭에도 불구하고 하자의 중대성과 명백성, 양자를 함께 고려한다. 명칭이 너무 축약적이라 당연히 오해를 자아낸다.

26) 동법 제44조(행정행위의 무효 Nichtigkeit des Verwaltungsaktes); ① 행정행위가 특별히 중대한 하자가 있고, 또한 그 하자가 관련한 제반사정으로 판단하여 명백한 경우에는 무효이다.

② 다음 각호의 1에 해당하는 행정행위는 제1항의 조건의 존재여부를 불문하고 무효로 한다.

1. 문서로 한 처분으로서 처분청을 알 수 없을 때, 2. 법규상 일정한 증서의 교부(수여)를 통하여만 발하여질 수 있는 행위인데, 그 형식이 충족되지 못한 때, 3. 행정청이 제3조 제1항 제1호의 규정에 의한 관할범위 밖에서 아무런 수권을 받지 아니하고 행한 행정행위, 4. 사실상의 이유로 누구라도 행할 수 없는 행정행위, 5. 형벌 또는 과태료의 구성요건을 실현하는 것을 요구하는 행정행위, 6. 미풍양속에 어긋나는 행정행위

③ 행정행위는 다음 각호 만을 이유로는 무효로 되지 아니한다.

1. 토지관할권에 관한 규정을 준수하지 아니한 경우, 단 제2항 제3호의 경우를 제외한다. 2. 제20조 제1항 제1문 제2호 내지 제6호에 의하여 제척되는 자를 참여시킨 경우. 3. 법규에 의하여 협력이 요구되는 위원회가 행정행위의 발동을 위하여 규정된 의결을 하지 아니하였거나 의결능력을 가지지 못한 경우. 4. 법규에 의하여 요구되는 다른 행정청의 협력이 이루어지지 아니한 경우

④ 행정행위의 일부만이 무효인 경우, 무효인 부분이 없었던들 행정청이 그 행정행위를 하지 아니하였을 만큼 무효인 부분이 본질적인 때에는. 행정행위의 전부가 무효이다.

⑤ 행정청은 언제든지 직권으로 무효를 선언할 수 있다, 신청인이 이에 관하여 정당한 이익을 가지는 경우에 신청이 있으면 그 무효를 선언하여야 한다.

27) 이에 관해서는 김중권, 행정법기본연구 Ⅲ(2010), 133면 이하 참조.

등)에 대한 투쟁의 소산이라고 한다. 그리하여 행정행위의 취소와 철회에 대해 매우 정교한 규율체계를 설정하였다. 그렇지만 우리는 시종 판례의 입장을 정리하는 차원에 머물러 있다. 대표적으로 철회권 유보의 경우 그것을 아무런 제약 없이 받아들이면 사실상 신뢰보호원칙이 유명무실하게 됨에도 불구하고 별다른 의문이 제기되지 않는다. 행정현실에선 취소변경이 다반사임에도 불구하고 법집행에서 가이드가 되는 정연한 체계가 마련되어 있지 않다는 것은 부끄럽기도 하다.

우리 행정법의 발전을 가로 막는 대표적인 예가 불가쟁적 행정행위의 재심 문제이다.[28] 행정행위의 재심은 행정행위의 취소와 철회를 포함하는데, 우리는 명문의 규정이 없어서 전혀 논의되고 있지 않다.[29] 재판의 경우에도 재심이 허용되는데, 하물며 행정행위의 경우에 그 필요성과 정당성이 더 말할 나위가 없음에도 불구하고, 거부처분의 인정공식인 신청권의 유무에 초점을 맞춘 나머지 그것의 전면부정이 현황이다. 즉, 판례는 시종 "불가쟁력이 생긴 행정처분에 대하여는 개별 법규에서 그 변경을 요구할 신청권을 규정하고 있거나 관계 법령의 해석상 그러한 신청권이 인정될 수 있는 등 특별한 사정이 없는 한 국민에게 그 행정처분의 변경을 구할 신청권이 있다 할 수 없다"는 입장을 견지한다.[30] 부담적 행정행위에 대한 취소쟁송의 보장과는 별도로, 부담적 행정행위로 인해 제한된 기본권을 특히 사정변경시에 철회(제거·변경)를 통해 회복할 수 있는 길이 없다면, 이는 법치국가원리의 중핵에 해당하는 재판청구권을 통한 국민의 권리보호의 보장에도 배치된다. 우리의 경우 신청권이 소송요건의 차원에서 넘기 힘든 허들이라는 점에서, 입법을 통한 해결책을 강구하여야 한다.

행정행위의 부관론이나 하자론에서 전개되는 난맥상이 시사하듯이, 판례가 정연한 논증보다는 임기응변적(카주이스틱적) 대응을 종종 하곤 한다.[31] 이런 현실에서 문제상황을 하루바삐 일소하기 위해선 법도그마틱의 전개에 모두를 맡기는 것보다는 나름의 정리가 요구된다. 실정법의 윤곽을 설정하는 것이 바람직할 것 같다.

(라) 행정계약(공법계약): 제3절

새롭게 등장하는 문제가 행정의 계약적 활동이다. 계약적 활동은 사법에만 유보되어 있지 않고, 공법에서도 인정되고 있다.[32] 협력적 행정작용의 일환인 행정계약의

28) 시원적 논문으로 김남진, 불가쟁적 행정행위의 재심사, 고시연구 1984.10.

29) 과거 행정절차법을 제정할 때 시안에선 마련되었다.

30) 대법원 2007.4.26. 선고 2005두11104판결; 1997.9.12. 선고 96누6219판결.

31) 이계수 교수는 행정법학계가 이익형량의 관점에서 문제를 해결하려는 행정판례의 대세를 추종하다가는 자칫 행정법학이 판례의 태도를 사후적으로 정리하는 '카주이스틱'으로 충분하게 될 수 있음을 비판적으로 지적하였다. 동인, 규범과 행위, 공법연구 제29집 제1호(2000.11.), 43면 이하 참조.

32) 유럽연합법의 차원에서도 공인된 작용형식이다(유럽업무방식조약 제272조).

유용성은 행정행위의 징표인 일방성과 대비하여 존재한다. 행정계약의 적용범위는 행정행위도 포착되는 영역에 국한하지 않고, 그것을 넘어선다. 비록 독일 행정절차법과 같이 실정법상으로 제도화되지 않았음에도 불구하고 행정계약은 고평가되고 있으며 덩달아 그 숫자와 의의가 더욱 증대되고 있다. 민간화와 '행정법적 공사협력관계'(Public Private Partnership, PPP)가 행정의 트렌드가 되면서 등장한 제휴(협력)계약이 그 예이다.[33] 오늘날에는 더 이상 행정계약의 원칙적인 허용성이 문제되는 것이 아니라, 행정계약법을 법적 요건, 법적 형상, 하자결과 등에서 도그마틱적으로 완성시키는 것이 관건이다. 따라서 행정계약의 특수성에 관한 논의가 행정계약론의 주제이다.[34] 하지만 활발한 논의의 결과물로 독일처럼 성문의 틀이 마련되지 않는 한, 행정계약과 관련한 논의는 단지 쟁송방법의 차원에서 당사자소송의 대상이라는 것 정도에 그친다.[35] 그러나 당사자소송의 활성화로 인해 그것에 관한 규범적 틀을 더 이상 외면할 수 없다. 행정계약에서 가장 문제되는 것은 그것의 종류, 위법한 그것의 효과, 그것의 구체적인 전개이다. 이제 행정행위와 관계에서 행정계약의 종류를 설정하고, 그에 따른 법관계의 구체적 전개양상까지도 규율할 필요가 있다.[36]

(마) 기타의 행정작용: 제4절

행정사실행위가 기타의 행정작용에 해당한다. 법효과를 직접적으로 지향하지 않는 이상 명문으로 규정하는 것은 적절하지 않은 면이 있지만, 행정사실행위의 대표인 행정지도의 경우 이미 시행되고 있는 행정절차법상의 규정을 반영하면 된다. 다만 경고나 특정제품의 추천과 같은 정보제공작용의 경우 간접적 기본권제한인 점에서 법률유보의 문제를 낳는데, 이를 해소하기 위해 그에 관한 근거규정을 두는 것이 요망된다.

---

33) 독일 연방정부는 '현대국가-현대행정'이란 정부프로그램안에 행정과 사인간의 파트너적 공동작업의 주제를 포섭하였다. 그 프로그램의 하나로서, 2005.6.30.에 "공사협력관계의 전환촉진과 법률적 대강조건(한정조건)의 향상을 위한 법률"(PPP-Beschleunigungsgesetz, PPP촉진법)이 제정되었다. 이와 더불어 '행정법적 공사협력관계'에 관한 규율을 행정계약을 바탕으로 행정절차법상으로 채용하는 것도 논의되고 있다. Vgl. Reicherzer, DÖV 2005, S.603ff.; Häfner, LKV 2005, S.340ff.

34) 참고문헌: 김대인, 행정계약법의 이해, 2007; 김효연, 오토·마이어의 공법상계약 이론에 관한 연구, 2012.

35) 반면 일본에서는 1999부터 행해진 '사회복지기초구조개혁'의 차원에서 사회복지서비스제공에서 행정계약론이 활발히 논의되고 있다. 大橋洋一, 行政法 I, 2009, 363頁.

36) 참조: 독일행정절차법 제4부 공법상 계약(Teil IV. Öffentlich-rechtlicher Vertrag)
제54조(공법상 계약의 허용성 Zulässigkeit des öffentlich-rechtlichen Vertrages)
제56조(교환계약 Austauschvertrag)
제57조(서면형식 Schriftform)
제58조(제3자 및 행정청의 동의 Zustimmung von Dritten und Behörden)
제59조(공법상 계약의 무효 Nichtigkeit des öffentlich-rechtlichen Vertrages)
제60조(특수한 경우의 계약의 조정과 해지 Anpassung und Kündigung in besonderen Fällen)
제61조(즉시집행의 복종 Unterwerfung unter die sofortige Vollstreckung)
제62조(규정의 보충적 적용 Ergänzende Anwendung von Vorschriften)

5. 제4편 행정절차

현행 행정절차법의 행정절차에 관한 내용은 그대로 수록할 수 있다. 다만 기왕에 논쟁거리가 된 것을 입법적으로 해결하는 것이 바람직하다.

즉, 거부처분과 제3자효 행정행위에서의 처분의 사전통지의 경우 -비록 전자의 경우 해석론을 통해서도 가능하긴 하나[37]- 전향적으로 나아갈 필요가 있다. 더불어 제3자효 행정행위에서 제3자에게 그 행정행위가 있음을 알려 주는 장치(독일의 일부 주 건축법상의) 역시 긍정적으로 강구할 필요가 있다.

한편 법률이 처분을 의견청취대상으로 규정하기에, 행정처분이 아닌 (행정상 입법예고, 행정예고, 행정지도를 제외한) 행정작용, 가령 기타의 고권적 조치의 경우에 그것이 유추적용될 수 있는지가 문제된다. 의견청취제도가 일반법원칙에 바탕을 둔 것인 점에서 적극적으로 보아야 하되, 다만 기본권개입(침해)이 인정되는 경우에만 -의견청취의무를 성립시키는- 의견청취청구권이 성립하게 된다. 가령 정보제공작용에서의 경고가 이에 해당한다.[38] 이 역시 입법적으로 해결할 필요가 있다.

현행 행정절차법은 열람복사요청에 대한 거부의 경우 반드시 그 이유를 소명하게 한다(제37조 제3항). 반면 청문을 비롯한 의견청취와 관련해선 그에 관한 이유제시에 대해 아무런 언급이 없다. 따라서 이유제시요구의 대상이 실체작용에 국한하는지 아니면 절차작용도 포함하는지가 다투어질 수 있다. 근거규정의 표제가 '처분의 이유제시'이고 본문에서도 '처분을 하는 때'라고 규정하고 있기에, 문언적 해석만으론 전자의 입장이 타당하다. 하지만 의견청취를 하지 않으면서 그에 대한 이유제시가 없다면, 관계인은 의견청취의 불실시가 과연 옳은지 여부를 더 이상 검토할 수 없으며, 나아가 과연 쟁송을 제기하여야 할지 확신할 수 없다. 요컨대 국민에게 친숙한 의사전달적인 사전절차의 필요성이 강조되어야 한다는 점에서, 그리고 의견청취의 헌법적 근거에서 보자면, 의견청취의 불실시의 경우에도 이유제시원칙이 類推的으로 통용되어야 할 것이다.[39] 이 역시 입법적으로 해결할 필요가 있다.

행정절차에서 가장 논쟁거리는 절차하자이다. 여기선 절차적 권리를 주관적 공권으로 자리매김하는 것과 별도로 절차의 본질이 문제된다. 節次奉仕說와 節次固有價値說이 대립한다. 전자에선 절차적 권리가 기본적으로 독립되게 성립하지 않기에

37) 판례는 부정적인데(대법원 2003.11.28. 선고 2003두674판결), 다만 판례는 "특별한 사정이 있는 경우"에는 원칙수정의 가능성을 시사한다.

38) Pünder, in: Erichsen/Ehlers, Allg. VerwR, 14.Aufl., 2010, §14 Rn.27.

39) Pünder, in: Erichsen/Ehlers, §14 Rn.30. 반대하는 견해로 Stelkens/Bonk/Leonhardt, VwVfG Kommentar 7.Aufl., 2008, §28 Rdnr. 22. 독일 연방행정법원은 부정적이다(BVerwG, Urt. vom 24.4.1983, DVBl. 1983, S. 997ff.).

절차상의 하자는 실체적 하자와 결부되어 다툴 수 있는 반면, 후자에선 그것이 독립된 의미를 갖기에 실체적 하자와 무관하게 침해의 대상이 될 수 있다. 단순히 절차하자만을 갖고선 제소할 수 없게 한, 독일 행정절차법 제46조가 전자를 대표한다. 반면 우리의 경우 미국에서의 절차적 정의에 관한 관심속에[40] 일찍부터 절차하자의 獨立加爭性을 긍정하여 절차적 권리에 대해 고양된 의미를 부여하였고, 그 연장에서 절차하자의 치유에 대해 엄격한 태도를 견지하고 있다(일종의 절차고유가치설). 하지만 절차하자에 대한 취소판결의 기판력이 절차하자에만 미치는 결과, 절차적 권리가 생각만큼이나 그다지 강고하지 않다. 사실 실질적 증거의 법칙이나 Chevron 독트린에 의해 실체적 통제가 극히 미약한 미국에서 -실제로 그 효과가 생각만큼이나 주효하지 않는- 절차적 정의가 운위되었다. 실체와 유리시켜 절차를 바라보는 것은 자칫 과도한 규제를 야기할 수 있다는 점에서, 이제 절차하자에 대해 현실적인 새로운 인식이 필요하다.

6. 제5편 행정강제

행정법 파트에서 가장 오랫동안 원형을 유지하고 있는 것이 행정의 실효성확보의 부분이다. 대집행의 일반법인 행정대집행법이 1954년에 제정된 이래 그 골간이 전혀 변함이 없이 지금까지 유지되고 있는 것이 그 좋은 예이다. 이행강제금이나 직접강제, 즉시강제 역시 일반법 차원의 모색이 강구되지 않은 채 개별법에서 구현되고 있을 뿐이다. 강제징수 역시 국세징수법의 그것을 옮겨서 이해되곤 한다.

기왕의 행정대집행에서 의무자의 불응에 대해 대집행차원에서 아무런 조치를 취할 수 없다든지, 타자집행에서 제3자에 대한 규율이 전혀 없다든지 하여 현행 법률에 대한 문제제기는 새삼스럽지 않다. 과거의 관헌국가에선 행정의 실효성확보의 문제가 다소간 불편한 대상이었지만, 오늘날 公私協力과 私相互間의 충돌이라는 바뀐 행정환경에서 행정이 조정자로서의 역할을 효과적으로 수행하기 위해선 행정의 실효성확보를 새롭게 구성하여야 한다. 이에 행정질서벌의 경우 질서위반행위규제법이 마련되어 새로운 국면을 맞이한 것처럼, 행정강제 분야 역시 독일처럼 자족완결적인

---

40) 한편 헌법재판소는 헌법 제12조 제3항 본문이 동조 제1항과 함께 적법절차원리의 일반조항에 해당하는 것으로 보고서, 적법절차의 원칙이란 헌법의 기본원리로서 형사절차상의 영역에 한정되지 않고 입법, 행정 등 국가의 모든 공권력의 작용에는 절차상의 적법성 뿐만 아니라 법률의 구체적 내용도 합리성과 정당성을 갖춘 실체적인 적법성이 있어야 한다는 것으로 이해한다(헌재 1992.12.24. 92헌가8). 이에 따라 행정절차의 헌법적 근거와 관련해서 적법절차조항근거설이 주장된다. 그런데 헌법재판소가 적법절차의 원칙을 정의한 것이 과연 그에 맞는 것인지 의문이 든다. 오히려 그것은 마치 실질적 법치주의에 대한 것으로 여겨질 정도로 너무 넓다(기존 이해에 대한 비판으로 이준일, 헌법학강의, 2011, 464면 이하). 그리고 헌법 제12조가 기본적으로 신체의 자유를 그 대상으로 하기에, 과연 국가작용 일반에 대한 절차적 요청을 적법절차의 원칙으로 커버할 수 있는지 의문이다.

일반법적 바탕을 만들 때가 되었다.

7. 제6편 이의신청과 행정심판

행정작용에 대한 항변 시스템은 개별법상의 이의신청제도, 「부패방지 및 국민권익위원회의 설치 및 운영에 관한 법률」 상의 고충민원처리제도, 행정심판제도로 이루어져 있다. 이들 제도가 개별법에서 고립분산적으로 규정되고 운영되고 있기에, 체계적으로 정리할 필요가 있다. 분산시스템의 난맥은 단순한 법체계 차원의 문제가 아니라 실제적인 집행에서도 드러나곤 하는데, 자칫 국민의 권리보호메커니즘이 시스템적 효용보다는 대국민홍보적 관점에 재단될 우려가 있다.

이에 이상의 부분시스템을 하나의 전체 시스템에서 총괄적으로 규율할 필요가 있다. 이렇게 하면 개별법상으로 이의신청절차를 굳이 규정할 필요가 없으며, 고충민원처리 역시 법치국가원리의 구체화란 관점에서 다른 가치와 충돌함이 없이 그리고 다른 항변시스템의 한계영역에서 나름의 고유한 기능을 수행할 수 있다.

이런 통합적 시스템에선 행정심판 역시 새롭게 정립할 필요가 있다. 종래 행정소송을 따라하는 것이 행정심판제도개선의 목표하는 관점이 바뀌어야 한다. 행정심판절차를 행정소송의 전심절차로만 인식하는 태도는 행정심판의 고유한 얼굴을 없애버렸다. 사법지향적인 독일의 경우 행정심판전치주의가 채택되고 있음에도[41] 불구하고, 행정심판의 본질을 행정절차로 인식하고 있다. 행정소송과 다른 스탠스를 취하는 것이 행정심판의 존재이유를 분명히 한다.[42] 가령 행정심판의 현황에 의하면 법률상 행정심판이 강제된 도로교통법상의 불이익조치의 경우가 전체 행정심판 사건의 90퍼센트에 육박하는데, 행정심판에서 집행정지의 원칙을 수립하면 누구나 우선적으로 행정심판을 제기할 것이다. 하루바삐 행정심판청구인적격 규정에 관한 입법적 개선을 비롯한 행정심판제도를 개혁할 필요가 있다.

V. 맺으면서 - 行政法의 拔本的 改革의 첫 출발점의 마련

1984년의 행정심판법과 행정소송법, 1996년의 행정절차법, 1997년의 행정규제기본법의 제정의 경우가 보여주듯이, 그동안 우리 행정법과 행정법제는 새로운 제도의 마련을 계기로 도약하였다. 이를 본보기로 삼아 가칭 행정기본법을 통해 행정법도그마틱을 정리하고 새로운 행정법도그마틱의 성립을 강구하고자 한다. 법도그마틱의

41) 최근에는 주법차원에서 필요적 전치에서 임의전치로 바꾸는 것이 경향이다.
42) 이에 관해서는 김중권, 행정법기본연구 II(2009), 28면 이하 참조.

성문화가 법률가의 로망이긴 해도, 이런 시도는 매우 조심스러운 일이다. 자칫 설익은 논의로 말미암아 통일과 표준을 통한 긍정적인 효과보다는 성안과정의 혼란은 물론, 학문적 개방성과 발전가능성을 저해할 우려 역시 자아낼 수 있다. 당연하고 근거가 있는 우려이다. 행정기본법의 제정을 통해 그간의 행정법의 성과를 돌이켜 보며 자신의 현 수준을 가다듬어 보는 것만으로도 나름의 의미가 있겠지만, 그것을 넘어 행정법발전의 새로운 국면을 가져다줄 것이다.[43]

언제까지 행정법을 구슬주머니에서 파란 구슬, 빨간 구슬을 집는 식으로 접근할 것인지를 심각하게 고민할 필요가 있다. 이제 행정소송법의 개정에 따라 당사자소송이 공법관계를 포괄적으로 커버하게 되어 불원간 공법 전체가 행정소송법의 지배를 받게 될 것이다.[44] 이런 쟁송법 차원의 통일화에 맞춰 실체법 차원에서도 up-grade 되어야 한다. 실현되고 있는 법의 妥當根據는 과거에 있는 것이 아니라, 현재에 있다.[45] 가칭 행정기본법의 제정을 계기로 우리 행정법과 행정법제를 변혁하기 위한 토대가 차기정부에서 마련되길 기대한다. chalepa ta kala!: “The beautiful things are difficult to attain.”(Socrates).

* 공저(김중권/김영수), 공법연구 제41집 제3호, 2013.2.29. 29면 이하 소수.

43) 실체법을 부수적이지만 결코 단순한 부수적 차원에서 규율한 것으로 볼 수 없는 독일의 행정절차법의 경우 그것이 州 차원에서는 1950년대에 만들어졌으며(바덴뷔르템베르크 주의 경우 1955년, 베를린의 경우 1958년, 브레멘의 경우 1960년에 제정), 연방차원에서는 1957년부터 위원회를 구성하여 기본구상을 가다듬어 1976년에 만들어졌다.

44) 최근의 행정소송법개정작업과 관련한 행정법의 개혁에 관해서는 졸고, 當事者訴訟의 活性化에 즈음한 行政法의 改革에 관한 小考, 헌법재판의 새로운 지평(이강국 헌법재판소장 퇴임기념논문집), 2013, 379면 이하(본서 245면 이하) 참조.

45) 김형배, 법학방법론, 1981, 41면.

제 2 장

行政法에서의 학문현상으로서의 學說, 그에 대한 適正性 評價에 관한 小考

Ⅰ. 처음에－學說의 順機能과 逆機能

사전상으로 학설이란 학문적인 문제에 대해 학자가 내세우는 주장(主張)이나 이론(理論)을 의미한다. 즉, 학술적 문제에 대하여 주장하는 이론 체계를 일컫는다. 학문에 학설과 이론은 당연하며, 百花齊放百家爭鳴 가운데 다양하고 풍부한 학설의 전개가 해당 분야의 고차적 학문성을 나타내기도 한다. 특히 법률의 해석과 적용에서 쟁점에 관한 다양한 학설은 필연적이며. 이에 따라 학문으로서의 법학이 정립된다. 타당한 근거를 출발점으로 설득력있는 주장을 전개하는 학설의 존재가 심오한 이론적 접근을 가능케 하여 학문의 격을 올린다(학설의 순기능). 그런데 대부분의 우리 법제는 繼受가 아닌 移植의 所産이다. 그리하여 학문후진국으로선 피할 수 없는 비교법적 고찰이, 正反合의 과정에서 진행되는 진정한 비교법적 고찰에 이르기보다는 자칫 移植의 또 다른 형태에 머물곤 한다. 그 결과 종종 법제상으로 난맥상이 빚어지거니와, 학설의 혼란상 역시 사소하지 않다. 그리하여 학설이 학문성을 제고하기는커녕 학문적 접근을 저해하는 정체상황이 빚어지곤 하며, 이런 역기능이 往往 순기능을 압도하기도 한다. 이식법학과 수입법학이라는 매우 거슬리는 표현까지도 종종 운위되며, 학설의 난맥상은 개념법학이란 용어로 격하・치부되기도 한다.

학문이 기본적으로 해당 전문가를 대상으로 하여 학설에 접근하기 쉽지 않은 것은 사실이지만, 그것에 접근함에 있어서 전문가마저 심각하게 곤혹스러움을 느낀다면, 학문 자체가 매우 취약하게 될 것이다. 학문의 소임은 심오한 성찰을 위한 틀을 제공하고 지속적인 발전경향을 제시하는 것이어서 학문의 자기만족은 이런 소임에 배치된다. 더욱이 법학이란 학문적 지식의 이전을 행한다는 점에서 특히 그러하다. 따라서 학설 역시 부단히 변하는 환경에 상응하지 않으면 아니 되며, 동시에 난맥상을 해소하기 위하여 학설의 다이어트 역시 강구되어야 한다. 특히 다른 法域과는 달리 통일된 법전을 갖지 않은 행정법의 경우, 그것은 사법, 입법, 행정 그리고 학문이 함께 기여하여 구축한 공동작업이어서[1] 그 자체가 학설집적의 所産이다. 그리하여 학설의 역기능이 종종 도드라지게 느껴지곤 한다. 사실 기왕의 학설 상당수가 과연 학설로 다룰 만큼 이론적 체계와 현실적 성찰이 동반된 법리주장에 해당하는지 적잖이 의문을 자아낸다. 실정법의 해석에서 생각가능한 하나의 관점까지도 언필칭 학설로 명기하곤 하는데, 이는 법학의 학문적 위상을 심하게 훼손시킨다.[2]

지금 행정법학은 그것의 토대는 물론 주위환경의 변화에 따라 그 자체 변화를 요구받고 있다. 무분별한 민간화와 규제완화의 時代思潮속에 전통적인 국가(행정)영역은 축소되는 반면 민간의 힘과 영역은 비할 데 없이 확대되고 있다. 아울러 내외국법의 경계를 희석시킬 FTA 체제가 조만간 출현할 것이다. 비록 모든 행정법적 쟁점이 잠재적인 헌법적 쟁점이긴 하지만, 민주화 이후 헌법재판이 매우 활성화되어 행정법의 적용우위마저 어색하게 여겨질 지경이다. -비록 당시에 실질적 법치국가원리가 상정되진 않았지만- 일찍이 O. Mayer가 법치국가를 '잘 정리된 행정법의 국가'(Staat des wohlgeordneten Verwaltungsrechts)로 정의한 것[3]을 대입하면, 학설로 인한 행정법의 난맥은 곧바로 법치국가원리의 난맥으로 이어진다. 이런 내외의 환경변화로 전통적인 행정법학은 이미 많은 부분에서 난맥상을 노정하고 있다. 따라서 기왕의 패러다임에 관한 성찰이 절실히 요구되며, 그 출발에서 기왕의 학설 전반을 그것의 출처와 현행 법제를 바탕으로 곱씹어 보아야 한다.[4]

학문이 日淺한 필자로선 행정법에서 쟁점학설의 현황과 그에 대해 평가한다는 것

---

1) Schmidt-Aßmann, Aufgaben und Perspektiven verwaltungsrechtlicher Forschung: Einige Überlegungen zum Thema: Die Wissenschaft vom Verwaltungsrecht, 2006, S.26f.

2) 최근 우리 법학의 현주소는 교과서법학이나 수험법학의 수준을 넘어 다이제스트법학이라 할만하다. 여기에 불필요한 학설의 과잉양산이 더해져서 법학의 학문성은 과거에 비할 수 없는 수준에 머물고 있다. 그 결과 학문으로서의 '법학'은 심각한 위기에 놓여 있다. 안암법학회의 2009년 추계학술대회는 이런 위기에 대응하기 위한 시도의 일환인 셈이다.

3) O. Mayer, Deutsches Verwaltungsrecht, 3.Aufl. 1924. S.58.

4) 새삼 崔仁勳의 「원시인이 되기 위한 문명한 의식」에서의 지적: "외국문화는 어떤 것이든지 받아들여도 좋다. 다만 原物形으로 받아들일 것이 아니라, 그것을 요소로 분해해서 구조식을 알아내고, 다음에는 소재는 국산자재든 수입자재든 간에 완제품을 국내생산을 하여 저렴한 가격으로(즉 정신적 낭비-외국숭배 · 물신숭배를 줄이고) 지식시장에 내놓는 일이 바른 태도일 것이다"이 많은 것을 시사한다.

은 적잖이 경솔할 뿐더러, 자칫 稚氣에 그칠 우려가 있다. 하지만 법학이 학문적 지식의 이전을 행한다는 점에서, 비판의 바람이 자유로이 불지 않으면 학문성은 견지될 수 없다. 따라서 이런 문제인식을 바탕으로 하여, 행정법상으로 전개된 학설 가운데 특히 쟁점거리가 되는 것의 적정성을 효과적으로 평가하기 위하여, 여러 쟁점 학설을 아래와 같이 나누어 접근하고자 한다. 다만 이런 문제상황은 필자 나름대로 분류하여 판단한 것이며, 그 분류에 필연적으로 약간의 중첩이 초래되었다는 점 역시 분명히 하고자 한다.[5)]

Ⅱ. 學說과 判例의 不調和 事例

1. 「공공기관의 운영에 관한 법률」상의 공공기관의 입찰참가제한행위의 법적 성질

(1) 학설의 현황

기능적 행정청개념에 연계하여 '政府投資機關의 入札參加制限行爲의 法的 性質'이 문제된다. 종래 판례는 행정청이 행한 경우와는 달리 정부투자기관이 행한 입찰참가제한은 사법적 효력만을 갖는 통지에 불과하다고 판시하였다.[6)] 그런데 1999.2.5.자 舊 政府投資機關管理基本法(이하 '政投法'이라 한다)의 개정에서 입찰참가제한행위에 관한 규정(동법 제20조 제2항, 제3항: 현행 공공기관의 운영에 관한 법률 제39조 제2항)을 둔 이후엔 그것의 처분성이 주장되고 있으며,[7)] 나아가 개정법상황에선 판례가 당연히 처분으로 볼 것이라 전망되기도 한다. 이런 상황에서 서울고법 2005.9.7. 선고 2003누9734판결은 물론, 행정심판사건[8)]에서도 그것의 처분성이 인정되었다.

(2) 管見[9)]

그런데 법인체형공기업인 정부투자기관은 정부가 출자하며, 국가의 감독을 받으며,

---

5) 그리고 이하의 내용 가운데 상당부분은 필자가 기왕에 여러 지면에서 지적한 것을 중심으로 수정, 보완한 것임을 분명히 밝혀둔다.

6) 대법원 1999.11.26. 자 99부3결정 등.

7) 홍준형, 입찰참가자격제한조치의 법적 성질, 법제, 1997.7., 13면 이하; 이광윤, 공기업의 입찰참가자격제한행위의 법적 성질, 법제, 2001.6., 3면 이하; 김남진, 공사 등의 입찰참가자격정지의 성질, 고시연구 2001.10., 133면 이하; 이원우, 항고소송의 대상인 처분의 개념요소로서 행정청, 저스티스 제68호, 2002.8., 160면 이하; 박정훈, 부정당업자의 입찰참가자격제한의 법적 제문제, 서울대 법학, 제46권 제1호, 2004.12., 282면 이하 참조.

8) 2006.4.10. 의결 행정심판재결례200601311. 여기서의 피청구인은 한국전력공사인데, 대법원 99부3결정의 피고 역시 한국전력공사이다.

9) 상세는 졸고, 정부투자기관의 입찰참가제한행위의 법적 성질에 관한 소고, 법률신문 제3486호(2006.8.31.).

근거법률에 의해 성립하기도 한다는 점에서 공적인 성격을 지니지만, 행정청형공기업과는 달리 국가의 행정조직밖에 위치하며 그 존재형식은 사법인(사법주체)이다.[10] 공법의 작용형식을 사용할 권능이 결여되기에, 이런 기관은 사법적으로만 활동할 수 있다.[11] 즉, 조직형식과 작용형식의 구분에 따른 작용형식선택의 자유를 누리지 못한다. 요컨대 정부투자기관의 경우는 일종의 형식적 또는 조직적 民間化(私的化 민영화)에 해당하는 셈이어서, 임무 그 자체는 여전히 공적이지만-그러나 고권적이진 않다-, 임무의 조직이 민간화되었다. 이런 기관을 다시금 기능적, 실질적 의미의 행정청개념으로 포섭하면, 자칫 民間化를 무색케 하는 公的化(Publifizierung)가 발생할 수 있다. 물론 (법률에 의해) 고권적 권능이 이들 사법주체인 기관에게 위탁된 경우에는 법상황이 다르다. 이런 경우엔 공무수탁사인의 지위를 갖는다. 이에 동법상의 입찰참가제한을 행정처분으로 보는 것은 당연히 再考되어야 한다.

그리고 본래의 행정청이 아닌 기관(사인)이 행정청으로서의 지위를 갖는 데 있어서, 관건은 법령에 의한 행정권한의 귀속이나 위임(위탁)이 존재하는지 여부이다. 따라서 개정 政投法은 물론 현행 「공공기관의 운영에 관한 법률」에서 근거규정의 마련이 처분성인정론의 결정적인 계기가 된 것만은 사실이다. 과연 이들 근거규정(舊政投法 제20조 제2항:現 공공기관의 운영에 관한 법률 제39조 제2항)을 통해서 행정권한이 정부투자기관에게 성립하였는가? 現 「공공기관의 운영에 관한 법률」 제39조 제2항상의 당해 행위 역시 처분성을 갖지 못한다. 처분개념정의상 공권력행사의 의미는 행정행위가 고권적 조치이어야 함을 나타낸다. 여기서의 '고권적'이란 것이 공법적인 것을 뜻하는지 논의의 여지가 있지만, 판례는 독일에서의 지배적 입장과 비슷하게 바로 공법행위를 대입시킨다.[12] 그런데 「공공기관의 운영에 관한 법률」 자체는 일종의 정부투자기관까지도 널리 포함시킨 간접적 국가조직을 규율하기 위한 內部法일 따름이다. 따라서 內部法에 불과한 「공공기관의 운영에 관한 법률」 상의 입찰참가제한규정만으론 국민에 대한 직접적 개입 즉, 공법적 효과를 성립시키는 근거로 삼을 순 없다. 설령 한국전력공사법 등과 같은 개별법률에 규정을 두었더라도, 입찰참가제한 그 자체가 공권력행사가 아니기에 변함이 없다. 결국 당해 행위로 비롯된 법효과는 결코 공법적 차원의 것이 되지 못한다. 판례는 國家契約法 및 그 시행령상의 입

10) 이런 사법인을 독일에선 '사법적으로 조직된 행정주체(Verwaltumgsträger)'로 표기하기도 하지만, 이런 사법적 조직을 행정주체에 귀속하여야 하는지의 물음은 행정주체개념의 廣狹에 따른 개념형성의 문제라고 한다. Vgl. Maurer, Allg. VerwR, 17.Aufl. 2008, §21 Rn.15ff.

11) Ehlers, in: Erichsen/Ehlers(Hrsg.), Allg. VerwR, 13.Aufl., 2006, §3 Rn.48.

12) 한편 현대민주국가에선 官憲國家의 殘痕인 '고권적'이란 표현은 '공권력행사', '행정적', '공법적'이란 표현으로 대체되어야 한다고 주장된다. Vgl. Emmerich-Fritsche, Kritische Thesen zur Legaldefinition des Verwaltungsakts, NVwZ 2006, 762ff.

찰절차나 낙찰자 결정기준에 관한 규정의 성질을 '국가의 내부규정'으로 정당하게 판시하였다.[13] 이 점에서도 「공공기관의 운영에 관한 법률」 상의 입찰참가제한을 행정처분으로 보는 것은 당연히 再考되어야 한다. 한편 이런 사정을 고려하지 않고 위임입법의 법리를 國家契約法 제27조 제1항과 政投法 제20조 제2항에 그대로 투영한, 헌재 2005.6.30. 2005헌가1과 2005.4.28. 2003헌바40은 문제가 있다.

2. 행정개입청구권의 인정여부

(1) 학설의 현황과 판례의 태도

대부분의 행정법문헌은 행정개입청구권(Anspruch auf behördliches Einschreiten) 또는 행정권발동청구권을 광의로는 행정권의 발동을 청구할 수 있는 일체의 공권으로, 협의로는 자기를 위하여 타인에 대해 행정권을 발동할 것을 요구할 수 있는 공권으로 이해하며, 이 가운데 특히 협의의 행정개입청구권이 일반적으로 통용되고 있다. 그리하여 행정개입청구권 역시 개인적 공권마냥 공권의 일반적 성립요건(① 강행법규에 의거한 작위의무의 발생, ② 사익보호성)의 충족을 필요로 하며, 그 요건이 충족되면 의당 개인은 -행정측에 대해 행정개입하여 줄 것을 직접 청구하였지만, 그 청구가 받아들여지지 않은 경우에는- 행정심판(의무이행심판)이나 행정소송(부작위위법확인소송·거부처분취소송)을 통해 그 권리를 추구할 수 있거니와, 손해발생시에는 손해배상을 청구할 수 있다고 기술하고 있다. 요컨대 무하자재량행사청구권과 더불어 독일의 학설·판례를 통해서 발전된 이론적 소산인 행정개입청구권의 법리와 관련해선, 그것의 도입필요성에 대한 소극적인 태도를 압도하는 경향이 대세를 형성하여 그것이 우리 네 학문적 자산의 카테고리에 들어온 지도 상당한 시간이 지났다.

그러나 대법원은 1999.12.7. 선고 97누17568판결에서, 「구 건축법(1999.2.8. 법률 제5895호로 개정되기 전의 것) 및 기타 관계 법령에 국민이 행정청에 대하여 제3자에 대한 건축허가의 취소나 준공검사의 취소 또는 제3자 소유의 건축물에 대한 철거 등의 조치를 요구할 수 있다는 취지의 규정이 없고, 같은 법 제69조 제1항 및 제70조 제1항은 각 조항 소정의 사유가 있는 경우에 시장·군수·구청장에게 건축허가 등을 취소하거나 건축물의 철거 등 필요한 조치를 명할 수 있는 권한 내지 권능을 부여한 것에 불과할 뿐, 시장·군수·구청장에게 그러한 의무가 있음을 규정한 것은

---

13) 대법원 2006.4.28. 선고 2004다50129판결 등. 그런데 판례는 국가계약법 제27조에 따른 행정청의 입찰참가제한조치를 행정처분으로 보는데(대법원 1999.3.9. 자 98두18565결정 등), 이익이론이나 과거의 구 주체이론을 취하지 않고선 이런 모순적 접근이 정당화될 순 없다. 비슷한 지적으로 이상규, 입찰참가자격제한행위의 법적 성질, 행정판례연구 제1집, 1992, 127면 이하.

아니므로 위 조항들도 그 근거 규정이 될 수 없으며, 그 밖에 조리상 이러한 권리가 인정된다고 볼 수도 없다」라고 판시하였다.

(2) 管見[14)]

이 판례는 우선 우리의 대부분 문헌들이 행정개입청구권을 일반적으로 시인하고 있고, 심지어 국가시험에서조차 그것이 긍정적으로 다루어지고 있는 현실에 정면으로 배치된다. 나아가 우리 행정법의 거의 모든 문헌에서 인정되고 있는 행정개입청구권의 법리가 건축법영역은 물론 나아가 관련한 모든 행정영역에서 존재할 수 있는지 심각한 의문이 제기된다. 왜냐하면 행정개입청구권의 출발점인 개입수권에 대해서 제3자가 자신의 이익을 위하여 적용(즉, 행정권발동)을 주장할 수 없다고 법원이 확인한 이상, 행정개입청구권은 초엽부터 실현될 수가 없기 때문이다. 우리 행정법학의 발전을 완전히 뒤집는 셈인 동판례의 부당성은 아무리 강조하여도 지나치지 않거니와, 동지의 판례가 과거에도 엄존한 사실에서[15)] 이 같은 법원의 태도가 새삼스럽지 않음을 확인할 수 있다. 그럼에도 불구하고, 관련 판례에 대한 나름의 대응이 문헌상 그다지 보이지 않는다. 이런 침묵속에서 대법원 1999.12.7.선고 97누17568판결은 이른바 새만금판결에서 피고가 신청권부존재에 따른 거부처분의 불성립을 항변하기 위하여 원용되었다. 법원으로선 만약 신청권의 존재를 인정하지 않는다면 기왕의 자신의 입장에 의거하여 각하판결을 내렸어야 할 것이지만, 1심법원(서울행정법원 2005.2.4. 선고 2001구33563판결)은 신청권의 존재를 명시적으로 긍정하면서 거부처분취소판결을 하였고, 반면 이후엔 명시적으로 긍정하는 언급을 하지 않은 채 기각판결을 하였다(서울고등법원 2005.12.21. 선고 2005누4412판결; 대법원 2006.3.16. 선고 2006누330전원합의체판결). 그러나 일련의 새만금판결을 통해 (제3자에 대한) 행정개입청구권에 대한 접근에서 변화의 모습을 보여준 법원은 대법원 2006.6.30. 선고 2004두701판결을 통해 원래의 입장(행정개입청구권의 부정)으로 복귀하였다.[16)] 새만금판결조차도 법원의 용기있는 자기부정에서 비롯되었다기보다는 일회적인 자기일탈의 소산으로 느껴진다. 개입수권의 의의, 재량 영으로의 축소 및 쟁송상의 관철방도에 관

---

14) 이에 관한 상세는 졸저, 행정법기본연구Ⅰ, 2008, 69면 이하(建築法上의 鎭壓的 介入手段을 통한 隣人保護에 관한 小考, 공법연구 제29집 제3호 2001.5., 347면 이하), 87면 이하((제3자에 대한) 行政介入請求權의 認定과 관련한 法的 問題點에 관한 小考, 저스티스 제86호, 2005.8.): 행정법기본연구Ⅱ, 2009, 449면 이하(위법건축물에 대한 인인보호의 문제점에 관한 소고, 인권과 정의 299호, 2001.7., 112면 이하); 졸고, Quo vadis-행정개입청구권(행정개입에 관한 인인의 보호청구권)?, 고시연구 2001.7., 42면 이하; 이른바 새만금판결의 행정법적 의의에 관한 소고, 고시연구 2006년 6월호, 63면 이하; '새만금판결'의 행정법적 의의에 관한 소고, 법률신문 제3459호(2006.5.18.).

15) 대판 1996.11.29, 96누9768; 1996.1.23, 95누1378; 1993.4.23, 92누17099.

16) 동판결의 문제점에 관한 상세는 졸고, 채석허가에 따른 적지복구상의 산림소유자의 법적 지위, 법률신문 제3563호(2007.6.18.) 참조.

한 충분한 바탕적 논의가 선행되지 않은 채 행정개입청구권의 법리가 소개된 결과, 아직도 그것은 실천적인 학문적 자산이 되지 못하고 있다. 사실 거부처분 및 부작위를 대상으로 한 소송에서의 원고적격의 문제가 제대로 규명되지 않았기에, 행정소송법개정으로 설령 의무이행소송을 도입하더라도, 신청권에 관한 기왕의 이해가 拔本的으로 바뀌지 않고선, 그것을 통한 권리보호의 효과는 별반 크지 않을 것이다. 여기서 일찍이 Ossenbühl이 '행정법의 주관적 권리화' 경향을 행정법체계상의 코페르니쿠스적 전환이라 표현한 점[17]을 상기하고자 한다.

3. 거부처분의 인정공식의 문제

(1) 학설의 현황과 판례의 태도

일찍이 계획변경신청권의 존재를 부인한 대법원 1984.10.23. 선고 84누227판결의 궁극적인 의의는, 거부처분의 성립요건으로 '국민이 행정청에 대하여 그 신청에 따른 행정행위를 해줄 것을 요구할 수 있는 법규상 또는 조리상의 권리' 즉, '신청권'의 존재를 요구한 점에 있다.[18] 이로부터 비롯된 거부처분 인정 공식은 지금껏 후속 판결은 물론 행정심판에서도 그대로 전승되고 있는데,[19] 다만 거부행위의 규율성격을 인정하기 위해 요구되는, '신청권에 바탕을 둔 신청인의 법률관계상의 변동'과 관련해선, 완화된 입장을 취하고 있다.[20] 이처럼 처분성인정(대상적격)의 물음에 원고적격의 물음을 혼입시키는 것이 문제의 시발인데, 대부분의 문헌이 이 점을 강하게 비판하고 있다.[21] 비판의 주요 근거는 실정법상의 처분 개념정의에서 거부처분의 인

---

17) Der., Die Weiterentwicklung der Verwaltungswissenschaft, in: Jeserisch/Pohl/v. Unruh(Hrsg.), Deutsche Verwaltungsgeschichte, Bd. V, 1987, S.1143(1146).

18) 「국민의 신청에 대한 행정청의 거부처분이 항고소송의 대상이 되는 행정처분이 되기 위하여는, 국민이 행정청에 대하여 그 신청에 따른 행정행위를 해줄 것을 요구할 수 있는 법규상 또는 조리상의 권리가 있어야 하는바, 도시계획법상 주민이 도시계획 및 그 변경에 대하여 어떤 신청을 할 수 있음에 관한 규정이 없을 뿐만 아니라, 도시계획과 같이 장기성·종합성이 요구되는 행정계획에 있어서는 그 계획이 일단 확정된 후에 어떤 사정의 변동이 있다고 하여 지역주민에게 일일이 그 계획의 변경을 청구할 권리를 인정해 줄 수도 없는 이치이므로 도시계획시설변경신청을 불허한 행위는 항고소송의 대상이 되는 행정처분이라고 볼 수 없다」: 이 판결에 대한 비판적 입장으로 이홍훈, "도시계획과 행정거부처분", 행정판례연구 제1집, 1992, 115면 이하 참조.

19) 가령 공원묘원 설치를 위한 재단법인의 설립허가를 받은 다음에 사설묘지허가신청의 일환으로 국토이용계획(용도지역)변경을 구한 행정심판사건(국행심 01-0903)에서, 행정심판위원회 역시 판례의 원칙적 입장을 그대로 채용하여 각하재결을 의결하였다. 이 사안과 관련해선 진광엽, "행정심판법 4조 의무이행심판에 있어서의 거부처분이나 부작위의 개념", 법률신문 제2976호(2001.5.7.), 14면 참조.

20) 대법원 1992.3.31. 선고 91누4911판결; 1992.12.8. 선고 92누7542판결; 1993.3.23. 선고 91누8968판결; 2000.12.22. 선고 98두18824판결 등의 기조를 바탕으로 대표적으로 대법원 2002.11.22. 선고 2000두9229판결은 "여기에서 '신청인의 법률관계에 어떤 변동을 일으키는 것'이라는 의미는 신청인의 실체상의 권리관계에 직접적인 변동을 일으키는 것은 물론 그렇지 않다 하더라도 신청인이 실체상의 권리자로서 권리를 행사함에 중대한 지장을 초래하는 것도 포함한다고 해석함이 상당하다"고 판시하였다. 그리하여 대법원 2007.10.11. 선고 2007두1316판결은 건축계획심의신청에 대한 반려와 관련해서, 중간행위적 접근을 하지 않고 독립된 거부처분으로 바라보았다. 여기선 다단계적 행정행위의 측면에서 검토할 점이 있다.

정과 관련해서 신청권에 관한 요구가 없다는 것이다.[22] 하지만 비판이 비등함에도 불구하고, 판례는 기조를 변함없이 유지하면서 신청권의 인정범위를 확대하고 있다.[23]

(2) 管見

한편 신청권의 존부에 관한 논증에서 대법원 1998.7.10. 선고 96누14036판결과 대법원 1996.6.11. 선고 95누12460판결에는 규명될 부분이 있다. 대법원 1998.7.10. 선고 96누14036판결이 거부처분의 성립요건으로 신청권의 존재에 덧붙여 i) 그 신청한 행위가 공권력의 행사 또는 이에 준하는 행정작용이어야 할 것, ii) 그 거부행위가 신청인의 법률관계에 어떤 변동을 일으킬 것을 요구한 이래로, 이런 논증양식이 포맷팅되고 있다. 일단 행정소송법상의 처분정의에 의거한 듯한 점은 호평되어지나, 문제점 또한 안고 있다. 우선 i)과 ii)가 독립되게 요구될 정도로 서로 본질적으로 나누어질 대상인지 의문스럽다. 신청대상행위가 i)의 요건을 충족하면, 그것의 거부는 당연히 ii)의 요건을 충족하게 된다. 따라서 i)과 ii)는 불필요하게 중복된 것이라 하겠다. 그런데 과연 이 판결이 현행법상의 처분정의에 부합하는지 여부도 의문스럽다. 현행 행정소송법 제2조 제1항 1호상의 처분정의상 행정행위(처분)가 아닌 사실행위나 공법계약체결의 거부는 거부처분이 될 수 없다.[24] 이 점에서

---

21) 신청권의 존재를 거부처분의 개념요소로 인정하는 것과 관련해선, 많은 문헌에서 다투어지고 있다. 문헌상의 현재의 논의현황에 관해선 김종보, 도시계획변경거부의 처분성, 행정법연구 제11호, 2004, 259면 주37) 참조.

22) 대표적으로 김남진 교수님의 지적: "법원은 行政訴訟法의 處分의 定義(동법 제2조 1항, 제1호)와는 무관하게 독자적인 처분개념을 내세워 處分性의 문제를 해결하려는 것으로 보이는 바, 成文法國家인 우리나라에서 그와 같은 태도(實定法輕視의 태도)는 지양되어야 할 것이다"(동인, 대법원의 처분개념에 대한 의문, 법률신문 제2844호, 1999.12.13.)은 매우 시사적이다.

23) 대표적인 예: 명문규정의 부재에도 불구하고 설치자명의변경의 요구권을 인정한 대법원 2003.4.11. 선고 2001두9929판결; 폐기물처리사업계획의 적정통보를 착안점으로 삼아 國土利用計劃變更申請權을 例外的으로 認定한 대법원 2003.9.23. 선고 2001두10936판결; 지목변경신청반려행위의 처분성을 인정한 대법원 2004.4. 22. 선고 2003두9015전원합의체판결; 대법원 2004.4.22. 선고 2000두7735전원합의체판결(이른바 서울대 미대 '김민수 교수사건'); 行政介入請求權과 行政行爲의 再審의 法理를 반영하여 거부처분을 인정한 대법원 2006.3.16. 2006두330판결(소위 새만금판결). 한편 대법원 2004.4.28. 선고 2003두1806판결은 '도시계획시설변경입안제안의 거부'를 거부처분으로 보았는데, 일종의 준비행위이자 절차행위인 '입안결정'의 거부를 처분으로 접근하여 법리적으로 심대한 문제를 야기한다. 동판결의 문제점에 관해선 졸고, 都市計劃變更立案의 提案에 대한 拒否의 處分性與否에 관한 小考, 법률신문 제3446호(2006.3.27.). 그리고 동 판결에 대한 긍정적인 평석으로 이선희, 도시계획입안 신청에 대한 도시계획 입안권자의 거부행위가 항고소송의 대상이 되는 행정처분에 해당하는지 여부, 대법원판례해설 제50호(2004년 상반기), 2004.12., 149면-171면.

24) 독일의 경우에도 과연 직무활동의 실행과 그 거부가 동일한 법적 성질을 갖는지가 다투어진다. 특히 사실행위의 거부와 관련하여, 다수는 사실행위실행에 관한 결정은 원하는 급부와의 관계에서 단지 비독립적인 부속물에 불과하고 법적 구속력있는 규율을 가지지 않음을 근거로, 처분성을 부인한다. 그러나 P. Kruse가 거부된 행위의 성질로부터 거부를 추론하는 것은 선험적으론 정당화되지 않으며, 단지 명문이나 관습법적 규율에 의해서만 허용된다고 강변하듯이, 반대의 입장도 상당하며, 판례의 경향 또한 판단하기가 쉽지 않다. 이에 관해선 vgl. Kopp/Schenke, VwGO Kommentar, 12.Aufl., 2000, §42 Rn.40; P. Krause, Rechtsformen des Verwaltungshandelns, 1974, S.201f.; Lässig, DVBl. 1979, S.561(562).

대법원 1998.7.10. 선고 96누14036판결상의 ⅰ)의 요건은 처분정의와는 분명한 間隙이 있으며, 또한 기본적으로 기왕의 판결과 궤를 같이 한다.[25] 그리고 대법원 1996.6.11. 선고 95누12460판결은 신청권을 신청의 인용이라는 만족적 결과를 얻을 권리 즉, 실질적 권리(청구권)차원에서 이해하지 않는다.[26] 따라서 기실 신청에 대한 단순한 응답요구권(이른바 형식적 신청권)만으로도 거부처분의 근거점인 신청권의 존재가 인정된다.[27] 그런데 대법원 1984.10.23. 선고 84누227판결을 그대로 전승한 판결들과는 분명히 거리가 있다고 여겨질 정도로 기본태도에 차이가 있는 이 판결은 아쉽게도 후속판결에서 그다지 참고되지 않고 있다. 그 연유가 궁금하다.

요컨대 거부처분여부를 판단함에 있어서 원고적격차원의 물음인 신청권의 존부를 연계시킨 것은, 분명 현행 행정소송법체제('84년 체제')에선 명문에 반하며, 원고적격의 물음과 대상적격의 물음을 독립적으로 접근하는 것이 체계적이다. 하지만 소송요건의 차원에서 합일적으로 접근하는 것이, 다른 문제점(소송요건에 대한 가능성 견지에서의 접근의 결여)보다 권리구제가능성의 측면에서 치명적이라고 할 순 없다. 왜냐하면 원고적격의 물음을 따로 논하지 않기 때문이다. 기왕의 논의를 한 차원 높여 새롭게 다듬을 필요가 있다.

4. 자유재량과 기속재량의 구분 문제

재량이 행위의 측면 즉, 효과선택에 있다고 보는 입장에선 재량을 '복수행위간의 선택의 자유'로 이해하며, 의당 자유재량(공익재량, 편의재량)과 기속재량(법규재량)으로 나누는 데 대해서 부정적이다. 모든 재량행위는 재량의 한계내에서는 '자유'로운 반면, 재량의 한계를 벗어날 수 없는 '기속'을 받기에, 결국 자유롭지 아니한 재량이 없고 기속받지 않는 재량은 존재하지 않는다는 것이다.[28]

자유재량행위 및 기속재량행위를 각각 재량행위 및 기속행위와 동렬에 놓는 듯한 판례도 있지만,[29] 재량행위와 기속행위로 나눈 다음 재량행위를 다시 자유재량행위

25) 동지: 홍준형, 평생교육시설 설치자 지위승계와 설치자변경 신청서 반려처분의 적법여부, 행정판례연구 제8집, 2003, 97면 주3).

26) 「거부처분의 처분성을 인정하기 위한 전제요건이 되는 신청권의 존부는 구체적 사건에서 신청인이 누구인가를 고려하지 않고 관계 법규의 해석에 의하여 일반 국민에게 그러한 신청권을 인정하고 있는가를 살펴 추상적으로 결정되는 것이고, 신청인이 그 신청에 따른 단순한 응답을 받을 권리를 넘어서 신청의 인용이라는 만족적 결과를 얻을 권리를 의미하는 것은 아니다. 따라서 국민이 어떤 신청을 한 경우에 그 신청의 근거가 된 조항의 해석상 행정발동에 대한 개인의 신청권을 인정하고 있다고 보여 지면 그 거부행위는 항고소송의 대상이 되는 처분으로 보아야 할 것이고, 구체적으로 그 신청이 인용될 수 있는가 하는 점은 본안에서 판단하여야 할 사항인 것이다」

27) 동 판결에 의거하여, 나아가 신청대상행위의 처분성이 긍정되면, 이는 형식적 신청권 역시 긍정하는 셈이 되기에, 별도로 형식적 신청권을 요구할 필요가 없다고 한다. 김남진/김연태, 행정법Ⅰ, 2010, 750면 이하.

28) 대표적으로 김남진/김연태, 행정법Ⅰ, 201면.

와 기속재량행위로 세분하는 판례[30]가 우세하다. 그리하여 판례상으로는 여전히 자유재량과 기속재량의 구분이 행해지고 있다. 즉, 판례는 채광계획인가(대법원 2002.10.11. 선고 2001두151판결), 산림형질변경허가(대법원 1998.9.25. 선고 97누19564판결), 농지전용·용도변경승인(서울행정법원 1999.11.12. 선고 99구15869판결), 과징금부과처분(서울고등법원 1999.2.23. 선고 98누13654판결), 사설묘지 등의 설치허가(대법원 1995.12.22. 선고 95추32판결), 舊 약사법 제26조에 따른 허가사항변경허가(대법원 1987.2.24. 선고 86누376판결)에 대해서는 명시적으로 기속재량을 인정한 반면, 구 도시계획법상의 개발제한구역 내의 건축물의 용도변경허가(대법원 2001.2.9. 선고 98두17593판결)에 대해선 재량행위 내지 자유재량행위를 인정하였다.

대법원 2002.10.11. 선고 2001두151판결이 보여주듯이, 판례상으로 기속재량이 인정되는 이유가 중대한 공익에 따른 거부의 인정 즉, 법정외 거부사유의 인정에 있다.[31] 다수의 경향과는 달리 판례가 철회의 법적 근거에서 근거불요설을 견지하는 이상 기속재량행위를 통해 법정외 거부사유를 인정하는 것이 나름의 이유가 될 순 있지만, 구별의 구제적인 기준이 제시되지 않은 결정적인 의문에서 자유롭지 못하다. 구분의 효과 역시 법률유보원칙에 반한다는 점에서, 더 이상 혼란스러운 구분을 하지 말고 재량행위와 기속행위의 구분하에 논의를 전개하는 것이 바람직하다.

5. 공정력의 이해

(1) 문제의 판례의 의의

일찍이 부담적 처분(허가취소처분과 운전면허취소처분)에 위배하여 범한 법위반행위의 가벌성이 문제된 사안에서, 대법원 1993.6.25. 선고 93도277판결과 대법원 1999.2.5. 선고 98도4239판결은 부담적 처분이 취소된 이상, 그 행정처분은 처분시에 소급하여 효력을 잃게 되고 따라서 "처분에 복종할 의무가 원래부터 없었음이 확정되었다"고 하여 그 법위반행위를 무죄로 선고하였다. 즉, 행정행위의 공정력에 취소판

29) 대법원 2001.2.9. 선고 98두17593판결: 구 도시계획법(2000.1.18. 법률 제6243호로 전문 개정되기 전의 것) 제21조와 같은 법시행령(1998.5.19. 대통령령 제15799호로 개정되기 전의 것) 제20조 제1, 2항 및 같은법시행규칙(1998.5.19. 건설교통부령 제133호로 개정되기 전의 것) 제7조 제1항 제6호 (다)목 등의 규정을 살펴보면, 도시의 무질서한 확산을 방지하고 도시주변의 자연환경을 보전하여 도시민의 건전한 생활환경을 확보하기 위하여 지정되는 개발제한구역 내에서는 구역 지정의 목적상 건축물의 건축이나 그 용도변경은 원칙적으로 금지되고, 다만 구체적인 경우에 위와 같은 구역 지정의 목적에 위배되지 아니할 경우 예외적으로 허가에 의하여 그러한 행위를 할 수 있게 되어 있음이 위와 같은 관련 규정의 체재와 문언상 분명한 한편, 이러한 건축물의 용도변경에 대한 예외적인 허가는 그 상대방에게 수익적인 것에 틀림이 없으므로, 이는 그 법률적 성질이 재량행위 내지 자유재량행위에 속하는 것이라고 할 것이고, 따라서 그 위법 여부에 대한 심사는 재량권 일탈·남용의 유무를 그 대상으로 한다.

30) 대법원 2008.5.29. 선고 2007두18321판결.

31) 동지: 김동희, 판례상의 기속재량에 관한 일고, 행정판례연구 제8집, 2003, 62면.

결의 소급효를 곧바로 대입하여 행정행위의 공정력을 空洞化하였다. 대법원 2008.1.31. 선고 2007도9220판결[32] 및 직접적인 참조판례인 대법원 2002.11.8. 2002도4597판결은 이런 기조를 그대로 수용하여 취소판결의 소급효적 관점을 부담적 처분의 철회에 연계시켜 철회의 소급효를 논증하였다. 양자 공히 취소판결의 소급효를 행정행위의 공정력에 관한 논의에 그대로 대입한 결과이다. 그리하여 일반적으로 인정되는 법도그마틱인 행정행위의 공정력이 전적으로 절차적 의미만을 지닌다고 확인된다. 그리하여 박정훈 교수는 대상판결을 비롯한 판례의 흐름과 더불어 독일 행정절차법 제43조 제2항과 같은 조항의 不在를 들어, 취소소송의 성격을 종전의 일반적 이해인 형성소송적 성격과 배치되게 확인소송적 성격이라고 주장한다.[33]

(2) 管見[34]

판례의 이런 기조가 이미 행정법도그마틱상으로 확고히 굳어졌다고 할 것 같으면, 행정법문헌상의 행정행위의 공정력에 관한 일반적 논의는 지극히 공허할 수밖에 없고, 획기적인 방향전환이나 자기부정을 하지 않으면 아니 된다. 그럼에도 불구하고 문헌에선 이상의 관련 판례의 의의가 다각도로 검토되고 있지 않다. 이런 문제의식에 따른 공정력의 본질에 관한 깊이 있는 검토가 행해지지 않은 결과 공정력의 의미가 순전히 절차적인 차원의 그것으로 제한되어 이해될 우려가 있다. 그러나 판례의 이런 기조는 핵심적인 행정법도그마틱을 顚倒시킨다. 즉, 행정행위론의 근간인 공정력의 본질 및 행정행위의 존재이유를 훼손하는 것이거니와, 자칫 취소소송의 성질까지도 통설에서 벗어나 확인소송으로 봄직한 前兆가 된다. 무엇보다도 공권력행사에 대한 개인의 대응양상에 따른 법질서의 왜곡이 빚어질 수 있다. 가령 부담적 처분을 무시하고 범법행위를 저지르며 그것의 위법성을 다툰 자가, 부담적 처분을

32) 피고인은 1997.8.23. 전라남도지방경찰청장으로부터 피고인이 특정범죄 가중처벌 등에 관한 법률 위반(도주차량)의 범행을 저질렀다는 이유로 자동차운전면허취소처분(이하 '이 사건 운전면허취소처분'이라 한다)을 받은 사실, 그 후 창원지방검찰청 진주지청은 1997.11.28. 피고인의 위 특정범죄 가중처벌 등에 관한 법률 위반(도주차량)의 범행에 대하여 무혐의처분을 한 사실, 전라남도지방경찰청장은 2007.6.8. 피고인이 위와 같이 무혐의처분을 받았음을 이유로 이 사건 운전면허취소처분을 철회한 사실 등을 알 수 있는 바, 이와 같이 피고인이 특정범죄 가중처벌 등에 관한 법률 위반(도주차량)의 범행을 저지른 사실이 없음을 이유로 전라남도지방경찰청장이 이 사건 운전면허취소처분을 철회하였다면, 이 사건 운전면허취소처분은 행정쟁송절차에 의하여 취소된 경우와 마찬가지로 그 처분시에 소급하여 효력을 잃게 되고, 피고인은 그 처분에 복종할 의무가 당초부터 없었음이 후에 확정되었다고 봄이 타당하다(대법원 2002.11.8. 선고 2002도4597판결 참조). 따라서 피고인이 2007.4.9.에 한 자동차운전행위는 무면허운전에 해당하지 않는데도, 원심은 판시와 같은 이유로 무면허운전에 해당한다고 오인하여 이 사건 공소사실을 유죄로 인정한 제1심판결을 그대로 유지하였으니, 원심판결에는 운전면허취소처분의 철회의 효력 및 무면허운전에 관한 법리를 오해하여 판결에 영향을 미친 위법이 있고, 이를 지적하는 상고이유의 주장은 이유 있다.

33) 동인, 행정법의 체계와 방법론, 2005, 105면 이하; 행정소송의 구조와 기능, 2006, 382면 이하 참조.

34) 상세는 졸저, 행정법기본연구II, 99면 이하(行政行爲의 公定力과 取消判決의 遡及效간의 衝突에 관한 小考, 법률신문 제3634호, 2008.3.17). 追論: 이례적으로 대법원 2012.3.29. 선고 2008다95885판결이 소급효원칙의 예외 인정의 가능성을 시사하였다.

따르면서 그것의 위법성을 다툰 자에 비하면 결과적으로 이익을 누리는 셈이 된다. 이 같은 결과를 전자가 후자에 비해 확고한 권리의식을 지녔다는 식으로 치부할 순 없다. 준법으로 인한 불이익의 초래는 자칫 법적 아노미와 법적 안정성의 붕괴로 이어질 수 있다.

비록 우리의 경우 -우리의 공정력의 이해가 순전히 절차적, 형식적 차원에 머무는 것과 비교된다는 의미에서- 실체적 공정력을 규정한 셈인 독일 행정절차법 제43조 제2항[35]과 같은 조항이 없음에도 불구하고, 판례와 문헌은 강행규정에서 법률행위의 적법성과 유효성을 연계시키는 민법(제103조, 제104조)과는 달리, 행정행위의 공정력의 존재를 통해서 행정행위의 적법성과 유효성(법효과발생)의 불합치를 인정하고 있다.[36] 여기선 공정력의 인정근거 및 그에 따른 내용이 문제된다. 왜냐하면 적법성과 무관한 법효과발생은 그 자체가 법치국가적 원리에 대한 도발이기 때문이다.[37] 중대한 위법의 경우 무효가 인정되며, 불가쟁력이 발생하지 않는 한 위법한 행정행위를 다툴 수 있으며, 행정 역시 폐지할 수 있는 수단을 행사한다는 점에서, 그것의 용인에서 가장 걸림돌은 실정법적 근거의 부재이다. 참고로 독일의 경우 행정절차법에 (실체적) 공정력의 근거규정이 마련되기 전에는 그들 행정법원법상으로 행정행위에 대한 구분된 구제가능성(즉, 취소소송과 무효확인소송)에 의거한 쟁송법적 논거가 주효하였다. 특히 J. Ipsen은 행정절차법이전에 공정력을 아무런 의문 없이 긍정한 판례와 문헌의 일반적 태도를 두고서, 과거 O. Mayer가 주장한 자기확인설(자기증명설)을 基底에 두고 있다는 점과 그런 상황이 심지어 불문법적으로 인정되어 왔다는 점을 지적하고 있다.[38] 우리의 경우 독일과 비견한 실체법적 규정이 없기에,[39] -

---

35) 행정행위는 직권취소·철회 또는 다른 방법으로 폐지되지 않거나, 시간의 경과나 다른 방법으로 실효되지 않는 한, 유효함에 변함이 없다.

36) 공정력의 문제는 궁극적으로 -(상대방으로선) 위법하다고 여길 법한 부담적 행정행위에 대한- 복종의무의 문제이다. 公的 安定力을 의미하는 公定力의 개념은, 다시 말해 '하자(또는 적법성)와 무관한 효력(유효성)'의 개념이다. 이런 취지를 더욱 극명하게 나타내는 것이 바로 프랑스에서의 공정력에 대응한 개념 즉, 豫選的 特權의 개념이다. 이에 의하면, 집행력이 있는 행정결정은 私法行爲와는 달리 법원에 의한 확인이 있기 전에 적법성의 추정을 받으며, 상대방에 대해서 구속력을 갖는다고 한다. 독일의 경우 행정행위의 존속력(Bestandskraft)에 관한 이해가 통일되지 못하며, 그 개념은 매우 광의로 사용되고 있다. 우리의 공정력에 해당하는 '하자무관한 효력(유효성)'은 존속력의 한 내용일 뿐 그 자체는 아니다. 필자로선 -차후에 개념조어상의 연혁을 탐문하여야 하겠지만- 일본학자가 단순위법에 따른 취소가능한 상황 즉, '하자무관한 효력(유효성)'을 '공정력'으로 옮긴 데 대해서 매우 적절하다고 여긴다. 물론 필자는 공정력을 '公的 安定力'으로 설정한다.

37) Ruffert, in: Erichsen/Ehlers(Hrsg.), Allg. VerwR, §21 Rn.1. Ruffert는, 법률이 효과적인 행정에 유리하게끔 독일 행정절차법 제43조 제2항 그 자체에 이런 규정을 두었고, 중대한 위법성의 경우엔 무효의 가능성을 열어 두었으며(동법 제44조), 위법한 행정행위를 폐지할 수단을 행정이 행사할 수 있으며, 일정한 기간이내에 위법한 행정행위에 대한 권리보호(권리구제)가 시민에게 인정되기 때문에, 그나마 그런 도발이 용인될 수 있다고 지적하였다.

38) Ders., Allg. VerwR, 2005, Rn.666ff. 여기선 일반행정절차법에 (실체적) 공정력의 근거규정이 마련되기 전 독일에서의 논의상황을 참고할 만하다. 과거 그들의 초기입헌주의시대에 國法學은 사소한 형식상 하자까지도 고권적 행위를 무효로 만든다고 보았다(무효원칙). 하지만 v. Mohl가 회고적 관점에서 미래적 관점에로의 관점상의 변화를 개진한 다음, Zöpfl와 Zacharia는 법효과도그마틱과 권리보호(권리구제)사고간의 상관관계를

과거 Wolff/Bachof가 주창하였듯이-[40] 법치국가원리의 발현인 법적 안정성에 공정력의 법적 근거를 둘 수밖에 없다. 이는 단순한 이론적 근거를 의미하진 않는다. 따라서 당연히 공정력은 그 자체가 실체적 성격을 지닐 수밖에 없다. 만약 행정쟁송취소의 반사적 효과라는 점이 강조되어 그것이 순전히 절차적인 데에 그친다면, 행정행위폐지이전 그 중간에 발생한 법사실은 자칫 법외적 사건으로 치부될 우려가 있다. 나아가 취소소송과 무효확인소송간의 제도적 구별이유가 거의 없어진다.

6. 임용결격자임용행위의 효력

판례는 공무원임용결격자에 대한 임용행위를 무효로 보며, 아울러 그에게 공무원연금법상의 연금청구권을 인정하지 않는다.[41] 공무원임용결격자의 임용행위가 당연무효라는 점이 문제발생의 연원이다. 그리하여 시원이 된 대법원 1987.4.14. 선고 86누459판결에 대해서 먼저 김남진 교수님이 i) 사안상의 흠이 임용을 무효로 만들 만큼 중대한지 의문스럽다는 점, ii) 그런 임용행위의 취소에 신의칙을 전적으로 배격하는 것은 넓은 의미의 법치주의에 위배된다는 점을 들면서 비판하였고,[42] 김성수

설정하였다. 즉, 적법성이 의문스러운 고권적 행위에 대한 제소권은, 잠정적인 복종의무의 인정과 불복종의 명백히 위법한-무효인- 행정행위에로의 국한에 합치한다고 하였다. 법규범과 행정행위의 하자효과에서의 이런 차별적 접근은 18세기 중반 이후에 이미 독일 공법학의 지배적 도그마틱이 되었다. 이런 맥락에서 O. Mayer는 "개개 시민의 법률행위(권리창설행위)는 적법성을 입증하지 못하면 효력이 없는 반면, 행정청이 자신의 일반적인 권한안에서 결정을 내리면 행정청과 아울러 그의 행위의 유효성(유효함, Gültigkeit)을 위한 특별한 요건이 주어져 있다는 점을 확인한다. 이러한 자기확인(Selbstbezeugung)과 그로 인한 행위의 효력발생(Wirksamkeit)은 상위의 권한에 의해서만 극복될 수 있다"고 하였다(自己確認說)(ders., Deutsches Verwaltungsrecht Ⅰ, 1895, S.94ff., S.100 Anm.7.). 행정행위의 이러한 존속력은 후대에 와서 심지어 독일 基本法하에서도 의문시되지 않았거니와, 도그마틱적으로 논리정연하게 근거가 지워지지도 않았다. 行政行爲論의 상당 부분이 행정절차법을 통해 실정법화되기 전에, -행정법의 일반원칙의 하나로- 행정행위의 효력과 그것의 적법성의 무관함이 판례에서 전개되었다(우리와 정반대의 상황). 대표적으로 Forsthoff는, "행정행위는 그것의 적법성이나 하자있음에도 불구하고 언제나 국가권위의 표명이고, 그 자체로서 준수에 관한 청구권을 갖는다. … 행정행위는 그것이 규범의 放射이어서 통용되는 것이 아니라, 국가적 권위가 그것에 통용을 부여하였기 때문이다. 따라서 법률과 합치하지 않는 행정행위 역시 하자있긴 해도 반드시 무효는 아니다"고 기술하였다(國家權威說)(ders., Lehrbuch des Verwaltungsrecht, 10.Aufl., 1973, S.224.).

39) 그리하여 대부분의 문헌들은 취소쟁송제도를 뒷받침하는 실정법상의 규정(행정심판법 제4조, 행정소송법 제4조)을 -간접적인- 근거로 들며, 나아가 행정행위의 직권취소를 인정하는 규정은 물론, 현행법상의 집행부정지의 원칙(행정심판법 제18조・제21조, 행정소송법 제20조・제23조)을 들기도 한다. 그러나 김성수 교수는 원래 공정력이론은 실정법적 근거와는 무관하게 전개되어 온 것이어서 행정쟁송제도의 반사적 효과로 공정력을 인정하는 것은 결과적으론 이해되지만 그것의 근거를 실정법에서 찾고자 하는 기교적 해석론이라고 지적한다. 동인, 일반행정법, 2010, 269면.

40) Wolff/Bachof, VerwR Ⅰ, 9.Auf., 1974, S.414. "행정행위는 객관적인 법의 해석과 적용에 관한 권위있는 결정을 포함한다. 이런 결정이 형식상으로 현존하는 한, 누구든 법적 안정성을 위하여 그것의 신빙성을 신뢰하여야 한다. 위법한 행정행위의 (잠정적인) 유효성의 원칙은 법치국가에선 이런 점에 근거를 둔다." 한편 Forsthoff가 주장한 국가권위설과 Wolff/Bachof이 주장한 법적 안정(성)설은 전체적으로 비슷한 맥락에 있다고 한다. Vgl. J. Ipsen, Rechtsfolgen der Verfassungswidrigkeit von Norm und Einzelakt, 1980, S.93; 홍정선, 행정법원론(상), 2010, 3716면.

41) 대법원 2003.5.16. 선고 2001다61012판결; 2002.7.26. 선고 2001두205판결; 1995.9.15. 선고 95누6496판결; 1987.4.14. 선고 86누459판결.

42) 동인, 공무원임용의 취소와 신의칙, 고시연구, 1987.8 및 동인/이명구, 행정법연습, 2001, 427면 이하 참조.

교수 역시 i) 무효와 취소의 구별기준에 대한 법적인 부담을 행정객체에게 일방적으로 미루어 버렸다는 점, ii) 임용행위 무효론에 입각하여 신뢰보호원칙의 배제는 임용처분이라는 행정행위의 존속을 신뢰한 개인의 입장을 전혀 고려치 않은 점을 지적하면서 이런 무효도그마를 강하게 비판하였다.43)

그런데 임용결격자의 임용행위의 무효성 여부에 관한 논의의 출발점은 국가공무원법 제33조와 제69조가 되어야 한다. 동법 제33조가 일정한 자는 공무원에 임용될 수 없다고 결격사유를 규정한 점만을 갖고서 이를 판단의 기초로 삼을 순 없고, 오히려 소정의 결격사유에 해당할 때에는 '공무원이 당연히 퇴직한다'고 규정한 동법 제69조가 방향추이다. 이 점은 가령 의료법 제8조와 제52조처럼 '결격자의 당연퇴직'을 규정하고 있지 않는 입법상황과 비교하면 여실하다. 따라서 1949년 8월 12일에 법률 제44호로 제정된 국가공무원법 제40조가 변함없는 현행의 입법상황에선 임용결격자의 임용행위는 무효로 볼 수밖에 없고, 여기에선 임용취소를 제한하는 데 동원될 수 있는 신뢰보호의 원칙이란 애초부터 통용될 수가 없다. 다만 공무원임용결격자의 임용행위의 무효성 인정이 그 공무원임용결격자와 관련한 모든 법적 물음에서 가늠자가 되어야 하는지 숙고해야 한다. 여기선 퇴직급여와 퇴직수당의 법적 성격의 규명이 관건이며, 이를 위해 공무원연금법 제1조상의 목적이 가늠자가 된다. 동법은 기본적으로 공무원 및 그 유족의 생활안정과 복리향상에 기여함을 목적으로 하는데, 이는 적법한 공무원관계의 성립의 전제를 다소 약화시킬 수 있는 모멘트이다. 따라서 목적론적 법률해석을 취함으로써 임용결격자에게도 퇴직금청구권을 일단 인정하는 것이 불가능하지 않다.44)

7. 부관의 허용성

(1) 학설과 판례의 현황

行政行爲의 附款의 許容性 및 可能性에 관한 논의는 준법률행위적(준권리설정행위적) 행정행위와 기속행위의 경우와 관련하여 행해지고 있다. 언필칭 종래의 통설적 이해-"부관은 행정청의 주된 '의사표시'의 효과를 제한하기 위해 붙이는 것이므로 의사표시를 요소로 하지 않는 준법률행위적 행정행위에는 붙일 수 없다", "재량행위에만 부관을 붙일 수 있고 기속행위(또는 기속재량행위에)에는 붙이지 못한다"-를 두고서 논의가 분분하다. 그동안 이에 대한 비판이 지속적으로 제기되어 온 결과,45)

43) 동인, 일반행정법, 311면 이하.

44) 상세는 졸고, 任用缺格者의 任用行爲의 問題點에 관한 小考, 법률신문 제3248호, 2004.3.

45) 관련 문헌을 거슬러 살펴 본 즉, 특히 김남진, 행정행위의 부관의 한계 -부관의 가능성을 중심으로-, 한태연

지금은 정반대의 입장이 문헌상 다수의 입장이 되어 버렸다고 평해진다.

그런데 대법원 1995.6.13. 선고 94다56883판결이 보여주듯이, 판례상 부관의 허용성 물음은 종래 기속행위와 재량행위에 견줘 제기되었다. 즉, 재량행위에만 부관을 붙일 수 있다는 것이다.[46] 그런데 대법원 1997.3.11. 선고 96다49650판결은 수익적 행정행위에 대한 일반적인 부관의 허용성을 인정하였다. 이 같은 판례의 입장을 평면적으로 고찰하면, 본체인 행정행위(주된 규율)가 수익적 행정행위에 해당하면, 구태여 기속행위, 재량행위인지 여부를 검토할 필요가 없지 않느냐 라는 결과가 빚어진다. 동 부관의 허용성과 관련하여 이제까지의 논의를 無化시킬 수도 있음에도 불구하고, 이에 관한 논의가 殆無하다.

(2) 管見[47]

우리의 경우 기속적 행정행위의 부관부가에 관한 독일 행정절차법 제36조 제1항과 같은 법규정이 없는 이상, 기속행위에서의 부관부가는 전적으로 행정법도그마틱에 맡겨져 있다. -독일 행정절차법 제36조 제1항처럼- 수익적 행정행위의 발급에 관한 청구권, 즉 수익적 기속행위의 경우, 부관부가가 법률적으로 허용되거나 법률요건충족을 위한 것일 때 한하여 그것이 허용된다. 기속행위에서 부관의 부가는 다름 아닌 청구권의 제한이기에 당연히 법률적 수권이 요구된다. 또한 기속행위라 하더라도 법률요건충족적 부관이 예외적으로 허용되는 이유는, 그것이 요건불비에 따른 거부행위에 비하면 완화된 수단인 셈이고,[48] 청구권성립을 저지하는 거부사유가 부관을 통해 미연에 제거될 수 있기 때문이다. 요컨대 독일의 입법례를 쫓아 법률요건충족적 부관의 허용성(가능성)을 시인하더라도 전혀 문제되지 않는다.

그렇지만 판례는 기속행위에 대한 부관부가가 절대적으로 불가하다는 입장을 취하고 있다. 원칙적 입장으로선 타당하지만, 그것의 수정가능성 즉, 법률요건충족적 부관의 부가가능성을 원천 봉쇄한 것은 문제이다. 기속행위가 법치국가원리상의 법적 안정성의 요청에 부합하는 측면을 분명히 갖긴 하지만, 그것의 負의 효과인 기계적 법집행에 따른 부작용 역시 사소하지 않다. 사안에 따라선 기속행위임에도 불구하고 부관부가의 필요성이 시인될 수도 있는데, 행위시점에 완전한 요건충족을 요구하는 도식적 입장만을 고집한다면, (추후에 요건을 충족한) 절차의 무익한 반복이 초

박사 회갑기념논문집, 1977.9., 472면 이하 참조.

46) 동지: 대법원 2005.9.28. 선고 2004다50044판결; 1997.6.13. 선고 96누12269판결.

47) 상론은 졸저, 행정법기본연구 I, 397면 이하(行政行爲의 附款의 許容性 問題에 관한 小考, 고시연구 2006년 11월호, 87면 이하).

48) 홍정선, 행정법원론(상), 440면.

래될 수밖에 없다. 이는 절차경제적 차원에서 수범자는 물론 행정으로서도 그다지 바람직스럽지 않다. 우리의 경우 판례가 기속행위와 재량행위의 구분을 궁극적으로 해당행위의 성질에 의거하여 행한다는 점에서 특히 그러하다.

따라서 앞으로 기속행위와 관련한 관심은 부관부가가능성 자체가 아니라, 법률요건충족적 부관의 부가가능성에 모아져야 한다. 그렇지만 우리의 경우 법률이 명시적으로 법률요건충족적 부관의 부가가능성을 언급하지 않는 한, 이를 관철하기란 어렵다. 왜냐하면 판례가 기속행위에 부가된 부관 자체를 무효로 보기 때문이다. 따라서 대법원 1988.4.27. 선고 87누1106판결에서 처음 등장한, "기속행위에 부가된 부관의 무효 원칙"을 수정하지 않고선, 한 걸음도 나아갈 수 없다. 일찍이 동 판례에 대한 김남진 교수님의 강력한 비판과 마찬가지로,[49] 허용성의 물음과 하자(위법)효과의 물음이 분명 구분됨에도 불구하고, 전자에 의거하여 무효도그마원칙을 도출한 판례의 입장은 부당하다.[50] 그리고 87누1106판결에서 법원은 사안을 기속행위이어야 할 인가적 차원에서 접근한 듯싶다. 하지만 관련 법규정의 취지를 보건대 사안에서의 사립학교법 제17조 제4항에 의한 감독청의 이사회소집승인은 그 본질이 인가가 아니라 허가에 해당한다. 인가에 관한 바른 이해 부족이 결과적으로 부관에 관한 행정법도그마틱의 발전을 결정적으로 가로막는다. 과거 일본의 통설이었지만, 지금은 강력한 비판을 받는 田中二郎의 문헌(행정법총론, 1957, 317-318면)에서 유래한 듯한 우리 판례의 태도는 하루바삐 시정되어야 한다.

Ⅲ. 學說과 實定法制度와의 不調和 事例

1. 행정심판절차의 성격

통상 행정상의 법률관계에 관한 분쟁을 해결하는 체제를 행정쟁송이라 일컫고, 여기에 행정심판과 행정소송을 포함시킨다. 그리하여 행정심판을 행정소송에 대한 前審節次(Vorverfahren)로 통칭하여 자리매김하며, 그것을 가능한 행정소송절차에 흡사하게 구성하고자 한다. 그 결과 양자간에 존재하는 차이점보다는 동질성이 전면에 부각되어 행정심판의 독립된 존재이유가 심각하게 가려지는 지경이다. 그런데 이런 곤혹스런 상황을 타개하기 위해서, 도리어 행정심판제도를 더욱더 행정소송제도와 비슷하게 만들고자 시도하고 있다. 그 결과 행정심판의 준사법화로 귀결되고, 그것

49) 동인, 행정법의 기본문제, 1994, 983면 이하.
50) 동지: 이영무, 건축허가에 부수해서 부과된 기부채납부관의 허용성과 그 효력, 민사법연구 제9집, 2001, 125면 이하.

의 權利救濟的 機能이 行政의 自己統制機能을 절대적으로 압도하고 있다.

행정심판절차의 위상은 행정재판제도에 관한 역사적 맥락과 더불어 현행의 법제에서 살펴야 한다. 우선 행정심판절차 그 자체는 더 이상 좁은 쟁송적 관점에서 행정소송에 대한 단순한 '前審節次'로 파악될 순 없다. 특히 1994년 행정소송법개정으로 행정심판전치주의가 원칙적으로 폐지되고 예외적으로 개별법상 인정될 뿐인 현재의 상황에선, 행정심판절차를 더 이상 소송요건의 차원에서 전심절차로 설정할 순 없다.[51] 물론 행정심판전치주의가 통용되는 경우에는 종전과 마찬가지이다. 비록 많은 부분(대심구조, 재결의 기속력 등)에서 행정소송절차와 흡사하지만, 독립된 행정청으로서의 행정심판위원회(과거엔 재결청)가 절차를 주관하고, 최종판단결정이 행정행위로 귀결된다는 점에서, 행정심판절차는 형식적으로나 실질적으로나 분명히 行政節次이다. 이를테면 통상의 행정절차가 제1차적(사전적) 행정절차라면, 행정심판절차는 제2차적(사후적) 행정절차라고 할 수 있다. 따라서 행정심판절차에서는 權利救濟的 要素와 事後的 行政節次의 要素 가운데 상대적으로 후자의 측면의 중요성이 더욱더 부각되어야 한다.[52]

2. 국가배상책임의 성질과 가해공무원에 대한 선택적 청구권의 인정

(1) 학설과 판례의 현황

우리의 경우 국가배상의 성질을 두고서 의견이 분분하다. 종전의 입장(대법원 1994.4.12. 선고 93다11807판결)을 바꿔, 판례는 공무원의 비난가능성의 정도(고의, 중과실, 경과실)에 따라 상이한 법효과를 전개하였다.[53] 즉, 고의와 중과실의 경우에는 전적으로 가해 공무원 개인 자신이 책임을 져야 하되, 외관주의에 따라 국민을 두텁게 보호하기 위하여 국가가 중첩적으로 책임을 지는 것으로 하는 반면, 경과실의 경우에는 직무수행상의 통상적으로 예기할 수 있는 흠이기에 국가 자신이 전적으로 책임을 진다는 것이다. 보통 절충설(또는 신자기책임설)이라 불리는 입장에서[54] 주장하였

51) 한편 (특히 부당한 처분의 심판가능성과 관련해서) 행정심판의 전심절차적 이해에 의문을 표하는 崔靈圭 교수는, 사법기능보완을 넘어 대안적 분쟁해결제도로서의 기능을 기대하면서도, 현행법상 부당한 처분과 관련해서만 행정심판이 대안적 구제절차일 뿐이라고 지적한다. 동인, 공법・처분・법률상 이익, 현대공법학의 과제(崔松和 교수 화갑기념논문집), 2002, 454면 이하 참조.

52) 이에 관한 상론은 졸저, 행정법기본연구Ⅱ, 28면 이하(최근의 법률개정에 따른 行政審判制度의 問題點에 관한 小考, 공법연구 제36집 제4호, 2008.6., 490면 이하).

53) 대법원 1996.2.15. 선고 95다38677판결.

54) 김동희, 행정법Ⅰ, 2010, 538면 이하; 박균성, 행정법론(상), 2010, 678면 이하. 그런데 기관행위적 관점에서 접근한 절충설의 입장은 종래의 중간설(대표적으로 이상규, 신행정법론(상), 1993, 612-613면)과는 다른 구석이 있다. 전자가 -경과실의 경우의- 국가자기책임과 -중과실, 고의의 경우의- 공무원개인책임을 원칙으로 하되, 국가자기책임에 의한 대체가능성을 결합시킨 반면, 후자는 -경과실의 경우의- 국가자기책임과 -중과실, 고의의 경우의- 국가대위책임을 결합시킨다. 양자의 기본적 차이는 가해공무원에 대한 선택적 청구권의 인정

던 것을 판례가 취한 셈이다. 기본적으로 현행법상의 구상조항(국가배상법 제2조 제2항)을 기저에 둔 판례 입장은, 궁극적으로 가해 공무원에 대한 직접적인 배상청구의 가능성의 문제로 귀착된다. 다시 말해, 가해 공무원에게 고의나 중과실이 있다고 인정될 경우, 그의 공무원적 지위 및 행위의 직무행위성을 원칙적으로 하등에 고려하거나 인정하지 않겠다는 것이 동 판례의 다수견해의 기저에 있다.

(2) 管見[55]

동 판례의 이런 접근은 이미 많은 문헌에서 더 이상의 논의가 불필요할 정도로 다각도로 조명되었다. 한편 문헌상으로 대위책임과 자기책임에 관한 기본인식에서 다소간 차이가 있거니와, 아울러 가해 공무원에 대한 직접적 청구권(즉, 선택적 청구권)의 인정과 국가의 구상권행사의 양태가 함께 어우러져 논의가 진행되고 있어서 관련 논의상황이 매우 혼란스럽다. 이유인 즉, 위험책임의 법리의 관점에서 접근하며 동시에 가해 공무원에 대한 직접적인 배상청구를 일반적으로 긍정하는 일본에서의 자기책임설이 무비판적으로 국내 문헌에 그대로 반영되고 있으며, 또한 대법원 1996.2.15. 선고 95다38677전원합의체판결에 의해 주관적 책임요소의 구분에 따른 책임모형이 제시되었기 때문이다. 관련 주제에 관한 논의에 앞서 기왕의 학설에 관한 체계적인 정리가 요구된다.[56]

요컨대 입법정책의 문제가 아니라, 배상책임의 본질의 문제가 논의핵심이다.[57] 즉, 배상책임의 성질은 공무원 자신의 책임이나 구상에 관한 법상황에 의거하여 가늠할 수 없는 제도의 본질에 해당하기에, 이 문제는 전체의 체계와 그 역사적 연원에 의거하여 판단하여야 한다.[58] 國家無責任에 따른 공무원개인책임형은 사상적으론 "왕은 악을 행하지 않는다"는 봉건사상에, 이론적으론 -공무원은 적법한 활동의 위임(수권)만을 받았기에 위법한 활동은 더 이상 국가에게 귀속되어선 아니 되고 공무원 개인에게 귀속되어야 하고, 이 (가해) 공무원은 다른 私人과 마찬가지로 일반적인 불법행위책임규정에 의해서 책임을 져야 한다는- 소위 委任理論(Mandatstheorie)

여부에 있다. 후자에선 이것이 전면 부정되는 반면, 전자에선 중과실, 고의의 경우에는 당연히 인정된다. 한편 류지태/박종수 교수는 국가의 자기책임설을 취하면서도, 공무원개인에 대한 선택적 청구권이 경과실의 경우에도 인정되어야 한다고 주장한다. 동인, 행정법신론, 2010, 480면.

55) 이하의 상론은 졸저, 행정법기본연구II, 151면 이하(國家賠償法上의 過失責任主義의 理解轉換을 위한 小考, 법조 제635호, 2009.8., 45면 이하).

56) 이런 사정에 관해선 특히 홍정선, 행정법원론(상), 682면 이하 참조.

57) 김남진/김연태, 행정법 I, 565면; 동지: 석종현/송동수, 일반행정법(상), 2009, 656면; 장태주, 행정법개론, 2010, 627면.

58) 국가배상책임의 모델은 공무원개인책임형(Beamtenhaftung), -공무원은 책임을 지지 않는- 국가자기책임형(Staatshaftung)과 책임결합형으로 대별되는데, 또한 책임결합형은 책임중첩(병존)형과 -공무원은 책임귀속의 주체이긴 하나 그의 개인적 책임이 국가에게 이전되는- 대위책임형(Amtshaftung)으로 나뉜다.

에[59] 바탕을 두었다.

국가배상시스템은 이런 체제가 극복되는 과정이자 결과이다. 비록 국가의 자기책임까진 가진 않더라도 국가의 책임인수를 바탕으로 한 대위책임에 이르렀다면, 가해공무원의 개인적 책임 문제는 이미 돌이킬 수 없는 단계에 진입한 것이다.[60] 즉, 대위책임의 인정은 책임인수를 통한 배상책임자를 바꾼 것이어서 그 자체가 가해 공무원에 대한 직접적인 책임추궁의 가능성을 배제한 것이다. 나아가 배상책임을 자기책임으로 보는 것은, 피해자를 상대로 한 배상책임자로 처음부터 국가만을 상정한 것이다.[61] 따라서 개인적 주관적 책임요소를 탈색시킨 자기책임설의 입장을 취하면서도, 선택적 청구권을 인정한 동 판례의 다수견해의 기조를 수긍한다는 것은 어울리지 않는다. 배상책임의 성질은 일원적으로 보아야 한다. 입법상황에 따른 차별적 접근은 극히 예외적인 상황-특별히 명문의 규정을 두는 한-에서나마 정당화될 순 있지만, 이 또한 체계상의 의문이 뒤따른다. 배상책임의 성질은 求償에 관한 입법상황에 좌우될 수 없는 본질의 문제이다. 더군다나 동 판례의 다수견해는 공무원의 고의나 중과실의 직무행위의 경우 그 본질이 기관행위로서의 품격을 상실하여 국가에게 귀속시킬 수 없어 전적으로 공무원 개인의 불법행위책임이 성립하되, 다만 외관주의에 따라 국가책임이 중첩적으로 성립될 수도 있다고 하였는데, 이런 접근은 공무원관계를 *私法的* 위임계약으로 이해한 과거의 위임이론을 연상케 한다. 그런데 여기서 중대한 의문은 과연 자기책임설을 연결하여 절충적 입장을 논할 수 있는지 여부이다. 왜냐하면 자기책임설은 기본적으로 가해공무원의 고의나 과실을 문제삼지 않기 때문이다.

국가배상제도와 결부된 법치국가원리의 의의에 비추어, 국가가 고권적 불법에 대한 책임전체를 원칙적으로 부인하는 것 또는 그것을 공무원의 개인적, 민사적 책임의 경우에만 맡기는 것이 저지된다. 왜냐하면 공무집행상 공무원의 위법한 활동은 기관 자체의 직접적 활동이며, 책임상으로도 국가 자신의 잘못된 행위로서 국가에게 귀속되어야 하기 때문이다. 이런 점에서 국가는 배상책임주체일 뿐만 아니라, 직접적인 귀속주체이기도 하다. 종전에 국가의 불법행위상의 무능력의 테제에서 비롯된,

---

59) 이 위임이론은 18세기에 풍미하였고 로마법적 특징을 지녔다("si excesit, ptivatus est"). 이미 그 당시에도 "정말 터무니없다"고 표현되곤 하였다. Zoepfl, Grundsätze des allgemeinen und des consitutionell-monarchischen StaatsR, 1. Aufl.(1841), S.252; ebda., 3.Aufl.(1846), S.370f. m.Fn.6(K. Windthorst, Staatshaftungsrecht, JuS 1995, S.791에서 재인용).

60) 물론 대위책임설을 취하면서도 공무원개인의 배상책임을 긍정하는 문헌(김철수, 학설 판례 헌법학(상), 2008, 1332면)도 있지만, 배상책임의 성질은 본질의 물음이어서 그 원형에서 바라보아야 한다.

61) 이런 의미에서 대위책임설을 취하는 일본의 통설과 판례(最判1955(昭和30) 4.19 民集九卷五号五三四頁)는 공무원개인책임을 인정할 필요가 없다고 본다. 한편 프랑스의 경우 국가책임과 공무원 개인책임이 병존하는데, 여기서의 국가책임을 자기책임설의 차원에서 이해하는 것은 문제가 있다. 왜냐하면 국가의 자기책임설은 기본적으로 공무원의 개인책임을 상정하지 않는다. 구상책임은 물론 별개이다.

국가자기책임에 대한 疑懼心은 이제 전혀 근거가 없다 하겠다.

요컨대 동 판례의 다수견해는 국가배상법제를 以前 시대로, 과장하면 위임이론이 주효하였던 國家無責任의 시대로 되돌렸다 하겠다.[62] 하루바삐 헌법상의 자기책임을 관철하기 위하여 憲法合致的 國家賠償法制를 구축하여야 한다.

3. 집행정지제도의 법적 성질

집행정지(결정)의 성질에 관해서 학설은 나뉜다. 행정작용설은 처분 등의 집행정지결정의 성질은 본래 일반 행정작용과 다름없지만 편의상 본안소송이 계속된 법원이 그 권한을 갖는 데 불과하다고 본다. 반면 사법작용설은 집행정지결정이란 원고의 권리보전을 도모하기 위하여 법원이 계쟁처분의 집행을 잠정적으로 정지하는 것인 만큼 형식적으로나 내용적으로나 보전소송절차적인 것으로 보아야 한다는 주장을 편다. 현행 행정소송이 과거 독일의 프로이센시대의 행정재판과는 달리 일반법원에서 관장함에도 불구하고, 이런 학설의 공방이 문헌에서 여전히 적시되고 있는 점은 이해하기 어렵다. 하루바삐 제도의 연혁적 의미만을 간단히 지적하여야 한다.

Ⅳ. 學說 자체에서의 亂脈 事例

1. 管理關係의 正體性

우리의 경우 형식선택의 자유와 관련하여 이른바 管理關係의 정체성이 규명되어야 한다. 그것이 특별규범으로서의 공법법규의 존재로 인해 비로소 인정됨에도 불구하고 통상 그것을 범주적 차원에서 접근함으로써,[63] 해당 주체의 모든 법률관계가 공법관계로 여겨지는 식으로 기술되어 있다. 그 결과 심각한 오해가 유발되며, 행정법도그마틱상으로도 중대한 난맥이 빚어지곤 한다.[64]

사권주체는 공무위탁을 통해 공무수탁사인으로 인정받기 전에는 공법적 활동을 할 수 없다.[65] 반면 공행정주체라고 하여 항상 공권력행사만이 존재하는 것은 아니

---

62) 국가배상제도의 기능 가운데 제재기능·위법행위억제기능에 의거하여 동 판례의 다수견해를 지지할 수도 있지만, 이는 접근의 선후가 뒤바뀐 것이다. 연혁적 고찰을 한 즉, 국가배상제도의 주된 기능은 피해자의 관점에서 국가를 상대로 한 데서 찾아야지, 가해 공무원을 상대로 한 데서 찾아선 곤란하다. 국가배상제도의 제재기능·위법행위억제기능은 국가배상제도의 후속적 또는 부수적 기능의 차원에서 접근해야 한다.

63) 가령 대법원 1988.4.27. 선고 87누915판결: 「실권 또는 실효의 법리는 법의 일반원리인 신의성실의 원칙에 바탕을 둔 파생원칙인 것이므로 공법관계 가운데 관리관계는 물론이고 권력관계에도 적용되어야 함을 배제할 수는 없다 하겠으나 …」

64) 관리개념의 문제점에 관한 상세는 유지태/박종수, 행정법신론, 117면. 비슷한 지적으로 박윤흔/정형근, 행정법강의(상), 2009, 99면 이하; 홍정선, 행정법원론(상), 117이 이하.

며, 사법적 영역(광의의 국고영역)에선 사권주체로서 나설 수 있다.[66] 나아가 급부행정에서 관리주체(특히 공기업)의 조직형식이 공법적이라고 하여, 그것의 모든 대외적 법률관계를 공법관계로 구성하여선 아니 된다. 왜냐하면 작용형식선택의 자유가 인정되기 때문이다(이중적 형식선택의 자유).[67] 그러나 국가 등이 공행정주체로서가 아니라 사권주체로서 활동하는 광의의 국고작용(사법적 활동 전반)에선, -국고적 특권이 인정되는 경우가 아니라면- 시종 사법관계가 지배한다. 여기선 조직형식의 선택이 다름 아닌 작용형식의 물음까지 결정을 내린 셈이다.[68]

요컨대 관리관계 개념을 급부행정영역에서의 행정작용상의 특징(비권력성, 비일방성, 공법계약적 관계설정의 가능성, 사법관계의 형성가능성 등)을 강조하는 차원에서 사용하면 모르겠지만, 그것을 공법관계로서 범주적으로 설정하는 것은 곤란하다.[69] 行政私法理論이 행정법상으로 정착되었음에도 불구하고 그와 전혀 무관하게 관리관계를 접근하는 것은 바람직하지 않다. 사실 行政私法理論이 관리관계론을 대체한 셈이다. 따라서 행정의 사법적 활동에 관한 바른 이해를 바탕으로, 이상에서 본 조직형식과 작용형식간의 상관관계도 고려하여 새롭게 管理關係를 접근하여야 한다.

2. 개인적 공권의 성립요건과 원고적격에 관한 논의

(1) 학설과 판례의 현황

행정법상 개인적 공권의 성립은 원고적격에 연계된 물음이다. 통상 공권성립에는 독일의 Bühler의 이론에 따라 i) 강행법규상의 작위의무 등의 존재, ii) 사적 이익의 보호, iii) 의사력(Willensmacht) 또는 법상의 힘(Rechtsmacht)의 존재란 세 가지 요건이 충족되어야 하되, 오늘날에는 셋째 요건(의사력의 존재)은 더 이상 필요하

65) 가령 한국증권업협회의 협회등록취소결정(참고: 서울행정법원 2001.9.18. 자 2001아1428결정). 이에 관해서는 박해식, 한국증권업협회가 한 협회등록취소결정의 법적 성격, 법조 통권 제546·547호, 2002.3·4. 참조.

66) 대법원 1982.3.9. 선고 80다2545판결: 원고 조합이 농촌근대화촉진법에 의하여 설립된 특수법인이라 하더라도 그가 하는 행위는 전부가 공법적 관계에서 하는 것이 아니고, 경우에 따라서는 사법적 관계에서 일반개인과 같은 자격으로 물건을 매매할 수가 있다.

67) 독일에서 통설적 지지를 받는 형식선택의 자유설은 오늘날 증가하는 비판에 봉착하고 있다. 우선 형식선택의 자유(Formenwahlfreiheit)란 용어표현과 관련해서, 형식이 아닌 법체제의 선택이라고, 또한 국가권력의 주체에겐 결코 '자유'가 아니라, 기껏해야 의무구속적인 형성여지가 주어진다고 지적된다. 그리고 내용적으로도 비판되는 점은, 행정을 규율하기 위해 고유하게 만들어진 법체제(가령 공법적 활동에 대해서만 통용되는 행정절차법규정)를 행정 스스로 현저한 범위에서 면할 수 있게 허용한다는 것이다. 이에 공법의 원칙적 통용설이 강력히 주장되고 있다. 특히 Ehlers는 공법이란 국가의 직무법에 해당하여서, 국가로선 이런 직무법을 임의로 면하여선 아니 된다는 점을 들어, 행정의 형식선택의 자유는 그것이 실정법률로부터 혹은 적어도 관습법으로부터 도출될 수 있는 경우에만 주어질 수 있다고 주장한다. 이런 사정에 관해선 vgl. Ehlers, in: Erichsen/Ehlers(Hrsg.), Allg. VerwR, §3 Rn.35, 39ff.

68) Schmidt-Aßmann/Röhl, in: Schmidt-Aßmann(Hrsg.), Bes. VerwR, 13.Aufl., 2005, 1.Kap. Rn.113.

69) 여기서 권력관계에 대비시켜 관리관계를 '단순고권행정관계' 또는 '비권력적 행정법관계'로 命名하기도 하는데, 전자의 경우에는 본래 행정사실행위를 둘러싼 법률관계를 일컫는 것이어서 오해를 빚을 수 있다.

지 않다고 보는 二要素論이 일반적 견해이다.[70] 이와 병행해서 행정소송법 제12조 상의 원고적격과 관련한 동조 제1문상의 "법률상 이익"이 무엇을 의미하는지에 관해서 i) 권리구제설(권리향수회복설), ii) 법이 보호하는 이익구제설(법률상 이익구제설), iii) 보호할 가치있는 이익구제설(이익구제설), iv) 처분의 적법성보장설이 주창되고 있다.

(2) 管見

이른바 보호규범이론에 의거한 이상의 논의는 다소간 오해를 가져다준다. 먼저 공권성립의 첫 번째 요건과 관련해선, 행정주체에게 일정한 작위, 급부 등 의무를 부과하는 강행법규(zwingender Rechtssatz)가 존재하여야 하며, 다시 말해 그 법규범에 의거한 행정주체의 행위가 기속행위로서의 성질을 가져야 한다고 설명한다. 그러나 이런 설명은 행정법규의 경우 민사법규와는 달리 -특별한 명시적인 언급이 없는 한- 당연히 강행규정이라는 점을 간과한 것이다. 사적자치가 통용되는 사법에선 강행규정, 임의규정의 구분이 가능하나, 행정의 법률적합성원칙이 통용되는 공법에선 강행규정만이 존재한다. 재량규정을 임의규정으로 오해하여선 아니 된다. 그래서 독일의 경우 두 번째 요건인 사익보호성만이 관건이 될 뿐이다(보호규범이론). 강행법규의 존재에 관한 오해가 무하자재량행사청구권과 행정개입청구권의 성립에 관한 논의에 그대로 이어지고 있다. 공법(공권)과 사법(사권)사이의 뚜렷한 차이는, 공법관계에선 권리를 발생시키지 않는 법적 의무가 통상적이라는 점이다. 이것이 문헌에 제대로 반영되고 있지 않다.

한편 일본의 학자가 취소소송의 원고적격에 관한 네 가지 이론(기준)을 전개한[71] 이래로 국내 대부분의 문헌은 이를 따르고 있다. 일본에서도 이들 가운데 권리향유회복설과 처분의 적법성보장설에 대해선, 塩野 宏 교수는 일본의 현행법의 해석론의 기준으로서의 의의를 가지지 않는다고 지적한다.[72] 이런 지적이 우리의 실정법에 대해서도 그대로 타당하다고 강력하게 주장됨에도 불구하고, 논의의 전개양상은 변하지 않고 있다. 생각건대 불필요한 학설의 전개를 억제하기 위해서라도 하루바삐 민사적 권리의 이해에서 벗어나 공법상의 권리=법률상 (보호되는) 이익이라는 기초적 인식이 수용되어야 하고, 아울러 보호규범이론에 철저함으로써 법률상이익을 둘러싼 소모적인 논란을 종식시켜야 한다.[73]

---

70) 행정소송유형이 불충분함을 이유로 여전히 세번째 요건(의사력의 존재)이 필요하다는 반론이 있긴 하였다.
71) 原田尙彦, 訴えの利益, 1973, 4면 이하.
72) 塩野 宏, 行政法(II), 2005, 126면.
73) 원고적격의 유무, 즉 권리침해의 존부에 대한 본격적인 '입증'은 소송의 심리과정에서 행해질 일이며, 소의 제

3. 행정법상의 신고제 문제

(1) 학설과 판례의 현황: 기왕의 신고유형-자기완결적 신고와 행정요건적 신고-

사인의 공법행위는 의사표시의 방향성을 기준으로 일방당사자의 의사표시만으로 법률효과를 발생하는 것(단독행위, 자기완결적 공법행위)와 쌍방당사자의 의사의 합치에 의해 법률효과를 발생하는 것(쌍방적 행위, 행정요건적 공법행위)로 나뉜다.[74] 이런 나눔과 연계해서 대부분의 행정법문헌은 신고를 자기완결적(자체완성적) 공법행위로서의 신고(수리를 요하지 않는 신고, 전형적 신고)와 행정요건적 공법행위로서의 신고(수리를 요하는 신고, 변형적 신고)로 나누며, 판례 역시 기본적으로 이런 구분의 기조를 바탕으로 한다. 특히 대법원 2000.5.26. 선고 99다37382판결은 이른바 '수리를 요하는 신고'의 존재를 처음으로 명시적으로 인정하였다. 그리하여 대부분의 문헌과 판례는, '자기완결적 신고'와 관련해서는, 그것의 수리와 수리거부 모두 법적 구속력을 발휘하지 않아서 행정처분이 될 수 없지만, '수리를 요하는 신고'의 경우에는 정반대로 그것의 수리와 수리거부 모두 행정처분이 된다고 한다.

한편 박균성 교수는 기왕의 신고유형을 따르되, 사실파악형신고와 규제적 신고의 유형도 추가로 제시하면서, 전자를 '행정청에게 행정의 대상이 되는 사실에 관한 정보를 제공하는 기능을 갖는 신고'로, 후자를 '사적 활동을 규제하는 기능을 갖는 신고'로 설정하며, 아울러 이들을 후술하는 정보제공적 신고와 금지해제적 신고에 비견시킨다. 다만 박균성 교수는 신고를 전적으로 새로운 유형에서 접근하진 않고, 여기에 기왕의 유형을 접목시킨다. 즉, 정보제공적 신고의 경우 항상 자기완결적 신고에 해당하지만, 금지해제적 신고의 경우엔 자기완결적 신고는 물론 이른바 수리를 요하는 신고에도 해당할 수 있다고 한다.[75]

한편 신고유형을 자기완결적 신고와 행정요건적 신고로 나눔에 따른 법적 결과에 관해서는, 대부분의 문헌이 이상과 같은 입장을 취하지만, 그것의 구체적 구별기준은 물론, 특히 후자의 본질과 관련해선 통일되지 못하다. 여기에는 두 가지 접근이 있다. 일설은 실정법(예: '정기간행물의 등록 등에 관한 법률' 제7조 1항)의 등록제에 따

기단계에서는 원고적격의 '가능성' 즉, 권리침해의 가능성이 존재함으로써 충분하다('가능성설'). 그러나 판례와 다수견해는 원고적격 내지 법률상 이익의 유무는 소의 제기단계, 즉 소송요건의 문제이고, 본안에선 오로지 처분의 적법성 여부만이 문제가 되며, 이들은 엄격히 구분되어야 한다는 입장을 취한다. 이런 엄별은 권리구제의 초입을 지극히 어렵게 만든다. 하지만 권리구제의 확대가 운위되면서도 전혀 상황변화가 없다. 이해하기 힘들다.

74) 한편 사인의 공법행위로서의 신고를, 준법률행위의 차원에서 접근하는 입장(장태주, 행정법개론, 474면)이 있는데, 이는 여기서의 신고의 본질과는 거리가 있다. 아울러 신고 자체를 행정행위로 설정하여 '준법률행위적 행정행위'로 접근하는 입장(김학세, 행정법상 신고제도, 변호사 제32집, 2002, 8면; 김재협, 공법상 신고에 관한 고찰-건축법상 건축신고를 중심으로-, 특별법연구(제6권), 90면)도 있는데, 이 또한 바람직하지 않다.

75) 동인, 행정법론(상), 111면.

른 등록신청을 수리를 요하는 신고로 본다. 즉, 등록제가 수리를 요하는 신고제를 의미하는 것으로 본다. 그리하여 허가제의 경우에는 요건에 관한 형식적 심사뿐만 아니라 실질적 심사까지 행해지는 반면에, 수리를 요하는 신고제인 등록제의 경우에는 형식적 심사에 그친다고 한다.[76] 그리하여 개별법령(예: '체육시설의 설치·이용에 관한 법률')이 신고와 등록을 구분하여 규정하고 있지 않는 한, 당해 법령의 목적과 관련조문에 대한 합리적, 유기적 해석을 통해 구분할 수밖에 없다고 한다.

또 다른 일설은 신고요건에 초점을 맞춰, 신고요건이 형식적 요건만인 경우에는 자기완결적 신고로, 형식적 요건과 함께 실질적 요건도 포함하는 경우에는 수리를 요하는 신고로 본다.[77] 이 주장에 대해서는, "실질적 요건을 신고요건의 한 부분으로 한다고 하여도 입법자가 이를 수리를 요하지 않는 신고로 규정할 수도 있는 바, 양자의 구별은 신고요건의 성질이 아니라, 입법자의 객관적인 의사를 기준으로 판단하여야 한다"고 비판이 가해진다.[78]

한편 김용섭 교수는 자기완결적 신고를 단순한 통고 내지 통보로, 수리를 요하는 신고를 인허가나 등록의 신청으로 인식하면서, 전자의 경우에는 형식적 심사권이, 후자에 대해서는 형식적 심사권뿐만 아니라, 실질적 심사권도 허용된다고 본다.[79] 그에 의하면, 관계법령에서 명문으로 수리규정을 둔 경우에는 특별한 사정이 없는 한 수리를 요하는 신고에 해당하며, 또한 관계법령에서 행정청의 실체적 심사권이 인정되면 수리를 요하는 신고로, 형식적 심사에 그치면 자기완결적 신고로 보아야 하며, 그리고 신고불이행에 대해서 행정질서벌(과태료)이 아니라, 행정형벌이 가해지거나 행정처분제도가 인정되면 수리를 요하는 신고에 해당할 수 있다고 한다.

(2) 管見[80]

신고(제)를 둘러 싼 혼란의 原因은 바로 그것을 '자기완결적 신고'와 '수리를 요하는 신고'로 나눔에 있다. 왜냐하면 양자에 있어 공통분모라곤 '신고'라는 용어사용일 뿐, 법적으로 전혀 이질적으로 다루어지고 있으며, 특히 후자는 행정행위에 대한 '신청'과 다를 바 없기 때문이다.[81] 종래 사적 영역에 대한 국가적 개입모델로서의 신고제의 참뜻을 간과한 채, 사인의 행정요건적 공법행위에 관한 논의를 바로 신고제

---

76) 대표적으로 홍정선, 행정법원론(상), 192면.
77) 박균성, 행정법론(상), 111면-112면.
78) 홍정선, 행정법원론(상), 188면.
79) 김용섭, 행정법상 신고와 수리, 판례월보 제352호, 2000.1., 41면.
80) 상론은 졸고, 行政法上의 申告와 通報: 조해현(편집대표), 행정소송(Ⅰ), 2008, 683면 이하.
81) 이에 유지태/박종수 교수는 수리를 요하는 신고의 실질이 허가행위임을 지적한다. 동인, 행정법신론, 130면-131면. 반면 박균성 교수는 그것을 허가 및 등록제와 구별되는 신고의 한 유형으로 보아야 한다고 주장한다. 동인. 앞의 책, 108면.

에 대입한 것이 지금의 난맥을 야기하였다. 즉, 행정청의 심사(통제)가 사실상 전적으로 배제됨으로써, 당연히 그에 따른 수리여부 특히 수리거부가 전혀 의미를 지니지 못하게 되어 버린 '자기완결적 신고'에 관한 오해에, 이미 후자의 존재가 胚胎되어 있었다. 무릇 신고제가 허가제를 代置한 개시통제의 수단임을 긍정한다면, 그것의 유형을 (예방적) 금지해제적 신고와 정보제공적 신고로 나누는 것이 그것의 본연의 모습에 부합한다.[82] 신청과 신고는 구별하여야 한다. 한편 실정법은 물론 판례상으로도 '수리'에 관한 바른 이해조차도 형성되어 있지 않다.[83]

또한 등록제를 수리를 요하는 신고제와 동일시하고, 이를 허가제에 대비시켜 전자의 경우에는 형식적 심사만을, 후자의 경우에는 실질적 심사까지 거치는 것으로 보는 입장은, 여러 문제점을 낳는다. 즉, 허용(심사)요건이 형식적 측면이나 실질적 측면을 담고 있는지 여부에 맞춰서, 그것의 심사가 형식적 성격인지 아니면 실질적 성격인지가 가늠된다. 같은 맥락에서 헌법재판소는, '정기간행물의 등록 등에 관한 법률' 제7조 제1항의 등록제를 규정한 입법취지가 정기간행물의 발행요건에 관하여 실질적 심사가 아니라 단지 형식적 심사에 그치도록 하고 있다고 보았다.[84] 이런 태도가 신고제에서의 행정청의 심사에 관한 오해를 유발하거니와(후술), 판례상으로도 심사의 성격에 의거한 구분이 관철될 수 없는 경우가 빚어진다. 가령 대법원은 "건축물의 용도변경신고가 건축기준에 적합한 경우, 행정청이 관계 법령에 없는 다른 사유로 그 수리를 거부할 수 없다"고 판시함과[85] 아울러 "신고를 요하는 건축물의 용도를 변경하고자 하는 자는 적법한 요건을 갖춘 신고만 하면 행정청의 수리처분

---

82) 특히 금지해제적 신고의 존재가 아직 보편화되지 않은 채 기왕의 분류를 고수하다 보니, 행정통제의 제도적 틀이 손상되곤 한다. 예컨대 대법원 2005.2.25. 선고 2004두4031판결은, "재단법인이 아닌 종교단체가 설치하고자 하는 납골탑에는 관리사무실, 유족편의시설, 화장한 유골을 뿌릴 수 있는 시설, 그 밖에 필요한 시설물과 주차장을 마련하여야 하나, 위와 같은 시설들은 신고한 납골탑을 실제로 설치·관리함에 있어 마련해야 하는 시설에 불과한 것으로서 이에 관한 사항이 납골탑 설치신고의 신고대상이 되는 것으로 볼 아무런 근거가 없으므로, 종교단체가 납골탑 설치신고를 함에 있어 위와 같은 시설 등에 관한 사항을 신고한 데 대하여 행정청이 그 신고를 이를 일괄 반려하였다고 하더라도 그 반려처분 중 위와 같은 시설 등에 관한 신고를 반려한 부분은 항고소송의 대상이 되는 행정처분이라고 할 수 없다."고 판시한 것이 좋은 예이다. 동 판례에 관한 호평의 접근에 관해선, 박해식, 납골시설설치신고 반려처분 중 부대시설에 관한 신고반려부분의 행정처분성 (2005.2.25. 선고 2004두4031판결: 공2005상, 508), 대법원판례해설 2005년 상반기(통권 제55호), 2005.2. 참조.

83) 예로 대법원 2001.5.29. 선고 99두10292판결은, "구 체육시설의설치·이용에관한법률(1994.1.7. 법률 제4719호로 전문 개정되어 1999.1.18. 법률 제5636호로 개정되기 전의 것) 제16조, 제34조, 같은 법시행령(1994.6.17. 대통령령 제14284호로 전문 개정되어 2000.1.28. 대통령령 제16701호로 개정되기 전의 것) 제16조의 규정을 종합하여 볼 때, 등록체육시설업에 대한 사업계획의 승인을 얻은 자는 규정된 기한 내에 사업시설의 착공계획서를 제출하고 그 수리여부에 상관없이 설치공사에 착수하면 되는 것이지, 착공계획서가 수리되어야만 비로소 공사에 착수할 수 있다거나 그 밖에 착공계획서 제출 및 수리로 인하여 사업계획의 승인을 얻은 자에게 어떠한 권리를 설정하거나 의무를 부담케 하는 법률효과가 발생하는 것이 아니므로 행정청이 사업계획의 승인을 얻은 자의 착공계획서를 수리하고 이를 통보한 행위는 그 착공계획서 제출사실을 확인하는 행정행위에 불과하고 그를 항고소송이나 행정심판의 대상이 되는 행정처분으로 볼 수 없다."고 판시하였다.

84) 헌재 1997.8.21. 93헌바51.

85) 대법원 2006.10.26. 선고 2004두6006판결; 2007.6.1. 선고 2005두17201판결,

등 별단의 조처를 기다릴 필요가 없이 용도변경을 할 수 있으며, 소정의 형식적 요건을 갖추어 적법하게 신고가 제출된 이상 행정청은 이를 수리하여야 한다"고 판시하였다.[86] 결국 용도변경신고의 경우, 실질적 심사를 배제하고 형식적 심사만을 전제하면서도, 그것을 자기완결적 신고로 보고 있는 셈이다.

(예방적) 금지해제적 신고(의무)로서의 신고제의 참뜻은, 신고자 스스로 자신의 의사에 의해서 주도적으로 다시 말해, 자기완결적으로 (전제된) 금지를 해제시키는 데 있다. 이런 입장에 서면, 행정청의 수리 여부에 금지해제가 좌우되는 '수리를 요하는 신고'를 신고의 범주에 넣을 수 없음은 자명하다. 이 점에서 등록제를 '수리를 요하는 신고제'로 보고자 하는 입장[87]에 나름의 일리가 있을 수 있다. 그러나 등록제를 자기완결적 신고와 허가제의 중간 영역으로 설정하는 이러한 태도에 과연 문제가 없는가? 규제완화의 요구로 석유사업법 등에서 종전에 허가로 규정한 것을 '등록'이란 용어로 대체하였으나, 규제완화의 핵심사항인 허용요건의 완화는 그다지 이루어지지 않았다. 허가제를 행정규제의 대표로 인식한 여론의 추이에 좇아서 단지 용어만을 변경하는데 지나지 않음을 여실히 보여준다. '등록제'란 본질적으로 '허가제'와 다름이 아니다.[88] 다시 말해, 그것은 "변태적 허가제"일 뿐이다. '체육시설의 설치·이용에 관한 법률'이 등록체육시설업과 신고체육시설업을(동법 제11조 제1항), 석유사업법이 등록대상 석유판매업과 신고대상 석유판매업을(동법 제9조) 대비시켜 놓은 점이 이러한 사실을 웅변한다.

생각건대 신고가 아닌 그것의 수리에 무게 중심이 주어질 경우에는, 더 이상 신고제의 범주에 속하지 않는다. 신고제의 범주에 속하기 위해서는 신고가 중심추가 되어야 한다. 국가개입의 모델로서의 신고제의 본질을 도외시 한 채, 이른바 준법률행위적 행정행위로서의 受理 개념을 중심으로 '私人의 公法行爲論'을 그대로 단순 대입한 것이 지금의 난맥상의 遠因이다.[89]

86) 대법원 2006.1.26. 선고 2005두12565판결.

87) 홍정선, 앞의 책, 192면. 동지: 장태주, 앞의 책, 477면; 채우석, 행정절차법에 있어서의 신고, 고시계 1997.7., 77면 이하.

88) 동지: 김철용, 행정법Ⅰ, 2010, 196면; 김동희, 행정법Ⅰ, 2010, 121-122면. 한편 김동희 교수님은 판례 역시 이런 입장을 취한다고 하면서, 영업양도에 따른 지위승계신고의 수리를 행정처분으로 봄으로써 이 또한 '수리를 요하는 신고'에 포함시켜 버린 판례(대법원 1993.6.8. 선고 91누11544판결; 1995.2.24. 선고 94누9146판결)를 든다.

89) 追論: 대법원 2011.1.20. 선고 2010두14954판결은 건축법상의 건축신고를 수리를 요하는 신고로 판시하여 신고제의 존재이유를 의문스럽게 만들었다. 이에 대한 문제점은 본서 179면 이하 참조.

4. 법률행위의 분류 – 이른바 '準法律行爲的 行政行爲'

(1) 학설과 판례의 현황

행정법문헌들은 민법상의 법률행위의 개념[90]을 차용하여 '법률행위적 행정행위'와 '준법률행위적 행정행위'의 틀을 행정행위의 분류체계의 하나로 정립하였다. 이에 대해서 특히 김남진 교수님은 진작부터 '준권리설정행위적(준법률행위적, rechtsgeschäftsähnliche) 행정행위' 가운데 확인만이 독립된 행정행위성을 갖기에 '준권리설정행위적(준법률행위적) 행정행위'라는 카테고리를 유지할 필요가 없다고 그것의 해체를 주장하였고,[91] 다음과 같이 지적하였다. 즉, "부인설의 주장은 행정행위는 법률의 구체화 또는 집행으로서의 성질을 가지는 까닭에 행위자의 의사의 요소는 중요한 의미를 가지지 않는다는 것을 그 이유로 삼는다. 사실 법률행위적 행정행위의 경우 행정청의 의사표시를 요소로 한다지만, 그 경우의 행정청의 의사는 공무원의 심리적 의사가 아니라 법안에 화체된 입법자의 의사로서의 의미를 가진다. 동시에 법률행위적 행정행위와 준법률행위적 행정행위의 구별은 부관을 붙일 수 있느냐 없느냐를 판단하는 기준이 된다고 하나, 그것조차 의심스럽고 보면, 그 양자의 구별은 별로 주요치 않음을 상기할 필요가 있다."[92]

이 같은 구별무의미론에 명시적으로 동조하는 문헌[93]이 있는 반면에, 일부 문헌은 이 같은 비판적 지적의 타당성은 수긍하되, 법규의 내용에 따라서는 행정청에 일정한 판단권이 부여되어 있는 경우와 행정청의 판단 등의 정신작용에 일률적으로 법적 효과를 결부시킨 경우가 있는데, 전자의 경우에는 행정청의 판단권의 한계 내에서는 그 의사내용에 따라 법적 효과가 발생된다는 점은 부인할 수 없기에 이런 한도 내에서는 전통적 구분에 기본적인 문제점은 없다고 본다.[94] 그런데 기왕의 분류체계의 문제점에 관한 인식과 공감대가 상당하게 조성되어 있음에도 불구하고, 행

90) 여기선 성문화된 용어인 '법률행위'가 과연 그것의 본질적 의미에 부합하는지 검토되어야 한다. 이에 해당하는 독일어인 "Rechtsgeschäft(e)"를 일본민법에서 '법률행위'로 번역한 이래 우리 역시 이를 답습하고 있다. 하루바삐 본질왜곡적인 이런 용어를 버리고, 신유철 교수가 제시한 대로 '권리설정행위'로 번역하여 정립하는 것이 바람직하다. 신유철 교수는 당시의 일본의 법학자들이 '법률행위'로 번역한 所以를, 근대 사법이 지향하는 사적 자치의 이념을 제대로 파악하지 못한 것과 법(Recht)과 법률(Gesetz)도 구별하지 않음으로써 법률실증주의적 사고를 갖고 있었던 것에 두고 있다. 이에 관한 상세는 신유철, "21세기 한국민사법학의 과제", 안암법학 제13호, 2001.11., 210면 이하; 이진기, "법률개념, 법률문장, 법체계 -민법개정시안과 관련하여-", 비교사법 제9권 제4호, 2002.12., 148면 이하 참조.

91) 동인, 행정법의 기본문제, 1994, 195면 이하 참조.

92) 김남진/김연태, 행정법 I, 197면.

93) 정하중, 행정법총론, 2006, 213면; 김성수, 일반행정법, 170면 이하.

94) 김동희, 행정법 I, 241면. 다만 김동희 교수님은 양자의 구분의 실익이 재량권의 인정 또는 부관의 허용성의 여부에 있을 정도라면 이를 가지고 구태여 이처럼 二大範疇로 구분할 필요성까지는 없는 것인지 모른다고 한다. 박균성 교수 역시 이와 비슷한 입장에서 전통적인 구별이 이론상 전혀 무의미하진 않지만, 그 구별의 실익은 없다고 본다. 동인, 행정법론(상), 281면.

정법문헌상으로는 종전의 분류체계가 그대로 통용되고 있는 실정이다. 즉, 이 같은 기왕의 분류체계에 대한 강력한 비판이 결코 기왕의 분류체계를 대체하지는 못하였으며, 심지어 설득력에도 불구하고 대안형성의 단계까지도 가지 못하였다.

(2) 管見[95)]

일찍이 Forsthoff가 지적하였듯이,[96)] 행정행위는 그에게 부여된 법효과를 발생시킨다는 점에서 그것에는 표시적 요인이 내재한다. 그 결과 행정행위를 행정의 의사표시(Willenserklärung)로 파악하는 것과 사법에서 차용된 권리설정행위개념을 행정행위에로 移行시키는 것이 초래되었다. 일찍이 많은 학자들이 포괄적이고 체계상의 관심사에서, 사법과 공법상의 법적으로 의미있는 활동을 권리설정행위란 하나의 개념으로 合一시킴으로써 법적으로 의미있는 모든 활동에 관한 –법의 통론의 핵심부분으로서– 포괄적인 하나의 체계에 도달하고자 하였다. 그 대표자가 K. Kormann이었지만, –행정법관계에 대한 사법규정의 적용에서 잘 보여주듯이– 민법과 행정법의 본질적 방법론적 나눔을 고수한 O. Mayer조차도 의사표시와 권리설정행위란 표현을 사용하는데 주저하지 않았다.[97)] 요컨대 지금과 같은 분류의 원류는 일찍이 K. Kormann이 1910년에 출간된 그의 저서("System der rechtsgeschäftliche Staatsakte")에서 민법상의 권리설정행위(법률행위)와 준권리설정행위(준법률행위)의 구별을 이용하여 행정행위의 범위를 확장시키려 하였던 시도에서 찾을 수 있다.[98)] 그런데 지금 우리 문헌상에서 준권리설정행위적 행정행위의 내용으로 제시되는 '확인', '공증', '통지' 그리고 '수리'와 비교하면, Kormann은 '통지'(Mitteilung), '공증'(Beurkundung) 그리고 '수리'(수령, Entgegennahme)를 이에 포함시키고, '확인'(Feststellung)은 권리설정행위적 행정행위로 본다. 한편 일본의 경우에는 우리와 마찬가지로 일반적으로 이상의 네 가지를 거론하는데, 그밖에도 賞罰을 포함시키는 학자들도 있었다고 한다.[99)] 반면 현재의 독일 대부분 문헌은 우리와 같은 분류방식 대신에 '명령적 행정행위', '형성적 행정행위' 그리고 '확인적 행정행위'와 같은 분류를 택하고 있다. 물론 상계표시(Aufrechnungserklärung)와 같은 행정청의 의사표시가 논의되나, 이들은 행정행위가 아니라 비처분적 행정활동의 범주에서 문제된다.[100)]

---

95) 상론 졸저, 행정법기본연구 I, 318면 이하(이른바 '"準法律行爲的(準權利設定行爲的) 行政行爲'와의 訣別에 관한 소고, 고시연구 2003.10., 14면 이하).

96) ders., a.a.O., S.205.

97) ders., Verwaltungsrecht I, 1924, S.94f.

98) Kormann의 주장과 관련한 내용은 선정원 교수의 글: "독일 행정법상의 행정행위 확장이론들의 등장과 발전", 공법연구 제27집 제2호, 1999.6, 522면 이하를 참조하였음을 밝혀둔다.

99) 선정원, 앞의 글, 523면 주)18 참조.

100) 특히 Wolff/Bachof/Stober, Verwaltungsrecht Bd.2, 6.Aufl., 2000, §53. 여기서 주목을 끄는 것은, 표명자의 법효과지향적 의사와는 무관하게 법효과를 발생시키는 지식표명이나 의사표명(Wissens- oder

우리의 전통적인 구분·분류의 시발인 일본에서는 특히 鹽野 宏 교수가 민법의 '법률행위론'에 준거하여 전개된 법률행위적 행정행위와 준법률행위적 행정행위의 구분이 그들 명치헌법하에서 확립되어 현재에까지 인계되어 온 점을 지적한 다음, 그런 분류에 강한 의문을 표하고 있다. 즉, 공증에 대해서는 일본의 판례가 공적 증명력만으로는 행정행위로서의 자격을 부여하고 있지 않다는 점, 통지에 대해서는 일본의 판례가 명령적 행위와 동일하게 취급하는 식으로 그것에 준법률행위로서 독립된 자리매김을 하고 있지 않다는 점, 수리에 대해서 구체적인 법효과가 부여되는 경우에 과연 이를 명령적 행위와 형성적 행위와 별도로 독립한 행정행위의 종류로서 취급해야 할지 의문스럽고, 수리의 관념은 행정절차법상으로도 존재치 않는다는 점을 지적하였다.[101]

독일에서 민법상의 의사표시나 권리설정행위개념이 행정법에 통용되는 데 대한 대표적인 비판자가 바로 Forsthoff이다. 그는 행정행위를 사법적 의미상의 권리설정행위적(법률행위적) 의사에 맡기려는 모든 시도는 거부되어야 함을 주장한다. 그는 행정행위가 행정청과 관련인간의 법관계를 발생, 변경, 소멸시킨다는 사고에 의해서 비로소 권리설정행위적 의사가 행정의 고권적 작용에 이전하는 것이 가능하다는 점과 이런 식으로 행정행위를 민사적 법형식에 맞추는 것은 법조국가적(justizstaatlich) 고찰방식에서 비롯하였다는 점을 지적한 다음, 오늘날에는 이 같은 고찰방식은 극복되었음을 강조하였다. 행정행위란 민법에 비견되는 (행정과 개개인간의) 법관계를 함유하고 있지 않다고 보기에, Forsthoff는 관련인의 협력하에 성립하는 행정행위조차도 이를 공권력의 일방적인 발산(Emanation)이지 결코 그 이상이 아님을 분명히 하였다. 아울러 행정행위를 그것을 발급하는 공무원의 심리적 의사의 표현으로 파악하는 것은 결코 있을 수 없으며, 정신병자인 공무원의 행정행위일망정 적법하고 본질적으로 타당한 이상, 유효하고 하자가 없음을 지적하였다. 다시 말해, 행정행위란 공무원의 심리적 상황에서 판단을 내려선 아니 되고, 전적으로 행정작용의 객관적 의미관련성의 테두리 안에서 판단을 내려야 한다는 것이다.[102] 요컨대 Forsthoff는 행정행위를 표시로 여기나, '의사표시'로 보는 데는 극렬하게 반대한다.[103] 아울러 Wolff/Bachof/Stober 역시 Kormann이나 Kruse처럼 행정행위를 법관계를 발생이

Willensäußerungen)에 해당하는 준권리설정행위적 표시(rechtsgeschäftsähnliche Erklärungen)에 통지, 공증이나 교시 등은 거론되지만, 수리에 대한 언급은 없다는 점이다.

101) 동인: 서원우/오세탁(共譯), 日本行政法論, 1996, 94면-95면.

102) ders., a.a.O., S.206f.

103) 반면 Erichsen은 처분 등이 규율로서의 성질을 갖는 것은 그것의 표시내용에 비추어 법효과의 설정을 지향할 때인 점에서, 행정행위란 행정법적 의사표시의 카테고리에 어울린다고 지적하였다. Ders., in: Erichsen/Martens(Hrsg.), Allg. VerwR, 10.Aufl., 1995, §12 Rn.22.

나 변경하기 위한 (일방적인) 권리설정행위로 보더라도, 행정행위란 그에게만 통용되는 특별한 행정법규의 지배를 받는다는 점에서, 행정행위가 사법의 권리설정행위와는 현저히 상이하다는 사실이 간과되어선 안 된다고 강조한다.[104)]

요컨대 종래 문헌상의 통념화된 행정행위의 분류체계 즉, '권리설정행위(법률행위적) 행정행위'와 '준권리설정행위(준법률행위적) 행정행위'에 관한 근본적인 인식변화가 요구된다. 민법의 권리설정행위와 준권리설정행위 개념에 터 잡은 분류체계, 나아가 그것들의 내용이 현행 행정법질서에 부합하지 않을 뿐 더러 그 존재이유가 긍정되지 않는다. 이젠 설득력있는 논리전개를 은연중에 저지한다는 점에서 -적어도 구별무의미론을 취한다면- 종래의 분류체계와는 결연히 결별하는 것이 요망된다. 하루바삐 명령적 행정행위, 형성적 행정행위, 확인적 행정행위로 3분하는 분류체계를 근간으로 하여 논의가 전개되어야 한다.[105)]

5. 이른바 處分的 命令의 존재

(1) 학설과 판례의 현황

이른바 '법규명령형식의 행정규칙'을 통해서 알 수 있듯이, 우리의 판례는 기본적으로 실질에 절대적 비중을 둔다. 그리하여 '두밀분교통폐합조례사건'에 관한 대법원 1996.9.20. 선고 95누7994·95누8003판결은 이제까지 의례적 논의에 머물렀던 이른바 '처분적' 명령(조례)의 존재를 처음으로 시인하였다.[106)] 종래 광범하게 행하여졌던 법규헌법소원심판이 적어도 조례의 경우에는 보충성의 원칙으로 인해 더 이상 허용되지 않게 되었다. 법원으로선 법규헌법소원심판에 대해서 처분성확대를 통해 크로스카운터 펀치를 날린 셈이었다. 그 후 서울행정법원 2005.9.1. 선고 2004구합5911 판결은, '관세법 제51조의 규정에 의한 인도네시아·중국산 정보용지 및 백상지에 대한 덤핑방지관세부과에 관한 규칙'의 일부 내용에 대해서 처분성을 인정하였다. 그리하여 이제는 법규명령의 전형인 시행규칙까지도 처분성의 인정가능성이 열리게 되었다.[107)] '두밀분교통폐합조례사건' 판결이후 10년 만에 '조치적(처분적)' 명령이 행

---

104) ders., a.a.O., §45 Rn.4.

105) 한편 전통적인 행정행위 분류체계에 관한 기본인식의 차이를 넘어서, 통보(통지)처분의 가능성 여부와 그것의 독립성 여부를 세심하게 검토할 필요가 있다. 이에 관한 상론은 졸저, 행정법기본연구 I (2008), 329면 이하(通報處分의 독립된 認定與否에 관한 小考, 고시연구 2006년 9월호, 95면 이하).

106) 그러나 곧바로 처분성이 인정되는 양 誤解를 낳는 '처분적' 명령(조례)이란 용어는 하루바삐 시정되어야 한다. 日人學者(山田 晟)의 「ドイツ法律用語辭典」(1984)에서도 'Maßnahmegesetz'을 措置法으로 바르게 옮겨 놓고 있다(p.251).

107) 이에 대한 공감문헌으로 권순일, 재정경제부령에 의한 덤핑방지관세부과조치의 처분성 재론-기능적 관점에서-, 행정판례연구 제12집, 반면 비판으론 졸고, 이른바 처분적 시행규칙의 문제점에 관한 소고, 법률신문 3478호(2006.7.27.).

정작용형식의 하나(법규범형식의 행정처분)로 자리를 잡은 셈이다. 대부분의 행정법문헌에선 이를 두고서 법원이 전향적으로 처분성확대를 도모하였다고 긍정하는 분위기이다. 하지만 종래 법형식의 선택이 법적으로 특히 권리구제의 측면에서 어떤 법적 결과를 초래하는지, 그리고 법형식과 그 실질이 불일치할 때 무엇이 최종적인 가늠자가 되는지에 관한 활발한 논의가 殆無하다. 그 결과 치명적인 법적 문제점(후술)에도 불구하고 이른바 처분적 명령(조례)이 정식의 행정작용으로 정착(?)되었다고 봄직하다.

(2) 管見[108)]

그렇지만 이런 극단적인 실질위주적 접근은 현행의 공법질서 특히 규범체계를 심각한 난맥에 처하게 만든다. 입법자가 선택한 규범으로서의 법적 성격이 법원의 판단에 의해서 부인되는 결과가 빚어진 것이다. 독일의 경우에, 규범과 집행이 錯綜하는 법현상(가령 個別事件規律的 命令)에 즈음한 권리구제방법과 관련해서, 그 가늠잣대가 (우리나 일본에서와는 다른 의미의) 형식적 행정행위 개념이냐 아니면 실질적 행정행위 개념이냐를 둘러 싼 논의가 전개되었다.[109)] (독일의) 과거 지배적 입장은 실질에 초점을 맞춰, 독일 행정절차법 제35조에 따라서 실체법에서든 쟁송법에서든 행정행위의 존부를 위해서는 행정조치의 형식이 아니라 그 내용이 규준이 된다는 점과, 따라서 행정행위개념은 실체적으로 파악해야 한다는 점을 주장한다. 그러나 (독일의) 오늘날의 지배적 입장은 형식을 일차적 규준으로 삼는다. 그리하여 행정행위와 같은 '個別事件的 規律'이 법률, 법규명령, 조례의 형식으로 발해진 경우에 내용적으론 행정행위에 해당할 순 있겠지만, 결코 형식상으론 행정행위가 아니며, 따라서 행정행위처럼 쟁송취소의 대상은 될 수 없고, 규범통제의 방법을 취해야 한다고 한다. 반면 만약 법규명령으로 발해야 할 것을 잘못하여 법규명령 대신에 행정행위로 발하였다면, (위법한 행정행위로서) 그것의 쟁송취소가 허용되고, (본안에서) 이유 있다고 한다. 즉, 행정행위와 명령의 구분에 있어서는, 우선적으로 문제 규율의 외부적 형식에 좌우되어야 하되, 다만 그 형식이 다의적이거나 -형식선택의 자유를 전제로 하여- 권리보호를 제한하기 위한 명백한 형식남용이 있는 경우에만 규율의 실질을 목표로 삼아야 한다고 주장된다.

---

108) 이하의 내용은 졸저, 행정법기본연구 I, 434면 이하(措置的 命令 내지 個別事件規律的 命令에 대한 權利保護에 관한 小考, 법조, 2002.11. 90면 이하) 참조.

109) 독일에서의 형식적 행정행위(der formelle Verwaltungsakt)에 관한 논의는 일부 문헌에서 부분적으로 소개되긴 하였지만, 일본에서의 그것과 대비한 전개는 행해지지 않았다: 특히 선정원, "독일 행정법상 행정행위 확장이론들의 등장과 발전", 공법연구 제27집 제2호, 1999.6., 519면 이하.

요컨대 권리구제의 확대를 도모하기 위한 처분성의 확대인정 자체는 異論이 있을 순 없지만, 법집행행위를 무색케 만드는 과도한 처분성인정은 규범통제의 항고소송화는 물론, 규범과 집행행위의 구분을 소멸시켜 행정작용법론의 不全까지도 초래할 수 있다. 법규범의 형식을 갖는 한, 그것의 법적 취급은 시종 법규범으로서의 위상에 맞추어야 한다.[110]

6. 취소소송에서의 訴訟物

(1) 학설과 판례의 현황

소송물이라 함은 소송의 객체 즉, 분쟁의 대상이자 법원의 심판의 대상이다. 아울러 소송물은 원고의 소송상의 청구를 가리킨다. 취소소송에서의 소송물이 무엇인지 행정법 문헌상 다투어지고 있는데, 크게 세 흐름으로 대별된다.[111] 우선 '행정처분으로 인하여 생긴 위법상태의 배제'를 취소소송의 소송물로 보는 입장[112]과 '처분 등의 위법성' 내지 '처분의 위법성 일반'을 취소소송의 소송물로 보는 입장[113]이 있다. 특히, 박정훈 교수는 후자의 입장에서 "계쟁처분 및 계쟁처분과 그 근거사유(규율내용)에 있어 기본적 사실관계가 동일한 처분의 위법성 일반"으로 취소소송의 소송물을 정의한다.[114] 이에 대해서 김남진 교수님을 비롯한 상당수의 문헌은 취소소송의 소송물을 「위법한 처분 등에 의하여 자기의 법률상 이익이 침해되었거나 필연적으로 침해될 것이라는 원고의 주장」으로 새긴다.[115]

한편 많은 문헌들은 판례의 태도가 두 번째 입장에 선 것으로 판단을 내리며, 그 논거로 특히 대법원이 1989.4.11.에 선고한 87누647판결을 들고 있다. 동 판결은 "과세처분취소 소송의 소송물은 그 취소원인이 되는 위법성 일반이다"라고 설시하였는데, 이를 계기로 "조세소송의 목적물은 과세관청이 결정한 소득금액의 존부이다"[116], "과세처분취소소송의 소송물은 그 취소원인이 되는 위법성 일반이고 그 심

110) 김남진 교수님 역시 법규명령이나 조례가 "처분"의 성질을 갖는다 하더라도, "규범통제"라는 正道를 통해 문제를 해결해야 함을 역설한다. 동인, "행정상 확인소송의 가능성과 활용범위", 고시연구, 2005.5, 22면 주15).

111) 참고문헌: 김남진, 취소소송의 기판력과 국가배상소송과의 관계, 고시연구, 2000.12, 190면 이하; 박정훈, 취소소송의 소송물에 관한 연구-취소소송의 貫通槪念으로서의 소송물개념의 모색-, 법조 526호, 2000.7, 93면 이하; 문병효, 행정소송에서의 소송물논의-취소소송을 중심으로-, 고려대대학원 석사학위논문, 1997.12.

112) 김도창, 일반행정법론(상), 1993, 745면.

113) 이상규, 신행정법론(상), 1997, 797면: 김동희, 행정법 Ⅰ, 680면: 박균흔/정형근, 최신행정법강의(상), 767면 등. 한편 김철용 교수님은 현행법상의 처분의 이유제시의무가 명문화되어 있음을 이유로 취소소송의 소송물을 처분의 위법성 일반으로 보는 것은 적절하지 않다고 주장한다. 동인, 행정법Ⅰ, 637면.

114) 동인, 취소소송의 소송물에 관한 연구, 107면.

115) 김남진/김연태, 행정법Ⅰ, 711면; 유지태/박종수, 행정법신론, 629면: 홍정선, 행정법원론(상), 857면; 홍준형, 행정구제법, 527면 이하; 김성수, 일반행정법, 824면.

116) 대법원 1989.12.22. 선고 88누7255판결; 1992.9.22. 선고 91누13205판결.

판의 대상은 과세처분에 의하여 확인된 조세채무인 과세표준 및 세액의 객관적 존부이다",[117] "과세처분취소소송의 소송물은 과세관청이 결정한 세액의 객관적 존부이다"[118]라고 설시되었다.

(2) 管見[119]

생각건대 판례에서 나타난 '위법성 일반'이나 '객관적 존부'란 표현들은, 취소소송의 소송물이 '위법성일반'이고 항고소송이 객관소송적 성격이라는 주장의 착안점을 제공한다고 여겨질 만하다. 그러나 관련 판례에 대한 세심한 분석이 따라야 하는데, 여기서는 특히 87누647판결이전에 나온 판례를 함께 고찰하여야 한다.[120] 이런 판례들을 살펴본 즉, 여기서 '위법성 일반'이란 표현은 「과세처분의 취소소송에서 과세처분의 실체적, 절차적 위법이 그 취소원인으로 되는 것」을 나타낸 것이고, 아울러 여기서의 "객관적 존부"란 표현은 과세처분의 적법여부를 가늠하는 정당한 세액의 초과여부와 결부된 "객관적"(sachlich)인 것과 관련이 있지, 주관적(subjektiv) 권리보호에 대한 반대적 의미에서의 "'객관적"(objektiv)인 것과는 무관하다. 이 점에서 87누647판결은 오해의 근원이라는 비판을 가할 수 있으며, 하루바삐 이것이 정비되어야 할 것이다.

독일에서의 소송물논의를 보더라도, 과거 Niese가 1950년대에 행정법원의 주된 기능이 적법성통제라는 것을 근거로 우리의 판례와 같은 주장을 전개한 바 있었

117) 대법원 1990.3.23. 선고 89누5386판결.

118) 대법원 1997.5.16. 선고 96누8796판결; 1997.10.24. 선고 97누2429판결.

119) 이에 관한 상론은 졸저, 행정법기본연구 Ⅱ, 49면 이하(行政實體法과 行政訴訟法의 交叉點에 관한 小考, "행정소송의 현안과 과제", 서울대학교 BK21 법학연구단 법제도비교연구센터, 2003.5.30. 발표문) 참조.

120) 「과세처분 취소소송의 심리대상은 과세관청이 결정한 소득금액의 존부이므로 과세관청은 그 변론 종결시까지 당해 과세처분에서 인정한 과세표준액 등이 객관적으로 존재함을 인정할 수 있는 모든 자료를 제출하여 그에 의하여 소득금액의 존부를 판단할 것을 주장할 수 있는 것이므로 부과처분 당시의 처분이유 뿐만 아니라 그 처분사유로 되지 아니한 사실도 주장할 수 있다」(대법원 1980.10.14. 선고 78누345판결): 「과세처분에서 인정된 세액의 다과에 다툼이 있는 경우에 있어서 과세처분이 위법한 것인지의 여부는 그 세액이 정당한 세액을 초과하는 가의 여부에 의하여 이를 판단한다. 과세처분의 취소소송은 과세처분의 실체적, 절차적 위법을 그 취소원인으로 하는 것이므로 그 심리의 대상은 과세관청이 결정한 과세가액의 존부라고 풀이하여야 할 것이니 소송당사자는 과세처분 취소소송의 변론종결시까지 과세표준액 등의 존부 내지 범위에 관한 모든 자료를 제출하고 그때까지 제출한 자료에 의하여 과세처분의 적법여부를 판단할 것을 주장할 수 있다」(대법원 1984.9.25. 선고 84누2판결); 「과세처분의 세액의 다과에 관하여 다툼이 있는 경우 그 과세처분의 적법여부는 그 세액이 정당한 세액을 초과하느냐의 여부에 따라 판단하여야 한다. 나. 과세처분의 취소를 구하는 소송은 그 과세처분의 실체적 및 절차상의 위법을 그 취소원인으로 하는 것이므로 소송당사자는 그 소송의 사실심변론종결시까지 과세원인과 과세표준액등에 관한 모든 자료를 제출할 수 있고 그 자료에 의하여 과세처분의 적법여부를 주장할 수 있다」(대법원 1985.12.10, 85누418판결); 「과세처분이란 당해 과세요건의 충족으로 객관적, 추상적으로 이미 성립하고 있는 조세채권을 구체적으로 현실화하여 확정하는 절차이고, 과세처분의 취소소송은 위와 같은 과세처분의 실체적, 절차적 위법을 그 취소원인으로 하는 것으로서 그 심리의 대상은 과세관청의 과세처분에 의하여 인정된 조세채무인 관세표준 및 세액의 객관적 존부, 즉 당해 과세처분의 적부가 심리의 대상이 되는 것이고 납세자의 실제의 과세표준이나 세액자체는 심리의 대상이 되는 것은 아니다」(대법원 1987.11.10. 선고 86누491판결).

다.[121] 이에 대해 Eyermann/Fröhler가 불허되는 만인소송과의 구별이 불가능할 우려가 있음을 들어 취소소송이란 "객관적 위법성"의 물음을 위하여 수행될 수 없음을 통렬히 비판하였다.[122] Detterbeck 역시 동 견해가 이론상 허용되지 않는 방법으로 단순한 선결물음을 소송물의 서열로 끌어 올려 행정소송법에 내제된 권리구제기능을 간과하였다고 비판하였다.[123] 요컨대 일본의 통설-권리침해 유무가 취소소송의 소송요건이기에 독일과는 달리 권리침해는 전혀 고려치 않고 행정행위의 위법성만을 소송물로 본다-[124] 을 그대로 전수한 듯한 우리 판례의 태도는, 우선 소송법학에서의 소송물에 관한 논의수준에 부합하지 않을 뿐더러, 자신이 전제하는 취소소송의 형성소송적 이해[125]와도 背馳될 우려가 있다. 그래서 항고소송을 주관소송으로 보면서, 권리침해를 배제한 채 '위법성 일반'을 소송물로 본다는 것은 相馳된 주장이기에 수정되어야 한다. 원고적격의 물음과 본안상의 이유구비성의 물음은 비록 나누어지나, 양자가 결코 고립분산적 관계에 놓이지 않는다.[126] 요컨대 비록 우리 판례가 원고적격 단계에서는 '권리침해'유무를 판단하고, 본안심리 단계에서는 처분의 위법성만을 문제로 삼는다 하더라도, 여기서의 '위법성'은 권리침해를 전제로 한 '주관적 위법성'이지, 결코 객관소송의 빌미를 제공하는 '객관적 위법성'은 아님을 지적하고자 한다. 그리고 만인소송(민중소송)을 배제하기 위함이 원고적격의 본질적 의의인 점을 고려하면, 소송구조를 주관적 권리의 관철이 아닌 객관적인 법(행정)통제를 지향점으로 삼는 것은 소송제도의 基底를 顚覆할 우려가 있다. 행정소송제도의 기본구조의 붕괴를 가져다 줄 첨병으로 기능할 수 있는 이 같은 문제점에 관한 인식이 요구되며, 그 단초를 부지불식간에 제공하지 않도록 판례상의 세심한 배려가 요구된다.

7. 국가배상법상의 違法性 개념

(1) 학설과 판례의 현황

판례는 행정소송상의 위법성판단과 국가배상청구상의 (직무행위의) 위법성판단은

121) Niese, JZ 1952, 353ff.

122) Eyermann/Fröhler, VwGO, §121 Rn.10a.

123) Detterbeck, Streitgegenstand und Entscheidungswirkung im Öffentlichen Recht, 1995, S.155f.

124) 일본에서도 통설에 대한 비판으로, 취소소송이 확인소송이 되는 것이 아니나, 구제제도로서 중요한 역할을 해야 할 취소소송의 목적이 달성될 수 없다고 지적된다고 한다. 이에 관해서는 김남진, 취소소송의 기판력과 국가배상소송과의 관계, 192면 이하 참조.

125) 대법원 1996.2.9. 선고 95누14978판결 등.

126) 가령 비록 원고적격의 필터기능이 미미하다 하더라도 여기서 주관적 권리침해여부와 관련하여 얻어진 인식이 본안에서 이유구비성여부를 심사함에 있어서 직접적으로 중요성을 갖는다. Vgl. Lorenz, VwProzR, 2000, S.297.

별개라는 입장을 견지하고 있다.[127] 일찍이 대법원 1984.7.24. 선고 84다카597판결에서 비롯된[128] 이런 입장은 현재 異論의 제기가 무의미할 정도로 확고한 행정법의 도그마틱이 되어 버려 별반 그 자체 의문이 제기되지 않는다. 일종의 다른 의미의 선결문제이자 후결문제인 셈인 이 문제는, 취소소송의 취소판결의 기판력이 後訴인 국가배상청구소송에 미치는지의 물음과 취소소송의 위법성과 국가배상책임성립요건상의 위법이 동일한지의 물음에 관한 것인데, 궁극적으로 국가배상법상의 위법개념의 문제로 귀착된다. 그리하여 문헌상의 기왕의 논의를 일별하면, 취소소송의 취소판결의 기판력이 後訴인 국가배상청구소송에 미치는지의 물음과 관련해서는 기판력부정설, 일부기판력긍정설, 전부기판력긍정설이 운위되며, 취소소송의 위법성과 국가배상책임성립요건상의 위법이 동일한지의 물음과 관련해서는 동일위법성설과 상대적위법성설이 운위되고, 국가배상법상의 위법개념의 문제와 관련해서는 결과불법설, 행

---

127) 대법원 2007.5.10. 선고 2005다31828판결: 어떠한 행정처분이 후에 항고소송에서 취소되었다고 할지라도 그 기판력에 의하여 당해 행정처분이 곧바로 공무원의 고의 또는 과실로 인한 것으로서 불법행위를 구성한다고 단정할 수는 없는 것이고, 그 행정처분의 담당공무원이 보통 일반의 공무원을 표준으로 하여 볼 때 객관적 주의의무를 결하여 그 행정처분이 객관적 정당성을 상실하였다고 인정될 정도에 이른 경우에 국가배상법 제2조 소정의 국가배상책임의 요건을 충족하였다고 봄이 상당할 것이며, 이 때에 객관적 정당성을 상실하였는지 여부는 피침해이익의 종류 및 성질, 침해행위가 되는 행정처분의 태양 및 그 원인, 행정처분의 발동에 대한 피해자측의 관여의 유무, 정도 및 손해의 정도 등 제반 사정을 종합하여 손해의 전보책임을 국가 또는 지방자치단체에 부담시켜야 할 실질적인 이유가 있는지 여부에 의하여 판단하여야 한다. 같은 입장으로 대법원 2000.5.12. 선고 99다70600판결; 2003.11.27. 선고 2001다33789,33796,33802,33819판결; 2004.6.11. 선고 2002다31018판결; 1999.9.17. 선고 96다53413판결; 1997.7.11. 선고 97다7608판결; 1997.5.28. 선고 95다15735판결; 1996.11.15. 선고 96다30540판결; 1995.10.13. 선고 95다32747판결; 1994.11.8. 선고 94다26141판결 등 참조.

128) 여기서 대법원은 「의료법 제25조 제1항, 제51조 제2항 제1호등 규정의 취지를 모아 보면 의료법 위반에 관계되는 행위에 대한 행정처분의 종류의 선택여하는 관계행정청의 편의재량 행위에 속한다 할 것이므로 피고가 이 사건에 관하여 무면허 의료행위를 한 위법이 있다하여 그 행정처분의 선택의 기준을 정한 훈령에 따라 한 4개월의 업무정지처분이 그 취소소송에서 재량권 남용을 이유로 취소되었고 또한 그 정상을 고려할 때 재량권을 일탈한 경우라고 판단된다 하더라도 그와 같은 사실만으로는 관계공무원에게 직무집행상 과실이 있는 경우라고 볼 수는 없다」고 판시하였다. 이런 접근은 궁극적으로 대법원 1973.10.10. 선고 72다2583판결에 닿는다. 여기서 대법원은 「일반적으로 공무원이 직무집행에 있어서 관계법규를 알지 못했다든가, 필요한 지식을 갖추지 못했다는 것은 도저히 변명거리가 될 수 없으리니, 그와 같은 일이 원인을 이룬 결과에 대하여는 공무원의 직무상 의무위반으로서의 고의 또는 과실이 국가배상법상 문제가 안 될 수는 없겠지만, 법령에 대한 해석이 복잡 미묘하여 워낙 어렵고, 이에 대한 학설, 판례조차 귀일되지 못하여 의의가 없을 수 없는 경우에, 공무원이 그 나름대로 신중을 다하여 합리적인 근거를 찾아 그 중 어느 한 설을 취하여 내린 해석이 대법원이 가린 바 된 그것과 같지 않아 결과적으로 잘못된 해석에 돌아가고, 그에 따른 처리가 역시 결과적으로 위법하게 되어, 그 법령의 부당집행이란 결과를 빚었다고 하더라도, 그와 같은 처리방법 이상의 것을 성실한 평균적 공무원에게 기대하기란 어려운 일이고, 이런 경우 결과 책임을 지우는 법적근거가 있음이 아닌 오늘이므로 다른 특별한 사정이 없으면 그 한 설을 취한 처리가 공무원의 과실에 의한다고 일컬을 수 없다 할 것이다.」고 판시하였다. 그런데 대법원 2000.5.12. 선고 99다70600판결 이래 판례의 서술방식에 변화가 있었다. 즉, 이제는 다음과 같은 판시가 전형이 되었다: 「그 행정처분의 담당공무원이 보통 일반의 공무원을 표준으로 하여 볼 때 객관적 주의의무를 결하여 그 행정처분이 객관적 정당성을 상실하였다고 인정될 정도에 이른 경우에 국가배상법 제2조 소정의 국가배상책임의 요건을 충족하였다고 봄이 상당할 것이며, 이때에 객관적 정당성을 상실하였는지 여부는 피침해이익의 종류 및 성질, 침해행위가 되는 행정처분의 태양 및 그 원인, 행정처분의 발동에 대한 피해자측의 관여의 유무, 정도 및 손해의 정도 등 제반 사정을 종합하여 손해의 전보책임을 국가 또는 지방자치단체에게 부담시켜야 할 실질적인 이유가 있는지 여부에 의하여 판단하여야 한다」.

위위법설, 상대적위법성설이 운위된다.[129)]

(2) 管見[130)]

행정소송을 통해서 원고가 바라는 행정행위의 위법성이 확인되었음에도 불구하고, 비록 담당 재판부는 다르지만 같은 사법부에서 원고의 바램이 국가배상의 차원에서 실현되지 않는다는 것이 과연 법감정상 받아들여질 수 있을지 심히 의아스럽다. 물론 법감정이 실정법을 넘을 순 없기에, 초점은 현행 관련 법제 전체의 문제점에 모아진다. 독일에서는 행정사건은 행정법원이, 민사사건은 일반법원이 관할하지만, 우리는 일원적 법원체제를 취한다. 더군다나 장차 행정소송법개정으로 종래 민사사건으로 다루어 온 국가배상청구사건이 당사자소송사건이 될 것 같으면, 동일한 행정소송의 테두리 안에서 한쪽에서는 원고의 바램이 수긍되고, 다른 한쪽에서는 이미 한쪽에서 수긍되었던 원고의 바램이 결과적으로 좌초되어 버리는 상황이 빚어질 수도 있다.

이런 판례의 태도가, 효과적인 권리구제를 담보로 한 법치국가원리, 제1차적 권리보호의 우위, 헌법상의 국가배상책임구조에 비추어 과연 바람직한지 이제는 곱씹어 볼 때가 되었다. 이미 다툼의 대상(행정처분)의 위법성이 행정소송에서 확인된 이상, 그 위법의 결과는 국가배상제도에서 굴절없이 그대로 실현되어야 한다.[131)] 여기서 결정적인 난관은 국가배상법상으로 요구된 주관적 책임요소(고의, 과실)의 존재인데, 이것은 헌법 제29조 제1항의 本旨가 국가의 자기책임임을 분명히 함으로써 탈색시킬 수 있다.[132)] 민법의 공무원자기책임에서 출발하여 개별 주법이나 연방공무원법상의 대위책임적 구조의 채택을 거쳐 헌법차원의 대위책임적 구조로 진행된 독일과는 달리, 우리는 헌법이 먼저 만들어지고 이를 구체적으로 형성하는 국가배상법이 만들어졌다. 나아가 우리로서는 왕정의 전통으로 戰前까지 國家無責任을 견지하였던 일본과도 전혀 다른 역사적 토양을 갖는다. 국가책임의 제도적 보장인 헌법 제29조 제1항은 입법자가 넘을 수 없는 책임요건과 책임의 최소한의 보장을 담고 있다.[133)] 현

129) 이런 논의현황에 관해선 특히 이홍훈, 행정소송과 민사소송, 한국공법이론의 새로운 전개(김도창 박사 팔순기념논문집), 2005, 484면 이하; 서정범, 국가배상에 있어서의 위법성과 과실의 일원화, 행정판례연구 제7집,2002, 146면 이하; 김남진, 취소소송의 기판력과 국가배상소송의 관계, 고시연구, 2000.12., 190면 이하; 박균성, 국가배상소송에 대한 취소소송판결의 기판력, 고시계 1995.7., 98면 이하; 김철용, 취소소송판결의 기판력과 국가배상소송, 고시계 1985.7., 147면 이하 참조.

130) 이하의 상론은 졸저, 행정법기본연구Ⅱ, 151면 이하(國家賠償法上의 過失責任主義의 理解轉換을 위한 小考, 법조 제635호, 2009.8., 45면 이하).

131) 독일의 경우에도 행정조치의 적법성이나 위법성을 실질적 확정력있게 확인한 행정법원의 판결, 즉, 인용·기각판결의 기판력에 민사법원은 구속된다. BGH NJW 1953, 862(863); BGH NJW 1992, 2691.

132) 독일의 Papier는 그들 현행법상의 유책성요청의 실제적 의의를 과대평가해서는 아니 된다고 강조한다(in: Maunz/Dürig, GG Kommentar, §34 Rn.197).

행 국가배상법제는 부단히 헌법상의 국가배상책임의 本旨에 합치하여야 한다. 따라서 국가배상법제 및 그것의 운용이 법치국가원리와 권리보호보장을 보충하고 구체화하는 국가책임의 임무에 미치지 못하면, 이는 헌법차원의 문제이기도 하다.

새로운 접근에 따라 국가배상법상 위법성의 의미도 다시금 가다듬어야 한다. 즉, 취소소송에서의 평가와 동일하여야 하며, 취소판결의 기판력은 당연히 국가배상청구소송에 미쳐야 한다. 궁극적으로 행정처분의 객관적 정당성에 의거하여 위법성을 판단하는 판례의 태도(이른바 상대적 위법성설)를 어떻게 극복하느냐가 관건이다. 이젠 國家賠償法制를 지배한 과도한 民事不法行爲論的 접근을 버리고, 그것을 공법질서에서 새롭게 정립하여야 한다.[134]

8. 公用介入類似的, 公用介入的 介入(수용유사적, 수용적 침해)에 따른 보상의 문제

(1) 독일의 논의상황[135]

국가책임법제의 흠결을 메우기 위한 노력의 소산인 공용개입유사적, 공용개입적 개입은 과거 광의의 수용(공용개입) 개념과 이른바 境界理論(Schwellentheorie)-또는 變換理論(Umschlagtheorie)-에 터 잡아 독일 (일반)대법원(BGH)이 전개한 것이다. 독일의 일반적 문헌에 따르면,[136] 공용개입적 개입의 경우에는 재산권의 적법한 제

---

133) Vgl. BVerfGE 61, 149(198).

134) 追論: 상세는 김중권, 행정법, 2013, 665면 이하.

135) 논의의 전제로서 기왕에 통용되는 용어의 문제를 검토하고자 한다. 독일에서 기본법 제14조 제3항의 (보상부) 'Enteignung'개념은 재산권으로서 보호되는 재산적 가치가 있는 법적 지위의 전부 또는 부분적 박탈(Entzug)을 뜻한다. 그리하여 우리의 그 收用에 해당하는 법형상이 그 개념의 근간이 되고, 이용제한이나 처분제한의 경우에는 그것들이 법적으로 강화되고 독립된 지위와 관련이 없는 한, 'Enteignung'개념의 표지인 부분적 박탈에 들어가지 않고, 내용·한계결정의 구체화에 해당한다고 한다(Maurer, Allg. VerwR, 17.Aufl., 2009, §27 Rn.47.) 반면 우리는 (보상부) 'Enteignung'개념에 해당하는 것이 (보상부) 공용수용사용·제한이다. 여기서 독일의 'Enteignung'개념을 무엇으로 옮겨야 할지, 그리고 (보상부) 공용수용·사용·제한을 전체로 무엇으로 불러야 할지, 나아가 종래 통념화된 수용유사적 침해와 수용적 침해를 그대로 사용하여야 할지 고민이 시작된다. 여기서는 새로운 造語로 인해 생경함이 상당하여 망설여지지만, 조심스럽게 "공용개입" 또는 "공용제약"이란 용어를 사용하고자 한다. 한편 통상 'Eingriff'을 '침해'로 옮기는데, 침해는 위법성을 전제한 개념이어서 논증에서 종종 난맥에 봉착한다. 왜냐하면 'Eingriff'는 위법, 적법이 전제되지 않은 그 이전의 개입(제한)상황을 의미하기 때문이다. 또한 문제의 사안이 재산권박탈이란 본래의 공용개입보다는 오히려 이용제한에 해당한다는 점에서, 종래의 수용유사적 침해와 수용적 침해를 각기 공용개입유사적 개입(위법한 공용개입, 준공용개입)과 공용개입적 개입(부수적 공용개입)으로 바꾸어 사용하고자 한다. 용어가 개념의 내포를 발현한다는 점에서, 바른 용어사용은 바른 개념형성의 출발점이다. 학문에서 첫단추를 잘 끼우기 위해선, 부단히 용어와 개념을 실질에 맞게 切磋琢磨하여야 한다.

136) 이에 관한 전반적 이해로 vgl. Ossenbühl, Staatshaftungsrecht, 5.Aufl. 1998, S.213ff., 269ff.; ders., Staatshaftungsrecht, in: 50 Jahre Bundesgerichtshof. Festgabe aus der Wissenschaft, Band III: Zivilprozess, Insolvenz, Öffentliches Recht, Karsten Schmidt(Hrsg.), 2000, S.887(904f.); Sproll, in: Detterbeck/Windthorst/Sproll, Staatshaftungsrecht, 2000, §16 I(Rn.1-60); Durner, Grundfälle zum Staatshaftungsrecht, JuS 2005, S.900(911ff.).

한(Beeinträchtigungen)이 문제되어, 特別犧牲(Sonderopfer)을 겪은 개인이 국가에 대해 손실보상을 요구한다.[137] 이에 반해 공용개입유사적 개입은 위법한 고권적 활동의 재산권제한효과와 관련이 있으며, 여기서는 개인이 자신의 권리영역에 대한 위법한 국가적 개입을 대저 受忍할 필요가 없기 때문에, (처음과는 달리) 특별희생의 존재가 포기되었다.[138] 하지만 오늘날 독일에선 종래 대법원(BGH)이 전개하여 왔던 공용개입(수용) 개념의 확대경향은, 자갈채취와 의무납본에 관한 독일연방헌법재판소의 결정으로[139] 인해 더 이상 추구될 수가 없다. 종래의 경계이론을 대신한 소위 分離理論(Trennungstheorie)의 등장은, 기왕의 재산권보장・제한의 법제를 새로이 구축하게 하는 결정적인 動因이다. 그것의 귀착점은 공용개입개념의 확대경향의 소산인 공용개입유사적 개입과 공용개입적 개입의 법제도가 변화된 상황에서 과연 존치할 수 있는지 여부에 관한 논의이다.

사실 독일 연방헌법재판소결정이 있은 후 4반세기나 지났음에도 불구하고, 그것의 도그마틱적 후유증은 아직 완전히 가시진 않았지만,[140] 공용개입유사적, 공용개입적 개입에 관한 독일에서의 현하의 논의 역시 어느 정도 안정기에 접어들었다. 요컨대 分離理論의 등장과 더불어 공용개입유사적, 공용개입적 개입의 법제도가 일견 終焉을 고할 것으로 예상되었지만, 그것이 변화된 상황(존속보호, 1차적 권리보호의 우위, 입법자의 강화된 임무와 책임 등)에서도 여전히 존속하거니와 오히려 과거보다 더 높은 체계정합성을 지니게 되었다.

(2) 管見[141]

독일에서 판례법적으로 전개되었기에 공용개입유사적・공용개입적 개입의 양 법제도는 국내법적 차원에서는 설자리가 여의치 않다. 여기에 -그것의 성립가능성을 이전보다 더 제약하는- 독일에서의 흐름이 가세하였다. 더군다나 우리의 경우에도 개발제한구역과 장기미집행도시계획시설에 관해서, 헌법재판소가 1998년[142]과 1999

137) BGH, Urteil v.5.7.1965, NJW 1965, 1907ff-Buschkrugbrücke-; Urteil v.20.12.1971, BGHZ 57, 359ff.-프랑크푸르트 지하철; Urteil v.20.3.1975, BGHZ 64, 220ff-교통경보.

138) BGH, Urteil v.25.4.1960, BGHZ 32, 208ff.-판매금지-

139) 독일연방헌법재판소 제1원의 1981.7.14.결정(BVerfGE 58, 137ff.: 의무납본제); 1981.7.15.결정(BVerfGE 58, 300ff.: 자갈채취).

140) 당대의 중심화두이어서 독일의 공법학자라면 주제에 관해 의례 나름의 견해를 표할 정도로 너무나 많은 문헌이 관련 주제를 다루고 있는 점도 그 원인이 될 법하다. 독일연방헌법재판소의 기조에 대해서 매우 비판적인 특기할 만한 문헌도 있다. Wilhelm, Zum Enteignungsbegriff des Bundesverfassugsgerichts, JZ 2000, 905ff.

141) 이에 관한 상론은 졸저, 행정법기본연구Ⅱ, 177면 이하(公用介入類似的(收用類似的), 公用介入的(收用的) 介入의 適用領域에 관한 小考, 토지공법연구 제43집 제2호, 2009.2., 1면 이하).

142) 헌재 1998.12.24. 89헌마214, 90헌바16, 97헌바78(병합).

년[143]에 내린 헌법불합치결정을 계기로, 독일연방헌법재판소가 취한 이른바 분리이론의 도입이 화두가 되었다. 분명 우리 헌법재판소는 이들 결정을 비롯한 후속적 결정을 통해서 분리이론적 접근을 강구하였다. 이를 계기로 분리이론적 접근의 도입가능성 여부가 격렬히 논쟁되었다.[144]

우리의 경우 일찍이 4반세기 전에 김남진 교수님의 글을 통해 수용유사적, 수용적 침해(公用介入類似的, 公用介入的 介入)에 관한 독일논의가 소개되었고,[145] 다수의 관련 문헌도 출현하였다.[146] 하지만 기왕의 논의가 헌법재판소가 취한 분리이론적 경향을 충분히 반영하지 못한 채 헌법 제23조 제1항, 제3항의 법적 효력의 차원에서만 전개되었기에, 관련 논의가 여전히 실무적으로 착근하지 못하고 있거니와, 이들이 효과적인 학문적 자산으로 되지도 못하고 있다.

사실 공용개입유사적·공용개입적 개입의 법적 근거와 관련해서, 독일의 통설과 판례는 자갈채취결정이래로 (법관법으로서의) 희생보상적 사고(Aufopferungsgedanken)를 바탕으로 관습법적 근거를 내세우지만, 그 같은 법전통이 없는 우리로선 원천적으로 그런 입장을 취할 수 없으며, 헌법규정(제23조 제1항 등)에 입각한 해석론을 통해 해결의 실마리를 찾을 수밖에 없다.[147] 독일에서 통설에 반대하여 獨逸 基本法 제14조 제1항(및 제3조 제1항)에서 법적 근거를 구하는 立場(소수설)에서, 우리를 위한 연결고리를 찾을 수 있다. 이 입장에서는, 관습법을 원용할 필요도 없이, 기본권적 보장언명을 통해서도 양 법제도를 자리매김할 수 있다고 본다.[148] 요컨대 우리의

143) 헌재 1999.10.21. 97헌바26.

144) 상당수 문헌들이 그것의 도입을 찬동하지만, 그에 못지않은 상당수 문헌 역시 독일과는 거리가 있는 -특히 (보상부) 공용수용·사용·제한을 규정한- 법문구조상의 차이를 들어, 그것의 도입에 반대하곤 한다. 이를 둘러싼 국내의 논의현황과 문헌은 정혜영, 헌법재판소의 판례를 통해 본 재산권보장의 문제점, 인권과 정의 제357호(2006.5.), 주 7)를 참조하면 손쉽게 개관할 수 있다. 상대적으로 헌법학자에 비하면 행정법학자의 관심도가 낮은 편이지만, 특히 적극적 입장(정남철, 재산권의 사회적 구속과 수용의 구별에 관한 독일과 한국의 비교법적 고찰 : 이른바 조정적(조절적) 보상의무 있는 내용규정의 도입가능성, 공법연구 제32집 제3호(2004.2.), 363면 이하)과 소극적 입장(정하중, 헌법상의 재산권보장체계에 있어서 경계이론과 분리이론, 서강법학연구 제5권(2003.5.), 57면 이하)이 대비된다.

145) 동인, 재산권의 공용침해와 손실보상, 고시연구, 1982.11., 39면 이하; 수용유사·수용적 침해와 보상, 월간고시 1984.4.

146) 석종현, 수용유사의 침해와 수용적 침해, 고시연구 1984.1., 67면 이하; 신보성, 수용유사·수용적 침해와 보상, 월간고시, 1988.3.; 조태제, 수용유사적 침해와 수용적 침해, 부동산법학의 제문제(1992.6), 743면 이하; 정하중, 수용유사적 그리고 수용적 침해제도, 고시연구 1994.3., 88면 이하; 윤진수, 공무원에 의한 강제증여와 수용유사적 침해이론의 적용 여부, 법조 제457호(1994.10.), 158면 이하; 류지태, 수용유사침해이론의 수용가능성 검토: 독일연방헌법재판소 제1부 판결(BVerfG, Beschluss vom 15. 7. 1981; BVerfGE 58, 300ff) 등, 판례연구(고려대학교 법학연구소) 제8집(1996.9.), 61면 이하; 홍준형, 수용유사침해보상의 법리와 그 수용가능성, 고시연구 1997.1, 124면 이하; 박평준, 수용유사적 침해법리의 수용문제, 고시연구 2000.4., 25면 이하; 송희성, 수용유사적 침해와 수용적 침해, 사법행정 2000.11., 11면 이하.

147) 김남진/김연태, 행정법 Ⅰ, 618면.

148) Maurer, Allg. VerwR, §27 Rn.87; Götz, Anmerkung zu BGH, Urteil vom 26. 1. 1984(BGHZ 90, 17ff.=DVBl. 1984, 391ff.-Sandabbau), DVBl. 1984, S.395(396); Ehlers, Eigentumsschutz, Sozialbindung und Enteignung bei der Nutzung von Boden und Umwelt, VVDStRL 51(1992),

경우에도 이젠 법치국가원리에 더한층 충실하기 위하여, 도입의 의지와 설득력있는 논증만이 관건이 될 뿐이다.

Ⅴ. 맺으면서 - '학설의 일몰제'?

행정법개혁의 차원에서 여러 법문제가 부단히 새롭게 부각된다. 독일의 경우 1970년대의 전초논의를 거쳐 이미 1980년대 말부터 행정법학은 포괄적인 변혁의 국면(Umbruchphase)에 진입하였다. 이런 변혁국면은 법이 항상 바탕으로 삼는 기본관계에 대한 상응과정으로부터 분명히 벗어난 것이다. 그 결과 행정법분야에선 방법론상의 새로운 지향을 초래하였다.149) Andreas Voßkuhle는 독일 행정법의 이런 변화를 찬성하는 근거로, 미래에 유용한 법에 대한 추구 -행정법의 모태인 질서법의 위기, 사회적, 기술적 변화로 인한 새로운 요구, 정책적 지속임무로서의 행정과 행정법의 개혁-, 행정법의 유럽화와 국제화, -적용관련한 해석학에서 법정립지향적인 작용·결정학으로의- 중심이동을 제시하였다.150) 그러나 우리의 경우 행정법의 개혁과 변혁에 관해 심도있는 논의는 전개되지 않은 채, -불필요할 뿐만 아니라 행정법을 혼란에 처하게 하는 상당수의- 학설의 날선 공방만이 있을 뿐이다.

다른 법분야와 비교해서 다른 법상황에 처한 행정법학에서 비할 데 없이 다양한 학설과 견해가 전개되는 것이 자연스럽긴 하나, 그것의 난맥으로 인해 학문발전이 지장을 받는다면 사정이 다르다. 무릇 질서이념(Ordnungsidee)으로서의 일반행정법은 개별법제도상의 정렬(법규정)의 상관관계, 지속적인 발전계보와 적합성을 항상 다시금 확인하는 데 이바지한다. 당연히 그것의 바탕은 일반화되어야 할 분석적 사고의 합리화효력에 관한 통찰이다.151) Schmidt-Aßmann은 법학적 체계사고란 견고

S.211(243); Arnauld, Enteignender und enteignungsgleicher Eingriff heute, VerwArch 2002, S.394(395ff.). 한편 Grzeszick는 "BGH의 견해에 의하면, 공용개입유사적 개입으로부터의 청구권은 기본법 제14조 제1항의 재산권보장의 일반적 방어권적 本旨와 부담공평원칙과의 결합에 바탕을 둔다"고 기술함으로써, 양 입장을 중화시킨 듯한 주장을 편다. Ders., in: Erichsen/Ehlers(Hrsg.), Allg. VerwR, §44 Rn.66, 86.

149) 물론 이에 대한 비판도 적지 않다. Vgl. Oliver Lepsius, Steuerungsdiskussion, Systemtheorie und Parlamentarismuskritik, 1999; Christoph Möllers, Braucht das öffentliche Recht einen neuen Methoden- und Richtungsstreit?, VerwArch, Bd.89(1999), S.187(203-207); Martin Schulte, Wandel der Handlungsformen der Verwaltung und der Handlungsformenlehre in der Informationsgesellschaft, in: Hoffmann-Riem/Schmidt-Aßmann(Hrsg.), Verwaltungsrecht in der Informationsgesellschaft, 2000, S.333(334-346).

150) ders., §1 neue Verwaltungsrechtswissenschaft, in: Hoffmann-Riem/Schmidt-Aßmann/Andreas Voßkuhle(Hrsg.), Grundlagen des verwaltungsrecht Bd. Ⅰ, 2006, S.8ff. 사실Hoffmann-Riem/Schmidt-Aßmann/Andreas Voßkuhle을 대표저자로 출간된 Grundlagen des verwaltungsrechts Bd. Ⅰ(2006), Bd.Ⅱ(2008), Bd.Ⅲ(2009)에서 그간 독일 행정법에서 강구된 개혁의 진면목을 확인할 수 있다.

151) Schmidt-Aßmann, Das allgemeine Verwaltungsrecht als Ordnungsidee, 2.Aufl., 2004, S.1.

한 가치위계에 고정되어 있지 않을 뿐더러 필연적으로 靜的이지도 않다고 강조하면서, 아울러 그런 사고에서의 언명은 오히려 미래의 향상된 인식과 바탕규준의 불변성의 유보하에 있음을 지적하였다.[152] 이런 기조는 기왕의 학설을 검토하면서도 그대로 주효할 수 있다.

비록 학문이 축적의 과정이자 결과라 하더라도 그것이 항시 생명력(설득력)을 갖기 위해서는, 부단히 切磋琢磨되어야 한다. 충분한 성찰을 하지 않고 과거의 고정관념을 그대로 답습하여 빚어진 현재의 학설(?)과 개념·용어상의 혼란상황을 정리하지 않으면 학문으로서의 정체성마저 의문시될 수밖에 없다. 그리하여 학설의 난맥으로 인해 학문발전이 수인할 수 없을 정도로 정체된다면, '학설의 일몰제'와 같은 反學問的인 발칙한 주장도 나올 법하다. "모든 헌법과 법률은 20년이 지나면 자동으로 시효가 소멸돼야 한다."(토마스 제퍼슨)

* 공저(김중권/김영수), 안암법학 제33호, 2010.10., 1면 이하 소수.

152) Schmidt-Aßmann, a.a.O., S.1.

제 3 장

行政法上 信賴保護의 原則의 信賴度提高에 관한 小考

Ⅰ. 問題의 提起

신뢰보호의 원칙은 이미 공인화된 행정법의 일반원칙이다. 그리고 행정절차법은 동 원칙을 규정하고 있다(제4조 제2항). 그런데 동규정은 실은 국세기본법 제18조 제3항상의 소급과세의 금지를 일반 행정에 맞춰 수정한 것이어서, 그 자체가 신뢰보호 원칙의 활발한 전개를 가로 막는 듯하다. 한편 동일한 내용을 판례가 조세행정에서는 '신의성실의 원칙'의 이름으로,[1] 일반 행정에서는 '신뢰보호의 원칙'의 이름으로[2] 기술하고 있는데, 이들 원칙간의 바른 관계설정이 전혀 강구되고 있지 않다. 나아가 신뢰조성의 근거와 관련하여 판례가 공식화한 '공적 견해표명'과 관련하여 별반 의문이 제기되지 않는다.[3] 이하에서는 동 원칙에 관한 논의를 활성화하기 위해 그것의 여러 문제점에 대해 간략히 살펴보고자 한다.

1) 대법원 2008.6.12. 선고 2008두1115판결 등
2) 대법원 1998.11.13. 선고 98두7343판결 등
3) 追論: 이런 지적으로 김중권, 행정법, 2013, 53면 이하 참조.

Ⅱ. 信賴保護의 原則의 根據 問題

1. 헌법적 자리매김의 강조

대부분의 문헌이 행하는, 이론적 근거와 실정법적 근거의 구별 그 자체가 의문스럽다. 왜냐하면 이론적 근거의 경우 동 원칙에 관한 실정법적 근거를 정립하거나 그것의 설득력을 제고하는 데 주로 동원되고, 동 원칙의 실제 적용의 차원에서는 매우 제한적으로 기능하기 때문이다. 반면 독일의 경우 동 원칙의 헌법적 자리매김이 강조되어, 그것을 직접 반영한 개별법(특히 행정절차법상의 취소 · 철회규정)을 비롯한 입법작용은 물론 모든 국가작용에 대해서 동 원칙을 적극적으로 투영시키고 있다. 그리고 동 원칙의 이론적 근거로 제시되는 신의측설의 경우, 비록 그것이 이른바 독일의 미망인판결에서 나타난 것처럼 동 원칙의 모태이긴 해도 그것이 본래 민사법에서 유래한 것이어서 공법의 영역에 적용하는 데는 나름 한계가 있을 수밖에 없다.[4]

2. 독일 연방헌법재판소의 변화된 입장

대부분의 행정법문헌은 법치국가원리 및 그것의 파생인 법적 안정성의 원칙에서 근거를 찾으며, 동시에 그것이 독일에서의 다수학설과 판례가 취하는 입장이라고 소개한다. 하지만 독일의 연방헌법재판소는 변화된 입장을 취한다. 과거와는 달리, 근자에는 특히 부진정소급효의 헌법적 허용성에 관한 심사에서 해당 기본권(예: 재산권, 직업자유 등)으로부터 당사자의 신뢰보호를 도출하고 있으며, 다만 신뢰를 보호할 만한 상황이 개별기본권의 보호영역에 포함될 수 없는 경우엔 법치국가원리를 동원하였다.[5] 즉, 전체적 경향은 기본권으로부터 신뢰보호를 도출하되, 법치국가원리는 보충적으로 동원하고 있다. 다수 문헌 역시 법치국가원리-법적 안정성-의 동원에 찬성하면서도 우선적으로는 기본권으로부터의 도출을 선행시키고 법치국가원리를 보충적으로 동원한다. "신뢰보호는 -더도 덜도 말고- 기본권보호 바로 그것이다."[6] 신뢰보호를 해당 기본권에서 도출하는 것의 利點은, 행정법에 대해 기본권의 방사효(파급효)를 적극적으로 모색할 수 있으며, 특히 입법차원에서 기본권체계에서의 비례원칙의 범주에서 상이한 이익의 대립에 대해 높은 가치가 부여됨으로써, 상이한 이익

---

4) 이미 독일의 경우에도 연방행정법원은 1960년부터 신의측설을 버렸고, 연방헌법재판소 역시 1961년부터 법적 안정성을 애용하여 왔다.
5) BVerfGE 45, 142(168).
6) Schwarz, Vertrauensschutz als Verfassungsprinzip, 2002, S.232.

의 상황에서의 형량에서 기왕의 기본권론에서 발전된 -실제적 조화와 같은- 충돌해결수단이 동원될 수 있다는 것이다. 요컨대 신뢰보호의 원칙을 확고하게 헌법적 차원에서 자리매김을 강구함으로써 그것의 효과적인 제도화를 기할 때이다.

Ⅲ. 信義誠實의 原則과의 關係 問題

1. 신의성실의 원칙의 의의

본래 민사법에서 전개된 신의성실의 원칙 역시 오늘날 일반적으로 공법에서도 중요한 원칙으로 여겨진다. 이는 행정이 그 임무를 이행함에 있어서 또한 시민이 그의 권리를 관철하거나 방어할 때 준수하여야 한다. 즉, 동 원칙은 법치국가원리로부터 비롯된 것으로서 헌법적 위상이 주어지곤 한다.[7] 그런데 사실 신의성실의 원칙은 그에 담겨진 윤리적 요청으로 인해 행정청의 행위를 믿을만하게 가늠하는 데 부적합하다. 그리고 쌍방적 고려의 명령으로서의 동 원칙은 적어도 양 관계자의 의사표시를 전제로 하는데, 이런 관계가 공법에서는 흔치 않다. 그리하여 동 원칙을 헌법적으로 구성하는 데 의문이 있으며, 공법에서의 그것의 적용에 대한 의구심이 현실적으로 상존한 이상, 동 원칙은 신뢰보호의 원칙을 공법도그마틱적으로 도출하는 데 부적합하다고 지적된다.

2. 신의성실의 원칙과 신뢰보호의 원칙의 구별

신뢰보호의 원칙이 신의성실의 원칙과 유사성을 지녀서, 양자간의 구별을 애써 강구하지 않는 분위기가 조성되어 결과적으로 양자가 동일하게 인식되기도 한다. 본래 공법에서는 양자가 조세법에서 기인하였기에, 조세법상의 문헌에 의거하여 양자의 구별을 간략히 전개하고자 한다. 신의성실의 원칙이 신뢰보호의 원칙을 지도이념으로 만들긴 했지만, 양 원칙은 합동적이지 않다. 전자가 후자보다 한편으론 넓고, 다른 한편으론 좁다. 전자가 시민의 신뢰만이 아니라 행정청의 신뢰까지도 보호하는 한에 있어서 후자를 넘어선다. 즉, 신의성실원칙은 구체적인 조세법관계에서 모든 이는 다른 사람의 정당한 관심사를 상당하게 고려하여 자신의 이전행위와 모순되지 않을 것을 요구한다(모순금지원칙). 반면 가령 입법자와 다수의 시민간의 추상적인 법관계가 아니라 과세행정청과 조세의무자간의 구체적인 법관계를 전제로 하는 점에서

7) Mayer/Kopp, Allg. VerwR, 5.Aufl., 1985, S.299. 다만 유의할 점은 헌법차원의 원칙이라고 하여 그것의 위반이 반드시 흠의 중대성을 의미하지는 않는다.

는 신의성실의 원칙이 신뢰보호의 원칙에 비해 좁다고 하겠다. 따라서 양자는 단지 부분적으로만 겹치는 법적 범주라 하겠다.[8] 신뢰보호의 원칙은 조세절차의 과정적 성격과 관련이 있으며 시간·지위지향적인 범주에 해당한다. 반면 신의성실의 원칙은 -교호적 관계를 갖는 행위관련적인 범주로서- 모순행위금지라는 일반적 법원칙의 표현이며, 오히려 구체적인 조세채무관계에서의 개별적 정의에 좌우된다.[9] 조세판례상으로 신의성실의 원칙은 신뢰보호의 원칙에 비해 인물중심적인 대응물이다. 임기응변과 형평에 바탕을 둔 신의성실의 원칙의 경우 그 적용을 사전에 예측하기란 극히 어렵다. 따라서 동 원칙을 제도화한 것은 신뢰보호와 법적 안정성과는 무관하고, 단지 형평의 수단으로 판명된다.[10]

요컨대 공법관계에서 만병통치약인양 -신뢰보호의 원칙과의 구별을 유명무실하게 만들 정도로- 무분별하게 신의성실의 원칙을 적용하는 것은 피해야 한다. 나아가 판례의 현황에 대한 비판적 검토가 필요하다.

Ⅳ. 信賴成立根據로서의 公的 見解表明과 관련한 問題點

1. 리딩판결(대법원 1985.4.23. 선고 84누593판결)

많은 행정법문헌들은 신뢰보호의 원칙의 적용의 기점으로 행정기관의 일체의 선행조치를 들어 그것에 행정처분, 확언(확약포함), 행정계획, 행정지도 등이 포함될 수 있다고 기술하고 있다. 반면 일찍이 신의성실의 원칙(신뢰보호의 원칙)의 성립요건을 정립한 대법원 1985.4.23. 선고 84누593판결이 "첫째로, 과세관청이 납세자에게 신뢰의 대상이 되는 공적인 견해표명을 하여야 하고, …"고 하면서, '국세청이 연초에 발간하는 외국인 투자기업에 대한 납세안내라는 책자를 통하여 원출자분감면방식에 따라 법인세를 신고납부할 것을 납세자에게 권장한 것'을 과세관청이 공적인 견해를 표명한 것으로 삼았다. 84누593판결이래로 공적 견해표명이 마치 신뢰조성행위로 즉, 신뢰보호의 원칙의 출발점(제1의 성립요건)으로 치부되었다. 그리하여 판례는 시종 공적 견해표명여부에 일차적인 초점을 맞추되, 과세관청의 의사표시가 일반론적인 견해표명에 불과한 경우에는 신의성실의 원칙의 적용을 부정한다.[11]

---

8) Tipke/Lang, Steuerrecht, 18.Aufl., 2005, S.825.
9) Waldhoff, Vertrauensschutz im Steuerrechtsverhaeltnis, DStJG 27(2004), S.129(154ff.).
10) 대법원 2004.7.22. 선고 2002두11233판결.
11) 대법원 2010.4.29. 선고 2007두19447, 19454판결 등.

2. 공적 견해표명을 신뢰조성행위로 설정하는 것의 문제점

일련의 신뢰조성행위에는 다소간 공적 견해표명의 측면이 내포될 수 있긴 하나, 본래 사실적·법률적 견해표명(Auskunft)은 지식의 전달로 끝나는 지식표시에 해당하고 비구속성을 지녀서 그 자체론 신뢰조성행위가 될 수가 없다(물론 견해표명이 신뢰보호를 성립시키는지 여부와 그 정도는 그때그때의 상황에 좌우된다). 판례상으로 구분하는 공적 견해표명과 일반론적 견해표명이 그 자체로서 완연히 구별될 수 있는지도 의문스럽다. 나아가 단순히 공적 견해표명만으로 포착할 수 없는 사안의 경우에도 자연스럽지 않게 공적 견해표명식의 접근이 강구되어 행정법도그마틱에 불협화음이 초래된다. 동사무소 직원이 행정상 착오로 국적이탈을 사유로 주민등록을 말소한 것을 굳이 공적 견해표명으로 설정하여 접근한 대법원 2008.1.17. 선고 2006두10931 판결이 좋은 예이다.

요컨대 신뢰보호의 원칙을 작동시키는 첫 단추로서 공적 견해표명의 존부가 과연 논증의 안정성을 가져다줄 지 의문스럽다. 가령 대법원 2006.4.28. 선고 2005두9644 판결이 공적 견해표명에 해당하지 않는 것으로 본, '관광숙박시설지원 등에 관한 특별법의 유효기간까지 관광호텔업 사업계획 승인신청을 한 경우에는 그 유효기간이 경과한 이후에도 특별법을 적용할 수 있다는 내용의 문화관광부 장관의 지방자치단체장에 대한 회신'의 경우, -판례의 접근과는 다르게- 그 자체가 단순한 공적 견해표명에 그쳐 확약과는 달리 구속적 표시행위가 아니어서 신뢰보호를 가져다줄 수 없다고 보아야 한다.

V. 맺으면서-自由行使의 기본적 전제로서의 法秩序의 信賴性

법질서의 신뢰성은 자유행사의 기본적 전제요건에 해당한다. 자신의 행위가 나중에 불이익한 결과에 연계되지 않으리라고 믿을 수 있는 者만이 자신의 자유권을 행사할 것이다.[12] 일찍이 Ossenbuehl 교수는 독일공법학에서 제2차 세계대전 이후 신뢰보호의 승리행진이 시작되었다고 지적하였다.[13] 그리하여 동 원칙이 1974년 독일국법학자대회의 대주제가 되어 대대적인 논의가 행해졌고,[14] 이를 바탕으로 하여 신뢰보호에 우호적인 그들 행정절차법이 마련되었는데, 그것은 위법한 행정결정의

12) Vosskuhle/Kaufhold, Vertrauensschutz, JuS 2011, S.794.

13) ders., DÖV 1972, S.25(27).

14) 우리의 경우 김남진 교수님의 글(행정법에 있어서의 신뢰보호, 법률행정논집 제16집, 1978.6., 1면 이하)이 논의의 시발이다.

가능한 분명한 수정(취소)을 촉구한 -대표적으로 Forsthoff 등이 견지한- 과거의 통설적 입장에 대한 투쟁의 소산이라 한다. 반면 신뢰조성행위의 대표적인 양태인 행정법상의 확약마저도 바른 인식이 형성되어 있지 않은 우리의 현재상황은, 신뢰보호의 원칙에 대한 신뢰도를 저하시킨다. FTA에서 가장 쟁점이 되는 투자자국가소송(ISD)이 실은 신뢰보호의 문제이다.

* 법률신문 제4066호, 2012.9.24., 소수.

제 4 장

行政法執行에서의 民間專門家의 參與

Ⅰ. 처음에

고도로 기술화된 삶으로 인해, 입법자와 행정에 대해 법외적 기준을 근거로 하는 복잡한 결정이 더 한층 요구되고 있다. 여기서 법외적 기준은 경험상으로 더욱더 과학적이고 더욱더 기술적인 성질을 갖는다. 이런 복잡성문제에 직면하여, 입법자는 불확정법개념을 확대 사용한다든지, 단순한 목표・목적규준으로 물러선다든지 하는 식으로 대응한다. 하지만 법을 집행하는 행정으로서는, 전혀 윤곽이 뚜렷하지 않은 법률상의 규준을 개별경우에 전환하여야 하기에, 매우 곤혹스런 상황에 봉착한다. 또한 한정된 재정상황으로 인해, 행정당국은 충분한 교육을 받은 전문인력 및 그에 상응한 물적 수단을 자체적으로 최적의 수준으로 갖추기 어렵다. 그리하여 법학적, 정치학적, 사회학적 관점에서, 정치와 행정에 대해 소위 '집행부전'이나 국가의 실패(고장)라는 비난이 제기되었으며, 현재에도 제기되고 있다. 효과적인 법집행의 압력을 받는 국가결정주체로서는, 자신에게 제기된 요청에 널리 부합하기 위해서는 새로운 조종방법을 강구하지 않을 수 없다(소위 '보장국가'(Gewährleistungsstaat)의 등장).[1] 이에 민간영역의 즉, 사회의 현존한 전문가(민간전문가)를 동원하는 것이 강구된다.

1) 이에 관한 최근의 문헌으로 김남진, 자본주의 4.0과 보장국가・보장행정론, 법률신문 제3975호(2011.10.17.).

그리하여 민간전문가가 행정청의 외부에서 소관 행정청을 자신의 전문지식으로 도와주거나, 심지어 기왕의 행정청의 임무를 완전히 인수한다.[2]

과학·기술적으로 덜 교육받은 행정청의 법적용자로선, 사안의 복잡성·고도전문성으로 인해 부득불 전문적인 민간의 노우하우에 의존할 수밖에 없다손 치더라도, 국가결정이 외부의 전문가적 판단에 넘겨진다는 것은 적잖이 위험스럽다. 여기서 국가결정과정에서의 전문가참여의 법적 한계와 관련하여 법적 물음이, 가령 결정권한을 행정청외의 민간전문가에게로 이전시키는 것의 한계에 대한 법적 물음이 존재한다. 종래 공임무의 민간수행에 대해 많은 논의가 행해졌지만,[3] 그것이 민간화, 탈규제화와 자기규제의 차원에서, 특히 민간의 전문성을 공행정에 활용하기 위한 민간참여의 차원에서는 전개되진 않았다. 이에 행정수행에서 公·私의 협력행정법집행에서의 민간전문가참여의 다양한 양상을 일정한 틀에 의거하여 체계화하고, 관련 법적 문제점을 검토하고자 한다.[4]

Ⅱ. 行政法執行에서의 民間專門家의 概念

우선 행정법집행에서 동원되는 민간전문가의 행정법적 문제를 접근하기에 앞서

2) 가령 유해화학물질관리법상의 유해성심사시험기관(제14조 이하)의 경우처럼, 민간전문가가 행정청의 직권조사의 테두리에서 입증수단으로 동원되곤 한다. 또한 기능적 민간화 또는 절차민간화의 의미에서, 법률 그 자체에 의해 혹은 실제론 처분행정청에 의해 민간전문가에게 (추후에 있을 국가결정에서 고려되는) 독립된 절차기여(분담)가 맡겨진다. 즉, 행정의 의사결정의 차원에서 보면, 외부전문가의 기능은 비구속적 조언에서 -약사법 제68조의2상의 광고심의위탁과 같이- 구속적 실체적 판단에까지 이른다. 외부의 민간적 노우하우를 이런 형식으로 연계시키는 것 말고도, 가령 약사법 제36조등의 의약품등의 제조관리자 제도나 자동차관리법 제30조상의 자가인증 및 성능시험대행자 제도처럼, 국가는 사회영역의 자기규제적 조종수단을 선택하기도 한다. 문제는 이들 법형상의 법적 성질 등에 관한 체계적 논의가 殆無하였다는 점이다.

3) 사인에 의한 행정임무의 수행에 관한 참고문헌: 김남진, 사인에 의한 행정과제의 수행, 법학논집(고려대) 제27집(1992.4.), 33-46; 강구철, 독일행정법상 공무위탁제도에 관한 소고, 법학논총(국민대) 제15집(2003.2.), 73-100; 김기진, 공무수탁사인에 관한 연구, 법학연구 제15권 제4호(2005.12.) 101-114; 김명용, 사인(私人)에 의한 행정의 한계와 신장을 위한 법제개선방안, 김명용 한국법제연구원, 2004; 김민호, 행정주체로서의 공무수탁사인, 現代公法理論의 諸問題 : 天鳳石琮顯博士 華甲紀念論文集 (2003.10.), 481-496, 동인, 공공서비스의 민간위탁과 공기업의 민영화, 토지공법연구 제25집(2005.2.), 267-286; 김해룡, 공적 사업의 민간화에 있어서의 법적 과제: 경제행정법의 기본문제, 외법논집 제35권 제1호(2011.2.), 207-222; 신보성, 私人에의 行政權限委任의 法的 考察, 法曹 제49권 제7호(통권 제526호)(2000.7.), 73-92; 오용식, 사인(私人)에 의한 행정참여와 국가배상의 문제 : 선박검사의 대행을 중심으로, (旬刊) 法制 제577호(2006.1.), 43-69; 정하중, 公務受託私人의 概念과 法的 地位, 고시연구 제29권 11호(344호)(2002.11.) 37-58; 동인, 民間에 의한 公行政遂行, 공법연구 제30집 제1호(2001.12.) 463-488; 현대호, 자율규제 확대를 위한 법제개선 연구Ⅰ(2009), Ⅱ(2010); 홍준형, 사인에 의한 행정임무의 수행 : 공무수탁사인을 둘러싼 법적 쟁점을 중심으로, 공법연구 제39집 제2호(2010.12.), 629-650.

4) 이 글을 작성하면서 독일의 문헌 가운데 특히 Scholl(Der private Sachverständige im Verwaltungsrecht, 2005)과 Seidel(Privater Sachverstand und staatliche Garantenstellung im Verwaltungsrecht, 2000)의 글을 많이 참조하였음을 밝힌다. 다만 지면관계상 국가의 보증인적 지위에 따른 요구사항, 현행 법제상의 문제점과 민간전문가참여에 따른 국가배상의 문제를 충분히 다룰 수 없었기에, 이들 물음에 관해서는 다른 지면에서 상론하고자 한다.

그 출발점은 논의의 대상인 민간전문가(Der private Sachverständige)의 개념을 설정하는 것이다.[5] 법률상으로 개념정의가 내려지지 않은 이상, 민간전문가개념은 법적 용자에 의해 정의되어야 한다. 여기서는 일반적인 언어사용과 법률상의 그에 관한 규정으로부터 추출되어야 하되, 민간전문가참여의 목적과 함께, 민간전문가의 활동상을 특히 고려해야 한다. 사실을 판단하기 위해 필요하나 행정청에게 결여된 전문지식을 행정청에게 전달하는 사람이 전문가인 점에서,[6] 전문가활동의 핵심은 특별한 전문지식에 의거하여 일정한 사안을 확인하거나 평가하는 언명(진술)이다. 행정에서의 민간전문가동원의 목적을 감안한 즉, 전문가란 자신의 전문지식에 의거하여 특히 다른 사람에 대한 조언의 형식으로 진술하는 자연인 혹은 법인을 의미한다.[7]

민간전문가의 활동은 고전적인 측면에서는 마치 사법절차상의 鑑定人마냥 일종의 입증수단으로 발현되었다.[8] 하지만 이에 국한해선 아니 된다. 전문가가 사실상의 경험적 착안점, 결론이나 사실확인의 단순한 전달자의 역할을 수행하고, 궁극적인 판단결정은 여전히 위탁자가 행하는 경우도 있지만, 전문가가 마치 (공동)결정자인 양 강력한 형성적 주체로 출현하기도 한다. 즉, 개별적인 조사권능, 자기책임적 조사집행이나 (절차종료결정이나 결정초안을 마련하기까지의) 조사국면이 전문가에게 이전될 수 있다. 나아가 경우에 따라서는 민간전문가는 (공동)결정자까지의 형성적 행위주체보다 더 강력한 역할을 할 수도 있다. 자동차관리법(제30조의3)상의 성능시험대행자제도와 같이 검사·감시임무의 이전이 그 예이다. 특히 새롭게 빈번하게 등장하고 있는 인증제 역시 민간전문가의 확대된 활용영역이다.

---

5) 이처럼 확고히 하고 제한가능한 토대에서 민간전문가란 법형상을 설정하는 것이 일반적 전문가론의 임무이기도 하다. 한편 이런 개념정의의 모색에 대해 비관적이며, 민간전문가를 유형개념의 정도로 보기도 한다.

6) Vgl. Kopp/Ramsauer, VwVfG Kommentar, 11.Aufl., 2010, §26 Rn.19.

7) Lukes, Grundlagen und Praxis der Sachverständigentätigkeit im Rahmen atomrechtlicher Genehmigungs- und Aufsichtsverfahren in der Bundesrepublik Deutschland, in: ders./Bischof, Werner/Pelzer, Norbert, Sachverständigentätigkeit im atomrechtlichen Genehmigungs- und Aufsichtsverfahren, Recht & Technik Bd.6, 1980, S.13. 한편 Scholl은 민간전문가의 개념징표로 i) 전문지식, ii) 맡긴 자와 관련한 활동, iii) 결정상황에서 제3자로서의 지위, iv) 급부제공의 중립성, v) 지시로부터의 독립, vi) 응답임무, vii) 행위형식으로서의 감정서를 든다. Ders., Der private Sachverständige im Verwaltungsrecht, 2005, S.101ff.

8) 고전적인 측면에서 민간전문가의 활동상은 다음의 세 범주로 나눌 수 있다: i) 위탁자로서는 자신의 경험지식과 도구적 설비가 부족하여 확인할 수 없는 사실을 전문가가 자신의 전문지식에 의거하여 확인하는 경우(예: 환경오염도 측정, 토양오염도 조사 등), ii) 전문가가 확인되거나 제시된 사안으로부터 자신의 특별한 전문지식을 활용하여 사실적인 측면에서 -확인된 환경오염이 여과설비의 하자있는 가동에서 비롯되었다고 하는 식의- 어떤 결론을 추출하는 경우, iii) 전문가가 그의 전문지식에 의거하여 알거나 조사하였던 경험상의 착안점(가령 확인된 환경오염도가 일정한 방법으로 주민의 건강을 저해할 수 있다는 평가)을 위탁자에게 알려주는 경우. Bleutge, Die Hilfskräfte des der Sachverständigen-Mitarbeiter ohne Verantwortung?, NJW 1985, S.1185.

Ⅲ. 民間化 · 自己規制의 論議와 民間專門家의 位相

1. 民間化의 양태와 民間專門家

민간화와 자기규제의 논의와 연관해서 민간전문가의 위상을 조망하여야 한다. 비록 행정임무의 수행과 관련해서 민간전문가의 활용이 새삼스런 일은 아니더라도, 개별행정법영역의 특수성에 의거하여 그것이 대폭 증대된 양상은 행정법집행에 관한 변화된 기본이해를 낳기에 충분하다. 소관 행정청이 충분한 인적, 물적 인프라를 갖추자면 소요될 제반 비용을 감안한 즉, 민간사이드의 노우하우를 이용하는 것이 만병통치약으로 여겨지고 있다. 법정책적 측면에서 주장되는 (법)집행부전이 낳은 표제가 바로 지금 운위되는 민간화(私的化, 私事化, Privatisierung), 탈규제(Deregulation), 사회(민간)적 자기규제이다. 여기에는 능률제고와 동시에 국가적 비용절감의 기대가 담겨져 있다. -다소간 불분명하지만- 민간화 개념은 이제까지 국가가 수행하여 온 임무가 전반적 · 부분적으로 민간주체에게 맡겨지거나, 행정청의 권한은 유지하되 사적 도움과 협력을 받아 행해지는 현상을 나타낸다. 따라서 '탈국가화'를 지향하는 민간화의 논의가 병행되어야 한다.

민간화의 양태가 중요한데 그것은 일반적으로 다음과 같이 나눈다.[9] i) 법적으로 널리 문제가 되지 않는 민간화형식이 소위 財産民間化(Vermögensprivatisierung)이다. 여기서는 처음부터 공임무와의 직접적인 관련성이 없다. 즉, 국가가 국유재산상으로 토지와 재정의 관리(공)기업의 지분을 매각한다. 공기관의 재산부분의 매각으로서의 재산민간화는 실질적(실체적) 의미상의 민간화이다. ii) 임무민간화(Aufgabenprivatisierung, 완전한 민간화, 실질적 민간화)는, -소위 생존배려의 일부로서든, 국가적 안전보장의 일부로서든- 이전의 공임무를 사회적(민간의) 영역에 돌려주는 것을 의미한다. 그래서 상술한 의미에서 사물(실체)대상의 脫國家化를 의미한다. iii) 形式的 民間化(formelle Privatisierung)의 경우, 그것이 조직과 절차의 유형과는 관련이 있지만, 실체결정은 여전히 공법의 요청의 지배를 받기에, 형식적인 데 그치는 민간화이다. 여기서의 '형식적'이란 의미는 공임무의 '집행방법'(Wie)을 나타낸다. 형식적 민간화 또는 조직민간화(Organisationsprivatisierung)의 경우, 행정주체로서는 공임무를 떨쳐버리는 것이

9) 관련문헌: 김남진, 경찰임무의 탈국가화 · 민간화와 법적 문제, 고시연구 제33권 제9호(390호)(2006.9.), 15면 이하; 이종영, 공공업무민영화의 법적 한계, 법학논문집(중앙대 법학연구소), 제24집 제1호(2000.2.), 291면 이하; 김중권, 행정법기본연구Ⅱ, 2009, 431면 이하; 문병효, 최근 독일행정법의 변화와 시사점 : 유럽화, 민영화, 규제완화를 중심으로, 고려법학 제52호(2008.4.) 213면 이하; 조인성, 독일 지방자치행정에 있어서 지방임무의 민영화에 대한 법적 한계, 지방자치법연구 제5권 제1호(통권 제9호), 297면 이하.

아니라, 그것을 수행하기 위해 -통상 주식회사나 유한회사와 같은 自己會社(Eigengesellschaft)를 만드는 식으로- 私法의 조직형식과 법형식을 이용하는 셈이다.[10] 즉, 私法의 옷을 입은, 공임무의 수행이다.[11] ⅳ) 기능적 민간화(funktionale Privatisierung)의 특징은 임무소관 즉, 임무권한 그 자체는 개별법의 규준에 따라 공행정의 주체에게 여전히 남겨진 점이다. 국가로선 임무를 자신의 관할과 책임영역에 두고 있으되, 그것의 기술적 집행은 전반적·부분적으로 사인에게 맡긴다.[12] 즉, 고권주체로서는 민간의 이행보조를 이용하되, 그 이행보조의 법효과는 결과인수를 통해 고권주체에게 귀속된다.[13] 일종의 집행민간화(Vollzugssprivatisierung)인[14] 셈인 기능적 민간화의 위상과 관련해서는, 한편에서는 임무민간화와 오로지 형식적인 민간화 사이에 존재하는 것으로 보는 반면, 다른 한편에선 부분적인 실질적 민간화로 여기거나 또는 행정청의 임무수행과 임무민간화간의 과도기적 형식으로 여긴다.[15][16] 특히 기능적 민간화의 영역에서 민간전문가가 중대한 역할을 한다. 가령 약사법 제36조 등의 의약품등의 제조관리자제도처럼, 민간전문가가 민간사업주체(가령 건축주나 제품생산자)를 일종의 선행·부수작업의 차원에서 도와준다. 이런 민간전문가들은 고권적으로 규제된 자기(자율)규제의 모델에서 일종의 '행정대체'(Verwaltungssubstitution)[17]로 행동하는 셈이다.

2. 高權的으로 규율된 自己規制의 발현형식으로서의 民間專門家

고권적으로 규제된 자기규제(hoheitlich regulierter Selbstregulation)의 조종이념은 기능적 민간화와 중첩된 영역을 나타낸다.[18] 여기서도 민간화논쟁에서와 유사하게 -

---

10) 여기서 문제되는 것이 행정회사법론이다. 이에 관해선 김중권, 행정법기본연구Ⅱ, 2009, 391면 이하 참조.

11) 임무 그 자체는 국가에게 여전히 맡겨져 있기 때문에, 소위 행정사법을 통한 공법적 구속에는 아무런 변화가 없다. 이 구속은 조직민간화된 행위주체와 급부수급자간의 사법상의 정형적인 계약관계에 영향을 미친다. 그래서 이런 형식은 대저 민간화범주에서는 거부될 수 있다.

12) 이에 관해선 특히 이원우, 경제규제법론, 2010, 717면 이하 참조.

13) Burgi, Funktionale Privatisierung und Verwaltungshilfe, 1999. S.100; Seidel, Privater Sachverstand und staatliche Garantenstellung im Verwaltungsrecht, 2000, S.196; Scholl, a.a.O., S.151.

14) Krölls, Rechtliche Grenzen der Privatisierungspolitik, GewArch 1995, S.129(131).

15) Bauer, Privatisierung von Verwaltungsaufgaben, VVDStRL54(1995), S.243(252).

16) 한편 기능적 민간화의 의미에서 사적 노우하우(know-how)를 포함시킬 경우, 관찰차원의 활동과 수정차원의 활동을 구분하기도 한다. Seidel, a.a.O., S.19. 전자의 차원에서는 -행정절차나 행정소송에서의 전문가의 증명처럼- 사인의 기여가 사안조사에서의 보조에 한정되지만, 후자의 차원에서는 사인의 기여가 절차종결적 행정결정에 대해 직접적인 영향을 미친다. 그런데 후자의 차원에서는 관할 행정청은 사주체가 먼저 사전프로그래밍한 결정을 단지 인준할 뿐이며 이를 통해 법률상의 요청을 이행하고자 함으로써, 그 스스로 단순한 '공증인적 기능'(Notarfunktion)의 지위로 전락하게 될 우려가 있다.

17) v. Heimburg, Verwaltungsaufgaben und Privat, 1982, S.139.

18) Vgl. Di Fabio, Verwaltung und Verwaltungsrecht zwischen gesellschaftlicher Selbschaftlicher Selbstregulierung und staatlicher Steuerung, VVDStRL 56(1997), S.235ff.; Hoffmann-Riem, Tendenzen in der Verwaltungsrechtsentwicklung, DÖV 1997, S.433(436); Eifert, Regulierungsstrategien(§18), in:

고전적인 형식의 일방적인 고권적 규율에서 사회의 잠재력을 개발하고 활용하기 위한 규율에 이르기까지의- 다양한 규율의 구상이 문제된다.[19] 탈규제화란 사회가 자유시장의 법칙에 따라 스스로 원하는 방향으로 스스로를 조정할 것이라는 맹목적 믿음에서 국가를 완전히 후퇴시키는 것을 의미한다. 이런 탈규제화가 고권적으로 규제된 자기규제에서는 문제되지 않는다. 오히려 국가가 가령 대강적 규율을 통해 일체의 사회적 조정잠재력을 -그것을 국가가 정한 목적을 위하여 유용하게 만들기 위한- 일정한 방향으로 조종하고자 하는 구상이 고권적으로 규제된 자기규제의 조종이념이다.[20] 즉, 행정의무나 행정책무를 과함으로써 그런 종류의 자기규제의 힘을 활용하는 것이 국가로서는 유용하다. 가령 사인에게 의무를 지우는 방식으로 부담적인 동반규율을 통해 자기규제를 보완하는 것이다. 즉, 사업신청자나 피감시자에게 자체감시·보장의무를 지우되 그들 스스로 전문가에게 위탁하거나(건축법 제81조 제4항) 전문가를 채용하도록(제조관리자제도: 약사법 제36조) 한 경우이다. 한편 자기규제를 통한 고권적 조종이 실은 사적 조종의 잠재력을 활성화에 따른 이익을 부여하는 자극의 메커니즘을 취하기에, 중첩적 성질 역시 지닐 수 있다.

3. 民間專門家를 통한 節次民間化의 問題

고권적으로 규제된 자기규제의 조종이념은 기능적 민간화와 중첩되기도 하는데, 이에 임무민간화, 기능적 민간화와 자기(자율)규제사고를 포괄하는 의미에서 절차적 민간화가 운위된다.[21] Hoffmann-Riem은 가장 광의의 의미에서 절차민간화(Verfahrensprivatisierung)를 행정법적으로 규율된 결정과정에 민간의 행위주체가 절차적으로 참여하는 것으로 본다. 즉, 사인이 전문지식, 인적 자원, 자본투입에 의해 공임무의 이행에 대해 창설적으로 협력하는, 행정과 사인간의 협력형상을 절차민간화로 포착한다. 절차민간화를 이처럼 이해하면, 행정법에서의 민간전문가의 활동 전반이 당연히 그에 포함된다.[22] 그 결과 절차민간화 개념은 모호한 상위개념이 되어 사적 노우하우의 활용의 법적 한계의 물음에 대해 분명한 상을 결코 제시하지 못할 우려가 있다. 이에 Di Fabio 교수는, "통일된 행정임무가 법률에 의해서 지속적으로 사

Hoffmann-Riem/Schmidt-Aßmann/Voßkuhle, Grundlagen des Verwaltungsrechts Bd. I, 2006; Thoma, Regulierte Selbstregulierung im Ordnungsverwaltungsrecht, 2008.

19) 각국의 동향에 관한 국내문헌으로, 자율규제제도에 관한 각국의 동향과 입법과제, 워크숍자료집(한국법제연구원), 2010.5.

20) Di Fabio, VVDStRL 56(1997), S.235(238); Hoffmann-Riem, DÖV 1997, S.433(436).

21) Hoffmann-Riem, Verfahrensprivatisierung als Modernisierung, in; ders./Schneider(Hrsg.), Verfahrensprivatisierung im Umweltrecht, 1996, S.9(13f.).

22) 가령 민간전문가의 자문이나 감정은 물론, 결정발견절차상의 행정보조와 공무위탁의 경우까지 망라한 사적 노우하우의 활용이 이에 해당한다.

권주체에게 이전되면, 위임과 기술한 민간화형식 간의 경계가 유동적일 수 있다. 이 점에서 나름의 민간화종류로서 도그마틱적으로 구별된 의미의 절차민간화를 운위하는 것은 그다지 가치가 없다. 왜냐하면 그러면 혼란스러운 중첩이 성립할 수 있기 때문이다"고 비판한다.[23] 그럼에도 불구하고 행정실무에서 사적 전문가를 연계시키는 것이 탈규제화, 민간화와 자기규제의 논의의 범주에서 질적 변화를 겪고 있으며 양적으로 증대하였다는 인식이 절차민간화개념으로 인해 강화된 것만은 분명하다. 그리하여 이런 상관관계에서 기왕의 전래적인 '공무위탁'(Beleihung), '행정보조'(Verwaltungshilfe) 및 '행정대체'는 새로운 시험대에 선다.[24]

Ⅳ. 行政法執行에서의 民間專門家의 유형

1. 일반적인 전문가론의 整序基準

행정법적 결정과정에서 어떤 고정된 결정형식으로서의 민간전문가의 이용이란 존재하지 않는다. 민간의 노우하우(Know-how)는 행정법에서의 실체적 목표실현의 범주에서 차별적 종류와 방법으로 또한 차별적 정도로 활용되고 있다. 행정법적 일반적 전문가론(allgemeine Sachverständigenlehre)의 견지에서 유형적 整序는 현재의 전문가법의 불관통성(Undurchdringlichkeit)을 해소하는 데 적합한 기준에 의거하여 행해져야 한다. 전문가의 유형은 전문가참여의 공공복리적 성격의 관점에 따라야 하거니와 전문가참여의 도그마틱 역시 목표로 삼아야 한다. 이런 배경에서 규율목표를 달성하기 위한 입법자의 구상에 전문가를 연결시키는 것이 질서형성(유형론)의 연결점일 수 있다. 整序는 문제해결과정에서의 민간전문가의 임무설정에 맞추어야 한다. 즉, 행정법에서 민간전문가의 법형상의 유형론은 기능적, 정형적·조직적 구조체계에 의해 만들어진다.

한편 이하의 유형론은 현재나 장래의 전문가참여를 바르게 설정하는 것을 가능케 한다. 전문가참여의 바른 정렬은 참여에 부합한 법률적 조정을 위한 사전효과를 갖는다. 그것은 입법자의 과소규제나 과잉규제를 저지한다. 이에 따라 일반적 전문가론은 그때그때의 전문가유형에서 유형내재적이며, 공공복리적 목표를 견지하는 기능원칙과 조정원칙에 초점을 맞춘다.

---

23) Ders., Privatisierung und Staatsvorbehalt -Zum dogmatischen Schlüsselbegriff der öffentlichen Aufgabe, JZ 1999, S.585-592.

24) Seidel, a.a.O., S.24.

(1) 민간전문가의 기능에 따른 구분

민간전문가는 규율구조에서 도출가능한 보조기능과 보장기능의 관점에서 구분할 수 있다. 민간전문가의 기능은 원래 구분기준은 아니지만, 그때그때의 규율구조와 관련되어 내용적으로 중첩되면서, 민간전문가의 유형과 관련한 정렬결정에 대해 도그마틱적 근거를 제시한다.[25)]

기능적 구별은 결정과 결정책임의 연결점을 착안점으로 삼는다. 전문가감정서는 결정과정의 요소일 수 있다. 감정은 조언마냥 정보가 다른 사람에 의해 제공될 수 있게 하는 수단이다. 이런 임무설정에서 민간전문가의 기능은 보조기능(Hilfsfunktion)으로 표현된다. 민간전문가의 보조기능은 전문가참여의 구조를 위한 핵심적인 귀납적 추리를 허용한다. 그것은 실체결정이란 다른 사람에 의해 내려진다는 점을 분명히 한다. 민간전문가의 감정서는 결정주체의 결정자유를 좌우하지 못한다. 오히려 민간전문가의 활동은 결정주체의 신뢰와 조정의 지배를 받는다. 공법적 규범프로그램의 집행을 고려한 즉, 보조기능이란 다음의 점을 함축적으로 나타낸다. 즉, 구체적인 규율상관관계에서 민간전문가의 관련인이 누구인지여부에 관계없이, 행정의 부서가 결정주체이며, 아울러 전문가참여의 공공복리합치성을 보장하는 제1차적 주체에 해당한다.

입법자의 관점에서 보자면, 민간전문가는 그의 구조징표에 의거하여 고도의 집행책임을 갖고서 법률집행에 참여하는 데 있어서 특별히 적합하다. 왜냐하면 이론상 그것은 행정 마냥 질적으로 고도의 집행수준에서의 법률집행을 기대하게 하기 때문이다. 민간전문가의 법형상에 내재한 이런 질적 보장을 고려하여, 입법자로서는 보조기능적 관점을 버리고, 민간전문가의 형상을 -민간전문가의 활동에 대해 절차적·내용적 타당성보장의 의미에서의 신뢰성립요건을 부여하는 식의- 규범이행구상에 바로 연결시키곤 한다. 여기서 민간전문가활동의 추상적인 품질과 신뢰보호가치성 및 민간전문가의 품질보장프로그램은 국가의 규제착안점을 작동시키는 것을 보증한다. 그리하여 민간전문가의 형상은 '새로운' 확대된 기능을 가지며, 이를 보장기능(Garantiefunktion)이라 한다. 민간전문가를 보장기능에 연계시킨 것은, 입법자가 규범집행을 고전적인 행정청모델의 전속적인 집행책임에 더 이상 설정하지 않는다는 것을 의미한다. 즉, 전문가의 참여는 공법적 규범프로그램의 집행을 위한 독립적인 수단이어서 결코 집행보조수단이 아니다. 다시 말해, 보장기능은 행정청에 의한 공법집행을 축소하는 것의 裏面인 동시에 그것의 대체이다. 보장기능에서 민간전문가

25) 한편 그 기능은 곧바로 평가를 매개로 얻어지진 않고, 참여구조의 엄밀한 분석에 의해서만 비로소 얻어진다.

는 실체행정법의 집행에서 민간전문가의 활동을 조정하기 위한 새로운 구상을 나타낸다. 여기서 입법자는 보조기능의 조정메커니즘을 중단하고 규범이행조정의 대상을 교환시킨다. 요컨대 보장기능에서 민간전문가는 행정과 똑같이(ex equo) 입법자에 의해 조정을 받는다.

(2) 형식적·조직적 구분

참여구조는 민간전문가에 대해 행정의 측면(국가영역)이나 규범수범자의 측면(민간영역)을 부여할 수 있다. 그리하여 민간전문가의 위임자에 대한 법적 관계를 목표로 한 형식적 관점에 따라 전문가참여를 국가영역에서의 민간전문가와 민간영역에서의 민간전문가로 나눌 수 있다. 먼저 민간전문가와 국가(및 국가부서)간에 위임관계가 존재하면 민간전문가는 국가영역에 귀속되어야 한다. 위임관계의 법적 성질은 중요하지 않다. 민간영역의 민간전문가는 전적으로 규범수범자에 의해 맡겨진다. 이에 따라 그는 국가영역의 민간전문가와는 소극적으로 구분된다. 왜냐하면 그는 공법적 위임관계로 국가에 구속되지 않기 때문이다. 아울러 그는 국가의 '보조인'이나 '국가의 대리인'이라 표현될 수 없으며, 단지 '타인의 업무'를 수행하는 것이다. 이런 민간영역에서의 민간전문가의 경우, 위임관계는 통일적으로 사법적 성질을 갖는다.

2. 행정법상 민간전문가의 유형[26)]

이상의 일반적 전문가론에서 전개한 정서기준(보조기능/보장기능, 국가영역에서의 민간전문가/민간영역에서의 민간전문가)을 교호적으로 결합한 즉, 일반행정법의 차원에서는 다음의 네 가지 전문가유형을 설정할 수 있다: ⅰ) 공무수탁민간전문가, ⅱ) 행정보조민간전문가, ⅲ) 민간감정인, ⅳ) 민간確認者. 이들 네 가지의 전문가유형에 관한 기술은 이상의 정서기준의 특별한 결합에 바탕을 둔, 유형설정적 참여유형에 바탕을 둔 것이다.[27)]

---

26) 이하의 내용은 독일에서 최근에 이에 관한 논의를 전개한 Scholl, a.a.O., S.140ff. 을 참조하였다. 지면관계상 많은 내용을 소개하지 못하였다. 차후에 개개의 유형에 따른 상론을 할 것이다.

27) 한편 Seidel은 기능적 차원에서 직권조사의 범주에서 행정청의 입증수단으로서의 민간전문가, 자기책임적 조사임무를 지닌, 공인된 민간전문가, 프로젝트매니저와 갈등중재자로서의 민간전문가, 행정청의 감시를 대행하는 민간전문가, 행정청의 감시를 보완하는 민간전문가 등으로 나누어 논의를 전개하였다. Ders., a.a.O., S. 195ff. 그런데 Scholl은 일종의 실체행정법에 바탕을 둔 국가도구를 목표로 하는 너무 풍부한 Seidel의 구상은 -유형내제한 통일적인 형성프로그램을 제시하는 목표를 지향하는- 일반적인 전문가론을 위한 질서형성의 구상의 차원에서는 그다지 주효하지 않는다고 공박하였다. Ders., a.a.O., S.141.

V. 公務受託民間專門家의 法問題

1. 公務受託私人에 관한 一般論

(1) 공무수탁사인의 의의

공무수탁사인(Beliehner)이란[28] 「자신의 이름으로 일정한 행정임무를 고권적으로 수행하는 것을 맡은 사권주체」로 정의 내려진다. 공무위탁(Beleihung)을 통해 민간전문가는 공행정에 편입되며, 간접적 국가행정의 일부가 된다. 공무수탁사인은 -입법자가 선택한- 집행조직수단인 동시에, 공법적 기능주체인 셈이다. 그럼에도 불구하고 공무수탁사인은 그의 본래의 사법적 지위를 잃지 않는다(소위 이중적 구조).[29] 공무수탁사인은 결코 내용적인 타자조정의 지배를 받지 않는다. 국가로선, 고유한 행정장치의 동원을 면하게 하고, 자신에게 없는 인적자원을 보완하기 위하여, 사인의 전문지식, 경험, 주도권과 상황제어, 영리경제적 사고방식, 기술구비, 사법적 조직형식을 활용할 목적으로 공무위탁을 행한다. 특히 높은 행정비용이 예상되는 대량절차에 공무위탁을 위한 특별한 유인이 있다. 가령 차량검사필증의 경우 행정당국의 인력부족과 검사지연 등에 의해 야기된 집행상의 현저한 不全이 결국 차량검사대행이라는 감시시스템을 도입하게 하였다.

공무수탁사인은 기능적 민간화와 조직민간화의 교차점에 선다: 국가는 한편으론 그 자체로서 행정법적 권한이 귀속하는 사적 조직체를 이용한다; 가령 이는 국가적 임무를 私主體의 옷을 입고서 이행하는 것이다. 이런 고찰방법으로 보자면 민간위탁은 조직민간화(형식상의 민간화)의 하위경우에 해당한다.[30] 순전히 형식적으로 보자면, 여기선 임무가 부분적으로 민간화되기보다는 사회의 행위자를 행정청적 기능차원으로 격상함으로써 거꾸로 민간부문이 '국가화'(verstaatlicht)된 셈이다.[31] 그런데 다른 한편으로는 보통사용을 위한 공공시설의 범주내에서의 전형적인 조직민간화와는 대조적으로, 여기서는 단순한 조직상의 물음은 문제되지 않는다. 오히려 국가로서 중요하게 여기는 것은, 국가적 임무를 私主體에게 맡김으로써 사회분야에서의 전문가적 노우하우를 나름의 목적을 위하여 효과적이게 만드는 것이다. 실질적 고찰

28) 한편 독일 문헌과 판례상으로 종종 '공무수탁기업'(beliehner Unternehmen)란 옛 개념이 사용되곤 하는데, 이는 종전에 이 개념에 특허를 연계시킨 데서 비롯한 것이다. Vgl. O. Mayer, Verwaltungsrecht, Bd.2, 1924, §§49, 50; Wolff/Bachof/Stober/Kluth, Verwaltungsrecht Ⅱ, 7.Aufl., 2010, §90 Rn.2; Steiner, Öffentliche Verwaltung durch Private, 1975, S.17ff.

29) Steiner, Öffentliche Verwaltung durch Private, S.59, 222ff.

30) Scholz, Verkehrsüberwachung durch Private?, NJW 1997, S.14(15).

31) Steiner, Öffentliche Verwaltung durch Private, 1975, S.263.

방법에서 보자면, 이것은 기능적 민간화의 사고에 완전히 부합한다.[32]

(2) 공무위탁의 대상에 관한 논의

그런데 민간에로의 위탁이 있다고 하여 이들 민간전문가가 언제든 행정의 담당자로 되진 않는다. 행정담당자로 되기 위해선 우선 특별히 '국가적인 것'으로 분류될 수 있는 임무가 민간전문가에게 이행하여야 한다. 공무위탁의 대상이 무엇인지와 관련해서 문헌상으론 임무이론(Aufgabentheorie)과 법적 지위이론(Rechtsstellungstheorie)이 맞선다.[33] 임무이론은 공무위탁을 넘겨진 임무의 성격에 의거하여 파악하고자 한다. 이에 의하면, 사물의 본성에 비춰 국가에 속하여 유보되는 임무가 존재한다고 한다. 이들 임무는 자동적으로 국가임무로 분류되어, -그것의 행사가 국가적 행위자에 의해서 이들 사인(즉, 공무수탁사인)에 넘겨지지 않는 한에 있어서- 사인에 의한 그것의 이행은 원칙적으로 배제된다. 반면 엄격한 법적 지위이론이나 권능이론(Befugnistheorie)의 경우에는, 공무수탁사인의 지위를 인정하기 위해서는, 사인이 국가로부터 -직접적인 법효과를 지닌 규율을 발하는- 법적 힘을 보유하게 되는 것이 필수적이다. 그럼으로써 본질적인 구분기준은 활동내용이 아니라, 임무이행의 형식이다. 법적 지위이론의 이러한 엄격한 변형에 따라, 공무위탁의 대상은 -가령 행정행위를 발할 권한을 지닌 법적 지위처럼- 우월적인 강제권이나 명령권을 지닌 권능에 국한될 수 있다.[34]

이들 주장은 매우 극단적이고 절대적어서 상호 접점을 찾을 수 없거니와, 현실적으로 관철될 수도 없다. 법적 지위이론의 경우, 소위 단순고권적 행정활동(행정사실행위)이란 나름의 규율적 내용이 없더라도 존재한다는 점을, 임무이론의 경우에는, 국가임무의 목록이란 개방적이며, 국가로선 자신의 일정한 임무가 수행되는 형식을 입법으로 확정할 수 있다는 점을 간과하였다. 그리하여 오늘날에는 단순고권적 활동 역시 위탁이 가능한 대상으로 파악하는 식으로[35] 법적 지위이론에 약간을 변형을 가하는 것이 독일에서는 다수의 입장이 되었다.[36] 따라서 사인이 수행해야 할 임무

32) 사실 '공무위탁'과 '기능적 민간화'의 개념적 상태는 사물논리적으로 서로 배척관계에 놓이지 않는다. 단순한 행정보조이든 공무위탁이든, -실질적 민간화와는 달리- 국가로선 그 임무를 포기하지 않고, 임무수행에 -통제적으로 수정적으로- 개입할 가능수단을 보유한다.

33) 논의의 개관은 Reinhardt, Die Überwachung durch Private im Umwelt- und Technikrecht, AöR 118(1993), S.617(625).

34) 그리하여 Erbguth는 소위 프로젝트매니저의 경우 대외적으로 행정행위를 발하거나 수수료를 징수하거나 기타 고권적 조치를 발하지 않기에 공무수탁사인으로 볼 수 없다고 주장한다. Ders., Die Zulässigkeit der funktionalen Privatisierung im Genehmigungsrecht, UPR 1995, S.369(370).

35) 이 점에서 전통적인 임무이론에 근접한 면이 있다.

36) 여기서 문제되는 것이 'Beliehner'의 번역이다. 종래 임무이론에 의하면 이를 '공무수탁사인'으로 옮기더라도 문제없지만, 임무이론에서 벗어난 이상 '임무'(Aufgaben)에 착안한 공무수탁사인의 용어는 그 자체가 약간의 오해를 피할 수 없으며, 또한 '공무(공임무)'개념 자체도 약간의 불분명함을 지니고 있다. 기실 임무수행상의 공법적 권한의 이전이 본질인 점에서 이원우 교수의 지적(앞의 책, 731면 주50)마냥 '공권수탁사인'이 더 적

가 내용-행정행위 등의 권능행사가능성 여부-에 비추어 국가임무로서 성질을 가져야 할지 여부가 개별사건에서 관건이 된다. 사인에 의해서 공임무가 이행될 때 그것이 공무위탁의 형식으로 집행되는 국가임무의 존재는, 민주주의 원리의 규준에 따라 국가적 책임으로 전환하게 하는 근거점이다. 이런 도그마적 착안점으로써, (단순 고권적) 국가임무의 위탁과, 공익을 위한 임무의 단순한 이행 내지 특허부여간의 구별이 성공한다.[37)]

그런데 국가임무개념이 개방성을 지니는 점, 그리고 국가임무와 공임무간에 경계가 불분명하여 비록 양자를 엄격히 구분하여야 함에도 현실적으로 동일하게 여겨지는 점[38)]을 감안할 때,[39)] -국가임무를 전제로 한- 공무위탁 개념에 대비된 반대상황을 바르게 정립하여야 한다. 특히 민간전문가의 기여(분담)가 공법상으로 규정되어 있는 경우에, 해당 법규정에 비추어 국가가 동규정상의 적시된 임무를 고유한 것으로서 집행하고자 하는지(또한 단순 고권적 행정작용의 형식에 의한 구체적인 집행만을 私主體에게 이행하고자 하는지) 아니면 단지 사적인 행위가 일정한 행위의무의 설정을 통해 공익을 위하여 공공복리합치하게(gemeinwohlkonform) 조종을 받도록 되어 있는지[40)] 여부에 좌우된다. 공무위탁과 구분되는 후자의 경우, 고권적 권한의 수행이 문제되지 않기에, 소위 공법상의 채용(채용부담)에 해당하는데, 이 경우 국가는 -특히 위험방지와 리스크사전대비(사전배려)와 같은- 법률상의 확정된 목표를 규정에 맞게 이행하는 것을 보장하기 위하여 고권적으로 규율된 자기규제의 차원에서 私的(민간의) 잠재력을 이용한다. 이는 민간전문가로 하여금 일정 사업안과 같은 대상을 법률상의 안전기준 등에 의거하여 심사할 의무를 지우는 식으로 맡기는 것이다. 이런 식의 맡김은 해당 사업주체에게 의무를 과하는 것에 대한 대응물로서 이들에게 고양된 책임을 지울 것이다.[41)]

요컨대 -공무수탁사인을 성립시키는- 고권적인 국가임무의 수행과의 구분은 결국 감정 등과 같은 대상이 법률상의 규준에 따라 어떤 위치에서 행해져야 하는지의 물음이다. 어떤 감정이 국가적 감시·시험의 구성요소일 경우에만 그것이 행정담당자

확할 수 있다.

37) 국가임무의 인정을 위한 결정적인 착안점은 바로 그 사인이 전형적으로 우월적인 권력을 행사할 수 있을 경우이다. 이 경우에 사인은 그 자체로서는 실체적으로 민간화될 수 없는 국가적 독점영역에서 활동하는 셈이다.

38) BGHZ 49, 108(112ff.); BVerfGE 17, 371(376f.); 68, 193(206f.).

39) 여기서 독일에 비해 우리의 경우 국가임무와 구별된 의미에서의 공임무개념을 설정하는 것이 더욱 곤란하다. 왜냐하면 독일의 'Beliehene'을 '공무수탁사인'으로 옮겨 사용하고 있기 때문이다. 따라서 독일에서의 국가임무이냐 공임무이냐에 관한 논의를 접근할 때 이 점을 유의하여야 한다.

40) -국가임무를 전제로 한- 공무위탁 개념에 대비된 이런 상황은, 채용된(종사하는) 私人(공의무부담사인, 공역무부담사인)에 의한, 공익을 위한 임무수행이란 기술을 통해 파악될 수 있다.

41) 이는 후술할 확인자로서의 민간전문가에 관한 내용이다.

로서의 공무수탁사인에 의한 고권적 임무수행으로 받아들여져야 한다. 반면 그 감정이 사업안주체/운영자의 위치에서 이들의 자기책임을 뒷받침하기 위하여 행해진 경우엔 공무위탁은 배제된다. 후자의 경우에는 그 임무가 "국가에 의해 이행되는 것이 아니라, 사회에 의해 이행된다."

(3) 공무수탁사인의 행정주체설에 대한 비판

통상 공무수탁사인의 법적 성격을 두고서는 행정주체설과 행정기관설이 다투어진다. 다수의 문헌은 전자의 입장을 취한다. 종래 독일의 'Verwaltungsträger'를 행정주체로 옮겼는데, 독일의 문헌이 공무수탁사인 역시 'Verwaltungsträger'의 일종으로 들기에 자연 공무수탁사인에 대해서도 행정주체적 지위를 부여하여 왔다. 법에서 권리(법)주체는 권리의무의 귀속주체를 의미한다. 그런데 행정주체설을 단순 대입하면 공무수탁사인의 경우 귀속주체인 이상 그의 위법한 행위로 인한 배상책임은 국가배상차원에서는 그 스스로가 져야 한다는 논증이 성립한다. 행정주체로서의 공무수탁사인과 관련한 이런 인식(행정주체=배상책임주체)은 별다른 의문 없이 보편적으로 즉, 판례[42]와 문헌[43]에서 받아들여지고 있다.[44] 사실 행정기관설의 경우, 공무수탁사인을 공권력행사의 결과가 귀속하는 주체로 설정하는 데에 대해 의구심을 갖는 것이 그 출발점이다. 그런데 기왕의 논의는 조직법상의 의미, 작용법상의 의미 그리고 책임법상의 의미를 구분하지 않았다. 공무수탁사인이 행정주체가 되어 -지방자치단체, 공공조합, 영조물법인, 공재단 처럼- 간접적인 국가행정의 일환이 되나, 이는 조직법상의 의미이다.[45] 작용법의 차원에선 그것은 고유한 직무담당자(Amtsträger)이다. 즉, 공무수탁사인은 헌법 제29조와 국가배상법 제2조상의 직무를 집행한다. 직

---

42) 대법원 2010.1.28. 선고 2007다82950, 82967판결: 한국토지공사는 구 한국토지공사법(2007.4.6. 법률 제8340호로 개정되기 전의 것) 제2조, 제4조에 의하여 정부가 자본금의 전액을 출자하여 설립한 법인이고, 같은 법 제9조 제4호에 규정된 한국토지공사의 사업에 관하여는 「공익사업을 위한 토지 등의 취득 및 보상에 관한 법률」제89조 제1항, 위 한국토지공사법 제22조 제6호 및 같은 법 시행령 제40조의3 제1항의 규정에 의하여 본래 시·도지사나 시장·군수 또는 구청장의 업무에 속하는 대집행권한을 한국토지공사에게 위탁하도록 되어 있는바, <u>한국토지공사는 이러한 법령의 위탁에 의하여 대집행을 수권받은 자로서 공무인 대집행을 실시함에 따르는 권리·의무 및 책임이 귀속되는 행정주체의 지위에 있다고 볼 것이지</u> 지방자치단체 등의 기관으로서 국가배상법 제2조 소정의 공무원에 해당한다고 볼 것은 아니다.

43) 최근의 예로 정하중, 국가배상법 제2조 제1항의 '공무를 위탁받은 사인'의 의미, 법률신문 제3965호(2011.9.5.); 박균성, 공무수탁자의 법적 지위와 손해배상책임, 행정판례연구 제15집 제1호, 2010.6, 151면 이하; 정남철, 행정대집행과 국가배상책임, 행정판례연구 제15집 제1호, 2010.6, 189면 이하.

44) 이에 대한 문제제기로 김중권, 2010년도 주요 행정법(행정)판결의 분석과 비판에 관한 소고, 안암법학 제35호, 2011.5.31., 96면 이하. 홍준형 교수 역시 행정주체설에 대해 강한 의문을 피력한다. 동인, 앞의 글, 639면. 追論: 졸고, 공무수탁사인의 행정주체적 지위의 문제점에 관한 小考, 법률신문 제3989호, 2011.12.5.

45) Klement, Höchstrichterliche Rechtsprechung zum Verwaltungsrecht: Ungereimtes in der Beleihungsdogmatik des BGH, VerwArch 2010, 112(119); Maurer, Allg. VerwR, §21 Rn.11; Steiner, Der beliehene Unternehmer-VG München, NJW 1967, 171, JuS 1969, S.69(71).

무담당자로서 공무수탁사인을 설정하면, 그의 행위에 따른 법적 효과는 당연히 위탁자(국가나 지방자치단체)에게 귀속하며, 이는 국가책임법의 차원에서도 그대로 통용된다. 즉, 공무수탁사인에게 공임무를 위탁한 자가 공무수탁사인의 위법한 직무행위에 대해 배상책임을 진다. 그런데 공무위탁이 자연인이 아닌 사법인에게 행해질 경우, 여기서의 직무담당자는 그 사법인과 근로계약을 맺은 -그 수탁업무를 담당하는- 자연인이 된다. 왜냐하면 직무담당자는 반드시 자연인만 될 수 있기 때문이다.[46]

독일의 경우 통설[47]과 판례[48]는, 그들 판례에서 전개된 위탁이론(Anvertrauenstheorie)과[49] 그들 기본법상 배상책임주체로 국가와 공공단체만이 규정되어 있는 점에 의거하여, 공무수탁사인에게 위탁한 행정주체(Verwaltungsträger)가 배상책임을 진다고 본다. 그 결과 공무수탁사인은 국법적 의미에서의 공무원(Beamte)이나 행정보조인과 동일하게 설정되는 셈이다.[50] 그런데 최근 독일에서는 중요한 반대주장이 제기되었다. Frenz는 기본법 제34조의 책임이 사법의 권리주체에게도 이전될 수 있음을 들어, 고권적 권능을 독립되게 행사하는 공무수탁사인이 스스로 책임을 진다고 주장하였다.[51] 즉, 공무수탁사인에로의 책임의 원칙적인 이전이 독립된 행정주체로서의 공무수탁사인의 법적 지위의 논리적 결과라고 본다. 공무위탁과 관련하여 독일의 경우 새로운 위탁사안에서 공무수탁사인이 위탁자에 대해 과거보다 더 광범한 독립성을 향유하기에, 그는 간접적 국가행정의 다른 행정주체와 마찬가지로 비견될 수 있다고 하는데, 이상의 반론은 이런 새로운 전개를 고려한 것이다. Frenz의 반론에 공감하여, Schmidt am Busch는 민간의 자원을 가능한 효과적으로 투입하기 위하여, 그리고 -바뀐 국가임무에 상응하여- 필연적인 행정단위의 독자성을 감안하여 책임을 공무수탁사인에게 맞추어야 한다고 주장한다.[52] 반대론에 의하면 임무수행과 관련하여 제1차적 권리보호(행정소송)이든 제2차적 권리보호(국가책임)이든 동일인을 피고로 삼을 수 있다.

돌이켜 보면, 행정주체의 의미를 법적 효과의 귀속주체로서 접근한 나머지 공무수탁사인의 집행행위와 관련한 일체의 법효과가 그 공무수탁사인에게 발생한다(발생하

---

46) BGH, Urt. v.22.2.2006, NVwZ 2006, 966; Urt. v.11.1.2007, BGHZ 170, 260(266 Rn.18).

47) Maurer, Allg. VerwR, §23 Rn.59, §26 Rn.43; Wolff/Bachof/Stober, Verwaltungsrecht II, §90 Rn.61; Ossenbühl, Staatshaftungsrecht, 5.Aufl., 1998, 16f.; Burgi, Der Beliehne-ein Klassiker im modernen Verwaltungsrecht, FS für Maurer, 2001, S.593; Schmidt, Gesetzliche Regelung der Rechtsverhältnisse der Beliehenen, ZG 2002, S.353(368); Freitag, Das Beleihungsverhältnis, 2004, S.25.

48) BGH, Urt. v.30.11.1967, BGHZ 49, 108(115); Urt. v.25.3.1993, BGHZ 122, 85(87).

49) 기본이 된 것으로 BGH, Urt. v.12.2.1970, BGHZ 53, 217(219). 이에 대한 상세는 Ossenbühl, a.a.O., S.112ff.

50) 그런데 반대론은 공무수탁사인은 행정조직에 편입되지 않으며, 그에게 맡겨진 임무를 독립적으로 수행한다는 점에서, 이의를 제기한다.

51) Ders., Die Staatshaftung in den Beleihungstatbeständen, 1992, S.148ff.

52) Ders., Die Beleihung: Ein Rechtsinstitut im Wandel, DÖV 2007, S.533(542).

여야 한다)는 것이 그간의 오해의 근원이다.[53] 배상책임주체로 우리의 경우 -독일과는 마찬가지로- 헌법이 국가와 공공단체만을, 국가배상법이 국가와 지방자치단체만을 규정하고 있기에, 행정주체로서의 공무수탁사인은 처음부터 국가와 지방자치단체와 다른 위상을 갖는다.[54] 행정소송에서 공무수탁사인과 공공단체가 행정청과 동일하게 피고가 된다는 점에서, 공무수탁사인을 국가나 지방자치단체의 차원의 행정주체로 보아선 아니 된다. 그리고 2009년 10월 21일의 국가배상법개정에서 공무수탁사인을 명시적으로 공무원과 병렬적으로 규정하였기에, 그에 관한 행정주체적 접근은 더욱더 근거를 상실하게 되었다.[55] 요컨대 이젠 행정주체의 의미를 행정객체에 대응한 조직법적 차원에서 바르게 이해하여야 한다.

2. 공무수탁민간전문가의 징표

보조기능에서 민간전문가를 참여시키는 구조에서는, 감정활동을 아웃소싱하는 것이 그 목표이다. 반면 공무위탁의 경우에는 이런 차원을 벗어나, 민간전문가의 활동이 국가에 의해 조직화된 감정활동에 들어간다. 즉, i) 공무위탁이란 감정임무를 내면화하는 것이기에, 그것은 공법적 감정권한을 민간전문가란 법형상에 배타적으로 이전하는 형식으로 행해진다. 권한위임의 결과, 적어도 사물관할 행정청의 절차지배가 없어진다. 이밖에 입법자는 절차지배이외에 최종결정권한 역시 민간전문가에게 위임할 수 있다. 이에 의거해서 사물관할 행정청은 감정과정에 들어갈 권한을 갖지 않으면, 또한 이런 포괄적인 위임의 경우에 수용의 차원에서도 전문가적 활동을 통제(심사)할 수도 없다. 공무위탁의 경우 공법적 감정권한의 이전에 의해 민간전문가를 그의 보장기능에 참여시키는 것이다.[56] 엄밀히 말해, 입법자로서는 고권적 임무이행 자체를 포기하는 것이 아니라, 공법적으로 조직화된 단체(국가를 포함한)에 의한 임무이행을 포기하는 것이다. ii) 민간전문가는 이제 공법의 직접적인 조정의 지배를 받는다. 공법적 감정권한의 이전으로 인해, 전문가참여의 구조는 행정보조인적 민간전문가나 민간감정인의 경우와 비교하여 중대하게 바뀐다. 즉, 행정보조인적 민간전문가나 민간감정인과 대조적으로, 공무수탁전문가는 구상적으로 사물관할 행정청의 직·간접적인 타자인도(지도)의 지배를 받지 않으며, 또한 당연히 규범수범자에

53) 공무수탁사인의 법적 지위에 관한 독일에서의 통설적 견해가 이제까지 소개나 수용되지 않은 점이 不可解하다.

54) 이 점에서 독일에서의 반대론이 우리에게 통용되는 데는 결정적으로 장애가 있다.

55) 이 점에서 대법원 2010.1.28. 선고 2007다82950, 82967판결은 치명적인 문제점을 안고 있다.

56) 사권주체의 보장기능은 독일 연방헌법재판소의 판례에서도 간접적으로 시사되고 있다. Vgl. BVerfGE 17, 371(379). 가령 독일 연방헌법재판소는 임무이전이후에 입법자의 보장책임을 강조할 뿐만 아니라, 비공무원인 공증인에 의한 임무수행의 -행정청의 활동에 일치하는- 내용적 품질도 요구한다.

의한 지배도 받지 않는다. 이 전문가활동은 위임의 결과로서 공법활동 및 행정임무이며, 결정형성과정의 통일적 법적 성질은 민간인을 참여시키더라도 유지된다.[57] iii) 위임행위로서의 공무위탁(Beleihung)이 존재하여야 한다.[58] 공무위탁이란 법제도는 조직형식이다.[59] 공무위탁은 사인의 고유한 합리성을 공법차원에서 구조전환하는 동시에, 민간전문가로 하여금 보조기능을 넘어 보장기능을 갖게 한다.[60]

3. 공무수탁민간전문가의 예

독일의 경우를 보자면, 민간전문가를 공무수탁민간전문가에 귀속시키는 것은 법률상의 명료성의 결여로 항상 명확하진 않아서, 학문적 논의와 법적 분쟁이 야기되곤 한다. 그리하여 입법자가 그 자신이 공무위탁을 행하였는지 여부에 관한 결정을 사실상 완전히 판례와 학계에 맡긴 셈인데, 궁극적으로 국가배상사건에서 답이 내려진다. 이런 사정은 우리의 경우에도 동일하다. 우리의 경우 공무수탁사인의 예로, 공증인, 사립학교, 자동차검사대행업자를 비롯, 사인이 기업자 또는 공공사업의 시행자로서 토지수용권 등의 공권력을 행사하는 경우, 사인이 별정우체국의 지정을 받은 경우, 상선의 선장이 경찰사무 및 호적사무를 집행하는 경우를 든다. 그리고 독일의 경우, 전기·가스·수도·난방의 검침을 위한 국가공인검사소,[61] 바이에른주 등에서의 건물안전율(Baustatik)검사관,[62] EG-ÖKo-Verordnung에 따른 심사소,[63] 화재통제와 오염측정의 분야에서의 지역굴뚝청소장인(Bezirksschornsteinfegermeister),[64] 일부주에서의 정식의 건축허가절차에서의 건물안전율(Baustatik)검사관,[65] 도로교통령(StVZO) 제21조에 따른 차량승인의,[66] 제29조에 따른 차량감시의,[67] 운전면허령(FEV) 제22조 제4항에 따른 운전면허시험[68] 범주에서의 공인차량전문가(KFZ-Sachverständige), 舊

---

57) 결정과정의 통일성에 관해서는 vgl. Steiner, Öffentliche Verwaltung durch Private, DÖV 1970, S.526(529).

58) Vgl. Klement, a.a.O., S.112(121ff.).

59) Vgl. von Heimburg, Verwaltungsaufgaben und Private, 1982, S.113.

60) 한편 위탁이 조직수단으로서의 법적 성질을 갖기에, 입법자로서는 공무위탁의 지향에 강하게 구속되는 것은 아니지만, 일반적인 전문가론의 차원에서 그 기준을 고수하는 것이 바람직하다고 Scholl은 주장한다. Ders., a.a.O., S.250.

61) Vgl. §2 Abs.4 S.1 Eichgesetz i.V.m. §§47ff. EichO.

62) Vgl. §1 Abs.1 S.1 u.S.2, §8 Abs.2 Bay. BauPrüfV.

63) Vgl. §2 Abs.3 ÖLG i.V.m. §3 Sch. H. ÖKontrollstVO.

64) Vgl. §3 Abs.2 S.2 SchG; BVerwGE 84, 244(247); BGHZ 62, 372(374).

65) Vgl. BGHZ 39, 358(360ff.); BVerwG, Urt.25.11.1971, DÖV 1972, 500f; Geiger, in: Simon/Busse (Hrsg.), Bay. BO, Art.69 Rn.30.

66) Vgl. BGH, Urt. v.10.10.2003, NVwZ-RR 2003, 543ff; BGHZ 49, 108(110ff.).

67) Vgl. OLG Köln, Urt. v.16.12.1988, NJW 1989, 2065; OLG Braunscheig, Urt. v.10.1.1990, NJW 1967, 1663.

68) Vgl. OVG NW, Beschl. v.22.6.1954, NJW 1954, 1663.

영업법(GewO) 제24조c에 따른 국가공인전문가, 수관리법(WHG/VAwS) 제19조 i 제2항 제3문에 따른 국가공인전문가,[69] 공적으로 선임된 측량기사[70] 등이 거론된다.[71]

한편 소득세법상의 원천징수의무자의 법적 지위를 두고서 논란이 있다. 종래 공무수탁사인적 접근을 하곤 하였는데,[72] 판례는 구체적 법적 성질을 논하기보다는 그가 행한 원천징수행위가 행정처분에 해당하지 않는다고 판시하였다.[73] 그 후 일부 문헌은 '공의무부담사인'(Inpflichtnahme Privat)으로 보기도 한다.[74] 여기서는 원천징수의 성격을 두고서 접근하여야 한다. 그것의 본질은 예납이다. 따라서 원천징수의무자는 -비록 신고납부제하에서도- 과세당국을 대신하여 징수하여 과세당국을 도와주는 것이지, 자신의 이름으로 자기책임껏 징수권을 행사하는 것이 아니다. 또한 결코 행정에 편입되지 못하는 사인으로서 시민의무를 이행하는 셈인 공의무부담사인(또는 공역무부담사인: Indienstnahme Privat)에도 해당하지 않는다. 따라서 원천징수의무자는 행정보조인으로 보아야 한다.[75]

4. 공무수탁민간전문가의 공법적 권한의 내용

보조기능에서의 민간전문가참여의 경우와는 달리, 공법규범의 집행이 공무수탁민간전문가에게 완전히 이전될 수 있기에, 여기서 민간전문가는 행정청의 관여 없이도 국가적 허가나 기타 공법적 권능(가령 환경표시, 규율대상의 확인된 위법성의 경우에 금지하명이나 거부하명)을 발한다. 물론 진압적 감시의 임무영역에서 행정청의 집행권한이 유지되면서 예방적 집행권한을 완전히 이전한다는 것은 독일의 경우에도 드물다.[76] 즉, 공법적 감정권한과 결정권한이 분리되는 통상의 경우, 공무수탁민간전문가는 우선 규율대상의 감정을 배타적으로 자기책임껏 행할 권한을 갖는다. 이런 감정의 결과가 행정청의 허가절차에 들어가는 것은 분명하지만, 실체결정의 임무는 원칙적으로 -허가 등을 발급한다든지 또는 진압적 감시의 제 조치를 발한다든지 하는 방법으로- 변함없이 사물관할 행정청에게 유보된다. 따라서 공무수탁민간전문가로서는

---

69) Vgl. OLG Oldenburg, Urt. v. 18.12.1990, NUR 1993, S.300(301).
70) Vgl. BVerwG, Urt. v.11.11.1988, NVwZ-RR 1989, 359; VGH BW, Beschl.v.18.3.1985, NVwZ 1987, 431(432).
71) 이상은 vgl. Scholl, a.a.O., S.247ff.
72) 이를 견지하는 듯한 입장으로 김철용, 행정법, 2011, 811면, 주1). 한편 Freitag은 원천징수관계를 국가임무이전과 공권행사에 의거하여 공무수탁사인적 접근을 강구한다. Ders., a.a.O., S.52f.
73) 대법원 1990.3.23. 선고 89누4789판결.
74) 김남진/김연태, 행정법 I, 2011, 93면; 정하중, 행정법개론, 2011, 69면.
75) 이에 관해선 vgl. Trzaskalik, Die Steuererhebungspflichten Privater, DStJG Bd.12(1989), 157ff.
76) 예: 시판·가동전에 제품인증절차에서 명시적으로 공무수탁을 받은 기관, -간소화된 허가절차와 병행해서- 자율적인 인증절차를 시행하는, 명시적으로 공무수탁을 받은 건물안전율검사관.

-해당 위탁이 없는 한- 검사시행을 하명처분의 방법으로 요구・강제할 수 없다.

5. 공무수탁민간전문가의 기능・조정의 구상 및 그 헌법적 한계[77)]

행정보조인이나 민간감정인의 경우와는 달리, 민간전문가에 대해 보장기능이 부여되는 공무위탁의 경우 국가와 민간전문가간의 조종관계 역시 다를 수밖에 없다. 공무위탁은 일반적인 견해에 의하면 소위 위임・신탁관계를[78)] 성립시킨다. 이 관계가 사법적 전문가의 권리・의무를 성립시키고 이들의 임무이행을 향도한다. 즉, 공무위탁자와 공무수탁민간전문가간의 감정관계(Begutachtungsverhältnis)와 감독관계가 전문가활동을 조종하기 위한 중요한 수단이 된다.

행정청과 공무수탁민간전문가간의 감정관계의 법적 성질은 공법을 목표로 한다(공법적 감정관계).[79)] 공무수탁민간전문가의 행위형식의 법적 성질은 행정행위로, 검사의 법적 성질은 공무수탁민간전문가의 공법적 활동으로, 감정위임의 법적 성질은 사법계약으로 판단하는 것과 같은 모순양상은 도그마틱적으로 공감될 수 없다. 공무위탁과 관련한 감정임무이외에는, 민간전문가는 광범하게 사법적으로 활동하지만, 수임된 공법적 감정권한의 이행과 관련해선 민간전문가는 행정의 작용형식에 구속된다. 왜냐하면 그렇지 않다면 공무위탁을 통해서 국가가 행정에 속하지 않는 행위형식을 취하기 때문이다(사법에로의 도피, Flucht ins Privatrecht). 요컨대 공무수탁전문가에게 위탁한다고 하여 공법형식의 규범집행의 규범적 조종이 바뀌진 않는다.[80)] 공무수탁전문가의 경우 -예외적인 공법적 허가나 허용의 경우를 제외하고선- 핵심적 행위형식은 검사증명(Prüfbescheingung)이나 검사보고(Prüfbericht)이며, 검사증명에 추가하여 조사대상에 대해 검사딱지나 검사마크가 부착된다(검사표시, Prüfzeichen). 공무수탁민간전문가의 이런 활동은 성격상 확인적 성격을 지니는 데 그친다. 다만 공무수탁민간전문가가 조사대상의 법적으로 중요한 고유한 특질을 사물관할 행정청을 상대로 하여 구속적으로 확인하는 경우에만, 그가 행한 증명이 행정행위적 성질을 갖는다.[81)]

공무위탁의 특징적 징표는 권한위임이기에, 여기서는 민간전문가에 의한 감정활동의 민주적 정당성의 요청이 제기된다.[82)] 그리하여 민간전문가는 위탁과 함께 자동적

77) 공무위탁의 입법론적 쟁점에 관해선 특히 홍준형, 앞의 글, 643면 이하 참조.
78) Vgl. Wolff/Bachof/Stober/Kluth, Verwaltungsrecht II, §90 Rn.48ff.; Steiner, Öffentliche Verwaltung durch Private, S.226.
79) 규범수범자로 하여금 감정을 맡기도록 의무를 과하는 경우에도 마찬가지이다.
80) Scholl, a.a.O., S.260.
81) Vgl. BVerwGE 100, 83(85); BVerwG NVwZ-RR 1991, 330(331); BVerwG NVwZ 1988, 941.
82) 민간인참여의 일반적인 정당성 문제에 관해선 vgl. Britz, Mitwirkung Privater an der Wahrnehmung

으로 민주적 정당성을 확고히 하는 국가내부적인 조정의 지배를 받는다. 이것의 중요한 확보수단 내지 '재통합수단'이 행정감독이다. 즉, 이런 과정에서 민간전문가는 위탁에 의해 '국가행정의 지시권의 범주안에' 들어가고, 합목적성 감독(Fachaufsicht)에 따른 감독수단의 지배를 받는다.[83]

사인에 대한 위탁의 문제는 헌법적으로 제도적 법률유보, 민주주의원리와 법치국가원리와 관련하여 논의될 수 있지만, 그 허용성 자체는 원칙적으로 문제되지 않는다. 하지만 공무수탁전문가의 합헌성은, 위탁의 양적 한계가 준수되는 경우에만 확인된다.[84] 언제 이런 한계를 실제로 초과하였는지는 불확실하다.[85]

Ⅵ. 行政補助民間專門家의 法問題

1. 行政補助人에 관한 一般論

(1) 행정보조인의 의의

원래 국가책임법에서 만들어진 행정보조인이란 법형상은 국가임무를 이행함에 있어서 국가부처와 민간인간의 다양한 협력형식을 서술하기 위한 범주가 되어 버렸다. 그것은 기능적 민간화의 사고에 의거하여 국가임무의 수행에 편입된다는 점에서는 공무수탁사인과 공통점이 있다. 그러나 공무수탁사인과는 대조적으로 행정보조인은 '고유한 행정법적 권한'으로 작용하기보다는 -궁극적으로 행정청의 결정으로 되어버리는- 종속적인 하위의 기여를 제공할 뿐이다. 즉, 임무수행권한이 전적으로 국가의 조직체에게 殘存한다. 그리하여 행정보조인의 집행행위는 민법상의 이행보조인마냥 행정청에게 귀속되고 그래서 법적으로는 행정청의 활동으로 여겨진다.[86] 요컨대 임무주체는 행정이고, 민간인(사인)은 행정에 의해 임무수행에 편입된 셈이다. 기술적

öffentlicher Aufgaben durch Einrichtungen des öffentlichen Rechts-Verwaltungsorganisation zwischen Legitimationserfordernis, VerwArch. Bd.91(2000), S.418(422ff.)

83) 하지만 감정시행의 명령적 조정이나 결과지시의 형식으로 행한 지시는 공무수탁민간전문가에 대한 합목적성 감독권(Fachaufsichtsrecht)에 의해 포착되지는 않는다. 그런 종류의 지시권은 공무수탁민간전문가이란 법형상을 없애버릴 것이다. 왜냐하면 만약 그렇다면 전문지식을 가진 사람이 다른 사람의 결정권 하에 놓일 것이기 때문이다. 여기서 합목적성 감독은 전문가에 맞춰져야 하고 그것의 조치는 제한되어야 한다. Vgl. Scholl, a.a.O., S.268.

84) Steiner, Öffentliche Verwaltung durch Private, S.273; Burgi, in: FS für Maurer, S.581(590f.). 한편 이와 관련하여 Seidel은 조직법에선 낯선 비례원칙을 가늠기준으로 제시하였다. Ders., a.a.O., S.71.

85) 그리하여 양적 척도에 대해서 독일에서는 비판적으로 고찰되고 있다. Gramm, Schranken der Personalprivatisierung bei der inneren Sicherheit-Zugleich ein Beitrag zur Rechtsdogmatik des Art.33 Abs.4 GG, VerwArch. Bd.90(1999), S.329(337); Burgi, in: FS für Maurer, S.581(590f.)

86) v. Arnim, Rechtsfragen der Privatisierung-Grenzen staatlicher Wirtschaftstätigkeit und Privatisierungsgebote, 1995, S.15.

으로 수행된 이행임무(Erfüllungsaufgaben)를 지닌 私人만이 처음부터 행정보조인으로 여겨졌다. 하지만 민간인을 행정활동에 더욱 확대하여 연계시킴에 따라 행정보조의 범주는 현저히 확대되었다. 그리하여 오늘날에는 행정청모델의 기능부전을 극복하기 위하여, 국가부처의 위임에 따라 민간인은 국가임무와 관련하여 시행하는 일체의 보조활동(Hilfstätigkeit)에 참여하고 있다.

(2) 공무수탁사인과 행정보조인의 구별기준

(가) 구별의 의의

공무수탁사인과 행정보조인의 구분은 제도적 법률유보의 차원에서 매우 중요하다. 왜냐하면 공무위탁의 경우 법률에 의하여 또는 법률에 의거하여 행해지는 경우에만 그것은 적법하기 때문이다. 그런데 제도적 법률유보의 문제는 허용성의 물음이 아니라, 적법성·한계의 물음이다. 즉, -행정청의 행정행위가 무권한으로 무효가 되는 경우처럼- 해당 법률적 근거가 없더라도 또한 개별법상의 법상태와 배치된다 하더라도 공무위탁이 가능하되, 여기서는 위법한 '사실상의 공무위탁'이 존재하며, 私人은 사실상의 측면에서 제도적 법률유보의 규준에 반하는 지위를 갖는다.[87] 나아가 양자의 구분은 제도적 법률유보의 존부에 좌우되지 않는다. 법률유보상의 근거점이 있다고 하여 -본질적으로- 행정보조인이 공무수탁사인으로 되지는 않는다.[88]

(나) 양자의 개념적 구별징표

전통적으로 행정보조인은 -광의의 행정청의 의미에서의 비공식적 조직담당자로서 - 행정청을 위하여 비독립적으로 활동하며 아울러 단지 道具(Werkzeug)로서 공임무의 수행에 개입한다.[89] 종래 행정보조인의 도구적 성격은 지시구속과 감시(감독)이라는 두 가지 기준에 의거하여 가늠된다. 전자와 관련해서 행정보조인이 지시구속의 지배를 받는다는 상황으로부터 도출될 수 있는 점은, 그가 고유한 결정권한을 행사할 수 없다는 것이다. 물론 국가와 국민간의 관계사항이 아닌 경우에는 다르다. 행정보조인이 국가와 국민간의 관계에서 활동하고 국민과의 접촉이 행해질 때, 행정보조인이 어느 정도의 형성여지를 갖는 것은 불가피하다. 독일의 지배적 견해는 그런

---

87) Hopper/Bleicher, Rechtsprobleme bei der Verfahrensprivatisierung von Standortauswahlverfahren im Abfallrecht, NVwZ 1996, S.421(423).

88) 역으로 실제론 존재하는 공무위탁이 -단지 명칭교환을 통해 제도적 법률유보의 요청을 면탈하기 위해- 오로지 행정보조인개념의 사용을 통해서 은폐되어선 아니 된다.

89) Maurer, Allg. VerwR, §23 Rn.60. 독일의 예로 불법주정차나 사고차량의 견인을 위탁받은 견인업체, 경찰에 의해 혈액검사를 위탁받은 의사, 통학교통안내원(학생)(Schülerlotse), 시청료징수수탁자(Rundfunkgebühren-beauftragten), 공공시설이용료징수수탁자 등을 든다.

형성여지의 부여에 있어서 대단히 관대한 태도를 취한다. 가령 이상에서 든 예 가운데 견인업체의 경우를 보면, 견인업체가 경찰을 개재하지 않고도 견인비용을 받고서 보관차량을 반환하는 것이 판례와 문헌에 의해 용인되고 있다.[90] 통학교통안내원은 당연히 교통상황을 스스로 판단하여야 하며, 시청료징수수탁자는 시청료법상의 규정의 준수를 감시할 권능을 갖는다. 그런데 독일에서는 두 번째 기준인 감시기준과 관련해서는, 사실적(실제적) 감시가 행정보조인정을 위한 요건인지 여부가 문제가 된다. 私設견인업체의 행정보조를 일종의 이행보조인 셈으로 본 독일연방대법원(BGH)은 행정기관이 개입행정에서 자신의 직원의 위법한 행위로 인해 부담할 배상책임을, 사법계약의 방법으로 법집행을 私設업체에게 이전하였다고 해서 면할 순 없다고 판시하였다.[91] 즉, 동법원은 私設견인업체가 충분하게 감시를 받았는지 여부는 중요하지 않다는 것을 시사한다. 아울러 대표적 문헌들 역시 私人이 사실상으로 어느 정도로 감시를 받고 있었는지의 문제에 좌우되지 않는다고 본다.[92] 요컨대 행정보조의 존재를 위해서는 현실적 감시의 존부가 중요하지 않다.

그런데 '행정보조인'의 개념은 결코 통일적 현상을 나타내지 못하거니와 통일적으로 이해되지도 않는다. 특히 문제가 되는 것이 그것의 도구적 성격에서 비롯된 非獨立性의 징표이다. 사실 통상 국가임무의 수행에서 활용되는 민간전문가(사주체)는 사물적 여건과 전문지식상의 자신의 강점을 살려 나름의 판단에 의거하여 -준비적 성격이든 집행적 성격이든- 결정을 내린다. 따라서 전통적으로 국가책임법에서 도구로서의 착안점에서 기인한 행정보조인의 비독립성의 징표를 고수하는 것은, 오늘날 기능적 민간화의 차원에서 다양하게 동원되어 독립적 행정보조인의 범주[93]까지도 별 어려움 없이 수긍되는 사실에 부응하지 못한다. 이젠 행정보조인에게 나름의 자유여지를 인정하여 비독립성의 징표를 포기하여야 한다. 요컨대 私人의 나름 결정·판단이 내려진 다음, 이 결정·판단이 -책임귀속의 착안점을 근거지우기 위해- 법률상의 소관행정청에 의해 필수적인 공법적 형식으로 즉, 고유한 권한행사의 행사로 주조되는 데서 행정보조인의 징표를 찾아야 한다.

---

90) OVG NW, DVBl.1983, 1074(1074f.); Dietel/Gintzel, Allgemeines Verwaltungs- und Polizeirecht für Nordrhein-Westfalen, 11.Aufl., 1984, §7 XV 1.

91) BGH, NJW 1993, 1258(1259).

92) Vgl. Würtenberger, Anmerkung zum BGH, Urtei vom 21.01.1993-Ⅲ ZR 189/91, JZ 1993, 1001(1004); Kreissl, Die Haftung des Staates für den Einsatz privater Unternehmer-am Beispiel der polizeilich angeordneten Bergung eines KFZ durch einen privaten Abschleppunternehmer, NVwZ 1994, 349(351); Maurer, Schadenersatzansprüch des Lehrers gegen Schträger-OLG Köln, NVwZ 1994, 618, JuS 1994, S.1015(1016).

93) 여기선 공무수탁사인과 그의 법적 요청에로의 변천이 유동적이라고 하는데, 비독립적 행정보조인과 독립적 행정보조인의 개념상의 구별에 관해선 vgl. Di Fabio, VVDStRL 56(1997), S.235(273); Burgi, Funktionale Privatisierung und Verwaltungshilfe, S.152ff.

2. 행정절차상의 行政補助民間專門家의 意義와 徵標

(1) 行政鑑定人으로서의 행정보조민간전문가의 의의

국가영역에서 보조기능에 참여하는 민간전문가를 행정보조민간전문가 또는 전문가적 행정보조인(Der sachverständige Verwaltungshelfer)이라 명명할 수 있다.[94] 행정절차상의 입증수단으로서 민간전문가가 활용되곤 한다. 즉, 사안조사의 범주에서 행정청은 민간전문가로 하여금 사실확인, 결론도출이나 경험적 착안점을 위한 자신의 전문지식을 행정청이 행사할 수 있게끔 할 것을 맡긴다. 행정행위에 의한 결정을 위한 권한과 권능이 공법상의 권한명의에 의해 국가행정청에게 부여되어 있는 경우에, 행정법에서 입증수단으로서의 민간전문가가 중요하다. 독일의 경우 그들 행정절차법 제26조 제1항 제2문 제2호가 행정청이 사안조사를 위하여 입증수단으로서의 사적 Know-how를 이용하는 것의 전형을 보여준다. 그리고 독일 행정절차법 제24조에 의하면 행정청은 認識源을 충분히 논구하면서 사안을 -행정청이 행정행위발급을 위한 사실상의 요건에서 그 스스로 나름의 확신을 가질 수 있을 정도로- 철저히 조사하여야 한다. 비록 우리 행정절차법에는 직권조사원칙에 관한 그런 규정은 없지만, 행정결정에서 행정청의 주도권은 자명한 것이고, 사안의 충분한 조사가 선행되지 않은 최종결정은 위법하게 되기에, 행정청으로선 입증수단으로 민간전문가를 招致하는데 별 다른 문제가 없다. 행정에 의해 동원된 민간전문가는 아무런 문제없이 행정보조인의 범주에 들어간다.

(2) 행정보조민간전문가의 징표

행정보조민간전문가는 행정청에 의해 조정되는 민간전문가인데, 이런 전문가참여의 징표로 다음의 세 가지를 들 수 있다. i) 먼저 직권조사원칙이 행정청에 의한 전문가참여의 유발자로서 기능한다는 점이다. 행정청은 사안조사의 종류와 범위를 스스로 결정하여야 한다. 그렇지만 행정으로선 행정활동 전반에서 자신의 구성원에 의한 전문적 문제제기 그 모두를 스스로 감당할 수 없다. 그리하여 행정으로서는 그의 집행임무에 적합하게 되기 위해서 부득불 사적 지식주체의 인식론적 능력에 의지하였다. 따라서 행정에 의한 민간전문가의 동원은 직권조사원칙의 통용하에 전문가참여의 중요한 기본모델이다. 이런 전문가참여의 특징은 행정청에 의한 감정의 유발이다. 즉, 행정청과 민간전문가 사이에 감정서발급을 목표로 한 위임관계가 존재한다.[95] ii) 절차산물(결정)에 대한 소관 행정청의 사물관할은 민간전문가의 참여에

94) 그의 감정서는 때때로 '행정청의 감정서'로 불리운다(vgl. Jarass, BImSchG, §10 Rn.51).

도 불구하고 아무런 변화가 없다. 즉, 행정임무로서의 행정청의 임무의 성격은 전혀 무관하다. 민간전문가는 비록 그의 활동의 산출이 행정임무의 이행에 이바지하더라도 그는 기본적으로 사법적으로 활동하며, 단지 부여된 행정청의 임무의 '안에서만' 활동한다. 전문가참여의 의도는 임무수행상의 향상이지, 임무를 행정청의 책임에서 벗어나게 하려는 것은 아니다. 즉, 이런 참여구상에서는 민간전문가는 단지 행정청의 보조인으로만 여겨질 수 있으며, 그는 보조기능에서 도구화된 것이다. iii) 민간전문가와 법규의 규범수범자간에는 아무런 법적 관계(가령 감정위임관계)가 없다. 가령 감정과 관련하여 감정준비에서 사실상의 접촉이 있긴 하나, 이런 접촉은 행정청과 규범수범자간의 원래의 공법적 관계와는 무관하다. 규범수범자에게 법률상으로나 행정청이 감정활동(토지출입)에 대한 수인의무를 과한다 하더라도, 민간전문가와 규범수범자간에는 아무런 법적 관계가 성립하지 않는다.[96]

3. 행정보조민간전문가의 참여를 위한 법적 규준

행정보조민간전문가의 구조적 징표인, 직권조사원칙과 행정청에 의한 실체결정권한을 고려한 즉, 행정청에 의한 민간전문가참여의 조정이란 물음을 위한 결정적인 규준은 다음과 같다. i) 먼저 행정청에 의한 절차지배가 견지되어야 한다. 직권조사원칙을 행정절차법에 편입시키는 것은 행정청의 절차재량을 성립시키고, 민주주의 원리의 효력하에 행정청에 대해 절차지배(Verfahrensherrschaft)를 과한다.[97] 절차지배가 견지됨으로써, 법구체화과정에서의 위임불가한 적극적 역할이 행정청에 대해 부여된다.[98] 그리하여 행정청은 이런 과정에 관련하는 민간전문가를 이끌거나 조정하거나 통제할 의무를 진다. 특히 대상과 관련한 민간전문가의 감정에서, 행정은 조사활동이 전반적으로 그에게 귀속될 수 있다는 점을 확고히 하여야 한다. ii) 행정

95) 물론 이런 참여구조는 행정결정에서 새삼스러운 것은 아니다. 이미 재판과 입법에서도 흔한 경우이다.

96) 한편 감시의무자에 대해 부담적인 수인·협력의무를 과하고, 민간전문가로 하여금 이런 의무를 실현할 수 있으며, 아울러 그에 상응한 개개의 조사권능(토지출입권, 시설조사권, 서류열람권, 감시의무자에 대한 질문권)을 수행할 수 있게 할 수 있다. 일종의 행정보조의 특별한 케이스인 그런 절차방식은 특별한 수권이 요구된다(독일의 예: 오염방지법(BImschG) 제52조 제2항, 제4항, 원자력법 제20조 제2문, 화공품법 제21조 제4항, 순환관리폐기물법 제40조 제2항). 여기서의 '수임자'(Beauftragten)는 여전히 관찰차원에서 입증수단으로 활용되며, 결코 공무수탁사인마냥 행정행위와 같은 고권적 권능을 행사하진 못한다. 또한 감시자의 협력의무에 기하여 조사권능을 실현할 수 있을 뿐 그것을 스스로 관철할 순 없으며, 또한 그에 상응한 고권적 권능은 행정청의 '위임'(Beauftragung)의 형식으로는 민간전문가에게 주어지지 않는다. Vgl. Scherzberg, Der private Gutachter im Umweltschutz, NVwZ 2006, 377(378); VGH Kassel NVwZ-RR 1997, 75(76).

97) Pietzcker, Verfahrensprivatisierung und staatliche Verfahrensverantwortung, in: Hoffmann-Riem/Schneider(Hrsg.), Verfahrensprivatisierung im Umweltrecht, 1996, S.284(297); Kopp/Ramsauer, VwVfG §24 Rn.11.

98) 그리하여 민간전문가는 직접 결정에 들어가선 아니 되고, 행정청의 법적용자와의 관계에서 단지 지식전달자에 불과하다. 그리하여 입증수단으로서 전문가는 그 나름의 고권적 권한을 행사해서는 아니 된다.

청의 최종결정책임에는 변함이 없어야 한다. 행정청의 법률적으로 확정된 사물권한, 행정의 법·법률의 구속 및 민주주의원리는 민간전문가에게 위탁하는 경우 행정청의 최종결정책임을 성립시킨다.[99] 민간전문가는 결코 민주적 정당성을 동원하지 못하거니와 공익에의 구속의 지배도 받지 않는다. 따라서 행정청은 실체상의 결정을 민간전문가에게 넘겨선 아니 된다. 즉, 자신의 최종결정책임에 적합할 수 있게 되기 위하여, 행정청은 그때그때의 절차산물(결과)에 대해 내용적으로 책임을 질 수 있어야 한다. 여기서 행정청은 적극적인 조정주체로서의 자신의 임무이외에, 하자있는 주관적이거나 자의적인 감정에 대한 포용(안전)그물(Auffangnetz)이기도 하다.[100] 이는 행정청은 적법한 행정활동을 할 그의 의무에 의거하여 필요시엔 사후조정을 해야 한다는 것을 의미한다.[101] 행정청의 최종결정책임의 배경으로부터, 행정청의 감정수용은 중요한 의의를 갖는다. 즉, 행정보조민간전문가의 통일적인 조정구상의 완결적 요소로서의 그것은, 사전효과적 조정의 누락, 흠결, 목표상의 부정확함을 메운다. 이에 따라 행정청의 감정수용은 사후적 품질통제 또는 하자있거나 주관적인 감정의 사후적 포용(안전)그물로 여겨진다. iii) 법률구속과 법률유보의 원칙이 형해화해서는 아니된다. 민간전문가를 참여시킨다 하더라도, 가령 비밀준수의무처럼, 행정활동에 행해진 기본권적·개별법적 구속이 무력화되어서는 아니된다(私法에로의 逃避).[102] 즉, 민간전문가의 참여에선 이와 관련한 보장책임이 행정청에 과해진다.[103] 나아가 행정청은 법률유보에 구속된다. 따라서 고권적 권능을 민간전문가에게 이전하는 것은 내용적으로 충분한 수권근거가 없다면 위법하게 된다. iv) 마지막으로 행정은 사안포섭이나 사안의 궁극적인 평가나 규준의 구체화를 민간전문가에게 위임해서는 아니 된다.[104] 민간전문가는 행정청으로 하여금 실체에 적합한 절차결과를 낳는 상태에 있게 해야 한다. 민간전문가의 활동의 중요성은 -확인에 특별한 전문지식이 요구되는- 사실과 관련한 지식과 정보의 전달 및 일정한 결론도출의 제시(추천)에 있다.

99) Koch, (Verfahrens-) Privatisierung im öffentlichen Baurecht, in: Hoffmann-Riem/Schneider(Hrsg.), Verfahrensprivatisierung im Umweltrecht, S.170(180); Schmidt-Preuß, Verwaltung und Verwaltungsrecht zwischen gesellschaftlicher Selbschaftlicher Selbstregulierung und staatlicher Steuerung, VVDStRL Bd.56(1997), S.160(181).

100) 포용그물에 의한 국가감면의 구상에 대해선 vgl. Hoffmann-Riem, Öffentliches Recht und Privatrecht als wechselseitige Auffangordnungen-Systematisierung und Entwicklungsperspektiven, in: Hoffmann-Riem/Schmidt-Aßmann(Hrsg.), Öffentliches Recht und Privatrecht als wechselseitige Auffangordnungen, 1996, S.261(276f.).

101) Schmidt-Aßmann, Konfliktmittlung in der Dogmatik des deutschen Verwaltungsrechts, in: Hoffmann-Riem/Schmidt-Aßmann(Hrsg.), Konfliktbewältigung durch Verhandlung, 1990, S.9(16).

102) Vgl. Burgi, Funktionale Privatisierung und Verwaltungshilfe, S.385.

103) 독일 하급심은 불충분한 안전제도하에 전문가가 비밀준수의무를 위반한 경우 이는 고유한 의무위반으로 행정청에게 귀속되어야 한다고 판시하였다. OVG NW, Beschl. v.11.4.1995, NVwZ-RR 1995, 703(704).

104) Vgl. BVerwG, Urt.v.28.11.1969, VRS 38, 397(399); Urt.v.20.12.1963, BVerwGE 17, 342(343); Stelkens/Bonk/Sachs, VwVfG, §26 Rn.68; Seidel, a.a.O., S.103.

그럼에도 불구하고 민간전문가의 심사활동에서, 감정과 포섭을 내용적으로 명확히 구분하기란 거의 불가능하다. 왜냐하면 그는 감정에서 종종 규범적 배경을 규준과 관련짓기 때문이다. 그래서 행정보조민간전문가의 확인적 활동과 행정청의 포섭활동은 내용적으로 겹칠 수 있다.[105)]

4. 행정보조민간전문가의 참여의 합헌성 문제

행정청의 절차지배와 최종결정책임과 같은 규제적 결정인자로 인해, 행정보조민간전문가를 참여시키는 것은 원칙적으로 법치국가원리와 민주주의원리에 합치한다. 왜냐하면 국가의 권한질서와 사물적, 내용적 민주적 정당성의 상관관계가 유지되기 때문이다.[106)] 행정청의 지속적인 최종결정책임으로 인해, 민간전문가를 참여시키는 것은 법률적 근거를 필요로 하지 않는다. 그러나 최종결정책임을 사실상 공동화시키는 것은 법률유보의 문제가 제기된다.[107)] 행정이 민간인참여(위탁)에 따른 지도책임과 최종결정책임을 다 하지 못하여, 사전효과적 조종을 포기하거나, 감정서를 이용하는 것이 아니라 무시험적으로 받아들여야 한다면, 이는 허용되지 않는 사실상의 위탁으로 여겨진다. 그리고 행정청은 참여시킨 민간전문가(민간전문가단체)에게 흡사 공무위탁처럼 -행정청에게 유보된 직권조사를 자기책임껏 수행하는- 준행정청의 지위를 사실상으로 부여해서는 아니 된다. 그리고 사안조사상의 고유의 핵심적 역할이 행정청으로부터 민간전문가에게 주어져서도 아니 된다. 이것은 인식론적으로 부족한 행정청이 (민간전문가의) 감정결과를 진정한 평가 없이 그대로 받아들이는 경우가 그렇다. 만약 그렇다면 민간전문가는 단순한 입증수단으로서의 지위를 넘어선 셈이 되고, 그리하여 그가 법률에 반하여(contra legem) 共同決定者가 되어 버린다. 이런 상황은 헌법적 관점에서 제도적 법률유보의 원칙에 위배되거니와, 직권조사원칙과 공법상의 권한규정과 관련해서 법률우위의 원칙에도 위배된다 할 것이다.[108)] 그리하여 법률유보의 적용영역은 민간전문가의 보조기능과 보장기능간의 한계에서 실행된다. 물론 민간인참여의 법률상의 금지가 존재하지 않는 한, 특별한 법률적 근거가 없더라도 행정보조민간전문가는 행정청의 일반적인 절차재량에 의거하여 존재할 수 있다.[109)]

105) Seidel, a.a.O., S.103.

106) Seidel, a.a.O., S.48-51; Hoppe, Rechtsprobleme bei der Verfahrensprivatisierung von Standortauswahlverfahren im Abfall, in: Hoffmann-Riem/Schneider(Hrsg.), Verfahrensprivatisierung im Umweltrecht, 1996, S.275(279).

107) Hoppe, Rechtsprobleme bei der Verfahrensprivatisierung von Standortauswahlverfahren im Abfall, in: Hoffmann-Riem/Schneider(Hrsg.), Verfahrensprivatisierung im Umweltrecht, S.275(276).

108) Seidel, a.a.O., S.207.

Ⅶ. 民間鑑定人의 法問題

1. 民間鑑定人의 意義

공법의 규범프로그램의 집행과 관련해서 규범수범자가 동원한 즉, 감정평가를 위임한 전문가가 존재한다.[110] 비록 행정보조민간전문가와의 기능적 동일성이 있긴 하나, 이런 전문가참여는 그때그때의 규범수범자를 매개로 한다는 점에서 행정보조민간전문가의 참여와는 구분된다. 그리하여 여기서의 민간전문가는 행정보조민간전문가와 구별되게 '민간감정인'(Privatgutachter)이라 표현된다.[111] -규범수범자의 위임으로 감정서를 발하는- 민간전문가는 우리는 물론 독일 행정절차법에서도 당연히 규정되어 있지 않다. 그런데 행정절차에서는 직권조사원칙이 통용된다는 점에서, 사적으로 동원된 감정평가는 본래 체계(직권조사원칙)에 반하는 것으로 분류되어야 한다는 결과를 초래한다. 그럼에도 불구하고 절차참여자는 자신의 이익을 추구하기 위하여, 즉 자신의 방어권의 차원에서 언제든지 민간전문가의 감정이 시행되게 할 수 있으며, 절차상으로 그 감정서를 제출할 수 있다. 행정청으로서는 절차참여자가 제출한 감정서에 대해, 비록 입증수단은 되지 못하지만 간단히 무시해서는 아니 된다. 절차참여자가 지불한 비용과 또 다른 전문가감정서의 증대가능성을 고려하고, 적법한 행정결정을 확고히 하기 위해, 행정청은 적어도 주의의무를 갖는다.[112] 감정서의 이용 역시 배제되지 않는다.[113]

2. 행정절차에서 규범수범자와 민간감정인의 참여 · 협력

집행비용을 민간영역으로 직접적으로 이전시키면서도 동시에 실체적인 법집행임무를 줄이지 않고 국가자원을 절약하려는 국가목표에서, 규범수범자를 행정결정과정에 참여시킨다. 이는 일종의 규범수범자의 자기책임을 높이는 방법이다.[114] 그런데 이상에서 지적한 민간전문가감정서의 체계적 이질성을, (독일의) 입법자는 공법적 규범프로그램의 전환에서 규범수범자의 자기책임성을 목표로 삼는 식의 전략으로 극복한

---

109) Stelkens/Bonk/Sachs, VwVfG, §24 Rn.26; Seidel, a.a.O., S.117. 그러나 행정청의 전문가동원결정은 결코 행정행위가 아니다.

110) 독일의 예로 연방오염방지령(BImSchV) §13 9.

111) 이런 민간감정인의 용어는 독일에서 광범한 용어상의 통일을 보고 있다. 한편 민간감정인 대신에 '이행보조'(Erfüllungshilfe)나 '조사보조"(Ermittlungshilfe)란 용어가 사용되기도 한다. Seidel, a.a.O., S.106.

112) 사법절차에서 민간감정서는 근거를 밝힌 당사자의 진술로 여겨진다.

113) Kopp/Ramsauer, VwVfG, §26 Rn28.

114) 우리의 경우 건축법상의 공사감리자(동법 제25조)와 관계전문기술자(동법 제67조)가 이에 해당한다.

다.[115] 규범수범자로서는 이런 전략의 과정에서 절차목표나 공공복리목표의 달성을 위해 특별한 기여를 한다. 행정결정에 규범수범자를 참여시키는 것은, 행정에 비해 사물적 근접성을 지녀서 정보상의 우위, 지식상의 우위를 갖는 자를 동원할 수 있다는 데, 그 장점이 있다. 여기서 규범수범자의 협력의 성공은, 그에게 기대되는 몫을 규정에 맞게 이행하는 데 달려 있다. 민간전문가로서는 규범수범자가 필요한 전문지식을 제시하지 못하는 사물영역에서 품질보장의 기대를 갖게 한다. 그리하여 그 자신 국가적 수단이 되어 버린다.

민간감정인으로서는 규범수범자의 참여의 범주에서 항상 단지 보조기능에 참여할 뿐이다. 국가영역에서의 기능적 민간화를 위한 아웃소싱의 관점이 민간감정인참여의 바탕이 된다. 감정인의 활동을 자기책임의 확대영역에서의 조사임무에 맞춤으로써, 민간감정인으로서는 규범수범자에게 과해진 私任務를 이행한다는 점이 분명해 진다.[116] 즉, 그는 행정임무의 범주에서 활동하지 않는다.[117] 그런데 법률집행에서 규범수범자의 협력을 국가가 열었다 하더라도, '협력결과를 위한 행정청의 집행책임'[118]은 변함없이 존재한다. -(실체행정법을 위해 행정청의 집행책임을 줄이지 않고서) 규범수범자에 대해 협력임무의 형식으로 다수의 자기책임을 과하는 식의- 규율구상에서의 민간감정평가활동이 이런 전문가타입의 징표이다. 국가의 관점에서 보자면, 이런 전환임무는 규범수범자와 그에 의해 참여한 제3자(민간감정인) 사이의 종속적인 협력에서 이행된다. 규범수범자의 몫과 전문가참여의 결과는 어느 정도 항상 사물관할행정청의 품질보장적 배제권이나 개입권의 지배하에 있다. 즉, 하명처분이 행정보조민간전문가의 참여에서처럼 사물관할행정청에 의해 행정청의 절차지배와 최종결정책임의 근거에서 집행된다.[119] 즉, 행정청은 여전히 완전한, 사물적으로 타당한, 중립적인 사실확인을 할 의무를 진다. 요컨대 지속적인 직권조사원칙은 민간감정인의 경우에도 여전히 주효하여야 할 중요한 국가적 포용그물(Auffangsnetz)이다.

---

115) Vgl. Burgi, Funktionale Privatisierung und Verwaltungshilfe, S.88; Voßkuhle, Der Wandel von Verwaltungsrecht und Verwaltungsprozessrecht in der Informationsgesellschaft, in: Hoffmann-Riem/Schmidt-Aßmann(Hrsg.), Verwaltungsrecht in der Informationsgesellschaft, 2000, S.349(370).

116) Burgi, Funktionale Privatisierung und Verwaltungshilfe, S.92f.

117) 이런 입법자의 조정전략은 기능적 민간화에 속할 수 없다.

118) Vgl. Ladeur, Privatisierung öffentlicher Aufgaben und die Notwendigkeit der Entwicklung eines neuen Informationsverwaltungsrecht, in: Hoffmann-Riem/Schmidt-Aßmann(Hrsg.), Verwaltungsrecht in der Informationsgesellschaft, S.225(232).

119) Vgl. Schmidt-Preuß, VVDStRL 56(1997), S.160(181ff.).

3. 민간감정인참여의 모델

법률집행에 민간감정인을 참여시키는 것은 매우 다양하여 결코 확고한 시스템을 따르지 않는다. 규범이행과정에 민간감정인참여를 연계시키는 데 있어서의 차이점 말고도, 국가전략과 관련한 구분도 제시된다. 민간감정인은 여기서 행정보조민간전문가처럼 법집행을 위한 단순한 수단일 수 있지만, 국가의 행위조정의 독립된 수단으로도 격상될 수 있다. 행정절차에서 민간감정인의 참여는 -행정절차에서의 일반적 협력을 넘어서- 조사임무를 규범수범자에게 이전하는 데, 그리고 이와 연관된 감정임무에 그 출발점을 둔다.

민간감정인의 유형을 보면, i) 예방적 행정절차에서는 법률상으로 규정된 감정임무를 이행하기 위해 임의적, 의무적 전문가참여가 강구될 수 있다. 특히 전문적으로 매우 어렵고, 복잡하거나 많은 시간이 소요되는 조사임무에서, 신청자로서는 그 자신이 요구된 조사활동을 스스로 규정에 맞게 제공할 수 없거나 타당성의 리스크로 스스로 수행하려 하지 않으려는 경우엔 아웃소싱을 할 수밖에 없다(자기조정). 이런 원래의 자기조정의 프로세스는, 입법자가 추상적으로 또는 행정청이 개별사건에서 전문가의 감정의 제출을 요구하거나 감정서·서류제출권을 민간전문가에게 유보시킨 경우에는, 저지된다.[120] 의무적으로 참여시키는 것은 조사임무를 민간전문가에게 이전시킨 셈이다. 신청자는 더 이상 자가조사를 할 수가 없다.[121] ii) 나아가 민간감정인은 -법률에 의해 또는 하명에 따라 규범수범자에게 의무로 과해진- 사실상의 수행의 준비에 참여할 수 있다.[122] 이 경우 전문가참여는 임의적이다. iii) 민간감정인의 감정은 전적으로 규범수범자의 자기정보와 나름의 활용에도 이바지할 수 있다. 이런 참여는 규범수범자의 자기성찰과 학습능력을 강화시키려는 입법자의 규율전략에 연계된다.[123] 기능적 유형구분기준의 관점에서 민간전문가는 보조기능에 머문다. 그는 자기성찰의 전문지식적 근거를 전달하기 위한 매개체로서 규범수범자의 국가적 행위조정을 유발, 촉진, 보완할 것이다. 규범수범자의 지속적인 자기감시와 연관하여, 전문가를 참여시키는 것은 절차적 성격을 지닌다. 한편 소위 환경물음이나 안전물음을 위한 독일의 가동(운전)受任者(Betriebsbeauftragten)는 시설감시의 분야에서의 (자기성찰의 촉진에 바탕을 둔) 국가조종의 경우이다.[124] 지속적으로 규범수범자를 돕게

120) 독일의 예: §8 Abs.1 S.2 StVZO(공인전문가의 감정서); §2 Abs.4 I.V.m. §11ff. EG-TypVO(기술적 직무); §3 Abs.1 S.2 i.V.m. §6 FzTV(심사부서).

121) 379.

122) 독일의 예: §5 AbfAblV, §3 Abs.2,3,5,6 AbfKlärV(오니를 유포하기전의 조사); §5 Abs.2. AltölV(처리, 열에 의한 재활용, 반출하기 전의 폐유의 조사).

123) Vgl. Köck, in: Bora, Risikomanagement, S.129(168f.).

124) Vgl. Schmidt-Preuß, VVDStRL 56(1997), S.160(192.); Lübbe-Wolff, Instrumente des Umwel-

할 목적을 추구하는 민간감정인은 국가적 행위조정의 독립된 수단이다. 즉, 민간전문가로서의 가동(운전)수임자는 규범수범자의 책임영역에서 독립적으로 활동한다. 법률상으로 강조된 조언기능은 민간전문가를 보조기능에서 법률상으로 도구화하는 것을 명백히 하나, 결코 행정청의 감시를 대체하는 것으로 의도되지는 않는다. 규범수범자는 가동(운전)수임자에게 공법적 권한을 부여할 수 없다. 가동(운전)수임자는 (규범수범자인) 기업체의 이질적 존재로 여겨져서는 아니 되며, 또한 그 자신의 임무를 -민간전문가에 대한 일반적인 요청에 맞춰- 단지 일차원적으로 수행할 것이 아니라, 충돌하는 양 이익의 담당자가 되어야 한다. 따라서 우리 약사법상의 제조관리자제도의 경우 공무수탁사인적 접근을 하는 것은 법제의 체계에 맞지 않다. 이상에서 본 민간감정인 특히 가동(운전)수임자의 차원에서 접근하여야 한다.

4. 민간감정인참여의 기능·조정의 구상 및 그 헌법적 한계

민간감정인참여는 규범수범자와 민간전문가간의 관계에 의거하여 감정인의 조종과 통제의 지배를 받는다. 즉, 여기에는 규정에 맞는 감정활동을 보장하는 것이 관건이다. 민간전문가의 이런 활동을 조종하는 것과 관련한 법관계는 규범수범자와 민간전문가간의 사법관계와 일치한다. 따라서 전문가의 활동에 대해 규범수범자만이 영향을 미칠 수 있는 법적 수단을 갖는다. 요컨대 구체적인 감정인선정의 조정과 감정의 결정은 사적 자기규제의 유형을 따르되, 행정청은 규범수범자의 감독을 통해 간접적으로 영향을 미칠 수 있다.

헌법적 측면에서 민간감정인을 참여시키는 것은 두 가지 관점에서 고찰될 수 있다. 먼저 私감정인을 임의적·의무적으로 참여시키면서 자기몫을 과하는 것은 규범수범자의 기본권과 관련이 된다.[125] 그래서 전술한 대로 법률적 근거에 바탕을 두어야 하고, 과도해선 특히 수인한도성을 초과해선 아니 된다.[126] 다른 한편 민간감정인의 바탕이 된, 책임분배의 의도에 대해서는 합헌성여부의 물음이 제기되나,[127] 자기책임의 부과를 위헌이라 여길 순 없다고 한다.[128]

---

trechts-Leistungsfähigkeit und Leistungsgrenzen, NVwZ 2001, S.481(491); Scholl, a.a.O., S.222ff.

125) Di Fabio, VVDStRL 56(1997), S.235(258ff.).

126) 그러나 민간감정인참여에 대한 낮은 목적유용성에 비하면 매우 높은 비용부담이 기껏해야 수인한도를 넘은 것이고, 대개의 경우에는 수인한도성은 배제되어야 한다.

127) Di Fabio, VerwArch. Bd.81(1990), S.193(219, 225f.).

128) Scholl, a.a.O., S.238.

Ⅷ. 민간전문가로서의 確認者의 法問題[129)]

1. 確認者의 의의: 私法的 전문가에 의한 執行모델

독일의 주 건축법은 건축허가와 관련하여 입법자는 탈규제화를 위해, 행정청의 예방적 심사를 포기하였다. 그리하여 건축주가 맡긴 중립적인 전문가가 일정한 법률상의 기준과 관련하여 건축안이 문제없다고 감정서로 증명하면, 이것으로 건축허가에 갈음하여 건축행위를 할 수 있게 되었다. 이는 건축행위를 건축주의 자기책임에 전적으로 맡긴 것이다. 환경법영역에서도 -유럽공동체법적 규준에 의해 부분적으로 야기되었는데- 입법자는 고권적 규범집행의 전통적인 구상을 버리고 그것을 민간차원에서 조직화된 품질통제로 대체하였다. 즉, 감정대상의 규범일치성을 증명하는 전문가(환경감정인, Umweltgutachter)의 증명서로 행정청의 접근·준수통제를 대신한 것이다. 여기서 민간전문가는 확인하고(verifiziert) 인증한다(zertifiziert). 이에 의해 본래 규범수범자가 이행해야 할 규준이 준수되었다는 효과가 발생한다. 실체행정법의 집행상의 공익이 민간의 손에 맡겨진 셈이다. 결국 이는 사법적 전문가에 의한 집행모델(Das privatrechtliche Sachverständigen-Vollzugsmodell)에 해당한다.

여기서 규범수범자에 의해 동원된 민간전문가를 확인자(Verifikateur)라 명명할 수 있다.[130)] 건축법상 새로 도입된 공인전문가, 환경감정인(Umweltgutachter), 제품인증임무를 지닌 전문가를 포괄하는 이런 유형은 앞에서 본 전통적인 전문가참여유형(행정보조인이나 공무수탁사인)에 의해 포착되지 않는 전문가타입이다. 입법자가 보장기능에서의 민간전문가를 도구화한 이런 '새로운 전문가참여의 유형'의 존재는 행정법의 '현대화와 탈규제화'의 주제영역에서 더욱더 많이 부각되고 있다. 기존의 틀에 사로잡힌 좁은 시각을 버릴 것이 요구된다.[131)]

---

129) 확인자메커니즘은 그것이 행정청모델과의 결별이라는 점에서 그것의 모델, 구상 및 헌법적 한계 등에서 깊이 있는 접근이 강구되어야 하나, 지면관계상 다른 곳에서 살펴보고자 한다.

130) 유의할 점은 여기서의 민간전문가를 확인자(Verifikateur)로 명명한 것은 독일에서 아직 일반화되지는 않았다. Scherzberg의 지적처럼, 이는 Scholl이 박사논문에서 제안한 기능표현에 해당한다. 여기서 용어의 정리가 필요하다. 인정(Akkreditierung)의 경우 중요한 공기관이나 사기관이 인정받은 사람이나 기관이 일정한 임무를 이행할 능력이 있음을 공식적으로 인정하는 것이고, 인증(Zertifizierung)은 심사증이나 검사증의 -규격화된 규준에 의거하여 조종되는- 발급을 표현한 것이다. Scherzberg, a.a.O., Fn.6,13.

131) 일찍이 v. Heimburg는 여기서의 논의를 '행정대체'(Verwaltungssubstitution)로 설정하여 상론하였다. 이에 대해, Scholl은 행정대체적 접근은 국가가 포기한 모든 활동을 단순히 포착할 뿐이어서 내용적으로 충분하지 않다고 반박한다. 즉, 자칫 행정을 대신하여 허가를 발한다는 식의 오해를 낳을 수 있다는 것이 그의 우려인 듯하다. Ders., S.280 Fn.713. 그러나 독일에서는 아직도 행정대체적 접근이 강구되곤 한다. Frenz, Staatshaftung in Beleihungstatbeständen, 1992, S.48f.

2. 확인자로서의 민간전문가참여의 특징

이런 신종 전문가참여의 징표로 다음과 같은 점을 들 수 있다.[132] i) 여기서 민간전문가는 국가규제내에서의 통제주체로서의 지위를 갖는다. 규범수범자는 규율대상이 공법적 규준에 일치하는지에 관해 확인하는 판단을 민간전문가로부터 구해야 한다(소위 assurance engagement). 이런 전문가의 평결은 더 이상 행정적인 것이 아니라 규범적으로 규율구조에 편입되고, 입법자에 의해 법효과가 부여된다(규범적인 감정서수용). 법률상의 집행자동성으로 인해, 민간전문가의 평결 그 자체가 공법적 신뢰성립요건을 성립시킨다.[133] 공법적 규범프로그램이 직접적으로 그리고 완전히 민간전문가에 의해 집행되는 셈이 된다. 규범집행이 사법적인 전문가에 의해 집행되는 모델에 그 바탕을 둔다.[134] ii) 이런 집행모델에서는 실체행정법의 전환이 완전히 -자격이 있는- 민간의 몫이 되는데, 그로 인해 행정청모델이 부인된다. 왜냐하면 여기서 민간전문가의 일치성판단은 행정청에 의해 내용적으로 가공되는 것이 불허되기 때문이다. 즉, 입법자가 실체행정법의 *私法指向的* 집행에 유리하도록, 행정청의 최종결정책임의 구상을 버린 것이다.[135] 이처럼 민간전문가에로의 책임이전과 관련해서, 입법자는 실체규범프로그램의 준수에 관한 민간전문가의 평결이 규범수범자의 행위를 적법한 것으로 의제시켜, 그것을 허용하거나 규범집행을 작동시키는 데 충분하다고 보았다. 기왕의 행정청모델과 경합하는 집행모델로서 전문가유형을 수용한 것은, 사적 감독시스템의 質에 대해 신뢰를 명백히 나타낸 것이라 하겠다. iii) 여기서 민간전문가는 규율대상의 일치성을 규범수범자와 국가에 대해 확인하는 임무를 갖는다. 그는 오히려 사권주체로서의 자신의 법적 지위와는 다른 활동, 즉, 일종의 이질적인 것을 행사한다. 그의 활동은 국가적 임무를 이행하는 것이 아니라, 시장에서 私的 任務를 이행한 것이다.[136] 국가임무는 항상 국가만이 이행할 수 있다. 즉,

---

132) 이런 민간전문가참여유형에 대해 이미 독일의 문헌과 판례에서는 새로운 법제도로 받아들여지고 있지만, 아직은 상론되고 있지 않다. 또한 엄격한 나름의 틀로 독립적으로 만들어지지 않고, 단지 행정보조민간전문가 및 공무수탁전문가와 소극적으로 구분된 차원에서 논의가 전개되고 있다.

133) 국가절차의 효과에 견줄 동일한 효과가 사적 활동에 부여된다. Vgl. Gusy, Der Wandel präventiver Schutzgewährung in der staatlichen Finanzkrise, in: Hoffmann-Riem/Schmidt-Aßmann(Hrsg.), Effizienz als Herausforderung an das Verwaltungsrecht, 1998, S.175(185f.).

134) Trute는 이를 환경법의 민간화된 집행시스템이라 명명하였다. Ders., Vom Obrigkeitsstaat zur Kooperation-Zur Entwicklung des umweltrechtlichen Instrumentariums zwischen klassischem Ordnungsrecht und moderner verwaltung, in: Hendler/Marburger/Reinhardt/Schröder, Rückzug des Ordnungsrecht im Umweltschutz, UTR 48, 1999, S.13(38).

135) 공법규범의 사법적 이행에 관한 더 많은 예는 vgl. Hoffmann-Riem, Öffentliches Recht und Privatrecht als wechselseitige Auffangordnungen-Systematisierung und Entwicklungsperpektiven, in: Hoffmann-Riem/Schmidt-Aßmann(Hrsg.), Öffentliches Recht und Privatrecht als wechselseitige Auffangordnungen, 1996, S.261(278-283).

136) 이처럼 고권적으로 활동하지 않는 점에서, 그리고 확인자의 보장기능이 공법적 감정권한으로부터 생성하지 않는다는 점에서, 공무수탁전문가와는 엄격히 구분된다.

비록 국가가 허가절차를 포기하더라도 결코 확인자가 허가를 발할 순 없다. 국가로선 자신의 임무를 다른 종류로, 자세히 말하면 민간전문가를 참여시켜 그를 사적 임무에서 조종하는 방법으로 이행한 셈이다.[137]

3. 자기규제적 행위조정구상과 확인자

확인자의 참여메커니즘은 자기(자율)규제(Selbstregulierung) 및 책임분배에 바탕을 둔 국가의 행위조정과 불가분적으로 결합되어 있다. 조정이란 공공복리목표를 달성하기 위한 조정자원으로서의 규범수범자의 사적 고유이익을 유동화하는 것을 목표로 한다. 확인자메커니즘은 입법자가 사법적 민간전문가(확인자)의 급부(확인, 증명)서비스의 잠재력을 이 조정전략에 통합시킨 것이다.[138] 즉, 공익에 속하는 조정목표를 달성하기 위하여 공법과 사법, 사적효용과 공공복리가 서로서로 맞물려지고, 자기규제를 목표로 하는 규제목적이 입법자에 의해 전문가(에의한)통제와 결부되어 버린다. 이제 민간전문가는 '공법체제와 사법체제간의 중요한 돌쩌귀(Scharnier)'가 되어버린다.[139] (규범수범자의 행위에 관한) 국가적 규제는 항상 위계적인 행정청모델에 의한 집행을 목표로 하는데, 확인자메커니즘은 이런 틀로부터 부분적으로나 완전히 일탈한 것이다. 그것은 국가적 임무이행의 변환된 형식을 위한 징후이기도 하다.

한편 국가적 탈규제나 자기규제가 도리어 재규제(Re-Regulierung)의 필요성을 강조하는 결과를 빚었다. 자기조정 및 책임분배가 제대로 기능하지 못하고, 힘의 불균형을 초래하거나 '이기적인 자기규제'로 끝날 리스크를 안고 있다.[140] 이런 분야에서는 '자기규제시스템의 보완적 감시와 조정'을 필요로 한다. 사법적 임무이행의 고유한 합리성과 공공복리적 중요사항을 조화시킬 임무가 자기규제시스템에 요구된다. 이에 확인자메커니즘 즉, 민간전문가에 의한 집행모델의 구상은 고권적으로 규율된 자기규제에 따른 통제형식이다.[141] 자기규제적 문제처리로 인해 규범수범자에게 생길 수 있는 집행부전의 리스크가, 민간전문가의 집행모델의 방법으로 제지될 것이다.[142]

---

137) 하지만 규범수범자의 공법규범에의 구속은 물론, 경찰권발동의 개괄적 수권조항에 의거한 위험방지권한과 관련한 행정청의 임무에는 변함이 없다.

138) Trute, Verantwortungsteilung als Schlüsselbegriff eines sich verandernden Verhältnis von öffentlichem und privatem Sektor, in: Schuppert(Hrsg.), Jenseits von Privatisierung und schlankem Staat, 1999, S.13(23).

139) Vgl. Schneider, ÖKo-Audit als Scharnier einer ganzheitlichen Regelungsstrategie, DV Bd.28(1995), S.361(367).

140) Vgl. Hoffmann-Riem, in: Hoffmann-Riem/Schneider(Hrsg.), Verfahrensprivatisierung im Umweltrecht, S.9(21).

141) Vgl. Di Fabio, Produktharmonisierung durch Normung und Selbstüberwachung, 1996, S.49.

142) 한편 여기서의 확인자는 행정보조민간전문가와 다음의 점에서 대비된다. 즉, 후자의 경우 기본형식에서 전적

Ⅸ. 맺으면서 - 公 · 私協力的 法執行에 따른 행정법학의 대응

오늘날 점차 국가가 자신의 적극적 형성기능에서 물러남으로써, 그의 본래의 역할에 변화가 왔다. 행정법에서 민간전문가를 활용하는 것이 증대되는 것은 이런 현재의 현상에 부합한다. 실로 국가는 실체법적 목표규준을 손대지는 않으면서, 이것을 특히 민간의 힘을 활용함으로써 더 효과적으로, 즉 비용을 절감하는 식으로 실현하고자 시도한다. 이제 국가는 소위 '보장국가'(Gewährleistungsstaat)로 완전히 변모하였다. 행정결정에 전문가가 참여하는 것이 결코 새로운 현상은 아니다. 즉, 행정법집행의 최적화를 위해 민간전문가를 참여시킨다고 하여, 행정법의 기조가 급격하게 또한 완전히 새롭게 바뀌지는 않는다. 이미 행정실무상으로는 부분적이나마 오래 전에 여러 가지로 다양한 변위로 민간의 노우하우(Know-how)를 이용하여 왔다. 체계적인 공법적 조망이 없었을 뿐이다. 행정법학 나아가 공법학은 국가와 사회의 전래적인 二分과 공법과 사법에 대한 分節的 사고에서 벗어나 글감과 같은 융합적 · 상호협력적인 법형상을 공법질서에 바르게 정립하여야 한다.

* 공법연구 제40집 제1호, 2011.10.31., 189면 이하 소수.

으로 행정청에 의해 -계약적으로- 조정을 받는 전문가타입인 반면, 확인자는 그 기본형식상으로 법률상으로 조정을 받는 전문가타입이다.

제 5 장

規範執行에 관한 權利로서의 行政法上의 主觀的 公權論에 관한 小考

Ⅰ. 처음에 - 문제의 제기

행정법학에서 군주와 신민의 관계에 터 잡은 과거의 봉건적 행정법관계가 민주적 법치국가원리에 의거하여 권리의무를 내용으로 하는 행정법관계로 전개되는 데 있어서 그 핵심이 主觀的 公權論이다. 행정법에서의 주관적 공권의 존재는 권리침해가 司法的으로 인정됨으로써 확인되는 다분히 귀납적 구조이다. 하지만 권리구제가능성에만 초점을 맞춰 그것을 논의하는 데 그치면, 자칫 주관적 공권의 본모습을 제대로 구축하지 못할뿐더러, 권리구제 문제 역시 체계적 논의에서 벗어날 수 있다.

주관적 공권론이 행정법의 핵심물음임에도 불구하고 문헌상의 관심은 극히 저조하다. 행정소송의 원고적격여부 정도에서만 간헐적으로 논의될 뿐 그것의 본질, 변화, 특히 유럽행정법에서의 경향 등은 아쉽게도 거의 논의되고 있지 않다. 나아가 가령 무하자재량행사에 관한 권리나 행정개입청구권에 관한 논의는 그 본래의 궤도에서 진행되지 않아 혼란을 자아낼 지경이다. 또한 규범의 사익보호성에 치중한 나머지, 공권의 확대화경향에 즈음하여 보호규범설은 방향성을 상실하고 있다. 기존의 논의상황에 따른 문제점을 해소하고 더불어 그간의 무관심을 타개하기 위해, -불가피하지만 독일의 문헌을 바탕으로-[1] 행정법에서의 주관적 공권론에 관해 새롭게 공론화를 도모하고자 한다.

Ⅱ. 논의의 전제: 규범적 명령의 주관적 측면과 객관적 측면

먼저 법의 語義를 살펴본다. 독일의 'Recht'와 프랑스의 'droit'는 이중적 의미를 나타낸다. 그것은 한편으론 통용되는 규범적 질서, 즉 법을, 다른 한편으론 -권리주체 자체에게 주어지는- 개인적 권능, 즉 권리로 표현된다. 이런 용어사용은 -국민을 상대로 하든 행정을 상대로 하든- 일정한 행위를 하게 한 규범적 명령이 지닌 주관적 측면과 객관적 측면이 긴밀하게 연계된다는 것을 시사한다. 다시 말해, 개인이 -행정을 상대로 한- 권리를 보유하면, 동시에 무엇이 객관적으로 가장 올바른 것인지가 실현된다. 객관적 법을 그런 식으로 주관화시킨 것은, 개인주체의 법적 지위를 근거지우고 정하기 위한 이념적 · 도그마틱적 역사의 산물인데, 특히 독일에서 이것은 관념론의 자유론에 개인적 권능을 근거지운 Savigny의 주장,[2] 소권적 사고에서 벗어나야 한다는 Windscheid의 주장,[3] 법의 기능적 구조결정에 관한 Jhering의 주장[4]에서 비롯되었다. 오늘날 사법영역에서든 공법영역에서든 객관적 법과 주관적 권리는 구분되어야 하고, 주관적 권리는 객관적 법질서에 의거하여 정해져야 한다는 점에 대해 광범하게 의견이 일치되고 있다.[5] 그리하여 주관적 권리의 토대는 모든 법규에 담겨 있는 구성적 · 객관적 當爲命令, 즉, 법적으로 일정한 행위를 요구하는 규범적 명령(Normbefehl)이다.[6] 규범적 명령은 직접적으로는 일정한 법효과의 초래를, 간접적으로는 이런 법효과의 획득을 목표로 삼는다. 따라서 그것의 본질적인 요소가 -당사자간의- 행위조종적 효력이며, 당연히 법규는 항상 수범자(주로 행정당국)의 준수의무를 동반한다. 나아가 법규는 이런 준수의무를 넘어, 권리주체에게 법상의 힘을 부여함과 아울러 주관적 권리를 성립시키는 것(주관화: 주관적 권리화: Subjektivierung)도

---

1) 특히 다음 문헌에서의 논의와 기술을 바탕으로 하여 전개하였다: Scherzberg, in: Erichsen/Ehlers, Allg. VerwR, 14.Aufl., 2010, §12.

2) Savigny, System des heutigen Römischen Rechts, 1840, Bd.1, 331ff., Bd.2, 2ff.

3) Windscheid, Lehrbuch des Pandektenrechts, Bd 1, 9.Aufl., 1906, 155ff.

4) Jhering, Der Zweck im Recht, Bd1, 4.Aufl., 1904; ders., Geist des römischen Rechts auf verschiedenen Stufen seiner Entwicklung, Teil 3, 5.Aufl., 1906, 327ff.

5) Vgl. Bühler, Die subjektiven öffentlichen Rechte und ihr Schutz in der Verwaltungsrechtsprechung, 1914, 15f., 224; Röhl/Röhl, Allgemeine Rechtslehre, 3. Aufl., 2008, 375.

6) 즉, 헌법의 기본권규정은 국가에게 객관적 의무를 부과하면서 개인에게는 주관적 권리를 부여하는 객관적 법규범이다: 한수웅, 헌법학, 2012, 364면.

지향할 수 있다.

그런데 권리와 의무는 사법의 영역에서는 원칙적으로 대응관계에 서나(자연채무에는 제외), 공법의 영역에서는 기본적으로 그렇지 않다. 그래서 법규위반의 결과가 다르다. 즉, 사법에서는 강행규정위반(위법성)은 당연히 권리침해를 동반하나, 공법에서는 그렇지 않다. 위법한 규범집행을 다툴 수 있는 것이 헌법을 포함한 관련규정을 통해 확인되어야 비로소 권리침해가 인정된다.[7] 여기에는 국민이 국가와의 관계에서 더이상 국가적 배려의 단순한 객체가 아니라, 적어도 자신의 매우 중요한 이익이 문제되는 한, 국가에 대한 주관적 권리의 주체가 되었다는 것을 전제로 한다. 行政法의 主觀的 權利化(Subjektivierung des Verwaltungsrechts)와 行政法의 個人化(Individualisierung)라는 개념은 이러한 사정의 변화를 상징적으로 표현한 것이다. 일찍이 Ossenbühl은 이러한 변화를 행정법체계상의 코페르니쿠스적 전환이라 명명하였다.[8]

Ⅲ. 주관적 공권의 개념과 본질

1. 기왕의 공권 개념의 문제점

일반적으로 권리에 대해서는 「개인이 자기의 이익을 위하여 타인에게 작위・부작위・급부・수인 등을 요구할 수 있는, 법에 의해 인정된 힘(Rechtsmacht)」이라고 정의하며, 이런 권리개념에 입각하여 공권에 대해서는 「개인이 자기의 이익을 위하여 국가(그 밖의 행정주체 포함)에 대하여 일정한 행위(작위・부작위・급부・수인 등)를 요구할 수 있는 공법에 의하여 부여된 힘」이라고 정의하고 있다. 그런데 이런 정의는 그것이 문제되는 상황 즉, 행정소송에서 원고적격여부가 다투어지는 상황을 체계적으로 커버하지 못한다. 그리고 기왕의 보호규범설의 취약점(후술)과도 결부되어 있다.

이제 새로운 접근이 필요하다. 이런 전통적 접근은 실은 독일에서 19세기말부터 사법에서 지배적이게 된 소위 결합이론에서 기인한 것인데, 이 결합이론은 주관적 권리에 관한 Savigny적 이해(법적으로 인정된 개인적 의사력(Willensmacht))와 법적으로 보호되는 이익으로서의 주관적 권리에 관한 Jhering의 견해를 합친 것이다.[9] 이에 의해 독일 문헌에서도 주관적 권리를 '피보호자의 의사력을 성립시키는 이익보호'로,[10] 또는 -오늘날에 빈번하게- "법질서를 이용하여 자신의 고유한 이익을 추구할,

7) 위법의 개념에 관해서는, 김연태, 행정소송의 기능: 취소소송을 중심으로, 고려법학 제38호(2002.4.), 216면 주 10) 참조.

8) Ossenbühl, Die Weiterentwicklung der Verwaltungswissenschaft, in: Jeserich/Pohl/v. Unruh(Hrsg.), Deutsche Verwaltungsgeschichte, Bd. V, 1987, S.1143(1146).

9) Vgl. Bauer, Geschichtliche Grundlagen der Lehre vom subjektiven öffentlichen Recht, 1986, 73ff..

권리주체에게 부여된 의사력이나 법상의 힘"으로[11] 특징을 지워 표현되기도 한다. 이에 따라 의사력의 인정과 보호는 주관적 권리의 형식적 요소이고, -그 인정과 보호를 통해- 고유한 개인적 이익의 증진이란 목표는 주관적 권리의 실체적 요소이다.[12] 그렇지만 개인의 고유한 이익에 초점을 맞추는 식의 개념정의는 공법을 위해서는 啓發的이지 못하다. 왜냐하면 공법에 의해 성립한 법치국가적 질서는 직간접적으로 개인적 이익의 보호에 이바지하며, 입법자가 공공복리적 중요사항이나 제3자의 중요사항을 관철할 수 있는 권능을 필요에 따라 시민에게 자유롭게 부여할 수 있기 때문이다. 또한 정보공개청구권의 경우 그것이 모든 국민에게 인정되기에, 그것의 행사에 자기의(고유의) 이익을 굳이 추구하고 주장할 필요가 없다. 여기서는 정형적, 수단적 기능이 주관적 공권에 주어질 뿐이다. 그리하여 주관적 공권의 개념정의에서 전래적으로 고유한 사적 이익(용무)의 추구를 목표로 삼는 것은 이제 낡았다고 하겠다.[13] 또한 끝으로 국가에 대해 授益的 활동을 요구하는 시민의 지위를 나타내는 데 있어서, 본래 민사법상의 의사표시에서 기원한 '의사력'이란 개념은 부적합하다. 국가는 자신의 활동에서 이질적인 의사력이 아니라, 전적으로 객관적인 법과 그로부터 비롯된 의무설정에 복종한다. 따라서 전통적 접근의 개념적 요소 가운데 '법상의 힘'(Rechtsmacht)이란 징표만이 유용하게 남는다.

2. 새로운 개념정의: 규범집행에 관한 권리로서의 주관적 공권

법규정의 총체인 객관적 법질서는 법적 의무와 궁극적으로 그것의 짝인 주관적 권리를 성립시킨다. 즉, 법질서는 후술할 양태의 주관적 공권을 부여함으로써 규범적 명령과 권리주체의 권리영역을 법적으로 연계시킨다. 이를 통해 주관적 공권은 사실상으로만 이익을 주는 즉, 법적으로 보호를 받지 못하는 소위 반사적 이익(Rechtsreflexen)과는 구별된다. 권리주체에 대해 수익의 사실상의 반사효를 넘어서 토대가 된 당위명령의 법적 효력이 성립할 때, 가령 그에게 수익의 요구, 행사, 기타 법적 주장의 권능이 주어질 경우에, 당위명령과 개인적 권리영역간의 연계가 존재한다. 그런데 앞에서 본 대로 이익법학의 차원에서 전개된 주관적 권리에 관한 이해는 -전통적인 보호규범설에 의거하여- 공익과 사익을 대립시켜 접근하는 취약점을 드

10) Bekker, System des heutigen Pandektenrecht, Bd.1, 1886, §18, 46ff.

11) Rupp, Grundfragen der heutigen Verwaltungsrechtslehre: Verwaltungsnorm und Verwaltungsrechtsverhältnis, 2.Aufl., 1991, 170; Maurer, All. VerwR, 18.Aufl., 2011, §8 Rn.2; Schmidt-Aßmann, Das allgemeine Verwaltungsrecht als Ordnungsidee, 2.Aufl., 2004, 81ff.

12) G. Jellinek, System der subjektiven öffentlichen Rechte, 2.Aufl., 1905, 45.

13) Masing, in: Hoffmann-Riem/schmidt-Aßmann/Voßkuhle, Grundlagen Ⅰ, 2012, §7 Rn.104.

러낸다. 하지만 공익관철에 관한 개인적 이익 역시 주관적 권리를 성립시키는 독립된 근거가 될 수 있다.[14] 이에 새롭게 접근할 필요가 있다. 개인적 권리는 -다소간 중첩되기도 하지만- 두 가지 상이한 토대에서 성립할 수 있다. 먼저 법규가 생명, 신체와 재산과 같은 개인적 법익의 유지에 관한 개인이익을 보호하는 목적을 강구하는 경우인데, 이를 협의의 개인이익이라 할 수 있다. 그리고 권리성립의 두 번째의 경우로,[15] 공익보호에 관한 개인이익을 인정하고 개인에게 공익관철을 맡기기 위해서도 권리가 만들어질 수 있다. 이를 광의의 개인이익이라 할 수 있다. 여기서는 개인적 권리가 공익증진을 위한 수단으로 기능하기에, 기능적 주관화는 다름 아닌 개인의 '도구화'를 의미한다. 이런 구상을 바르게 커버하기 위해, 주관적 권리를 규범집행에 관한 권리(Recht auf Normvollzug) 즉, 법률집행청구권(Gesetzesvollziehungsanspruch)으로 볼 필요가 있다.[16] 그러나 일반적인 법률집행청구권은 헌법상으로 성립될 수 없다는 점을 유의하여야 한다.[17]

3. 권리의 본질: 제소권, 소송상의 대응청구권, 청구권과의 구별

권리를 訴權의 차원에서 바라보는 사고가 극복된 이후, '법상의 힘'은 오늘날 실체법적 권능으로 이해된다. 그것은 재판청구권에 바탕을 둔 제소권(또는 행정심판청구제제기권)의 부여와는 구별되어야 한다. '법상의 힘'은 주관적 권리를 위해 의무를 지는 권리주체를 상대로 규범적 명령을 주장할 수 있는 창설적 권능에 존재한다. 요컨대 권리보호(권리구제)는 규범적 명령의 내용이 아니라, 그것의 관철을 위한 법기술적 수단이다.[18]

우리의 경우 행정소송법 제12조가 "취소소송은 처분등의 취소를 구할 법률상의 이익이 있는 자가 제기할 수 있다"고 규정하기에, 여기서의 법률상 이익(권리)이 일체의 '대응권'(Reaktionsrechte)을 의미하는지 아니면 권리침해행위의 대상이자 전제인 "1차적 법적 지위"(Primärrechtsstellung)를 의미하는지가 불분명하다. 하지만 주관적 공권의 개념은 청구권의 개념으로 축소되지 않으며, 또한 결코 대응청구권(Reaktionsanspruch)으로 축소되지도 않는다. 그리하여 공법에서의 권리와 청구권의 -새로이 재차 강하게

14) Hong, Subjektive Rechts und Schutznormtheorie im europäischen Verwaltungsrechtsraum, JZ 2012, 380.

15) 이런 경우를 '권리관철을 위한 시민의 활성화(Die Mobilisierung des Bürgers für die Durchsetzung des Rechts)'와 '기능적 주관화'(funktionale Subjektivierung)로 포착할 수 있다. 기능적 주관화에 관해서는 Ruffert,, Dogma und praxis des subjektiv-öffentlichen Rechts unter dem Einfluß des Gemeinschaftsrechts, DVBl. 1998, 69ff.(Fn.42).

16) Scherzberg, in: Erichsen/Ehlers, Allg. VerwR, §12 Rn.3.

17) BVefG NJW 2001, 1751.

18) Wahl, in: Schoch/Schmidt-Aßmann/Pietzner, VwGO, Vorb §42 II Rn.45.

논의되는- 관계에 대해 특별한 주의가 필요하다.[19] 독일 문헌상으로는 주관적 권리는 국가의 규범위반에 대한 대응으로서 비로소 생겨날 것이고 하여 그것을 금지청구권이나 제거청구권으로 구성되어야 할 것이라고 하면서, 시민에게 부여된 -가령 기본권적 자유로서의 또는 개별법적으로 근거지워진 형성력으로서의- 행사권의 경우 주관적 권리로서의 성격을 부인하기도 한다. 이 견해에 의하면, 주관적 공권의 핵심은 수익의 부여나 자유의 개진이 아니라, 위법한 제한을 방어하기 위한 권능의 성립이다. 그렇지만 법논리적으로 위법한 활동에 의해 침해받은 법적 지위와 그 위반에서 생겨난 보호청구권은 구별되어야 한다. 요컨대 헌법상의 재판청구권, 위법한 처분 등에 의한 권리침해를 구제하는 것을 목적으로 규정한 행정소송법 제1조, 행정소송법상의 원고적격에 관한 규정(제12조 등)은 권리보호의 보장을 고유한 권리의 침해에 연계시켰지, 결코 그 침해로 비롯된 소송상의 대응청구권에 연계시키진 않았다. 취소소송제기나 행정심판청구로 나타나는 대응청구권의 성립은 주관적 공권의 요건이 아니라, 주관적 공권의 존재와 침해의 통상적인 결과물이다.[20] 후술할 무하자재량행사청구권과 행정개입청구권에 관한 논의가 시사하듯이, 기본적으로 청구권은 권리의 보호가 문제되는 상황과 관련이 있다.

Ⅳ. 주관적 공권의 의의와 유형

1. 주관적 공권의 기능

사적 수범자 즉, 시민을 공권력의 객체로 여기는 것이 아니라, 개인적 성격과 인격성에서 그들을 인정하는 법질서의 핵심적 구성부분에 해당하는 것이, 바로 주관적 공권이다. 법에서 주체적 지위를 갖는다는 것은, 법에 복종하고 법에 의해 의무를 질뿐만 아니라, 권리를 주장하고 그로부터 권능을 도출할 수 있다는 것이다. 시민이 이런 주체적 지위를 갖는 것은 주관적 공권에서 실현된다. 그리하여 법적으로 성립한 권능과 자유를 특히, 기본권에 의거하여 주관적 공권으로 성격을 부여하는 것이 견지되고 있다.[21] 즉, 기본권은 객관적 헌법규범인 기본권규정을 근거로 하여 개인에게 귀속되는 법적 지위이며,[22] 헌법상의 자유는 자유로운 인격의 발현을 위한 자기결정권에 바탕을 둔다. 그리하여 헌법상의 자유권은 각 생활영역에서 자기결정권

19) Vgl. Grzeszick, Rechts und Ansprüche, 2002; Röhl/Röhl, a.a.O., 387f.
20) Vgl. Masing, Die Mobilisierung des Bürgers für die Durchsetzung des Rechts, 1997, 65f.
21) Vgl. Grzeszick, a.a.O., 50f., 157; Masing, a.a.O., 148; Reiling, Zu individuellen Rechten im deutschen und im Gemeinschaftsrecht, 2004, 95.
22) 한수웅, 앞의 책, 364면.

의 실현과 개인의 자유로운 인격의 발현을 그 바탕이자 목표로 한다. 가령 집회의 자유(헌법 제21조)를 통해 모든 국민에게 집회권을 부여한 경우, 그로 인해 객관법적, 주관권적 부여가 행해진다. 즉, 그와 관련한 개인활동은 객관법적으론 국가의 조치로부터 원칙적으로부터 벗어나 사적 自己決定에 맡겨진다. 동시에 국가는 집회자유를 침해하여선 아니 될 (객관적) 의무를 진다. 나아가 주관권적으론, 객관적인 규율명령의 관철을 위한 법상의 힘이 기본권주체에게 주어진다. 그리하여 개인이 누리는 자유권에는 두 가지의 권능이 포함된다: ⅰ) 주어진 자유를 행사할 권능, ⅱ) 이와 관련된 (가령 법률적 근거없이 기본권적으로 중요한 침해를 하지 말아야 한다는) 객관적, 기본권적 조정규준을 국가에 의해 준수하는 것을 요구하는 권능.[23] 그런데 시민의 주체적 지위는 실체법적으론 기본권말고도 다수의 개별법적 주관적 권리-이로써 입법자는 기본권적으로 보호되는 법익을 구체화, 형성, 교호적으로 제한하기 위한 헌법적 임무를 따른다-에서 실현되고, 절차법적으론 헌법 제27조의 재판청구권에 의해 공고히 된 司法的 권리보호의 전개에서 실현된다(후술).[24]

2. 행정구제와 주관적 공권

재판청구권의 인정에 따라 공권력에 의해 자신의 권리를 침해당한 자에게는 누구든 쟁송방도가 열려져 있다. 이는 규범집행에 관한 권리로서의 주관적 공권의 기능을 고려한 것이다. 이런 기능은 쟁송방도를 위해 원고적격에 관한 행정소송법 제12조 등에 의해 구체화된다. 따라서 시민은 자신의 권리(법률상 이익)의 침해를 주장할 수 있어야만 법원에 제소할 수 있다. 행정소송은 주관적 공권의 관철에 이바지한다. 유의할 점은, 행정법상의 주관적 공권을 규범집행에 관한 권리라 하여 그것이 만인소송(민중소송)을 용인하는 것은 결코 아니다.

주관적 공권의 의의는 국가배상법에서도 구현된다. 일찍이 손해발생과 관련하여 직무행위(직무상의 의무)의 사익보호성(제3자성)여부를 효시적으로 논증한 대법원 1993.2.12. 선고 91다43466판결('극동호사건')처럼[25] 사익보호성 여부는 국가배상책임성립요건에서 손해의 발생 그 자체와 직결된 문제이다. 즉, -우선 객관적으로- 위법한 직

23) 자유권적 기본권규정의 객관적 성격에 관해서는 한수웅, 앞의 책, 412면.

24) 사법구제의 차원에서 주관적 공권은 다음의 세 가지 상황에서 문제된다는 것을 유의하여야 한다: 2극관계에서 적극적 문제상황(수익적 처분의 신청에 대한 거부 건), 3극관계에서 방어적 문제상황(제3자효 행정행위에 대한 취소소송 건), 3극관계에서 적극적 문제상황(제3자에 대한 개입청구에 대한 거부 건).

25) 규제권능의 불행사로 인한 국가배상책임에서 관련 규정의 사익보호성을 모색한 점에 획기적인 의의를 갖지만, 직무상의 의무와 해당 직무행위의 재량성을 구별하지 않고 사안을 전적으로 상당인과관계의 차원에서 전개한 논증의 취약점도 있다. 그리하여 김남진 선생님은 재량축소의 관점을 환기시켰다. 김남진, 행정법의 기본문제, 1994, 1045면.

무행위가 권리를 침해하여야 국가배상청구권을 성립시키는 손해가 발생한다.[26] 독일의 경우에도 (제3자보호에서의) 개인보호인정의 기준에서 국가책임법과 행정소송법은 동일한 기조에 있으며, 유럽연합법 역시 -공익만이 아니라- 원고의 이익을 보호하도록 되어 있는 규범을 위반한 경우에 한하여 배상책임을 인정하고 있다.

요컨대 규범적 명령에 위반한 모든 것이 사법적 구제대상으로 되지는 않는다는 점에서, 주관적 공권은 객관적 위법과 주관적 권리침해의 경계면이기도 하다. 즉, 규범집행에 관한 권리로서의 주관적 공권은 대국가적으로 시민이 -우선 객관적으로- 위법한 공권력행사를 공박함으로써 자신의 권리를 사법적으로 최대한 보장받을 수 있게 하는 軸點이다. 객관적 법질서위반을 공박하는 데 가장 효과적인 방법이 司法이어서 공권의 확대화 내지 반사적 이익의 공권화는 법치국가원리를 구체화하기 위해 당연히 요구된다. 다만 그것의 인정여부가 궁극적으로 사법부에 의해 확인된다는 점과 관련해서 지나친 이익형량적 관점을 투영하는 것은 경계하여야 한다.[27]

3. 주관적 공권의 유형

개인의 주관적 공권의 유형과 관련해서 기본권의 성격의 차원(자유권, 수익권, 참정권 등)에서 논의될 뿐 행정법차원에서는 별로 논의되고 있지 않다. 이 역시 종래 행정법에서의 주관적 공권론이 마치 사법구제의 결과물에 그쳤다는 점을 시사한다. 개인의 주관적 공권은 행정법상으로는 그 목표방향에 의거하여 다음과 같이 세 가지 타입으로 나눌 수 있다: 수익권, 행사권, 방어권. 가령 공무원의 봉급 · 연금청구권, 행정절차법 제22조 등에 따른 의견청취에 따른 의견제시권(청문권, 의견제출권 등), 영업허가 등에서의 허가발급에 관한 청구권이 사실상의 또는 법상의 受益權에 해당한다. 기본권적인 자유권, 공법계약의 해지권과 같은 형성권, 선거권과 같은 정치적 협력권, 행정청의 허가로부터 생겨난 제 권리는 권능의 행사이다(행사권). (단순한) 방어권은 다양하게 다면적 충돌상황에서 문제가 된다. 가령 인인이 건축법상의 이격규정 등의 위반을 주장하여 다른 인인에게 부여한 건축허가를 다투거나 환경법상의 규준위반을 주장하여 시설허가를 다툴 경우 또는 경쟁관계에 있는 한 기업이 다른 기업에 대한 자금지원결정을 평등원칙이나 경쟁의 자유의 침해를 이유로 다툴 경우가 그러하다.

---

26) 한편 배상책임제한적 기능을 갖는 제3자성(사익보호성) 요구에 대해서, 일부에선 -독일과는 달리- 근거가 없음을 이유로 부정적으로 보지만, 반사적 이익에 대한 보호배제를 목적으로 하는 이 요구는 모든 국가책임의 본질적 요소라 하겠다(Ossenbühl, Staatshaftungsrecht, 5.Aufl., 1998, S.57). 상론은 김중권, 미니컵젤리로 인한 질식사와 국가배상책임의 문제, 인권과 정의 제419호, 2011.8., 100면 이하(본서 307면 이하) 참조.

27) 이계수 교수는 행정법학계가 이익형량의 관점에서 문제를 해결하려는 행정판례의 대세를 추종하다가는 자칫 행정법학이 판례의 태도를 사후적으로 정리하는 '카주이스틱'으로 충분하게 될 수 있음을 비판적으로 지적하였다. 동인, 규범과 행위, 공법연구 제29집 제1호(2000.11.), 43면 이하 참조.

Ⅴ. 주관적 공권의 성립요건에 관한 논의

1. 명문의 규범화가 있는 경우

기본권이 개인적 법상의 힘에 관한 최소한의 보장과 관련하여 입법자에게 아무런 의무를 지우지 않는 한, 입법자로서는 개인적 주장을 위해 권리주체에게 어떤 수익을 부여할지를 결정함에 있어서 자유롭다. 국가의 급부의무나 기타의 의무를 성립시키는 일련의 규범은 수익자에게 명시적으로 주관적 공권을 부여하거나(정보공개청구권, 계획입안제안권, 행정절차법 제22조 등에 따른 의견청취에 따른 의견제시권 등) 배제한다(군인・군무원 등의 국가배상청구권의 배제 등). 명시적인 규범적 결정이 없을 때 주관적 공권의 탐문이 문제된다.

2. 명시적인 규범적 결정이 없을 경우

(1) 지배적인 보호규범설의 내용

전통적으로 지배적 입장인 소위 보호규범설(Schutznormlehre)[28]에 의하면, 해석의 방법으로 법규로부터 주관적 공권을 도출한다. 이에 의거한 성립요건은 다음의 세 가지이다. ⅰ) 해당 법규가 객관적인 행위의무를 성립시킨다(객관적인 행위의무의 존재). ⅱ) 그 행위의무(법규)는 단지 공익의 실현만을 위한 것이 아니라 적어도 개인적 이익의 만족을 위해서도 이바지한다(사익보호규범성). ⅲ) 그 법규가 관련인에게 의무자를 상대로 규범에 의해 보호되는 이익을 관철할 법상의 힘을 부여한다(의사력 또는 법상의 힘의 존재). 우리 판례 역시 보호규범설을 명시적으로 내세우지는 않지만, 원고적격의 인정에서 기본적으로 이를 바탕으로 하고 있다.[29]

(2) 지배적인 보호규범설의 문제점

ⅰ) 보호규범설의 내용과 관련해서 문헌에서 다투어지는 사항은 세 번째 요소이다. 다수 문헌은 헌법상의 재판청구권과 행정소송의 개괄주의 등을 논거로 오늘날에는 그것이 필요하지 않다고 보는 반면, 일부 문헌은 특히 독일과 비교하여 권리보장시스템이 미비한 구석이 있음을 들어 여전히 필요하다고 반론을 제기한다.[30] 그런데

---

28) 바탕이 된 것으로 Bühler, a.a.O., 21ff., 224; GS Jellinek, 1955, 269, 27; BVerfGE 27, 297(307); 107, 215(220).

29) 청주연탄공장사건에서의 판시(대법원 1975.5.13. 선고 73누96・97판결)가 이를 여실히 증명한다.

30) 과거에 유지태 교수가 주장하였다. 동인, 행정법신론, 2008, 109면 이하; 동지: 최선웅, 행정소송에서의 원고적

규범집행에 관한 권리로서 주관적 공권을 설정할 때, 단지 재판을 통해 권리보호를 강구할 수 있는지 즉, 訴求可能性의 존재에 초점을 맞추는 기왕의 논의는 별다른 의미가 없다.

ii) 그런데 첫 번째 요소와 관련해선 오해의 소지를 없애야 한다. 우선 행정법규는 모두 강행법규이기에 강행규범에 초점을 맞추어선 아니 된다. 여기서의 행위의무를 두고서 민사법마냥 바로 권리를 대응시키거나 기속행위의 의미로 이해하여서는 아니 된다. 사실 이 행위의무는 법규가 행정으로 하여금 일정한 행위를 하도록 수권한 것이다. 즉, 법규상으로 행정에 요구된 법집행행위 그 자체일 뿐이다. 그리고 법규상으로 요구되는 행위의무와 관련해서는, 법규가 그것을 직접적으로 규정한 경우는 물론 간접적으로 규정한 경우, 나아가 반대해석의 경우까지 포괄적으로 고려하여야 한다.[31]

iii) 보호규범설의 이런 이해의 바탕은, 공익과 사익의 구분이다. 이 구분은 공익과 사익의 구별을 위한 '이익설'[32]로서 그 경계가 분명하지 않은 것으로 판명되었다. 특히 입법자가 경찰법에서와 같이 사인간의 충돌의 규율을 경찰공공의 차원에서 공법으로 이전하고 그것을 국가기관에 맡기는 한, 그 구분은 의문스럽기조차 하다. 그리고 공익이 궁극적으로 집적된 개인이익에 그칠 수 있고, 이 개인이익이 재차 법공동체의 정연한 共生을 위해서도 보호될 경우, 법규의 보호방향을 연계시킨 보호규범설의 구상은 그 설득력이 약화될 수 있다. 나아가 이런 보호방향(사익보호성)을 실제로 입증하기란 매우 어려운 것이 사실이고, 그에 따라 자칫 -판례로서는- 임기응변적으로 사안을 해결하기도 한다. 법규범이 개인화하는 성립요건적 징표에 의해 一般公衆과 구별된 수익자의 범주를 분명히 나타내지 않는 이상, 위법한 공권력으로 인한 권리침해에 즈음하여 원고적격을 어느 정도의 범주에서 가늠하여야 할지가 분명치 않다.[33] 그 결과 이젠 법의 주관적 권리화를 위해서는 -사익보호의 정도에 의거한- 개인화(Individualisierung)의 정도는 기껏해야 부수적인 의의를 가질 뿐이다.

iv) 종국적으로 공익이 집적된 개인적 이익에 불과하다고 하면, 공법규준의 관철이 전적으로 주관적인 법상의 힘에 이전되어 있다는 것은 허용되지 않는다. 오히려 국가에 대한 임무부여에서 바탕이 되는 것은, 임무이행이 합목적 방법으로는 사적으로 조

격: 기존 4개 학설의 의의를 중심으로, 행정법연구 제22호(2008.12.), 41면 이하.

31) 이렇게 접근해야 무하자재량행사청구권을 아무런 마찰 없이 새길 수 있다.

32) 이에 관한 상세는 김중권, 행정법기본연구 Ⅲ, 2010, 12면 이하 참조.

33) 그리하여 법원은 환경영향평가제와 관련하여 환경영향평가대상지역의 경우에는 원칙적으로 원고적격을 인정하되, 그 밖의 지역의 경우에는 원고측에게 환경적 피해에 관한 주장입증책임을 과하고 있다. 독일의 경우에도 보호받는 인적 범주가 공간적으로 구분가능하고 숫자상으로 과도하게 크지 않은 것으로 여겨지는지 여부에 초점을 맞추어 그 인적 범주를 상세히 하려는 시도가 이전에는 강구되었지만, 지금은 견지되지 않는다. Vgl. BVerwG DVBl. 1987, 476(477); DVBl. 1987, 1265(1266).

직화되어서는 아니 되고 공적으로 조직화되어야 한다는 확신이다. 임무수행을 이처럼 공법·국가조직의 특별한 권능·통제구조로 바꾸는 것은 시민, 행정, 법원에 대해서는 특히나 감경기능도 갖는다.[34] 요컨대 공법에서는 국가의 모든 객관적 의무에 대해 관련인의 규범집행에 관한 주관적 권리가 결합되어 있진 않다(법치국가적 비대칭).[35] 오늘날 일반적인 법률집행청구권의 존재는 정당하게 부인되어야 한다. 따라서 여전히 주관적 규범본지와 비주관적 규범본지는 구별되어야 하고, 보호규범설의 결함을 극복하는 그것의 진화가 필요하다.

(3) 보호규범설의 문제점을 극복하기 위한 제 논의

규범의 사익보호성에 치중한 전통적인 보호규범설의 문제점을 극복하기 위해 다양한 착안점이 강구되고 있다.

먼저 독일 일부 문헌은 위법한 부담에 대해 개인은 여하튼 기본권을 동원할 수 있기 때문에 굳이 개별법상의 주관적 권리로 돌아갈 필요가 없다고 주장한다.[36] 그런데 기본권으로부터는 결코 엄격한 금지명령이 도출되지 않고, 단지 입법자에게 기본권행사의 상당한 요건을 만들고 보장하는 것을 헌법적으로 맡기는 것이 도출된다.[37] 그리하여 입법자가 개인의 권리영역을 형성하며, 이때 이들에게 행정에 대한 규범집행의 권리가 어느 범위로 주어질지를 정한다. 요컨대 이런 기본권대체론은 개별법의 적용우위와 헌법의 효력우위를 혼동한 점이 결정적인 문제인데, 독일에서도 이 주장은 관철되지 않았다.

다음으로 위법한 행위가 '고유한 나름의 용무'에서 시민과 관련이 있을 때는 주관적 공권은 항상 받아들여져야 한다는 주장이 있다.[38] 근거로 우리의 재판청구권에 해당하는 사법적 권리보호의 보장(기본법 제19조 제4항)을 내세운다. 즉, 시민의 고유한 권리영역을 위한 동규정상의 근본결단이 개별법률에 의해 평가절하되어선 아니 된다는 것이다.[39] 그러나 시민이 자신의 고유한 용무의 범주를 스스로 정한다는 점이 비판을 받는다. 주관적 권리의 성립을 관련인의 임의에 두지 않기 위해서는, 개인적 관할의 영역을 법적으로 제한할 필요가 있다.

독일 일부 문헌은 주관적 공권의 현존을 그때그때 법관계를 전체적으로 고찰하여

---

34) Wahl, in: Schoch/Schmidt-Aßmann/Pietzner, VwGO, Vorb §42 Ⅱ Rn.60.
35) Masing, in: Hoffmann-Riem/Schmidt-Aßmann/Voßkuhle, Grundlagen Ⅰ, §7 Rn.137.
36) Vgl. Zuleeg, DVBl. 1976, 509(514ff.); Bernhardt, JZ 1963, 302(306f.); Sening, NuR 1980, 102(105).
37) Vgl. Breuer, DVBl. 1983, 431(436); Wahl, DVBl. 1996, 641(644f.).
38) Henke, Das subjektiv-öffentliche Recht, 1968, 57ff., 60; 비슷한 입장으로 Bartlsperger, VerwArch 60(1969), 35(49); Lorenz, Der Rechtsschutz des Bürgers und die Rechtsweggarantie, 1973, 60.
39) Lorenz, a.a.O., 56ff.

즉, 관계자간에 존재하는 법관계(Rechtsverhältnis)로부터 도출하고자 한다.[40] 권리관계를 창설하는 법관계의 전체로부터 관련 규율구조의 부분요소를 이해하기 위한 증빙이 생겨날 수 있다는 지적은 타당하지만, 어떤 관계 그 자체를 법관계로 성격을 규정한다고 하여, –규범적으로 바탕이 없는– 새로운 법효과가 그로부터 도출되는 것은 아니다. 오히려 주관적 공권이 존재하면, 이것이 법규에 의한 권리자와 의무자간의 법관계를 성립시킨다는 식의, 반박이 곤란한 반대결론이 내려질 수 있다. 즉, 궁극적으로 법관계는 주관적 공권의 근거로 되지 않고, 주관적 공권이 그것을 위한 성립근거가 된다.[41]

마지막으로 주장되는 또한 이 글에서 제안된 보호규범설의 진화는 규범집행에 관한 권리로서의 주관적 공권 개념에 연계된다. 전술한 대로, 주관적 공권의 성립은 수익자의 고유한 이익(私益)을 요건으로 하지 않고, 오히려 법적인 결정을 하도록 의무를 지운다. 그리하여 그것의 존재를 위해서는 이익(사익)의 권리주체에 대한 사실상의 귀속에 좌우되지 않는다. 대신 규범이 규범적 연결을 만들어 내는지 여부, 가령 受益者가 의무자(행정주체)를 상대로 문제되는 규범적 명령의 관철을 주장하기 위한 법상의 힘을 규범이 그 수익자에게 부여하는지 여부에 오로지 좌우된다.[42] 이런 접근을 하면, 기왕의 보호규범설의 범주에서 전개된 두 번째 징표인 사익보호성 물음에서 벗어나 전혀 다른 접근을 강구할 수 있다. 그리하여 궁극적으로 다음의 경우에 주관적 공권이 권리주체에게 성립한다: i) 규범이 규율목표로서 일정한 법익이나 이익을 추구한다. 이때 부수적으로 발생하는 부수효과는 해당하지 않는다(보호목표). ii) 그 규율목표가 객관적 법구속과 그것의 행정내부적 보장을 넘는 수준에서 관철되도록 규범이 명한다(관철하명). iii) 규범이 이를 위해 필수적인 법상의 힘을 –반드시 한정하지는 않지만– 일정한 수범자의 범주에게 부여한다(법상의 힘 부여).[43] 이런 성립요건의 해석에서 기본권은 특별한 의의를 지닌다.

---

40) Bauer, a.a.O., 610ff. Henke 역시 법관계를 주관적 권리의 기초로 표현하였다(DÖV 1980, 612(623)). 법관계론에 대한 비판적 논의에 관해서는 Grzeszick, a.a.O., 320ff.

41) 일종의 스냅촬영인 셈인 행정행위가 절대적으로 지배하는 행정법상황을 타개하여 행정법시스템의 기초로 삼기 위해 고안한 것이 행정법관계론이다. 일부에서는 그것을 국가중심적인 관헌국가의 출발점을 벗어날 행정법의 새로운 모멘텀으로 내세우지만, 법관계가 권리와 의무를 위한 직접적인 성립근거가 되지 않는 등 아직은 그것이 행정법시스템을 선도할 행정법도그마틱의 제도가 되진 않았다. 따라서 행정법체계는 앞으로도 여전히 행정작용형식을 지향할 수밖에 없다. 하지만 행정법도그마틱상의 "법관계"란 사고형상이 결코 새삼스러운 것은 아니며, 행정법관계론을 다루는 것 역시 무가치하지 않다. 관헌국가가 행정법의 기원이어서 그 관헌국가적 잔흔이 여전히 통용되거니와 경우에 따라서는 행정법의 현대화를 위한 향상된 인식을 방해한다. 행정작용관계를 권력관계의 차원에서 접근하는 것이 대표적인 예이다. 이에 행정법관계론을 통해 행정과 시민간의 법관계를 민주적 법치국가에 맞춰 더욱 체계적으로 조망하고 접근할 수 있다. 요컨대 행정작용형식론과 행정법관계론, 양자는 지향점에서 다툼은 없고 상호 보완관계에 있다(Schmidt-Aßmann, Ordnungsidee, Das allgemeine Verwaltungsrecht als Ordnungsidee, 302).

42) 이미 Scholz, VVDStRL 34(1976), 145(203f.).

43) Scherzberg, in: Erichsen/Ehlers, Allg. VerwR, §12 Rn.11.

Ⅵ. 주관적 공권에서의 기본권의 기능[44)]

1. 규범내부적 영향

2극관계이든 -제3자가 개재된- 다극적 충돌상황이든 제기될 수 있는 물음이, 주관적 공권을 강구함에 있어서 기본권을 동원할 수 있는지 여부와 어떤 요건에서 기본권을 동원할 수 있는지이다. 헌법의 기본권이 주관적 공권에 해당한다는 것은 다툼의 여지가 없지만, 기본권이 행정법적 법관계에 어느 정도로 적용되는지는 문제된다.[45)] -세세히 구별되게 형성된 한계규율이 표현되는 것처럼- 기본권의 구체화와 제한에 대해서는 입법자가 의무를 진다. 그래서 주관적 공권을 강구하는데, 법률 및 하위명령의 적용상의 우위(소위 개별법의 우위)를 유의하여야 한다. 관련 법령이 주관적 공권을 성립시키는지 여부가 우선적으로 탐문되어야 한다.[46)] 결국 당해 법률적 규율이 존재하면, 개인보호는 통상 "입법자 역시 그것을 규범화한 경우에만" 존재한다.[47)] 이런 심사에서 '헌법합치적 혹은 헌법지향적 해석'은 반드시 필요할 수 있다. 따라서 기본권과 관련한 이익충돌의 해결이 의문스러우면, 관련 기본권주체에게 스스로 규범적 명령을 관철하도록 수권하는 목표를 해당 법률규정으로부터, 그리고 시민의 자기결정과 자기책임을 위한 헌법상의 근본결단(결정)의 배경으로부터 도출하여야 한다.[48)] 이것은 특히 입법자가 문제의 규율로써 기본권적 보호의무를 따를 경우에 적합하다. 그래서 기본권은 규범내부적으로(normintern) 효과를 미친다.[49)]

2. 규범외부적 영향

해당 개별법상의 규범화가 없을 때 또는 이것(규범화)이 헌법적으로 요구된 주관화를 규정하지 않을때, 행정이 기본권과 관련하여 빚은 마찰을 해결하기 위해 기본권

44) 이하의 논의는 독일에서의 논의현황을 소개하기로 하고, 차후 다른 지면에서 관련논의를 우리 상황에 대입하여 전개하려 한다.

45) 다양한 견해상황에 관해서는 Wahl, DVBl. 1996, 641ff.

46) Maurer, a.a.O., §8 Rn.11, 13. 청주시장(피고)이 임대아파트에 대해 한 임대주택 분양전환승인처분에 대하여 구 임대주택법상 임차인대표회의가 취소소송을 제기한 사건에서 임차인 개개인의 원고적격여부와는 별도로 임차인대표회의가 원고적격을 갖는지가 다투어졌다. 대법원 2010.5.13. 선고 2009두19168판결은 임대주택법이 임차인대표회의에 대해 일정한 자격과 권한을 부여하고 있다는 것(동법 제21조 제9항 및 제34조)에 의거하여 하급심(청주지방법원 2009.5.14. 선고 2009구합381판결; 대전고등법원 2009.10.1. 선고 2009누1509판결)과는 달리 임차인대표회의의 원고적격을 인정하였다. 당해 사건은 판례상 이기적 단체소송이 인정된 흔치 않은 예인데, 근거규정의 성격을 면밀히 탐문한 대표적인 예라 하겠다. 이런 지적에 관해서는 김중권, 2010년도 주요 행정법(행정)판결의 분석과 비판에 관한 소고, 안암법학 제35호, 84면 이하.

47) BVerfGE NJW 2005, 2289(2295); BVerwGE 107, 215(219).

48) Vgl. Grzeszick, a.a.O., 174; Reiling, a.a.O., 125f., 134ff.

49) Wahl/Schütz, in: Schoch/Schmidt-Aßmann/Pietzner, VwGO, §42 Ⅱ Rn.58.

을 직접 동원할 수 있는지 여부 즉, 그리하여 기본권이 규범외적으로(normextern) 영향을 미치는지 여부가 다투어지고 있다. 독일의 경우 판례가 -대부분 가중적인 기본권제한의 요건하에서- 이를 시인한다. 즉, 판례는 독일 기본법 제14조 제1항에 의한 인인권적 재산권보장의 테두리안에서 인인에게 '심대하게 견딜 수 없게' 하는 지속적인 상황변화를 요구한다.[50] 반면 일부 문헌은 기본권은 개인적으로 활성화되어야 할 법적 지위로 여기지 않고, 다음과 같이 단지 입법자에 대한 지침으로 여긴다:[51] 입법자의 구체화노력이 없으면, 기본권의 원칙에 기인한 성격을 감안한 즉, 상충된 기본권지위의 보전을 위한 척도가 없다. 입법자에게 주관화를 맡기는 것이 틀린 경우, 기본권을 직접적으로 동원하여 주장하는 것은 허용되지 않으며, 기본권적 규준을 법관법적 법형성의 방법으로 구체화하는 것은 법원의 일이다. 만약 그런 법형성이 불허되는 한, -원고로서는- 독일 기본법 제100조 제1항 및 제93조 제1항 제1호에 따른 규범통제를 이용하는 것만이 남는다.

기본권의 간접적 적용을 강구하는 이런 접근방식 즉, 객관적 조종규준으로서 그리고 주관적 권리로서 기본권이 항상 법관법에 의한 그런 식의 매개를 필요로 하는지 여부에 대해 Scherzberg는 의문을 표한다.[52] 그런 식의 접근은 특히 기본법 제1조 제3항의 행정의 직접적인 기본권구속의 요청과, 개인적 권리를 성립시키는 기본권보장의 목표설정에 배치된다고 지적한다. 그리고 개별법의 적용우위는 그것의 규율청구권과 그로 인한 적용청구권일 뿐이라고 하면서, 문제의 상황을 다음과 같이 구별하여 접근한다: 기본권적으로 보호되는 법익의 충돌이 법률적으로 사전에 결정되어 있지 않거나 개괄조항의 범주에서만 사전에 결정되어 있는 경우와 법률적 규율이 발해지긴 했지만 관련인의 중요 관심사를 기본권적으로 반드시 고려해야 할 것을 소홀히 하여 헌법합치적 해석으로도 접근할 수 없는 경우.

이상의 전자의 경우, 독일 기본법 제1조 제3항(행정의 직접적인 기본권구속의 요청)에 의한 기본권적 조종규준은 직접적으로 행정을 목표로 한다. 이런 조종규준에는 특히 기본권적 자유에 대한 법률적 수권 없는 개입의 금지, 기본권적 과잉금지, 과소금지할 의무, 행정의 재량여지와 형성여지를 수행함에 있어서 기본권보호의무와 기타의 가치결단을 고려해야 할 의무가 속한다. 기본권적 주관적 권리는 이런 자유권적 규율본지를 유의할 것을 지향한다. 여기서는 기본권을 직접 동원하더라도 개별법률의 적용우위에 배치되지 않는다고 하겠다. 그리하여 -위의 일부 견해처럼- 기본권이 법관법적 매개의 과정에서 비로소 주목할 만하게 된다면, 행정의 직접적인 기본권구속

50) BVerwGE 30, 191(198); 32, 173(179); BVerwG DÖV 1984, 70(71).

51) 대표적으로 Wahl, in: Schoch/Schneider/Bier, VwGO, Vorb §42 II Rn.94.

52) Scherzberg, in: Erichsen/Ehlers, Allg. VerwR, §12 Rn.15.

의 요청이라는 조종목표의 관철은 현저히 어렵게 될 것이다. 즉, 조종목표를 -입법상으로- 관철하는 것을 소홀히 하였다고 해서 그것이 법위반으로 여겨지지 않을 수도 있으며, 행정내부적 법적 통제의 효과는 물론 권리보호의 요구의 허용성 역시 의문스러울 것이다. 사실 흠결을 메울 법형성을 할 법원의 권능은 법률유보에 의해 제한된다. 요컨대 기본권주체는 자신에게 부담적인, 기본권적으로 중요한 행정활동에 대해 방어에 나서는 데 있어서, 법관법적 법형성에 구애를 받지 아니 한다.

이상의 후자의 경우에는, 상황이 다르다. 행정과 법원은 독일 기본법 제100조 제1항의 적용영역에서는 규범배제할 권한을 결코 갖지 않는다.[53] 행정의 적법성원칙이 오히려 기본권위반인 의회결정의 집행 역시 확고히 한다. 그리하여 행정과 법원으로서는, -법률의 기본권위반가능성은 유보하되- 기본권구체화를 나름 강구하는 것이 저지된다. 그리하여 기본권을 직접적으로 동원하는 것은 행해지지 않는다.

-가령 독일 건축법에서 기왕의 판례에 의하면-[54] 법률의 객관적인 규율본지가 아니라 그것의 주관화의 결여만이 기본권위반으로 여겨지는 경우가 특히 다투어진다. 이 경우 규율이 기본권적 보호이익을 보전을 위해 정해져 있을 수도 있지만, 그것의 개별적 관철을 일반적으로 배제하거나 일정한 관련인에게 불리하도록 허용되지 않게 배제한다.[55] 그런데 여기서 이들 관련인이 기본권을 직접적으로 원용할 수 있는지 여부에 다툼이 있다.[56] 독일 기본법 제14조의 범주에서 독일 판례는 -건축인인법상의 고려명령의 전개에 앞서서-[57] 재산권의 심대하고 수인할 수 없을 정도의 제한이 존재할 경우에, 이를 시인하였다.[58] 그리하여 독일 판례는 행정적 재산권제한을 방어하기 위한 최소한의 개인적 법상의 힘을 기본권으로부터 끌어내었다. 여기서 개별법의 적용우위가 기본권을 원용하는 것과 배치될 수 있을 것이나, 이는 해당 법률의 규율청구권이 충분한 경우에만 그럴 수 있다. 그러나 이런 규율청구권은 통상 법률상의 충돌해결을 관철하기 위한 법상의 힘을 부여하는 데 국한될 것이고, 헌법적 조종자극을 이용하는 것을 배제하는 것을 결코 의미하지는 않을 것이다. 기본권적 조종규준이 예외적으로 가령 과소금지의 범주에서 국가의 엄격한 행위의무로 응축되고,[59] 기본권적 주관적 공권이 -기본권의 개인보호적 기능에 맞게- 그것(기본권적 조

53) BVerfGE 1, 184(197); 63, 131(141).

54) BVerwGE 32, 173(178f.).

55) BVerwGE 96, 302(306).

56) 일부는 의문스럽게 보지만(Wahl, in: Schoch/Schmidt-Aßmann/Pietzner, Vorb §42 II Rn.76), 일부는 그렇게 보지 않는다(Schmidt-Aßmann, Das allgemeine Verwaltungsrecht als Ordnungsidee, 78; Maurer, §8 Rn.11).

57) 최근 문헌: Voßkuhle/Kaufhold, Das baurechtliche Rucksichtnahmegebot, JuS 2010, 497ff.

58) BVerwGE 30, 191(198); 32, 173(179); BVerwG DÖV 1984, 70(71).

59) BVerfGE 88, 203(254); BVerfG NJW 1996, 651.

종규준)에 일치할 경우에는, 개별법의 결여된 주관화는 기본권을 원용하여 해결할 수 있다. -예외적이지만- 개인적인 권리관철의 포괄적인 배제가 법률로부터 도출될 수 있는 한에 있어서는, 사정이 다르다. 이런 배제에 대해서는 기본권침해규범의 문제로서 위헌심판제청의 방법으로만 제거될 수 있다.

결론적으로 적용되어야 할 규범이 행정에 대해 재량을 부여한 경우에는, 기본권적으로 보호되는 이익이 관련되는 한, 기본권은 재량행사의 범주에서 직접적인 효과를 발휘한다.[60] 그렇지만 개별법상의 재량부여의 목적결정이 견지되는 한에 있어서만, 행정청은 해당 헌법적 가치규준을 재량결정의 수범자에게 유리하게 또는 그 결정과 간접적으로 관련한 제3자에게 유리하게 유의할 수 있다.[61] 이것과 규범명령의 통용을 위한 법상의 힘을 부여하는 것의 물음과는 구분되어야 하되, 후자의 물음은 일반적 법칙에 의거해 정해져야 한다.

Ⅶ. 원고적격과 관련한 개개의 사안에서의 주관적 공권의 탐문

법규범이 기본권적으로 보호를 받는 자유나 법익을 형성하거나 축소하는 국가권능을 규율하는 경우, 관련 기본권주체에게도 개별법적으로 부여된 자유여지의 포착·관철할 권능을 수권한다는 목표설정이 해당 법규범으로부터 도출되어야 한다. 그리하여 시민과 국가간의 양극관계에서, 기본권적 보호영역의 제한요건 및 기본권적인 금지명령의 범위를 조종하는 규범(가령 허가제한규정이나 허가취소규정 등)은 모두 '주관적 권리화'되어 있다 하겠다.[62] 따라서 가령 영업허가취소와 같이 부담적 공권력행사의 수범자(상대방)는 별다른 언급없이 그것을 다툴 수 있다(이른바 垂範者(상대방)理論). 국가에 대해 급부나 허가를 부여할 의무를 성립시키는 규율(가령 허가규정)의 경우에는, 그 행위의무가 기본권적 전개의 목표에 이바지하여야만 동일하게 주관적 권리화를 주장할 수 있다. 즉, 허가신청의 불허에 대해 그 신청 요건을 어느 정도 갖춘 자의 경우에는 그것을 다툴 수 있지만, 전혀 신청요건을 갖추지 못한 자의 경우엔 사정이 다르다.

다극적 충돌상황에서도 행정활동의 관련인(가령 제3자효행정행위에서의 제3자)에게 어느 정도 주관적 공권을 관철할 수 있는 법상의 힘을 부여할지에 관해서는, 우선 입법자가 결정을 내려야 한다. 그런데 다극적 충돌상황이 빈번한 경제법, 계획법, 건

60) BVerwGE 114, 356(361f.); BVerfGE 76, 1(49f.)
61) Vgl. BVerfG NJW 2005, 2289(2295).
62) Scherzberg, in: Erichsen/Ehlers, Allg. VerwR, §12 Rn.18.

축법, 환경법에서의 사안이 보여주듯이, 한 경쟁자가 다른 경쟁자의 수익을 방지하는 경우 또는 인인이 자기에 대한 부담을 없애고자 하는 경우에, 이들 제3자의 보호를 절대적으로 우위에 두는 것은 바람직하지 않다. 제3자보호로 인해 불이익을 입는 다른 사인(본래의 수범자에 해당하는 건축주나 투자자) 역시 기왕의 수여된 수익의 유지·존속에 관한 이익을 갖는다. 이들 제3의 私人의 법상의 힘의 범위를 정함에 있어서는, 이런 대립된 상황을 충분히 고려해야 한다. 따라서 역할과 권능의 법률상의 의도된 부여는 -명백한 규율이 없을 때는- 해당 규율프로그램의 전체고찰을 통해서 탐문되어야 한다.[63)]

갈등조정의 차원에서 법규정이 -결정프로그램상으로- 일방의 손해를 보지 않을 소극적 이익과 함께 타방의 적극적인 형성이익을 채용하거나(표리적 구조), 경원자의 경합적 접근이익을 채용하고(상호관계적 구조), 그리고 이들 충돌하는 이익을 가늠하고, 수평적 균형질서를 위해 이용할 경우, 그런 결정프로그램을 지닌 법규정은 원칙적으로 주관화되어 있다고 하겠다.[64)] 통상적으로는 충돌하는 이용이익과 전개이익을 규율하는 포괄적인 보전규율(균형규율)의 요소가 주관적인 방어적 권리의 부여이다. 주관적인 방어적 권리를 행사할 수 있는 제3자와 논외인 제4자를 구분하는 전형적인 방법이 공간적 근접이나 경제적 경쟁관계이다. 그리하여 방어권을 갖는 제3자의 범주는 통상 질책을 받는 규범위반과 '가중적인 방법으로' 관련성을 갖는 사람으로 국한하게 된다.[65)] 즉, 소극적 경쟁자소송에서 의도적으로 경쟁의 질이 떨어지거나 제3자의 법적 존립의 토대가 직접적으로 위태롭게 되는 경우에만 권리침해의 가능성이 시인된다.[66)] 반면 적극적 경쟁자소송의 경합(경원)관계에서는[67)] 일방에 대한 授益이 타방에 대한 侵益이기에 큰 어려움 없이 원고적격이 인정되어, 수익처분을 받지 못한 자는 -요건에 문제가 없는 한- 타인에 대한 수익처분을 다툴 수 있다.[68)]

---

63) Wahl, in: Schoch/Schmidt-Aßmann/Pietzner, Vorb §42 II Rn.97.

64) Wahl/Schütz, in: Schoch/Schmidt-Aßmann/Pietzner, §42 II Rn.50.

65) BVerwG NJW 1983, 1507(1508).

66) Hufen, Verwaltungsprozessrecht, 8.Aufl., 2011, §14 Rn.112. 우리의 판례 가운데 기존의 고속형 시외버스운송사업자가 직행형 시외버스운송사업자에 대한 사업계획변경인가처분의 취소를 구한 경우(대법원 2010.11.11. 선고 2010두4179판결)와 기존의 시내버스운송사업자에게 시외버스운송사업계획변경인가처분의 취소를 구한 경우(대법원 2002.10.25. 선고 2001두4450판결) 등을 이런 관점에서 새롭게 볼 수 있다.

67) 경원관계에 있어서의 제척제도에 관해서는 김치환, 법률신문 제3846호(2010.6.) 참조.

68) 고시에 의하여 군내에 1개소에 한하여 L.P.G. 충전사업의 신규허가가 가능한 경우(대법원 1992.5.8. 선고 91누13274판결: 이에 대한 평석으로 김남진, 기본문제, 1066면 이하 참조); 기존의 농어촌버스운송사업계획변경신청을 인가하면 신규의 마을버스운송사업면허를 할 수 없게 되는 경우 (대법원 1999.10.12. 선고 99두6026판결); 법학전문대학원 설치인가 신청을 한 41개 대학들이 2,000명이라는 총 입학정원을 두고 그 설치인가 여부 및 개별 입학정원의 배정에 관하여 서로 경쟁관계에 있는 경우(대법원 2009.12.10. 선고 2009두8359판결: 이에 대한 평석으로 김국현, 법학전문대학원 설치인가와 제척 조항 및 사정판결, 대법원판례해설 제82호(2009 하반기) 125면 이하; 이은기, 법학전문대학원 설치인가관련 판결의 행정법적 검토(제척사유의 해석 및 위임입법권과 재량권의 한계, 사정판결의 판단기준), 고려법학 제58호(2010.9.) 41면 이하 참조); 마을버스운송사업

Ⅷ. 행정법도그마틱상 정리되어야 할 문제

1. 무하자재량행사에 관한 권리와 행정개입청구권

무하자재량행사에 관한 권리와 행정개입청구권에 관한 논의는 행정법에서 흥미로운 대표적인 주제이다.[69] 하지만 논의의 구체적 내용은 문헌에 따라 너무나 달라서 격심한 혼란이 빚어진다. 이하에서는 이들의 원류지인 독일에서의 논의를 중심으로 살펴본다. 먼저 분명히 하고자 한다. 여기서의 행정행위발급청구권은 2극관계에서 행정행위의 발급을 신청하는 경우와 관련된 것이고, 행정개입청구권은 3극관계에서 다른 私人에 대한 행정의 개입수단으로서의 행정행위의 발동을 요구(신청)하는 경우와 관련된 것이다. 이들 모두는 행정청이 그 신청을 거부하거나 부작위할 때 그 상황을 소송을 통해 다툴 수 있는 원고적격이 있는지의 물음과 관련이 있다.

(1) 형식적 권리로서의 무하자재량행사에 관한 권리의 본질

재량은 그 자체에 의무에 적합한 재량행사를 하여야 한다. 행정에 대해 일정한 요건하에서 자신의 재량을 행사할 것을 의무지운 법규(재량규정) 역시 주관적 공권을 성립시킬 수 있다. 그것이 무하자재량행사에 관한 권리(Das Recht auf fehlerfreien Ermessensgebrauch), 즉, 무하자재량행사청구권이다.[70] 그런데 유의할 점은 무하자재량행사에 관한 권리는 재량이 하자있게 즉, 위법하게 행사된 상황에서 문제가 되지, 재량행사이전에 주장할 수 있는 것이 아니다.[71] 과거와는 달리 위법한 즉, 하자있는 재량행사는 당연히 사법심사의 대상이 된다. 재량통제가 문제되는 상황은 -수범자에게든 제3자에게든- 침익적 행정행위가 내려진 경우와 전적으로 자신에게 수익적 행정행위 또는 자기에게는 수익적이나 제3자에게는 침익적인 행정행위를 신청이나 요구한 즉, 그것이 받아들여지지 않은 경우이다. 전자의 경우 결과 그 자체가 위법한 재량행사라면 아무런 특별한 논거가 동원되지 않더라도 다툴 수 있다. 즉, 위법한 재량행사의 결과 상대방인 수범자에게든 제3자에게든 곧바로 권리침해가 생기면 당연히 원고적격이 인정된다. 여기서는 굳이 무하자재량행사에 관한 권리를 동원할 필요가 없다. 그런데 후자의 경우에는 다르다. 독일에서의 논의를 소개하면, 수

면허가 한정된 상황에서 잠재적 경쟁자인 면허신청자가 농어촌버스운송사업계획변경인가처분의 취소를 구한 경우(대법원 1999.10.12. 선고 99두6026판결).

69) 권리와 청구권을 구별하기 위해 약간의 용어정리가 필요하다. 무하자재량행사청구권과 행정개입청구권은 여기서의 무하자재량행사에 관한 권리에 터잡아 그것을 원고적격의 차원에서 사용하는 것이다.

70) 무하자재량행사청구권은 무하자재량행사에 관한 권리를 원고적격의 차원에서 바라본 것이다.

71) 그래서 일반적 무하자재량행사청구권은 당연히 부인된다.

소법원이 판단한 즉, 신청대상행위를 하는 것만이 재량하자가 없는 상황 즉, 선택재량과 결정재량의 여지가 완전히 즉, 제로('0')로 없어지는 상황이라면 의무이행판결을 내리고, 그렇지 않은 상황 즉, 반듯이 신청대상행위를 해야 할 것은 아니지만 행정청이 -법원의 견해를 존중하여- 다시금 재량판단을 하여 행위를 할 필요가 있는 상황이라면 재결정판결(지령판결)을 내린다. 그리하여 독일에서는 전자의 경우에 원고에게는 행정행위발급청구권 또는 행정개입청구권이 인정되는 반면, 후자의 경우에는 무하자재량행사청구권 정도만 인정된다. 여기서 후자는 재량의 단순한 축소에 그치는 즉, 결정재량은 없어지나 선택재량은 남아 있는 상황이다.[72]

무하자재량행사청구권의 본질은 원고적격의 물음에서 독일의 지령판결(재결정판결)에 상응한 원고의 법적 지위를 나타내는 것이며, 그것은 재결정판결에서 비롯된 결과물일 뿐이다. 그래서 그것은 형식적(formell)이라고 하겠다. 그런데 대부분의 문헌은 무하자재량행사에 관한 권리의 법적 성질을 두고서 절차적 권리로 설명한다. 그 결과 무하자재량행사에 관한 권리가 자칫 적법절차 차원의 공정한 절차의 문제인 양 오해를 하게 한다. 나아가 그것은 원고적격의 단계에서는 처음부터 별다른 의미를 갖지 않음에도 불구하고,[73] 그에 관한 상술(?)이 마치 그것에서 핵심적 내용이 도출되는 양 그리고 그것이 행정법의 메이저주제인 양 오해하게 한다. 이런 오해와 과장은 마치 그것이 재량에 관한 사법심사 전반에 관한 기본틀로 여겨지는 데서 절정을 이룬다.

검사임용거부의 건에서 판례는 "재량권의 한계일탈이나 남용이 없는 위법하지 않은 응답을 할 의무가 임용권자에게 있고 이에 대응하여 원고로서도 재량권의 한계일탈이나 남용이 없는 적법한 응답을 요구할 권리(응답신청권)가 있다"고 하여 원고적격과 대상적격을 인정하였다.[74] 이를 계기로 일부에서는 여기서의 응답신청권을 무하자재량행사청구권으로 이해하여 대상판결을 무하자재량행사청구권을 소송상의 독자적 권리를 인정하였다고 평가하는 반면,[75] 일부에서는 적극적으로 반론을 개진한다.[76] 사실 원천적으로 검사임용신청자격이 결여되지 않는 한, 검사임용거부에 대해서는 원고적격 및 대상적격(거부처분)이 당연히 -특히 타인의 행복은 나의 불행이라는 등식이 성립하는 배타적 경쟁자소송적 성격을 통해서- 인정된다. 하루바삐 논증상의 비례원칙의 차원에서 무하자재량행사청구권의 의미를 마치 귀납적 논증처럼

72) 재량축소에 관해서는 김중권, 행정법기본연구 I, 2008, 212면 이하.

73) 이 점에서 Hufen이 의무이행소송의 원고적격과 관련하여 무하자재량행사청구권을 별도로 보아선 아니 되며, 전반적으론 무용하다고 지적한 사실은 많은 것을 시사한다. Vgl. Hufen, §15 Rn.26.

74) 대법원 1991.2.12. 선고 90누5825판결.

75) 대표적으로 김동희, 행정법 I, 2012, 98면.

76) 대표적으로 홍정선, 행정법원론(상), 2012, 160면 이하.

결과론적 접근의 차원에서 축소시켜 모색하는 것이 필요하다.

(2) 행정개입청구권을 인정하기 위한 전제조건으로서의 개입수권의 문제

재량의 축소에서 나아가 선택재량의 여지까지 완전히 소멸되는 상황 즉, 재량 영으로의 축소 상황에 해당하는 것이 행정행위발급청구권과 행정개입청구권이 인정된 경우이다. 여기서 먼저 제기될 수 있는 물음이 행정행위의 발급(발동)의 근거규정의 성격이다. 그런데 관계규정이 시민에게 행정행위의 신청을 규정한 이상 행정행위발급청구권이 주장된 경우에는 그 근거규정에서 규범적 구속을 관철하기 위한 법상의 힘이 인정되는지(또는 근거규정이 사익보호성을 갖는지)는 문제되지 않는다. 문제는 제3자에 대한 행정개입을 요구한 상황인 행정개입청구권의 경우이다. 그러나 일찍이 대법원 1999.12.7. 선고 97누17568판결은 명백히 개입수권규정의 제3자 보호성 및 관련성을 부인하였다.[77] 기실 이로 인해 제3자에 대한 '행정개입청구권'의 법리는 행정법문헌상의 일반적인 논의와는 달리 건축법을 넘어 전 행정영역에서 수용되기 어렵다. 그런데 이른바 대법원 2006.3.16. 선고 2006두330판결은 행정개입청구권의 법리를 명시적으로 언급하진 않았지만, 개입수권규정(공유수면매립법 제32조)에 대한 접근에서 신청권을 전제로 거부처분을 인정한 셈이 되어 결과적으로 대법원 1999.12.7. 선고 97누17568판결에서 벗어났다. 이미 관련 하급심의 판례(서울고등법원 2005.12.21. 2005누4412판결, 서울행정법원 2005.2.4. 2001구합33563판결)가 신청권의 부존재를 근거로 거부처분의 부존재를 들어 각하판결을 내리지 않음으로써, 행정법의 주관적 권리화의 '싹'을 마련하였는데, 상고심은 이를 확인하여 공인한 셈이다.[78]

그러나 대법원 2006.6.30. 선고 2004두701판결은, 이들 法理를 원천 부정하는 셈인 대법원 1999.12.7. 선고 97누17568판결을 적시하면서, 신청권의 결여를 들어 거부처분의 존재를 부인하였다. 이를 통해서, 우리의 경우 제3자에 대한 행정개입청구권의 인정은 아직 멀다는 것을 확인할 수 있다.[79] 따라서 개입수권규정에 관한 기

---

77) 「구 건축법 및 기타 관계 법령에 국민이 행정청에 대하여 제3자에 대한 건축허가의 취소나 준공검사의 취소 또는 제3자 소유의 건축물에 대한 철거 등의 조치를 요구할 수 있다는 취지의 규정이 없고, 같은 법 제69조 제1항 및 제70조 제1항은 각 조항 소정의 사유가 있는 경우에 시장·군수·구청장에게 건축허가 등을 취소하거나 건축물의 철거 등 필요한 조치를 명할 수 있는 권한 내지 권능을 부여한 것에 불과할 뿐, 시장·군수·구청장에게 그러한 의무가 있음을 규정한 것은 아니므로 위 조항들도 그 근거 규정이 될 수 없으며, 그 밖에 조리상 이러한 권리가 인정된다고 볼 수도 없다」.

78) 그런데 사안에서 다툼의 대상인 1991년의 최초의 공유수면매립면허처분은 不可爭力이 발생하였고, 원고로선 제소기간제약을 받지 않는 무효확인소송 역시 주효하지 않으리라 판단한 나머지, 동처분에 대한 취소(철회)를 구한 다음 이것을 거부를 문제 삼았다. 이는 다름 아닌 不可爭的 행정행위의 재개(재심)의 문제이다. 이런 접근에 관한 상세는 김중권, 行政介入請求權의 認定과 관련한 法的 問題點에 관한 小考, 저스티스 제86호, 2005.8., 216면이하(행정법기본연구 I, 87면 이하); 새만금간척사업判決의 問題點에 관한 小考, 법률신문 제3338호(2005.2.14.); '새만금판결'의 행정법적 의의에 관한 소고, 법률신문 제3459호(2006.5.18.).

79) 이에 대한 평석으로 김중권, "採石許可에 따른 適地復舊上의 山林所有者의 法的 地位에 관한 小考", 법률신문

본인식에 변화가 없는 이상, 장차 의무이행소송을 도입하더라도, 그 도입취지는 직접 상대방에 대해서만, 가령 허가신청에 대한 거부의 경우에만 주효하고, 행정개입청구권의 실현에는 별반 이바지하지 못할 것이다. 그런데 이 글에서처럼 주관적 공권을 규범집행에 관한 권리로 설정하면, 의무자(행정주체)를 상대로 문제되는 규범적 명령의 관철을 주장하기 위한 법상의 힘을 이상의 개입수권규정이 -행정개입으로 인한- 수익자에게 부여하였다고 보는 데 그다지 어렵지 않을 것이다.

(3) 현행법상 행정행위발급청구권과 행정개입청구권이 실현될 수 있는가?

대부분의 문헌은 현행 행정소송법이 행정행위발급청구권과 행정개입청구권을 실현하는 데 아무런 장애가 없는 것처럼 기술하고 있다. 현행법상 거부처분에 대한 취소판결이나 부작위에 대한 위법확인판결은 그 자체로서 행정행위를 신청하거나 요구한 자의 바램을 곧바로 실현시키지 못한다. 즉, 행정청으로서는 다른 이유를 들어 새로이 또는 처음으로 거부처분을 하는 데 아무런 문제가 없다. 이는 특정한 행정행위를 내용으로 하는 행정행위발급청구권과 행정개입청구권이란 실현될 수 없다는 것을 의미한다. 요컨대 의무이행소송이 마련되지 않는 이상, 현행법상 결과적으로 단지 무하자재량행사청구권 정도만 실현될 수 있을 뿐, 행정행위발급청구권과 행정개입청구권은 실현될 수가 없다. 거부처분이나 부작위에서의 인용판결은 사실상 독일에서의 재결정판결과 다를 바 없다.

한편 대부분의 문헌에 의하면 행정개입청구권의 성립가능성이 높은 것으로 여겨지고 있는데, 이는 재고되어야 한다. 선택재량의 여지마저 소멸되는 재량 영으로의 축소상황은 현실적으로 인정되기란 매우 어렵다. 더군다나 대부분의 문헌이 기술하는 행정개입청구권의 성립요건은 개괄적 수권조항에 의거한 행정개입을 요구한 상황에 대한 것인데, -제논의 역설처럼 말하면- 선택가능한 효과 자체가 무한적이어서 과연 선택재량의 여지가 소멸될 수 있을지 의문스럽다. 독일의 예를 보더라도 개괄수권조항에 의거하여 행정개입청구권이 인정되는 경우란 극히 매우 이례적이다. 독일 연방행정법원의 소위 띠톱판결(Bandsäge-Urteil)의 경우[80] 그것이 행정법영역에서 재량축소를 인정한 효시적 판례로서 행정법의 주관적 권리화를 가져오는 결정적인 계기가 되었음은 주지의 사실이다. 다만 동 판례는 재량자유가 결정재량(개입여부)의 측면에서 축소될 뿐, 개입의 방식은 여전히 행정청의 재량여지에 머문다고 지적하였다. 여기서 우리는 독일의 띠톱판결에서도 연방행정법원이 결정재량의 축소에 그침으로써 행

제3563호(2007.6.18.) 참조.

80) BVerwGE 11, 95ff.

정개입청구권이 아닌 무하자재량행사청구권 정도가 실현되었음을 알 수 있다.

(4) 신청권의 문제

계획변경신청권의 존부의 물음에 관한, 대법원 1984.10.23. 선고 84누227판결의 의의는, 계획변경신청권의 존부의 물음을 넘어서 거부처분의 성립요건으로서 '국민이 행정청에 대하여 그 신청에 따른 행정행위를 해줄 것을 요구할 수 있는 법규상 또는 조리상의 권리' 즉, '신청권'의 존재를 요구한 점에 있다.[81] 이로부터 비롯된 거부처분 인정 공식은 지금껏 후속 판결은 물론 행정심판에서도 그대로 전승되고 있는데, 다만 거부행위의 규율성을 인정하기 위해 요구되는, '신청권에 바탕을 둔 신청인의 법률관계상 변동'과 관련해서는, 완화된 입장을 취하고 있다.[82]

처분성인정(대상적격)의 물음에 원고적격의 물음을 혼입시키는 것이 문제의 시발이고, 비판이 비등함에도 불구하고, 판례는 기조를 변함없이 유지하면서 신청권의 인정범위를 확대하고 있다. 비판의 주요 근거는 실정법상의 처분 개념정의에서 거부처분의 인정과 관련해서 신청권에 관한 요구가 없다는 것이다.[83] 엄밀히 보아 신청권의 존재는 원고적격의 가늠잣대에 해당한다. 거부처분여부를 판단함에 있어서 원고적격차원의 물음인 신청권의 존부를 연계시킨 것은, 분명 현행 행정소송법체제('84년 체제')에서는 명문에 반하며, 원고적격의 물음과 대상적격의 물음을 독립적으로 접근하는 것이 체계적이다. 하지만 소송요건의 차원에서 合一的으로 접근하는 것이, 다른 문제점(소송요건에 대한 가능성 견지에서의 접근의 결여)보다 권리구제가능성의 측면에서 치명적이라고 할 순 없다. 왜냐하면 원고적격의 물음을 따로 논하지 않기 때문이다. 기왕의 논의를 한 차원 높여 새롭게 가다듬을 필요가 있다.

---

81) 「국민의 신청에 대한 행정청의 거부처분이 항고소송의 대상이 되는 행정처분이 되기 위하여는, 국민이 행정청에 대하여 그 신청에 따른 행정행위를 해줄 것을 요구할 수 있는 법규상 또는 조리상의 권리가 있어야 하는 바, 도시계획법상 주민이 도시계획 및 그 변경에 대하여 어떤 신청을 할 수 있음에 관한 규정이 없을 뿐만 아니라, 도시계획과 같이 장기성·종합성이 요구되는 행정계획에 있어서는 그 계획이 일단 확정된 후에 어떤 사정의 변동이 있다고 하여 지역주민에게 일일이 그 계획의 변경을 청구할 권리를 인정해 줄 수도 없는 이치이므로 도시계획시설변경신청을 불허한 행위는 항고소송의 대상이 되는 행정처분이라고 볼 수 없다」: 이 판결에 대한 비판적 입장으로 이홍훈, 도시계획과 행정거부처분, 행정판례연구 제1집, 1992, 115면 이하 참조.

82) 대법원 1992.3.31. 선고 91누4911판결; 1992.12.8. 선고 92누7542판결; 1993.3.23. 선고 91누8968판결; 2000.12.22. 선고 98두18824 판결 등의 기조를 바탕으로 대표적으로 대법원 2002.11.22. 선고 2000두9229판결은 "여기에서 '신청인의 법률관계에 어떤 변동을 일으키는 것'이라는 의미는 신청인의 실체상의 권리관계에 직접적인 변동을 일으키는 것은 물론 그렇지 않다 하더라도 신청인이 실체상의 권리자로서 권리를 행사함에 중대한 지장을 초래하는 것도 포함한다고 해석함이 상당하다"고 판시하였다. 그리하여 대법원 2007.10.11. 선고 2007두1316판결은 건축계획심의신청에 대한 반려와 관련해서, 중간행위적 접근을 하지 않고 독립된 거부처분으로 바라보았다. 여기선 다단계적 행정행위의 측면에서 검토할 점이 있다.

83) 대표적으로 김남진 교수님의 지적: 「법원은 行政訴訟法의 處分의 定義(동법 제2조 제1항, 제1호)와는 무관하게 독자적인 처분개념을 내세워 處分性의 문제를 해결하려는 것으로 보이는 바, 成文法國家인 우리나라에서 그와 같은 태도(實定法輕視의 태도)는 지양되어야 할 것이다」(동인, 대법원의 처분개념에 대한 의문, 법률신문 제2844호, 1999.12.13.)은 매우 시사적이다.

신청권의 의미를 새롭게 가다듬어야 한다. 비록 그것이 절차적 뉘앙스를 지니나, 순전히 절차적 의미만을 상정하여 신청권에 접근하는 것은 남소의 우려와 함께 자칫 법률관계의 왜곡을 가져다준다. 가령 법정자격을 전혀 갖추지 못하여 다툼의 여지가 없는 임용결격자가 행한 임용신청에 대해 거부한 경우에 그 거부를 다툴 수 없는 것은 당연하다. 우리의 경우 일본의 예를 쫓아 소송요건과 본안요건을 엄격히 구별하는데, 이것은 바른 이해를 가로 막을 뿐 더러 특히 소송요건에 대해 높은 요구치를 설정하게 한다. 응답신청권이란 표현마냥 신청권을 실체적 청구권의 인정가능성과 완전히 무관하게 접근하는 것은 바람직하지 않다. 독일에서는 거부처분 및 부작위와 관련해서 무하자재량행사청구권마저 인정될 수 없는 상황이 원고적격이 부인되는 상황이다. 따라서 신청권을 무하자재량행사청구권의 차원에서 접근할 필요가 있다. 가령 거부처분취소소송에서의 인용판결이 전제하는 무하자재량행사청구권이 인정될, 즉, 주장될 여지가 전혀 없는 상황을 신청권의 결여로 보아야 한다. 그리고 실체적 권리의 침해가능성을 신청권의 인정에 반영시켜야 하되, 권리침해의 가능성에 대해 높은 요청을 설정해선 아니 된다. 따라서 권리침해가능성의 판단에 있어서, 독일에서 통용되는 '명백성공식'(Evidenzformel)을[84] 참조할 필요가 있다.

2. 주관적 공권으로서의 절차적 권리

주관적 공권은 절차법적 규준의 통용주장 역시 그 대상으로 할 수 있다. 특히 행정절차에서 참여자로 하여금 권리를 효과적으로 추구하는 것과 관련자가 절차상으로 실체적 이익을 제출하는 것을 규율하는 절차규범으로부터 주관적 공권으로서의 절차적 권리가 생겨난다. 가령 행정절차법 제21조의 처분사전통지받을 권리, 제22조의 의견청취권, 제27조의 의견제출권, 제29조의 청문주재자의 회피규정, 제37조의 문서열람복사권, 나아가 허가절차와 계획확정절차에서의 참여권, 국세기본법 제81조의12상의 과세전적부심사청구권 등이 이에 속한다.

한편 절차적 권리를 주관적 공권으로 자리매김하는 것과 별도로 그것의 본질이 문제된다.[85] 여기선 節次奉仕說와 節次固有價値說이 대립한다. 전자에서는 절차적 권리가 기본적으로 독립되게 성립하지 않기에 절차상의 하자는 실체적 하자와 결부되어 다툴 수 있는 반면, 후자에서는 그것이 독립된 의미를 갖기에 실체적 하자와 무관하게 침해의 대상이 될 수 있다. 단순히 절차하자만을 갖고서는 제소할 수 없게 한 독일 행정절차법 제46조가 전자를 대표한다. 반면 우리의 경우 미국에서의 절차

84) BVerwGE 44, 1(3).
85) 김중권, 유럽화된 독일행정절차법에 관한 연구, 한국법제연구원, 2008, 88면 이하 참조.

적 정의에 관한 관심속에 일찍부터 절차하자의 獨立加爭性을 긍정하여 절차적 권리에 대해 고양된 의미를 부여하였고, 그 연장에서 절차하자의 치유에 대해 엄격한 태도를 견지하고 있다(절차고유가치설). 하지만 절차하자에 대한 취소판결의 기판력이 절차하자에만 미치는 결과, 절차적 권리가 생각만큼이나 그다지 강고하지 않다. 사실 실질적 증거의 법칙이나 Chevron 독트린에 의해 실체적 통제가 극히 미약한 미국에서 -실제로 그 효과가 생각만큼이나 주효하지 않는- 절차적 정의가 운위되었다. 실체와 유리시켜 절차를 바라보는 것은 자칫 과도한 규제를 야기할 수 있다는 점에서, 이제 절차하자에 대해 현실적인 새로운 인식이 필요하다.[86]

3. 주관적 공권으로서의 국가의 권한과 권능

국가의 권한(Kompetenzen)과 권능(Befugniss) 역시 주관적 공권에 해당하는지 여부가 다투어진다. 국가와 그것의 권리능력이 있는 하위단위(공공단체)의 주관적 공권의 인정에 대한 反對論은, 주관적 공권에 관한 전통적인 학설에 바탕을 둔다. 전통적인 입장은 주관적 공권이란 법제도는 권리주체의 고유한 이익의 관철을 목표로 하고, 그래서 '개인화된 법적 지위'로 이해한다.[87] 그러나 이런 관점은 주관적 私權에 강하게 맞춰진 것인데, 私權은 본질적으로 개인적 이익만을 다룬다. 이런 전통적인 공권론 말고도, 국가의 주관적 권리를 부인하는 데 바탕이 되는 것이 -법에 의해 단지 제한되나 특별한 법적 보호는 필요로 하지 않는- 국가의 원천적인 主權(Souveränität)에 관한 역사적인 사고이다.[88] 그런데 시민의 *法以前*의 복종이란 의미에서의 일반적인 권력관계란 민주적 법치국가의 헌법하에서는 인정될 수 없다.[89] 법은 오히려 국가적 권능과 개인적 이익간의 충돌결정을 나타낸다. 이런 점을 염두에 두고서, 독일의 일부 문헌은 국가가 시민의 창설된 행위의무를 국가에게 부여된 법상의 힘을 이용하여 관철할 수 있을 경우에는, 시민에 대해서와 마찬가지의 방법으로 국가에 대해 주관적 권리를 승인한다.[90] 그리고 이런 논증은 단지 공법계약에서 비롯된 권리의 경우나 사권주체로서의 출현의 경우만이 아니라, 법률적으로 성립하거나 허용되고 행정행위에 의해 구체화된 -시민을 상대로 한- 요구가능한 행위의무의 경우에도 통용된다고 한다.

---

86) 절차하자에 관한 상세는 김중권, 행정법기본연구III, 142면 이하 참조.
87) Wahl/Schütz, in: Schoch/Schmidt-Aßmann/Pietzner, §42 II Rn.92.
88) Vgl. O. Mayer, VwR I, 105f; G. Jellinek, a.a.O., 197f.
89) Hesse, Grundzüge des Verfassungsrechts der Bundesrepublik Deutschland, 20.Aufl., 1995, Rn.280ff.
90) Scherzberg, in: Erichsen/Ehlers, Allg. VerwR, §12 Rn.27.

Ⅸ. 유럽연합법에서의 주관적 공권

유럽법질서의 다차원적 결합에서 연합법과 회원국가의 국내법은 분리된 상호 이질적인 규범이 아니라, 우위법칙과 효과성·고려명령에 의해 다방면으로 상호 교차하고 있다.[91] 이로부터 독일의 주관적 공권의 법제도 역시 광범한 자극을 받기에, 독일식의 주관적 공권의 관점 역시 유럽연합법적 법전개에 의해 더불어 정해진다.[92] 독일법에서 만들어진 주관적 공권 개념이 유럽연합법에서는 이질적이어서,[93] 그에 갈음하여 대부분 '개인의 권리'[94]나 '개인적 권리'[95]가 운위된다. 유럽연합법이 유럽연합시민에게 연합을 상대로 한 개인적 권리를 부여하는 요건은 독일 행정법적 맥락에서 비교법적 흥미를 자아낸다. 우선 EuGH는 개인적 권리를 허락하는 것이 유럽연합법을 특징지우는 원칙으로 표현하였다.[96] -가령 유럽업무방식조약(AEUV) 제227조에 의한 청원권과 같이- 유럽연합차원의 개인적 권리가 명시적으로 규정되어 있지 않는 한, 유럽연합의 시민으로서는 객관적 법질서가 개인적 법익을 보호하고 그가 일정한 불리한 대우를 받는 식으로 법적 행위로 인해 불리하게 관련되는 경우에는, 그 객관적 법질서의 위반과 준수를 주장할 수 있다.[97] 즉, 유럽연합의 시민이 유럽업무방식조약 제263조(구 공동체조약 제230조) 제4항에 의한 연합기관에 대해 규범집행의 관철을 위해 유럽연합의 법적 행위에 대해 대항할 경우, 규율의 수범자이거나 조치가 -제3자에게 행해졌든- (그에게) "직접적이고 개인적으로" 관련이 되는 경우에 비로소 그 유럽연합의 시민은 원고적격을 갖는다.[98] 독일식의 피침적 구조와는 달리 관련성구조를 띠며, 이익관련자소송(Interessentenklage)에 해당한다.[99]

여기서 'Plaumann 공식'에 따라, 원고로서는 (규율의) 수범자마냥 개인적 특성이나 사실적 상황에 의거하여 다른 모든 제3자의 범주로부터 두드러져야 한다.[100] 원

91) 유럽연합법의 회원국 국내법에 대한 우위에 관해서는 김중권, 유럽화된 독일행정절차법에 관한 연구, 35면 이하.
92) Masing, a.a.O., 230ff.; Wahl, in: Schoch/Schmidt-Aßmann/Pietzner, Vorb §42 Ⅱ Rn.17f.
93) EuGH Slg 1963, 1(25); Slg 1964, 1251(1270f.). 매우 드물게 주관적 권리라 설시한 것으로 Slg 1960, 1165(1189); Slg 1976, 1185(1200).
94) Classen, VerwArch 88(1997), 645(656).
95) Triantafyllou, DÖV 1997, 192(193); v. Danwitz, DÖV 1996, 481(484).
96) EuGH Slg 1963, 1(25); Slg 1991, Ⅰ-5357 Rn.31.
97) Kadelbach, Allgemeines Verwaltungsrecht unter europäischem Einfluss, 1999, 371; Reiling, a.a.O., 330.
98) 한편 이 소송은 무효(소효)소송(Nichtigkeitsklage)이라는 표현에도 불구하고, 확인을 지향하는 권리구제가 아니라, 형성을 지향하는 권리구제이다. 소가 이유 있으면, 유럽최고법원은 다투어진 공동체의 법적 행위를 무효(nichtig)라고 판시하는데, 이 판결이 내려지기까지는 유럽연합의 법적 행위를 위해 통용추정이 적용된다. Danwitz, Europäisches Verwaltungsrecht, 2008, S.290
99) 이에 관해선 김중권, 유럽행정법상 행정소송을 통한 권리보호시스템, 제54회 안암법학회 2012년 춘계학술발표회(2012.6.2.) 발표문, 23면 이하. 追論: 본서 276면 이하 참조.

고적격의 인정을 위해 개인적 권리의 침해가 반드시 요구되진 않는다. 오히려 마치 독일에서의 가능성설처럼, 경제적 이익의 제한으로도 원고적격은 충분하다.[101] 그리고 원고적격에서의 개인적 관련성은 당사자의 현재 상태를 위협하는 (법적 행위의) 결과에 의해 매개된다.[102] 하지만 소가 이유 있기 위해서는 항상 객관적 법의 위반에만 오로지 좌우되고, 원고의 권리의 침해에 결코 좌우되지 않는다.[103] 요컨대 유럽연합법에서는 개인적 권리가 주관적 권리보호를 부여하기 위한 요건이 아니라, 객관적 법을 관철하는 데 있어서 원고적격을 상당하게 구분하기 위한 수단으로 기능한다.[104] 그런데 EuGH가 공동체법상의 규정이 시민을 '보호'하여야 한다는 점을 명시적으로 강조한 점[105]을 들어 동법원이 독일적 특징인 보호규범이론에 동조하는 것 같다고 주장된다.[106]

행정법에서의 주관적 공권에 관한 독일의 현재 시스템은 다음의 두 가지 점을 바탕으로 한다. 그 하나는 실체법적 권리성립(창설과 그로부터 비롯된 실체적 자유공간)과 쟁송법적 보호보장을 분리하고 구별하는 것이다. 이는 소권적 사고로부터 탈피하는 것과 결부된다. 다른 하나는 수범자 및 -실체적으로 주어진- 수익범위를 단지 사실적으로가 아니라 규범적으로 확정·제한하는 것이다. 독일에서 이런 기초는 오늘날에도 대체적으로 다툼의 여지가 없다. 그런데 독일 행정법은 긴밀해지는 유럽통합의 과정에서 새로운 국면을 맞이하고 있다. 유럽연합법의 도그마틱은 경향적으로 -독일의 보호규범설과는 달리- 쟁송가능한 권리의 산출(배출, 창조)을 지향하지 그것의 제한을 지향하지는 않는다.[107] 유럽연합법의 법전개는 구상적으로 다음의 점을 시사한다. 즉, 주관적 공권을 고유한 개인적 이익의 추구의 경우로 전통적으로 제한하는 것은 버리고, 그 대신 규범적 명령을 관철하기 위한 법상의 힘의 부여를 단지 탐문하는 것이다. 해서 Scherzberg는 '일반적인 법관철이익(Rechtsdurchsetzungsinteresse)'을[108] 확고히 하는 것이 문제되는 상황에도 주관적 공권은 유용하다고 지적하면서, 여기서 독일 전통의 실체적 권리보호구상과 유럽의 권리보호시스템의 도구적인 이해가 正反合의 명제로 이루어진다고 지적하였다.[109]

---

100) 이런 요건에 관해선 EuGH Slg 1963, 211(237); Slg 1971, 897 Rn.4-10; Slg 1993, I-1993 Rn.10ff.
101) EuGH Slg 1991, I-2501 Rn.16f.; Slg 1981, 2639 Rn.9.
102) EuGH Slg 1991, I-2501 Rn.17; Slg 1994 II-121 Rn.79-82, II-323 Rn.44-47.
103) Reiling, a.a.O., 453f.
104) Masing,, a.a.O., 36, 50ff.
105) EuGH, EuZW 1995, 636.
106) Stern, Die Einwirkung des europäischen Gemeinschafts auf die Verwaltungsgerichtsbarkeit, JuS, 1998, S.769(771).
107) Schoch, in: Schmidt-Aβmann(Hrsg.), Festgabe 50 Jahre BVerwG, 2003, 507(517).
108) Schmidt-Aβmann, Das allgemeine Verwaltungsrecht als Ordnungsidee, 225f.
109) Scherzberg, in: Erichsen/Ehlers, Allg. VerwR,§12 Rn.45.

X. 맺으면서 – 모든 연구는 비교이다 –

권리의무를 내용으로 하는 공법관계에서 핵심은 주관적 공권의 문제이고, 그것은 특히 행정소송의 출발점이다. 행정법의 기본인 公權論에 관한 본격적인 연구가 태부족하다는 점은 우리 행정법의 기초가 매우 취약하다는 것을 시사한다. 이상에서 보았듯이, 主觀的 公權論의 기원지인 독일의 경우 과거의 보호규범설을 극복하기 위한 다양한 시도가 강구되어, 이미 문헌상으로는 단지 관련규정의 사익보호성만을 탐문하던 종전의 경향에서 벗어난 지 오래되었다. 특히 유럽연합법의 출범을 기화로 '기능적 주관화'란 표제가 시사하듯이, 새로운 경향이 일반화되어 가고 있다. 이와 비교하면, 우리의 경우 최근에 주관적 공권을 주제로 한 본격적인 관련 문헌을 찾아보기가 어렵다. 더욱이 무하자재량행사청구권과 행정개입청구권을 둘러싼 소모적인 논의에서 벗어나지 못하거니와, -과하게 표현하면- 판례의 입장을 사후 정리하는 데 머물고 있는 실정이다. FTA체제가 출범하였다. 이제 내외국법의 경계가 무너졌다. 유럽화의 바람이 독일 공법학으로 하여금 새로운 두 번째의 국면에 들어서게 하였듯이, FTA 체제는 불원간 우리 법제와 법리에도 결정적인 영향을 미칠 것이다. 이런 변화된 상황에서 지피지기의 자세는 더욱 필요하다. 무릇 모든 연구는 비교이다(Comparativa est omnis investigatio: Nicolaus von Cues).

* 공법연구 제40집 제4호, 2012.6.20., 159면 이하 소수.

제 6 장

行政法上 行爲形式 · 手段의 混合에 관한 硏究
— 독일에서의 논의를 중심으로 —

Ⅰ. 처음에 – 유행주제로서의 혼합현상

현대의 행정활동에서 기존의 형식패턴에 편입시킬 수 없는 상황이 점점 더 늘어간다. 형식론에서 완벽을 기하려고 하면, 자칫 현실과 동떨어진 괴리가 빚어지는데, 이런 괴리현상의 결과물의 하나가 비공식적 행정활동이다.[1)] 마찬가지로 여기서 논할 형식 · 수단의 혼합은 행정활동을 비공식화하려는 일련의 시도에 대한 평행현상에 해당한다.[2)] 시대적 트렌드가 융합이듯이, 혼합은 형식과 수단의 결합이다. 비공식적

1) 비공식 행정작용이란 정형화된 입법 · 행정절차에 앞서서 그리고 그 주위에서 규범대체적 · 규범집행적인 실행방식을 의미한다. 비공식행정작용에 관한 참고문헌: 김남진, 비공식 행정작용, 고시계, 1989.9.; 서원우, 비정식적 행정작용에 대한 법적 통제, 고시연구 1989.9.; 김연태, 환경행정에 있어서 비공식적 행정작용으로서의 협상, 공법연구 제23집 제3호(1995); 김창규, 비정형적 행정작용과 법관계론, 토지공법 제9집(2000.2.); 김병기, 새로운 도전으로서의 비공식적 행정작용, 토지공법 제32집(2006.9.); 이세정, 비공식적 행정작용에서의 공법적 책임에 관한 연구, 2006; 이중호, 비공식적 행정작용의 법적 평가, 중앙법학 제47호(2010.5.).

2) 형식 · 수단의 혼합을 독일에서는 정책입안자 특히 환경정책입안자들이 사용하였다. 특히 법학 문헌으로는 Hoffmann-Riem, Reform des Allgemeinen Verwaltungsrechts: Vorüberlegungen, DVBl. 1994, S.1381(1385f.); Di Fabio, Das Kooperationsprinzip, NVwZ 1990, S.1153ff.; Rodi, Instrumentenvielfalt und Instrumentenverbund im Umweltrecht, ZG 2000, S.231ff.; Weber-Grellet, Lenkungssteuern im Rechtssystem, NJW 2001, S.3657(3662).

행정활동은 형식사고 자체를 능가한다. 반면 행정활동의 다양성에 따른 후속현상에 해당하는 혼합에서는 작용형식론의 패턴이 분쇄되어 버린다. 즉, 형식·수단의 혼합은 작용(행위)형식의 일괄적인 제공을 전복시킴으로써, -작용형식론의 전통적인 개념적 상태에 대해 마치 도발처럼- 그것의 구분화된 구조를 붕괴시킨다. 형식·수단의 혼합은 작용형식론의 일괄적인 제공을 전복시키고, 단편적인 구조를 분쇄한다.[3)]

특히 환경법에서 행정활동의 다양한 형태(형상)가 합쳐질 때처럼, 형식·수단의 혼합에 관한 논의는 우선 기왕의 작용형식론의 배경에 대한 물음을 제기하고 그 다음 작용형식론을 확충하고 풍부하게 만든다. 따라서 행정법학으로서는 형식·수단의 혼합에 대해 나름의 가이드라인을 설정해야 한다. 형식·수단의 혼합은 여태 우리는 물론 독일에서조차 행정법의 도그마틱적 범주로서 거의 개척되지 않았다. 특히 단일한 작용형식수단의 틀과 그 체계에 사로잡힌 우리의 경우 전통적인 수단의 혼합양상인 -공동적 사권형성적 행정행위로서의- 인가에 관한 논의조차 극히 저조하다. 따라서 형식·수단의 혼합의 문제가 시야에 들어오지 않는 것은 당연하다. 행정작용형식·수단의 혼합 문제에 관한 문제의식을 제고하기 위해, 그에 관한 쟁점을 정리하여 나름의 틀을 제시하고자 한다. 다만 국내 관련 논의가 殆無하기에 부득불 독일에서의 논의를 바탕으로 하여 논의를 전개하고자 한다.[4)] 우리의 법제와 현저한 간극이 있기에 논의의 한계는 분명 필연적이다. 나아가 독일에서도 관련 논의가 아직은 성숙하지 않아 나름의 체계성이 확보되지 않은 까닭에, 파일럿 테마로서의 논의의 한계 역시 부정할 수 없다.

Ⅱ. 行政法槪念으로서의 混合 槪念

1. 논의의 전제

混合(Mischung)은 새로운 현상을 포착하기 위한 개념이다. 다양한 법형식의 혼합이 고찰의 중심이다. 여기서 법형식은 고전적인 법형식-법률, 법규명령, 조례, 행정행위, 행정계약, 행정규칙, 지시, 사실행위 등을 포괄하지만, 법적 성질에서는 법규범, 행정행위, 행정계약, 행정사실행위로 분류된다.[5)] 따라서 이런 법적 형식과 수단의

3) 여기서는 행정의 형식선택의 자유(Formenwahlfreiheit)에 관한 논의가 전제로 되는데, 그로 인해 출현한 법도그마적 산물이 이른바 이단계이론, 행정사법론과 행정회사법론이다. 졸저, 행정법, 2013, 389면 이하 참조.

4) 그러나 독일에서도 이 문제는 그다지 충분한 논의가 되지 않고 있다. 독일에서 일찍이 Rodi가 이 문제를 제기하였다(ders., a.a.O., S.231ff). 여기서는 이 문제를 나름 체계적으로 접근한 Lothar Michael의 글(§41 Formen-und Instrumnentenmix, in: Hoffmann-Riem/Schmidt-Aßman/Voßkuhle(Hrsg.), Grundlagen des Verwaltungsrechts Bd.Ⅱ(2008))을 주로 참고하였음을 밝혀둔다.

5) 행정작용형식론과 관련하여 별반 논의가 없는 우리로서는 그것의 고전적인 내용을 성찰하는 것이 시급하다.

혼합이 좁은 의미의 혼합에 해당하며, 의미로운 법도그마틱적 물음을 던진다. 즉, 법형식의 혼합에서 개개 요소가 혼합되는지 여부 및 어떻게 혼합될 수 있는지의 물음을 던진다. 하지만 법형식을 포함한 행정의 활동형식 전반에 따른 혼합의 경우에는 법도그마틱적 관점보다는 오히려 행정학적 관점이 관건이 된다.[6] 하지만 파악해야 할 법현상의 '모호함'이 혼합개념에는 들어있다. 이런 어려움에도 불구하고 혼합 개념을 사용하는 것은 불가결하다. 행정법적 범주로서 '혼합'개념을 사용할 利點은, 이 개념이 어떤 가치에 사로잡히지 않으며, 양면성을 표현하고 있다는 점에 있다. 행정법적 형식·수단의 혼합은 혼합물이다. 또한 그것의 효과와 그것의 법적 문제가 특수한 협력(공동작용)에 놓여 있기에, 그것은 결합이다. 혼합개념을 행정법을 위하여 특징지우는 특수한 협력이 실은 논의의 핵심적인 내용이다. 행정이 활동을 함에 있어서 임의롭게 하는 일체의 협력이 이에 해당하지 않고, 형식·수단상의 특수한 혼합물과 결합만이 의미를 갖는 협력이라 하겠다. 혼합은 전적으로 새로운 현상을 포착할 뿐만 아니라, 동시에 부관부 행정행위처럼 周知의 현상을 포착하는 집합개념으로서도 기능한다. 후자는 비전형적인 혼합이라 하겠다.

2. 형식·수단의 혼합의 개념정의와 그 징표

형식·수단의 혼합이란 통상 다수의 상이한 종류의 법적 행위 내지 사실행위의 결합으로 성립한다. 이런 결합에 대해 행정이 적어도 간접적으로 관여하며, 적어도 하나의 공통된 목적이 내재해 있어야 한다.[7] 이런 형식·수단의 혼합의 개념적 징표로 분리적 징표와 결합적 징표를 각각 들 수 있는데, 법적 행위 내지 사실행위의 다수성과 이종성이 전자를 표방하고, 행정참여와 목적중첩이 후자를 표방한다.

우선 형식·수단의 혼합은 법적 행위 내지 사실행위의 다수에 의해 성립한다. 이에 반해 하나의 법적 행위의 이중적 기능 내지 이중적 성질의 현상은 비전형적인 혼합이라 할 수 있다.[8] 혼합은 상이한 종류의 법적 행위 내지 사실행위에 의해 성

특히 Di Fabio, System der Handlungsformen und Fehlerfolgenlehre, in : Becker-Schwarze(Hrsg.), Wandel der Handlungsformen im Öffentlichen Recht, 1991, S.47ff. 졸저, 행정법기본연구 I (2008), 187면 이하 참조.

6) 여기서 후술한 보전원칙을 접근할 수 있다.

7) Michael, §41 Rn.26.

8) 이른바 처분적(조치적) 명령이 이에 해당한다. '두밀분교통폐합조례사건' 판결이후 10년 만에 '조치적(처분적)' 명령이 행정작용형식의 하나(법규범형식의 행정처분)로 자리를 잡았다. 법원이 전향적으로 처분성확대를 도모하였다고 호평할 수 있지만, 현행의 공법질서 특히 규범체계로서는 심각한 난맥에 처하게 되었다. 입법자가 선택한 규범으로서의 법적 성격이 법원의 판단에 의해서 부인되는 셈이다. 권리구제의 확대의 측면에서 처분성의 확대인정 자체는 이론(異論)이 없지만, 법집행행위를 무색케 만드는 과도한 처분성인정은 규범통제의 항고소송화는 물론, 규범과 집행행위의 구분을 소멸시켜 행정작용법론의 기능부전까지도 초래할 수 있다. 법규범의 형식을 갖는 한, 그것의 법적 취급은 시종 법규범으로서의 위상에 맞추어야 한다. 상세는 졸저, 행정법,

립한다. 전형적으로 異種의 행정의 작용형식과 수단이 이에 해당한다. 반면 동일한 하나의 법형식을 취하여 개념적으로 분리되지 않으면서 혼합되게 전개되는 양상은 비전형적인 혼합에 해당한다.9) 혼합의 대상이 되는 법적 행위 내지 사실행위의 형성과정에 행정이 참여해야 한다. 행정청이 직접적으로 작용에 나서면 충분하다. 아울러 배출권거래나 환경사전심사처럼 행정이 간접적으로 영향을 미치는 데 불과한, 私人에 의한(또는 사인간의) 법적 행위 역시 포함할 수 있다. 그리고 조종부담금이나 규범대체적인 협상 역시 비전형적인 혼합에 해당한다. 다수의 법적 행위를 하나의 혼합으로 결합시키는 요소가 목적의 중첩이자 공통이다. 법적 행위를 통해 지향하는 개개의 목적이 중첩되어야 한다. 여기서 공익과 공임무는 물론, 사익과 사권의 보호가 목적으로 고려된다.

Ⅲ. 형식·수단의 혼합의 원인, 기능, 목표 그리고 위험(불이익)

1. 형식·수단의 혼합의 원인

Otto Mayer 이래로 독일 행정법은 행정작용을 형식화하는 법치국가적 노력이 그 특징이다. 우리 역시 그 영향으로 행정법에서 가장 핵심이 행정작용법론이다. 행정작용형식은 법률과 더불어 행정법관계를 안정화시키며 확고하게 만든다. 이를 통해 과거의 관헌국가적 행정과는 결별하고 법치국가적 행정이 구현된다.10) 행정의 법적 작용형식은 일종의 여러 문(門)이다. 행정상의 다양성으로 인해 개관할 수 없고 무정형(無定型)인 행정활동은 작용형식이란 문을 지나서 법의 질서세계로 들어간다. 법적으로 정연하고 법적 판단을 가능케 하는 행정작용형식을 전개하고 주조(鑄造)하는 것이 법치국가에서 행정법학과 행정실무의 지속적인 임무이자 두드러진 특징이다.11) 즉, 법형식은 구체적인 해결책을 발견하기 위한 정렬표본을 제공함으로써, 저장기능을 갖는다.12)

161면 이하.

9) 이에 해당하는 예로 –예비결정이나 부분허가와 같은– 단계적 행정행위, 잠정적 행정행위 그리고 부관부 행정행위 등을 들 수 있다.

10) 공권력이나 권력관계는 오늘날의 행정법적 이해와는 어울리지 않는 관헌국가적 잔흔이다. 행정법의 발전과 전개는 다름 아닌 비법의 세계인 권력관계를 법이 통용되는 법관계로 變換시킨 것이다. 졸저, 행정법, 110면 이하.

11) Ossenbühl, Die Handlungsformen der Verwaltung, JuS 1979, S.681. 여기서 작용형식(론)의 과제이자 임무는 행정활동을 합리화하는 것, 법에 알맞은 결정을 장려하는 것, 기본적인 사실·평가의 문제를 신뢰할 수 있는 도그마적 구조로 조정하는 것, 행정활동에 관한 법적 통제를 유도하여 개관가능하게 만드는 것이다. 따라서 작용형식의 형성은 법적용과 법실현의 과정을 위하여 막대한 부담경감기능(負擔減輕機能)을 발휘한다.

12) 법형식의 사고는 유럽연합법상으로도 강하게 각인되어 있으며, 공동체조약 제249조에 그 실정법적 연결점을 두고 있다.

그런데 전통적인 행정의 작용형식과 수단이 오늘날의 복합적인 규율상황에 적합하지 않다.[13] 형식·수단의 혼합적 현상의 원인은 바로 이 점에 있다. 복합적인 사회적 구조는 다수의 조종관계의 교차를 그 특징으로 하기에,[14] 법적 수단을 지속적으로 전개시킬 필요성은 명백하다. 특히 환경법은 원래 질서법에서 출발하여서 당연히 위험방지의 안전법적 전통과 질서법적 기본컨셉(Command and control Policy)에 바탕을 두었는데, 복합적 규율상황에 즈음하여 심각한 집행부전을 노정하였고, 그 결과 규제정책의 위기를 낳았다.[15] 그리하여 "기초적인 임무수행을 위해 상응한 작용형식의 알맞은 무기가 여전히 없다"고 종종 지적을 받는다. 탈규제화이후에 횡행하는 탈법행위에 대해 법집행을 관철할 수 없다는 지적 역시 그 일환이다. 아울러 규제일변도의 정책과 관련해서는 경제계는 광범한 환경보호를 위한 촉진책이 없다고 비난할 뿐만 아니라 경제적 능률성의 결여도 지적한다.[16]

2. 형식·수단의 혼합의 기능과 목표

Schmidt-Aßman는 복합적인 규율상황은 하나의 결정형식에 의해 대처될 수 없고, 오히려 다양한 법형식을 하나의 규율로 집약할 것을 요구하기에, 수단결합적 결정이 요구된다고 지적하였다.[17] 형식·수단의 혼합 즉, 수단의 다양성의 利點은 전개양상에서 드러난다. 즉, 개인적 행위에 대해 섬세한, 경우에 따라선 경제적으로 능률적인 조종을 가능케 하고, 또한 자극강화의 의미에서 개인적 행위가 상호 보완되게 한다. 그리하여 오늘날 환경정책에서는 수단혼합(Instrumentenmix)에 대해 압도적으로 찬동한다. 요컨대 혼합의 기능은 이런 복잡성을 처리하는 데 있다. 그리하여 혼합의 물음은 전체적으로 대처하기 쉽지 않은 복잡성의 분야에서 기왕의 법형식론, 절차론, 법관계론 및 기준론의 이행에 관한 물음이다.[18] 이런 배경에서 행정이 가동할 수 있는 형성가능한 수단이 필시 증가하고, 그에 비례하여 행정권이 더 강해진다.[19] 그리고 혼합의 목표는 이런 복잡성을 반영한다. 개개의 요소의 여러 목표는

---

13) 이런 변화에 대한 상론으로 문병효, 행정법 도그마틱의 변화에 관한 시론(試論), 경원법학 제3권 제2호(2010.11), 139면 이하.

14) Schmidt-Aßmann, Das allgemeine Verwaltungsrecht als Ordnungsidee, 2.Aufl., 2004, Kap.1 Rn.36.

15) 일찍이 1978년에 사회학자 Renate Mayntz가 환경질서법의 집행부전을 지적하였다. Regulative Politik in der Krise?. in: Matthes(Hrsg.) Sozialer Wandel in Westeuropa, Verhandlungen des 19. Deutschen Soziologentages 1979 in Berlin. S.55-81.

16) 그런데 환경기준을 준수하기 위해 지불해야 할 비용의 측면에서 신·구산업계의 부담이 매우 다르게 나타난다.

17) Schmidt-Aßmann, Das allgemeine Verwaltungsrecht, Kap.6 Rn.111.

18) Schmidt-Aßmann, Das allgemeine Verwaltungsrecht, Kap.6 Rn.76.

19) 여기서 이것이 권력분립주의와 사법심사의 강도에 관한 헌법상의 요청과 어느 정도로 일치하는지 여부는 새롭게 정해져야 할 것이다.

합동적이지는 않지만, 공통의 목적을 통해 상호 연관되어 있다.

3. 형식 · 수단의 혼합의 위험(불이익)

하지만 수단의 다양성은 불이익과 위험 역시 유발한다.[20] 병렬적으로 동원된 환경정책적 제 수단의 효력의 상호작용으로 말미암아, 목표의 실현이나 예상하지 않은 부작용의 발생에 관해서 미리 언급하기가 어렵다. 특히 Hufen은 이런 상황을 '산란효과'와 '비스듬한 저격'이라 칭하였다.[21] 환경법에서 수단의 결합은 일종의 당구놀이와 비견될 수 있다. 가령 개개의 구슬은 종종 의도적으로 부딪치는데, 하지만 프로 당구선수조차 구슬의 진행방향과 충돌효과를 정확하게 예상할 수 없으며 결코 그 구슬을 조종할 수 없다. 특히 개별경우에 형식 · 수단의 혼합이 자유제한적 효과의 결합이 될 수도 있다. 나아가 각각의 수단이 법적 명료성을 상실하게 할 우려가 있으며, 또한 혼합의 목표와 수단을 너무 곰곰이 따지게 할 우려도 있다.

Ⅳ. 형식 · 수단의 혼합의 양상과 종류

1. 행정법의 기왕의 수단의 차원

행정법의 기왕의 작용형식에도 이상의 혼합개념에 포착될 수 있는 혼합의 양상을 발견할 수 있다. 위에서 비전형적인 혼합으로 든 부관부 행정행위, 단계적 행정행위, 잠정적 행정행위 등이 이에 해당한다.[22] 특별한 주목을 끄는 것은 행정행위와 행정계약의 혼합이다. 혼합에서 비등위(종속)와 등위(대등)가 병존할 수 있다. 양 형식의 혼합은 상이한 종류와 강도의 결합을 나타낼 수 있다. 즉, 혼합의 양상은 하나의 법관계안에서 느슨한 상관관계가 존재하는 경우부터, 계약의 기초로서 행정행위를 결부시키는 경우를 거쳐, 행정행위를 발할 의무를 내용으로 하는 행정계약의 경우에 이르기까지 다양하다. 이를 강도의 등급으로 나누면, 극단에 행정행위와 -행정행위가 흡사 계약과 일체가 되어 그에 의해 대체되는 모습인- 비등위(종속)계약이 존재하는 모습이다. 그래서 주목을 받는 것이 '불완전 교환계약'(hinkende Austauschverträge)과 같은 혼합이다. 이는 일방의 주된 급부만을 규율하고 타방의 반대급부는 명시하지

---

20) Rodi, a.a.O., S.231(236).

21) Hufen, Die Grundrechte und der Vorbehalt des Gesetzes, in: Grimm(Hrsg.), Wachsende Staatsaufgaben-sinkende Steuerungsfähigkeit des Rechts, 1990, S.273(279).

22) 그밖에 독일에서는 대강적 행정행위(Rahmenverwaltungsakt)가 운위된다. 조사명령, 자가심사의무 그리고 연구의무를 확정하는 제품생산절차에서의 일괄적인 허용이 이에 해당한다. Schmidt-Aßmann, Das allgemeine Verwaltungsrecht, Kap.6 Rn.106.

않는 것인데, 행정행위와 관련된 비등위계약에 해당한다.[23] 계획과 계획목표를 실현하기 위한 일체 집행행위의 관계 역시 혼합의 차원에서 접근할 수 있는데, 계획결정은 행정행위의 안정화기능이 없을 경우에는 행해지지 않는다. 나아가 자금조성과 공공발주의 경우에도 대상자선정결정은 행정행위로, 구체적인 형성은 사법관계로 이원적으로 포착하는 이단계적 접근을 강구할 경우에는 혼합이 존재한다 하겠다.

한편 질서법적 집행형식만을 대상으로 하는 법률의 경우에도 합의적인 이행형식이 반드시 금지되는 것은 아니다. 역으로 법률상의 협력모델이라 하더라도 명령적인 수단에로의 이전이 그 자체로 배제되지는 않는다.[24] 따라서 개별법이 수단결합에 관해 아무런 언급을 하지 않는 한, 행정의 수행상의 재량(Implementationsermessen)이 출발점이 된다. 여기에 형식선택에 관한 일반적 법칙이 통용되기에, 설령 비례원칙을 내세우더라도 질서법적 수단에 앞서서 합의에 의한 해결책을 반드시 강구해야 할 것이 요구되지는 않는다.[25]

2. 환경법에서의 새로운 형상

작용형식은 행정법의 '목적적 창조물'이다. 행정법도그마틱은 우선 전통에 얽매이고, 현행법에 의존하며, 현행법에 이바지한다. 하지만 아울러 미래개방적이며, 발전적으로 변화할 가능성 역시 지니고 있다. 따라서 현존한 작용형식의 변경과 수정이 필요하다고 제안되거나 새로운 작용형식이 부분적으로 논의에 부쳐질 수 있다.[26] 행정의 작용형식에 확고한 정원은 없다. 최근 환경법과 안전법에서 진행된 급격한 발전양상으로 새로운 법형식의 움직임이 있다. 그 일환으로 환경법분야에서의 행정작용의 새로운 형상이 행정법에서의 혼합현상을 다루기 위한 動因을 제공한다.[27]

우선 환경보호전략에서 종래의 종말대처식의 방법에서 친환경적 제품생산과 절차를 도입하여 환경피해를 줄이려는 통합적 환경보호를 예로 들 수 있다.[28] 배출권거

---

23) 여기서 비등위계약(종속계약)은 상하의 관계에 있는 당사자 사이에, 가령 한 쪽은 행정이고, 다른 한쪽은 시민이나 행정에 복속하는 기타의 법인인 경우에 체결된 계약을 말한다. 등위계약과 비등위계약에 관해서는 졸저, 행정법, 353면 이하 참조.

24) Schmidt-Aßmann, Das allgemeine Verwaltungsrecht, Kap.6 Rn.77.

25) 물론 이에 대한 예외로 공익사업에서 협의취득을 강제수용보다 앞세우는 것인데, 이런 사정은 독일 역시 동일하다(§87 Abs.2 BauGB).

26) 가령 Brohm은 전통적인 행정행위개념의 완전한 포기하는 식으로 하자형식론을 근본적으로 새로이 정할 것을 주창하였다(VVDStRL Bd. 30, 1972, S.245(286f.)). 이에 대해 Ossenbühl은 작용형식의 새로운 체계를 수립하려는 자는 완전히 그릇된 공명심에 빠지고, 그런 식의 대처는 법의 발전사적 요소를 도외시 할 것이고, 궁극적으로 법외적(法外的)이라고 강변하였다.

27) 여기서의 논의는 일단 독일의 법제도를 중심으로 살펴본다. 한편 통신법 역시 이런 점에서 관심의 대상이 된다. 독일 환경법상의 양상에 관해서는 vgl. Rodi, a.a.O., S.231(241ff.)

28) Di Fabio, Intergratives Umweltrecht, NVwZ 1998, S.329ff.

래에서 도입된 인증에 따른 거래 역시 혼합의 예인데, 이런 인증부 거래는 비단 환경법의 수단에서가 아니라 그 자체에서도 고려된다. 이런 유형의 특징은 완전히 다른 법적 요소의 다양성이다. 즉, 배출권할당기간의 개시에서 인증서를 국가가 분배하고, 활당기간 중에 인증하에 사인간에 거래가 이루어지고 할당기간종료시에 인증서를 국가가 회수하는 메커니즘이다. 따라서 환경오염방지법의 법관계와 병립하는 복합적인 법관계가 존재한다.

환경감사(Umweltaudit)는 자가심사와 타자심사의 혼합으로 여겨진다. 정형화된 자기의무화에 해당한다.[29] 유럽연합의 환경경영감사명령(EG-EMAS-VO) 및 독일의 시행법(UAG)은 환경영역에서의 경제계의 자기의무화를 규범화하며, 공식화하고, 개별화한다. 참여의 법적인 연속이 공식화의 이면이다. 그리하여 모든 조직체는 자신의 환경서비스를 향상시키고 싶을 때(EG-EMAS-VO 제3조 제1항) 환경감사의 시스템에 참여할 수 있다. 그러나 참여자는 법적으로 인정된 즉, EMAS-등록부에 등록되기 위해서 법적으로 규정된 모든 조치를 경우에 따라서는 취해야 한다(EG-EMAS-VO 제3조 제2항). 기업체와 환경감정인간에는 법적 구속력이 있는 사법적 계약이 체결되어 있다.

규범집행적 협상(die normvollziehenden Absprachen)이 비공식적 행정작용과 공식적 법적 행위의 혼합의 예를 제공한다.[30] 그것은 현행규범의 집행의 양상과 관련이 있으며, 규범집행에서 법적으로 규율된 절차와 법효과결정을 수정하거나 대체한다.[31] 이에 반해 규범이 존재하긴 하나 일정한 자기의무화의 경우에는 규범상의 법효과가 중지되거나 수정되는 규범배제적 협상(die normverdrängenden Absprachen)[32] 역시 혼합이라 하겠다.[33] 규범보충적 협상(die normflankierende Absprachen)은 규범의 적용가능성과 효력을 실현하기 위해 꼭 필요한 협상을 말한다. 그것은 보충하는 규범을 대체한다. 하지만 규범이 협상에 의존할 뿐만 아니라, 역으로 협상 역시 규범에 의존한다. 규범보충적 협상은 상이한 방식으로 비공식적인 협상을 뒷받침하고 조종할 수 있다.[34]

---

29) Eifert, §19 Regulierungsstrategien Rn.90, in: Hoffmann-Riem/Schmidt-Aßman/Voßkuhle(Hrsg.), Grundlagen des Verwaltungsrechts Bd. I, 2.Aufl.(2012).

30) 협상에 관한 상세는 김연태, 환경행정에 있어서 비공식적 행정작용으로서의 협상, 공법연구 제23집 제3호, 1995; 송동수, 환경행정법상 새로운 행정작용형태: 독일법상 협상을 중심으로, 환경법연구 제22권, 2000.12. ; 이세정, 행정법상 행정청과 사인 사이의 비공식적 협상, 공법연구 34집 제4호 제2권, 2006.6.

31) Fehling, §38 Informelles Verwaltungshandeln Rn.34f. in: Hoffmann-Riem/Schmidt-Aßman/Voßkuhle (Hrsg.), Grundlagen des Verwaltungsrechts Bd.II(2008).

32) 이런 모델은 순전히 일방적으로 생각할 수 있다. Vgl. Waldhoff, §46 Vollstreckung und Sanktionen Rn.21f., in: Hoffmann-Riem/Schmidt-Aßman/Voßkuhle(Hrsg.), Grundlagen des Verwaltungsrechts Bd.III(2009).

33) 그 예로 독일 포장명령(VerpackV) 제6조 및 제8조 이하 참조.

3. 혼합의 강제성

'강제적 혼합'(zwingender Mix)의 유형은 혼합을 법적 명령으로 만든다. 이 점은 적극적인 연결, 가령 전개명령(Entwicklungsgebote)을 나타낼 수 있다. 해서 최근에는 일정한 고권조치를 위하여 가령 협의없는 인적 통제에서 사전 구상작성(사실행위로서의)의 공식적인 지시성이 주장되었다. 가령 독일 대기유지계획(독일 연방오염방지법 제47조)나 폐기물정비계획의 작성과 구속적 표시처럼 계획의 수단역시 구상화의 목적을 추구한다. 혼합의 법적 지시성은 그러나 하자론과 존속력의 물음 역시 제기한다.

V. 혼합체계형성의 방법론적 물음

1. 도그마틱적 목표설정

형식 · 수단의 혼합의 행정법적 형상의 도그마틱적 관철 역시 가능하여야 한다. 도그마틱적 관철이 가능하기 위해 먼저 전제로 하여야 할 점은, 형식 · 수단의 혼합이란 결코 마음대로의 무질서한 혼동이나 전체 행정작용의 다양성을 의미하는 것이 아니라, 법적 작용형식과 수단의 특수한 결합을 의미한다. 이때 특수한 사례에 관한 개별적으로 존재하는 착안점에 연계되어야 하는데, 그것의 일반화가능성이 탐문되어야 하고, 헌법적 규준이 탐구되어야 하고, 일반행정법의 원칙이 전개되어야 하는지 여부가 고려되어야 한다. 목표는 법의 여러 가지 차원에서의 정렬이다.[35] 그러나 "규범적 연역기법"으로 수단결합을 위한 -분쟁거리가 될 수 있는- 다른 규준을 성급하게 전개하는 것은 경고되어야 한다. 그 도그마틱의 목표는 행정작용의 합리성을 제고하는 것이어야 한다. 이것이 보장행정을 도식적으로 규범화하는 것을 의미하지는 않는다.[36] 오히려 혼합에 있어서도, 한편으로는 국가의 중립성의 하부시스템의 고유합리성을, 다른 한편으로는 사회의 자발성을 유지하여야 한다.[37] -법형식론과 분리되어야 할- 법규준론에서, 적법성 말고 다른 타당성 규준 즉, 일반적인 법원칙, 형평관점, 실행가능성, 능률 역시 포함시켜야 한다. 그런 시도는 전래적인 행정법 체계의 시스템형성과 관련이 있어야 한다. -작용형식의 구속성에도 불구하고 또한 그

---

34) 가령 독일 1997년의 폐차명령(AltautoV)이 1996년의 자동차사업계의 자기의무화를 보충하였다.

35) Rodi, a.a.O., S.231(237f.).

36) Schmidt-Aßmann, Das allgemeine Verwaltungsrecht, Kap.6 Rn.63.

37) Voßkuhle, Beteiligung Privater an der Wahrnehmung öffentlicher Aufgaben und staatliche verantwortung, VVDStRL, Bd.62(2003), S.266(307).

때문에- 개개의 형식과 수단을 결합하더라도 행정법의 체계성은 견지된다.

한편 형식 · 수단의 혼합을 법적으로 다루는 데 있어서, 적합한 규준을 구해야 한다. 적합성요청(Adäquanzgebot)은 법적 규준은 물론, 법형식에도 통용된다. 또한 법제도의 도그마틱을 유지할 필요가 있다. 그것이 혼합에서의 결합에 의해 반대방향으로 폐지되어서는 아니 된다. 그래서 법도그마틱의 적합성의 물음이 제기된다. 현행의 도그마틱에 부합할 수 없을 때는 형식 · 수단의 혼합에 대한 나름의 도그마틱을 개발하여야 한다. 형식 · 수단의 혼합을 법적으로 성립시키는 것은 법질서의 학습능력과 상응능력을 제한하는 것이 아니라, 그것을 계발하고 더욱 발전시키는 것이어야 한다. 현행의 행정법도그마틱이 수정되거나 이전되어야 하는 한, 목적론적 연역 내지 유추의 방법론적 형상이 특별한 역할을 할 것이다. 그렇지만 이런 시도는 개입행정의 영역에서는 헌법적 한계에 봉착한다.

2. 헌법적 연계

헌법적 연계는 -일찍이 Fritz Werner가 설파한- 행정법이 '구체화된 헌법'이라는 기본사고를 따른 것이다.[38] 헌법적 연결(견연)의 형식적 적법성의 물음이 제기되어야 한다. 이것은 먼저 권한질서와 관련된다. 혼합을 위해서도 권한물음에 대한 분명한 답이 존재하여야 한다-부수권한이나 사물적 상관관계에 의한 권한과 같은 법형상의 도움을 받든-. 두 번째로 혼합의 현상에서 흡사 붕괴되는 형식의 물음이 법치국가원리에 관한 논의의 배경으로부터 답해져야 한다. 세 번째로 절차법적 물음 역시 법치국가적 규준 특히 기본권의 절차법적 측면의 배경에서 밝혀져야 한다.[39] 다른 한편 실체법적 · 헌법적 물음이 제기된다: 그것은 우선 개입과 비례원칙과 관련하여 혼합의 자유권적 문제이다. 이밖에 존속보호와 신뢰보호의 물음도 그렇다. 그 다음 분배정의의 평등권적 물음이 제기된다.

---

38) 하지만 독일의 경우 오늘날에는 헌법이 유럽적 헌법으로 이해되어야 한다. 이것은 형식 · 수단의 혼합의 헌법적 연계에 대해 -혼합의 중대한 예(환경심사나 오염배출권거래의 예)가 유럽법의 특징을 지면- 더욱더 통용된다. 한편 현재의 우리 공법의 문제상황 전반을 보면, 두드러진 특징은, 헌법적 물음과의 적조함이 아니라, 정반대 즉, 헌법과 그것의 원리에 대한 과도한 치유기대감이라 하겠다. 효력의 우위는 헌법이 누리지만, 적용우위는 행정법이 누린다는 점을 새삼 강조할 필요가 있다.

39) 여기서 절차법적 요청의 헌법적 근거를 곱씹어 보아야 한다. 독일의 경우 오늘날에는 행정법의 일반원칙과 행정절차의 요청을 우선 개별 기본권에 의거하여 도출하지만 우리는 법치국가원리나 적법절차에서 도출하는 것이 일반적이고 그에 대해 의문조차 제기되고 있지 않다. 이제 관련 논의를 효과적으로 전개하기 위해 상대적으로 막연한 적법절차의 원칙보다는 기본권 및 법치국가원리에 행정절차의 착안점을 두는 것이 바람직하다. 이런 사정은 졸저, 행정법, 441면 이하.

Ⅵ. 적용법이 무엇인지의 물음

1. 통일적 고찰이냐 분리적 고찰이냐

형식·수단의 혼합에 적용가능한 법에 대한 물음에서, 원칙적으로 두 가지의 해결 선택이 전개된다: 혼합을 전체로서 통일적으로 고찰하는 것(일괄적 접근)과 혼합된 법적 행위 내지 사실행위를 분리되게 고찰하는 것(개별적 접근). 물음에 대해 일률적으로 답해질 수는 없지만, 경향은 나타낼 수 있다. 형식·수단의 혼합의 부분이 상호 결합되면 될수록, 통일적인 법적 고찰은 더욱 강하게 부각된다. 반면 법적 규율과 그것의 도그마틱적 관철이 합치되지 않으면 않을수록, 달리 말해 더욱더 강하고 상세하게 각인되면 될수록, 형식·수단의 혼합의 각 부분의 분리적 접근이 강구될 수 있다. 이런 원칙은 행정법을 넘어서 일반화될 수 있다. 가령 민사법에서도 혼합계약론에 의해 입증된다. 후술할 소위 이단계론으로부터도 시사점이 도출된다.

이어 제기되는 물음이 적용가능한 법의 수정의 물음이다. 통일적 고찰의 경우에도 구별된 접근을 강구하는 것이 요구될 수 있다. 반면 분리적 접근의 경우에도 다음의 연계적 물음이 제기된다. 즉, 원칙적으로 분리적용이 가능한 법이 수정을 겪는지 여부이다. 이것은 두 가지 방법으로 생각가능하다. 혼합과 상관관계에 있는 법적 결과가 적합하지 않은 경우, 목적론적 연역이나 유추의 방법론적 물음이 제기된다. 법적 결과의 중복이 있을 경우, 혼합의 부분요소가 동일한 목표를 추구하는 한, 부분요소에 의해 법적으로 인정된 달성된 목표가 다른 부분요소를 법적으로 판단함에 있어서 인정될 수 있는지 여부의 물음이 제기된다. 법의 관점에서는 보전의 물음에 해당한다(후술).

2. 이단계이론으로부터의 시사점

2단계적 법관계가 존재할 수 있다는 것 즉, 조치와 그것의 집행이 필연적으로 하나로 되지 않을 수 있다는 것은 행정법에서 다툼의 여지가 없다. 행정행위가 급부를 허용할 수 있으며, 또한 이를 위한 단순한 요건일 수도 있다는 점은 독일 행정절차법 제48조 제2항 제1문에 의해 명시적으로 확인된다. 이에 반해 이단계적 법관계가 언제 상이한 법체제의 지배를 받는지의 물음은 다투어지고 있다. 이단계이론(二段階理論)이란 해당 법률관계가 사법관계일 때, 그것의 성립여부결정을 따로 공법행위(행정행위)로 구성하는 것이다. 이것은 과거 독일에서 50년대 초에 '이브닝드레스의 에 바'란 제명의 영화제작지원(채무보증)을 거부한 사건에서 H.P. Ipsen이 감정의견에서 주장한 것이다. 이는 권리구제확대를 위해 私法關係에 어떤 식으로 든 공법적 통제를 개재시키기 위한 고심의 소산이었다. 법치국가적 구속과 함께 사법관계의 유지를 강구할 수 있다는 점에서 이단계이론은 이상적 해결방안으로 여겨져 급속히 공감대를 형성하였지만, 얼마 지나지 않아 의제적인 이원적 구성에 따른, 법리상의 태생적 취약점이 지적되면서, 그것은 급속히 지지기반을 상실하여 지금에는 일원적 구성이 지배적으로 선호되고 있다. 요컨대 동 이론의 근원은 공법을 사법으로부터 해방시키는 데, 즉 협력적 행정법관계를 완전히 민사법에 맡기지 않으려는 노력에 있다-그것의 대안은 민사법의 공법적 중첩에 있을 것이다.

3. 보전의 원칙

보전의 원칙(Kompensationsprinzip)은 일찍이 Voßkuhle에 의해 혼합적 수단에 의한 해결을 위해 전개되었다.[40] 그는 보전을 지도사상으로 하여 여기서의 혼합의 양상을 다섯 가지 모델타입으로 나누었다: 중화모델, 상계모델, 기본구상의 교환, 부담금 그리고 손실보상. 중화모델의 경우 법적으로 바람직하지 않은 일정한 제한을 피할 수는 없으되, 완화하는 것이다. 가령 보호목적으로 부담으로서의 부관을 부가하는 것이 그 예이다. 친환경제품을 위한 이용상의 법적 이익 역시 보전이 될 수 있다.[41] 상쇄모델은 법적으로 바람직하지 않은 일정한 제한을 절감시키는 것이 아니라 다른 제한 내지 이익에 의해 상쇄하는 데서 중화모델과는 구별된다. 가령 독일 연방오염방지법 제7조 제3항, 제17조 제3조의 a에 의하면, 전반적으로 일정한 기준을 준수하면 개개의 요청을 벗어날 수 있다. 기본구상의 교환의 경우 법률상으로 대안적 의무가 규정되어 있다. 가령 독일 제품포장명령(VerpackV) 제6조 제3항과 제9조에 따른 자기의무화에 의해 배척할 수 있는 의무를 동명령 제6조 제1항과 제2항 및 제8조가 규정하고 있다(이원적 시스템).[42] 기본구상의 교환은 환경사전심사의 경우에도 관련 규율이 사전심사에의 참여를 규범배척적인 자기의무화로 만드는 경우에 생각할 수 있다. 하지만 독일에서 환경사전심사의 도입은 행정의 부담경감과 탈규제에 관한 논의와 연계되어 있었다.[43] 부담금모델은 제한시에 특별부담금이 징수되어 목적에

40) Voßkuhle, Das Kompensationsprinzip, 1999, S.74.

41) 자동차배출가스에 의한 오염을 방지하기 위해 자동차운행을 금지한 지역에서 전기자동차운행을 예외적으로 승인한 경우.

42) 이에 관한 오래된 문헌으로 Fritz Flanderka, 독일에서의 포장물법과 이원체제(Duales System) : 생산자책임의 실천의 예, 환경법연구 제19권(1997.12.) 42면 이하 참조.

43) 환경경영감사명령(EG-EMAS-VO)(2001)의 제10조 제2항은 -조직은 물론 행정청에 대한 이중적 업무비용을 피하기 위해 회원국으로 하여금 환경규정의 시행과 실현에서 동명령에 따른 EMAS-등록부가 어떻게 고

결부되어 그것을 완화시키기 위해 활용되는 경우에 보전으로 귀결된다. 이에 반해 손실보상모델의 경우 원인유발자가 금융적 보전을 할 의무를 진다.[44]

4. 특히 부관과 관련한 특별한 문제[45]

(1) 사법형식의 부담이행행위의 문제

행정실무상으로 허가조건인 셈인 사법상 증여계약을 결부시키는 경우나 허가조건으로 -기부채납부관의 형식으로- 사법상 증여계약이나 무상양도를 내용으로 하는 부담을 부가하는 경우가 종종 있다. 전자는 실질은 공법적 이슈이나 사안의 존재형식은 사법적 차원인 상황인 반면,[46] 후자의 경우는 행정법적 의의를 갖는 행정행위의 부관에 사법적 성질의 내용이 병존하는 공·사법관계가 중첩되는 상황이다. 이는 일종의 형식·수단의 혼합의 상황이다.

판례는 사법적 형성(사법상의 의무이행관계)을 공법적 근거의 연장 즉, 부담이행의 차원에서 바라보지 않고, 별개로 바라본다.[47] 즉, 부담은 그것의 사법적 이행행위에 대해 동기 내지 연유에 그친다고 본다(이른바 독립설).[48] 반면 문헌은 이를 부담이행의 차원에서 접근하여 부담의 무효나 취소는 곧바로 사법관계의 무효를 가져다주며 그리하여 일종의 부당이득의 상황이 발생한다고 본다(이른바 종속설).[49] 양 입장은 각기 취약점이 있다. 독립설의 경우 이런 식의 부담은 소위 사법에로의 해방을 가져다줄 우려가 있어서 공법적 구속을 면탈하기 위해 그런 접근이 악용될 여지가 있으며, 종속설의 경우 기왕의 형성된 사법관계를 도외시하여 법적 안정성을 훼손시킬 수 있다. 이원적 법관계를 단순화한다는 차원에서 독립설이 나름 이점(利點)이 있지만, 순전히 사법적 논리로 접근하는 것은 문제가 있다. 권리구제의 용이함을 위해 최종의 법관계를 대상으로 다투되, 즉, 민사사건으로 다투되, 서로 교호적인 公·私法關係를 감안하여 공법적 관점을 강하게 투영하는 것이 바람직하다. 부담을 단순한 동기 등으로 포착하는 것은 바람직하지 않다.

려될 수 있는지를 심사하도록 과하였다.

44) 독일 행정절차법 제74조 제2항 제3문에 의하면 계획사업주체에게 과해진 사전대비수단이 실행불가능하거나 계획안과 일치하지 않으면 관련인은 손실보상청구권을 행사할 수 있다.

45) 이하의 내용은 졸저, 행정법, 291면 이하를 약술한 것이다.

46) 지방자치단체가 골프장사업계획승인과 관련하여 사업자로부터 기부금을 지급받기로 한 증여계약과 관련하여, 판례는 실질이 부관인 점에 착안하여 부관의 한계논의를 사법계약에 그대로 대입하여 논증하였다(대법원 2009.12.10. 선고 2007다63966판결). 이는 일종의 형식남용의 문제이다. 사법에로의 도피를 막기 위한 행정사법론이 적용되거나 여기서의 계약을 공법계약으로서의 행정계약으로 접근할 필요가 있다.

47) 대법원 1999.5.25. 선고 98다53134판결.

48) 대법원 2009.6.25. 선고 2006다18174판결.

49) 정하중, 행정법개론, 2012, 234면; 박균성, 행정법론(상), 2012, 271면; 박정훈, 행정법의 체계와 방법론, 2005, 317면.

(2) 부관부 '교섭적 행정행위'의 문제

부관을 오로지 보조수단인 양 여기는 것은 바람직하지 않거니와, 행정청이 일방적으로 붙이는 것으로만 생각하는 것도 지양하여야 한다. 협력적 행정법에서 부관은 규율상대방과의 협력에서 세심한 조종을 위해 동원될 수 있다. 실제로는, 규모가 큰 사업에 있어서는 더욱이 행정청과 상대방(허가의 신청자 등)과의 협의·협상(비공식 행정작용)을 통해, 혹은 정식의 계약을 통해 정해지는 예가 많이 있다.[50] 가령 판례는 송유관이설협약과 관련하여, "부담을 부가하기 이전에 상대방과 협의하여 부담의 내용을 협약의 형식으로 미리 정한 다음 행정처분을 하면서 이를 부가할 수도 있다"고 판시하여 그것을 부담으로 접근하였다.[51] 그런데 이때 협력의 한계는 부관의 수단으로부터 생겨나지 않고, 행정협력법의 차원에서 법치국가원리적, 민주적 틀이 설정한 범주로부터 생겨난다. 따라서 부관부 '교섭적 행정행위'는 행정계약에 대신하여 계약적 규율이 허용되지 않는 경우에만 제한적으로 허용되는 것으로 보아야 한다. 하지만 사안을 행정계약차원에서도 접근할 수 있다.[52]

Ⅶ. 형식·수단의 혼합의 한계

이는 형식·수단의 혼합의 불허용성의 문제이다. 그러나 형식·수단의 혼합의 필요성의 시인과는 별도로 그것을 무분별하게 허용하면 법적 안정성이라는 법치국가원리의 핵심에 저촉된다. 형식·수단의 혼합은 기본적으로 행정에 대해 재량이 인정되는 상황에서 가능하다. 형식·수단의 혼합이 복잡한 행정현상에 대처하기 위한 도구적 성격을 갖는다는 점에서 행정법의 일반원칙인 부당결부금지의 원칙 역시 그것의 한계를 설정하는 데 이바지한다(후술). 여기에 좀 더 구체적인 한계설정이 요구되는데, 기왕의 행정법도그마틱 가운데 추가적 규율로서의 부관의 허용성에 관한 논의가 착안점을 제공한다.[53]

먼저 환경법의 차원에서는 국가는 일정한 보호수준 즉, 생태적 최소한의 생존수준을 엄격한 질서법에 의해 보장하여야 한다. 여기서 수단의 생태적 효과를 위한 과소보호금지의 원칙을 도출할 수 있다.[54] 즉, 수단결합은 이런 보장책임을 규제적-명령

50) 김남진, 교섭·합의에 의한 부관의 효력, 법률신문 제2453호(1995.11.); '교섭에 의한 부관'의 가능성과 한계, 법률신문 제2800호(1999.6.).

51) 대법원 2009.2.12. 선고 2005다65500판결.

52) 졸저, 행정법기본연구Ⅰ, 463면 이하 참조.

53) 졸저, 행정법, 283면 이하; Michael, §41 Rn.103f.

54) 국가의 기본권보호의무 자체가 비례적으로 이행되어야 할지 여부가 문제되는데, 독일 연방헌법재판소는 이를 인정하는 입장을 취하였으며 그 논의는 과소금지의 원칙이란 틀로서 수용하였다(BVerfGE 39, 1.). 우리 헌

적인 그물망(Auffangnetz)에 의해 공고히 하여야 한다. 따라서 원자력법이나 유전공학법과 같은 분야에서는 국가의 지속적인 감독은 포기될 수 없다.

한편 법률상의 수권의 필요성은 원칙적으로 형식 · 수단의 혼합에도 통용된다. 형식 · 수단의 혼합에 관해 개별법규정이 있으면 논외이고, 그렇지 않더라도 기속행위인 경우에 법률요건충족적 혼합은 문제가 되지 않는다. 비록 (기속행위에서) 특정의 고권적 행위에 관해 청구권이 성립하더라도, 특정 작용형식에 관한 수권이 이를 넘어서 흡사 부록으로 형식 · 수단의 혼합까지도 수권한 것인지 여부의 물음은 부인되어야 한다. 즉, 기속행위인 경우 법률요건충족적 혼합만이 허용될 수 있다.[55]

재량행위론은 그대로 형식 · 수단의 혼합에도 통용된다. 비례원칙에 따라 그리고 부관의 본질에 비추어 부관의 부가는 행정행위의 목적에 배치되어서는 아니 된다. 즉, 행정처분의 본질적 효력을 해하지 아니하는 한도의 것이어야 한다.[56] 마찬가지로 형식 · 수단의 혼합의 요소는 그것의 목적합치성에서 심사되어야 한다. 한편 비례원칙과 관련해서는 전통적인 관점에 의하면 과잉금지가 개별조치를 상대로 한다는 점에서, Kloepfer는 환경법을 위해서는 비례원칙을 탈개별화할 뿐만 아니라, 총체적인 비례성의 의미에서 환경정책적인 전체 평가와 자유에 관한 전체 평가를 함께 목표로 삼을 것을 제안하였다.[57]

Ⅷ. 형식 · 수단의 혼합의 중요한 형식적 적법성에 관한 논의

1. 수권규범

형식 · 수단의 혼합이 제기하는 문제는 그것의 모든 요소를 위하여 수권규범이 존재하여야 하는지 여부이다. 법률유보가 주효할지 여부 및 기본권적 개입이 존재하는지 여부의 물음에서, 일률적인 전체적 고찰은 배제하는 것이 바람직하다. 법률유보

법재판소 역시 과소보호금지의 원칙에 의거하여 국가의 보호의무의 위반을 인정하였다(헌재 2008.12.26. 2008헌마419 · 423 · 436(병합)).

55) 한편 기속적 행정행위에서 법률요건충족적 부관의 부가를 명문으로 허용하는 독일 행정절차법 제36조 제1항과 같은 법규정이 없는 이상, 우리의 경우 기속행위에서의 부관부가는 전적으로 행정법도그마틱에 맡겨져 있다. 기속행위에서 부관의 부가는 다름 아닌 청구권의 제한이기에 당연히 법률적 수권이 요구된다. 또한 기속행위라 하더라도 법률요건충족적 부관이 예외적으로 허용되는 이유는, 그것이 요건불비에 따른 거부행위에 비하면 완화된 수단인 셈이고, 청구권성립을 저지하는 거부사유가 부관을 통해 미연에 제거될 수 있기 때문이다. 그렇지만 "일반적으로 기속행위나 기속적 재량행위에는 부관을 붙일 수 없고 가사 부관을 붙였다 하더라도 무효이다"라는 대법원 1995.6.23. 선고 94다56883판결이 잘 보여주듯이, 판례는 기속행위에 대한 부관부가가 절대적으로 불가하다는 입장을 취하고 있다. 원칙적 입장은 타당하지만, 그것의 수정가능성 즉, 법률요건충족적 부관의 부가가능성을 원천 봉쇄한 것은 문제이다.

56) 대법원 1997.3.14. 선고 96누16698판결.

57) Kloepfer, Umweltrecht, 2.Aufl., 1998, §5 Rn.282.

는 (적어도) 혼합의 부담적 부분을 위해서는 주효하여야 할 것이다. 연관된 물음은 명확성과 수권근거에 대해서 어떤 요청을 설정하여야 할지 분명한 부수적 수권 역시 생각할 수 있는지 여부이다. 그 답은 기본권관련성의 강도에 좌우되는데, 이 강도는 형식·수단의 혼합의 개별요소를 위해 다시금 평가되어야 한다. 청산의 물음은 수권규범의 필요성이나 명확성의 물음에서 제기되어선 아니 되고, 기껏해야 비례성에서 제기될 수 있다.

2. 형식강제

형식강제가 혼합에 배치되는지 여부의 물음에 앞서, 비공식적 행정작용의 허용성과 관련하여 이미 문헌에서 상론되었던 다음의 두 가지 문제제기가 있다. 첫 번째 물음은 형식원칙으로의 법치국가원리가 허용된 형식의 정원제(numerus clausus)를 초래하는지 여부이다. 정형적인 법치국가원리에 관한 엄격한 주장은 관철될 수가 없다. 행정의 형식선택의 자유로 인해 이는 정당하다. 형식의 허용성은 그것의 법률상의 규범화에 필연적으로 의존하지는 않는다. 다음 두 번째 물음은, 경우에 따라서는 형식강제가 해석을 통해 법률의 규율적 상관관계로부터 도출될 수 있는지 여부이다. 이것이 가능한지 여부와 어떠한 요건하에서 가능한지가 매우 다투어지고 있다. 한편으로 독일 연방헌법재판소는 예로 독일 폐기물법으로부터 법률적 협력모델을 도출하였고, 규율영역을 위하여 일반화하였다; 이런 범주에서 협력의 일정한 형식이 긍정적으로 근거가 지워졌다.[58] 다른 한편 독일 문헌에서는[59], 필요한 경우 형식강제의 의미에서의 배제조항이 분명히 도출되어야 한다고 요구된다.

형식과 수단의 교환가능성의 물음이 문제되었다. 혼합의 경우 세 번째 물음, 즉 교환가능성을 전제로 하여 상이한 형식과 수단이 상호간에 결합될 수도 있는지 여부이다. 포장세를 위한 독일 연방헌법재판소의 결정은 결합가능성의 측면에 대해서도 한계를 설정하고자 한다. 그러나 결합금지에 대해서는 높은 요구를 설정해야 하는데, 형식금지보다 더 높은 요청을 설정해야 한다: 법률상관관계로부터 그것을 도출하는 것은, 법질서의 모순이 없어야 한다는 원칙을 넘어서, 그것이 필요한 경우에 의문 없이 해석 특히 법률의 의미에서 그 필요성이 생겨나야 가능하다 할 것이다. 그렇지만 자의금지에 연유한 형식남용(Formenmissbrauch)[60]의 일반적 금지를 유의하여야 한다. 따라서 형식과 수단의 혼합이 있더라도, -사안에 의해 유발되지 않는-

58) BVerfGE 98, 83(97ff.); 106(121ff.).
59) Schmidt-Aßmann, Das allgemeine Verwaltungsrecht, Kap.6 Rn.77.
60) Hoffmann-Riem, §33 Rechtsformen, Handlungsformen, Bewirkungsformen Rn.110ff. in: Hoffmann-Riem/Schmidt-Aßman/Voßkuhle(Hrsg.), Grundlagen des Verwaltungsrechts Bd.Ⅱ(2008).

법형식의 變位와 解消가 초래되지 않을 것이다.

3. 절차법

형식·수단의 혼합이 그들의 요소에 통용되는 절차를 제한하는 것도 초래할 수 있다. 여기서는 일반원칙의 전개가 필요하다. 그것들은 기본권적 요청과 일반법원칙(그리고 독일의 경우 추가로 유럽연합법적 기준)으로부터 전개되어야 한다. 절차법적 측면에서 매우 필요하게 여겨지는 점은, 형식·수단의 혼합이 개별행위의 행정절차법과 마찬가지의 절차법적 요청을 충족하는 것이다. 해서 기본권보호를 위해서 절차상의 강제가능한 의무 및 배제규율은 법률적으로 근거가 있어야 한다고 요구된다.[61] 그리고 혼합에 참여하는 여러 고권주체들이 그들의 조치를 서로 맞출 수 있기 위해 서로를 아는 것이 요구된다. 정보제공의무는 정보교환권능과 상호 관련이 있다. 절차간소화에 이바지하는 정보권능은 행정청의 활동을 조응시키기 위한 요건이 된다. 나아가 행정절차법의 어떤 일반법원칙이 혼합에도 적용되어야 할지에 대해서 물음이 제기되어야 한다. 이때 절차법관계의 사고는 상응한 법률적 성립요건의 체계적, 목적론적 해석의 범주에서 중요한 역할을 할 수 있을 뿐만 아니라, 불문의 절차법적 종된 의무의 근거일 수도 있다. 절차법적 최소한의 기준으로 행정절차법의 절차법칙(중립성, 청문, 문서열람, 이유강제, 통지 등)은 경우에 따라서는 그것의 직접적인 적용범위를 넘어 적용되어야 한다.

4. 투명성

행정활동의 증가된 복잡현상으로서의 모든 혼합은 투명성원칙(행정절차법 제5조)의 물음을 제기한다. 그러나 이것이 혼합이란 처음부터 불투명성의 오점을 지닐 것이라고 의미하지는 않는다. 반대로 그것의 행정법적 포착은, 정연한 구조를 명료하게 설명하고 그리하여 투명성을 위한 요건을 제시하는 데 이바지한다. 다수의 개개행위를 혼합으로 보는 것은, 이들의 상관관계를 시작부터 투명하게 만든다. 나아가 투명성의 차원에서 혼합에 참여하는 여러 고권주체는 서로 알 수 있어야 할 뿐만 아니라, -심지어 자신들의 제 조치를 서로 맞추고 기본권보호에도 적합할 수 있도록 하기 위해- 서로 알려 주어야 한다.

61) Schmidt-Aßmann, Das allgemeine Verwaltungsrecht, Kap.6 Rn.156.

Ⅸ. 형식·수단의 혼합의 중요한 실체적 적법성에 관한 논의

1. 기본권개입의 문제

기본권충돌의 균형에서, 특히 보호의무와 개입의 竝發에서 "총체적 비례성"의 기본권적 물음은 이미 알려졌지만,[62] 이 물음은 형식·수단의 혼합에서 새롭게 심화되어 제기된다. 부담이 수익과 상관관계에 있을 때는 부담의 축적의 물음만이 아니라, 차감의 물음도 제기된다. 총체적 고찰은 비례성의 모든 단계에서 도그마틱적 물음을 던진다. 총체적 고찰이 대저 문제되는지 여부는 혼합의 귀속가능성에 좌우되어야 할 것이다. 자유제한은 우선 그것이 동일한 기본권주체와 관련이 있는 한에 있어서만 가산되거나 차감될 수 있다. 자유제한적 요소는 두 번째로 그것이 고권주체에 귀속될 수 있는 한에 있어서만 포함되어야 한다. 그런데 혼합의 경우, 경우에 따라서는 다수의 고권주체 및 간접적인 귀속이 문제될 수 있다. 전통적인 방법으로 간접적이고 중첩적인 귀속의 이런 물음은 전래적인 기본권개입개념과 그것의 확대 내지 해소하에서 논의된다. 기본권개입을 인정하는 데 많이 논의되는 목적성은[63] 유일한 기준은 아니며, 특히 인과관계의 물음이 더 강력하게 핵심이 될 수밖에 없을 것이다. 사인과의 협력에 바탕을 둔 기본권제한적 효과는 국가에 귀속될 수 있다.

요컨대 총체적 고찰에서 보자면, 기본권개입을 인정하는 데 있어서 기본권제한의 강도를 강하게 목표로 삼아 해결하려는 것이 경향이다.[64] 구체적으로 기본권제한에서의 비례원칙과 관련해서 보면[65], 적합성의 원칙의 경우 제 수단이 상호 배척하는지 여부의 물음이 제기된다. 그것의 합헌성심사에서 기능장애적인 부작용에 대비해서 평가특권이 인정되어야 한다. 즉, 적합성의 원칙은 최적의 적합성이나 심지어 목적의 최적의 실현을 요구하지 않는다. 대신 극단적으로 부적합한 조치를 금지하는 것으로 충분하다. 독립되어 고찰하여 더 약한 수단이 혼합과 결부된 부담의 위헌성을 초래한다는 의미로 필요성의 원칙의 물음은 약화될 수밖에 없을 것이다. 물론 기본권개입이 강하면 강할수록, 필요성의 물음에서 심사권한은 확대된다. 그리고 상당성의 원칙과 관련해서도 부담과 授益을 알맞게 대조하여 정산하는 것을 고려해야 할 것인데, 법원의 심사는 수인한도의 한계가 견지되었는지 여부의 물음으로 제한된

62) Hoffmann-Riem, Reform des Allgemeinen Verwaltungsrechts: Vorüberlegungen, DVBl. 1994, S.1381 (1384ff.).

63) 이 물음은 특히 경고 등과 같은 행정의 정보행위에서 두드러진다. 졸저, 행정법, 367면 이하.

64) Michael, §41 Rn.119.

65) 비례원칙의 사법심사의 강도에 관해서는 졸저, 행정법, 42면 이하 참조.

다. 여기서 법원은 그 자신 나름의 최적화고려를 해서는 아니 된다. 하지만 헌법상의 보호법익이 직접적으로 충돌하는 경우에는 비례성심사를 대신하여 양 보호법익의 실제적 조화의 명령이나 최대한 균형의 명령이 통용되어야 한다. 다만 수단혼합의 경우에 부담이 授益에 의해 메워지는 한, 헌법적 규준이 총체적 고찰에 의해 완화된다. 즉, 수단결합은 하나의 수단이 다른 수단의 결함을 수정하거나 누그러뜨릴 경우에는 법치국가원리적 문제점을 심지어 축소시키는 데도 유용할 수 있다.[66]

2. 법적 명료성과 모순 없음 등

비록 법적 구조가 복잡하게 되더라도, 국가활동은 법의 명료하고 간단해야 한다는 원칙을 고려해야 한다. 특히 반대방향의 혼합양상이 발생할 경우에는 그 수단간에 모순이 없어야 한다. 법치국가원리 내지 자의금지는 형식·수단의 혼합의 요소가 서로 모순되지 않을 것을 요구한다. 허나 모순이 없을 명령(원칙)이 어느 정도로 미칠지는, 특히 소위 체계적합성을 포함하는지 여부는 다투어진다. 여기서 행정이 '체계합치적 수단'만을 행사할 수 있다는 일반적인 요청은 법적으로 근거지울 수 없다.[67] 가령 법률이 질서법만을 규율한다 하더라도 단지 그 이유로 비공식적인 수단이 배제되는 것은 아니기에, 형식·수단의 혼합에 즈음하여 법질서의 단일성의 이념을 너무 의식하는 것은 곤란하다.

3. 부당결부금지의 원칙

형식·수단의 혼합을 위한 법적 한계가 부당결부금지(Koppelungsverbot)로부터 생겨난다. 부당결부금지는 우리는[68] 물론 독일의[69] 경우에도 일반적 법원칙으로 받아들여진다. 그래서 동 원칙은 부관의 한계, 행정계약의 적법성 요건, 행정의 실효성확보수단의 위헌성 여부 등과 같은 통상적인 적용경우를 넘어 통용된다. 또한 법관계가 어느 정도로 사법적인 것으로 또는 공법적인 것으로 성격이 부여되어야 할지에 상관없이 동 원칙은 통용된다. 동 원칙은 우리는[70] 물론 독일에서도 판례에 의해 일찍부터 발전되어 왔다. 부당결부금지의 원칙과 관련해서는 4가지 측면을 구분하여 논증하여야 한다.[71] 즉, 먼저 연계된 상관관계가 내적 상관관계이어야 하고, 형식에

66) Michael, §41 Rn.125.
67) Schmidt-Aßmann, Das allgemeine Verwaltungsrecht, Kap.6 Rn.77.
68) 대법원 1997.3.11. 선고 96다49650판결.
69) BVerwGE 92, 56(65).
70) 동 원칙이 헌법차원의 것인지 법률차원의 것인지 다툼이 있지만, 동 원칙 역시 법치국가원리와 자의금지에서 도출된 것이어서 당연히 헌법차원의 효력을 갖는다. 追論: 위반의 효과는 원칙적으로 단순 위법에 그친다.

의해 성립하지 않은 것이어야 한다. 두 번째로 경우에 따라서는 경제적 상관관계가 고권의 방기가 되어서는 아니 된다. 세 번째로 실체에 반한 동기와 권력의 남용은 배제되어야 한다. 네 번째로 유보 없는 현존한 법적 청구권은 반대급부에 의존해서는 아니 된다. 아무튼 급부와 반대급부가 합치하는 한, 수권규범이 충분한 법적 상관관계를 제공한다.[72]

X. 형식·수단의 혼합에서 존속력과 하자론

1. 신뢰보호

신뢰보호의 경우 신뢰조성을 한 데 따른 책임귀속의 가능성의 문제이다.[73] 혼합의 범주에서 고권주체가 단지 간접적으로 영향을 미친 신뢰조성의 상황이 국가에 대해 귀속할 수 있는가? 논의는 비공식적 행정작용의 영역에서 행해진다. 공식적인 법제정을 포기했다는 소극적인 기대전망이 아니라, 구속적인 협상의 적극적인 뒷받침이 국가에게 귀속될 수 있는 신뢰를 성립시킬 수 있다.[74] 나아가 다수의 법적 행위의 결합상태로부터 신뢰를 근거지우는 확고함이 성립하는지 여부의 물음이 제기된다. 이때 문제는 -후속효과가 설정되어야 할- 소위 '사전효과'이다. 다른 법적 행위를 위한 바탕이 되는 법적 행위가 특별한 신뢰를 누린다. 가령 배출권거래의 경우에 인증을 위한 가격책정을 포함한 전체 배출권거래는 할당규칙의 조건과 존속에 바탕을 두고 있다.

2. 존속력의 상호연관성 문제

존속력의 물음은 형식적 고찰에 좌우된다. 그것은 모든 법적 행위에 대해 분리하여 답이 내려져야 한다. 따라서 형식·수단의 혼합의 경우에도 존속력의 물음은 혼합 전체가 아닌 혼합을 이루는 부분요소 즉, 각각의 형식·수단에 대하여 제기된다. 하지만 상이한 법적 행위를 혼합으로 파악한 즉, 모든 부분요소를 위해 밝혀져야 할

71) Bonk, in: Stelkens/Bonk/Sachs(Hrsg.), VwVfG, §56 Rn.3.

72) Gurlit, Verwaltungsvertrag und Gesetz, 2000, S.338.

73) 한편 신뢰보호의 원칙의 근거와 관련해서 대부분의 행정법문헌은 법적 안정성설이 독일에서의 다수학설과 판례가 취하는 입장이라고 소개한다. 그러나 독일의 연방헌법재판소는 변화된 입장을 취한다. 과거와는 달리, 근자에는 특히 부진정소급효의 헌법적 허용성에 관한 심사에서 해당 기본권(예: 재산권, 직업자유 등)으로부터 당사자의 신뢰보호를 도출하고 있으며, 다만 신뢰를 보호할 만한 상황이 개별기본권의 보호영역에 포함될 수 없는 경우에 법치국가원리를 동원하였다(BVerfGE 45, 142(168); 72, 200(242)).

74) 이런 방향으로 Kloepfer, Alte und neue Handlungsformen staatlicher Steuerung im Umweltbereich, in: König/Dose(Hrsg.), Instrument und Formen staatlichen Handelns, 1993, S.356f.

물음인 적법성과 존속력의 물음은 부분요소의 상호간에 영향을 미칠 수 있다.[75] 그런 문제점을 해결하는 것은 존속력에 관한 일반론과 상관관계가 있는데[76], 존속력에 관한 일반론은 다수의 법적 행위의 상관관계가 문제되는 경우에는 취약점을 드러낸다. 부분요소의 존속력 상실이 혼합의 다른 법적 행위에 대해 영향을 미치는지 여부의 물음은 특히 필수적인 혼합의 양상에서 제기된다. 어떤 법적 행위가 다른 법적 행위에 대해 실체법적으로 의존하는 것은 원칙적으로 하나의 일체적 법관계의 성립과 관련이 있다. 결코 법적 행위의 존속이 상호 의존한다고 보아서는 곤란하다.[77] 따라서 혼합에서의 각각의 수단의 존속력이 상호관련성(Konnexität)을 갖는다는 원칙은 결코 존재하지 않는다. 가령 혼합의 부분요소의 존속력이 필연적으로 서로 상관관계에 있지 않을 경우, 이것이 혼합안에서의 존속력붕괴에 관한 법효과를 배제하지는 않는다. 그런 식의 효과양상을 -그러나 예외규율로서- 위헌위법으로 무효로 판시된 법률과 이런 법률에 의거한 존속력이 발생한 결정간의 관계에서 찾을 수 있다. 가령 독일의 경우 위헌인 법률의 집행과 관련하여 그에 의거한 결정은 위헌결정과 무관하게 존재할 수는 있지만 그것의 집행은 허용되지 않는다(독일 연방헌법재판소법 제79조 제2항).[78] 혼합의 모든 부분요소를 위한 존속력과 신뢰보호는 진전된 현실화와 함께 성장한다. 이런 상관관계에서 제3자에게 유리하게 계약과 행정행위를 결합시킨 경우에 특별한 문제가 제기된다. 이 모든 경우에 행정법도그마틱은 기본행정행위에 대한 통용상의 의문으로부터 또는 계약차원의 급부장애로부터 도출할 수 있

75) 가령 독일 연방오염방지법 제47조의 대기유지계획의 무효가 하명에 대해 영향을 미치는지 여부 그리고 하자가 경우에 따라서는 개개의 법적 행위의 존속력에 대해 어떤 관계에 있는지 여부의 물음이 제기된다.

76) 하지만 존속력에 관한 국내 논의는 매우 단순하다. 일부 문헌은 존속력을 내세우지 않고 -그에 상응한 내용을- 불가쟁력과 불가변력을 논의하는가 하면, 일부 문헌은 절차적 존속력과 실체적 존속력으로 나누어 전자에 불가쟁력을, 후자에 불가변력을 논의하며, 일부 문헌은 불가변력과 별도로 규준력에 해당하는 내용을 실체적 존속력으로 보기도 한다. 이런 논의가 과연 의미가 있는지 곱씹어 볼 필요가 있다. 행정행위의 실체적 존속력의 문제와 관련해서, 독일에서는 행정행위와 판결 간에 차이점은 전제하면서도, 판결의 기판력을 벤치마킹하여 새롭게 접근하는 것이 일반화된 지 오래이다. 하지만 우리의 경우 일부 문헌을 제외하고서는 대부분의 문헌은 실체적 존속력에 대해 기존의 불가변력적 이해를 고수하고 있다. 이제 행정행위의 구속효 전반을 체계화하기 위해 새로운 접근을 강구할 필요가 있다. 상론은 졸저, 행정법, 231면 이하 참조.

77) 여기서 문제되는 것이 위법한 부관과 본체인 행정행위의 관계에 관한 것이다. 통설은 부관이 무효일 때 그 부관이 본체인 행정행위의 중요요건을 이루는 경우(부관이 없게 되면, 주된 행위를 하지 않았을 것이라고 판단되는 경우)에 한하여 부관의 무효성이 본체인 행정행위를 무효로 만든다고 본다. 통설의 논증은 사리에 맞지 않는다. 부관부 수익적 행정행위가 있는 경우 그것의 존속을 원하는 수범자로서는, 본질적인 요소에 해당하는 부관의 무효주장을 할 것 같으면 본체인 수익적 행정행위까지도 무효가 초래되어 자신이 원하지 않는 불리한 상황이 조성되어 버린다. 조건, 해제조건의 변형인 철회유보는 물론, 부담 및 부담유보 역시 행정행위의 발급의 요건인 이상, 이들도 행정행위의 본질적인 요소인 점에서 사실상 모든 부관에 대한 무효주장은 요령부득의 상황을 만든다. 충분한 근거가 제시되지 않는 통설의 입장에서 벗어나야 한다. 일체의 부관상의 흠은 무효든 단순위법이든 구분 없이 -부담처럼 영향을 미치든, 조건 등처럼 그 자체로서- 본체인 행정행위를 위법하게 만든다. 처분청 스스로 폐지하는 것의 문제가 될 뿐이다.

78) 우리의 경우 명문으로 후속적 집행행위의 불허를 규정하고 있지 않는데, 최근 판례는 과세처분 이후 조세 부과의 근거가 되었던 법률규정에 대하여 위헌결정이 내려진 경우, 그 조세채권의 집행을 위한 체납처분이 당연무효에 해당한다고 판시하였다(대법원 2012.2.16. 선고 2010두10907전원합의체판결). 이미 납부한 사람과 미납한 사람간에 차별적 결과가 빚어진 데 대한 물음이 정당하게 제기된다.

는 재귀효과와 사전효과에 관해 언급하여야 한다.79)

3. 형식 · 수단의 혼합에 따른 평가 · 사후개선의무

평가 · 사후개선의무는 발전(개량)명령에 대한 상관개념이다. 형식 · 수단의 혼합이 실험적 성격을80) 많이 가지면 가질수록 이런 의무는 더욱더 분명해진다. 이들이 실제로 법적인 명령(원칙)인지 아니면 단지 법정책적인 위임인지 여부의 물음은 단지 영역에 특수하게만 답해질 수 있다. 기본권이나 국가목표규정이 헌법적 연결점을 제공할 수 있다. 환경적 자원을 효율적으로 처리하여야 할 명령(원칙)에 의해, 환경법적 혼합을 그 효력의 차원에서 심사하여야 한다.81) 법의 학습능력과 수정가능성을 위한 규준을 갖기 위해서, 가능한 사전의 목표확정이 중요하다. 후속결과의 평가는 미래전망적, 동반적, 회고적일 수 있다.82)

XI. 형식 · 수단의 혼합에서의 권리보호

법치국가원리를 최종적으로 보장하는 기본권인 재판청구권과 효과적인 권리보호의 기본권적 요청에 의해, 혼합적 행정작용이라 하더라도 사법적 통제의 차원에서 전통적인 행정작용에 비해 약화되어서는 아니 된다. 해서 현행 소송종류가 불충분하다고 하면, 경우에 따라서는 특별한 소송이 받아들여져야 한다.83) 독일의 주관적 권리보호시스템에서 문제는 특히 보호규범설에 의거하여 가늠되고 있는 원고적격에서도 생겨난다. 법원에 대한 접근에서 수정을 고려할 이유가 존재한다. 해서 환경부담금과 다른 경제적 수단과 관련해서는, 관련 제3자의 권리보호가 약화된다고 비판이 가해진다.84) 사실 국가는 시민에게 권리가 성립하는 것을 꺼려 권리와 결부된 권리보호 보장을 회피하기 위해서 의식적이든 무의식적이든 형식 · 수단의 혼합을 취한다. 그

---

79) Schmidt-Aßmann, Das allgemeine Verwaltungsrecht, Kap.6 Rn.111.

80) Di Fabio, Das Kooperationsprinzip, S.1154.

81) Rodi, a.a.O., S.231(238).

82) Böhret, Gesetzesfolgenabschätzung, in: FS Willi Blümel, 1999, S.51ff.

83) 헌법상의 재판청구권이 실은 소송의 방도를 보장하는 것이기에, 법조항의 열거적 또는 예시적 성격에만 초점을 맞춰 논의하는 것은 바람직하지 않다. 오히려 소송의 길을 보장하는 含意를 제대로 구현하지 못하는 현재의 입법상황에 눈을 돌려야 한다. 취소소송의 대상에서 받아들여진 열기주의의 극복이 왜 소송의 종류에서는 통용되지 않는가? 독일 행정법원법 제40조는 법률상으로 다른 재판권이 정해져 있지 않는 한에 있어서 비헌법적 종류의 모든 공법적 다툼에서 행정소송의 길이 주어진다는 점을 명백히 한다. 재판청구권이 표방하듯이, 공권력에 대한 흠결없는 개인적 권리보호의 원칙을 실현하기 위해서는 행정소송의 종류상의 개괄조항이 반드시 마련되어야 하고, 그리하여 이 규정이 행정소송법의 중심규범으로서 행정소송법의 발전을 견인하여야 한다.

84) Kloepfer, in: König/Dose(Hrsg.), Instrument und Formen staatlichen Handelns, 1993, S.355.

런 문제점은 비공식적 행정작용의 분야에서부터 알려졌다. 가령 비공식적 협력의 長點 가운데 하나가 법적 다툼을 피하는 것이다. 다툼의 여지가 있는 규범을 유효화하기보다는 비구속적인 자기의무화를 행함으로써 국가는 급박한 법규헌법소원심판을 면하려고 한다. 이를 넘어서 국가는 규범집행의 행정비용을 절감하는 것은 물론, 행정소송을 모면한다. 법적 분쟁가능성을 피하는 것이 의도한 목표의 실제적 관철을 효과적이게 하고 신속화할 수 있다.

형식남용의 물음에 관한 논의에도 기인할 수 있다. 독일 연방헌법재판소의 판례는 이제까지 권리보호의 축소를 신속화의 논거로써 정당화하였다.[85] 그러나 순환론에 빠지지 않게 주의해야 한다. 권리보호(구제)의 축소 그 자체가 신속화효과를 갖는다. 이런 신속화효과가 권리보호의 축소를 전적으로 정당화시킬 수 있을 경우에는, 권리보호의 일체의 축소가 정당화될 수 있을 것이며, 권리보호의 보장이 공허해질 것이다. 따라서 신속화 그 자체가 권리보호의 축소를 위한 정당화근거가 될 수는 없다. 오히려 재차 중요한 헌법적 이유가 권리보호의 축소를 찬동하는지, 신속화가 헌법적 가치의 관철에 이바지하는지에 좌우된다.

어느 정도로 가치있는 법적 지위가 존재하는지 그리고 그것의 침해가 임박하는지 여부는 의문스럽다. 가령 비공식적인 협상이 법적으로 비구속적인 한, 그것의 내용을 법적으로 관철하기 위한 착안점은 존재하지 않는다. 협상이 예외적으로 구속적인 '법관계'를 성립시켰는지 여부의 의문이 존재할 경우, 이런 물음은 경우에 따라서는 확인소송으로 분명해질 수 있다. 하지만 독일 기본법 제19조 제4항이 기본권제한 특히 혼합으로 증가한 제3자에 통용된다. 국가는 권리보호보장을 형식선택으로 모면해서는 아니 된다. 사인은 비록 그 자신이 공식적으로 참여하지 않더라도 혼합과 관련이 있을 수 있으며, 권리보호거부로 처해져서는 아니 된다.

권리보호의 형성의 물음은 결코 사소한 문제가 아니다. 행정법적 권리보호는 여러 가지 소송종류를 구분한다. 이런 구별은 내용이 풍부한 구분의 도그마틱을 가져다주었지만, 실은 그런 구분이 대저 가능하다는 것 즉, 대상이 구분가능한 선택관계에 있다는 것을 전제로 한다. 이에 반해서 혼합의 경우, 전형적인 방법에 의하면 상이한 본질의 법적 행위가 상호 결합되어 있는 법관계를 다루어야 한다. 혼합 그 자체를 소의 대상으로 만들고자 한다면, 각각 법적 행위는 병렬관계에 있어야 할 것이다. 즉, 가령 일부는 계약으로, 일부는 행정행위로 법적 성질이 부여되어야 할 것이다. 취소소송이나 이행소송에로 고정하는 것은 그런 상황에 적합하지 않을 것이다. 오히려 여기서는 특별한 소송(Klage sui generis)을 생각할 수 있는데, 굳이 특별한

85) BVerfGE 95, 1.

소송을 상정하지 않더라도, 소의 병합도 고려된다.[86]

*행정법연구 제35호, 2013.4.30., 29면 이하 소수.

86) Michael, §41 Rn.146.

제 7 장

行政行爲의 效力과 拘束效의 體系에 관한 小考

Ⅰ. 처음에 – 종래의 이해와 접근방식으로부터의 전환

행정법에서 행정행위의 효력 내지 구속효(구속력)에 관한 논의는 용어나 접근방식 등에서 의견일치를 보지 못하고 혼란스러운 대표적인 迷路狀況이다.[1] 먼저 용어를 보면, 행정행위가 유효하게 성립하는 것을 행정행위의 효력으로 설정하고 그밖의 것(공정력, 구성요건적 효력, 존속력, 집행력 등)을 구속력으로 설정하는가 하면,[2] 이들 모두를 행정행위의 효력으로 설정하기도 한다.[3] 그런데 용어의 혼란함에 더해 그 의미 역시 바른 이해를 가로 막는다. 접미사로 사용된 '력(힘)'은 塩野 宏 교수의 표현처럼 물리적인 것을 연상케 하여[4] 마치 그것이 우월적 공권력을 바탕으로 하여 행정행위 그 자체에 내재되어 있는 양 비춰진다. 이 주제가 행정의 가장 중요한 행위형식인 행정행위와 관련한 논의에서 근본적인 이슈에 해당함에도 불구하고, 관련한 기초적인 용어와 이해에서의 정리가 불가능한 지경이고 그로 인해 야기된 빈곤한 논의상황이 계속되고 있다.

---

1) 일찍이 1973년 Forsthoff가 이 분야는 모든 것이 다투어진다고 확인하고 그 상황을 '견해의 미로'라고 평하였다. Ders., Lehrbuch des Verwaltungsrechts, Bd.1, Allg. Teil, 10Aufl., 1973, S.252.

2) 이런 접근에서는 "누구에 대한 구속력인가"의 관점을 강조한다. 김남진/김연태, 행정법Ⅰ, 2012, 275면.

3) 일본의 경우 대부분 문헌에서 우리의 전통적 입장과 마찬가지로 공정력, 불가쟁력, 불가변력, 집행력을 논의할 뿐이다.

4) 塩野 宏, 行政法Ⅰ, 2009, 138頁 이하.

이들에 대한 종래의 이해와 접근방식에 전환이 필요하다. 행정행위의 구속력이든 효력이든, 이들은 실은 행정행위의 존재에서 비롯된 특수한 영향이자 효과이다. 요컨대 이들은 행정행위의 속성에서 당연히 비롯된 것이 아니라, 행정행위와 관련한 법제도와 판례에 의해 구축된 행정법도그마틱의 결과물이자 행정법도그마틱 그 자체이다. 구속력이 행정행위의 법적 행위로서의 성질과 그것의 조종(제어)기능을 나타낸다는 점에서,[5] 그것에 관한 이해는 다름 아닌 행정행위에 관한 이해이다. 공정력이 위법한 행정행위의 존부의 문제라면, 공정력을 제외한 다른 효력은 위법하든 적법하든 행정행위가 실재함에 따라 초래된 여러 양상의 문제이다.[6] 이 글에서는 公定力(公的安定化效)을 제외한 일체의 효력을 구속효의 범주에서 새롭게 접근하고자 한다.

Ⅱ. 公定力(公的 安定化效)

1. 의 의

명문의 근거규정이 없음에도 불구하고, 우리 판례와 문헌은 강행규정에서 법률행위의 적법성과 유효성을 연계시키는 민법(제103조, 제104조)과는 달리, 행정행위의 공정력의 존재를 통해서 행정행위의 적법성과 유효성(및 법효과발생)의 불일치를 인정하고 있다. 하지만 공정력의 의의와 성질 및 그것과 구성요건적 효력과의 구별에 연계되어 그것의 정의부터 다툼이 있다. 우선 「행정행위가 위법하더라도 무효가 아닌 한, 상대방 또는 이해관계인은, 그 행정행위가 권한있는 기관(처분청, 재결청 또는 법원 등)에 의해 취소되기까지는 그 행정행위의 효력을 부인할 수 없다는 것」으로 정의한다. 과거 일본에서의 논의에 바탕을 두고서 「비록 행정행위에 하자(흠)가 있을지라도 하자(흠)가 중대하고 명백하여 당연무효인 경우를 제외하고는 권한있는 기관에 의하여 취소될 때까지는 일응 적법 또는 유효한 것으로 추정되어 누구든지 그 효력을 부인하지 못하는 힘」을 의미하는 것으로 설명되었지만,[7] 오늘날에는 적법성추정 부분은 제거되었다. 판례는 "행정행위가 위법하더라도 취소되지 않는 한 유효한 것으로 통용되는 효력"으로 정의한다.[8] 공정력이 인정되기에, 당해 행정행위에 대한

5) Ruffert, in: Erichsen/Ehlers(Hrsg.), Allg. VerwR, 14.Aufl., 2010, §22 Rn.17.

6) 한편 일본과 독일에서 논의의 주안점이 다르다. 일본의 경우 공정력이 주된 논의대상이라면, 독일의 경우에는 특히 존속력(Bestandskraft)이 그러하다.

7) 「행정행위가 위법한 행위임에도 불구하고, 권한있는 기관에 의한 취소가 있기까지 일응 적법의 추정을 받아, 상대방은 물론 제3자나 국가기관도 그 효력을 부정할 수 없는 효력을 말한다」(田中二郎, 행정법총론, 321면~322면).

8) 대법원 1994.4.12. 선고 93누21088판결.

쟁송제기와는 별도로 -집행정지결정이 내려지지 않는 한- 그것은 수범자와 관련자를 상대로 하여 대외적으로나 내용적으로나 유효한 셈이 된다.[9] 그리하여 가령 하명처분의 경우 위법하더라도 그것을 수범자가 불이행하면 강제집행절차를 밟을 수 있다.[10]

2. 공정력의 본질 등을 둘러싼 논의: 절차적 차원의 효력인가 실체적 차원의 효력인가?

공정력이 절차적 차원의 효력인지 실체적 차원의 효력인지가 문제된다. 실체적 공정력을 규정한 셈인 독일의 경우 행정절차법 제43조 제2항이 「행정행위는 직권취소·철회 또는 다른 방법으로 폐지되지 않거나, 시간의 경과나 다른 방법으로 실효되지 않는 한, 유효함에 변함이 없다」고 규정하고 있지만, 우리는 그 같은 조항이 없어서 위법한 행정행위에 대한 취소쟁송제도에서 그것의 실정법적 근거를 강구하곤 한다. 그리하여 실체법적 효과를 발휘하는 행정행위의 (내용적) 구속력에 빗대 그것을 절차적 잠정적 효력이라 표현하기도 한다. 이런 와중에 취소판결에 의해 공정력이 부인되는 결과를 빚은 대법원 1993.6.25. 선고 93도277판결 등과 관련하여, 독일 행정절차법 제43조 제2항과 같은 조항이 없는 이상 우리의 공정력은 절차적 공정력이며, 취소소송의 성격이 -일반적 이해인 형성소송적 성격과 배치되게- 확인소송적 성격이라고 주장되었다.[11]

공정력은 "하자(또는 적법성)와 무관한 행정행위의 효력"의 문제이다.[12] 궁극적으로 그것은 상대방으로선 위법하다고 여길 법 한 (부담적) 행정행위에 대한 복종의무의 문제이다.[13] 따라서 당연히 공정력은 그 자체가 실체적 성격을 지닐 수밖에 없다. 공정력이 행정쟁송취소의 반사적 효과라고 강조한 것은 그것의 실정법적 근거를 찾기 위한 모색의 일환이지 그것의 본질이 절차적 차원에 그친다는 것을 내세운 것은 아니다. 근거에 관한 논의를 공정력의 본질에 연계시켜서는 아니 된다. 자칫 이를 오해하여 공정력이 순전히 절차적인 의미에 그친다면, 법집행의 공백을 초래할 우려가 있다(후술). 나아가 취소소송과 무효확인소송간의 제도적 구별이유가 없어진다.

9) 다시 말해, 위법할 수 있는(위법하다고 주장하는) 부담적 행정행위는, 취소쟁송제기간이 경과하지 않아 다툴 수 있는 한, 수범자 등에 대해 잠정적으로 구속적 효과(내용적 구속효)를 발휘한다.

10) 집행력의 문제는 후술함.

11) 박정훈, 행정법의 체계와 방법론, 2005, 105면 이하; 행정소송의 구조와 기능, 2006, 382면 이하 참조.

12) 여기서 종래 공정력에 대한 개념정의가 수정될 필요가 있다. 구성요건적 효력을 인정할 경우 새롭게 공정력 개념을 설정할 필요가 있다는 지적으로 김철용, 행정법, 2012, 219면.

13) 이런 취지를 더욱 극명하게 나타내는 것이 바로 프랑스에서의 공정력에 대응한 개념 즉, 豫選的 特權의 개념이다. 이에 의하면, 집행력이 있는 행정결정은 私法行爲와는 달리 법원에 의한 확인이 있기 전에 적법성의 추정을 받으며, 상대방에 대해 구속력을 갖는다고 한다.

3. 인정근거

공정력의 인정근거 및 그에 따른 내용이 문제된다. 왜냐하면 하자(위법)와 무관한 효력발생(및 법효과발생)은 그 자체가 법치국가적 원리에 대한 도발이기 때문이다.[14] 중대한 위법의 경우 무효가 인정되며, 불가쟁성(불가쟁력)이 발생하지 않는 한 위법한 행정행위를 다툴 수 있으며, 행정 역시 폐지할 수 있는 수단을 행사한다는 점에서, 공정력의 존재를 충분히 용인할 수 있지만, 가장 걸림돌은 실정법상의 명시적 근거가 없다는 점이다.

(1) 독일에서의 논의상황

행정절차법에 우리의 공정력에 해당하는 것(하자와 무관한 행정행위의 유효)의 근거규정이 마련되기 전 독일에서 전개된 논의상황이 도움을 준다. 과거 그들의 초기입헌주의시대에 國法學은 사소한 형식상 하자까지도 고권적 행위를 무효로 만든다고 보았다(무효원칙). 하지만 v. Mohl이 회고적 관점에서 미래적 관점에로의 관점상의 변화를 개진한 다음, 법규범과 행정행위의 하자효과에서의 차별적 접근은 18세기 중반 이후에 이미 독일 공법학의 지배적 도그마틱이 되었다. 이런 맥락에서 O. Mayer는 "개개 시민의 법률행위(권리창설행위)는 적법성을 입증하지 못하면 효력이 없는 반면, 행정청이 자신의 일반적인 권한안에서 결정을 내리면 행정청과 아울러 그의 행위의 유효함을 위한 특별한 요건이 주어져 있다는 점을 확인한다. 이러한 자기확인과 그로 인한 행위의 유효성은 상위의 권한에 의해서만 극복될 수 있다"고 하였다(自己確認說).[15]

행정행위의 이러한 존속력은 후대에 와서 심지어 독일 기본법하에서도 의문시되지 않았거니와, 도그마틱적으로 논리정연하게 근거가 제시되지도 않았다. 行政行爲論의 상당 부분이 행정절차법을 통해 실정법화되기 전에, -행정법의 일반원칙의 하나로- 행정행위의 효력과 그것의 적법성이 무관하다고 판례에서 전개되었다. 대표적으로 Forsthoff는, "행정행위는 그것의 적법성이나 하자있음에도 불구하고 언제나 국가권위의 표명이고, 그 자체로서 준수에 관한 청구권을 갖는다. … 행정행위는 그것이 규범의 放射이어서 통용되는 것이 아니라, 국가적 권위가 그것에 통용을 부여하였기 때문이다. 따라서 법률과 합치하지 않는 행정행위 역시 하자가 있긴 해도 반드시 무효는 아니다"고 기술하였다(國家權威說).[16]

---

14) Ruffert, in: Erichsen/Ehlers(Hrsg.), §22 Rn.1.
15) ders., Deutsches Verwaltungsrecht I, 1895, S.94ff., S.100 Anm.7.
16) ders., Verwaltungsrecht I, 10.Aufl., 1973, S.224.

한편 Wolff/Bachof는 법치국가원리의 발현인 법적 안정성에서 공정력을 도출하였다: "행정행위는 객관적인 법의 해석과 적용에 관한 권위있는 결정을 포함한다. 이런 결정이 형식상으로 현존하는 한, 누구든 법적 안정성을 위하여 그것의 신빙성을 신뢰하여야 한다. 위법한 행정행위의 (잠정적인) 유효성의 원칙은 법치국가에서는 이런 점에 근거를 둔다"(法的 安定性說).[17]

참고로 독일의 경우 행정절차법에 공정력의 근거규정이 마련되기 전에는 그들 행정법원법상으로 행정행위에 대한 구분된 구제가능성(즉, 취소소송과 무효확인소송)에 의거한 쟁송법적 논거가 주효하였다. 특히 J. Ipsen은 행정절차법이전에 공정력을 아무런 의문 없이 긍정한 판례와 문헌의 일반적 태도를 두고서, 과거 O. Mayer가 주장한 자기확인설을 基底에 두고 있다는 점과 그런 상황이 심지어 불문법적으로 인정되어 왔다는 점을 지적하고 있다.[18]

(2) 우리의 경우

명문의 근거규정이 없음에도 불구하고, 우리 판례와 문헌은 강행규정에서 법률행위의 적법성과 유효성을 연계시키는 민법(제103조, 제104조)과는 달리, 행정행위의 공정력 존재를 통해서 행정행위의 적법성과 유효성(및 법효과발생)의 불일치를 인정하고 있다. 公定力은 공법관계를 안정시키는 것 즉, 公的 安定力(公的 安定化效)이다. 행정행위의 규율적 성격에서 공정력의 인정은 당연하다.[19] 가령 행정결정의 위법이 무효로 여겨지는 영국에서조차 무효가 사법적으로 확고히 되지 않는 한 일정한 상황하에 결정의 통용이 받아들여지고 있다.[20] 따라서 독일과 비견한 명문규정이 없는 우리로서는 법치국가원리의 발현인 법적 안정성에 그것의 법적 근거를 둘 수밖에 없다.[21] 그리고 대부분의 문헌들은 취소쟁송제도를 뒷받침하는 실정법상의 규정(행정심판법 제4조, 행정소송법 제4조)을 간접적인 근거로 들며, 나아가 행정행위의 직권취소를 인정하는 규정은 물론, 현행법상의 집행부정지의 원칙을 들기도 한다.[22] 여기서 집행부정지의 원칙과 관련해서는 의문을 갖는다. 공법쟁송에서 집행정지의 원칙

17) Wolff/Bachof, VerwR I, 9.Auf., 1974, S.414. 한편 Forsthoff가 주장한 국가권위설과 Wolff/Bachof가 주장한 법적 안정성설은 전체적으로 비슷한 맥락에 있다고 한다. Vgl. J. Ipsen, Rechtsfolgen der Verfassungswidrigkeit von Norm und Einzelakt, 1980, S.93; 홍정선, 행정법원론(상), 2012, 384면.

18) ders., Allgemeines Verwaltungsrecht, 2005, Rn.666ff.

19) Pilving, Die Bindungswirkung von Verwaltungsakten in Estland, DV 2008, 571(573f.).

20) Craig, Administrative Law, 5.Aufl., 2003, S.693f., 698f.

21) 대부분의 문헌이 이상의 논의를 이론적 근거로 접근하는데, 명문규정이 없는 이상 이들을 단순한 이론적 근거로만 이해하는 것은 곤란하다.

22) 김성수 교수는 원래 공정력이론은 실정법적 근거와는 무관하게 전개되어 온 것이어서 행정쟁송제도의 반사적 효과로 공정력을 인정하는 것은 결과적으론 이해되지만 그것의 근거를 실정법에서 찾고자 하는 기교적 해석론이라고 지적한다. 동인, 일반행정법, 2010, 269면.

과 집행부정지의 원칙의 선택은 공히 어느 것도 허용되고 가능한 입법정책차원의 물음이 아니다. 집행정지의 원칙이 공법쟁송의 근본원칙이다.[23] 나아가 공정력이 지향하는 법적 안정이 행정을 위한 것이라는 점에서 그것이 인정되는 이상, 사법통제의 사후진압적 속성을 감안한 즉, 위법하다고 다투는 시민을 위해 집행정지의 원칙을 도입하는 것이 무기대등의 원칙에 부합한다.

4. 공정력과 취소판결의 소급효와의 상관관계

행정행위의 공정력이 문제되는 상황은 중간에 일정한 법사실이 생긴 경우이다. 가령 운전면허취소처분이 내려졌음에도 불구하고 이를 무시하고 운전하여 무면허운전으로 처벌받았는데, 나중에 운전면허취소처분에 대해 취소판결이 내려진 경우 종전의 무면허운전죄가 어떻게 되는지가 문제된다. 일찍이 대법원 1993.6.25. 선고 93도277판결과 대법원 1999.2.5. 선고 98도4239판결은 행정행위의 공정력에 취소판결의 소급효를 곧바로 대입하여 당초의 행정행위(영업허가취소와 운전면허취소)가 행위시점에 소급하여 효력을 잃게 되어 그것에 복종할 의무가 원래부터 없었기에 당연히 무허가영업・무면허운전이 성립하지 않는다고 판시하였다.[24] 취소판결의 소급효를 행정행위의 공정력에 관한 논의에 그대로 대입한 결과, 행정행위의 공정력이 空洞化되어 버렸다.

판례의 이런 기조는 핵심적인 행정법도그마틱을 顚倒시킨다. 행정행위론의 근간인 공정력의 본질, 행정행위의 규율적 성격 및 그 존재이유를 훼손하거니와, 자칫 취소소송의 성질까지도 통설에서 벗어나 확인소송으로 봄직한 前兆가 되기도 한다. 행정행위의 취소이전 그 중간에 발생한 법사실은 자칫 법외적 사건으로 치부될 우려가 있다. 무엇보다도 공권력행사에 대한 개인의 대응양상에 따른 법질서의 왜곡이 빚어질 수 있다. 가령 부담적 처분을 무시하고 범법행위를 저지르며 그것의 위법성을 다툰 자가, 부담적 처분을 따르면서 그것의 위법성을 다툰 자에 비하면 결과적으로 이익을 누리는 셈이 된다. 이 같은 결과를 전자가 후자에 비해 확고한 권리의식을 지녔다는 식으로 치부할 순 없다. 준법으로 인한 불이익의 초래는 자칫 법적 아노미와 법적 안정성의 붕괴로 이어질 수 있다. 최소판결의 효력을 독일처럼 원칙/예외의 관계에 설정하면, 이런 불합리한 불평등의 결과를 애초에 피할 수 있긴 하지만, 근원적으로 공정력의 인정에 대한 대응기제로 집행정지의 원칙이 채용되었으면 이런 설득력없는 논증은 애초에 생기지 않았을 것이다.[25]

---

23) BVerfG NJW 1974, 227; NJW 1980, 35(36).
24) 동지: 대법원 2002.11.8. 선고 98도4239판결; 2008.1.31. 선고 2007도9220판결.

Ⅲ. 拘束效

행정행위의 존속력 특히 실체적 존속력의 문제는 법이론적으로나 실무적으로나 매우 중요하다. 독일의 경우를 보면, 120년이나 넘게 학문적 대상이 되고 있다. 즉, 비록 그것의 기본 틀은 판례 및 문헌상의 지배적인 견해에 의해 견지되지만, 개별적 물음에서는 다툼이 끝나지 않았다. 특히 너무나 다양한 용어의 사용으로 인해 비록 그것이 행정절차에서 공식적인 표제가[26] 되었음에도 불구하고 혼란한 논의상황은 일소되지 않았다. 각기 나름의 논거를 갖고 제시되는 독일의 논의상황은 정리하기조차 힘들거니와,[27] 다른 한편으로 광범한 논의를 전달·소개한 것이 분명한 윤곽을 설정하는 데 도움을 주기보다는 난감함을 고조시켜 오히려 그에 관한 학문적인 본격적 접근도 억제되는 모습이다. 이하에서는 존속력의 문제를 포함한 의미로 구속효(Bindungswirkung)의 차원에서 그것의 구체적 양상에 초점을 맞추어 관련 문제에 접근하고자 한다.[28]

1. 논의현황

(1) 독일에서의 논의

독일에서는 1886년에 출간된 Bernatziks의 단행본 "Rechtsprechung und materielle Rechtskraft"가 행정행위의 구속효의 도그마틱적 취급을 유발하였다고 한다. 행정행위의 구속효 도그마틱은 발달사적으로 특히 민사판결의 구속효(구속력)에 의거하여 만들어졌다. 이를 위한 원인은 행정행위의 작용형식 자체가 대체적으로 법원판결에 유사하게 전개되었다는 점도 추정될 수 있다. 행정행위의 발견자인 Otto Mayer는 판결을 행정행위를 위한 본보기로 여겼다. 판결의 이런 본보기기능(Vorbildfunktion)은 행정행

---

25) 김중권, 행정법기본연구 II, 2009, 99면 이하 참조. 追論: 이례적으로 대법원 2012.3.29. 선고 2008다95885판결이 소급효원칙의 예외인정의 가능성을 시사하였다.

26) 독일의 행정절차법 제3편 제2장의 내용이 행정행위의 유효, 하자, 치유, 전환, 취소와 철회 등을 망라하는데 그것의 표제가 존속력(Bestandskraft)이다. 이들 내용이 존속력의 큰 울타리에서 전개되고 있다. 우리가 논하는 많은 내용 역시 -그것을 처음부터 도외시하였으면 모르지만- 그 본연의 기조에서 접근할 필요가 있다. 물론 우리와 그들간에 다름이 있음을 전제로 한다.

27) 독일의 논의현황을 확인할 수 있는 문헌으로 정하중, 행정 행위의 공정력, 구속력 그리고 존속력, 공법연구 제26집 제3호, 1998.6., 323면 이하 참조.

28) 여기서 주로 참고한 문헌은 Schroeder, Zur Dogmatik der Bindungswirkungen von Verwaltungsakten, DÖV 2009, 217ff.; Sachs, in: Stelkens/Bonk/Sachs, VwVG Kommentar, 7.Aufl., 2008, §43. 한편 구속효의 표제하에 구성요건적 효력, 확인적 효력과 존속력과 별도로 논할 수도 있다(Ruffert, in: Erichsen/Ehlers, §22 Rn.17).

위의 구상에서 끝나지 않고, 이후에는 구속의 차원으로 연장된다. 원칙적으로 소송법상의 제도인 확정력을 이용하여, 행정법적 대응물(짝)이 만들어졌다. 행정행위의 법적 존속성의 물음이 '확정력(법의 힘, Rechtskraft)의 문제로 다루어지고 그에 따라 절차적, 실체적 확정력의 소송법적 제도가 행정행위에 전이되었는데,[29] 이때 행정행위가 대체적으로 실체적 확정력이 있을 수 있는지 여부가 대립적으로 논의되었다.

1973년에 Forsthoff가 '견해의 迷路'라고 탄식한 지 10년 뒤에, Kopp는 판례와 문헌에서의 행정행위의 실체적 확정력이 가능한지의 물음은 그 사이 論外가 되었고, 학문적 논의는 실체적 확정력의 한계의 물음에 국한된다고 단호히 표명하였다.[30] 판결의 확정력을 본보기로 삼는 것과 관련해서 판결과 행정행위 사이에는 기본적인 구조적 차이점이 있다는 인식이 일반적으로 관철되고 있는 것과는 별개로, 독일의 전통적 견해는 소송법적 제도인 판결의 확정력에 대해 항상 본보기기능을 부여한다.[31] 물론 판결과 행정행위 사이에 차이점이 엄존하기에, 판결로 인한 구속과 행정행위로 인한 구속을 성급하게 대비시키거나 심지어 동일시하는 것은 배제된다는 인식은 확고하다.[32] 원래 Wolff가 '확정력'에 갈음하여 도입한 '존속력'(Bestandskraft)의 개념은 이런 맥락에서 판결로 인한 구속과 거리를 두기 위한 예라 하겠다. 그 사이 이런 새로운 인식에 터 잡아 행정행위의 구속효의 도그마틱이 만들어졌으며, 이것은 -개별적 물음에서는 다른 점이 존재하지만- 판례와 문헌에서의 압도적인 견해에 의해 지지를 받고 있다. 그리하여 실체적 존속력은 결코 존속의 구속이 아니라 내용과 관련한 구속에 해당한다는 인식에 광범한 의견일치를 보고 있다.[33]

(2) 국내 문헌상의 논의

종래 존속력에 관한 국내 논의는 단순하다. 일부 문헌은 존속력을 내세우지 않고 -그에 상응한 내용을- 불가쟁력과 불가변력을 논의하는가 하면, 일부 문헌은 절차적 존속력과 실체적 존속력으로 나누어 전자에 불가쟁력을, 후자에 불가변력을 논의하며, 일부 문헌은 불가변력과 별도로 규준력에 해당하는 내용을 실체적 존속력으로 보기도 한다.[34] 특히 불가변력의 인정대상을 두고 다툼이 있다. 즉, 행정심판의 재결

---

29) 가령 Forsthoff, a.a.O., S.252.

30) Kopp, Die Bestandskraft von Verwaltungsakten, DVBl 1983, 392(398).

31) 대표적으로 Sachs, in: Stelkens/Bonk/Sachs, §43 Rn.7.

32) Maurer, Allg. VerwR, 18. Aufl., 2011, §11 Rn.3.

33) BVerfGE 60, 253(268, 269f., 270); Sachs, in: Stelkens/Bonk/Sachs, §43 Rn.45ff.; Seibert, Die Bindungswirkung von Verwaltungsakten, 1988, S.149ff.; Merten, Bestandskraft von Verwaltungsakten, NJW 1983, 1993(1996); Kopp, a.a.O., 392(398f.); Erichsen/Knoke, Bestandskraft von Verwaltungsakten, NVwZ 1983, 185(187).

34) 특히 불가변력을 둘러싼 논의현황은 이현수, 행정행위의 불가변력, 행정법연구 제14호(2005년 하반기), 150면

등과 같이 일정한 쟁송절차를 거쳐 행해지는 확인판단적·준사법적 행정행위에 국한할 것인지 아니면 이것에 일반적인 취소·철회 제한의 경우와 법률이 일정한 행위에 대하여 소송법적 확정력을 인정하고 있는 경우[35]까지를 포함할 것인지에 관한 다툼이다. 다수 문헌은 전자의 입장을 취하지만, 판례는 후자의 입장을 취하는데,[36] 이런 논의가 과연 유의미한지 곱씹어 볼 필요가 있다. 확인판단적 준사법적 행정행위 역시 그것의 결정주체와 성립절차상의 특수성이 취소철회의 제한사유로 작동한다고 하겠다. 불가변력을 행정행위의 특유한 속성이 아닌 최소철회 제한의 결과이자 양상으로 접근하면 그다지 논란대상이 되지 않는다.

그런데 기왕의 논의는 새롭게 (가령 잠정적 행정행위나 예비결정, 부분인허, 의제적 행정행위 등에서) 제기되는 행정행위의 효력의 양상을 커버하지 못하여, 관련 문제가 국소적으로 논의되는 데 그친다. 특히 하자승계의 문제는 선행 행정행위의 존재와 무관하게 권리구제적 측면만이 전면 부각되어 종래의 논의가 자기복제적으로 전개되는 모습을 보인다. 앞에서 본대로 독일에서는 비록 행정행위와 판결 간에 차이점은 전제하되, 행정행위의 실체적 존속력의 문제를 판결의 기판력을 벤치마킹하여 새롭게 접근한 것이 일반화된 지 오래이다. 그럼에도 불구하고, 우리의 경우 일부 문헌을[37] 제외하고서는 대부분의 문헌은 실체적 존속력에 대해 기존의 불가변력적 이해를 고수하고 있다. 이런 논의부족으로 현재의 요령부득의 상황이 빚어졌다. 행정법도그마틱적 물음에 유용한 시사점을 강구하기 위해, 아래에서는 기존의 틀에서 벗어나 존속력의 차원에서 접근하고자 한다.

2. 새로운 접근의 기초

(1) 존속력의 의의

행정행위가 성립당시 그대로 견지되는 형상을 행정행위의 존속력으로 포착할 수 있다. 존속력이 새삼스럽게 문제되는 경우란, 행정행위가 위법하여(처음부터 위법이든

이하 참조.

35) 예: 토지수용위원회의 재결의 이의신청에 대한 중앙토지수용위원회의 재결(공익사업법 제86조 제1항). 과거에는 국가배상청구사건에서 배상심의회의 배상결정이 법률이 일정한 행위에 대하여 소송법적 확정력을 인정하고 있는 경우에 해당하였지만 헌법재판소결정(헌재 1995.5.25. 91헌가7)으로 필요적 전치주의가 폐지되었기에 지금은 문제가 되지 않는다.

36) 대법원 1997.11.28. 선고 97누11089판결: 행정청은 그가 행한 처분에 잘못이 있음을 발견한 경우에는, 그 취소로 인하여 상대방이 취득한 권리·이익 또는 공공복리가 침해된다든지 또는 그 행정처분이 절차상 확인판단적·준사법적 성질을 가지거나 법률의 규정에 의하여 소송법적 확정력을 가지는 등과 같은 예외적인 사유가 없는 한, 일반적으로 당해 처분에 대한 불복신청이 없더라도 그 잘못을 시정하기 위하여 직권으로 이를 취소·변경할 수 있다.

37) 정하중, 행정법개론, 2012, 261면 이하; 김성수, 행정행위의 존속력, 월간고시 1990.8., 130면 이하.

나중에 위법하게 되든) 그것의 폐지가능성이 유보된 경우이다. 그런데 앞에서의 공정력에 연계되어 존속력의 기본사상은 일반적으로 인정될 수 있다. 고권적 규율인 이상, 행정행위의 법효과는 구속적이고 지속적이어야 한다. 왜냐하면 (절차적 존속력의 차원에서) 수범자이든 (실체적 존속력의 차원에서) 행정이든 행정행위의 존립이 이들의 임의로운 판단과 결정에 맡겨진다면, 행정행위가 지향하는 법적 규율이란 이치에 맞지 않을 뿐 더러, 아무런 가치도 없게 된다. 즉, 법의 질서기능에 비추어 행정행위에 구속성이 없다면 법질서상의 조종(제어)수단으로서의 행정행위는 별 효과가 없거니와,[38] 그것의 존재이유 역시 부정될 수 있다.

요컨대 행정에 의한 구속적인 규율적 행위 즉, 행정행위가 원칙적으로 법적 존속성(지속성)을 갖는다는 것은 그 본질에 속하고 정당화된다.[39] 다른 한편 존속력은 -법적 안정으로 귀결될- 행정행위의 특유한 명확화기능과 안정화기능으로부터 당연히 생겨난다. 공정력과 작용형식의 특별한 효과성을 확고히 하기에 존속력이 행정행위란 작용형식에 내재한다는 점은 관련 논의에서 매우 중요하다. 따라서 행정행위와 판결의 차이점을 내세워 논의의 틀을 판결의 확정력에서 빌려오는 데 소극적일뿐더러, 그것에 관한 활발한 논의가 전개되지 않는 현재의 논의상황은 재고되어야 한다.

(2) 존속력 및 그에 따른 구속의 헌법적 근거

존속력에 따른 행정행위의 구속은 행정행위의 존속성과 신뢰성을 그리하여 궁극적으로 행정행위에 의해 규율된 법관계에 질서를 제공한다. 일반적으로 모든 법질서의 우선적인 관심사가 질서제공이다. 존속성(지속성), 신뢰성 그리고 질서의 요소 뒤에는, 법적 안정성과 법적 평화라는 중요한 法治國家原理的 原則이 있다. 그리하여 구속문제는 법치국가원리에 위치하여야 한다. 다시 말해, 헌법적 근거를 찾자면, 존속력은 법치국가원리의 요소인 법적 안정성의 원칙과 법적 평화의 원칙에 기인한다. 그러나 법적 안정성과 법적 평화의 원칙은 절대적이지 않다. 이들은 오히려 법치국가원리에 터 잡은 다른 기본적인 원칙과 충돌한다. 이에 속하는 것이 실질적 정의의 요구 및 행정과 司法의 법률적합성(법률우위)이다. 충돌하는 이들 원칙 가운데 그 어느 것도 우위를 갖지 않기에, 법질서는 원칙간의 갈등관계를 알아내야 한다. 여기서 고려해야 할 점은, 존속력에 따른 행정행위의 구속이란 한편으로는 법관계의 존속성 및 -이를 통해- 법질서의 신뢰성, 법적 안정성을 제공하지만, 다른 한편으로는 실질적 정의가 실현되지 않게 또는 법률의 우위가 붕괴되게 만든다. 따라서 무효인 행정

38) Pilving, a.a.O., 571(575).

39) Schroeder, a.a.O., 217(218).

행위에 대해서는 당연히 존속력이 인정되지 않는다.

(3) 존속력에 따른 구속의 양태

존속력에 따른 구속은 두 가지 상이한 객체 즉, 행정행위의 존속(현존)과 내용에 연관된다. 연관대상에 따라 구속은 구별된 의의를 갖는다.[40] 존속과 관련해서 구속의 의미는, 결정주체로서는 자신이 또는 다른 결정주체가 내린 행정행위를 폐지해선 아니 되거나 일정한 요건에서만 폐지 즉, 존속상의 그것을 제거할 수 있다는 것을 의미한다.[41] 그리하여 여기서 구속에 대해서는 폐지금지(Aufhebungsverbot)의 효력이 부여된다. 반면 내용과 관련해서 결정주체를 위한 구속은 행정행위의 내용을 이미 주어진 것으로 수용할 의무, 자신의 다른 활동의 근거로 삼아야 할 의무, 그리하여 기왕의 발한 규율의 대상을 새롭게 다룸에 있어서 그 규율로부터 벗어나지 않고 모순되지 않을 의무를 의미한다. 그리하여 여기서 구속은 모순금지(Abweichungsverbot)로서 효력을 발휘한다.

존재와 관련한 구속효로서의 폐지금지는 행정행위의 제거시도에 대해 행정행위의 존속(존립)을 확고히 하는 데 이바지한다. 반면 모순금지는 모순되지 않는 법적 행위를 보장하기 위한 내용과 관련한 구속인데, 이것은 현존한 행정행위의 내용을 확고히 한다. 여기서는 행정행위의 존재(존속) 그 자체와는 무관하다.[42] 상이한 연관대상 및 구별된 목적을 고려한 즉, 폐지금지와 모순금지는 한편으론 상호 독립적으로 존재하고,[43] 다른 한편으로는 완전히 무관하게 존재하는 것이 아니라 -행정행위가 존속하는 경우에만 모순금지를 생각할 수 있다는 점에서,[44] 모순금지가 동시에 존재해야만 폐지금지가 의미를 갖는다는 점에서[45]- 상호 결부되어 있다.

한편 이하의 폐지금지와 모순금지의 차원에서의 접근은 민사소송법에서 판결의 기판력에 비견될 수 있다. 유의할 점은 행정행위는 대개 행정이 일방적으로 행하기에, 이들 간에 존재하는 엄연한 차이를 배제하여선 아니 된다. 즉, 비록 판결의 확정력의 차원에서 전개된 폐지금지와 모순금지의 틀을 갖고 접근하지만, 이것이 행정행위의 존속력과 판결의 확정력을 동일하게 여기거나 여기려 하는 것은 결코 아니다. 행정법제와 판례에서 형성된 행정행위의 존속력과 관련한 양상을 나름 체계적으로

40) Schroeder, a.a.O., 217(219); Sachs, in: Stelkens/Bonk/Sachs, §43 Rn.17f. 판결에서의 이런 종류의 구속효에 관한 기초로 Eduard Bötticher, Kritische Beiträge zur Lehre von der materiellen rechtskraft im Zivilprozeß, 1930, S.73.

41) Seibert, a.a.O., S.63.

42) Sachs, in: Stelkens/Bonk/Sachs, §43 Rn.41.

43) Sachs, in: Stelkens/Bonk/Sachs, §43 Rn.18.

44) Siebert, a.a.O., S.195.

45) Randak, Die Bestandskraft von Verwaltungsakten, JuS 1992, 33(36f.).

구축하기 위한 모색일 뿐이다. 아울러 여기서의 구속효의 양상은 경계와 내용에서 확고히 획정될 수 있는 성격은 아니며, 다소간의 겹침은 불가피하다.[46]

3. 폐지금지의 효력

(1) 절차적 존속력(불가쟁력)

(가) 의의

절차적 존속력은 행정행위의 불가쟁력(불가쟁성)을 의미한다.[47] 행정쟁송의 제기기간(가령 행정소송의 경우 행정행위를 안 날 90일, 그것이 있은 날 1년)이 경과하거나 쟁송수단을 다 거친 경우에는, 수범자로선 더 이상 다툴 수 없다. 이는 판결의 형식적 확정력에 일치한다.[48] 행정행위의 상대방이나 이해관계인만이 행정행위에 대해 쟁송을 제기할 수 있기 때문에, 불가쟁성은 이들에게만 미친다. 따라서 위법한 행정행위의 폐지권능(권한)을 갖는 결정주체 즉, 법원, 처분청, 행정심판위원회는 구속효로서의 절차적 존속력 그 자체와는 실은 무관하다. 하지만 절차적 존속력이 발생하면서 생긴, 행정행위의 존속에 대한 수범자 등의 구속이, 폐지권능(권한)을 갖는 결정주체를 위해 아무런 의미가 없다곤 할 수 없다. 불가쟁성으로 행정행위는 종국적으로 법질서의 구성요소가 된다. 이를 통해 기왕에 성립한 행정법관계는 법적 안정성과 법적 평화를 위하여 법적 존속성을 얻게 되며, 이것은 폐지권능(권한)이 있는 결정주체의 쪽에도 즉시 영향을 미친다. 결국 이런 결과는 -문헌에서 적절하게 사용된 표현처럼-[49] 반사적으로 폐지금지에 복속하게 된다. 그리하여 행정행위의 불가쟁성은 폐지금지를 성립시키기 위한 '유발모멘트'에 해당한다.

(나) 본질

그런데 여기서의 폐지금지의 성립을 반사적 성질의 것으로 표현하는 것으로는 불충분하다.[50] 폐지금지를 좀더 정확하게 도그마틱적으로 다루기 위해서는, 수범자 등

---

46) 완벽에 가까운 체계정합성을 기하기 어려운 사안에서 그것을 애써 관철하고자 하면 자칫 나름의 체계마저 마련되지 못할 우려가 있다. 물론 허용가능한 체계성의 정도가 문제된다.

47) 한편 여기서는 행정행위의 '힘'(Kraft)의 문제가 아니라 행정행위의 취소쟁송가능성에 관한 관련 규정의 결과를 표현한 것이라는 점에서 절차적 존속력의 개념은 포기하는 것이 좋다는 지적도 있다. Sachs, in: Stelkens/Bonk/Sachs, §43 Rn.22.

48) 그러나 판결의 절차적 확정력과의 차이 역시 존재한다. 행정행위의 경우 그것이 다수의 관련인에게 부담적 효과를 발휘하면 각 개인을 기준으로 하여 불가쟁성의 발생요건이 충족할 때 그에 대해 절차적 존속력이 인정된다(소위 상대적 절차적 존속력). 유의할 점은 실체적 존속력이 인정되기 위해서는, 행정행위가 전방위적으로 불가쟁적이어야 한다(소위 절대적 절차적 존속력).

49) Merten, a.a.O., S.1993(1995).

50) Schroeder, a.a.O., S.217(221).

이 불가쟁적 행정행위의 존속에 계속적으로 구속되는 경우, 폐지권능(권한)을 갖는 결정주체는 법적 안정성의 이유에서 그에 따른 구속을 받게 된다는 점을 주목하여야 한다. 즉, 이것은 폐지권능(권한)을 갖는 결정주체로서는 불가쟁적 행정행위의 존속에 간접적으로 구속되는 것을 의미한다. 결국 절차적 존속력으로 인해 수범자 등은 불가쟁적 행정행위에 직접적으로 구속되며, 폐지권능(권한)을 갖는 결정주체의 구속은 이들 수범자 등의 직접적 구속을 통해 매개된다. 폐지권능(권한)을 갖는 결정주체의 간접적 성격의 구속은 필연적으로 불가쟁적 행정행위의 부차적 구속을 조건으로 한다. 요컨대 폐지권능(권한)을 갖는 결정주체의 구속과 관련한 그 성립과 존속은, 직접적으로 구속을 받는 관련인의 구속에 의존한다.[51]

폐지권능(권한)을 갖는 결정주체의 폐지금지의 부차적 성격으로 인해 기간이 경과한 부적법한 쟁송제기는 당연히 각하되어야 한다(각하의무). 하지만 불가쟁성(불가쟁력)은 직접적으로 수범자 등에게 미치며, 그것이 절차적 의미를 갖는다는 점에서, 그것의 발생이 처분청(감독청을 포함한)을 상대로 한, 실체적 폐지불가를 결코 의미하지는 않는다.[52] 따라서 처분청(감독청)으로서는 불가쟁성이 발생하였더라도 행정행위를 아무런 문제없이 -새로운 행정행위를 발한다는 차원에서- 직권으로 취소·철회(변경)할 수 있다. 물론 직권취소·철회가 재량인 이상, 취소·철회의 제한이 통용된다.

(다) 절차적 존속력과 국가배상청구

제1차적 권리보호의 우위를 인정하면, 행정재판에 우선적 심사권한이 인정됨으로써, 공법활동의 적법성판단에서는 민사재판보다 행정재판이 우위에 선다. 더욱이 우위의 의미를 전적으로 앞세우면 권리구제방도상의 선택가능성은 부인된다. 국민이 취소소송제기를 해태하는 경우, 손해배상·손실보상청구권의 주장까지도 저지될 수 있다. 요컨대 제1차적 권리보호의 우위에 따라 행정행위의 존속력에 대해 고양된 의의가 인정됨으로써, 종래 민사소송에서의 선결문제는 새로운 국면을 맞는다.[53] 여기서는 손해배상청구권을 주장하고자 하는 원고가 어떤 방어적 수단을 행사하지 않은 경우에, 그것이 어떻게 구성요건적 효력으로 다루어져야 할지 물음이 던져질 수 있다.[54]

독일의 경우 수로건설분담금납부하명에 대해 제소기간내에 제소하지 않은 채 해당

---

51) 여기서 불가쟁력은 행정행위의 상대방 등에 대한 구속효이다.

52) 이 점이 판결의 형식적 확정력과 구별되는 점이다.

53) 참고문헌: 김중권, 弟1次的 權利保護의 優位에 따른 민사법원에서의 先決問題와 後決問題, 법률신문 제3788호(2009.10.26.).

54) Schmidt-Aßmann, in: Schoch/Schmidt-Aßmann/Pietzner(Hrsg.), VwGO Kommentar, 2008, Einl. Rn.232.

확정금액을 납부한 원고가 나중에 민사구제의 방법으로 국가배상청구소송을 통해 직무위반에 따른 손해배상을 청구한 사건에서, 이것이 다투어졌다. 주고등법원(OLG Oldenburg)과 독일 연방대법원(BGH)이 서로 다른 입장을 취하였다. 여기서 Oldenburg 주고등법원은 하명처분의 불가쟁성(불가쟁력)을 이유로 당해 소를 각하하였다. 선결문제에서 적극설을 취하는 독일의 기왕의 판례와 문헌상의 통설은, 국가배상청구사건에서 법원의 심사의무가 피해자가 행정행위에 대한 제소를 해태한 경우에도 존재하며, 존속력은 (선결문제에 해당하는) 행정행위의 적법성과는 무관하다고 한다. 또한 법도그마틱적 착안점에서도 위법한 행정행위의 제거와 배상책임간에는 본질적인 차이점이 존재한다고 한다. 다만 피해자가 행정행위에 대한 권리구제의 제기를 비난가능하게 즉, 유책하게 지연할 경우에만 전적으로 그들 민법 제839조 제3항에 의해 손해배상청구권이 배제된다.[55] 반면 소수설은 행정의 적법성의 원칙과 동등하게 여겨짐에도 불구하고, 불가쟁성(불가쟁력)의 근거인 법적 안정성의 원칙을 전혀 고려하지 않았다고 비판하였다.[56] 우리의 경우 이에 관한 논의가 적극적으로 개진되지 않는데, 일부 문헌에서 적극설의 입장을 취한다.[57]

(라) 불가쟁적 행정행위의 재심사

1) 재심규정의 결여 문제

불가쟁성이 발생하더라도, 행정청이 직권으로 취소·철회하는 데 아무런 장애가 없다. 그런데 나아가 관련인이 그 같은 취소·철회를 요구할 수 있느냐가 문제된다. 독일 행정절차법 제51조는 불가쟁적 행정행위의 재심사(재개)를 규정하고 있다(협의의 재심사).[58] 그에 따르면, 행정절차법 제51조의 재심사요건[59]이 충족되면 행정청은 절차를 재개하여 재심할 의무를 지며, 그에 대응하여 관계인은 (절차)재개청구권 및 새로운 결정에 관한 청구권을 갖는다. 물론 이 청구권이 당초결정의 폐지 및 새로운 결정에 의한 대체에 관한 청구권을 뜻하진 않는다. 우리의 경우 1987년의 행정절차법안은 독일의 그것을 참조하여 행정처분의 재심사를 규정하였으나(동법안 제33조), 현행의 행정절차법이 그에 관한 규정을 두고 있지 않기에, 행정절차가 자칫 요식적 의미만을 지닐 소지가 있다. 독일의 경우 일찍이 연방행정법원이 행정행위(계획확정결정)에 불가쟁성(불가쟁력)이 발생하더라도 관련인은 사정변경시에 새로운 실체결정

55) BGHZ 113, 17=NJW 1991, 1168.
56) Jeromin, Die Bestandskraft von Verwaltungsakten im Amtshaftungsprozeß, NVwZ 1991, 543ff.
57) 정하중, 앞의 책, 263면 이하; 홍정선, 앞의 책, 393면 이하.
58) 행정행위의 재심사에 관해선 김남진, 행정법의 기본문제, 1994, 275면 이하 참조.
59) i) 당해 행정행위의 기초가 된 사실상태 또는 법상태가 사후에 관계자에게 유리하게 변경된 경우, ii) 관계자에게 유리한 새로운 증거가 존재하는 경우, iii) 민사소송법 제508조에 준하는 재심사유가 발생한 경우.

에 관한 청구권을 갖는다고 판시하였거니와,[60] 절차재개의 가능성이 헌법상 요구될 뿐만 아니라 행정법의 불문의 원칙이라고 판시하였다.[61] 이를 바탕으로 하여 행정절차법에 관련제도가 정착되었다는 점은 의미심장하다. 판결의 경우에도 재심이 허용되는데, 행정절차에 그것이 없다는 것은 입법의 치명적인 결함이다. 그런데 행정절차법이전의 독일 판례가 보여주듯이, 이 문제를 입법정책의 차원의 것이라 치부해선 아니 된다.

2) 행정행위의 廢止(직권취소와 철회)의 재심사적 접근

행정행위의 재심사를 재심규정에 의거한 것이 아니라 광의로 새기면, 행정행위의 廢止-직권취소와 철회를 포괄하는-까지도 그에 포함될 수 있다. 이 경우에 재심규정에 의한 것(협의의 재심사)과 행정행위의 폐지상의 그것과의 관계가 문제되는데, 독일의 지배적 입장은 양자를 분리하여 고찰하여, 行政行爲의 廢止와 그에 따른 재심사는 협의의 재심사와는 달리 원칙적으로 행정청의 재량에 속한다. 과거 독일의 다수설은 이런 재심사에 대한 무하자재량행사청구권과 (재량축소의 경우에는) 재심사청구권이 관계인에게 인정되지 않는다고 보았으나, 오늘날의 다수 경향은 주관적 공권과 그것의 요건에 관한 논의에 바탕을 두고서 그러한 청구권의 성립을 인정한다.[62] 후자의 입장에서 재심사에 대한 무하자재량행사청구권과 재심사청구권의 성립을 시인하면, 과연 어떠한 경우에 재심사의무와 재심사청구권을 발생시키는 '재량의 영으로의 축소'가 성립하는지가 문제된다. 선행 행정행위의 위법성만으로는 취소·철회의무를 성립시키는 데 충분치 않으며, 독일 판례상으로 당초 결정의 유지가 전적으로 수인할 수 없는 경우에 그것이 인정되었다.[63] 한편 이러한 취소·철회규정은 특히 종전의 허가업자에게 유리하게끔 손실보상을 보장함으로써 여러 이익의 균형이 맞추어져 있다(예: 독일 행정절차법 제49조 제6항).

우리의 경우 독일 행정절차법 제51조와 같은 명문규정이 없는 이상, 독일에서의 광의의 재심사에 착안하여 행정행위의 취소와 철회의 일반론에 의거하여 접근할 수 있다. 하지만 판례는 시종 "불가쟁력이 생긴 행정처분에 대하여는 개별 법규에서 그 변경을 요구할 신청권을 규정하고 있거나 관계 법령의 해석상 그러한 신청권이 인정될 수 있는 등 특별한 사정이 없는 한 국민에게 그 행정처분의 변경을 구할 신청권이 있다 할 수 없다"는 입장을 견지한다.[64] 부담적 행정행위에 대한 취소쟁송의

60) BVerwGE 19, 153.
61) BVerwGE 39, 197.
62) 논거로 재량규정인 행정행위의 취소·철회규정(독일 행정절차법 제48조 제1항, 제49조 제1항)은 공익뿐만 아니라 개인의 사익을 위해서도 존재한다는 점, 존속력과 배치되지 않는다는 점, 사실 행정청이 갖는 재심사·취소·철회에 관한 권능으로 이미 행정행위의 존속력은 깨뜨려졌다는 점을 든다.
63) BVerwG NVwZ1985, 265; BVerwGE 28, 122.

보장과는 별도로, 부담적 행정행위로 인해 제한된 기본권을 특히 사정변경시에 철회(제거 · 변경)를 통해 회복할 수 있는 길이 없다면, 이는 법치국가원리의 중핵에 해당하는 재판청구권을 통한 국민의 권리보호의 보장에도 배치된다. 우리의 경우 신청권은 소송요건의 차원에서 넘기 힘든 허들이다. 재심사를 행정법의 불문의 원칙으로 본 독일의 예를 참조하여, 우리의 경우에도 조리상의 신청권으로 접근하는 데 아무런 문제가 없다.[65]

(2) 자유로운 직권폐지의 배제(불가변력)

법과 법률에의 구속의 원칙에 의해 처분청(감독청을 포함한)은 행정행위의 대외적 유효와 함께 그것의 존속에 구속된다. 그러나 이런 구속은 필연적으로 종국적 성격을 갖지 않는다. 즉, 처분청은 반대행위(actus contrarius)의 방법으로 행정행위를 폐지(취소 · 철회)할 수 있다. 따라서 처분청이 나중에 그 구속에서 더 이상 벗어날 수 없다거나 단지 일정한 요건하[66]에서만 벗어날 수 있는 한에 있어서, 처분청은 폐지금지의 지배를 받는다. 아울러 여기에 폐지를 정당화하는 일정한 요건 역시 더 이상 충족될 수 없을 때, 행정행위는 불가변적이다(unabänderlich). 다시 말해, 행정행위가 성립한 후 행정청은 자유로이 그것을 폐지할 순 없고 신뢰보호의 원칙에 따른 강한 제한을 받는다. 행정행위가 처분청을 상대로 발휘하는 이런 구속효를 불가변력(불가변성)이라 하겠다.

불가쟁성(불가쟁력)과 비교하여 불가변성(불가변력)은 처분청 등 행정기관에 대한 구속력인 점에서 차이가 있는 등, 양자는 항상 동반하여 발생하지는 않는다. 추후의 존속폐지가 허용되는지 여부는 원칙적으로 처분청의 재량에 해당한다는 점에서 불가변성의 발생은 행정행위의 불가쟁성이 발생하였는지 여부와는 무관하다.[67] 다만 불가쟁성이 발생하면, -행정청 스스로 폐지에 나서길 주저한다는 점에서- 불가변성이 현실적으로 더욱 강화되는 것은 사실이다. 취소 · 철회권의 행사에 대한 시간적 제약(실권의 법리) 역시 불가변성을 더욱더 결정적으로 공고하게 한다.

여기서는 행정행위의 불가변성 역시 폐지금지의 차원에서 다루지만, 우리의 대부분 문헌은 이를 실체적 존속력의 문제로 보며 그것의 인정대상을 두고 다툼이 있

64) 대법원 2007.4.26. 선고 2005두11104판결; 1997.9.12. 선고 96누6219판결.

65) 참고문헌: 김중권, 행정법기본연구Ⅰ, 2008, 100-102, 242-245, 506-510; 用途廢止公共施設의 無償讓渡申請의 拒否에 관한 小考, 법률신문 3761호(2009.7.13.)(행정법기본연구Ⅲ, 2010, 338면 이하); 노경필, 불가쟁이 발생한 행정처분의 변경을 구할 조리상 신청권이 인정되는지 여부, 대법원판례해설 제68호(2007 상반기)(2007.12.) 415-428.

66) 독일 행정절차법 제48조 이하에서의 취소 · 철회규정이나 우리 판례상의 취소 · 철회요건이 이에 해당한다.

67) 다만 토지수용위원회의 재결의 이의신청에 대한 중앙토지수용위원회의 재결의 경우에는 제소기간의 경과와 같은 불가쟁성의 발생을 전제로 한다(공익사업법 제86조 제1항).

다.[68] 앞에서 지적한 대로 그것은 그다지 도움이 되지 않는다.

(3) 잠정적 행정행위의 폐지가능성

잠정적 행정행위는 폐지가능성과 관련하여 특별한 문제점을 제기한다. 잠정적 행정행위 그 자체에 대해서는 불가쟁성과 관련하여 이상에서 본 일반론이 그대로 통용된다. 하지만 잠정적 행정행위에 불가쟁성이 발생하였을 때 종국적 행정행위에 대한 쟁송가능성의 내용적 제한이 어느 정도로 발생할지의 물음은 실체적 존속력의 물음이다. 그런데 종국적 행정행위가 내려진 상황에서는 논의가 필요하다. 우선 종국적 행정행위가 잠정적 행정행위의 결정적인 요소를 터치하지 않는 한, 종국적 행정행위가 내려졌다 하여 잠정적 행정행위와 관련하여 직권폐지가 발생한 것은 아니다. 오히려 잠정적 행정행위가 실효된 셈이다. 그리하여 이런 경우 행정행위 취소·철회의 제한 법리가 통용되지 않는다. 그러나 종국적 결정이 잠정적 행정행위를 종국적 요소에서 변경할 경우에는 행정행위의 취소·철회의 제한 법리가 통용된다.

4. 모순금지의 효력

(1) 모순금지의 의의와 근거

모순금지의 효력은 행정청으로 하여금 결정에서 종전의 행정결정의 내용과 위배되지 않게 한다. 이것은 모순된 결정이 내려지는 것을 저지하며(법적 명료성의 의미), 동시에 후행 행정청으로 하여금 -다른 행정청에 의해- 구속되게 결정이 내려진 물음에 대해 그 자신이 새롭게 자체 심사할 필요가 없게 만든다(절차경제의 의미). 이는 기왕의 행정행위가 위법하면 행정의 법률에 대한 구속이 후퇴하게 된다는 것을 의미한다.

명문의 근거규정이 없어서 모순금지의 효력의 범위는 논란이 될 수 있지만, 국가활동에서 모순을 가능한 배제하는 것과 관련해서는 행정청이든 법원이든 포기할 수 없다. 절차적 존속력처럼 실체적 존속력 역시 법적 안정성과 법적 평화를 위하여 존재하기에, 그 자체가 항구성을 지향한다. 행정행위의 존속력은 행정행위란 작용형식에 내재한다.[69] 왜냐하면 그것이 행정행위의 공정력과 작용형식의 특별한 효과성을 공고히 하기 때문이다. 따라서 특별한 근거규정이 없더라도, 모순금지의 효력 자체는 행정행위에 대해 일반적으로 받아들여질 수 있다.[70] 궁극적으로 모순금지를 낳는

---

68) 독일에서도 Ruffert, in: Erichsen/Ehlers(Hrsg.), §22 Rn.25 는 판결의 모순금지와 변경금지에 빗대 실체적 존속력에서 접근한다.

69) Ruffert, in: Erichsen/Ehlers(Hrsg.), §22 Rn.24.

실체적 존속력은 판결의 확정력마냥 원칙적으로 법치국가원리의 구성요소인 법적 안정성에 바탕을 둔다.[71]

(2) 실체적 존속력에 따른 모순금지의 효력

(가) 의의

행정행위의 실체적 존속력에 따른 구속효 문제는, 행정청이 어떤 행정행위를 내린 다음 추후에 그와 유관한 행정행위를 내릴 경우에 그 행정청으로서는 기왕의 행정행위에 구속되는지 여부와 어느 정도의 범위에서 구속되는지의 물음이다.

실체적 존속력은 판결의 실체적 확정력, 즉 기판력에 대비되는 것으로 모순금지의 핵심이다. 통상 기판력이라 함은 일단 재판이 확정되면, 후일의 재판에 있어서 동일 사항에 대하여 당사자(승계인 포함)는 판결의 내용과 모순되는 주장을 할 수 없으며, 법원도 그와 모순·저촉되는 판단을 할 수 없는 판결의 구속력을 말한다. 행정행위의 실체적 존속력의 윤곽을 정함에 있어 이런 소송법적 본보기에 의거하는 것은 불가피하다. 다만 행정행위가 재판절차와는 다른 행정절차에서 발해진다는 점을 명심하여야 한다.[72]

존속력의 두 번째 요소인 실체적 존속력은 내용과 연관된 구속이다. 실체적 존속력은 유효한 행정행위에서 발해진 규율의 종국적인 구속성이라는 의미에서의 規準性(Maßgeblichkeit)을 의미한다.[73] 존속력이 발생한 행정행위의 내용은 추후시점에 더 이상 문제될 수가 없다는 것이다. 여기서 실체적 존속력에 의거한 모순금지는 기결적 효력(präjudizielle Wirkung)을 발휘한다. 즉, 당초의 행정행위에 의해 판단된 선결문제는 -그것의 폐지를 유보하여- 법률요건에 의거하여 새로이 심사될 수 없다(소위 결정대상의 기결성). 오히려 당초에 발해진 규율은 -그것의 적법성에 무관하게- 제2차 행정행위의 바탕이 되어야 한다는 것이다.[74] 기결적 효력을 일체의 새로운

---

70) Sachs, in: Stelkens/Bonk/Sachs, §43 Rn.43. 오늘날 모순금지의 효력은 특히 구성요건적 효력이 새롭게 의미를 갖는 대상이 바로 범국가적 행정행위(transnationaler VA)의 문제이다. 그것은 행정행위의 효력이 자국 영토를 넘어 외국에까지 미치는 것을 말한다.

71) BVerwGE 60, 253(269ff.).

72) 그런데 판례는 시종 행정행위의 실체적 존속력을 부인하는 입장을 견지하고 있다. 대법원 2008.7.24. 선고 2006두20808판결: 일반적으로 행정처분이나 행정심판 재결이 불복기간의 경과로 확정될 경우 그 확정력은, 처분으로 법률상 이익을 침해받은 자가 당해 처분이나 재결의 효력을 더 이상 다툴 수 없다는 의미일 뿐, 더 나아가 판결과 같은 기판력이 인정되는 것은 아니어서 그 처분의 기초가 된 사실관계나 법률적 판단이 확정되고 당사자들이나 법원이 이에 기속되어 모순되는 주장이나 판단을 할 수 없게 되는 것은 아니다(대법원 1993.4.13. 선고 92누17181판결, 대법원 2004.7.8. 선고 2002두11288판결 등 참조). 이미 독일의 경우 그에 대한 의문이 해소되었다는 점과 우리의 경우 법적 안정성에 대한 고려가 매우 낮다는 점에서 판례의 이런 태도는 바람직하지 않다.

73) Vgl. BVerwGE 60, 253(267ff.).

74) 즉, 구성요건적 효력과 -경우에 따라선- 확인적 효력이 권리구제방도가 주효하더라도 더 이상 위태롭게 될

결정이 아니라 일탈한(相違한) 결정만을 배제하는 것으로 설정하면, 그것은 실체적 존속력과 관련해서는 반복금지(Wiederholungsverbot)로서의 의의를 갖는다.[75] 그런데 여기서는 반복된 절차에서 벗어나게 결정할 가능성은 인정된다. 이 점에서 기결적 효력은 완전한 의미의 것이 아니라, 부분적인 것이다. 사실 모순된 결정을 배제하려는 이들 금지의 기본관심사는, 동일한 대상에 관해 새로운 결정을 내리는 상황에 특히 들어맞는다.[76]

한편 선행결정의 후행결정에 대한 '기결성'이나 '규준성'의 문제로서 실체적 존속력의 문제는 예비결정이나 부분인허와 같은 단계적 행정절차상의 부분결정이 갖는 -단지 넓은 의미상의- '선취적' 의의와는 구별되어야 한다.[77] 이들 결정은 입지선정에 관해 또는 시설의 일부설치에 관해 사전에 즉, 전체허가의 발급이전에 종국적으로 결정을 내리는 것을 가능하게 한다. 전체 프로젝트의 이런 방식으로 처리되거나 분할된 부분측면은 후속절차의 단계에서는 새롭게 심사·결정의 대상이 되지 않는다. 즉, 단계적 절차의 범주에서 후행 행정행위에 대해 결코 독립된 규율본지가 주어지지 않는다. 즉, 이 경우 여기서 논하는 기결적 효력의 문제가 아니다.

(나) 본질

존속력에 의존한 모순금지는 불가쟁적 행정행위의 내용에 처분청이 항구적으로 구속되는 것을 대상으로 한다. 절차적 존속력에 의존한 폐지금지처럼, 모순금지는 실체적 존속력에 의해 반사적으로 유발된다. 절차적 존속력과 실체적 존속력은 법학적 순간안에서 움직인다. 즉, 절차적 존속력이 반사적 양식으로 존속력에 의존한 폐지금지를 유발하는 것과 동일한 종류와 방법으로, 존속력에 의존한 모순금지 역시 실체적 존속력에 의해 성립한다. 따라서 수범자 등 관련인을 지속적으로 불가쟁적 행정행위의 내용에 구속시키는 실체적 존속력은 모순금지를 위한 소위 '유발모멘트'에 해당한다. 도그마틱적으로 보자면, 처분청은 실체적 존속력으로 인해 유발된 관련인의 직접적 구속을 통해 그 내용에 간접적으로 구속된다. 모순금지의 성립, 존속 그리고 범위는 부차적인 구속효에 의해 실체적 존속력에 의존한다. 이런 의존성은 결과와 관련해서도 마찬가지이다. 요컨대 기결적 효력은 실체적 존속력의 발로이다.

수가 없다.

75) 반복금지는 존속력이 발생한 행정행위와 후행 행정행위의 대상이 동일한 경우에 존재한다(소위 결정대상의 동일성).

76) Sachs, in: Stelkens/Bonk/Sachs, §43 Rn.47.

77) Erichsen/Knoke, a.a.O., 185(189).

(다) 요건

실체적 존속력은 절차적 존속력에 의해 직접적으로 야기되기 때문에, 그것은 절차적 존속력에 의존한다. 그러나 실체적 존속력의 요건으로 절차적 존속력 즉, 불가쟁성을 요구하는 물음은 완전히 해소되지 않았다. 불가쟁성이 발생하기 전 처분청이 행정행위를 직권폐지하는 것이 저지되는 한, 당초결정과 다른 결정이 금지된 것임에는 분명하나. 행정행위가 성립한 다음 불가쟁성이 발생하기 전까지의 이런 모순금지는 실은 실체적 존속력의 발로가 아니라 특별한 자기구속으로 정당화될 수 있다.[78] 따라서 실체적 존속력의 발생은 절차적 존속력을 전제로 한다.[79]

(라) 모순금지에 따른 구속의 범위: 실체적 존속력의 한계 및 추가적 제한

선행결정의 기결성의 문제는 선행 행정행위의 규율본지가 후행 행정행위의 규율에 어느 정도로 수용되어야 하는지의 물음이다. 기결적 효력이 실체적 존속력의 발로인 점에서, 기결적 효력에 따른 규준성은 기껏해야 이런 실체적 존속력의 한계안에서 주어질 수 있다. 이처럼 내용과 관련한 구속으로서의 실체적 존속력에서 자연적으로 제기되는 물음은, 존속력이 발생한 행정행위가 그 내용에 따라 후행 행정행위를 어느 정도의 범위에서 구속하는지이다. 판결의 실체적 확정력(기판력)의 한계에 의거하여 실체적 존속력의 범위는 전통적으로 세 가지의 차원에서 논의된다: 실체적 존속력의 사물적, 대인적, 시간적 범위.[80]

사물적 측면에서는 행정행위는 단지 그의 규율과 관련해서 후행 행정행위를 구속한다. 이것은 원칙적으로 단지 포섭결론 즉, '순전한 법효과'만을 포함한다. 이에 따라 행정행위의 이유제시를 위해 언급한 사실상의 확인과 법적 평가는 후행 행정행위를 구속하지 않는다. 예외적으로 이에 벗어나 법효과를 뒷받침하는 법적 확인이 동시에 행정행위의 규율의 구성요소가 될 수 있는데, 독일 판례에서 전개된 이런 예외가 후술할 확인적 효력이다. 실체적 존속력의 대인적 범위에는 사물(실체)적으로 관련된 자 모두가 포함되는데, 여기에는 사물적으로 참가한 관련인으로서의 지위를 갖는 처분청을 포함한다. 시간적 측면에서 행정행위는 발급시점에 규준이 된 사실·법상황과 관련하여 후행 행정행위를 구속한다. 따라서 처분시점이후에 발생한 사실·법상황의 변화는 더 이상 구속에 의해 포착되지 않는다. 하지만 처분청이 사실·법상황의 사후적 변화를 존속력이 발생한 행정행위를 심사하고 -허용되는 한- 반대행위의 수단으로 폐지하거나 변경할 계기로 삼는 것은 배제되지 않는다.

78) Sachs, in: Stelkens/Bonk/Sachs, §43 Rn.54.
79) Bader/Rollenfitsch, VwVG Kommentar, 2010, §43 Rn.21.
80) Erichsen/Knoke, a.a.O., 185(191).

한편 -이상의 실체적 존속력의 한계가 유지되는 것을 전제로- 선행결정의 기결적 효력을 인정하는 데 있어서는, 수범자 등 관련인의 권리보호가 수인할 수 없을 정도로 축소되지 않기 위해 추가적인 제한요건이 요구된다.[81] 즉, 규율이 선결문제로서도 후행의 다른 결정에 대해 영향을 미침으로써 이미 종국적 성격을 지님을 관련인이 전혀 간취할 없는 경우에는 취소소송을 제기하지 않음에 따른 부담을 그에게 지우기란 곤란하다. 즉, 행정행위가 후행결정에 대한 사전효과를 불충분하게 인식하게 한 경우에는, 그 행정행위는 실체적 존속력에 의해 강구된 법상황의 안정화를 가져다줄 수 없다. 즉, 추가적 요건으로 관련인이 (선행) 행정행위의 후속효과에 관해 분명하게 인식할 수 있는지 여부가 요구된다. 이런 인식가능성을 판단함에 있어서는 규율밀도, 법적 형성, 절차진행순서의 조망가능성이 특히 중요하다.[82]

(마) 모순금지에 따른 구속으로서의 기결적 효력(규준력)과 관련한 하자승계 문제[83]

1) 논의현황

둘 이상의 행정행위가 연속적으로 행해진 경우, 선행 행정행위에 대해 불가쟁성(불가쟁력)이 발생하였을 때, 이것이 후행 행정행위에 어떠한 효과를 미치는가의 물음은 행정법에서 대표적인 難題이다. 여기서는 두 가지의 대립된 접근방식이 있다. 하자승계의 차원에서 접근하는 전통적인 입장과 '행정행위의 구속력(선행행위의 후행행위에 대한 구속력, 기결력, 규준력)'의 시각에서 접근하는 입장이[84] 그것이다.

일본에서 건너온 전자의 방식에 의하면, 선행행위와 후행행위가 결합하여 하나의 효과를 완성하는 것인 경우에는 선행행위의 흠이 후행행위에 승계되는데 대하여, 선행행위와 후행행위가 서로 독립하여 별개의 효과를 발생하는 것인 경우에는 선행행위가 당연무효가 되지 않는 한 그 흠이 후행행위에 승계되지 않는다고 본다. 판례 역시 이런 기조에서 접근하고 있다.[85] 그러나 이런 접근방식은 간단한 틀을 제공한

---

81) Erichsen/Knoke, a.a.O., 185(191f.). 이에 대해 존속력의 인정범위의 불확실성을 증대시키지 않기 위해 이런 모호한 추가기준은 포기해야 한다고 반론이 제기된다. Sachs, in: Stelkens/Bonk/Sachs, §43 Rn.120.

82) 이 점에서 판례(대법원 1984.9.11. 선고 84누191판결)가 하자승계를 부인한 직위해제처분과 면직처분사이에는 다른 접근이 가능하다. 동지: 김남진/김연태, 행정법 I, 320면.

83) 관련 문헌: 김남진, 건물철거명령 · 대집행계고 및 영장통보의 관계(판례평석), 법률신문 제2543호(1996.10.21.); 임영호, 비교표준지공시지가결정의 하자와 수용재결의 위법성, 대법원판례해설 제78호(2008 하반기)(2009.7.); 박해식, 하자의 승계, 대법원판례해설 제43호(2002 하반기)(2003.7.); 선정원, 하자승계론의 몇 가지 쟁점에 관한 검토, 행정판례연구 제10집, 2005, 170면 이하.

84) 대표적으로 김남진, 행정법의 기본문제, 1994, 283면 이하.

85) <판례가 흠의 승계를 긍정한 사례>
  * 암매장분묘개장명령과 후행계고처분: 대법원 1961.12.21. 선고 4293행상31판결.
  * 귀속재산의 임대처분과 후행매각처분: 대법원 1963.2.7. 선고 62누215판결.
  * 기준지가고시처분과 토지수용처분: 대법원 1979.4.24. 선고 78누227판결.
  * 독촉과 가산금 · 중가산금징수처분: 대법원 1986.10.28. 선고 86누147판결.
  * 안경사시험합격처분과 안경사면허처분: 대법원 1993.2.9. 선고 92누4567판결.

다는 점에서는 유익하나, 결합과 독립의 여부 및 발생효과가 하나인지 별개인지 여부가 관점에 따라 달리 판단될 수 있다는 점에서는 기준의 확실성이 떨어진다.[86] 나아가 모순된 판단도 있다.[87]

반면 독일의 실체적 존속력에 터 잡은 규준성에 초점을 맞춘 후자의 방식에 의하면, 선행 행정행위에 불가쟁력이 발생하면 선행 행정행위가 후행 행정행위에 대해 기결적 효력(규준력)을 발휘하는 즉, 후행 행정행위는 선행 행정행위에 위배되어서는 아니 되며 그 결과 선행 행정행위의 하자를 후행 행정행위의 단계에서는 주장할 수 없다고 본다. 그리고 이런 규준력이 유지되기 위해서는, 선행 행정행위와 후행 행정행위의 규율대상 내지는 법적 효과에 있어서 일치성이 있어야 하고, 양 행정행위의 수범자(상대방)가 일치하여야 하며, 선행 행정행위의 기초를 이루는 사실·법상태가 유지되어야 한다. 그리고 추가적 요건으로 예측가능성과 수인가능성을 요구한다.[88]

2) 管見

행정행위에 의해 정해진 법효과가 후속 행정행위와의 관계에서 기결적 효력을 발휘하는지, 어느 정도로 발휘하는지의 물음은 행정법도그마틱상으로 여전히 해소되지

---

* 계고처분과 대집행에 있어서의 비용납부명령: 대법원 1993.11.9. 선고 93누14271판결.
* 개별공시지가결정과 과세처분: 대법원 1994.1.25. 선고 93누8542판결.
* 계고처분과 대집행영장발급통지행위: 대법원 1996.2.9. 선고 95누12507판결.
* 개별공시지가결정과 개발부담금부과처분: 대법원 2001.6.26. 선고 99두11592판결.
* 표준공시지가결정과 수용재결: 대법원 2008.8.21. 선고 2007두13845판결.

<판례가 흠의 승계를 부정한 사례>
* 과세처분과 체납처분: 대법원 1977.7.12. 선고 76누51판결.
* 직위해제처분과 면직처분: 대법원 1984.9.11. 선고 84누191판결.
* 구 토지수용법상의 사업인정과 토지수용재결처분: 대법원 1987.9.8. 선고 87누395판결.
* 액화석유가스판매사업허가와 사업개시신고반려처분: 대법원 1991.4.23. 선고 90누8756판결.
* 도시계획사업의 실시계획인가고시와 수용재결처분: 대법원 1991.11.26. 선고 90누9971판결.
* 재개발사업시행인가처분과 토지수용재결처분: 대법원 1992.12.11. 선고 92누5584판결.
* 수강거부처분과 수료처분: 대법원 1994.12.23. 선고 94누477판결.
* 토목공사업면허·건축공사업면허와 이에 기초한 새로운 토목건축공사업면허: 대법원 1995.2.28. 선고 94누11637판결.
* 토지등급의 설정 또는 수정처분과 과세처분: 대법원 1995.3.28. 선고 93누23565판결.
* 택지개발계획의 승인과 수용재결처분: 대법원 1996.4.26. 선고 95누13241판결.
* 건물철거명령과 대집행계고처분: 대법원 1998.9.8. 선고 97누20502판결.
* 주택건설사업계획승인처분과 도시계획시설변경 및 지적승인고시처분: 대법원 2000.9.5. 선고 99두9889판결
* 택지개발예정지구의 지정과 택지개발계획의 승인: 대법원 2000.10.13. 선고 99두653판결.
* 보충역편입처분과 공익근무요원소집처분: 대법원 2002.12.10. 선고 2001두5422판결.
* 농지전용부담금부과처분과 압류처분: 헌재 2004.1.29. 2002헌바73.

86) 하자승계를 긍정한 개별공시지가결정과 과세처분간의 경우(대법원 1994.1.25. 선고 93누8542판결)와 이를 부인한 토지등급의 설정 또는 수정처분과 과세처분간의 경우(대법원 1995.3.28. 선고 93누23565판결)가 여실히 보여준다.

87) 가령 사실상 동일한 것임에도 달리 판단한 하자승계를 긍정한 경우(암매장분묘개장명령과 후행계고처분사이)와 하자승계를 부정한 경우(건물철거명령과 대집행계고처분사이)가 여실히 보여준다.

88) 판례(대법원 2001.6.26. 선고 99두11592판결)는 개별공시지가결정과 개발부담금부과처분사이에서 이런 접근을 강구하였다. 이에 관해선 김남진, 과세처분의 선행행위인 개별지가공시의 위법성심사, 판례월보, 1994. 6 참조.

않았다. 여기서는 법적 안정성과 법적 평화에 무게중심을 두는 모순금지 효력의 차원에서 접근하되, 지면관계상 판례의 타당여부를 간단히 검토하고자 한다. 특히 추가적 요건으로 제시되는 후속효과에 관한 사전인식가능성이 의미를 갖는다. 먼저 확인할 것은 종래 논의에서 단순히 복수의 행정행위가 연이어 행해졌다는 점만이 부각되어 이들간의 법적 의미가 있는 상관관계에 관한 모색이 부족하다. 내용적 관련성이 없는 경우에는 애초에 하자의 승계가 문제되지 않음에도 불구하고 판례는 하자승계의 관점을 무분별하게 투영시키고 있다.[89] 따라서 내용적 관련성이 있는 사안을 대상으로 하여, 이상에서 본 실체적 존속력의 한계와 추가적 제한요건을 대입하여 선행행위의 기결적 효력여부를 판단할 수 있다.[90]

요컨대 판례가 하자의 승계를 부정한 –주89)에서 지적한 경우를 제외하고서는– 사례 가운데, 과세처분과 체납처분사이, 건물철거명령과 대집행계고처분사이, 보충역편입처분과 공익근무요원소집처분사이, 농지전용부담금부과처분과 압류처분사이에는 선행결정이 후행결정에 바탕이 되어야 하기에 그 선행결정에 기결적 효력이 인정될 수 있다. 따라서 관련인은 선행결정에 불가쟁력이 발생한 이상 그것의 실체적 존속력에 어긋난 모순된 주장을 할 수 없다. 즉, 여기서는 판례마냥 하자가 승계되지 않는 것과 마찬가지이다. 그리고 판례가 하자의 승계를 긍정한 사례 가운데, 암매장분묘개장명령과 후행계고처분사이, 독촉과 가산금·중가산금징수처분사이, 안경사시험합격처분과 안경사면허처분사이, 계고처분과 대집행에 있어서의 비용납부명령사이, 계고처분과 대집행영장발급통지행위사이에도 선행결정에 대해 기결적 효력을 –하나의 절차에서 행해진다는 점에서 위의 경우보다 오히려 더욱더– 인정할 수 있다. 따라서 판례의 입장과 정반대의 결론에 도달한다. 결과적으로 동일한 목적·효과를 지향하기에 규준력이 발생한다. 이와는 달리 판례가 하자의 승계를 긍정한 사례 가운데, 기준지가고시처분과 토지수용처분사이, 개별공시지가결정과 과세처분사이, 개별공시지가결정과 개발부담금부과처분사이, 표준공시지가결정과 수용재결사이에는 후행결정에 바탕이 된다는 점에서 선행결정 그 자체에는 기결적 효력이 어려움 없이 인정될 수 있지만, 선행결정의 단계에서 과연 후행결정의 가능성을 확실히 간취할 수 있다고 보기는 어렵다. 따라서 추가적 요건차원에서 기결적 효력이 배제될 수 있다. 즉, 여기서는 결과적으로 하자의 승계를 인정하는 판례의 입장과 동일하게 된다.

---

89) 가령 판례가 하자의 승계를 부정한 사례 가운데 구 토지수용법상의 사업인정과 토지수용재결처분사이, 도시계획사업의 실시계획인가고시와 수용재결처분사이, 재개발사업시행인가처분과 토지수용재결처분사이, 수강거부처분과 수료처분사이, 토목공사업면허·건축공사업면허와 이에 기초한 새로운 토목건축공사업면허사이, 택지개발계획의 승인과 수용재결처분사이, 주택건설사업계획승인처분과 도시계획시설변경 및 지적승인고시처분사이, 택지개발예정지구의 지정과 택지개발계획의 승인사이가 그렇다고 볼 수 있다.

90) 이하의 서술은 문제제기의 차원에서 정리한 것이다. 추후 더 세심한 분석이 따라야 한다.

(3) 존속력과 무관한 모순금지의 효력

행정행위는 불가쟁성의 발생과 무관하게 처분청은 물론, 다른 국가기관을 모순금지의 범주에서 아래와 같이 구속한다.

(가) 자기구속적 효력

먼저 처분청 및 그것의 기능적 승계인에 대해 미치는 것을 보면,[91] 처분청은 불가쟁성이 발생하기 전이라도 모순금지의 차원에서, 특히 신뢰보호의 차원에서 당초의 규율과 다른 2차 규율을 해선 아니 된다. 즉, 존속력에 의존한 모순금지의 발생 이전이라도, 처분청은 결정주체로서의 그의 지위에서, 수범자 등을 상대로 유효하고 구속적인 행정행위의 내용에 구속된다. 요컨대 처분청은 여기서 소위 자기구속적 효력의 지배를 받는다.[92] 소송법적 대응물이 판결의 자박력인 셈인[93] 행정행위의 자기구속적 효력은 결코 법률적 근거를 필요로 하지 않는다.[94]

자기구속적 효력은 특히 단계적 행정절차에서 중요하다. 처분청은 예비결정과 부분인허에 담겨진 규율을 간과해서는 아니 되거니와, 동일한 사실상황에서 개별 허가요건이나 사업부분을 새로이 심사하거나 변경해서도 아니 된다. 나아가 잠정적이긴 하나 긍정적인 전체 판단이 제1차 부분인허의 구속효에 의해 포함된다.

행정행위가 대외적으로 유효함을 전제로 하여, 그것의 내부적 효과가 발생하고 그에 따라 처분청 역시 그것에 구속된다. 따라서 자기구속적 효력은 불가쟁성이 발생하지 않는 경우에만 의미가 있고, -전방위적- 불가쟁성이 발생하면 그것은 실체적 존속력으로 轉化한다.[95] 이 점에서 독일의 판례와 문헌의 다수견해는 자기구속적 효력을 단지 일시적인 통용이 요구되는 구속효로 본다. 불가쟁성이 발생하기까지 단지 잠정적으로 구속효를 발휘하는 자기구속적 효력은 존속력에 의존한 모순금지처럼 처분청으로 하여금 모순적인 제2차 행정행위의 발급을 저지한다. 따라서 그것의 범위는 처분청이 존속력에 의존한 모순금지에 의거하여 지배를 받는 범위에 일치한다.[96]

---

91) 여기에 관련인에 대한 구속까지 포함시켜 구속효의 이름으로 실체적 존속력의 범주에서 논하기도 한다.

92) 이것은 재량준칙 및 재량결정과 관련하여 평등원칙에 의거하여 성립한 행정의 자기구속과는 구별된다는 점을 유의해야 한다.

93) 그리하여 자기구속적 효력을 자박력의 문제로 보기도 한다(정하중, 앞의 책, 255면).

94) BVerwGE 60, 111(117).

95) 전적으로 수익적 효과를 갖는 행정행위의 경우 새삼 자기구속적 효력이 문제되지 않고, 바로 실체적 존속력의 문제가 되어 버린다.

96) Sachs, in: Stelkens/Bonk/Sachs, §43 Rn.136; Schroeder, a.a.O., S.217(224).

(나) 구성요건적 효력

1) 의의와 근거

① 의의

행정행위의 존재가 처분청을 제외한 다른 행정기관의 판단과 결정에 영향을 미치는 양상을 구성요건적 효력의 차원에서 접근할 수 있다.[97] 즉, 국가의 모든 결정주체가 행정행위에 원칙적으로 구속되는 것이 구성요건적 효력(Tatbestandswirkung)이다. 처분청을 제외한 다른 행정기관과 법원은 행정행위가 유효히 존재하는 이상, 사안을 법적으로 판단함에 있어서 그 행정행위를 구성요건으로 존중하여야 한다. 그리하여 행정행위의 규율적 언명과 달리 판단되더라도, -그 행정행위가 폐지되지 않는 한- 행정청 등은 그 행정행위에 저축되게 독자적으로 판단을 내려서는 아니 된다. 이런 구속력은 무효인 경우에는 당연히 인정되지 않는다.

공정력과 구성요건적 효력의 관계와 관련해서는 문헌에서 상이하게 접근한다. 일부 문헌은 구성요건적 효력을 광의의 공정력의 내용으로 보아 그 구분에 부정적이지만,[98] 공정력은 수범자나 제3자를 대상으로 한다는 점에서 양자를 구분하는 것이 바람직하다.[99] 그리고 공정력은 법적 안정성에서, 구성요건적 효력은 관할존중에서 비롯된다는 점에서 양자는 이론적 근거의 차원에서도 구분된다.

② 근거

행정행위를 발하지 않은 행정기관으로서는, 건축허가가 존재하면 건축계획안이 허가된 것으로 여겨야 하고, 어떤 사인이 공무원으로 임용되면 그의 공무원신분을 인정하여야 한다. 이처럼 구성요건적 효력은 다른 행정기관을 상대로 해서는, 관할분배와 사무분장을 존중하는 데서 비롯된 것이다. 그리고 처분청 자신도 자기구속에 따라 기왕의 행정행위의 존재를 존중하여야 한다 아울러 법원을 상대로 해서는 -행정행위와 관련한 사법심사가 요청되지 않는 한- 구성요건적 효력은 권력분립원리, 특히 행정작용형식 및 행정행위의 법률적 인정과 형성에 따른 자명한 요구이다.

2) 행정기관에 대한 구성요건적 효력

행정행위의 존재가 처분청은 물론, 다른 행정기관의 판단과 결정에 영향을 미치는 양상을 구성요건적 효력의 차원에서 다음과 같이 접근할 수 있다.[100] 행정행위의 합

---

97) Ruffert, in: Erichsen/Ehlers(Hrsg.), §22 Rn.17ff.

98) 대표적 문헌으로 김동희, 행정법 I, 2012, 325면 이하. 판례 역시 광의의 공정력적 이해를 바탕으로 한다. 대법원 1994.11.11. 선고 94다28000판결: 행정처분이 아무리 위법하다고 하여도 그 하자가 중대하고 명백하여 당연무효라고 보아야 할 사유가 있는 경우를 제외하고는 아무도 그 하자를 이유로 무단히 그 효과를 부정하지 못한다. 동지: 대법원 1991.4.23. 선고 90누8756판결.

99) 대표적 문헌으로 김남진/김연태, 행정법 I, 280면 이하; 정하중, 행정법개론, 254면 이하; 홍정선, 행정법원론(상), 386면 이하; 박균성, 행정법론(상), 2012, 117면 이하.

법화효과로 인해 행정행위가 내려져 그것이 존속하는 한, 그 행정행위와 관련한 법상황은 적법한 것이 되어, 행정당국으로서는 다른 결정에서 판단의 기초를 삼아야 하거니와(타자구속효적 양상), 나아가 그 수범자에 대해 질서법적 책임을 과할 수 없다(합법효적 양상).[101] 그리고 건축법 제11조 제5항처럼, 한(-) 행정청의 인허가결정에 다른 행정청이 행할 인허가가 포함되기도 한다(집중효적 양상).

3) 법원에 대한 구성요건적 효력: 선결문제

① 선결문제에서의 쟁점

원칙적으로 법원에 대해서도 구성요건적 효력이 통용되기에, 사법적 판단을 통해 행정행위의 존재를 왜곡시킬 수는 없다. 그러나 재판청구권, 사법권독립과 -사법부적 관점에서의- 권력분립원리에서, 행정행위를 심사하기 위해 재판이 요청될 경우에는, 구성요건적 효력으로부터의 구속은 당연히 배제된다. 행정행위를 직접대상으로 하는 처분대상 행정소송(취소소송)에서는 이런 배제가 아무런 문제가 되지 않는다. 그렇지만 행정행위의 적법성 여부가 다투어지나 그것을 직접 대상으로 하지 않는 상황(가령 국가배상청구소송)에서는 선결문제의 이름으로 논의가 분분하다. 선결문제에서 쟁점은, 민·형사사건에 있어서 어떤 행정행위의 위법 여부 또는 존재 여부(무효여부)가 그 사건에 있어서의 선결문제가 되는 경우에, 당해 사건을 맡은 법원에 그에 관해 스스로 심리·판단할 수 있느냐 하는 것이다.

② 문헌과 판례상의 논의 및 그 평가

선결문제와 관련해서 압도적 대다수 문헌은 -공정력의 차원에서 접근하든 구성요건적 효력의 차원에서 접근하든- 긍정한다. 국가배상청구소송에서는 선결문제를 긍정하더라도 행정행위의 효력 자체를 부인하는 것이 아니라 단지 그 위법성을 심사하는 것이어서 아무런 문제가 없으며, 또한 부당이득반환청구소송에서는 수소법원으로서는 대상처분(가령 과세처분)의 무효가 확인되는 경우에만 그 청구를 인용할 수 있을 뿐 단순 위법에 그칠 때는 그렇게 할 수가 없기에 이 역시 문제가 되지 않는다고 한다. 판례는 민사사건에서 광의의 공정력의 차원에서 접근하면서 긍정한다.[102] 형사사건에서도 행정행위에 반함을 이유로 과한 행정벌의 경우 출발점이 된 그 행정행위의 위법성을 심사할 수 있으며,[103] 반면 위법일망정 행정처분이 존재하는 한,

---

100) Ruffert, in: Erichsen/Ehlers(Hrsg.), §22 Rn.17ff.

101) 가령 도로법상 도로점용허가가 내려지면 도로교통법상의 조치를 취하는 것은 제한된다.

102) 국가배상청구소송: 대법원 1972.4.28. 선고 72다337판결. 부당이득반환청구소송: 대법원 1994.11.11. 선고 94다28000판결.

103) 대법원 1992.8.18. 선고 90도1709판결: 같은 법 제78조 제1항에 정한 처분이나 조치명령을 받은 자가 이에 위반한 경우 이로 인하여 같은 법 제92조에 정한 처벌을 하기 위하여는 그 처분이나 조치명령이 적법한 것이라야 하고, 그 처분이 당연무효가 아니라 하더라도 그것이 위법한 처분으로 인정되는 한 같은 법 제92조

그에 의거하여 접근한다.[104)]

반면 부정설은 행정행위가 당연무효가 아닌 한, 민사소송에 있어서 수소법원은 그것의 위법성 여부를 스스로 심리·판단할 수 없다고 본다. 논거로 공정력으로 권한 있는 기관에 의하여 취소될 때까지 모든 국가기관이 그 효력에 구속되어야 한다는 점, 취소소송의 배타적 관할제도로 민사법원은 행정행위를 취소할 수 없다는 점, '처분 등의 효력 유무 또는 존재 여부'가 민사소송의 선결문제로 되는 경우만을 규정하고 있다는 점(법 제11조 제1항)을 제시한다. 부정하는 입장에 의하면 관련청구병합의 형태를 취하여 수소법원이 행정행위의 위법성을 심사할 수 있다고 한다.

과거 선결문제는 대표적인 행정법문헌의 논쟁대상이었지만, 지금에는 그 비중이 격감하였다. 최근 부정입장을 취하는 문헌을 보기 어려우며, 행정소송법개정에서 현재 민사소송으로 다루는 국가배상청구소송과 부당이득반환청구소송을 당사자소송으로 행정소송사건으로 만들려고 한다. 독일처럼[105)] 독립된 행정재판제도를 갖지 않는 우리로서는 사실 선결문제가 그다지 쟁점거리가 되지 않는다. 선결문제에 관한 논의를 정리하는 것이 필요하다. 다만 국가배상청구사건에서의 선결문제는 행정행위에 불가쟁성이 발생한 경우에 새로운 국면을 맞는다(전술).

(다) 확인적 효력

원칙적으로 이상의 구성요건적 효력은 행정행위상의 법적 규율만을 그 대상으로 하기에, 그 법적 규율의 바탕이 된 사실은 구성요건적 효력을 발생시키지 않는다. 즉, 다른 국가기관으로서는 그 사실에 구속되지 않는다. 반면 확인적 효력에서는 행정행위상의 법적 규율만이 아니라 행정행위 사유상의 중요한 법적, 사실적 확인에도 구속된다. 이런 확인적 효력은 확인적 행정행위에서 인정될 수 있거니와, 추가로 이런 점이 법률적으로 규정되어 있어야 한다. 가령 독일 연방피난법 제15조 제1항은 난민증명서에 국적당국은 물론, 다른 모든 국가기관이 구속되게 규정하고 있다.

Ⅳ. 執行力의 問題

일반적으로 행정행위의 집행력을, 행정행위에 의해 부과된 행정상 의무를 상대방

위반죄가 성립될 수 없다.

104) 대법원 1982.6.8. 선고 80도2646판결: 연령미달의 결격자가 교부받은 운전면허는 당연무효가 아니고 도로교통법 제65조 제3호의 사유에 해당함에 불과하여 취소되지 않는 한 유효하므로 피고인의 운전행위는 무면허운전에 해당하지 아니한다.

105) 국가배상청구소송에서 독일 최고법원(BGH)은 민사법원에 대한 구속효를 부인한다. 그리하여 행정행위의 적법성은 민사절차에서 일반법원에 의해 심사될 수 있다. BGHZ 113, 17; 117, 159.

이 이행하지 않는 경우에 행정청이 스스로의 강제력을 발동하여 그 의무를 실현시키는 힘으로 정의한다. 여기서 제기될 수 있는 물음은 하명처분만이 아니라 모든 행정행위에 인정되는 것인지? 하명처분 그 자체만으로 의무불이행에 대해서는 곧바로 즉, 강제집행절차에 관한 별도의 법률적 근거가 없어도 그 강제집행절차를 밟을 수 있는가? 전자의 물음과 관련해서는 일반적으로 하명처분을 제외한 다른 행정행위는 집행력과 무관하게 본다. 후자의 물음과 관련해서도 일반적으로 하명처분과는 별도로 강제집행에 관한 근거법률이 요구된다고 본다. 그리고 행정대집행법과 국세징수법이 마련된 이상, 사실상 문제가 되지 않는다고 본다.

사정이 이렇기에 일반적으로 집행력이 행정행위의 본래의 속성이 아니라고 본다. 그래서 판례 역시 단순한 부작위의무의 위반, 즉 관계 법령에 정하고 있는 절대적 금지나 허가를 유보한 상대적 금지를 위반한 경우, 위반에 관한 조치에 관한 특별규정(가령 건축법 제79조 등)이 없는 한, 그것을 분명히 하는 하명처분이 새로이 내려지지 않는 한, 강제집행절차로 나아갈 수 없다고 본다.[106] 그렇다면 지금의 집행력에 관한 이해는 수정되어야 한다. 즉, 집행력을 구속효력 차원에서 별도로 논할 만큼 그 의미가 크지 않다. 하루바삐 관련 논의를 대폭 축소하여야 한다. 이 점에서 우리와는 달리 불가쟁성의 발생이 강제집행의 요건인 독일(행정강제집행법 제6조 제1항)의 예를 참고할 필요가 있다. 나아가 일부 문헌에서 행정의무위반에 가해지는 행정벌의 존재로 제재력이란 범주를 드는 것 역시 지양되어야 한다.

V. 맺으면서 – 향상된 인식에 따른 전환의 요구

행정법의 일반이론 가운데 여전히 의견의 일치를 보지 못하거니와 활발한 논의 역시 강구되지 못한 대표적인 분야가 행정행위의 효력 분야이다. 종래 일본에서의 틀인, 공정력, 불가쟁력, 불가변력, 집행력을 바탕으로 한 접근에 별반 결정적인 변화가 없다. 비록 구성요건적 효력과 기결력(규준력)의 차원에서 새로운 모색이 강구되긴 하나, 결실을 맺지 못하였으며, 심지어 새로운 문제의식 자체가 억제되는 분위기이다. 판례는 표준지공시지가결정과 이를 기초로 한 수용재결간에 하자승계를 인정하였다.[107] 하자승계의 차원에서 종래의 접근기조에 대해 근본적인 의문이 제기된다. 이를 기화로 실체적 존속력 및 기결적 효력(규준력)에 대해 과감한 전환을 강구

106) 대법원 1996.6.28. 선고 96누4374판결 등.

107) 대법원 2008.8.21. 선고 2007두13845판결. 이에 대한 평석으로 졸고, 標準地公示地價決定과 收用裁決간의 瑕疵承繼認定의 意義, 법률신문 제3871호(2010.9.9.) 참조.

할 수 있다. 독일의 경우 과거 행정행위와 판결의 차이점이 강조되어 온 분위기를 떨치고, 행정행위의 구속효와 존속력에 대해 새로운 접근을 강구한 지 오래되었다. 그리하여 -우리로서는 강력한 반발을 살 법한- 판결의 기판력을 벤치마킹한 폐지금지와 모순금지의 접근이 별 어려움없이 일반화되었다. 우리의 논의현황은 독일의 전 시대의 논의에 머물러 있다. 구성요건적 효력에서 새삼 그것의 설정이 문제되는 상황이 이를 웅변한다. 요컨대 향상된 인식에 따른 전환이 요구된다.[108)]

우리의 근대법제가 입헌군주국가인 일본의 식민시대에 만들어졌고, 그 후에도 그것을 벤치마킹하였기에 우리 법제에서 관헌국가적 殘痕은 너무나 많다. 용어나 개념의 하나하나에도 사정은 비슷하다. 관헌국가적 殘痕을 없애는 것이 시급한 과제이다. 행정행위의 효력에서 논하는 내용은 마치 행정행위의 특수성을 전제로 하는 양 비춰져 그것의 바른 이해를 가로막는다. 하루바삐 용어와 개념을 匡正하여 민주적 법치국가원리에 부합한 제도를 디자인해야 한다. Comparativa est omnis investigatio" (Nicolaus von Cues): 모든 연구는 비교이다.

* 공법학연구 제13권 제2호, 2012.5.31., 345면 이하 소수.

108) Schmidt-Aßmann, Das allgemeine Verwaltungsrecht als Ordnungsidee, 2.Aufl., 2004, S.1. 법학적 체계사고란 견고한 가치위계에 고정되어 있지 않을 뿐더러 필연적으로 靜的이지도 않다. 그런 사고에서의 언명은 오히려 미래의 향상된 인식과 바탕규준의 불변성의 유보하에 있다.

제 8 장

建築法 제14조상의 建築申告가 과연 受理를 요하는 申告인가?

– 대상판결: 대법원 2011.1.20. 선고 2010두14954전원합의체판결 –

Ⅰ. 對象判決의 要旨

건축법에서 이러한 인·허가의제 제도를 둔 취지는, 인·허가의제사항과 관련하여 건축허가 또는 건축신고의 관할 행정청으로 그 창구를 단일화하고 절차를 간소화하며 비용과 시간을 절감함으로써 국민의 권익을 보호하려는 것이지, 인·허가의제사항 관련 법률에 따른 각각의 인·허가 요건에 관한 일체의 심사를 배제하려는 것으로 보기는 어렵다. 왜냐하면, 건축법과 인·허가의제사항 관련 법률은 각기 고유한 목적이 있고, 건축신고와 인·허가의제사항도 각각 별개의 제도적 취지가 있으며 그 요건 또한 달리하기 때문이다. 나아가 인·허가의제사항 관련 법률에 규정된 요건 중 상당수는 공익에 관한 것으로서 행정청의 전문적이고 종합적인 심사가 요구되는데, 만약 건축신고만으로 인·허가의제사항에 관한 일체의 요건심사가 배제된다고 한다면, 중대한 공익상의 침해나 이해관계인의 피해를 야기하고 관련 법률에서 인·허가 제도를 통하여 사인의 행위를 사전에 감독하고자 하는 규율체계 전반을 무너뜨릴 우려가 있다. 또한 무엇보다도 건축신고를 하려는 자는 인·허가의제사항 관련 법령에서 제출하도록 의무화하고 있는 신청서와 구비서류를 제출하여야 하는데, 이는 건축신고를 수리하는 행정청으로 하여금 인·허가의제사항 관련 법률에 규정된 요건에 관하여도 심사를 하도록 하기 위한 것으로 볼 수밖에 없다. 따라서, 인·허가의제 효과를 수반하는 건축신고는 일반적인 건축신고와는 달리, 특별한 사정이 없는 한 행정청이 그 실체적 요건에 관한 심사를 한 후 수리하여야 하는 이른바 '수리를 요하는 신고'로 보는 것이 옳다.

Ⅱ. 처음에-미래 변화에 대한 희망의 싹

1. 對象判決의 行政法的 意義

일찍이 필자는 10년 전에 건축법상의 건축신고의 도그마틱적 위상을 새롭게 전개하였다. 즉, 신고의 새로운 유형, 신고에 대한 행정청의 심사 문제, 행정청의 수리여부의 법적 성질, 수리를 요하는 신고의 문제점, 건축허가의제적 건축신고, 건축신고와 관련한 권리구제상의 문제 등에 관해 詳論하였다.[1] 특히 受理를 요하는 신고를 似而非 신고제로 여겨 그것이 문자 그대로 정말 修理되어야 하며, 그것의 修理가 신고제를 둘러싼 난맥의 종결이라고 강조하여 왔다. 그렇지만 금번 대법원 전원합의체는 건축법상의 건축신고를 이른바 수리를 요하는 신고로 명시적으로 판시하였다. 이전에 대법원 2010.11.18. 선고 2008두167전원합의체판결은 종전의 입장을 180°바꿔 건축신고반려(수리거부)를 처분으로 인정하였다.[2] 비처분성 ⇒ 수리거부의 비처분성, 수리의 처분성 ⇒ 수리거부의 처분성이란 기왕의 도식을 대입하면 대상판결의 이런 입장은 이미 대법원 2010.11.18. 선고 2008두167전원합의체판결에 내포되어 있다

---

1) 건축법상의 건축신고의 문제점에 관한 소고, 저스티스 제61호, 2001.6., 150면 이하(김중권, 행정법기본연구 I, 2008, 109면 이하 소수). 특히 건축신고와 관련한 최근의 문헌으로 정남철, 건축신고와 인인보호: 독일 건축법제와의 비교법적 고찰을 겸하여, 법조 제645호, 2010.6., 250면 이하; 최계영, 건축신고와 인·허가의제, 행정법연구 제25호, 2009.12., 165면 이하 참조. 그밖에 신고일반에 관한 최근의 문헌으로 홍정선, 주민등록법상 주민등록신고 등 각종 신고의 성질, 지방자치법연구 제10권 제4호(통권 제28호), 2010.12.20., 227면 이하; 조만형, 행정법상 신고의 유형과 해석기준에 관한 소고, 공법연구 제39집 제2호, 2010.12., 597면 이하.

2) 필자는 이 판결로써 이제까지 스테레오타입일 정도로 견지하여 온 건축신고반려(수리거부)의 비처분성 및 무의미성은 마침내 終焉을 고하게 되었다고 호평하였다(申告制와 관련한 코페르니쿠스적 轉換에 관한 小考, 법률신문 제3894호, 2010.12.6.). 결과적으로 대법원 2010.11.18. 선고 2008두167전원합의체판결은 건축법상의 건축신고를 이른바 수리를 요하는 신고로 접근한 대상판결을 위한 일종의 징검다리에 불과하였다고 하겠다. 그런데 기왕의 논의와는 차원을 달리하는 대상판결의 반대의견의 존재로 대법원 2010.11.18. 선고 2008두167전원합의체판결은 역설적 의미를 지닌다고 할 수 있다(후술). 대법원 2010.11.18. 선고 2008두167전원합의체판결에 대한 또 다른 평석으로 김남진, 건축신고반려행위의 법적 성질, 법률신문 제3910호(2011.2.10.) 참조. 한편 이 판결이 등장하기 전에 이미 문헌에서는 건축법 제14조의 건축신고의 반려에 대해 처분성을 인정하려는 입장이 증가하였다. 현황에 관해선 정남철, 앞의 글, 268면 참조.

고도 볼 수 있겠지만,[3] 대상판결의 반대의견의 존재가 보여주듯이 반드시 그렇지는 않다. 그런데 건축신고의 경우 이제껏 대표적인 이른바 자기완결적 신고이어서 이를 수리를 요하는 신고로 설정한다는 것은 신고제의 목록 상당수가 수리를 요하는 신고로 바뀔 계기를 제공할 수 있다. 나아가 이런 변화는 특허제, 허가제(및 변형허가제인 등록제), 신고제 등을 내용으로 하는, 사적 영역에 대한 국가개입모델의 틀의 차원에서도 결정적인 영향을 미친다. 반대의견 역시 "이 문제는 건축신고의 법적 성격이라는 논의를 통하여 현행 건축법에 규정된 건축신고 제도의 문제점 및 부작용을 해소하기 위한 해석론을 어떻게 전개할 것인지 여부에 국한되는 단순한 성질의 것이 아니다"고 정당하게 지적하였다.

2. 신고제논의에서의 희망의 싹, 反對意見

대법원 2010.11.18. 선고 2008두167전원합의체판결에 대한 평석에서 피력한 일말의 우려가 현실화된 대상판결을 접하여 필자로서는, 그간의 苦鬪가 徒勞에 그쳤다는 점에 매우 허탈하였다. 그러나 변화가능성의 소중한 싹이 대상판결에 있었다. 바로 반대의견(이홍훈 대법관, 박시환 대법관)의 존재이다. 이들 반대의견은 자세하면서도 일관성을 견지하여 강한 설득력을 담보하였다는 점에서 호평할 만하다. 그런데 대상판결에서의 반대의견은 이런 차원을 넘는 매우 획기적인 내용을 지니고 있다. 앞서 건축신고의 반려를 처분으로 인정한 대법원 2010.11.18. 선고 2008두167전원합의체판결에서는 아무런 이의가 제기되지 않았다는 점에서, 대상판결에서의 반대의견은 일견 모순으로 비춰질 수 있지만, 그것이 바로 -결과적으로 필자의 견해와 상통한- 신고제에 관한 새로운 이해의 단초이다(후술). 특히 필자의 입장과는 다르게, 기왕의 틀을 견지하는 입장에서 접근하여 실질적 심사를 수리를 요하는 신고의 인정근거로 삼긴 해도, 그 실질적 심사 자체가 신고제로 하여금 허가제와 아무런 차이가 없게 만든다는 주장은 종래 판례가 아무런 이의제기 없이 수긍한 수리를 요하는 신고에 대해서 근본적인 의문을 시사한다. 따라서 판도라상자에서 마지막 남은 것이 희망이듯이, 반대의견의 존재가 필자로서는 미래 변화에 대한 희망의 싹이다.

성문화된 총칙규정이 없는 행정법학으로서는 그것의 도그마틱 상당 부분이 판례에 의해 형성되어 왔다. 따라서 다른 法域보다 판례의 의의가 강조된다. 그런데 판례가 행정법도그마틱의 형성을 주도하는 형상이 항상 바람직하다곤 할 순 없으며,

---

3) 사실 대법원 2010.11.18. 선고 2008두167전원합의체판결에 대한 평석에서 필자는 "여기서 반려의 본질이 무엇인지 구체적으로 밝히지 않았기에, 자칫 이를 기화로 건축신고를 이른바 '수리를 요하는 신고'로 오해할 소지가 있을 수 있다"고 일말의 우려를 피력하였다.

세상사 모든 일에서 과하면 무리가 따르듯이, 자칫 행정법도그마틱을 혼란에 처하게 할 우려가 있다. 따라서 법관의 법(률)구속의 원칙에서 법형성기능에 일정 한계가 설정되어 있다. 법치국가원리를 구체화하는 것이 행정법이다. 따라서 행정법도그마틱과 행정법학은 늘 법치국가원리의 관점이나 문제인식을 출발점이자 귀결점으로 삼아야 한다. 특히 행정법제상의 어떤 법제도를 판단함에 있어서는 이 점을 깊이 유의하여야 한다.[4] 이하에서는 이런 문제인식을 바탕에 두면서 아울러 신고제에 관한 기왕의 필자의 입장을 견지하면서[5] 대상판결의 문제점을 검토하고자 한다.[6]

Ⅲ. 受理를 요하는 신고로 접근한 것의 問題點

1. 법해석론적 차원의 물음

法律解釋의 目的이란 현재 법적인 규준이 될 수 있는 법률의 규범적 의미를 밝히는 일인데, 법률해석은 문언적 해석을 출발점으로 하여 역사적 해석, 목적론적 해석 그리고 체계적 해석을 강구하여 최대한 설득력이 담보된 결론에 다다라야 한다. 이런 측면에서 보면, 건축신고를 종래의 자기완결적 신고가 아닌 수리를 요하는 신고로 수정한 다수의견은 일단 문언적, 역사적 해석의 측면에서 문제가 된다. 반대의견 역시, "건축법은 그 단일 법률 안에서 건축허가와 건축신고 2가지만을 병렬적으로 규정하고 있다. 그런데 다수의견은 건축법 제14조에 규정된 단일한 건축신고를 두 가지 성질의 것으로 구별함으로써 건축법의 문언에 반하고, 입법자의 의사에도 부합하지 아니한다는 지적을 받을 가능성이 있다"고 정당하게 지적하였다.

目的論的 입장에 의하면, 법해석자는 법문의 상호관계, 법문에 규정된 사안과 정상 및 기타 법문의 의미 중에서 중요한 증표로서 평가될 수 있는 상황을 고려하여 가장 적절한 의미내용을 선택해야 한다.[7] 그리하여 역사적 사실로서 존재하는 立法者 등의 主觀的 意思가 아니라, 그것과 무관하며 경우에 따라서는 벗어나는 客觀

4) 반대의견 역시 다수의견과 같은 해석론을 택할 경우 헌법상 기본권 중 하나인 국민의 자유권 보장에 문제는 없는지, 구체적으로 어떠한 경우에 수리가 있어야만 적법한 신고가 되는지 여부에 관한 예측 가능성 등이 충분히 담보될 수 있는지, 형사처벌의 대상이 불필요하게 확대됨에 따른 죄형법정주의 등의 훼손 가능성은 없는지, 국민의 자유와 권리를 제한하거나 의무를 부과하려고 하는 때에는 법률에 의하여야 한다는 법치행정의 원칙에 비추어 그 원칙이 손상되는 문제는 없는지, 신고제의 본질과 취지에 어긋나는 해석론을 통하여 여러 개별법에 산재한 각종 신고 제도에 관한 행정법 이론 구성에 난맥상을 초래할 우려는 없는지의 측면 등에서 심도 있는 검토를 하였다.

5) 신고제에 관한 필자의 입장을 정리한 것으로 행정법상의 신고와 통보, 조해현(편집대표), 행정소송(Ⅰ), 2008, 683면 이하 참조.

6) 여기서 논한 문제점의 일부를 간략하게 법률신문에 "Quo vadis-申告制?" 제명으로 게재하였음을 밝혀둔다.

7) 金亨培, 法律의 解釋과 欠缺의 補充, 고대 법률행정논집 제15집(1977), 13면.

的인 規範目的에 바탕을 두고서 법률을 해석하고자 한다. 즉, 法律의 解釋에 있어서 法文에 내재하는 立法趣旨(ratio legis)를 추구한다. 다수의견이 의제규정의 존재를 주된 착안점으로 삼아 접근한 데서 그것이 다분히 목적론적 해석 (및 체계적 해석)의 기조에 있다고 여길 법하다. 특히 다수의견이 "만약 건축신고만으로 인·허가 의제사항에 관한 일체의 요건심사가 배제된다고 한다면, 중대한 공익상의 침해나 이해관계인의 피해를 야기하고 관련 법률에서 인·허가 제도를 통하여 사인의 행위를 사전에 감독하고자 하는 규율체계 전반을 무너뜨릴 우려가 있다"고 판시한 데서 목적론적 해석접근의 일단을 확인할 수 있다.

이에 대해 반대의견은, "국민의 기본권을 제한하는 경우에는 목적·내용·방법상의 한계 외에도 법률이라는 형식상의 한계가 반드시 준수되어야 하므로, 이러한 점을 염두에 두고 각 개별 법률 규정에 대한 해석론을 전개하되, 특히 무리한 해석론을 통하여 위와 같은 한계를 초월하여서는 아니 된다고 할 것이다"라고 원론을 전제한 다음, "신고제의 본질 및 취지, 건축법령의 내용 및 개정 연혁, 법치행정의 원칙과의 관계 등을 비롯한 다음의 여러 사정을 종합하면, 현행 건축법에 규정된 건축신고 제도의 문제점 및 부작용을 해소하는 방법으로 다수의견과 같은 태도를 취할 경우에는 오히려 여러 기본적인 법원칙 등의 근간이 훼손됨으로써 예상하지 않은 영역에서 예기치 못한 또 다른 문제가 발생할 가능성이 있다"고 지적하였다. 즉, 반대의견은 다수의견이 취하는 목적론적 해석접근방식을 분명히 거부하였다.

2. 私的 領域에 대한 국가개입모델의 관점에서의 검토

그런데 법률은 사적 영역에 대한 국가개입모델을 나름의 체계(허가제, 특허제, 신고제 등)로 정립하여 놓고 있다. 따라서 다수의견이 취하는 목적론적 해석접근방식의 타당성 여하는 전적으로 사적 영역에 대한 국가개입모델의 관점에서 검토되어야 한다. 사실 건축법 제14조의 건축신고가 수리를 요하는 신고가 됨으로써, 이제 신고제의 목록 대부분은 수리를 요하는 신고에 해당하는 셈이 되었다. 이는 사적 영역에 대한 국가개입모델을 판례를 통해 수정하는 것이기에, 근본적인 물음을 던진다. 왜냐하면 수리를 요하는 신고는 등록제와 마찬가지로 다름 아닌 또 다른 허가제일 뿐이기 때문이다.

이 점과 관련해서, '자기완결적 신고'를 원칙으로, '수리를 요하는 신고'를 예외로 설정한 반대의견은, "수리를 요하는 신고의 경우에는 그 운용 여하에 따라 사실상 허가제와 거의 같은 실질을 갖게 될 소지가 있다는 점에서 그 해석 및 적용에 신중을 기할 필요성이 강하게 대두된다"고 지적하면서, "다수의견과 같은 태도를 취할 경우에는 건축신고가 건축허가와 그 실질에 있어 별 차이가 없게 되고 이로 인해 건축의 자유가 상당 부분 박탈되거나 제한될 가능성이 높아지며, 특히 관련 규정의 취지상 공익보호 요청이 크다는 이유를 들어 대부분 수리를 요하는 신고로 보게 됨으로써 자기완결적 신고의 범위 자체가 대폭 축소될 우려가 있다"고 정당하게 지적하였다.

3. 受理를 요하는 신고 자체의 問題點

수리를 요하는 신고에 대해 문헌에서 여러 접근이 행해지고 있다: 등록제적 접근의 입장,[8] 하가제적 접근의 입장,[9] (허가제와 등록제와 구별되는) 신고유형적 접근.[10] 특히 등록제적 접근의 입장은 '수리를 요하는 신고'의 특징을 허가제와 "자기완결적 신고"와 대비시켜 서술하고 있다. 신고제에 관한 기왕의 논의는 아쉽게도 그것의 제도적 본질보다는 심사의 성격에 따른 매우 평면적 차원에서 행해지고 있다. 그러나 허가제에 대비된 -절차적 민간화에 해당하는- 신고제의 본질은, 행정법관계의 형성에서 행정은 일단 뒤로 빠지고 私人에게 먼저 이니셔티브(私人主導)를 인정한 것이다. 만약 -이른바 '수리를 요하는 신고'처럼- 수리 그 자체가 관련 법관계의 형성을 좌우한다면, 그것은 본연의 신고제가 아니라, 변형된 허가제이다. 요컨대 수리에 비중을 두는 한, 결코 그것은 신고제가 될 수 없다.

반대의견 역시 "신고제는 기본적으로 국민이 자유의 영역에 속하는 일정한 행위를 하고자 하는 경우에 허가제보다 규제를 완화하여 그 자유의 영역을 더욱 넓혀주는 한편, 행정청이 행정상 필요에 의하여 국민으로 하여금 행정청에 미리 일정한 사항을 알리도록 하는 최소한의 규제를 가한 것이므로, 신고 수리로 인하여 비로소 일반적인 상대적 금지가 해제된다거나 특정한 행위를 할 수 있는 권리를 부여받게 되는 것은 아니다"고 판시하여 수리 자체가 무게중심이 아님을 정당하게 분명히 하였다.[11] 당연한 맥락에서 반대의견은 수리를 요하는 신고의 정체가 다름 아닌 허가라고 정당하게 이해한다(후술). 한편 실정법은 물론 판례상으로도 '수리'에 관한 바른 이해조차도 형성되어 있지 않다.[12]

---

8) 대표적으로 홍정선, 행정법원론(상), 2010, 192면. 그리하여 홍정선 교수는 등록제를 광의로 설정하여, 사인의 신청과 행정청의 등록행위(일종의 협의의 의미)로 구성한다.

9) 대표적으로 류지태/박종수, 행정법신론, 2010, 130면.

10) 대표적으로 박균성, 행정법론(상), 2010, 108면.

11) 수리를 요하는 신고의 문제점에 관해선 졸고, 행정판례연구 제8집, 2003, 63면 이하 참조.

12) 예로 대법원 2001.5.29. 선고 99두10292판결(공2001하. 1520)은, "구 체육시설의설치·이용에관한법률(1994.1.7. 법률 제4719호로 전문 개정되어 1999.1.18. 법률 제5636호로 개정되기 전의 것) 제16조, 제34조, 같은 법 시행령(1994.6.17. 대통령령 제14284호로 전문 개정되어 2000.1.28. 대통령령 제16701호로 개정되기 전의 것) 제16조의 규정을 종합하여 볼 때, 등록체육시설업에 대한 사업계획의 승인을 얻은 자는 규정된 기한 내에 사

그런데 수리를 요하는 신고와 같은 名實不副한 법제도는 일반인은 물론 전문가조차도 그것의 존재를 쉽게 이해할 수 없거니와[13] 그 해당성 여부가 전적으로 판례에 맡겨져 있다는 데서, 그것은 다른 차원의 규제장벽인 동시에 법치국가원리적 문제이기도 하다.[14] 반대의견 역시 "일정한 형식적 요건을 갖추어 신고를 한 이상 그 신고 수리가 없다고 하여 곧바로 이와 같은 제재를 받아야 한다면, 이는 신고제의 본질 및 죄형법정주의 등의 측면에서 문제될 소지가 많다"고 정당하게 지적하였다. 요컨대 기왕의 틀에서 접근한 점이 아쉽지만, 반대의견은 이상과 동일한 문제인식을 갖고서 사안에 접근하여 다수의견의 문제점을 정당하게 지적하였다.

기실 기왕의 자기완결적 신고와 수리를 요하는 신고의 틀은 신고제가 허가제의 대체제도인 점을 전혀 인식하지 못한 채, 사인의 공법행위에 관한 논의와 典據가 의심스런 -이른바 준법률행위적 행정행위로서의- 수리에 관한 논의를 단순 결합시킨 결과물이다. 사실 수리에 대해선 일본에서는 대표적 행정법학자인 鹽野 宏 교수조차 그것의 독립적 행정행위성에 의문을 표하곤 하지만,[15] 우리의 경우 舊殼에서 벗어나기 위한 모색이 그다지 보이지 않는다.[16] 결론적으로 典據가 의심스런 수리를 요하는 신고에서 하루바삐 벗어나야 한다.

4. 신고수리결정을 별도로 명문화한 외국환거래법 제18조 등의 問題點

한편 외국환거래법 제18조(자본거래의 신고 등), 산지관리법 제15조(산지전용신고)와 같이 신고수리결정을 별도로 명문화한 경우 이들을 당연히 수리를 요하는 신고로 본다. 하지만 이에 대해서도 새로운 인식이 필요하다. 현행 외국환거래법은 자본거래의 신고만을 규정하고 있지만, 동법의 원형인 舊 외국환관리법은 법률 제4447호(1991.12.27, 전부개정)에서 자본거래의 허가제(제21조)와 자본거래의 신고제(제22조)를 규정한 이래 기본적으로 두 가지 트랙을 유지하여 왔다. 특히 후자의 경우에는 수리

업시설의 착공계획서를 제출하고 그 수리여부에 상관없이 설치공사에 착수하면 되는 것이지, 착공계획서가 수리되어야만 비로소 공사에 착수할 수 있다거나 그 밖에 착공계획서 제출 및 수리로 인하여 사업계획의 승인을 얻은 자에게 어떠한 권리를 설정하거나 의무를 부담케 하는 법률효과가 발생하는 것이 아니므로 행정청이 사업계획의 승인을 얻은 자의 착공계획서를 수리하고 이를 통보한 행위는 그 착공계획서 제출사실을 확인하는 행정행위에 불과하고 그를 항고소송이나 행정심판의 대상이 되는 행정처분으로 볼 수 없다."고 판시하였다.

13) 반대의견 역시 "국민으로서는 구체적으로 어떤 경우가 실체적 요건에 관한 심사를 필요로 하는 건축신고에 해당하는지 여부를 쉽게 알기 어려워 법적 안정성 및 예측 가능성을 해할 가능성도 높다"고 지적하였다.

14) 이런 명칭과 실질간의 두드러진 괴리상황을 별 문제없이 수긍하는 분위기가 고쳐지지 않고서는 소모적이고 비생산적인 다툼은 해소되지 않을 것이다.

15) 同人, 行政法 I, 2009, 118-128頁.

16) 아직도 완고한 舊殼의 예가 비로 인가제이다. 일본의 통설은 인가의 대상이 사적 법률행위라고 정당하게 지적하고 있다. 하지만 우리의 경우 관리처분계획인가의 경우에서 볼 수 있듯이, 행정처분 역시 그 인가의 대상이 될 수 있다고 보는 데 대해서, 필자를 제외하고는 별반 의문이 제기되지 않는다.

거부사유는 물론 수리여부 및 수리기간경과에 따른 수리의제를 명시적으로 규정하였다. 법개정을 통해 하나의 조항에 허가제와 신고제를 포괄하여 규율하는 법제를 거쳐 현행 외국환거래법은 거래허가제 자체를 폐지하였다.

현행 법규정만 보면 이를 충분히 수리를 요하는 신고로 봄 직하다. 그런데 연혁을 함께 고려하여야 한다. 과거 법제를 살펴보면 그 신고제는 기본적으로 허가사항의 완화된 사항을 대상으로 하며 실질적 심사를 출발점으로 삼았다. 일종의 완화된 허가제인 셈이어서, 그것을 본질에서 수리를 요하는 신고가 아닌 허가제로 접근하더라도 나름의 설득력을 갖는다고 하겠다. 한편 산지관리법의 경우 상대적으로 영향이 적은 산지전용에 대해서는 신고제를, 그밖의 포괄적인 산지전용에 대해서는 허가제를 규율하고 있기에, 전자를 완화된 허가제로 접근하는 데 어려움이 없다. 현재의 논의수준에서 반대의견으로서는 실질적 심사가능성을 전제로 이들을 수리를 요하는 신고로 파악할 수밖에 없긴 하나, 그것이 한계이기도 하다. 요컨대 de lege ferenda의 차원(입법정책적 차원)에서, 양자 공히 실질적 심사의무를 전제로 한다는 점에서 名實相符하게 산지전용신고와 자본거래신고의 경우에도 하루바삐 그 본질에 맞춰 許可制로 改名해야 한다.

Ⅳ. 建築申告의 인·허가의제효과와 결부시킨 근거의 問題點

1. 體系的 解釋接近方式의 물음

다수의견은 수리를 요하는 신고를 인정하기 위해 실질적 심사의 존재를 나름의 이유로 근거지우려 하였다. 그리하여 다수의견은, "건축법 제14조 제2항에서 인·허가의제조항인 건축법 제11조 제5항을 건축신고에 준용하고 있는데 건축법에 이러한 인·허가의제 제도를 두었다고 하여 인·허가의제사항 관련 법률에 따른 각각의 인·허가 요건에 관한 일체의 심사를 배제하려는 것으로 보기는 어려운 점"을 우선 지적하였다. 반대의견 역시 다수의견이 구 건축법(1999.2.8. 법률 제5895호로 개정되기 전의 것) 제9조 제2항이 건축신고의 경우에도 건축허가에 관하여 규정된 '의제규정에 해당하는 사항에 관하여 미리 다른 관련 행정기관의 장과 협의하여야 한다'는 협의절차 규정을 준용하던 때에, 적법한 건축신고만으로 수리절차 없이 관련 법령상의 인·허가를 받은 것으로 의제하는 것은 다른 관련 행정기관의 장과 협의하도록 하는 절차의 취지에 반하는 결과를 초래하는 것이어서 부당하다고 주장한 이론을 수용하였다고 지적하였다.[17]

건축법 제14조상의 건축신고를 일반적인 건축신고와 구별되는 수리를 요하는 신고로 보기 위해 다수의견이 제시한 논거가 전자에는 인·허가의제 효과가 수반된다는 점이다. 이는 다분히 체계적 해석접근방식이라 하겠다. 체계적 해석의 측면에서 관건은 관련 규정간의 事實的 合致가 존재하는지 여부이다. 이와 관련해서 반대의견은, "건축법이 1999.2.8. 법률 제5895호로 개정되면서 절차의 간소화를 통한 행정규제완화를 위하여, 건축신고의 경우에는 건축허가에 관한 위 협의절차 규정을 준용규정에서 삭제함으로써 관련 행정기관의 장과의 협의절차를 필요로 하지 아니하게 되었다는 점에서 그 논거의 중요 부분을 상실하였다"고 지적하였다. 즉, 입법자가 건축법 제11조 제6항을 건축신고에 대한 준용대상규범에서 배제한 이상 결코 건축허가에서의 실질적 심사가 통용될 수 없다고 보았다.[18]

2. 擬制制度와 관련한 問題點에 관한 再論

語義에 의해서 가능한 여러 해석 가운데서 다른 규정과의 사실적 합치가 유지될 수 있는 해석이 우위에 있다.[19] 즉, 관련 규정간의 事實的 合致의 승인을 바탕으로 한 體系的 解釋이 필요하다. 이 체계적 해석의 전제와 관련해서 반대의견이 건축법의 건축신고규정과 허가의제규정 간에 事實的 合致가 존재하는지를 준용규정의 존부에 의거하여 판단한 것과는 별도로, 이 물음은 의제효과의 측면에서도 모색될 수 있다. 이하에서는 허가제에서 행해지는 실질적 심사가 허가의제적 신고에도 그대로 통용될 수 있는지 그리고 통용된다면 어떤 결과를 빚을지에 대한 물음으로 접근하고자 한다.

법학에서 의제(Fiktion)라 함은 실제로 존재하지 않는 사안을 인정하도록 법률상으로 확정되어 있는 것을 의미한다. 일찍이 의제적 행정행위에 관해 효시적 논문을 쓴 Müller는 명문의 규정에 의해서 인용·부인 결정이 내려진 것으로 여겨질 때 의제적 행정행위가 존재한다고 보았다.[20] 즉, 어떠한 상황의 발생과 더불어 행정행위가 발해진 것으로 간주된다는 식으로, 법률이 행정행위의 발급을 결정주체의 의사와 무관한 상황의 발생으로 대체하는 경우에 (의제의 효과가 발생하고) 그 행정행위는 의제적 행정행위가 된다.[21] 다시 말해, 건축법상의 건축신고가 보여주듯이, 법효과의 의

---

17) 건축신고를 수리를 요하는 신고로 접근한 문헌현황에 관해서는 최계영, 앞의 글, 172면 참조.
18) 여기서 필자는 반대의견과 약간 다르다. 필자로서는 후술하듯이 신고제에서 행정청의 실질적 심사 자체가 전적으로 배제되는 것으로 보진 않는다. 다만 실질적 심사가능성 다시 말해 심사재량이 인정될 수 있으며, 그에 따라 협의조항 역시 준용될 수 있다고 본다. 물론 이것이 결코 허가제에서의 실질적 심사의무를 의미하지는 않는다.
19) Larenz·Canaris, Methodenlehre der Rechtswissenschaft, 3.Aufl., 1995, S. 146.
20) ders., DÖV 1966, S.704.

제는 행정청의 행위(신고수리)가 아닌 법률규정에 의해 비로소 성립한다. 그런데 다수의견처럼 이 신고를 실질적 심사가 전제된 수리를 요하는 신고로 접근할 것 같으면, 수리행위의 법적 의의는 물론 의제제도에 대해 어떤 결과를 가져다줄지 숙고가 필요하다.[22] 먼저 수리를 요하는 신고의 경우 신고수리 자체가 행정처분으로서 법효과를 발생시킨다는 점에서 이것은 擬制法制와 모순을 낳는다. 나아가 수리를 요하는 신고에서 요구되는 실질적 심사의 존재는 의제효과의 측면에서도 치명적인 문제점을 낳는다. 법치국가적 원리에서, 본래 의제규정의 효력은 허가발급의 절차를 대체시키는 데 있다. 이러한 절차법적 기능을 넘어서는 의미-특히, 허가의 내용이나 실체적 위법의 부재에 관한 언명과 같이-는 부여되지 않는다.[23] 즉, 의제적 행정행위의 경우 보통의 그것에 비하면, 실질적 심사가 부재하였다는 점에서 수범자로서는 강한 존속보호를 누릴 수 없으며 아울러 행정으로서는 취소철회에서 제한을 강하게 받지 않는다. 따라서 실질적 심사의무를 전제로 그것이 강구되었다면, 이는 입법자가 설정한 의제효과와 부합하지 않는다.

반대의견 역시, "수리란 타인의 행위를 유효한 행위로 받아들이는 수동적 의사행위를 말하는 것이고, 이는 허가와 명확히 구별되는 것이다. 그런데 다수의견에 의하면, 행정청이 인・허가의제조항에 따른 국토계획법상 개발행위허가 요건 등을 갖추었는지 여부에 관하여 심사를 한 다음, 그 허가 요건을 갖추지 못하였음을 이유로 들어 형식상으로만 수리거부를 하는 것이 되고, 사실상으로는 허가와 아무런 차이가 없게 된다는 비판을 피할 수 없다. 이러한 결과에 따르면 인・허가의제조항을 특별히 규정하고 있는 입법취지가 몰각됨은 물론, 신고와 허가의 본질에 기초하여 건축신고와 건축허가 제도를 따로 규정하고 있는 제도적 의미 및 신고제와 허가제 전반에 관한 이론적 틀이 형해화 될 가능성이 있다"고 정당하게 지적하였다.

---

21) Jachmann, Die Fiktion im Öffentlichen Recht, 1998, S.249ff.

22) 일찍이 서울행정법원 2009.4.9. 선고 2009구합1693판결은 일반적인 건축법상의 건축신고는 자기완결적 신고로 보되, 건축법 제14조상의 건축신고를 수리를 요하는 신고로 보았다. 즉, "건축신고시 건축법 제14조 제1항, 제11조 제5항에 따라 이른바 건축법상의 집중효(?)가 발생하는 경우에는 그 건축신고는 행정청의 수리를 요하는 신고이어서 그 신고거부행위는 항고소송의 대상이 되는 처분이 된다"고 판시하였다. 비록 대상판결이 2009구합1693판결과는 다르게 단순히 의제규정의 존재만을 논거로 제시하진 않았지만, -다수의견의 보충의견에서 드러나듯이- 의제규정의 존재는 의제관련규정상의 요건에 대한 심사를 예정한다는 점에서 또한 다수의견이 의제효과가 연계된 건축허가와 단순한 건축허가를 구분한다는 점에서, 2009구합1693판결이 대상판결의 遠因이라 하겠다. 이 판결에 대해, 필자는 건축신고에 관한 기왕의 판례는 물론 문헌상의 일반적 이해와도 심각하게 충돌할 뿐더러, 논증을 위해 동원된 집중효적 논거가 법효과의제의 의미를 완전히 몰이해한 점을 강하게 비판하였다. 김중권, 建築申告의 許可擬制效果에 관한 小考, 법률신문 제3837호, 2010.5.3. 이에 관한 상론은 김중권, 건축허가의제적 건축신고와 일반적인 건축신고의 차이점에 관한 소고, 판례월보 2001.5., 13면 이하(행정법기본연구Ⅲ, 2010, 320면 이하 소수).

23) Vgl. Ortloff, Abschied von der Baugenehmigung-Beginn Beschleunigten Bauens?, NVwZ 1995, S.112(113); Knoke, Rechtsfragen der Rücknahme von Verwaltungsakten,1989, S.48. 나아가 의제적 행정행위에 대해서는 김중권, 행정법기본연구Ⅰ, 340면.

증폭의제와 중복의제로 법치국가원리가 형해화된 문제점은, 반대의견이 정당하게 지적하듯이, 입법차원에서 접근할 문제이지 단순히 판례를 통해 해결될 수 있는 문제가 아니다. 요컨대 신고에 대해 다른 효과(허가효과의제)가 결부된다고 하여 그것의 본질이 입법도 아닌 판례에 의해 바뀐다면, 이는 법관의 법형성기능을 넘어선 것이고 법관의 법(률)구속의 원칙에 반한다. 반대의견 역시 "다수의견의 입장은 건축허가제도에 비하여 건축신고 제도를 통해 보다 넓어진 국민의 자유와 권리를 법률이 아닌 해석론을 통해 제한함과 동시에 국민에게 의무를 부과하려고 하는 방식이라는 점에서 선뜻 동의하기 어렵다"고 정당하게 지적하였다.

V. 實質的 審査義務를 결부시킨 근거의 問題點

1. 申告制에서의 행정청의 심사여부에 관한 논의

자기완결적 신고와 수리를 요하는 신고의 구별기준과 관련해서, 대부분의 문헌은 수리의 비처분성⇒수리거부의 비처분성, 수리의 처분성⇒수리거부의 처분성이란 도식으로 유형을 나누었고, 여기에 형식적, 실질적 심사여부를 결부시켰다.[24] 그런데 신고제에서의 심사와 관련해서는 두 가지 접근이 있다. 일설은 실정법(예: 「정기간행물의 등록 등에 관한 법률」 제7조 제1항)의 등록제에 따른 등록신청을 수리를 요하는 신고로 본다. 즉, 등록제가 수리를 요하는 신고제를 의미하는 것으로 본다. 그리하여 허가제의 경우에는 요건에 관한 형식적 심사뿐만 아니라 실질적 심사까지 행해지는 반면에, 수리를 요하는 신고제인 등록제의 경우에는 형식적 심사에 그친다고 한다.[25] 또 다른 일설은 신고요건에 초점을 맞춰, 신고요건이 형식적 요건만인 경우에는 자기완결적 신고로, 형식적 요건과 함께 실질적 요건도 포함하는 경우에는 수리를 요하는 신고로 본다.[26] 이 주장에 대해서는, "실질적 요건을 신고요건의 한 부분으로 한다고 하여도 입법자가 이를 수리를 요하지 않는 신고로 규정할 수도 있는바, 양자의 구별은 신고요건의 성질이 아니라, 입법자의 객관적인 의사를 기준으로 판단하여야 한다"고 비판이 가해진다.[27]

한편 김용섭 교수는 자기완결적 신고를 단순한 통고 내지 통보로, 수리를 요하는 신고를 인허가나 등록의 신청으로 인식하면서, 전자의 경우에는 형식적 심사권이,

---

24) 특히 김학세 변호사는 양자구분의 실익이 독립된 수리개념의 인정과 심사권의 인정범위(형식적 심사권이나 실질적 심사권)에 있다고 한다. 동인, 행정법상 신고제도, 변호사 제32집(2002), 11면.
25) 대표적으로 홍정선, 앞의 책, 192면.
26) 박균성, 앞의 책, 110면.
27) 홍정선, 앞의 책, 188면.

후자에 대해서는 형식적 심사권뿐만 아니라, 실질적 심사권도 허용된다고 본다.[28] 그에 의하면, 관계법령에서 명문으로 수리규정을 둔 경우에는 특별한 사정이 없는 한 수리를 요하는 신고에 해당하며, 또한 관계법령에서 행정청의 실체적 심사권이 인정되면 수리를 요하는 신고로, 형식적 심사에 그치면 자기완결적 신고로 보아야 하며, 그리고 신고불이행에 대해서 행정질서벌(과태료)이 아니라, 행정형벌이 가해지거나 행정처분제도가 인정되면 수리를 요하는 신고에 해당할 수 있다고 한다.

종래의 판례는 해당 개별법에 신고 수리를 요하는지 여부에 관한 명문의 규정이 있거나 관련 규정의 해석상 신고에 대한 실질적 심사가 허용되는 경우 등에 한하여 수리를 요하는 신고로 보았다.[29] 즉, 대상판결이 보여주듯이, 판례는 수리를 요하는 신고에서의 수리처분은 신고에서의 그 실체적 요건에 관한 심사를 한 후 행해져야 한다고 본다.

2. 擬制規定을 이유로 실질적 심사의무를 연계시킬 수 있는가?

대상판결의 다수의견은 물론 그것에 대한 보충의견은 건축신고에 결부된 의제규정에 착안하여 허가에서와 같이 건축신고의 실체적 요건에 관한 심사(≒실질적 심사)가 요구되기에, 그 신고가 수리를 요하는 신고에 해당한다고 논증하였다. 이에 대해 반대의견은, 건축신고에 관한 건축법 제14조 제2항은 동법 제11조 제4항[30]을 준용하고 있지 않으며, 또한 구 건축법 시행규칙(2011.1.6. 국토해양부령 제321호로 개정되기 전의 것) 제12조 제2항[31]에 의하면 행정청에게 실체적 요건에 관한 심사권한을 부여하고 있지 않은 점을 들어, 건축법령이 건축신고가 실체적 요건에 관한 심사와 무관한 것임을 전제로 하고 있다는 반론을 제기하였다.

한편 다수의견처럼 행정청의 실질적 심사가 의무로 요구된다면 허가와 수리를 요하는 신고는 어떻게 구별된다는 것인가? 이 점에서 반대의견은, "다수의견과 같은

---

28) 김용섭, 행정법상 신고와 수리, 판례월보 제352호(2000.1.), 41면.

29) 이와 관련해서 다수의견에 대한 보충의견(양승태 대법관, 김지형 대법관)은 "법령에서 신고와 관련하여 일정한 실체적(인적·물적) 요건을 정하거나 행정청의 실질적인 심사를 허용하고 있다고 볼 만한 규정을 두고 있는 경우, 그 신고사항이 사회질서나 공공복리에 미치는 영향이 크거나 직접적으로 행정목적을 침해하는 행위인 경우 등에는 그 실체적 요건에 관한 행정청의 심사를 예정하고 있다고 볼 수밖에 없어 이는 수리를 요하는 신고로 보아야 한다"고 지적하였다. 허가제를 대체한 것이 신고제인데, 이 경우 대개 실체적 요건을 담고 있다는 점에서 허가제가 사실상 또 다른 허가제인 수리를 요하는 신고로 轉化되는 결과가 되어 버린다.

30) 위락시설이나 숙박시설에 해당하는 건축물의 건축을 허가하는 경우 해당 대지에 건축하려는 건축물의 용도·규모 또는 형태가 주거환경이나 교육환경 등 주변 환경을 고려할 때 부적합하다고 인정하면 건축법이나 다른 법률에도 불구하고 건축위원회의 심의를 거쳐 건축허가를 하지 아니할 수 있다.

31) 시장·군수·구청장은 건축법 시행규칙 제12조 제1항의 규정에 의한 건축·대수선·용도변경신고서를 받은 때에는 그 기재내용을 확인한 후 그 신고의 내용에 따라 건축·대수선·용도변경신고필증을 신고인에게 교부하여야 한다.

태도를 취할 경우에는 건축신고가 건축허가와 그 실질에 있어 별 차이가 없게 된다"고 여러 곳에서 정당하게 지적하였다.[32)] -건축신고가 초래하는- 증폭의제로 인한 법적 문제점에 대응하기 위해 신고에서 행정청의 실질적 심사가 필요하다 하더라도, 그것을 바로 행정청의 심사의무로 설정하여선 아니 된다(법제도의 필요성≠법제도의 허용성). 허가제의 경우 그것의 합법화효과로 인해 행정청의 실질적 심사의무가 필요할 뿐만 아니라 요구되지만, 그렇지 않는 신고제에 대해서 그것을 요구하여 의무화하는 것은 제도의 본질에도 맞지 않는다. 요컨대 건축신고에 건축허가와 동일한 효과가 수반되기에 그것에 허가요건심사가 면제되어선 아니 된다고 하여 그것을 수리를 요하는 신고로 보아야 한다는 것은, 현행법을 중심으로 한 de lege lata의 차원에서는 결코 허용되지 않는다. 나아가 입법정책의 차원 즉, de lege ferenda의 차원에서 보아도, 신고제도 허가제도 아닌 그런 모호한 제도는 허용되어서는 아니 된다.

3. 신고제에서의 행정청의 심사의 본질에 관한 再論

여기서 신고제에서의 행정청의 심사 문제를 논의할 필요가 있다. 종래 신고제에 관한 논의에서는 자기완결적 신고의 경우 수리 및 수리거부의 처분성이 부인된다는 점에서 행정청의 심사를 당연히 상정하지 않았다. 오늘날 신고제에서의 심사의 성격 여하를 두고서 심각한 다툼이 있지만, 필자로서는 그 논의가 신고제 및 허가제의 본질에 연관해서 행해지지 않고 있다고 여겨진다. 사실 신고(제)에 대한 오해의 출발은 행정청의 심사를 완전히 배제시킨 데서 비롯되었다. 필자는 일찍부터 신고유보부 예방적 금지의 경우, "개시통제(심사)를 행정청이 허가를 통해 행한다는 것이 아니라 사인 스스로가 행한다는 것이며, 결코 행정청의 심사가 배제되는 것은 아니다"고 주장하였다. 신고제에서의 행정청의 심사배제는 공법관계의 형성을 개인에게 전적으로 맡긴다는 의미이다. 이는 궁극적으로 국가로 하여금 최소한의 개입근거마저 외면하게 만들어 사실상 행정통제의 공백을 초래한다. 이 점은 다수의견에 대한 보충의견이 실질적 심사의 부재에 대한 우려를 논증한 데서도 잘 알 수 있다.

그런데 오해해서는 곤란하다. 필자가 일관되게 강조한 것은 신고제에서 행정청의 심사가능성이지 심사의무가 아니다. 허가제와 대비하여 보건대, 신고의 형식적 요건과 관련해서는, 행정청의 심사의무가 성립하나, -의제대상규정을 포함한- 그 밖의 공법규정과의 위배에 대해서는 허가제처럼 심사의무는 성립하지 않되, 심사가능성이 전혀 배제되지는 않는다(이른바 심사선택, Prüfoption).[33)] 다시 말해, 신고제에서의 심

32) 반대의견의 이런 지적은 수리를 요하는 신고의 정체가 다름 아닌 허가임을 확인하여 준다. 필자로서는 이런 언급이 수리를 요하는 신고에 대한 근본적인 회의를 암시하는 것으로 여겨진다.

사는 -형식적 요건에 해당하지 않는 경우- 행정청의 재량에 그친다.[34] 만약 행정청의 실질적 심사가 필요하다고 하면, 입법적으로 그에 맞는 제도 즉, 허가제로 전환을 하여야 한다(名實相符). 즉, 입법차원에서도 수리를 요하는 신고를 신고제가 아닌 허가제로 다시 디자인하거나 문제의 의제규정을 대폭 정비하는 것만이 正道이다.

Ⅵ. 맺으면서 - 바른 신고제 정착을 위한 희망봉

필자는 일찍이 "이젠 출처가 불분명한 신고의 유형 및 그에 따른 고정관념에서 벗어나, 신고제의 본질을 바탕으로 그에 부합하는 새로운 도그마적 틀을 구축할 때이다"라고 강변하였다.[35] 그리하여 기왕의 틀에 대해 필자는 부단히 문제제기를 하여 왔다. 즉, 허가제를 대체한 신고제의 본질을 반영하지 못하는 기왕의 틀을 버리고 금지해제적 신고와 정보제공적 신고로 나눌 것을 제안하였다. 문제되는 행정법현상에 즈음하여, 행정법도그마틱은 법적 취급상의 수고를 덜면서 이를 체계적으로 파악하는 데 이바지한다. 이런 본연의 기능을 제대로 발휘하지 못할 때, 행정법도그마틱은 바른 사고의 전개를 방해할 뿐만 아니라, 자칫 그 자체가 混亂誘發源이 될 수도 있다.[36] 수리를 요하는 신고를 내용으로 하는 신고제의 도그마틱은 나아가 사적 영역에 대한 국가개입모델까지도 혼란스럽게 만든다. 그것의 극복이 규제개혁이자 행정법도그마틱의 개혁인 셈이다. 기실 수리를 요하는 신고로 설정하여야만 수리거부(반려)를 처분으로 볼 수 있는 것은 결코 아니다. 수리거부(반려)의 본질을 -거부처분이 아니라- 금지하명으로 이해하면 '수리를 요하는 신고'를 동원할 필요도 없이 즉, 수리 자체의 처분성을 전제로 하지 않더라도, -행정청의 재량적 심사가능성을 전제로 하여- 그것을 처분(금지하명처분)으로 판단할 수 있다. 하루바삐 수리의 비처분성 ⇒ 수리거부의 비처분성, 수리의 처분성 ⇒ 수리거부의 처분성이란 도식을 버려

---

33) Vgl. Brohm, Öffentliches Baurecht, 2002, §4 Rn.14; Erbguth, Öffentliches Baurecht, 2009, §13 Rn.11.

34) 대법원 2009.6.11. 선고 2008두18021판결은 시장·군수 또는 구청장이 골재선별·세척 또는 파쇄 신고에 대하여 실질적인 요건을 심사하여 신고를 수리하거나 거부할 수 있으되, 이때 다른 법령에서 정한 사유도 심사의 대상으로 삼을 수 있다고 판시하였다. 신고제에서의 심사 문제에 대한 필자의 견해가 아니고서는, 판례의 이런 태도를 근거지우기란 매우 어렵다 하겠다.

35) 行政法上의 申告와 관련한 判例의 問題點에 관한 小考, 인권과 정의 제307호, 2002.3., 101면 이하(행정법기본연구Ⅰ, 130면 이하 소수).

36) 다수의견에 대한 보충의견이 자기완결적 신고의 인정근거를, ⅰ) 법령이 신고의무만을 규정할 뿐 실체적 요건에 관하여는 아무런 규정을 두지 아니하고 있는 경우, ⅱ) 법령에서 신고를 하게 한 취지가 국민이 일정한 행위를 하기 전에 행정청에게 이를 알리도록 함으로써 행정청으로 하여금 행정상 정보를 파악하여 관리하는 정도의 최소한의 규제를 가하기 위한 경우, ⅲ) 사회질서나 공공복리에 미치는 영향이 작거나 직접적으로 행정목적을 침해하지 아니하는 행위인 경우 등으로 예시하는 것이 잘 보여주듯이, 신고제 특히 금지해제적 신고의 본질이 허가제를 대체한 것이라는 인식은 아직 주효하지 않고 있다. 반대의견 역시 기왕의 틀을 고수하는 점에서 신고제의 본질에 관한 이상의 이해에는 미치지 못하였다고 하겠다.

야 한다.

대법원 2006.6.22. 선고 2003두1684전원합의체판결은 오늘이 어제와는 같지 않음을 보여주었는데, 그 단초는 바로 대법원 1995.10.17. 선고 94누14148전원합의체판결에서의 반대의견의 존재였다. 이와 마찬가지로 필자로서는 대상판결의 반대의견에 대해서는, 건축신고를 수리를 요하는 신고로 보는 것은 거부함으로써 신고대상행위를 수리여부에 의존시키지 않으면서도, 기실 -대법원 2010.11.18. 선고 2008두167전원합의체판결에서는 아무런 이의가 없었기에- 건축신고반려에 대해서는 처분성을 인정하였다는 점에서, 바른 신고제 정착을 위한 희망봉이라 여긴다.[37] 사실 신고의 자기완결성의 의미를 새롭게 제시한 반대의견의 검토사항은 행정법학이 숙고하여야 할 화두이다. 더불어 극히 소모적인 名實不副한 법제도를 하루바삐 정비하는 것이 행정법학의 책무이다. 역사에는 전진만이 있지 않고 후진도 있지만, 종국적으로 진보의 방향으로 나아간다. 반대의견을 발판으로 오늘과는 같지 않을 내일이 빨리 오길 기대한다.

* 특별법연구 제9권(이홍훈 대법관 정년퇴임기념), 2011.5.13., 273면 이하 소수.

37) 다만 기왕의 틀을 고수하고, 자기완결적 신고에 대해 행정청의 실질적 심사가능성을 배제한 점은 아쉽다.

제9장

이른바 자기완결적 신고가 과연 존재하는가?

– 대상판결: 대법원 2011.7.28. 선고 2005두11784판결 –

Ⅰ. 事案의 槪要와 經過

전통 민간요법인 침·뜸행위를 온라인을 통해 교육할 목적으로 인터넷 침·뜸 학습센터를 설립한 갑이 구 평생교육법(2007.10.17. 법률 제8640호로 개정되기 전의 것) 제22조 제2항 등에 따라 평생교육시설로 신고하였으나 관할 행정청이 교육 내용이 의료법에 저촉될 우려가 있다는 등의 사유로 이를 반려하는 처분을 한 사안이다. 원심(서울고등법원 2005.8.25. 선고 2004누13426판결)은, 이 사건 평생교육을 통하여 교육하고 학습하게 될 침·뜸행위는 의료행위에 해당하므로 이 사건 교육의 결과 그 교육을 받은 사람들이 이러한 행위를 하는 경우 원고와 같이 의료법 시행 전에 종전 규정에 의하여 의료유사업자의 자격을 받은 자 외에는 모두 무면허 의료행위로 처벌될 것이 명백한 점, 이 사건 교육과정 중에 행해질 것으로 예상되는 실습행위가 무면허 의료행위로서 처벌의 대상이 될 것으로 보이는 점, 침·뜸행위는 실제 그 실행과정에서 여러 가지 부작용이 발생할 위험성이 큰 점, 이 사건 평생교육으로 침·뜸 관련과목을 교육받은 수강생들은 자신들이 교육받은 침·뜸행위를 실제 실행하려 할 것으로 예상되는데도 원고가 각 단계별 교육과정을 이수한 자에게 수료증까지 발급함으로써 결과적으로 무면허 의료행위를 조장하게 될 수 있는 점을 종합하여 보면, 피고로서는 신고서에 첨부된 운영규칙에 기재된 교육과정의 내용이 의료법에 저촉되는지 여부, 신고에 따른 교육이 실제 이루어짐으로써 발생할 것으로 예상되는 부작용을 고려하여 이 사건 신고를 반려할 수 있다고 보았으며, 신고반려처분은 적법하다고 판시하였다.

Ⅱ. 대상판결의 要旨

[1] 구 평생교육법(2007.10.17. 법률 제8640호로 개정되기 전의 것, 이하 '법'이라 한다) 제22조 제1항, 제2항, 제3항, 구 평생교육법 시행령(2004.1.29. 대통령령 제18245호로 개정되기 전의 것) 제27조 제1항, 제2항, 제3항에 의하면, 정보통신매체를 이용하여 학습비를 받지 아니하고 원격평생교육을 실시하고자 하는 경우에는 누구든지 아무런 신고 없이 자유롭게 이를 할 수 있고, 다만 위와 같은 교육을 불특정 다수인에게 학습비를 받고 실시하는 경우에는 이를 신고하여야 하나, 법 제22조가 신고를 요하는 제2항과 신고를 요하지 않는 제1항에서 '학습비' 수수 외에 교육 대상이나 방법 등 다른 요건을 달리 규정하고 있지 않을 뿐 아니라 제2항에서도 학습비 금액이나 수령 등에 관하여 아무런 제한을 하고 있지 않은 점에 비추어 볼 때, 행정청으로서는 신고서 기재사항에 흠결이 없고 정해진 서류가 구비된 때에는 이를 수리하여야 하고, 이러한 형식적 요건을 모두 갖추었음에도 신고대상이 된 교육이나 학습이 공익적 기준에 적합하지 않는다는 등 실체적 사유를 들어 신고 수리를 거부할 수는 없다.

[2] 관할 행정청은 신고서 기재사항에 흠결이 없고 정해진 서류가 구비된 이상 신고를 수리하여야 하고 형식적 요건이 아닌 신고 내용이 공익적 기준에 적합하지 않다는 등 실체적 사유를 들어 이를 거부할 수 없고, 또한 행정청이 단지 교육과정에서 무면허 의료행위 등 금지된 행위가 있을지 모른다는 막연한 우려만으로 침·뜸에 대한 교육과 학습의 기회제공을 일률적·전면적으로 차단하는 것은 후견주의적 공권력의 과도한 행사일 뿐 아니라 그렇게 해야 할 공익상 필요가 있다고 볼 수 없으므로, 형식적 심사 범위에 속하지 않는 사항을 수리거부사유로 삼았을 뿐만 아니라 처분사유도 인정되지 않는다는 이유로, 위 처분은 위법하다.

Ⅲ. 問題의 提起

여기서의 신고는 신고유형 가운데 어떤 신고에 해당하는가? 일반적으로 사인의 공법행위의 경우 의사표시의 방향성을 기준으로 일방당사자의 의사표시만으로 법률효과를 발생하는 것(자기완결적 공법행위)과 쌍방당사자의 의사의 합치에 의해 법률효과를 발생하는 것(행정요건적 공법행위)으로 나뉜다. 이에 연계하여 판례와 대부분의 문헌은 행정법상의 신고유형(자기완결적 신고=수리를 요하지 않는 신고/행정요건적 신고=수리를 요하는 신고)을 정립하였다. 그리고 그 구별의 결과로 전자의 경우 수리의 비처분성을 전제로 수리거부의 비처분성을 논증하고, 후자의 경우 수리의 처분성을 전제로 수리거부의 처분성을 논증한다. 그리고 신고에 대한 심사와 관련해서는, 전자의 경우에는 형식적 심사에 국한하지만, 후자의 경우에는 형식적 심사만이 아니라 실체적 심사까지도 할 수 있다고 본다(다른 입장이 있음). 기실 대상판결이 사안에서 형식적 심사만이 가능하다고 보기에, 여기서의 신고를 이른바 자기완결적 신고로 봄직한데, 이는 과연 그 본연에 합당한가?

Ⅳ. 關聯法規定

구 평생교육법(2007.10.17. 법률 제8640호로 개정되기 전의 것)

제22조(원격대학형태의 평생교육시설) ① 누구든지 정보통신매체를 이용하여 특정 또는 불특정 다수인에게 원격교육을 실시하거나 다양한 정보를 제공하는 등의 평생교육을 실시할 수 있다.

② 제1항의 경우 불특정 다수인을 대상으로 학습비를 받고 이를 실시하고자 하는 경우에는 대통령령이 정하는 바에 따라 교육인적자원부장관에게 신고하여야 한다. 이를 폐쇄하고자 하는 경우에는 그 사실을 교육인적자원부장관에게 통보하여야 한다. <개정 2001.1.29>

③ 제1항의 경우 전문대학 또는 대학졸업자와 동등한 학력·학위가 인정되는 원격대학형태의 평생교육시설을 설치하고자 하는 경우에는 대통령령이 정하는 바에 따라 교육인적자원부장관의 인가를 받아야 한다. 이를 폐쇄하고자 하는 경우에는 교육인적자원부장관에게 신고하여야 한다. <개정 2001.1.29>

Ⅴ. 대상적격상의 問題點

이른바 자기완결적 신고와 관련해서, 판례의 대응은 통일적이지 않다. 일부는 수리 및 수리거부의 무의미성을 견지한다: 적법한 요건을 갖춘 신고의 경우에는 행정청의 수리처분 등 별단의 조처를 기다릴 필요 없이 그 접수시에 신고로서의 효력이 발생하는 것이므로 그 수리가 거부되었다고 하여 무신고 영업이 되는 것은 아니다.[1]

반면 일부는 수리거부의 위법성을 추가하여 적극적으로 논증하거나,[2] –대상판결처럼–수리거부의 위법성만을 적극적으로 논증하기도 한다.[3] 그런데 이른바 자기완결적 신고에서 수리 및 수리거부의 무의미성을 견지하기 위해서는, 법원으로선 애써 수리거부의 처분성을 부인하고, 신고 그 자체로서 대상평생교육의 적법한 실시라는 형성적 효과가 발생한다고 판시하여야 했으며, 또한 대상적격의 부인에 따라 각하했어야 하는데, 마치 그것이 이른바 수리를 요하는 신고인양 수리거부의 처분성을 전제로 그것의 위법성을 적극적으로 논증하였다. 대상판결의 이런 접근은 이른바 자기완결적 신고와 이른바 수리를 요하는 신고의 구별도식(수리의 비처분성 ⇒ 수리거부의 비처분성, 수리의 처분성 ⇒ 수리거부의 처분성)을 무색케 한다.[4]

Ⅵ. 行政廳의 審査의 問題點

사적 영역에 대한 행정개입의 차원에서 이른바 자기완결적 신고, 이른바 수리를 요하지 않는 신고, 등록제, 허가제의 구분이 문제되는데, 특히 수리를 요하는 신고와 허가제의 구분의 문제에서, 종래 많은 문헌들이 허가제와의 구별의 상실을 우려하여 후자의 경우에는 요건에 관한 형식적 심사뿐만 아니라 실질적 심사까지 행해지는 반면에, 전자의 경우엔 형식적 심사에 그친다고 보았다.[5] 건축법 제14조상의 건축신고를 명시적으로 이른바 수리를 요하는 신고로 본 대법원 2011.1.20. 선고 2010두14954전원합의체판결을 계기로 전자의 경우에도 실질적 심사가 행해지는 것으로 본다.[6] 결국 판례의 입장에 의하면, 이제는 이른바 자기완결적 신고의 경우 형식적 심사만이 허용된다고 하겠다.

대상판결은 처음부터 형식적 심사만이 허용된다는 전제에서, 실질적 심사의 가능성 자체를 배제하였으며, 이에 그것을 신고수리거부의 위법성에 연결시켰다. 나아가 수리거부의 처분사유에 대해서도 원심과 다른 입장을 취하였다. 지면관계상 여기서는 허용되는 심사의 범위 문제에 초점을 맞추고자 한다. 신고제에서의 행정청의 심사와 관련해서, 종래의 논의에서는 신고제에서 행정청의 심사를 원천배제한 것이 문

1) 대법원 1999.12.24. 선고 98다57419판결; 1998.4.24. 선고 97도3121판결; 1995.3.14. 선고 94누9962판결; 1993.7.6. 자 93마635결정; 1990.2.13. 선고 89누3625판결; 1985.4.23. 선고 84도2953판결 등 참조.
2) 대법원 1999.4.27. 선고 97누6780판결.
3) 대법원 1997.8.29. 선고 96누6646판결 등.
4) 수리거부를 금지하명으로 보면 기왕의 틀에 포획되지 않는다.
5) 그리하여 일부 문헌은 등록제를 수리를 요하는 신고와 동일한 것으로 보기도 하였다.
6) 이에 대한 문제점으로 졸고, 건축법 제14조상의 건축신고가 과연 수리를 요하는 신고인가?, 특별법연구 제9권(이홍훈 대법관 정년퇴임기념), 2011.5.13., 273면 이하(본서 179면 이하) 참조.

제라면, 대법원 2011.1.20. 선고 2010두14954전원합의체판결의 경우 이른바 수리를 요하는 신고에서 허가제와 구별되지 않게 실질적 심사의무를 요구한 것이 문제이다. 그런데 신고제의 경우 형식적 심사는 당연히 의무사항이나 실질적 심사는 허가제와는 달리 의무사항은 아니고 일종의 선택사항(option)이자 재량사항이다.[7] 따라서 사안에서 실질적 심사의 허용성을 부정하는 전제는 타당하지 않다. 현행 법령의 체제하에서 침·뜸의 시술이 의료행위에 해당하는 이상, 행정청으로서는 형식적 심사를 넘어 의료관련 다른 법률 등에 의거하여 그것의 처리여부를 판단하는, 실질적 심사의 태도를 견지하는 것은 정당화될 수 있다.

실질적 심사의 가능성을 긍정하면, 관건은 수리거부의 처분사유에 관한 판단여하이다. 처분사유의 당부와 관련해서는,[8] 침·뜸의 시술이 현행 법령하에선 의료행위로 평가가 내려져 있음에도 불구하고, 그것에 대한 제도화가 되지 않은 채, 그것이 -단순한 알림을 넘어서- 제도화를 가져다 줄 교육의 대상이 된다는 점에 주목하여야 한다. 법원은 "침·뜸에 대한 교육과 학습의 기회 제공을 일률적·전면적으로 차단하는 것은 후견주의적 공권력의 과도한 행사"로 보지만, 생명신체의 안전에 관한 중요성이 더할 나위 없이 고조된 오늘날에는 안전법상의 일반법원칙인 국가의 사전대비(사전배려)원칙을 더 염두에 두었어야 한다("의심스러우면 안전에 유리하게"(In dubio pro securitate)).[9]

Ⅶ. 맺으면서 - 잘못된 만남의 결과

법원의 논증이 기왕의 자기완결적 신고와 수리를 요하는 신고의 틀에서 일탈하였다는 점에서 기왕의 틀 자체가 대대적인 修理를 필요로 한다. 기왕의 틀은 사인의 공법행위에 관한 논의와 典據가 의심스런 -이른바 준법률행위적 행정행위로서의- 수리에 관한 논의의 잘못된 만남의 결과물이다. 하루바삐 신고제가 허가제의 대체제도인 점에 착안하여 금지해제적 신고와 정보제공적 신고의 유형으로 나아가야 한다. 그런데 사안에서 다툼의 논거는 신고제에 관한 행정법도그마틱이나, 그 본질은 현행법상의 의료행위와 민간에서 널리 전수되고 시행되어 온 침·뜸의 시술행위의 충돌·간극이다. 대학·주류의 의학·약학에서 벗어난 특별한 치료과정, 예컨대 동종요법, 자연요법 또는 대체의학적 치료법을 법외적 상태에 두는 것은 국가가 여러 상

7) 이렇게 보면 대법원 2010.9.9. 선고 2008두22631판결에 대해 -비판의 대상인- 기속재량적 의미를 부여하는 것을 피할 수 있다.

8) 지면관계상 상론은 다른 지면에서 하고자 한다.

9) 법원칙으로서의 안전성의 원칙에 관해서는 김중권, 행정법기본연구II, 2009, 503면 이하 참조.

이한 치료견해의 다툼에서 사실상 어떤 한 편을 든 셈이어서 재고가 요구된다. 참고로 우세한 대학(주류)의학 · 약학과 방법적 · 지식적으로 경쟁하는 특별한 치료법을 보호하기 위해, 독일 의약품법의 입법자는 유효성확인에 관한 법적 · 행정적 기준이 학문적 다툼과 치료방법상의 다툼에서 어느 일방의 편을 든다는 점을 나름 막고자 하였다.[10] 그리고 그런 비주류적인 것에 대해서는 유효성의 요청보다는 안전성의 요청이 더 강조된다.

* 법률신문 제3984호, 2011.11.17., 소수.

10) 그리하여 그들은 특별한 치료법의 경우 그 나름의 전문가위원회(평가 · 승인위원회)에 맡기고, 동종요법적 의약품의 경우엔 선택적으로 단순한 등록절차를 허용하는 식으로 규정함으로써(동법 제38조), 다원성요청과 안전성요청간에 절충적 해결책을 도모했다고 평가되고 있다. 그래서인지 미국과 비교해서 독일을 비롯한 유럽의 의학은 전통적인 대체요법을 융통성있게 수용 · 발전시켜 왔다. Vgl. Udo Di Fabio, Risikoentscheidungen im Rechtsstaat, 1994, S.172ff.

제 2 편 行政節次法 · 行政救濟法

제 1 장

行政節次法의 改革을 위한 行政處分(行政行爲) 規定의 整備

Ⅰ. 처음에 - 행정법 및 행정법제개혁과 행정기본법으로서의 행정절차법[1)]

다른 법분야와 구별되는 행정법의 특징은 법전이 없다는 점이다. 이 점은 행정법에 대해 상반된 영향을 미친다. 순기능의 차원에서 행정법을 늘 활기차게 만들어 다른 법분야에 비해 역동성과 탄력성을 제고시킨다. 하지만 시종 법문제를 순전히 법도그마틱에만 의거하여 해결하게끔 한다. 그리하여 행정법의 기본인 행정법일반이론의 존재와 기능 자체가 종종 심각하게 의문시되고 있으며, 행정법의 존재이유 역시 위협을 받고 있다. 행정법과 행정법제로 인해 도리어 법치국가원리의 구체화가 저해되는 양상을 제거하고, 행정법과 행정법제가 21세기에 맞는 국가모델을 구현하는 데 이바지하도록 그 기본적 틀을 새롭게 구축할 때이다.

행정영역에서 행해지는 행정작용을 중심으로 한 기본 내용이 행정규제기본법, 행정절차법, 행정대집행법과 행정심판법에 개별적으로 수록되어 있는데, 행정법의 총론에 해당하는 이들 내용을 통일적으로 규율하는 것을 모색할 필요가 있다. 즉, 기존의 행정규제기본법, 행정절차법, 행정심판법, 행정대집행법의 주요 내용을 하나의 법

1) 이 글은 2013.7.12.에 개최된 대한변호사협회・한국행정법학회 공동학술대회에서 "行政節次法의 改正에 따른 行政處分(行政行爲)規定의 整備"의 제명으로 발표한 것을 수정・보완한 것이다. 여기서의 문제인식의 단초는 이미 졸고(김중권/김영수, "21세기 국가모델을 위한 가칭 행정기본법의 제정을 통한 행정법과 행정법제의 개혁", 공법연구제41집 제3호(2013.2.29.), 29면 이하)에서 제시하였는데, 여기서는 대상을 행정행위에 맞춰 확대하였다.

전에 수록하여 통합법(가칭 행정기본법)을 만드는 것이다.[2] 이제 행정절차법을 단순히 청문 등과 같은 의견수렴의 절차로 접근하기보다는 행정의 의사형성의 시작부터 구현에 이르는 전체 과정을 아우르는 과정으로 접근할 필요가 있다. 그리하여 행정절차법을 행정과정 전체를 정연하게 체계화하는 즉, 개별법상의 실체행정법을 구현하는 기본 매뉴얼로 보아야 한다.

지금 행정법은 대내외적 변화의 소용돌이의 한가운데에 위치하고 있다. 당연히 그것에 대해 부단한 혁신이 전방위적으로 요구되고 있다. 기왕의 체계와 틀은 한편으로는 적용에서의 수고로움을 덜고 체계성을 확보하는 데 도움을 주지만, 다른 한편으로는 일종의 허들로서 새로운 인식을 구현하는 것을 어렵게 한다. 따라서 기존의 기본틀은 물론, 시대경향에 대한 성찰과 새로운 자리매김의 요구는 다름 아닌 行政法의 拔本的 改革 및 變革의 요구이다. 이런 맥락에서 우리 행정법제 및 행정법학을 현대화하는 데 있어서 실체법을 구현하는 매뉴얼인 행정절차법을 행정 전반에 관한 매뉴얼인 행정기본법으로 개혁하는 것이 요구된다. 이하에서는 행정처분의 규정을 중심으로 기왕의 글을 통해 대강을 밝힌 것을 공론화를 통해 공감대형성을 도모하기 위해서 더 구체화하고자 한다.[3]

Ⅱ. 행정처분(행정행위)규정과 관련한 주요 내용

1. 행정처분의 의의와 위상

행정행위 개념은 본래 실정법상의 개념이 아니라 학문상의 개념이다. 실정법상으로는 그에 해당해서는 행정처분 또는 처분이라는 용어가 많이 사용되고 있다.[4] 행정행위개념은 19세기 독일 행정법학의 창조물이다. 본래 O. Mayer는 법적 안정성의 고려에 바탕을 두고서, 행정활동을 법치국가원리에 의거해서 구속하고 제한하기 위하여 행정행위를 만들었다. 행정행위의 이런 법치국가적 기능은 오늘에도 여전하다. 따라서 행정행위의 능력이 한계에 도달하였다고 지적되긴 하나, 행정행위의 의

---

2) 일찍이 朴正勳 교수가 '통합일반행정법전'의 제정방안을 제시하였다. 동인, "올바른 규제개혁의 법이론과 구체적 방안 -규제법의 일반이론의 모색-", 2011.5.20. '통합일반행정법전'의 내용은 행정법의 일반원칙, 행정조직, 행정수단, 행정절차, 행정쟁송으로 이루어져 있는데, 네덜란드의 일반행정법(Algemene wet bestuursrecht)이 이런 통합행정법의 입법례가 된다.

3) 여기서의 논의는 사실 관련 쟁점에 관한 행정법문헌에서의 논의 가운데 최대공약수를 추출해야 한다. 그리고 이들 내용은 다른 행정관련 법률에 대해서 일반법적 성격과 아울러 보충적 성격을 갖는다. 즉, 만약 개별법에서 달리 규정한 것이 있다면 그것이 선행한다.

4) 독일의 경우에도 개별법에서 '행정행위'(Verwaltungsakt)란 용어가 드물게 규정되긴 하나, 우리와 마찬가지로 결정(Entscheidung), 처분(Verfügung), 조치(Maßnahme) 등이 사용되기에 형식과 내용의 불일치가 종종 문제된다. 일부에선 행정행위란 용어를 통일적으로 사용할 것을 주장하기도 한다.

의가 현격히 저하되진 않았다. 오히려 행정행위 자체는 잠정적 행정행위, 사전배려적 행정행위, 국제적 행정행위 등을 수용함으로써, 주목할 만한 개혁에로의 개방성과 탄력성에 의거하여 작용형식 아래에서 진정한 생존의 명수로 발전하였다. 생각건대 절차적 권리를 보장하고 행정결정의 투명성을 구축하여 효과적인 권리구제의 체계가 보완됨으로써, 행정행위는 21세기의 시민사회와 리스크사회에서도 여전히 행정의 현대적 수단으로서 기능할 것이다.[5)]

2. 개개의 주요 내용

독일 행정절차법의 행정행위 편을 참조하여 행정처분(행정행위)의 성립부터 그것의 폐지에 이르는 전체 과정을 커버하는 것을 내용으로 하는데,[6)] 특히 다음의 점을 강조하고자 한다.

(1) 행정처분의 허용성

규정할 내용으로 먼저 가령 행정처분(행정행위)의 허용성 문제와 관련해서, ⅰ) 먼저 행정계약으로 인해 행정이 갖는 청구권의 경우에는 행정청은 행정처분(행정행위)

---

5) Vgl. Schoch, in: Hoffmann-Riem/Schmidt-Assmann(Hrsg.), Innovation und Flexibilität des Verwaltungshandelens, 1994, S.199(231ff); Ladeuer, Die Zukunft des Verwaltungsakts, VerwArch.86 (1995), S.511ff.

6) * 참조: 독일행정절차법 제3부 행정행위(Teil III. Verwaltungsakt)
제1절 행정행위의 성립(Abschnitt 1. Zustandekommen des Verwaltungsaktes)
제35조(행정행위의 개념 Begriff des Verwaltungsakts)
제36조(행정행위의 부관 Nebenbestimmung zum Verwaltungsakt)
제37조(행정행위의 명확성 및 형식 Bestimmtheit und Form des Verwaltungsaktes)
제38조(확약 Zusicherung)
제39조(행정행위의 이유제시 Begründung des Verwaltungsaktes)
제40조(재량 Ermessen)
제41조(행정행위의 통지 Bekanntgabe des Verwaltungsaktes)
제42조(행정행위에서의 명백한 오류 Offenbare Unrichtigkeiten im Verwaltungsakt)
제42a조(허가의제 Gehnemigungsfiktion)
제2절 행정행위의 존속력(Abschnitt 2. Bestandskraft des Verwaltungsaktes)
제43조(행정행위의 효력 Wirksamkeit des Verwaltungsaktes)
제44조(행정행위의 무효 Nichtigkeit des Verwaltungsaktes)
제45조(하자의 치유 Heilung von Verfahrens- und Formfehlern)
제46조(절차 및 형식상의 하자의 효과 Folgen von Verfahrens- und Formfehlern)
제47조(하자의 전환 Umdeutung eines fehlerhaften Verwaltungsaktes)
제48조(위법한 행정행위의 취소 Rücknahme eines rechtswidrigen Verwaltungsaktes)
제49조(적법한 행정행위의 철회 Widerruf eines rechtmäßigen Verwaltungsaktes)
제49a조(변상, 이자의 부과 Erstattung, Verzinsung)
제50조(권리구제절차에서의 취소 및 철회 Rücknahme und Widerruf im Rechtsbehelfsverfahren)
제51조(절차의 재개 Wiederaufgreifen des Verfahrens)
제52조(증서 및 물건의 반환 Rückgabe von Urkunden und Sachen)
제3절 행정행위의 시효법적 효력(Abschnitt 3. Verjährungsrechtliche Wirkung des Veraltungsaktes)
제53조(행정행위에 의한 시효의 중단 Unterbrechung der Verjährung durch Verwaltungsakt)

에 의해 확정하고 이를 통해 실현할 수는 없다. 즉, 민사채권과는 달리 그 청구권을 집행력을 갖는 하명처분을 동원해 자기집행의 차원에서 손쉽게 실현할 수는 없다. 행정계약에서 행정은 시민과 의사합치적 규율을 받기에 당연히 시민과 동등한 질서의 차원에 있다. 따라서 계약상의 급부청구권의 실현에 있어서도 이런 차원에 변함이 없어야 한다.[7] ii) 행정이 법률상 성립한 특히 행정법적 채무관계에서의 급부청구권을 행정처분(행정행위)를 통해서 확정하고 나아가 필요시에는 스스로 집행할 수 있는지 여부가 다투어지는데, 문제되는 경우는 부당이득의 반환 문제이다(예: 공무원에게 과다 지급된 봉급, 법적 근거없이 지급된 교육비, 자금조성적 급부제공이후에 직권취소된 자금조성결정). 독일의 경우 판례는 행정처분(행정행위)의 허용성을 시인하나, 통설은 특히 법률유보의 지적하에 거부한다. iii) 끝으로 행정법적으로 외부효를 갖는 개별사건적 규율에 해당하는 경우에만 행정처분(행정행위)의 형식이 허용된다. 법원론에서처럼 행정처분(행정행위)의 경우에도 형식과 내용으로 나뉘어야 한다. 행정처분(행정행위)의 형식은 입법자가 달리 규정하지 않는 한 실질적으로도 행정처분(행정행위)가 존재하는 경우에만 선택될 수 있다. 따라서 행정처분(행정행위)형식에 의한 임대차계약의 해지(민법상의 의사표시)나 일반추상적 규율(법규범)은 허용되지 않는다.[8] 이런 내용의 행정처분(행정행위)의 허용성의 문제를 정리할 필요가 있다.

(2) 행정처분의 공정력의 근거규정의 마련

판례와 문헌은 행정행위의 공정력의 존재를 통해서 행정행위의 적법성과 유효성의 불일치를 인정하고 있다. 즉, 하자있는 행정행위에 대해서도 일종의 통용상의 특권·존속특권을 부여한 것이다. 공정력의 본질을 둘러싸고 그것이 절차적 차원의 효력인지 실체적 차원의 효력인지가 문제된다. 독일의 경우 행정절차법 제43조 제2항이 「행정행위는 직권취소·철회 또는 다른 방법으로 폐지되지 않거나, 시간의 경과나 다른 방법으로 실효되지 않는 한, 유효함에 변함이 없다」고 규정하고 있지만, 우리는 그 같은 조항이 없어서 위법한 행정행위에 대한 취소쟁송제도에서 공정력의 실정법적 근거를 찾으려 한다. 그리하여 실체법적 효과를 발휘하는 행정행위의 (내용

7) 마찬가지로 私法的 債權을 행정처분(행정행위)을 발하는 방법으로 관철하는 것은 부인된다. 그런데 판례는 행정계약해지의 법적 성질을 행정처분으로 보았다(대법원 2011.6.30. 선고 2010두23859판결). 이는 행정법관계가 행정계약에 의해 성립한 것을 도외시한 것이어서 바람직하지 않다.

8) 대법원 2009.12.10. 선고 2007다63966판결: [2] 공무원이 인·허가 등 수익적 행정처분을 하면서 상대방에게 그 처분과 관련하여 이른바 부관으로서 부담을 붙일 수 있다 하더라도, 그러한 부담은 법치주의와 사유재산 존중, 조세법률주의 등 헌법의 기본원리에 비추어 비례의 원칙이나 부당결부의 원칙에 위반되지 않아야만 적법한 것인바, 행정처분과 부관 사이에 실제적 관련성이 있다고 볼 수 없는 경우 공무원이 위와 같은 공법상의 제한을 회피할 목적으로 행정처분의 상대방과 사이에 사법상 계약을 체결하는 형식을 취하였다면 이는 법치행정의 원리에 반하는 것으로서 위법하다.

적) 구속력에 빗대 그것을 절차적·잠정적 효력이라 표현하기도 한다. 그리고 일찍이 대법원 1993.6.25. 선고 93도277판결과 대법원 1999.2.5. 선고 98도4239판결은 행정행위의 공정력에 취소판결의 소급효를 곧바로 대입하여 당초의 행정행위(영업허가취소와 운전면허취소)가 행위시점에 소급하여 효력을 잃게 되어 그것에 복종할 의무가 원래부터 없었기에 당연히 무허가영업·무면허운전이 성립하지 않는다고 판시함으로써,[9] 취소판결에 의해 공정력이 부인되는 결과가 빚어졌다.[10]

공정력은 '하자(또는 적법성)와 무관한 행정행위의 효력'의 문제이다. 궁극적으로 그것은 상대방으로서는 위법하다고 여길 법 한 (부담적) 행정행위에 대한 복종의무의 문제이다.[11] 따라서 당연히 공정력은 그 자체가 실체적 성격을 지닐 수밖에 없다.

하자(위법)와 무관한 효력발생(및 법효과발생)은 그 자체가 법치국가적 원리에 대한 도발이기에,[12] 공정력의 인정근거 및 그에 따른 내용이 문제된다. 중대한 위법의 경우 무효가 인정되며, 불가쟁성(불가쟁력)이 발생하지 않는 한 위법한 행정행위를 다툴 수 있으며, 행정 역시 폐지할 수 있는 수단을 행사한다는 점에서, 공정력의 존재를 충분히 용인할 수 있지만, 실정법상의 명시적 근거가 없다는 점은 -이상의 판례가 보여주듯이- 중간에 일정한 법사실이 생긴 경우에는 결정적으로 걸림돌이 된다. 따라서 독일 행정절차법 제43조 제2항처럼 명문의 근거규정을 두는 것이 요구된다.[13]

(3) 행정제재처분효과의 승계규정의 마련

행정법관계의 승계 문제는 특히 제재사유의 승계를 두고서 논란이 많다.[14] 행정제재처분효과의 승계규정이 명문으로 규정되어 있지 않을 때가 문제인데, 여기서는

---

9) 동지: 대법원 1999.2.5. 선고 98도4239판결; 2008.1.31. 선고 2007도9220판결.

10) 이와 관련하여, 독일 행정절차법 제43조 제2항과 같은 조항이 없는 이상 우리의 공정력은 절차적 공정력이며, 취소소송의 성격이 -일반적 이해인 형성소송적 성격과 배치되게- 확인소송적 성격이라고 주장되었다. 박정훈, 행정법의 체계와 방법론, 2005, 105면 이하 참조. 필자는 오래 전부터 취소판결의 소급효를 원칙과 예외의 관계로 탄력적으로 접근할 것을 주장하여 왔는데, 대법원 2012.3.29. 선고 2008다95885판결에서 그 가능성이 시사되었다: 「도시 및 주거환경정비법」 상 주택재개발사업조합의 조합설립인가처분이 법원의 재판에 의하여 취소된 경우 그 조합설립인가처분은 소급하여 효력을 상실하고, 이에 따라 당해 주택재개발사업조합 역시 조합설립인가처분 당시로 소급하여 도시정비법상 주택재개발사업을 시행할 수 있는 행정주체인 공법인으로서의 지위를 상실하므로, 당해 주택재개발사업조합이 조합설립인가처분 취소 전에 도시정비법상 적법한 행정주체 또는 사업시행자로서 한 결의 등 처분은 달리 특별한 사정이 없는 한 소급하여 효력을 상실한다고 보아야 한다.

11) 이런 취지를 더욱 극명하게 나타내는 것이 바로 프랑스에서의 공정력에 대응한 개념 즉, 예선적 특권의 개념이다. 이에 의하면, 집행력이 있는 행정결정은 사법행위(私法行爲)와는 달리 법원에 의한 확인이 있기 전에 적법성의 추정을 받으며, 상대방에 대해 구속력을 갖는다고 한다.

12) Ruffert, in: Erichsen/Ehlers(Hrsg.), Allg. VerwR, 14.Aufl., 2010, §22 Rn.1.

13) 규정예: 제00조(공정력) 행정행위는 위법하더라도 무효에 해당하지 않는 한, 직권취소·철회 또는 다른 방법으로 폐지되거나 시간의 경과나 다른 방법으로 실효되기까지는 유효하다.

14) 대표적으로 김남진, "행정제재사유 승계의 능부", 「고시연구」 2002.9.; 정하중, "경찰상의 의무의 승계", 「고시연구」 1999.12.; 이현수, "영업양도와 제재처분상의 지위승계", 「행정판례연구」 제10집(2005).

단계적 접근을 강구해야 한다. 우선 그런 법적 지위의 승계·이전가능성 여부가 탐문되어야 하고(승계가능성·승계적격성의 물음), 그것이 시인되면 특히 의무승계와 관련해서는 법적 요건의 유무가 검토되어야 한다(승계요건의 물음).[15] 승계요건의 물음은 궁극적으로 기본권제한에서의 법률유보의 물음이다. 승계요건과 관련해서는 민법의 개별포괄승계의 규정을 유추하는 것도 허용되지 않기에 자칫 절차경제적 고려가 배제될 우려가 있다. 이 문제는 행정절차법에 일반적인 승계규정을 두면 쉽게 해결된다.[16]

(4) 행정처분의 위법사유의 명문규정의 마련

행정처분(행정행위)의 무효와 단순 위법의 구별은 행정법 자체는 물론, 행정법수업과 재판실무상으로도 매우 중요하다. 독일 행정절차법 제44조는 一般原則으로서 重大明白性의 原則을 설정하고 -절대적 무효사유와 절대적 비무효사유를 근간으로 하는- 行政行爲瑕疵論의 체계를 구축하였다.[17] 반면 우리의 경우 行政行爲瑕疵論 자체가 처음부터 전적으로 학설과 도그마틱에 맡겨져 있다. 따라서 그것 자체가 매우 불완전할 수밖에 없으며, 궁극적으로 이는 행정법에 치명적인 난맥을 초래하여, 자칫 행정법도그마틱이 임기응변적인 것(Kasuistik)으로 전락할 수 있다. 그럼에도 불구하고, 행정처분(행정행위)의 하자 전체에 대한 문헌상의 논의는 殆無하다. 아울러 문헌상의 입장과 판례가 다소 다른 입장을 보이곤 한다. 가령 이해관계인의 이익

15) 졸고("공의무, 특히 철거의무 및 이행강제금납부의무의 승계에 관한 고찰", 「공법연구」 제23집 제2호(1995.6.), 285면 이하)를 통해 이런 단계적 접근을 처음 제시하였다.

16) 제00조(행정제재처분효과의 승계) 영업자가 영업을 양도하거나 법인이 합병되는 경우에는 법령을 위반한 사유로 종전의 영업자에게 행한 행정 제재처분의 효과는 그 처분기간이 끝난 날부터 1년간 양수인이나 합병 후 존속하는 법인에 승계되며, 행정제재처분 절차가 진행 중인 경우에는 양수인이나 합병 후 존속하는 법인에 대하여 행정 제재처분 절차를 계속할 수 있다. 다만, 양수인이나 합병 후 존속하는 법인이 양수하거나 합병할 때에 그 처분 또는 위반사실을 알지 못하였음을 증명하는 때에는 그러하지 아니하다.

17) 동법 제44조(행정행위의 무효 Nichtigkeit des Verwaltungsaktes); ① 행정행위가 특별히 중대한 하자가 있고, 또한 그 하자가 관련한 제반사정으로 판단하여 명백한 경우에는 무효이다.
② 다음 각호의 1에 해당하는 행정행위는 제1항의 조건의 존재여부를 불문하고 무효로 한다.
1. 문서로 한 처분으로서 처분청을 알 수 없을 때, 2. 법규상 일정한 증서의 교부(수여)를 통하여만 발하여 질 수 있는 행위인데, 그 형식이 충족되지 못한 때, 3. 행정청이 제3조 제1항 제1호의 규정에 의한 관할범위 밖에서 아무런 수권을 받지 아니하고 행한 행정행위, 4. 사실상의 이유로 누구라도 행할 수 없는 행정행위, 5. 형벌 또는 과태료의 구성요건을 실현하는 것을 요구하는 행정행위, 6. 미풍양속에 어긋나는 행정행위.
③ 행정행위는 다음 각호 만을 이유로는 무효로 되지 아니한다.
1. 토지관할권에 관한 규정을 준수하지 아니한 경우, 단 제2항 제3호의 경우를 제외한다. 2. 제20조 제1항 제1문 제2호 내지 제6호에 의하여 제척되는 자를 참여시킨 경우. 3. 법규에 의하여 협력이 요구되는 위원회가 행정행위의 발동을 위하여 규정된 의결을 하지 아니하였거나 의결능력을 가지지 못한 경우. 4. 법규에 의하여 요구되는 다른 행정청의 협력이 이루어지지 아니한 경우
④ 행정행위의 일부만이 무효인 경우, 무효인 부분이 없었던들 행정청이 그 행정행위를 하지 아니하였을 만큼 무효인 부분이 본질적인 때에는. 행정행위의 전부가 무효이다.
⑤ 행정청은 언제든지 직권으로 무효를 선언할 수 있다, 신청인이 이에 관하여 정당한 이익을 가지는 경우에 신청이 있으면 그 무효를 선언하여야 한다.

의 보호 또는 조정을 목적으로 한 이해관계인의 입회(재산압류의 입회) 또는 협의(토지수용의 협의) 등을 결한 행정처분과 관련해서 대부분의 문헌은 원칙적으로 무효로 보지만, 판례는 시종 취소원인으로 접근한다.[18)]

요컨대 지금까지의 학문적, 판례적 성과를 집약하여[19)] 독일처럼 단순위법사유와 무효사유를 성문화하는 것이 바람직하다. 그리고 중대명백성설의 견지에서 무효근거로 주창된 -법치국가원리의 차원에서 그 존재근거가 의문스러운- 명백성의 요구를 유지할 것인지 여부를 재고하여야 한다.[20)]

(5) 행정처분의 폐지(취소와 철회)규정의 마련

(가) 문제의 제기

비록 개별법상으로 행정처분의 취소와 철회를 규정하고 있지만, 공통된 기준의 결여로 인해 어떤 통일적 원리와 원칙에 입각한 법집행보다는 다소간 차이를 담은 개별법에 의거하여 각기 법집행이 행해진다. 개별법에서 행정처분의 취소와 철회에 관해 규정할 때 어떤 확고한 목표의식에 의해 차이를 두었으면 모르지만, 그렇지 않은 것이 대부분의 경우이다. 가령 수익적 행정행위의 철회의 경우 일부법률이 손실보상을 두고 있지만(도로법 제93조, 하천법 제77조 등), 그것이 일반화되어 있지 않고, 더군다나 취소의 경우에는 찾아보기가 힘들다.

행정처분의 폐지(취소와 철회)는 특히 수익적 행정처분의 상대방으로서는 기왕의 이익상황이 無로 돌아간다는 점에서 치명적이다. 그리하여 위법한 행정처분의 취소는 물론, 행정처분의 철회가 행정의 법률적합성의 원칙을 복원하는 것임에도 불구하고, 일찍부터 신뢰보호의 원칙에 따른 그것의 제한이 받아들여졌다. 판례 역시 행정처분의 취소와 철회에 대해 신뢰보호에 따른 제한의 법리를 나름대로 전개하여 왔지만, 신뢰보호를 내세운 상대방의 주장의 당부는 전적으로 법원의 이익형량적 판단에 좌우되고 있다.

(나) 管見

국민에게 가장 심각한 영향을 미치는 행정처분의 폐지(취소, 철회)에서 국민의 보호수준이 개별법의 상황에 좌우된다는 것은 행정 및 법제에 대한 국민적 신뢰를 저해할 뿐만 아니라, 행정법집행에서도 곤혹스런 상황이 빚어진다. 더군다나 행정처분의 폐지의 제한이 전적으로 법원에 의한 이익형량적 판단에 좌우되거니와, 법원판단

18) 대법원 2005.9.30. 선고 2003두12349, 12356판결.

19) 이에 관해서는 김중권, 행정법기본연구 III(2010), 133면 이하 참조.

20) 명백성의 요구에 관한 의문점에 관해선 김중권, 행정법(2013), 258면 이하 참조.

의 기준잣대를 법률상으로는 알 수 없고, 단지 판례를 통해 확인할 뿐인 상황은 행정법관계의 안정을 결정적으로 해친다.[21] 특히 수익적 행정처분의 상대방으로서는 귀책사유가 없음에도 불구하고 내려지는 그것의 취소와 철회에 대해 아무런 사전지식을 갖지 못하고 그저 행정당국과 법원의 판단에 자신의 법적 지위 모든 것이 맡겨지는 상황은 사실상 법적 아노미와 다를 바 없다.

독일에서는 신뢰보호에 우호적인 행정절차법이 마련된 것을 두고서, 그것이 위법한 행정결정의 가능하고 분명한 수정(취소)을 촉구한 과거의 통설적 입장(대표적으로 Forsthoff 등)에 대한 투쟁의 소산이라고 한다. 그리하여 행정처분(행정행위)의 취소와 철회에 대해 매우 정교한 규율체계를 설정하였다. 그렇지만 우리는 시종 판례의 입장을 정리하는 차원에 머물러 있다. 대표적으로 철회권의 유보의 경우 그것을 아무런 제약 없이 받아들이면 사실상 신뢰보호원칙이 유명무실하게 됨에도 불구하고, 별다른 의문이 제기되고 있지 않다. 행정현실에서는 행정처분의 취소변경이 다반사임에도 불구하고 법집행에서 가이드가 되는 정연한 체계가 마련되어 있지 않다는 것은 부끄럽기도 하다. 이에 행정처분의 폐지에 관한 명확한 가이드라인을 제시하는 명문의 규정이 다음과 같이 마련되어야 한다.

1) 취소・철회권의 행사주체 문제

처분청은 물론 그것의 감독청이 행정처분(행정행위)를 폐지하는 것과 관련해서는, 폐지에 관한 법령상의 근거가 필요한지 여부와 결부하여 -특히 직권취소와 관련해서- 문헌에서 다투어진다. 처분청과 감독청을 구분하지 않고 공히 근거가 요구된다는 입장이 있고, 처분청과 감독청을 구분하여 전자에선 근거가 불필요하지만 후자에서는 근거가 필요하다는 입장이 있다. 행정처분(행정행위)의 폐지는 처분청이 자신이 행한 행정처분(행정행위)를 스스로 부정하는 것이어서, 명문의 근거가 없더라도 법치국가적 의문은 없다.[22]

감독청이 취소와 철회에 나설 경우 개별법에 근거가 없는 경우에는 불필요한 마찰을 야기한다. 따라서 감독청의 경우 감독권차원에서 취소와 철회를 할 수 있는 명문의 근거를 두는 것이 바람직하다.[23]

21) 이계수 교수는 행정법학계가 이익형량의 관점에서 문제를 해결하려는 행정판례의 대세를 추종하다가는 자칫 행정법학이 판례의 태도를 사후적으로 정리하는 '카주이스틱'으로 전락할 우려를 비판적으로 지적하였다. 동인, "규범과 행위", 「공법연구」 제29집 제1호(2000.11.), 43면 이하 참조.

22) 판례 역시 처분청은 별도의 법적 근거가 없더라도 스스로 취소할 수 있다고 본다(대법원 2010.11.11. 선고 2009두14934판결).

23) 규정예: 제00조(위법한 행정처분의 취소) ⑨ 감독청은 행정처분이 법령에 위반되거나 현저히 부당하여 공익을 해친다고 인정되면, 그 행정처분을 발한 행정청에 대해 기간을 정하여 서면으로 시정할 것을 명하고, 그 기간에 이행하지 아니하면 이를 취소하거나 정지할 수 있다.

2) 취소권행사에서 준수되어야 할 원칙 문제

우리의 경우 일반적인 취소권규정이 없기에, 개별법상의 관련 법규정(예: 수산업법 35조 등)은 물론 행정법도그마틱에 의거할 수밖에 없다. 수익적 행정처분(행정행위)의 취소의 물음은 상반된 양 원칙(행정의 법률적합성의 원칙, 신뢰보호의 원칙)의 지배를 받는다. 이들 양 원칙은 서로 상충되기 때문에, 형량의 방법으로 어떤 원칙에게 구체적인 개별사건에서 가중치가 주어지는지 여부를 심사하고 어느 것이 우위인지 여부에 비추어 취소를 시인하거나 부정해야 한다. 즉, 취소하여야 할 공익상의 필요가 당사자가 입을 불이익을 정당화할 만큼 강한 경우에 한하여 취소할 수 있다.[24]

위법한 수익적 행정처분(행정행위)는 신뢰보호의 원칙이 배치되지 않는 경우에만 취소될 수 있다. 신뢰보호의 원칙의 성립요건의 차원(수익자가 행정처분(행정행위)의 존속을 신뢰하였는지 여부, 그 신뢰가 보호가치가 있는지 여부, 신뢰보호가 적법성회복의 공익보다 우월한지 여부)에서 접근해야 한다. 그리하여 으뜸의 국가임무인 위험방지에 대해서는 언제나 우월적 공익을 인정해야 한다. 그리고 행정처분(행정행위)의 위법에 대해 수익자에게 책임을 귀속시킬 수 있는 경우에는 신뢰의 보호가치성은 부인된다. 가령 수익자가 사기·강박·증뢰 등 부정한 방법을 취한 경우는 물론 사실을 은폐하거나 잘못된 또는 불완전한 자료를 제시한 경우[25]가 이에 해당한다. 반면 가령 개인택시운송사업과 같이 사업성격에 공익성이 큰 경우에는 상대적으로 공익을 앞세운다.[26]

따라서 이런 판례의 기조를 성문화할 필요가 있다. 나아가 연금지급과 같은 금전급부의 제공이나 자금조성에서의 물적 제공과 같은 급부결정의 경우에, 비록 독일처럼 존속보호에 관한 명문규정은 없지만, 급부결정의 성격에서 존속보호를 인정하는

24) 대법원 2010.11.11. 선고 2009두14934판결: 행정행위를 한 처분청은 그 행위에 흠이 있는 경우 별도의 법적 근거가 없더라도 스스로 이를 취소할 수 있고, 다만 수익적 행정처분을 취소할 때에는 이를 취소하여야 할 공익상의 필요와 그 취소로 인하여 당사자가 입게 될 기득권과 신뢰보호 및 법률생활 안정의 침해 등 불이익을 비교·교량한 후 공익상의 필요가 당사자가 입을 불이익을 정당화할 만큼 강한 경우에 한하여 취소할 수 있으나, 수익적 행정처분의 흠이 당사자의 사실은폐나 기타 사위의 방법에 의한 신청행위에 기인한 것이라면 당사자는 처분에 의한 이익이 위법하게 취득되었음을 알아 취소 가능성도 예상하고 있었다고 할 것이므로, 그 자신이 처분에 관한 신뢰이익을 원용할 수 없음은 물론 행정청이 이를 고려하지 아니하였다고 하여도 재량권의 남용이 되지 않는다(대법원 2006.5.25. 선고 2003두4669판결 등 참조).

25) 대법원 1994.8.23. 선고 94누4882판결: 수익적 행정처분의 하자가 당사자의 사실은폐나 기타 사위의 방법에 의한 신청행위에 기인한 것이라면 당사자는 처분에 의한 이익이 위법하게 취득되었음을 알아 취소가능성도 예상하고 있었다 할 것이므로 그 자신이 처분에 관한 신뢰이익을 원용할 수 없음은 물론 행정청이 이를 고려하지 아니하였다고 하여도 재량권의 남용이 되지 않는다.

26) 대법원 2010.4.8. 선고 2009두17018판결: 개인택시 운송사업면허와 같은 수익적 행정처분을 취소 또는 철회하거나 중지하는 경우에는 이미 부여된 그 국민의 기득권을 침해하는 것이 되므로, 비록 취소 등의 사유가 있다고 하더라도 그 취소권 등의 행사는 기득권의 침해를 정당화할 만한 중대한 공익상의 필요 또는 제3자의 이익보호의 필요가 있는 때에 한하여 상대방이 받는 불이익과 비교·교량하여 결정하여야 하고, 그 처분으로 인하여 공익상의 필요보다 상대방이 받게 되는 불이익 등이 막대한 경우에는 재량권의 한계를 일탈한 것으로서 그 자체가 위법하게 된다(대법원 1997.8.22. 선고 97누218판결; 2004.7.22. 선고 2003두7606판결 등 참조).

것이 바람직하다. 따라서 가령 전적으로 행정청의 착오와 같은 취소사유처럼 수익자에게 귀책사유가 없어서 보호가치성이 인정될 경우에는 일종의 존속보호의 차원에서 취소할 수 없도록 만들 필요가 있다.[27)]

3) 취소에 따른 법효과발생 문제

취소의 효과는 원래 소급효가 원칙이다. 독일과는 달리 취소권행사에서 취소의 효과(소급효나 미래효)를 선택할 수 있는 명문의 규정이 없음에도 불구하고, 대부분의 문헌은 취소의 효과를 일률적으로 말할 수 없으며, 구체적인 이익형량에 따라 결정되어야 한다고 지적한다. 즉, 행정청이 나름의 판단에 의거하여 취소의 효과를 선택할 수 있다. 그 선택의 당부는 위에서 본 상반된 원칙의 형량에 의거하여 판단될 수 있다. 기본적으로 수익적 행정처분(행정행위)의 경우 법적 안정성의 차원에서 취소의 효과를 미래효로 보되, 신뢰가 보호가치가 없거나 과거에 완결된 법률관계 또는 법률사실을 제거하지 않으면 취소의 목적을 달성할 수 없는 경우에는 소급효를 인정할 수 있다.[28)] 물론 취소결정에서 그것의 효과발생시점을 특별히 정해 놓지 않으면 소급효의 원칙이 통용된다. 한편 판례가 취소와 철회의 효과를 소급효와 미래효로 단선적으로 대비시키기에,[29)] 자칫 취소의 경우 소급효만이 인정되는 양 오해를 빚을 수 있다. 따라서 수익적 행정처분은 물론 부담적 행정처분의 경우까지 커버할 수 있도록 장래나 소급적으로 전부 또는 일부를 취소할 수 있도록 규정할 필요가 있다.[30)]

4) 취소·철회권의 행사의 시간적 제한 문제: 실권의 법리

실권(실효)의 법리(Verwirkung)는, 본래 권리행사의 기회가 있음에도 불구하고 권리자가 장기간에 걸쳐 그의 권리를 행사하지 아니하였기에 의무자인 상대방으로 하여금 이미 그 권리를 행사하지 아니할 것으로 믿을 만한 정당한 사유가 있게 되거나 행사하지 아니할 것으로 추인케 할 경우에 새삼스럽게 그 권리를 행사하는 것이 신의성실의 원칙에 반하는 결과가 될 때 그 권리행사를 허용하지 않는 것을 의미한

---

27) 규정예: 제00조(위법한 행정처분의 취소) ② 행정청은 위법한 행정처분을 취소하고자 할 때에는 취소에 의해 달성하고자 하는 공익상 필요와 상대방이 이미 취득한 권익의 보호, 제3자의 신뢰보호 및 법률생활 안정 등의 요청을 비교형량하여 결정하여야 한다.
③ 금전급부나 물적 급부를 제공하는 행정처분은 그 상대방이 지급받은 급부를 사용했거나 더 이상 되돌릴 수 없거나 되돌리면 도저히 수인불가능한 불이익이 발생하는 재산처분을 하였고, 그 상대방이 갖는 행정처분의 존속에 관한 신뢰가 보호가치가 있다고 인정되는 경우에는 취소할 수 없다. 다만 그 상대방이 거짓이나 그 밖의 부정한 방법으로 행정처분을 받았거나 행정처분의 위법성을 인식하였거나 중대한 과실로 인하여 그 위법성을 인식하지 못한 경우에는 그러하지 아니 한다.

28) 대표적으로 김남진/김연태, 행정법 I (2013), 337면.

29) 대법원 2006.5.11. 선고 2003다37969판결 등.

30) 규정예: 제00조(위법한 행정처분의 취소) ① 행정청은 위법한 행정처분을 장래를 향하여 또는 소급하여 취소할 수 있다. 행정처분에 불가쟁력이 발생하더라도 그러하다.
⑦ 거짓이나 그 밖의 부정한 방법으로 행정처분을 받았거나 행정처분의 위법성을 인식하였거나 중대한 과실로 인하여 그 위법성을 인식하지 못한 경우에는 행정처분은 원칙적으로 과거에 소급하여 취소된다.

다. 실정법적으로 규율되어 있지 않음에도 불구하고, 그것은 신의성실의 원칙에서 도출된다(신의성실의 원칙의 파생원칙).

실권의 법리는 취소·철회권의 행사에 대한 강력한 제한이 된다. 비록 취소사유를 안 날 1년 이내에 취소권행사를 한정한 독일 행정절차법과 같은 명문의 규정은 없지만, 이미 판례에서 그 법리가 실현되기도 하였다.31) 그리고 거의 모든 행정법 문헌에서의 도입이 지적되고 있다. 즉, 실권법리의 성문화는 결코 낯설지 않다. 과거의 입법작업의 예(1987년 행정절차법안 제31조 제2항)가 있다. 따라서 이를 참조하여 성문화할 필요가 있다.32)

5) 취소권 및 철회권의 행사에 따른 손실보상 문제

수익적 행정처분(행정행위)의 경우 그것의 취소가 수범자(수익자)에게 귀책될 수 없는 하자에 기인할 때에는 취소권행사로 인한 상대방의 손실보상이 문제된다. 과거 1987년의 행정절차법안(제31조 제3항)과 같은 명문규정이 없는 이상, 이론적 해결책을 강구할 수밖에 없다. 그런데 신뢰보호의 원칙이 상대적으로 강하게 통용되어 철회의 경우 일부 개별법에서 손실보상을 특별히 규정하고 있다(「공유재산 및 물품 관리법」 제25조, 도로법 제93조, 하천법 제77조 등)는 점에서, 이런 법제가 결코 낯설지 않다. 따라서 이런 개별법의 법상황을 일반화의 차원에서 성문화할 필요가 있다. 귀책사유가 없을 때 보상을 하여 주는 것을 원칙으로 하여 구체적으로 성문화할 수 있다.33) 한편 철회의 경우 다만 수익자에게 귀책책임을 묻는 것인, 철회권유보사유의 발생이나 부담불이행의 경우에는 신뢰보호의 원칙이 통용될 수 없어 손실보상을 강구할 수 없고, 행정처분(행정행위)의 기초가 된 사실관계나 법상황의 변경이나 우월한 공익상의 필요의 경우에 신뢰가 보호가치성이 있는 한 적극적으로 손실보상을

---

31) 대법원 1988.4.27. 선고 87누915판결: 택시운전사가 1983.4.5 운전면허정지기간중의 운전행위를 하다가 적발되어 형사처벌을 받았으나 행정청으로부터 아무런 행정조치가 없어 안심하고 계속 운전업무에 종사하고 있던 중 행정청이 위 위반행위가 있은 이후에 장기간에 걸쳐 아무런 행정조치를 취하지 않은 채 방치하고 있다가 3년여가 지난 1986.7.7.에 와서 이를 이유로 행정제재를 하면서 가장 무거운 운전면허를 취소하는 행정처분을 하였다면 이는 행정청이 그간 별다른 행정조치가 없을 것이라고 믿은 신뢰의 이익과 그 법적안정성을 빼앗는 것이 되어 매우 가혹할 뿐만 아니라 비록 그 위반행위가 운전면허취소사유에 해당한다 할지라도 그와 같은 공익상의 목적만으로는 위 운전사가 입게 될 불이익에 견줄 바 못된다.

32) 규정예: 제00조(위법한 행정처분의 취소) ⑧ 행정청은 위법한 수익처분이 있음을 안 날로부터 1년, 처분이 있은 날로부터 2년을 경과하면 이를 취소할 수가 없다. 다만, 상대방이 거짓이나 그 밖의 부정한 방법으로 행정처분을 받았거나 행정처분의 위법성을 인식하였거나 중대한 과실로 인하여 그 위법성을 인식하지 못한 경우에는 그러하지 아니하다.

33) 규정예: 제00조(위법한 행정처분의 취소) ④ 위법한 수익적 행정처분이 제3항에 해당하지 않는 사유로 취소된 경우, 상대방이 행정처분의 존속을 신뢰하였고, 그 신뢰가 보호가치가 있으면, 행정청은 신청에 따라 그 재산상의 손실에 대해 대통령령으로 정하는 바에 따라 손실보상을 하여야 한다.
⑤ 상대방이 거짓이나 그 밖의 부정한 방법으로 행정처분을 받았거나 행정처분의 위법성을 인식하였거나 중대한 과실로 인하여 그 위법성을 인식하지 못한 경우에는 제4항의 신청을 할 수 없다.
⑥ 제4항에서의 손실보상은 상대방이 행정처분의 존속으로 받게 될 이익에 상당하는 금액을 초과하여 지급되어서는 아니 된다.

인정해야 한다.[34)]

6) 철회사유의 명문규정의 마련

행정처분(행정행위)이 적법 · 유효하게 성립한 이후에 생긴 새로운 사정이되, 행정처분(행정행위)의 효력을 존속시킬 수 없는 사유가 행정처분(행정행위)의 철회사유가 된다. 구체적으로 보면, i) 행정처분(행정행위)의 기초가 된 사실관계의 변경, ii) 행정처분(행정행위)의 기초가 된 법상황의 변경, iii) 철회권유보사유의 발생, iv) 부담불이행, v) 법령상의 의무의 위반, vi) 그밖에 우월한 공익상의 필요를 들 수 있다.

그런데 이상의 철회사유를 일부 법령(예: 「공유수면 관리 및 매립에 관한 법률」 제52조 제1항 제2호 이하)에서는 규정하고 있지만, 그렇지 않은 경우에 철회사유만으로도 철회권을 행사할 수 있는지가 다투어진다. 불충분한 입법현실을 감안하고 행정현실과 행정편의를 앞세우는 근거불요설(소극설)과 수익적 행정처분(행정행위)의 기본권구체화적 성격을 감안하여 법치국가원리를 강조하는 근거필요설(적극설)로 크게 나뉘는데, 판례는 시종 전자의 입장을 취한다.[35)]

개별법의 다양한 법상황을 정리하고 법규정을 통한 행정의 신뢰성을 확보하기 위해 개별법상의 철회사유를 중심으로 성문화하는 것이 바람직하다. 한편 판례처럼 취소에서의 제한법리가 그대로 철회에 통용되는 것은 문제가 있다. 또한 대부분의 문헌이 공익과 사익의 비교형량의 관점에서 접근하는데, 이는 자칫 상투적인 해결기준을 공고히 하고 극단적인 경우에만 철회가 제한되는 결과를 낳을 수 있다.

따라서 철회사유를 명문화하는 데 있어서 더욱 세심한 고려가 요구된다. 즉, 사실상 공백이나 다를 바 없는 철회권행사의 요건과 관련해서 특히 문제가 되는 철회사유를 중심으로 그에 상응한 장치를 둘 필요가 있다. 가령 행정처분(행정행위)의 기초가 된 사실관계와 법상황의 변경의 경우, 사후에 발생한 사실이나 바뀐 법규정에 의할 것 같으면 행정청이 행정처분(행정행위)을 발하지 않았을 것이며, 철회하지 않으면 공익이 위태롭게 되어야 그 철회가 정당화될 수 있다. 중대한 공익상의 필요의

---

34) 규정예: 제00조(적법한 행정처분의 철회) ④ (제00조: 적법한 행정처분의 철회) 제2항 제4호 및 제5호에 따라 수익적 행정처분이 철회된 경우에 행정처분의 상대방이 행정처분의 존속을 신뢰하였고, 그 신뢰가 보호가치가 있으면, 행정청은 신청에 따라 그 재산상의 손실에 대해 대통령령으로 정하는 바에 따라 손실보상을 하여야 한다.

35) 대법원 2004.7.22. 선고 2003두7606판결: [2] 행정처분(행정행위)를 한 처분청은 비록 그 처분 당시에 별다른 하자가 없었고, 또 그 처분 후에 이를 철회할 별도의 법적 근거가 없다 하더라도 원래의 처분을 존속시킬 필요가 없게 된 사정변경이 생겼거나 또는 중대한 공익상의 필요가 발생한 경우에는 그 효력을 상실케 하는 별개의 행정처분(행정행위)로 이를 철회할 수 있다.
대법원 1984.11.13. 선고 84누269판결: 행정처분(행정행위)의 부관으로 취소권이 유보되어 있는 경우, 당해 행정처분(행정행위)를 한 행정청은 그 취소사유가 법령에 규정되어 있는 경우뿐만 아니라 의무위반이 있는 경우, 사정변경이 있는 경우, 좁은 의미의 취소권이 유보된 경우, 또는 중대한 공익상의 필요가 발생한 경우 등에도 그 행정처분을 취소할 수 있는 것이다.

경우, 최후수단으로 엄격히 해석되어야 한다. 따라서 그것에 의거한 철회는 공익에 대한 중대한 불이익을 제지하거나 제거하기 위해서만 허용될 수 있게 하여야 한다.[36)]

7) 철회의 효력발생시점의 문제

철회의 효과는 철회시점부터 앞으로 발생한다(미래효). 그런데 이런 미래효를 철회결정에서 수정할 수 있는지가 문제된다. 가령 보조금을 목적에 위반되게 사용한 경우 철회효과를 철회사유의 발생시점에 소급시킬 수 있는지 여부이다. 비록 독일처럼 명문(행정절차법 제49조 제3항)으로 인정하지 않더라도, 철회의 목적달성에 필요하면 즉, 철회의 의미가 무의미할 수 있는 경우에는 철회의 소급효 역시 긍정할 수 있다.[37)] 따라서 대부분의 문헌에서 공감하는 이런 취지를 명문화할 필요가 있다.[38)]

(6) 행정처분의 폐지(취소와 철회)의 재심사규정의 마련

(가) 문제의 제기

독일 행정절차법 제51조는 不可爭的 行政行爲의 再審査(再開, Wiederaufgreifen)를 규정하고 있다(협의의 재심사).[39)] 그에 따르면, 행정절차법 제51조의 재심사요건이 충족되면 행정청은 절차를 재개하여 재심할 의무를 지며, 그에 대응하여 관계인은 (절차)재개청구권 및 새로운 결정에 관한 청구권을 갖는다. 우리의 경우 1987년의 행정절차법안은 독일의 그것을 참조하여 행정처분의 재심사를 규정하였으나(동법안 제33조), 현행의 행정절차법은 그에 관한 규정을 두고 있지 않다.

판결의 경우에도 재심을 인정하는데, 국민적 신뢰를 통해 정책의 효과적인 실현이

---

36) 규정예: 제00조(적법한 행정처분의 철회) ① 행정청은 적법한 침익적 행정처분을 장래를 향하여 철회할 수 있다. 행정처분에 불가쟁력이 발생하더라도 그러하다. 다만 동일한 내용의 행정처분이 새로이 발해져야 하거나 또는 다른 사유로 철회가 허용되지 아니하는 경우는 예외로 한다.
② 행정청은 다음의 각호의 어느 하나에 해당하면 적법한 수익적 행정처분을 장래를 향하여 철회할 수 있다. 행정처분에 불가쟁력이 발생하더라도 그러하다.
  1. 철회가 법규정에 의하여 허용되었거나 또는 부관의 형식으로 유보된 경우
  2. 행정처분에 부가된 부담을 이행하지 않은 경우
  3. 법령상의 의무를 위반한 경우
  4. 행정처분의 기초가 된 사실관계나 법령이 바뀐 경우(사후에 발생한 사실이나 바뀐 법규정에 의하면 행정처분을 하지 않았을 경우 또는 철회하지 않으면 공익이 위태롭게 될 경우에 한한다)
  5. 그밖에 공익에 대한 중대한 불이익을 제지하거나 제거할 필요가 있는 경우
⑤ 적법한 행정처분의 철회에는 제00조(위법한 행정처분의 취소) 제4항, 제6항, 제8항 그리고 제9항을 준용한다.
37) 대표적으로 김동희, 행정법 I (2013), 366면.
38) 규정예: 제00조(적법한 행정처분의 철회) ③ 금전급부나 물적 급부를 제공하는 행정처분을 제2항에 의해 철회할 경우 제공된 급부가 사용되지 않았거나, 제공된 일정한 목적에 더 이상 사용되지 않았으면, 행정청은 그 행정처분을 소급하여 철회할 수 있다.
39) 독일의 경우 연방행정법원이 재심규정을 두지 않는 절차법은 위헌이라 판시한 판결(BVerwGE 39, 197)이 계기가 되어 동제도가 정착되었다는 점은 우리로 하여금 여러 가지를 느끼게 한다. 행정처분(행정행위)의 재심사에 관해선 김남진, 행정법의 기본문제(1994), 275면 이하 참조.

담보되는 행정의 영역에서 재심제도를 인정하지 않는 것은 그 자체로 법치국가원리에 위배될 수 있다. 가령 법령이 바뀌었음에도 불구하고 종전의 법규에 따른 법적 불이익이 계속되는 상황은 언필칭 행정법관계의 안정을 내세운다 하더라도 정당화될 수 없음에도 불구하고, 그것을 시정할 수 있는 장치가 전혀 없다는 것은 적어도 21세기의 우리 법의식에는 맞지 않는다. 오히려 적극적으로 절차를 재개하여 나름의 해결책을 강구함으로써, 행정의 대국민적 신뢰를 고양시킬 수 있다.

(나) 管見

한편 행정처분(행정행위)의 재심사를 광의로 새기면, 행정처분(행정행위)의 廢止(취소와 철회)에 의한 것도 그에 포함될 수 있다. 우리의 경우 재심의 명문규정이 없는 이상, 독일에서의 광의의 재심사에 착안하여 행정행위의 취소와 철회의 일반론에 의거하여 접근할 수 있다. 문제는 재심사신청을 거부(또는 부작위)할 때 이를 소송을 통해 다툴 수 있느냐이다. 우리로선 거부처분을 본안에서 다투기 위해선 신청권이 먼저 인정되어야 한다. 하지만 판례는 시종 "불가쟁력이 생긴 행정처분에 대하여는 개별 법규에서 그 변경을 요구할 신청권을 규정하고 있거나 관계 법령의 해석상 그러한 신청권이 인정될 수 있는 등 특별한 사정이 없는 한 국민에게 그 행정처분의 변경을 구할 신청권이 있다 할 수 없다"는 입장을 견지한다.[40] 이에 의하면 행정행위의 재심사신청의 거부는 소송을 통해 다툴 수가 없게 된다. 물론 일종의 재심사문제이기도 한 새만금사건에서 각하판결이 내려지지 않고 본안판결이 내려졌다는 점에서 일보 전진한 면이 있지만, 기본적으로 일회적이고 일탈적 케이스이다.

우리의 경우 신청권은 소송요건의 차원에서 넘기 힘든 허들이다. 재심사를 행정법의 불문의 원칙으로 본 독일의 예를 참조하여, 우리의 경우에도 조리상의 신청권으로 접근하는 데 그다지 문제가 되지 않는다. 부담적 행정행위로 인해 제한된 기본권을 특히 사정변경시에 철회(제거 · 변경)를 통해 회복할 수 있는 길이 없다면, 이는 법치국가원리의 중핵에 해당하는 재판청구권을 통한 국민의 권리보호의 보장에도 배치된다. 우리로서는 재심사에 대해 매우 보수적인 판례의 입장을 감안한다면, 독일 행정절차법 제51조의 재심사마냥 명문으로 규정하는 것이 바람직하다.[41] [42]

40) 대법원 2007.4.26. 선고 2005두11104판결 등.

41) 규정예: 제00조(행정처분의 재심사) ① 제소기간이나 심판청구기간이 경과하여 행정처분에 대해 더 이상 다툴 수 없게 되었다 하더라도, 행정청은 다음 각호의 어느 하나에 해당하면 당사자 등의 신청에 의하여 그 행정처분을 폐지 또는 변경할 수 있다.
1. 행정처분의 근거가 되는 사실관계 또는 법률관계가 당사자 등에게 유리하게 변경된 경우
2. 당사자 등에게 유리한 결정을 초래할 만한 새로운 증거가 제출된 경우
3. 민사소송법 제451조에 준하는 재심사유가 발생한 경우
② 제1항의 신청은 당사자 등이 절차재개사유를, 종전의 행정심판절차 또는 행정소송절차에서 중대한 과실이 없었다면 주장할 수 있었을 경우에는 허용되지 않는다.

(7) 행정처분의 부관규정의 마련

(가) 문제의 제기

전체적으로 부관은 탄력적이고 유연한 행정을 가능케 하고 제3자의 이익의 보호를 도모하게 한다. 반면 근거가 없고 적합하지 않는 부관은 시민에게 고통을 주는 딴지나 과잉 규제에 해당하기에, 부관은 조건에 대한 곱지 않은 인식마냥 부정적인 측면도 내포한다. 그런데 개별 법령이 부관이라는 명칭보다는 조건이란 용어로 규정한 경우가 많으며, 실제의 허가발급에도 부관에 해당하지 않는 것까지 조건의 이름을 붙이곤 하여 매우 혼란스럽다. 그리고 부담과 조건이 개념상으로는 엄격히 구분되지만, 현실에서는 엄격히 구별하기보다는 대개 부담으로 보는 경향이다. 그리고 철회권유보의 부관과 관련해서 그것의 특징은 신뢰보호의 원칙이 고려되지 않는 것인데, 행정청에 의해 그것이 광범하게 활용됨으로써 철회제한의 법리가 사실상 형해화되고 있다. 그리고 "일반적으로 기속행위나 기속적 재량행위에는 부관을 붙일 수 없고 가사 부관을 붙였다 하더라도 무효이다"라는 대법원 1995.6.13. 선고 94다56883 판결이 잘 보여주듯이, 판례는 기속행위에 대한 부관부가가 절대적으로 불가하다는 입장을 취하고 있다.

(나) 管見

부관과 관련한 이상의 문제를 해소하기 위해 부관의 종류와 한계를 명문화하는 것이 필요하다. 그리고 철회권유보와 관련해서는 판례가 수익적 행정처분(행정행위)의 철회와 관련하여 '근거불요설'을 견지하고 있기에, 독일에서의 경우보다 철회권유보 부관의 인정에 더 엄격할 필요가 있다. 왜냐하면 철회사유로 제시되는 것들이 그대로 철회유보의 사유로 이행될 수 있다면, 그 자체가 신뢰보호의 원칙을 무색하게 만들기 때문이다. 법률이 명시적으로 요구하는 경우에 한하여 철회유보를 인정하는 것이 하나의 모색이 된다.

기속행위와 부관부가의 문제에서 기왕의 판례 태도가 원칙적 입장으로서는 타당하지만, 그것의 수정가능성 즉, 법률요건충족적 부관의 부가가능성을 원천 봉쇄한 것은 문제이다. 기속행위가 법치국가원리상의 법적 안정성의 요청에 부합하는 측면

---

③ 제1항의 신청은 당사자 등이 재심사의 사유를 안 날로부터 60일, 사유가 발생한 날로부터 120일 이내에 하여야 한다.

④ 제1항의 신청에 대한 결정은 처분청이 행한다.

42) 만약 현재의 입장이 바뀌어 소송요건적 물음이 해소되면, 과연 어떠한 경우에 재심사의무 및 그 전제로 재심사청구권을 발생시키는 '재량의 영으로의 축소'가 성립하는지가 문제된다. 선행 행정행위의 위법성만으론 기왕의 행정행위를 취소·철회할 의무를 성립시키는 데 충분하지 않다. 당초 행정행위를 유지하는 것이 전적으로 수인될 수 없다는 것이 인정되어야 한다. BVerwG NVwZ 1985, 265; BVerwGE 28, 122.

을 분명히 갖긴 하지만, 그것의 負의 효과인 기계적 법집행에 따른 부작용 역시 사소하지 않다. 사안에 따라선 기속행위임에도 불구하고 부관부가의 필요성이 시인될 수도 있는데, 행위시점에 완전한 요건충족을 요구하는 도식적 입장만을 고집한다면, (추후에 요건을 충족한) 절차의 무익한 반복이 초래될 수밖에 없다. 이는 절차경제적 차원에서 수범자는 물론 행정으로서도 그다지 바람직스럽지 않다. 우리의 경우 판례가 기속행위와 재량행위의 구분을 궁극적으로 해당행위의 성질에 의거하여 행한다는 점에서 특히 그러하다.

우리의 경우 법률이 명시적으로 법률요건충족적 부관의 부가가능성을 언급하지 않는 한, 이를 관철하기란 어렵다. 왜냐하면 판례가 기속행위에 부가된 부관 자체를 무효로 보기 때문이다. 따라서 대법원 1988.4.27. 선고 87누1106판결에서 처음 등장한, '기속행위에 부가된 부관의 무효 원칙'을 수정하지 않고서는, 한 걸음도 나아갈 수 없다. 허용성의 물음과 하자(위법)효과의 물음이 분명 구분됨에도 불구하고, 전자에 의거하여 무효도그마원칙을 도출한 판례의 입장은 부당하다.[43] 본래 대법원 87누1106판결의 사안(이사회의 소집승인)이 본질적으로 허가임에도 불구하고 부관과 친하지 않는 인가의 문제로 오해하여 인가의 기속행위적 성질에 의거하여 접근하였고, 그 이래로 후속판례가 이를 오해하여 기속행위의 차원에서 일반화함으로써 지금과 같은 난맥상이 빚어졌다. 따라서 판례의 태도에서 하루바삐 벗어나기 위해서는, 기속행위라 하더라도 법률요건충족적 부관의 부가에 대한 일반적 규정을 행정절차법의 차원에서 마련하여야 한다.

(8) 절차하자에 관한 규정의 마련

(가) 문제제기

절차하자의 효과에 관해서는 문헌과 판례상의 논의가 일치하지 않는다.[44] 절차하자의 독립쟁송가능성을 중심으로 절차하자를 독립된 위법(취소)사유로 인정할 것인지 여부를 두고서 소극설과 적극설이 다투어진다.[45] 판례와 다수의 문헌은 절차고유가치설의 기조에서 절차하자를 적극적인 독립된 위법사유로 인정한다(적극설). 이에 대해 절차의 실체에 대한 봉사적 기능에 터 잡아 소송경제를 강조하는 소극설은 절차봉사설의 기조에서 행정결정의 내용(실체)에 영향을 미치지 않을 절차하자의 경우

---

43) 동지: 김남진, 행정법의 기본문제, 983면 이하; 이영무, "건축허가에 부수해서 부과된 기부채납 부관의 허용성과 그 효력", 「민사법연구」 제9집(2001), 125면 이하.

44) 가령 처분의 사전통지나 의견청취의무의 위반에 대해 판례는 단순위법으로 보지만(대법원 2000.11.14. 선고 99두5870판결), 일부문헌은 무효설을 취한다.

45) 참고문헌: 하명호, 조해현 편집대표, 행정소송(II)(2008), 128면 이하.

에는 권리구제가 제한되는 것이 바람직하다고 본다.[46] 그 논거로, 절차형식상의 하자를 이유로 한 취소판결의 기판력이 그 뒤 절차와 형식을 밟아 내용적으로 동일한 처분을 하는 것을 저지하지 못하기에,[47] 적극설이 내세우는 효과적인 권리보호의 보장이 결과적으로 공허하다는 점을 지적한다.

(나) 管見

종래 절차고유가치설의 경우 절차 그 자체에 초점을 맞춘 나머지 전체 법질서에서의 행정절차의 위상은 크게 고려하지 않았다. 실체적 통제와 절차적 통제, 이 두 가지 요소를 동시에 극대화시킬 수 없다. 그리고 사법구제에 관한 모든 경험에서 보건대, 엄격한 절대적인 하자효과체제와 행정결정에 관한 밀도있는 실체적 통제, 이 양자를 결합시킬 수는 없다. 체계상의 측면에서 행정절차와 사법적 권리보호를 내용으로 한 전체시스템을 고찰의 기본지평으로 삼아야 한다. 사실 실질적 증거의 법칙이나 Chevron 독트린에 의해 실체적 통제가 극히 미약한 미국에서 -실제로 그 효과가 생각만큼이나 주효하지 않는- 절차적 정의가 운위되었다. 실체와 유리시켜 절차를 바라보는 것은 자칫 과도한 규제를 야기할 수 있다는 점에서, 이제 절차하자에 대해 현실적인 새로운 인식이 필요하다. 행정능률과 권리구제, 두 가지 요청을 조화시키기 위해서 독일 행정절차법 제46조와[48] 같은 규정을 하루바삐 성문화할 필요가 있다.

(9) 위법한 행정처분의 치유 · 전환규정의 마련

(가) 문제의 제기

위법한 행정처분의 치유와 전환의 법리는 기왕에 행한 행정처분(행정행위)의 존재를 무화(無化)시키지 않은 채 그것의 위법성(하자)을 제거하거나(치유) 그것의 위법성으로부터 자유로운 새로운 법관계를 형성하는(전환) 것이다 하자의 치유와 전환의 인정이유로 보통 상대방의 신뢰보호, 행정법관계의 안정성, 불필요한 반복의 배제를 든다. 판례는 대법원 1983.7.26. 선고 82누420판결 이래로 하자의 치유와 전환이란 원칙적으로 허용될 수 없는 것으로 보며, 설령 인정되더라도 극히 예외적으로만 허용된다고 한다.[49] 그리고 하자치유의 가능시점과 관련해서 판례는 늦어도 대상처분

46) 대표적 문헌으로 김남진, 행정법의 기본문제, 946면, 961면 이하.

47) 대법원 1987.2.10. 선고 86누91판결.

48) 제46조(절차 · 형식하자의 효과): 제44조의 규정에 의하여 무효로 되지 아니하는 행정행위의 경우, (절차규정등의) 위반이 결정에 대해 실체적으로 아무런 영향을 미치지 아니하였다는 점이 명백한 때에는, 절차나 형식 또는 토지관할에 관한 규정을 위반하여 성립되었다는 이유만으로 그것의 폐지를 요구할 수 없다.

49) 대법원 2002.7.9. 선고 2001두10684판결: 하자 있는 행정행위의 치유는 행정행위의 성질이나 법치주의의 관점

에 대한 불복여부의 결정 및 불복신청에 편의를 줄 수 있는 상당한 기간내에 보정행위를 하여야 그 하자가 치유된다고 하였다.[50)]

(나) 管見

우리의 경우 치유와 전환에 관한 논의는 정체되어 있다. 그 주된 이유는 이상에서 본 판례의 엄격한 태도에서 기인한다. 우리의 경우 미국에서의 절차적 정의에 관한 관심속에[51)] 일찍부터 절차하자의 獨立加爭性을 긍정하여 절차적 권리에 대해 고양된 의미를 부여하였고, 그 연장에서 절차하자의 치유에 대해 엄격한 태도를 견지하고 있다(일종의 절차고유가치설). 그런데 절차 그 자체에 대해 과도한 비중을 부여하는 것은 탈규제화 경향과도 상치(相馳)된다.[52)]

요컨대 위법판단의 기준시점(처분시점)과 절차·형식상의 하자의 특수성이 어울어져 만들어진 산물이, 치유의 법리이다. 그것의 구조식에 비추어 치유의 인정과 관련해서 행정법관계의 안정성보다는 무익한 절차의 반복을 차단시켜 절차경제나 소송경제를 도모하는 것이 강조될 필요가 있다. 하자의 치유와 전환이 활성화되기 위해서 기왕의 엄격한 판례의 입장에서 벗어날 것과 동시에 그것의 실정법적 근거를 마련하는 것이 요망된다. 참고로 독일의 경우 절차간소화의 경향에 맞춰 이미 1996년 행정절차법개정을 통해 절차완화와 불고려·치유·배제규정의 확대를 통해서 행정절차를 신속화하고 절차하자의 법효과를 축소시켰다.[53)]

에서 볼 때 원칙적으로 허용될 수 없는 것이고, 예외적으로 행정행위의 무용한 반복을 피하고 당사자의 법적 안정성을 위해 이를 허용하는 때에도 국민의 권리나 이익을 침해하지 않는 범위에서 구체적 사정에 따라 합목적적으로 인정하여야 한다(동지: 대법원 99두11592판결).

50) 대법원 1983.7.26. 선고 82누420판결; 1984.4.10. 선고 83누393판결.

51) 한편 헌법재판소는 헌법 제12조 제3항 본문이 동조 제1항과 함께 적법절차원리의 일반조항에 해당하는 것으로 보고서, 적법절차의 원칙이란 헌법의 기본원리로서 형사절차상의 영역에 한정되지 않고 입법, 행정 등 국가의 모든 공권력의 작용에는 절차상의 적법성 뿐만 아니라 법률의 구체적 내용도 합리성과 정당성을 갖춘 실체적인 적법성이 있어야 한다는 것으로 이해한다(92헌가8결정). 이에 따라 행정절차의 헌법적 근거와 관련해서 적법절차조항근거설이 주장된다. 그런데 헌법재판소가 적법절차의 원칙을 정의한 것이 과연 그에 맞는 것인지 의문이 든다. 오히려 그것은 마치 실질적 법치주의에 대한 것으로 여겨질 정도로 너무 넓다(기존 이해에 대한 비판으로 이준일, 헌법학강의, 2011, 464면 이하). 그리고 헌법 제12조가 기본적으로 신체의 자유를 그 대상으로 하기에, 과연 국가작용 일반에 대한 절차적 요청을 적법절차의 원칙으로 커버할 수 있는지 의문이다.

52) Vgl. Dolde, Verwaltungsvefahren und Deregulierung, NVwZ 2006, S.857ff.

53) 제45조(하자의 치유 Heilung von Verfahrens- und Formfehlern): ① 절차 또는 형식법규의 위반은, 그 위반사항이 제44조의 규정에 따라 행정행위를 무효로 만드는 경우를 제외하고는 다음 각호에 해당될 때 이를 문제삼지 아니한다. 1. 행정행위의 발동에 필요한 신청을 사후에 제출한 경우, 2. 요구되는 근거제시가 사후에 이루어진 경우, 3. 요구되는 참가인의 의견청취가 사후에 보완된 경우, 4. 행정행위의 발동을 위하여 참여하여야 할 위원회의 의결을 사후에 행한 경우, 5. 필요로 하는 다른 행정청의 협력이 사후에 보완된 경우
② 제1항에 따른 행위는 행정소송절차의 종결시점까지 추후에 보완될 수 있다.
③ 행정행위에 요구되는 이유의 제시가 이루어지지 아니하였거나 행정행위의 발령 전에 요구되는 참가인의 의견청취가 이루어지지 아니하였고 이로 인하여 행정행위의 취소청구를 제시간 내에 할 수 없었던 경우에는 법적구조기간 지체의 책임이 없다. 제32조 제2항에 따른 절차의 재개기간에 표준이 되는 사항은 흠결된 절차적 행위가 보완된 시점에 발생한다.

Ⅲ. 맺으면서 – 行政法의 拔本的 改革의 첫 출발점의 마련

지금의 행정법제는 60년대에 만들어진 데서 기본적 틀에 큰 변화가 없다. 이는 경제와 사회 등 다른 부문의 발전수준에 맞지 않는다. 법적 쟁점을 하나하나 성문화를 통해 정립할 때이다. 언제까지 막연하게 학설과 판례에 모든 것을 맡길 것인지 근본적인 성찰이 필요하다. 그런데 가령 행정처분의 취소·철회와 관련해서 일부에서는 시기상조를 내세워 그에 관한 통일된 체계를 성문화하는 것에 대해 소극적 입장을 보인다.[54] 그 논거로 가장 근본적인 문제로서 직권취소와 철회의 개념 구분이 아직 명확하게 정립되어 있지 않다는 점과 입법을 통해 처분의 직권취소와 철회에 대하여 신뢰보호에 관한 구체적이고 세부적인 내용을 성급하게 규정하고자 한다면, 신뢰보호원칙의 적용범위가 제한되고 그 탄력적 운용이 불가능해질 우려가 있다는 점을 든다. 입법의 어려움과 고도의 要注意에 관해서 타당하여 수긍할 만하나, 역설적으로 사정이 그렇기에 더욱 성문화가 요구된다. 원리와 원칙에 의해 커버될 부분이 있고, 실정법에 의해 직접 커버될 부분이 있다. 원리와 원칙이 제대로 그리고 효과적으로 가동되기 위해서는 잘 정비된 법제시스템이 먼저 있어야 한다. 법제시스템이 잘 정비되지 않은 경우에는 원리와 원칙은 자칫 구두선(口頭禪)에 지나지 않을 경우가 많다. 언필칭 행정처분의 취소와 철회에서 신뢰보호의 원칙을 내세우지만 판례상으로 그것이 충분하게 실현되지 않고 있는 점이 이 점을 증명한다. 언제까지 행정처분의 취소와 철회의 시스템을 불명확하게 내버려 둘 수가 없다. 과거 1987년에 행정절차법을 마련할 때도 행정처분의 취소·철회와 같은 실체법적 내용을 담는 것에 대해 시기상조라는 반론이 제기되었다. 그때로부터 25년이나 지났다.

실현되고 있는 법의 妥當根據는 과거에 있는 것이 아니라, 현재에 있다.[55] 좋은 법률이 좋은 행정은 물론 좋은 법학을 만든다. 우리 행정법학이 그동안 쌓아 온 학문적 역량은 행정기본법의 차원에서 행정절차법을 전면적으로 개혁하는 데 있어서 전혀 부족하지 않다. 21세기 국가모델을 뒷받침하는 기본적 틀을 강구하지 않는 것은 학문의 시대적 소임을 저버린 것과 다르지 않다. 좋은 법학은 물론 좋은 행정 역시 좋은 법률에서 나온다. 하루바삐 행정기본법의 제정이나 그와 같은 역할을 하는 행정절차법의 개정이 이루어지길 고대한다.

* 행정법학 제5호 2013.9., 211면 이하 소수.

---

54) 2006년의 행정절차제도 운영현황 평가 및 발전방안 모색 보고서 164면 이하.

55) 김형배, 법학방법론(1981), 41면.

제 2 장

법무부 행정소송법개정시안의 주요 내용에 관한 小考
- 잠정적 권리구제와 당사자소송과 관련해서 -

Ⅰ. 처음에 - 법제도개선에서의 문제의식[1)]

2004년, 2007년, 2011년 세 차례에 걸쳐 행정소송법개정이 강구되었지만 무산되었다. 개정작업의 출발점은 현행법에 대한 정확한 분석이며,[2)] 그것은 현행법의 역사를 돌이켜 보는 데서 비롯된다. 그리고 기왕의 개정작업의 공청회에서 개진된 주제발표와 토론과 더불어 관련 문헌에서 개개의 주제와 관련하여 그 배경과 문제점이 충분히 개진되었다.[3)] 이런 선행노력이 있었기에, 오늘의 결실이 영글게 되었다. 새롭게 추진된 금번 개정작업은 기왕의 논의상황을 우선 정리하고 완성하는 데 초점을 맞추었기에, 기왕에서 논의된 내용을 새삼스럽게 다룰 필요성은 그다지 크지 않

1) 이 글은 2012.5.24.에 행해진 법무부의 행정소송개정안 공청회에서 '권리구제확대를 위한 획기적인 전환의 마련'이란 제목으로 발표한 것을 제목을 학회지에 맞게 수정한 것이다.
2) 대표적 문헌으로 최송화, 현행 행정소송법의 입법경위, 공법연구 제31집 제3호(2003.3.), 1면 이하.
3) 그간 일련의 개정과 관련한 공청회에서 주제발표와 지정토론을 맡으신 분은 다음과 같다. 2004년 행정소송법개정안 공청회: 항고소송의 대상 및 유형(주제발표: 박정훈 교수, 지정토론: 홍준형 교수), 항고소송의 원고적격 및 항고소송에 관한 기타 논점(주제발표: 박균성 교수, 지정토론: 김성수 교수), 당사자소송 및 기관소송(주제발표: 류지태 교수, 지정토론: 신봉기 교수), 2007년 행정소송법개정안 공청회: 행정소송법개정 논의경과(주제발표: 배병호 변호사), 의무이행소송・예방적 금지소송(주제발표: 김연태 교수, 지정토론: 박균성 교수), 가처분제도・당사자소송활성화・제소기간연장 등(주제발표: 이희정 교수, 지정토론: 정하중 교수). 2011년 행정소송법개정안 공청회: 현행 행정소송법의 문제점과 개정방향(주제발표: 정하중 교수, 지정토론: 노경필 판사, 박민영 교수, 이광수 변호사).

다. 이하에서는 기왕의 개정안과 대비시켜 관련 쟁점에 관해 간략하게 논의를 전개하고자 한다.

비단 법제도만이 아니라 기존의 것을 새롭게 하기 위해서는 어떤 모델을 본보기로 삼을 수밖에 없다. 이는 후발국가의 숙명이고, 비단 학문에 국한되지도 않는다. 금번 행정소송법의 개정작업 역시 가까운 이웃국가(일본과 대만)의 예는 물론, 멀리 독일이나 프랑스 등의 경우까지도 염두에 두었다. 사실 인류의 문화형성은 모방의 역사이고, 무릇 모든 연구가 비교이다(Comparativa est omnis investigatio: Nicolaus von Cues). 그러나 유의할 점이 있다. 일찍이 소설가 崔仁勳은 「원시인이 되기 위한 문명한 의식」에서 "외국문화는 어떤 것이든지 받아들여도 좋다. 다만 原物形으로 받아들일 것이 아니라, 그것을 요소로 분해해서 구조식을 알아내고, 다음에 소재는 국산자재든 수입자재든 간에 완제품을 국내생산을 하여 저렴한 가격으로(즉 정신적 낭비-외국숭배·물신숭배를 줄이고) 지식시장에 내놓는 일이 바른 태도일 것이다"라고 지적하였다. 즉, 외국의 법제 자체를 단순히 아는 것이 아니라 그것에서 무언가를 알아내야 한다. 법제도를 새로이 만들거나 바꾸는 데 있어서 이런 문제의식은 당연히 주효하여야 한다.

Ⅱ. 예방적 금지소송의 도입

1. 기존 개정안의 주요 내용

＊ 대법원안

제4조 (항고소송) 항고소송의 종류는 다음과 같다.

4. 예방적 금지소송 : 행정청이 장래에 일정한 처분이나 명령 등을 할 것이 임박한 경우에 그 처분이나 명령 등을 금지하는 소송

제3절 예방적 금지소송

제55조 (원고적격) 예방적 금지소송은 행정청이 장래에 일정한 처분이나 명령 등을 할 것이 임박한 경우에 그 처분이나 명령 등의 금지를 구할 법적으로 정당한 이익이 있는 자가 사후에 그 처분이나 명령 등의 효력을 다투는 방법으로는 회복하기 어려운 손해를 입을 우려가 있는 때에 한하여 제기할 수 있다.

제56조 (소의 변경) 제22조의 규정은 예방적 금지소송을 당사자소송이나 민사소송 또는 예방적 금지소송외의 항고소송으로 변경하는 경우 및 민사소송을 예방적 금지소송으로 변경하는 경우에 준용한다.

제57조 (금지판결) 법원은 행정청의 장래의 처분이나 명령 등이 위법하고, 그 처분이나 명령 등을 하지 않도록 하는 것이 상당하다고 인정하는 때에는 행정청에게 그 처분이나 명령 등을 하지 않도록 선고한다.

제58조 (준용규정) 제8조 내지 제10조, 제13조 내지 제19조, 제23조, 제26조 내지 제29조, 제33조, 제35조, 제36조, 제39조, 제41조, 제43조, 제52조 및 제53조의 규정은 예방적 금지소송의 경우에 준용한다.

* 법무부안

제4조(항고소송) 항고소송은 다음과 같이 구분한다.

4. 예방적금지소송: 행정청이 장래에 위법한 처분을 할 것이 임박한 경우에 그 처분을 금지하는 소송

제3절 예방적금지소송

제48조(원고적격) 예방적금지소송은 행정청이 장래에 일정한 처분을 할 것이 임박한 경우에 그 처분의 금지를 구할 법률상 이익이 있는 자가 사후에 그 처분의 효력을 다투는 방법으로는 회복하기 어려운 중대한 손해가 발생할 것이 명백한 경우에 한하여 제기할 수 있다.

제49조(금지판결) 법원은 행정청이 장래에 행할 일정한 처분이 위법하고 그 처분을 하지 아니하도록 하는 것이 상당하다고 인정하는 경우에는 행정청에 그 처분을 하지 아니하도록 선고한다.

제50조(준용규정) 예방적금지소송에 대하여는 제8조부터 제10조까지, 제13조부터 제19조까지, 제23조, 제26조부터 제29조까지, 제33조, 제34조제1항, 제35조 및 제37조를 준용한다. 다만, 제26조제2항 중 제38조 부분은 예방적금지소송의 경우에 준용하지 아니한다.

* 자유선진당안

제4조(항고소송) 항고소송은 다음과 같이 구분한다.

4. 예방적 금지소송: 행정청이 장래에 일정한 처분이나 명령 등을 할 것이 임박한 경우에 그 처분이나 명령 등을 금지하는 소송

제3절 예방적 금지소송

제55조(원고적격) 예방적 금지소송은 행정청이 장래에 일정한 처분이나 기타의 직무행위를 할 것이 임박한 경우에 그 처분 등의 금지를 구할 정당한 이익이 있는 자가 사후에 그 처분이나 명령 등의 효력을 다투는 방법으로는 회복하기 어려운 손해

를 입을 우려가 있는 때에 한하여 제기할 수 있다.

제56조(소의 변경) 예방적 금지소송을 당사자소송이나 민사소송 또는 예방적 금지소송외의 항고소송으로 변경하는 경우 및 민사소송을 예방적 금지소송으로 변경하는 경우에는 제22조 규정을 준용한다.

제57조(금지판결) 법원은 행정청의 장래의 처분이나 명령 등이 위법하고, 그 처분이나 명령 등을 하지 않도록 하는 것이 상당하다고 인정하는 때에는 행정청에게 그 처분이나 명령 등을 하지 않도록 선고한다.

제58조(준용규정) 예방적 금지소송에 대하여는 제8조 내지 제10조, 제13조 내지 제19조, 제23조, 제26조 내지 제29조, 제33조, 제35조, 제36조, 제39조, 제41조, 제43조, 제52조 및 제53조의 규정을 준용한다.

2. 개정시안

제4조(항고소송) 항고소송은 다음과 같이 구분한다.

4. 예방적 금지소송: 행정청이 장래에 위법한 처분을 할 것이 임박한 경우에 그 처분을 금지하는 소송

제51조 (원고적격) 예방적 금지소송은 행정청이 장래에 위법한 처분을 할 것이 임박한 경우에 그 처분의 금지를 구할 법적 이익이 있는 자가 사후에 그 처분의 효력을 다투는 방법으로는 회복하기 어려운 중대한 손해가 발생할 것이 명백한 경우에 한하여 제기할 수 있다.

제52조 (소의 변경) 예방적 금지소송을 예방적 금지소송 외의 항고소송이나 당사자소송 또는 민사소송으로 변경하는 경우 및 민사소송을 예방적 금지소송으로 변경하는 경우에는 제22조를 준용한다.

제53조 (금지판결) 법원은 행정청이 장래에 위법한 처분을 할 것이 임박하여 그 처분을 하지 아니하도록 하는 것이 상당하다고 인정하는 경우에는 행정청에 그 처분을 하지 아니하도록 선고한다.

제54조 (준용규정) 제8조부터 제10조까지, 제13조부터 제19조까지, 제23조, 제26조부터 제29조까지, 제33조, 제34조 제1항, 제35조부터 제38조까지의 규정은 예방적 금지소송의 경우에 준용한다.

3. 개정시안의 검토

(1) 도입의 의의

소송은 본래적으로 진압적 권리구제의 메커니즘이다. 잠정적 권리구제 역시 일단 다툼의 대상이 성립한 뒤에 강구되기에, 소송의 진압적 성격에 배치되지 않는다. 소송의 진압적 본질에 저촉, 권력분립의 원칙에 대한 침해 및 남소로 인한 행정청의 정책수립 및 수행의 효율성 저해 우려 등을 이유로 도입에 반대하는 입장이 있지만, 도입긍정설이 소극설을 무색할 정도로 반대논거를 압도하여 기왕의 개정작업에서도 도입이 강구되었다. 이미 행정법문헌에서는 현행법하에서 한정된 범위 내에서만 허용된다는 이른바 한정적 긍정설이 다수라고 할 정도로 예방적 금지소송의 도입이 기정사실화되었기에,[4] 금번 개정작업에서도 큰 어려움 없이 마련할 수 있었다. 소송에서의 사건의 성숙성마냥 제도도입의 성숙성을 실감할 수 있는 예라 하겠다. 요컨대 금번 개정시안은 종래의 개정안을 바탕으로 하되, 예방적 금지소송의 최후보충성을 확보하기 위해 몇 가지 요소를 추가하였다.

(2) 도입에 따른 고려사항

예방적 금지소송은 기왕 발해진 행정결정에 관한 진압적 사법통제를 넘어서 그 행정결정의 제지를 목표로 삼기에, 집행부의 기능영역에 대한 광범한 사법적 개입을 초래한다. 이 같은 권력분립적 문제제기가 권리보호 보장과의 형량에서 관철되지 않는다고 봄이 일반적이나, 그것의 含意를 무시해서는 아니 된다. 이 점에서 그것의 성립요건이 집행정지의 요건에 흡사해서는 곤란하다. 독일의 경우 집행정지의 원칙을 취하기에, 그것의 제한적인 예방적 효과가 효과적인 권리보호를 매개하는 한에 있어서, -예방적 금지소송을 통한- 예방적인 완전권리보호의 필연성(요청)은 저하된다. 또한 계속적 확인소송의 가능성 역시 예방적 권리보호에 대한 우선적 대안으로서 고려된다.

요컨대 독일의 경우 예방적 금지소송이 성문화되지 않은 채 판례법적 차원에서 강구되고 있으며, 이상에서 본 것처럼 집행정지의 원칙과 계속적 확인소송의 존재로 예방적 금지소송의 최후보충성이 제도적으로도 강구되어, 그것의 부작용에 대한 우려가 그다지 크지 않고, 소송의 현실에서도 그다지 성공가능성이 높지 않다.

---

4) 시원적인 문헌으로 김남진, 행정청의 부작위청구소송, 고시계, 1978.10. 대표적 문헌으로 이현수, 행정소송상 예방적 구제, 2006.

(3) 성립요건을 통한 최후보충성의 확보

독일과는 달리 우리의 경우 그것을 법정화된 소송종류의 하나로 격상하였기에 새로운 국면에 즈음하여 그것에 관한 세심한 고려가 필요하다. 그것의 최후보충성을 제도적으로 담보하지 못하는 우리로서는 도입에 따른 우려를 허용요건의 차원에서 해소할 수밖에 없다. 우선 침해된 권리의 구제가 취소소송을 통해 강구될 수 있는 한, 예방적 금지소송은 동원될 수 없다. 나아가 독일과는 달리 대상행위를 행정처분에 국한하였고, 이에 더해 -종전의 개정안과는 다르게- 대상처분의 위법성을 추가하였다.

우선 이런 대상의 제한에 대해 예방적 금지소송의 존재이유를 반감시킬 수 있다는 반론이 있을 수 있다. 독일의 경우 그것이 행정행위뿐만 아니라, 경고와 같은 정보제공작용이나 오염물배출 등과 같은 행정사실행위는 물론 법규범에 대해서도 통용된다. 독일의 경우 집행정지의 원칙과 연계시켜 그것이 허용된다는 점을 유의해야 한다. 따라서 행정활동 전반을 대상으로 한 예방적 금지소송을 강구하기 위해서는, 집행정지원칙의 채택과 같은 잠정적 권리구제 메커니즘 자체에 대한 방향전환이 선행되어야 한다.

예방적 금지소송을 항고소송의 틀에 두는 것이 그것의 본질에 어긋나며 아울러 활용가능성을 저하시킨다고 반론이 있을 수 있다. 독일에서는 예방적 금지소송이 통상 일반이행소송을 통해 실현되고 있다는 점에서, 충분히 수긍할 만한 지적이다. 하지만 우리의 경우 예방적 금지소송을 행정처분에 국한한 관계로 시안상의 메터니즘은 어쩔 수 없다고 여겨진다. "발급된 또는 발급되어야 할 행정행위" 자체를 문제삼는 것과 그 행정행위의 "발급"을 문제삼는 것은 분명히 다르다는 점에서, 예방적 금지소송의 활성화 역시 항고소송과 같은 기왕의 틀에 대한 방향전환이 출발점이라 하겠다. 행위는 물론 법규범에 대해서도 통용된다. 아울러 독일에서는 그것이 통상적으로 일반이행소송을 통해 실현되고 있다. '발급된 또는 발급되어야 할 행정행위' 자체를 문제삼는 것과 '그 행정행위의 발급'을 문제삼는 것은 분명히 다르다.

개정시안에서의 이상과 같은 고려가 예방적 금지소송 도입의 취지를 무색하게 할 수 있다는 반론이 제기될 수 있다. 그것은 행정에 대한 사법통제에서 非常的 수단이지 정상적 수단은 아니다. 그것을 메이저 법제도로 접근하는 것은 국민에게 공허한 기대를 갖게 할 우려가 있다. 결과적으로 국민들로서는 별 성과도 얻지 못한다면, 새로운 제도의 도입이 도리어 司法不信을 낳을 수도 있다.

Ⅲ. 집행정지제도의 개선

1. 기존 개정안의 주요 내용

* 대법원안

제24조 (집행정지) ① 취소소송의 제기는 처분 등의 효력이나 그 집행 또는 절차의 속행에 영향을 주지 아니한다.

② 취소소송의 제기된 경우에 처분 등이 위법하다는 현저한 의심이 있거나 처분등이나 그 집행 또는 절차의 속행으로 인하여 생길 회복하기 어려운 손해를 예방하기 위하여 긴급한 필요가 있다고 인정할 때에는 본안이 계속되고 있는 법원은 결정으로 당사자의 신청 또는 직권에 의하여 처분 등의 효력이나 그 집행 또는 절차의 속행의 전부 또는 일부의 정지(이하 "집행정지"라 한다)를 할 수 있다. 다만, 처분 등의 효력정지는 처분 등의 집행 또는 절차의 속행을 정지함으로써 목적을 달성할 수 있는 경우에는 허용되지 아니한다.

③ 법원은 제2항의 규정에 의한 집행정지결정을 함에 있어서 국가·공공단체 또는 소송의 대상이 된 처분 등의 상대방에게 손해가 생길 우려가 있는 때에는 권리자를 지정하여 그 손해에 대한 담보를 제공하게 할 수 있다. 이 경우 권리자로 지정된 자는 그 담보물에 대하여 질권자와 동일한 권리를 가진다.

④ 집행정지는 공공복리에 중대한 영향을 미칠 우려가 있을 때에는 허용되지 아니한다.

⑤ 제2항의 규정에 의한 집행정지의 결정을 신청함에 있어서는 그 이유에 대한 소명이 있어야 한다.

⑥ 제2항의 규정에 의한 집행정지의 결정 또는 기각의 결정에 대하여는 즉시항고할 수 있다. 이 경우 집행정지의 결정에 대한 즉시항고에는 결정의 집행을 정지하는 효력이 없다.

⑦ 제33조 및 제34조제1항의 규정은 제2항의 규정에 의한 집행정지의 결정에 이를 준용한다.

⑧ 제3항의 규정에 의한 담보에 대하여는 민사소송법 제122조, 제124조, 제125조 및 제126조의 규정을 준용한다.

* 법무부안

제24조(집행정지) ① 취소소송의 제기는 처분등의 효력이나 그 집행 또는 절차의

속행에 영향을 주지 아니한다.

② 취소소송이 제기된 경우에 처분등이나 그 집행 또는 절차의 속행으로 인하여 생길 중대한 손해를 예방하기 위하여 긴급한 필요가 있다고 인정할 때에는 본안(本案)이 계속되고 있는 법원은 당사자의 신청이나 법원의 직권에 의하여 처분등의 효력이나 그 집행 또는 절차의 속행의 전부 또는 일부의 정지(이하 "집행정지"라 한다)를 결정할 수 있다. 다만, 처분의 효력정지는 처분등의 집행 또는 절차의 속행을 정지함으로써 목적을 달성할 수 있는 경우에는 허용되지 아니한다.

③ 집행정지는 공공복리에 중대한 영향을 미칠 우려가 있거나 신청인의 본안 청구가 이유 없음이 명백한 경우에는 허용되지 아니한다. ④ 제2항에 따른 집행정지 결정을 신청할 때에는 그 이유에 대한 소명이 있어야 한다.

⑤ 제2항에 따른 집행정지 결정이나 기각 결정에 대하여는 즉시항고를 할 수 있다. 이 경우 집행정지 결정에 대한 즉시항고는 결정의 효력에 영향을 미치지 아니한다.

⑥ 제2항에 따른 집행정지 결정에 대하여는 제33조 및 제34조제1항을 준용한다.

* 자유선진당안

제25조 (집행정지의 취소) ① 집행정지의 결정이 확정된 후 집행정지가 공공복리에 중대한 영향을 미치거나 그 정지사유가 없어진 때에는 당사자의 신청 또는 직권에 의하여 결정으로써 집행정지의 결정을 취소할 수 있다.

② 제1항의 규정에 의한 집행정지결정의 취소결정의 경우에는 제24조제6항 및 제33조의 규정을, 그 취소결정 또는 기각결정에 대한 불복의 경우에는 제24조제6항의 규정을 각각 준용한다.

2. 개정시안

제24조 (집행정지) ① 취소소송의 제기는 다른 법률에 특별한 규정이 없는 한 처분등의 효력이나 그 집행 또는 절차의 속행에 영향을 주지 아니한다.

② 취소소송이 제기된 경우에 처분등이나 그 집행 또는 절차의 속행으로 인하여 생길 중대한 손해를 예방하기 위하여 긴급한 필요가 있다고 인정할 때에는 본안이 계속되고 있는 법원은 당사자의 신청 또는 직권에 의하여 처분등의 효력이나 그 집행 또는 절차의 속행의 전부 또는 일부의 정지(이하 "집행정지"라 한다)를 결정할 수 있다. 다만, 처분의 효력정지는 처분등의 집행 또는 절차의 속행을 정지함으로써 목적을 달성할 수 있는 경우에는 허용되지 아니한다.

③ 집행정지는 공공복리에 중대한 영향을 미칠 우려가 있거나 신청인의 본안 청

구가 이유 없음이 명백한 경우에는 허용되지 아니한다.

④ (현행 제4항과 같음) 제2항의 규정에 의한 집행정지의 결정을 신청함에 있어서는 그 이유에 대한 소명이 있어야 한다.

⑤법원은 제2항의 규정에 의한 집행정지결정을 함에 있어서 소송의 대상이 된 처분 등의 상대방에게 재산상 손해가 생길 우려가 있는 때에는 권리자를 지정하여 그 손해에 대한 담보를 제공하게 할 수 있다. 이 경우 권리자로 지정된 자는 그 담보물에 대하여 질권자와 동일한 권리를 가진다.

⑥ 제4항의 규정에 의한 담보에 대하여는 민사소송법 제122조, 제124조부터 제126조까지의 규정을 준용한다.

⑦ 제2항의 규정에 의한 집행정지의 결정 또는 기각의 결정에 대하여는 즉시항고를 할 수 있다. 이 경우 집행정지의 결정에 대한 즉시항고에는 결정의 집행을 정지하는 효력이 없다.

⑧ 제33조 및 제34조 제1항의 규정은 제2항의 규정에 의한 집행정지의 결정에 이를 준용한다.

3. 개정시안의 검토

(1) 공법소송상 잠정적 권리구제의 의의

헌법상의 재판청구권(제27조)의 기능이란 포괄적인 사법적 권리보호의 보장에 있다. 즉, 그것을 통해 (독일 기본법 제19조 제4항과 같은) 효과적인 권리보호의 보장이 강구되어야 한다. 사법통제가 지닌, 사후적, 진압적 권리구제로 인해, 권리보호의 실효성은 결과적으로 의문시될 수박에 없다. 잠정적 권리구제(가구제)에 관한 헌법상의 요청에서 결정인자는 효과적인 권리보호와 실질적(실체적) 주관적 권리의 보전이다. 이는 다름 아닌 가구제의 기능이 되기도 한다(보전기능과 임시적인 만족기능). 행정행위의 집행으로 인해 발생할 우려가 있는 회복불능의 결과는 가능한 배제되어야 한다. 왜냐하면 법원의 적법성심사 전에 행정청이 돌이킬 수 없는 조치를 집행했다고 하면, 재판청구권의 실현을 통한 "포괄적이고 효과적인 권리보호"는 口頭禪일 수박에 없기 때문이다.

(2) 집행부정지원칙의 고수와 변화의 싹

금번 개정에서도 집행부정지의 원칙은 유지하는 것으로 되었다. 독일 연방헌법재판소는 동규정을 효과적인 권리보호의 기본법적 보장의 개별법적 표현으로, 또한 정지효의 원칙(Grundsatz der aufschiebenden Wirkung)을 공법쟁송의 근본원칙으로 본다.[5] 그리하여 그들은 자연 집행부정지와 집행정지가 원칙과 예외의 관계에 놓이며, 만약 이런 관계를 역전시키는 행정실무는 위헌이라고 한다.[6] 비슷한 맥락에서 일부에서 집행정지와 집행부정지의 문제가 입법정책의 물음이 아님을 들어 집행정지원칙을 주장하였지만, 지금의 집행부정지의 원칙을 유지하는 것으로 결론이 내려졌다.[7] 다만 개정시안은 개별법에 의한 집행정지원칙의 채택가능성을 인정하였다. 현행법이 예외를 전제하지 않은 채 집행부정지원칙만을 천명하여 개별법에 의한 예외가능성을 상정하지 않게 한 측면이 있다는 점을 대비시켜 보면, -집행정지원칙의 채택에 비하면- 미약하나 의미로운 변화의 일단이라 하겠다.

(3) 행정소송의 본질에 부합한 요건정비

집행정지효에 대해서 우선적으로 부여되는 기능이, 기성사실의 조성을 막는 것이다. 따라서 집행부정지의 원칙이 고수되면 당연히 논의의 중심은 집행정지요건의 완화이다. 현행법에서 요건상 문제되는 것이 '회복하기 어려운 손해'의 의미이다. 판례는 그것을 특별한 사정이 없는 한 금전으로 보상할 수 없는 손해로 보되, 이는 금전보상이 불능인 경우 내지는 금전보상으로는 사회관념상 행정처분을 받은 당사자가 참고 견딜 수 없거나 또는 참고 견디기가 현저히 곤란한 경우의 유형, 무형의 손해를 일컫는다고 본다.[8] 그리고 판례에 의하면, 회복하기 어려운 손해를 예방할 긴급한 필요성 여부는 처분의 성질과 태양 및 내용, 처분상대방이 입는 손해의 성질·내용 및 정도, 원상회복·금전배상의 방법 및 난이 등은 물론 본안청구의 승소가능성의 정도 등을 종합적으로 고려하여 구체적·개별적으로 판단하여야 한다.[9]

비록 예외적이나마 집행정지결정이 크게 어렵지 않게 내려지는 데 있어서 '회복하기 어려운 손해' 부분은 장애가 될 뿐 더러 소극적 요건사항과의 구별을 모호하게 만든다. 이것의 문제점은 판례에서도 종종 확인할 수 있다.[10] 그런데 그것의 초점을 금전보상이 불능인 경우에 기본적으로 맞추는 이상, 이런 가치보장적 관점은 잠정적 권리구제의 기능을 무색하게 하여 집행정지제도의 본질에 어긋날 뿐만 아니라. 제1

---

5) BVerfGE 35, 382(402)=NJW1974, 227; E 80, 244(252)=NJW 1990, 37f.

6) BVerfGE 35, 382(402)=NJW1974, 227; E 51, 268(284f.)=NJW 1980, 35(36).

7) 한편 대만의 경우 개정행정소송법이 여전히 집행부정지원칙(제116조 제1항)을 채택하면서도 행정소송제기 전에도 집행정지를 신청할 수 있도록 하고 있다(제116조 제3항, 행정심판법 제93조 제3항).

8) 대법원 2010.5.14. 자 2010무48결정 등.

9) 대법원 2010.5.14. 자 2010무48결정 등.

10) 대법원 2004.5.17. 자 2004무6결정: …이 사건 처분의 집행으로 인한 운행이 장기화됨에 따라 신청인은 상당한 경제적 손실을 입어 여객자동차운송사업 자체에 중대한 영향을 받거나 심각한 경영상의 위기를 맞을 우려가 있고, 이와 같은 손해는 신청인에게 참고 견디기가 현저히 곤란한 유형·무형의 손해로서 …,

차적 권리보호수단으로서 존속보호를 지향하는 행정소송의 본질과도 치명적으로 배치된다. 이런 차원에서 개정시안은 기왕의 개정안에서 모색한 것처럼 '회복하기 어려운 손해'를 '중대한 손해'로 정당하게 바꾸었다.[11] 집행정지제도의 활성화를 위한 이런 변화를 더욱 진전시키기 위해서는, 그것의 해석과 적용에서 종래의 수인가능성 차원의 논증을 되풀이 하여서는 곤란하다. 그리고 여기서의 손해를 재산적 손해에 고정하여서는 곤란하다. 종래의 금전보상적 관점에서 벗어나기 위해서는 여기서의 손해는 법익침해로 파악할 필요가 있다. 한편 일본의 경우 여기서의 중대한 손해 여부의 판단과 관련해서 명시적인 규정을 둔 데서 시사점을 찾을 수 있다.[12]

(4) 판례입장을 수용한 요건정비

판례는 법정의 소극적 요건에 해당하는 '공공복리에 중대한 영향을 미칠 우려' 이외에 추가로 '본안청구의 이유없음이 명백할 경우'를 소극적 요건으로 요구한다. 종종 이런 법정외 소극적 요건의 추가가 타당한지가 문제되나,[13] 판례는 본안소송에서 처분의 취소가능성이 없음에도 처분의 효력이나 집행의 정지를 인정한다는 것은 제도의 취지에 반한다는 점을 들어 시종 그것을 고수한다.[14] 금번 개정시안에서는 판례의 입장을 반영하여 그것을 소극적 요건으로 설정하였다. 그런데 이처럼 소극적 요건을 추가하면 앞으로 신청사건에서의 판단대상이 문제될 수 있다. 왜냐하면 판례는 행정처분의 효력정지나 집행정지를 구하는 신청사건에 있어서는 위 조항 소정의 요건의 존부만이 판단의 대상이 되는 것이고, 행정처분 자체의 적법 여부는 궁극적으로 본안재판에서 심리를 거쳐 판단할 성질의 것이어서 신청사건에서는 판단의 대상이 되지 아니한다고[15] 판시하고 있기 때문이다.

(5) 담보제공규정의 신설

금번 개정시안은 과거 대법원개정의견에서 채택한 담보제공에 관한 것을 그대로 수용하였다. 현행법은 제3자효행정행위와 관련해선 취소판결의 제3자효(제29조)를 중심으로, 제3자에 의한 소송참가(제16조), 제3자에 의한 재심청구(제31조)를 두고 있는데, 개정시안은 이 밖에 추가로 제3자에 대한 소송통지 규정(제16조)과 담보제공 규정을 신설하였다.

---

11) 일본 역시 마찬가지로 바꾸었다(개정 행정사건소송법 제25조 제2항).

12) 제25조 제3항: 재판소는 전항의 규정에 의해 중대한 손해를 발생시키는지 여부를 판단함에 있어, 손해의 회복의 곤란을 고려하고, 손해의 성질 및 정도, 처분의 내용 및 성질을 감안한다.

13) 이런 논의상황에 관해서는 특히 김동희, 행정법 I, 2012, 771면 이하 참조.

14) 대법원 2008.5.6. 자 2007무147결정 등,

15) 대법원 2008.8.26. 자 2008무51결정; 1986.3.21. 자 86두5결정; 1994.10.11. 자 94두35결정 등.

담보제공 규정의 신설의 필요성을 두고서 집행정지요건의 완화에 따른 보완의 차원에서 접근하기도 하나, 동 규정에서 문제를 삼는 사안은 제3자효 행정행위에서 행정행위의 상대방이 아닌 제3자가 취소소송에 동반하여 집행정지를 신청한 경우이다. 집행정지결정의 제3자효를 인정하고 있는 등(시안 제24조 제항; 현행법 제29조 제2항), 제3자효 행정행위라 하여 집행정지의 신청에 아무런 문제가 없음에도 불구하고 현실적으로 그 집행정지신청이 받아들여진 경우가 매우 드물다.[16]

종래 환경법에서의 원고적격 문제가 유해시설과 근접한 지역에서의 주민과 관련이 있었다면,[17] 최근 판례는 공간적 차원을 넘어 환경피해의 실질성이나 종국성에 초점을 맞추어 원고적격 여부를 가늠하였다.[18] 이는 종래 환경소송에서 제기된 법적 문제의 하나인 원고적격의 물음과 관련하여 매우 획기적인 것임에는 분명하지만, -법적 차원은 물론 정책적 차원(가령 취수장에 위치한 지역과 수돗물의 消費地간의 상황인식의 간극)에서도- 후속적 물음 역시 사소하지 않다. 하지만 이 판결이 향후 제3자효 행정행위와 관련한 원고적격의 논의에서 한 장을 연 것만은 분명하다. 제3자효행정행위에서 제3자의 권리구제의 활성화는 바로 집행정지의 문제를 낳는다.

제3자효행정행위에서의 집행정지신청에서는 궁극적으로 행정행위의 수범자(상대방)인 수익자의 이익과 원고이자 집행정지신청인인 피침익자의 사익이 충돌한다. 여기서 '공공복리에 대한 중대한 영향'과 같은 소극적 요건만으론 이런 사익충돌상황을 대처하기란 쉽지가 않으며, 그것이 오히려 집행부정지의 기각결정의 빌미가 될 수도 있다. 그런 점에서 개정시안에서의 담보제공 규정의 의의는 제3자효 행정행위에서 법원으로 하여금 공익, 원고의 사익, 행정행위의 수범자(상대방)의 사익의 트라이 앵글에서 조정자의 역할을 수행할 수 있게 하는 데 있다. 분명히 해야 할 점은, 이것이 결코 담보부 집행정지제도의 일반화를 의미하는 것은 아니다.[19]

제3자효행정행위에서의 집행정지신청의 궁극적인 대상은 그 수범자가 행정행위를 기화로 행할 행위(건축행위의 진행 등)이기에, 이 경우 집행정지결정의 실효성 확보를 고민해야 한다. 이상과 같은 수범자를 위한 보호장치에 대응하여 집행정지결정의 당사자인 행정청과 그 밖의 관계행정청에 대한 기속 규정(시안 제24조 제8항, 제34조 제1

16) 드문 예로 대전고등법원 2006.1.19. 자 2005루9결정.

17) 그런데 일찍이 '국가 또는 지방자치단체가 법령이 정하는 상수원수 수질기준 유지의무를 다하지 못하고, 법령이 정하는 고도의 정수처리방법이 아닌 일반적 정수처리방법으로 수돗물을 생산·공급하였다는 사유만으로 그 수돗물을 마신 개인에 대하여 손해배상책임을 부담하는지 여부'의 물음에서, 대법원 2001.10.23. 선고 99다36280판결은 관련규정의 사익보호성을 부정하였다.

18) 낙동강취수장판결: 대법원 2010.4.15. 선고 2007두16127판결.

19) 과거 법무부개정안에서는 자력유무에 따라 집행정지의 성부가 영향을 받는 것은 적절하지 않다는 점, 시민단체 등이 소송을 수행할 때에는 오히려 장애가 될 수 있다는 점, 독일 등에서도 조세 등에서 인정되고 있다는 점에서 담보부 집행정지제도의 일반화 문제는 장기적 검토로 판단하였다.

항; 현행 제23조 제6항, 제30조 제1항) 역시 이제 적극적으로 접근할 필요가 있다.

Ⅳ. 가처분제도의 도입

1. 기존 개정안의 주요 내용

* 대법원안

제26조 (가처분) ① 처분 등이 위법하다는 상당한 의심이 있는 경우로서 다음 각 호의 1에 해당하는 때에는 본안의 관할법원은 당사자의 신청에 따라 결정으로 가처분을 할 수 있다.

1. 다툼의 대상에 관하여 현상이 바뀌면 당사자가 권리를 실행하지 못하거나 이를 실행하는 것이 매우 곤란할 염려가 있어 다툼의 대상에 관한 현상을 유지할 필요가 있는 경우

2. 다툼이 있는 법률관계에 관하여 당사자의 중대한 불이익을 피하거나 급박한 위험을 막기 위하여 임시의 지위를 정하여야 할 필요가 있는 경우

② 제1항의 규정에 의한 가처분에 대하여는 제24조제3항 내지 제6항, 제25조, 제34조제1항, 제52조 및 제53조의 규정을 준용한다.

③ 제1항의 규정에 의한 가처분은 제24조제2항의 규정에 의한 집행정지에 의하여 목적을 달성할 수 있는 경우에는 허용되지 아니한다.

* 법무부안

제26조(가처분) ① 처분등이나 부작위가 위법하다는 상당한 의심이 있는 경우로서 다음 각 호의 어느 하나에 해당하는 때에는 본안의 관할법원은 당사자의 신청에 따라 결정으로써 가처분을 할 수 있다.

1. 다툼의 대상에 관하여 현상이 바뀌면 당사자가 권리를 실행하지 못하거나 그 권리를 실행하는 것이 매우 곤란할 염려가 있어 다툼의 대상에 관한 현상을 유지할 긴급한 필요가 있는 경우

2. 다툼이 있는 법률관계에 관하여 당사자의 중대한 손해를 피하거나 급박한 위험을 피하기 위하여 임시의 지위를 정하여야 할 긴급한 필요가 있는 경우

② 제1항에 따른 가처분에 대하여는 제24조제3항부터 제5항까지, 제25조, 제33조, 제34조제1항 및 제38조를 준용한다.

③ 제1항에 따른 가처분은 제24조제2항에 따른 집행정지로 목적을 달성할 수 있

는 경우에는 허용되지 아니한다.

* 자유선진당안

第26조(가처분) ① 처분 등이 위법하다는 상당한 의심이 있는 경우로서 다음 각 호의 어느 하나에 해당하는 때에는 본안의 관할법원은 당사자의 신청에 따라 결정으로 가처분을 할 수 있다.

1. 다툼의 대상에 관하여 현상이 바뀌면 당사자가 권리를 실행하지 못하거나 그 권리를 실행하는 것이 매우 곤란할 염려가 있어 다툼의 대상에 관한 현상을 유지할 긴급한 필요가 있는 경우

2. 다툼이 있는 법률관계에 관하여 당사자의 중대한 손해를 피하거나 급박한 위험을 피하기 위하여 임시의 지위를 정하여야 할 긴급한 필요가 있는 경우

② 제1항의 규정에 의한 가처분에 대하여는 제24조제3항 내지 제6항, 제25조, 제34조제1항, 제52조 및 제53조의 규정을 준용한다.

③ 제1항에 따른 가처분은 제24조제2항에 따른 집행정지로 목적을 달성할 수 있는 경우에는 허용되지 아니한다.

2. 개정시안

第26조 (가처분) ① 처분등이나 부작위가 위법하다는 현저한 의심이 있는 경우로서 다음 각 호의 어느 하나에 해당하는 때에는 본안이 계속되고 있는 법원은 당사자의 신청에 따라 결정으로써 가처분을 할 수 있다.

1. 다툼의 대상에 관하여 현상이 바뀌면 당사자가 권리를 실행하지 못하거나 그 권리를 실행하는 것이 매우 곤란할 염려가 있어 다툼의 대상에 관한 현상을 유지할 긴급한 필요가 있는 경우

2. 다툼이 있는 법률관계에 관하여 당사자의 중대한 손해를 피하거나 급박한 위험을 피하기 위하여 임시의 지위를 정하여야할 긴급한 필요가 있는 경우

② 제1항에 따른 가처분에 대하여는 제24조 제3항부터 제7항까지, 제25조, 제33조, 제34조 제1항을 준용한다.

③ 제1항에 따른 가처분은 제24조 제2항에 따른 집행정지로 목적을 달성할 수 있는 경우에는 허용되지 아니한다.

3. 개정시안의 검토

(1) 도입의 의의

민사소송법의 가처분규정을 행정소송에 준용하는지 여부가 논란거리였다. 문헌에서는 준용여부를 두고서 분분하지만, 판례는 시종 부정적인 입장을 견지한다.[20] 현행법의 집행정지제도는 소극적 수단이기에 한계를 지닌다. 더욱이 집행정지결정의 예외적 성격은 이런 소극성의 한계를 더욱 두드러지게 한다. 특히 거부처분의 경우 이런 문제에 제도적으로 대응하기 위해 행정소송에 가처분(가명령)제도를 도입할 것인지가 논의되어 왔다. 의무이행소송과 예방적 금지소송이 전면적으로 도입되는 이상, 이들에 동반하여 가처분제도 역시 도입될 수밖에 없다. 그리하여 기왕의 개정작업에서 그것을 도입하는 데 의견의 일치를 보았듯이, 금번 개정에서도 그것을 도입하기로 의견을 모았다.

(2) 주요 내용

일반민사소송에서의 가처분이 계쟁물가처분과 임시지위가처분으로 구성되어 있기에 그것의 기조를 그대로 행정소송에 이행하느냐가 문제된다. 독일의 경우 민사소송법 가처분의 기조를 그대로 전이시켰지만(행정법원법 제123조),[21] 일본의 경우 의무이행소송에 대해서는 가이행제도를, 예방적 금지소송에 대해서는 가금지제도를 두었다.[22] 우리의 경우 종전의 개정작업에서 전자의 입장을 취하였고, 금번 개정작업에서도 전자의 방식으로 하기로 의견을 모았다. 종래 행정법문헌상으로 임시지위가처분의 경우는 익숙하다는 점에서, 앞으로의 관건은 계쟁물가처분이 적용되는 경우이다.[23]

---

20) 최근의 것으로 대법원 2011.4.18. 자 2010마1576결정.

21) 현재상태의 변경에 의해 신청인이 권리를 실현하지 못하거나 이를 실현함이 현저히 곤란할 염려가 있는 때에, 법원은 신청에 의하여 소송이 제기되기 전이라도 계쟁물에 관한 가명령을 발할 수 있다. 가명령은 다음의 경우에 다툼이 있는 법률관계에 관한 임시의 상태를 규율하기 위해서도 허용되는데, 그것은 이런 규율이 특히 계속적 법률관계에 있어서 중대한 불이익을 피하거나 임박한 공권력을 저지하기 위하여 또는 기타의 이유로 필요하다고 인정되는 때이다(행정법원법 제123조 제1항)

22) 행정사건소송법 제37조의5 ① 의무부여의 소가 제기된 경우에, 그 의무부여의 소에 관한 처분 또는 재결이 행하여지지 않아 발생하는 회복할 수 없는 손해를 피하기 위해 긴급한 필요가 있고, 또한, 본안에 대해 이유가 있다고 보이는 경우에는, 재판소는, 신청에 의해, 결정으로, 잠정적으로 행정청에 그 처분 또는 재결을 하여야 한다는 취지를 명하는 행위(이하 '가이행'이라고 한다)를 할 수 있다.
② 금지의 소가 제기된 경우에, 그 금지의 소에 관한 처분 또는 재결이 행해지지 않아 발생하는 회복할 수 없는 손해를 피하기 위한 긴급한 필요가 있고, 또한 본안에 대해 이유가 있다고 보이는 경우에는, 재판소는, 결정에 의해, 잠정적으로 행정청이 그 처분 또는 재결을 해서는 안된다는 취지를 명하는 행위(이하 '가금지'라고 한다)를 할 수 있다.

23) 독일에서의 예: 습득물의 경매금지, 경쟁자의 임용이나 보조금지급에 대한 잠정적 금지, 학군재편성에 대한 학부모의 소송에 대한 판결이 내리기 전까지 학교폐쇄의 금지(Hufen, Verwaltungsprozessrecht, 8.Aufl., 2011, §33 Rn.14).

다른 국가보다 월등 행정소송이 활발한 우리로서는 권익구제의 확대와 실효성이란 가처분제도의 도입필요성만큼이나 고려해야 할 것이 가처분제도의 남용 및 그에 따른 법집행의 곤란함이다. 이런 우려를 불식하기 위해, 종전의 개정작업상의 요건 '위법하다는 상당한 의심이 있는 경우'를 '위법하다는 현저한 의심이 있는 경우'로 바꾸었다. 이는 처분등과 부작위의 위법성에 대해 거의 개연성에 근사할 정도를 요구한다. 그리고 긴급한 필요성을 추가하였다. 그리고 독일과는 달리 처분등에 대한 본안소송의 계속을 전제로 하며, 집행정지에 대해 보충적으로 기능한다(시안 제26조 제3항). 만약 집행정지로 가처분을 강구한 목적이 달성될 수 있는 경우에는 법원은 직권으로 집행정지결정을 내려야 한다.[24] 한편 우리의 경우 일본과는 다르게 가처분결정의 제3자효를 갖는다. 이는 일본과는 달리 우리의 경우 의무이행판결과 금지판결에 대해서도 제3자효를 인정하기에 당연한 귀결이다. 여기서 가처분결정으로 직접적인 영향을 받는 제3자를 보호하기 위한 제도적 방책이 필요한데, 집행정지에서의 담보제공 규정(시안 제24조 제4항)이 그런 기능을 발휘한다.

(3) 가처분규정의 준용과 당사자소송

취소소송에서의 가처분규정은 처분에 관한 다른 항고소송(무효등확인소송, 의무이행소송, 예방적 금지소송)에 대해서는 준용되고 있다. 반면 당사자소송의 경우에는 명시적 준용규정이 없다. 공법소송으로서 당사자소송의 활성화와 무관하게 당사자소송의 경우 개정시안 제7조 제2항에 의해 민사소송법 등이 준용되기에 민사소송에서의 가처분이 그대로 통용될 수 있다.

Ⅴ. 대상을 확정함으로써 당사자소송의 활성화

1. 기존 개정안의 주요 내용

* 대법원안

제3조 (행정소송의 종류) 행정소송의 종류는 다음과 같다.

2. 당사자소송 : 행정상 손실보상, 처분 등의 위법으로 인한 손해배상·부당이득반환, 그 밖의 공법상 법률관계에 관한 소송으로서 그 법률관계의 한쪽 당사자를 피고로 하는 소송

24) 이 점에서 가처분의 요건에서 긴급한 필요를 요구한 것은 체계적이라 할 수 있다.

* 법무부안

제3조(행정소송의 종류) 행정소송은 다음의 네 가지로 구분한다.

2. 당사자소송: 행정상 손실보상, 처분등의 위법으로 인한 손해배상·부당이득반환이나 그 밖의 공법상 원인에 의하여 발생하는 법률관계에 관한 소송으로서 그 법률관계의 한쪽 당사자를 피고로 하는 소송

* 자유선진당안

제3조(행정소송의 종류) 행정소송은 다음의 네 가지로 구분한다.

2. 당사자소송: 당사자간의 법률관계를 확인하거나 형성하는 처분 또는 재결에 관한 소송으로서 법령의 규정에 의하여 그 법률관계의 당사자 일방을 피고로 하는 소송 및 공법상의 법률관계에 관한 확인소송 그 밖에 공법상의 법률관계에 관한 소송

2. 개정시안

제3조 2. 당사자소송: 행정청의 처분등을 원인으로 하는 법률관계에 관한 소송 그 밖에 공법상의 법률관계에 관한 소송으로서 그 법률관계의 한쪽 당사자를 피고로 하는 소송으로 다음 각목에 규정된 것을 포함한다.

가. 공법상 신분·지위 등 그 법률관계의 존부에 관한 확인소송

나. 행정상 손해배상청구소송(단, 자동차손해배상보장법의 적용을 받는 것은 제외한다)

다. 행정상 손실보상·부당이득반환·원상회복등청구소송

라. 기타 행정상 급부이행청구소송

3. 개정시안의 검토

(1) 행정소송이되 행정소송이지 않은 당사자소송의 바른 자리매김

종래 행정법문헌에서 당사자소송의 활성화론이 주창되었지만,[25) 26)] 판례는 시종 그것을 민사사건으로 다루어 왔다. 판례의 이런 태도는 소송물(청구권의 근거조항)을 중심으로 민사소송과 당사자소송의 경계를 정하려 한 데서 비롯된다. 이런 접근은 자연 청구권의 근거가 되는 법조문을 통상 민사법으로 취급하게 하는데, 국가배상법의 성질에 관한 논의가 보여주듯이 이는 법체계와 전혀 맞지 않는 결과를 빚고 있다. 최근 판례는 당사자소송에 대한 소극적 인식을 탈피하고 사안을 공법적 차원에

25) 이에 관한 대표적으로 문헌으로 김남진, 처분성확대론과 당사자소송활용론, 고시연구 2005.3. 15면 이하.

26) 공법상 당사자소송에 관한 대표적 문헌으로 안철상, 공법상 당사자소송에 관한 연구, 2004.

서 접근하려는 태도를 보이지만,[27] 그런 변화가 전면적으로 강구되고 있지 않는다. 기왕에 해온 틀에서 접근한 판례의 이런 태도는 이론적으로 맞지 않거니와 공법적 접근이 강조되는 지금의 상황에도 부합하지 않는다. 공법사건과 민사사건의 구분에서 그 논의가 이론과 행정실무에 바탕을 두고서 전개되지 못하고, 기왕의 판례의 입장을 출발점으로 하여 역으로 정리하는 식으로 전개되는 결과, 구분을 위한 가늠기준이 제시되지 않은 채 현상을 고착시키기도 한다. 공법과 사법의 구분과 경계마저 무색하게 하여 공법의 근거점 자체가 의문스럽게 된다. 나아가 법학교육에서 으뜸으로 강조되어야 할 정형적인 기준설정 자체가 불가능하여 행정법의 학문성에 대해 의문을 갖게 하며, 학설의 불필요한 다툼이 벌어진다.

금번 개정에서는 종전의 개정작업에서와 마찬가지로 공법상 법률관계(또는 공법상 원인)라는 독자적인 개념에 의해 당사자소송의 범위를 확정하고자 하였다. 판단대상 활동이, 공법법규에 분명히 귀속될 수 있는 활동과 분리할 수 없는 실체적 상관관계에 있을 때는, 그것은 공법에로 귀속되어야 한다는 것이 소위 실체적 상관관계이론(Sachzusammenhangstheorie)이다.[28] 이런 맥락에서 공법사건이 되어야 하는 일체의 사안이 당사자소송의 대상이 되었으며, 그 대상이 과거보다 구체화되고, 확대되었다. 지금까지 당사자소송은 마치 행정소송의 의붓자식마냥 행정소송이되 행정소송이지 않은 취급을 받아왔다. 금번 개정을 통해 당사자소송은 당당히 행정소송의 일원으로 자리매김하게 된다.

(2) 당사자소송의 활성화의 공법학적 차원의 의의

1) 행정법관계를, 권력관계가 아닌 법관계(법률관계)로 바꿀 단초

국가가 자신의 임무를 수행하면, 자연적으로 시민을 상대로 사회적 관계가 성립한다. 이런 사회적 관계가 법적 규율로부터 비롯된 -적어도 두 권리주체간의- 법적 관계의 특징을 지니게 되면 그것은 법관계라 할 수 있다.[29] 적어도 참여주체의 한 쪽이 행정단위일 때 행정법관계가 존재한다. 사실적 관계나 사회적 접촉과는 대조적으로 법관계의 대상은 법적 관계이다. 이것은 적어도 두 권리주체간에 구체적으로 성립하는, 권리(권리부여)와 의무(의무부여)이다. 다만 여기서 유의할 점은 민사관계와는 달리 공법관계에서는 원칙적으로 권리와 의무가 대응하지 않는다. 즉, 행정이 일반적인 법집행의무를 부담한다고 하여 그것을 기화로 곧바로 시민의 그에 대한 권

27) 대법원 2006.5.18. 선고 2004다6207전원합의체판결.

28) Burgi, Öffentliches Recht und Privatrecht, in: Hoffmann-Riem/Schmidt-Aßmann/ Voßkuhle (Hrsg.), Grundlagen des Verwaltungsrechts, Bd. I, 2.Aufl., 2012, §18 Rn.26.

29) Remmert, in: Erichsen/Ehlers, Allg. VerwR, 14.Aufl., 2010, §18 Rn.1.

리가 인정되지는 않는다.

독일 및 독일영향의 행정법과 그 도그마틱의 핵심은 행정작용형식이다. 일종의 스냅촬영인 셈인 행정행위가 절대적으로 지배하는 행정법상황을 타개하여 행정법시스템의 기초로 삼기 위해 고안한 것이 행정법관계론이다. 일부에서는 그것을 국가중심적인 관헌국가의 출발점을 벗어날 행정법의 새로운 모멘텀으로 내세우지만, 법관계가 권리와 의무를 위한 직접적인 성립근거가 되지 않는 등 아직은 그것이 행정법시스템을 선도할 행정법도그마틱의 제도가 되진 않았다. 따라서 행정법은 앞으로도 여전히 행정작용형식을 지향할 수밖에 없다. 하지만 행정법관계론을 다루는 것이 무가치한 것은 아니다. 관헌국가가 행정법의 기원이어서 그 관헌국가적 잔흔이 여전히 통용되거니와 경우에 따라서는 행정법의 현대화를 위한 향상된 인식을 방해한다. 행정작용관계를 -관헌국가적 잔흔에 해당하는- 기본적으로 권력관계로 설정하는 것이 대표적인 예이다.[30] 공권력이나 권력관계는 오늘날의 행정법적 이해와는 어울리지 않는다. 행정법의 발전과 전개는 다름 아닌 비법(非法)의 세계인 권력관계를 법이 통용되는 법관계로 변환(變換)시킨 것이다. 이에 행정법관계론을 통해 행정과 시민간의 법관계를 민주적 법치국가에 맞춰 더욱 체계적으로 조망하고 접근할 수 있다. 요컨대 양자는 지향점의 다툼이 아니라 보완관계에 있다.[31]

요컨대 당사자소송의 바른 자리매김은 공법학 특히 행정법학으로서는 자신의 존재 및 그 바탕을 새롭게 인식하게 할 것이다.[32] 개정시안의 제1조 입법목적에서 현행 '공법상의 권리관계'를 '공법상의 법률관계'로 바꾼 것이 이 점을 바로 시사하고 있다.

2) 종래 민사법적 논리로부터 벗어날 계기

금번 개정을 통해 당사자소송의 대상이 될 사안은 이제까지 시종 민사적 접근만이 강구된 나머지 민사법적 틀을 벗어날 수 없었다. 그런데 한 당사자가 국가여서 현실적으로 결코 대등할 수 없음에도 불구하고 대등한 당사자의 법관계를 바탕으로 한 민사법적 논리가 통용됨으로써, 국가의 우월적 지위가 우회적으로 더욱 강하게

---

30) 여기서 조세법관계에서 과거의 권력관계적 접근에서 벗어나는 단초가 그 관계를 조세채무관계로 바라보는 데서 비롯되었다는 점을 유념하여야 한다.

31) Schmidt-Aßmann, Das allgemeine Verwaltungsrecht als Ordnungsidee, 2.Aufl., 2004, S.302.

32) 그것은 바로 기왕의 권력관계, 특별권력관계에 관한 전면적 수정을 가져다준다. 행정법관계론마냥 '법'관계적 인식에 바탕을 두면, 일반적이든 특별적이든 권력관계나 다른 '비법관계'를 곧바로 부인할 수 있다. 즉, 시민의 법이전(法以前)의 복종이란 의미에서의 일반적인 권력관계란 민주적 법치국가의 헌법하에서는 인정될 수 없다(Hesse, Grundzüge des Verfassungsrechts der Bundesrepublik Deutschland, 20. Aufl., 1995, Rn.280ff.). 나아가 권력관계에 대비시켜 설정한 이른바 관리관계 역시 그 정체성이 규명되어야 한다. 관리관계 개념을 급부행정영역에서의 행정작용상의 특징(비권력성, 비일방성, 공법계약적 관계설정의 가능성, 사법관계의 형성가능성 등)을 강조하는 차원에서 사용하면 모르겠지만, 그것을 공법관계로서 범주적으로 설정하는 것은 곤란하다. 행정의 사법적 활동에 관한 바른 이해를 갖고 보면 관리관계를 별도로 설정할 필요성는 그다지 크지 않다.

되어버렸다. 대표적인 분야가 국가배상법분야이다. 여기서는 민사불법행위적 논증이 강하게 지배하여 공법적 문제제기가 전혀 어필하지 못하였다. 이제 국가배상관계를 공법관계로 보는 이상 국가책임을 바르게 고양시킬 단초가 마련되었다고 하겠다. 이를 통해 행정재판이 국민에 더욱 다가서거니와, 행정 역시 자신의 활동에 대해 전폭적인 책임을 질 수밖에 없을 것이라 희망을 갖는다.

그리고 당연무효인 조세부과에 의해 기 납부세금에 관한 (부당이득)반환청구사건과[33] 개발부담금부과처분의 직권취소를 이유로 한 부당이득반환청구사건에서[34] 법원은 시종 민사상의 부당이득반환사건으로 접근한다. 이런 입장은 일찍이 독립된 의의를 갖는 공법적 부당이득반환청구제도를 상정하지 않은 대법원 1969.12.9. 선고 69다1700 제1부 판결에서 연유한다. 같은 맥락에서 대법원은 국세기본법 제51조 및 제52조의 국세환급금 및 국세가산금결정이나 환급거부결정에 대해서 행정처분성을 부인하고, 민사소송인 부당이득반환청구의 소에 의하여야 한다고 판시하였다.[35] 아울러 국세환급금의 충당에 대해서도 동일하게 판시하였다.[36] 외부법인 당해 규정을 내부적 사무처리절차규정에 불과하다고 판시한 것이 보여주듯이, 목전의 결과에 너무 몰입한 나머지 전체 법률관계의 이해가 왜곡될 수 있음을 증명하는 대표적인 사례이다. 그리고 '공익사업을 위한 토지 등의 취득 및 보상에 관한 법률' 등의 환매권에 대해서 판례가 행정법문헌의 입장과는 달리 사권으로 접근하는 것[37] 역시 공법적 관점을 압도하는 사법적 접근의 한 예이다.

요컨대 행정법학으로선 당사자소송의 활성화는 기왕의 민사관계적 접근으로 인해 빚어진 공법에서의 왜곡상황을 교정하는 계기이자 공법적 관점을 법학 일반에 반영시킬 수 있는 계기이기도 하다

(3) 당사자소송의 활성화의 행정소송법적 차원의 의의

1) 권리구제의 사각지대 특히 사실행위에 대한 효과적인 권리구제수단의 마련

당사자소송의 대상을 구체화하여 그것의 활성화를 도모함으로써 그것을 포괄적인 권리구제수단이 되게 한다.[38] 특히 종래 행정소송에서 사실행위는 권리구제의 사각

33) 대법원 1995.4.28. 선고 94다55019판결; 1991.2.6. 선고 90프2판결.

34) 대법원 1995.12.22. 선고 94다51253판결; 개발부담금 부과처분이 취소된 이상, 그 후의 부당이득으로서의 과오납금 반환에 관한 법률관계는 단순한 민사관계에 불과한 것이고, 행정소송 절차에 따라야 하는 관계로 볼 수 없다.

35) 대법원 1989.6.15. 선고 88누6436전원합의체판결. 동지판례: 대법원 1990.4.27. 선고 89누2912판결; 1990.2.13. 선고 88누6610판결.

36) 대법원 1994.12.2. 선고 92누14250판결. 동지판례: 대법원 2005.6.10. 선고 2005다15482판결; 2004.3.25. 선고 2003다6443판결.

37) 대법원 1992.4.24. 선고 92다4673판결; 헌재 2006.11.30. 2005헌가20전원재판부: 환매권은 개별법규가 인정한 민사법상의 권리이다(대법원 1992.4.24. 선고 92다4673판결; 헌재 1994.2.24. 92헌마283).

지대에 속하였다. 행정사실행위 가운데 이른 권력적 사실행위에 대해서는 일치되게 처분성을 인정하며,[39] 최근 특히 정보제공작용(경고, 추천, 교시 등)이 부각되면서 그것들까지도 행정처분으로 보고자 하는 움직임도 있다.[40] 하지만 이런 시도가 소송에서 일관되게 주효하지 않는다.[41] 과거 行政行爲從屬的 權利救濟觀에 의거하여 권리구제를 내세워 무리하게 처분성을 논증한 태도의 문제점은 명백히 사실행위임에도 불구하고 처분성을 인정한 교도소장의 수형자서신검열행위 건(헌재 1998.8.27. 96헌마398)이 잘 보여준다. 사실 권력적 사실행위를 처분으로 본다 하더라도 궁극적인 권리구제는 이행소송의 형태를 취하여야 하는데, 금번 개정작업에서는 당사자소송의 일환으로 행정상 급부이행소송을 규정하고 있기에 이젠 권력적 사실행위를 전제로 무리하게 체계파괴적인 처분성확대를 도모할 필요가 없다.

2) 항고소송과의 교호작용

종래 행정소송에서 소외되었던 당사자소송이 제자리를 잡음에 따라 항고소송과의 동조화를 가져다 줄 것이다. 가령 항고소송에서의 직권심리 규정의 당사자소송에의 준용은 과거와는 다른 의미에서 현실화될 것으로 기대하여 본다. 그밖에도 종래 당사자소송의 대상에 해당하는 사건에서 공법적 관점이 스며들 수밖에 없을 것이다. 역으로 당사자소송의 활성화에 즈음하여 항고소송 역시 종래의 관헌국가적 잔흔을 없애고 국민이 편하게 다가서는 소송으로 바뀔 것이다. 종래 당사자소송의 대상에 해당하는 사건에서 당사자를 대등하게 보아 접근한 기조는, 행정소송 전반에서 국가의 우월적 지위를 전제로 한 접근에 대해 -공법에서의 행정의 이니셔티브를 부인하는 정도에까진 이르지 않더라도- 다소간 영향을 미칠 것이다.

종래의 관행적인 민사적 접근을 획기적으로 바꾸는 것이 당장은 불편을 끼칠 수도 있다. 가령 행정법원은 본원단위로 설치되어 있어 지원소재의 국민으로서는 일반 민사소송의 경우에는 하등 불편을 느끼지 않았는데, 행정소송으로 바뀐다면 당장은 불편을 느낄 것이다. 그러나 이런 불편은 행정법원과 행정재판부를 국민의 편리에

---

38) 김철용 선생님은 그것의 포괄소송으로서의 성질을 가지며 경우에 따라 확인소송, 이행소송 등 다양한 형태의 소송유형이 허용된다고 지적한다. 동인, 행정법, 2012, 536면.

39) 여기선 행정사실행위 전체에 처분성을 인정하는 입장, 권력적 사실행위 그 자체로 처분성을 인정하는 입장,합성처분적 논증에 의거하여 처분성을 인정하는 입장 등 각각의 입장이 매우 다양하다. 그리고 그것의 실정법적 착안점을 둘러싸고도, '행정청이 행하는 구체적 사실에 관한 법집행으로서 공권력의 행사'에서 찾는 입장과 '그 밖에 이에 준하는 행정작용'에서 찾는 입장으로 나뉜다.

40) 여기에는 과연 처분성이 인정된 것이 진정 사실행위, 특히 권력적 사실행위에 해당하는지 사안의 내용에 의거하여 세심히 살펴보아야지 그 표제(가령 말소, 단수 등)에 사로잡혀서는 곤란하다. 가령 문헌에서 권력적 사실행위의 예로 들곤 하는 '주민등록직권말소'는 그 자체가 등록취소로서 행정행위이며, 단수처분 역시 그 자체가 공적 서비스제공의 법률관계를 소멸시키는 행정행위이며, 접골사자격증의 반납지시와 회수는 그 자체가 일종의 하명처분이다. 따라서 이들에 대해서 처분성을 인정한 판례(대법원 1994.8.26. 선고 94누3223판결 등)를 권력적 사실행위의 예로 드는 것은 타당하지 않다.

41) 헌재 2011.12.29. 2009헌마527.

맞춰 사법기관이 조정하면 될 문제이고, 크게 보아 행정재판의 활성화가 법치행정을 담보하기에 크게 문제되지 않을 것으로 조심스럽게 판단한다.

3) 행정소송 및 행정법의 미래로서의 당사자소송

금번 개정작업에서는 당사자소송의 대상이 되는 사건을 해당소송을 중심으로 설정하였다. 일본의 경우 당사자소송을 "당사자간의 법률관계를 확인하거나 형성하는 처분 또는 재결에 관한 소송으로 법령의 규정에 의해 그 법률관계 당사자의 일방을 피고로 하는 소송, 공법상의 법률관계에 관한 확인소송 그 외 공법상의 법률관계에 관한 소송"이라고 정의하고 있다(행정사건소송법 제4조). 일본과는 달리 대상을 구체적으로 정하는 데 대해서는 당사자소송의 발전가능성을 차단하였다고 볼 수도 있겠지만, 우리의 경우 당사자소송의 강력한 활성화를 직접적으로 강구하고 있다고 하겠다.

금번 개정작업은 당사자소송의 대상을 구체화하는 데 그쳤다. 따라서 그것의 소송상의 구체적 형성은 행정소송법이 그 바탕은 되지만 전적으로 법원과 판례에 맡겨져 있다. 종전에 민사사건으로 치부하여 그것의 소송상의 관할정도만 논의될 뿐 내용에 관한 심도 있는 논의를 하지 않았는데,[42] 이제 행정법학계으로서는 쉽지 않거니와 피할 수도 없는 과제를 안게 되었다. 당사자소송의 구체적 형성에 공법적 관점을 투영하여 그것을 완벽한 공법제도로 새롭게 구축하는 것이 그것이다. 종래 민사적 접근을 공법적으로 전환해야 할 판례와 실무에 대해서는 학계보다 더 막중한 임무가 주어지기에, 새로운 틀을 만드는 데 결정적인 역할이 기대된다. 무늬만 행정소송이자 당사자소송이 되어서는 곤란하다.

그런데 여기서 유의할 점이 있다. 당사자소송의 활성화를 곧바로 민사관계를 공법관계로 전면적으로 치환하는 것으로 받아들여서는 곤란하다. 가령 -제 자신 다르게 생각하지만- 많은 행정법문헌이 판례의 입장과는 달리 국가계약에 대해 공법관계로 접근할 것을 지적하는데, 그렇게 되면 강행법규인 행정법규 일반의 위반은 당연히 계약의 무효를 야기한다. 독일처럼 위법하지만 유효한 공법계약의 범주가 마련되지 않은 이상, 돌이킬 수없는 결과를 낳을 수도 있다. 일체의 법관계를 공법관계로 탈바꿈할 수도 없거니와 그에 따른 후속파장 역시 대처하기가 쉽지 않다. 또한 국가의 이니셔티브를 전제로 한다는 점에서 공법관계로의 전환이 항상 국민에게 유리한 것도 아니다. 이 점에서 당사자소송의 활성화를 사법에 대한 공법의 승리행진의 시작으로 삼아서는 곤란하다. 도리어 종래 사적자치를 내세워 공법적 관점을 배제하여 온 사법에 대해 공법적 마인드를 갖게 하는 계기로 인식할 필요가 있다.[43] 이에 금

42) 구체적인 사례와 관련해선 박균성, 행정법론(상), 2012, 1053면 이하 참조.

43) 공법과 사법의 양 법체제(Rechtsregime)는 통일된 법질서의 부분영역으로서 다양한 방법으로 상호 영향을

번 개정을 통해 마련된 당사자소송의 활성화 문제에 대해서는 더 한층 학계와 실무계의 상호협력이 요구된다. 그리하여 향후에 당사자소송 일반을 관류하는 내용과 절차에 관해 의견이 모아지면, 대만처럼 민사소송법과 독립된 자족적 행정소송법이 구축될 수 있을 것이다. '남자의 미래는 여자다'란 표제를 패러디하여 표현하자면, 활성화된 당사자소송은 바로 행정소송법 및 행정법의 미래라 하겠다.[44]

Ⅵ. 맺으면서 – 개정행정소송법을 넘어 행정소송법개정의 시즌 2

행정법의 역사를 돌이켜 보며, 가령 의무이행소송의 경우 대법원의 종합법률정보 사이트에 의하면 독일에서 행정법원법이 1960년에 시행된 지 얼마 지나지 않아 1964년도에 벌써 우리에게 처음으로 소개되었다.[45] 그리고 일찍이 김도창 선생님 역시 당시의 법률하에서의 가능성에 대해서는 소극적이었지만, 그것의 필요성 자체에 대해서는 공감하였으며,[46] 그 연장에서 1978년 공법학회 학술대회의 주제가 되었다.[47] 오늘의 행정소송법개정작업은 새삼 先學의 이런 문제제기에서 기인한다고 하겠다. 실로 오늘은 내일의 어제이자 어제의 내일이다.

『禮記』의 學記 편에 나오는 "學然後知不足 敎然後知困"(배운 뒤에 부족함을 알고 가르친 뒤에 곤란함을 안다)처럼 머지않아 개정행정소송법의 문제점 역시 제기되는 것은 지극히 당연하거니와 마땅히 그리 되어야 한다. 법률의 제・개정은 그것이 행해짐과 동시에 또 다른 개정을 생각하게 한다. 황혼에 날아가는 미네르바의 부엉이의 지혜는 바로 그 하루를 성찰로 보냈다는 데 있다. 넓고 깊은 성찰을 바탕으로 우리의 눈은 이제 개정행정소송법을 넘어 바라보아야 한다. 즉, 행정소송법개정의 시즌 2를 준비해야 한다.

* 공법학연구 제14권 제1호, 2013.2.28., 379면 이하 소수.

미친다. 따라서 양자의 대립성을 과장해서 표현하는 것은 피해야 한다: "사법과 공법은 한 어머니의 동일한 자식이다"(Otto v. Gierke). Die soziale Aufgabe des Privatrechts, 1889, Neudruck 1948, S.34(Burgi, Öffentliches Recht und Privatrecht, §18 Rn.1에서 재인용).

44) 최근의 행정소송법개정작업과 관련한 행정법의 개혁에 관해서는 졸고, 當事者訴訟의 活性化에 즈음한 行政法의 改革에 관한 小考, 헌법재판의 새로운 지평(이강국 헌법재판소장 퇴임기념논문집), 2013, 379면 이하 참조.

45) 김경재, 서독의 의무화소송제도, 법제월보 제6권 제12호(1964.12), 76면 이하.

46) 동인, 전정 일반행정법론(상), 444면. 동지: 박윤흔, 최신행정법강의(상), 개정판, 390면.

47) 이에 대해서는 김남진, 의무화소송, 공법연구 제7집(1979.6.) 29-46.

제 3 장

當事者訴訟의 活性化에 즈음한 行政法의 改革에 관한 小考

Ⅰ. 처음에 – 행정법개혁의 시발점으로서의 행정소송법개정

그동안 2004년, 2007년, 2011년 세 차례에 걸쳐 모색된 행정소송법의 개정이 성사되지 않았기에, 금번 법무부가 주관한 행정소송법개정의 경우 성숙성의 차원에서 그 어느 때보다 실현가능성이 높다고 한다. 행정소송법은 법치국가원리를 구현하는 데 있어서 화룡점정(畵龍點睛)의 의미를 갖는다. 새로운 행정소송법의 마련은 행정법학은 물론 전체 공법학, 나아가 공법제도 전반에 결정적인 영향을 미친다(일종의 나비효과). 특히 금번 개정작업에서 그동안 학계에서 강하게 주창하여 온, 당사자소송의 활성화가 강구되었다. 해당하는 사안을 판례가 시종 민사사건으로 다루어 왔다는 점에서, 이런 코페르니쿠스적 전환국면을 어떻게 체계적으로 정립할 것인지는 학계와 실무로서는 쉽지 않은 숙제이다.

다른 한편 갈수록 복잡해지는 행정현상에 대해 우리 행정법과 행정법제는 효과적으로 대응하지 못하여 기능부전을 드러내고 있다. 행정법제의 난맥상은 FTA라는 내외국법의 경계가 허물어지는 새로운 국면전개를 맞이하여 여실히 드러난다. 과거

제3공화국 때 만들어진 기본틀에서 근본적인 변화 없이 유지되어 온 지금의 행정법과 행정법제를 21세기 국가모델에 부합하도록 개혁할 때이다. 이런 변화에 즈음하여, 행정소송법개정을 시발로 삼아 더 이상 미루기 힘든 행정법의 개혁에 관해 공론화를 도모하고자 한다.[1)]

Ⅱ. 당사자소송에 관한 개정시안의 내용

1. 기존 개정안의 주요 내용

* 대법원안

제3조 (행정소송의 종류) 행정소송의 종류는 다음과 같다.

2. 당사자소송: 행정상 손실보상, 처분 등의 위법으로 인한 손해배상·부당이득반환, 그 밖의 공법상 법률관계에 관한 소송으로서 그 법률관계의 한쪽 당사자를 피고로 하는 소송

* 법무부안

제3조(행정소송의 종류) 행정소송은 다음의 네 가지로 구분한다.

2. 당사자소송: 행정상 손실보상, 처분등의 위법으로 인한 손해배상·부당이득반환이나 그 밖의 공법상 원인에 의하여 발생하는 법률관계에 관한 소송으로서 그 법률관계의 한쪽 당사자를 피고로 하는 소송

* 자유선진당안

제3조(행정소송의 종류) 행정소송은 다음의 네 가지로 구분한다.

2. 당사자소송: 당사자간의 법률관계를 확인하거나 형성하는 처분 또는 재결에 관한 소송으로서 법령의 규정에 의하여 그 법률관계의 당사자 일방을 피고로 하는 소송 및 공법상의 법률관계에 관한 확인소송 그 밖에 공법상의 법률관계에 관한 소송

1) 이 글은 동아대학교 법학연구소가 주최한 2012년 동계학술대회(2012.12.14.)에 발표한 것을 수정한 것이다. 필자는 국가배상법의 개혁(國家賠償法改革을 통한 法治國家原理의 具體化, 행정법학 제2호(2012.3.31.), 69면 이하)과 행정기본법제정의 필요성(21세기 국가모델을 위한 행정기본법의 제정에 관한 소고, 법률신문 제4078호(2012.11.8.))을 강하게 역설하였는데, 이 글은 그 연장이다.

2. 개정시안의 내용

제3조

2. 당사자소송: 행정청의 처분등을 원인으로 하는 법률관계에 관한 소송 그 밖에 공법상의 법률관계에 관한 소송으로서 그 법률관계의 한쪽 당사자를 피고로 하는 소송으로 다음 각목에 규정된 것을 포함한다.

가. 공법상 신분・지위 등 그 법률관계의 존부에 관한 확인소송

나. 행정상 손해배상청구소송(단, 자동차손해배상보장법의 적용을 받는 것은 제외한다)

다. 행정상 손실보상・부당이득반환・원상회복등청구소송

라. 기타 행정상 급부이행청구소송

Ⅲ. 개정시안의 含意: 행정소송이되 행정소송이지 않은 당사자소송의 바른 자리매김[2)]

종래 행정법문헌에서 당사자소송의 활성화론이 주창되었지만,[3)] 판례는 시종 대상사건들을 민사사건으로 다루어 왔다. 판례의 이런 태도는 소송물(청구권의 근거조항)을 중심으로 민사소송과 당사자소송의 경계를 정하려 한 데서 비롯된다. 이런 접근은 자연 청구권의 근거가 되는 법조문을 통상 민사법으로 취급하게 하는데, 국가배상법의 성질에 관한 논의가 보여주듯이 이는 법체계와 전혀 맞지 않는 결과를 빚고 있다. 기왕에 해온 틀에서 접근한 판례의 이런 태도는 이론적으로 맞지 않거니와 공법적 접근이 강조되는 지금의 상황에도 부합하지 않는다. 비록 최근 판례는 당사자소송에 대한 소극적 인식을 탈피하고 사안을 공법적 차원에서 접근하려는 태도를 보이지만,[4)] 그런 변화가 전면적으로 강구되고 있지 않는다.

금번 행정소송법개정작업에서는 종전과 마찬가지로 공법상 법률관계(또는 공법상 원인)라는 독자적인 개념에 의해 당사자소송의 범위를 확정하고자 하였다. 판단대상 활동이, 공법법규에 분명히 귀속될 수 있는 활동과 분리할 수 없는 실체적 상관관계

---

2) 졸고, 행정소송법개정공청회 발표문(2012.5.24.), 59면 이하(본서 222면 이하) 참조.

3) 이에 관한 대표적으로 문헌으로 김남진, 처분성확대론과 당사자소송활용론, 고시연구 2005.3. 15면 이하; 안철상, 공법상 당사자소송에 관한 연구, 2004.

4) 대법원 2006.5.18. 선고 2004다6207전원합의체판결: 하천법 부칙(1984.12.31.) 제2조와 '법률 제3782호 하천법 중 개정법률 부칙 제2조의 규정에 의한 보상청구권의 소멸시효가 만료된 하천구역 편입토지 보상에 관한 특별조치법' 제2조, 제6조의 각 규정들을 종합하면, 위 규정들에 의한 손실보상청구권은 1984.12.31. 전에 토지가 하천구역으로 된 경우에는 당연히 발생되는 것이지, 관리청의 보상금지급결정에 의하여 비로소 발생하는 것은 아니므로, 위 규정들에 의한 손실보상금의 지급을 구하거나 손실보상청구권의 확인을 구하는 소송은 행정소송법 제3조 제2호 소정의 당사자소송에 의하여야 한다.

에 있을 때는, 그것은 공법에로 귀속되어야 한다는 것이 소위 실체적 상관관계이론(Sachzusammenhangstheori)이다.[5] 이런 맥락에서 공법사건이 되어야 하는 일체의 사안이 당사자소송의 대상이 되었으며, 그 대상이 과거보다 구체화되고, 확대되었다. 지금까지 당사자소송은 마치 행정소송의 의붓자식마냥 행정소송이되 행정소송이지 않은 취급을 받아왔다. 금번 개정작업을 통해 당사자소송은 당당히 행정소송의 일원으로 자리매김하게 된 것이다.

Ⅳ. 당사자소송의 활성화에 따른 행정법의 개혁

1. 행정법관계를 권력관계가 아닌 법관계(법률관계)로 바꿀 단초

대부분의 행정법문헌은 행정작용법관계란 행정주체와 그 상대방인 국민 사이의 법률관계로 설정한 다음, 이를 다시 권력관계, 관리관계 그리고 행정상의 사법관계로 나눈다. 그리고 권력관계를 '국가 등 행정주체가 개인에 대해 일방적으로 명령 · 강제하며, 혹은 일방적으로 법률관계를 형성 · 변경 · 소멸시키는 등 행정주체에게 개인에게는 인정되지 않는 우월적 지위가 인정되는 법률관계'로 설명하며, 아울러 그 관계의 본질은 대등하지 않은 데 있기에, 행정주체의 대표적 법적 행위에는 -법률에 의해서긴 해도- 공정력 · 집행력 · 불가쟁력 등 특별한 효력(구속력)이 인정된다고 본다. 이런 바탕에서 전통적인 행정법이론은 행정주체와 일반국민간의 관계는 일반권력관계(allgemeines Gewaltverhältnis)로, 공무원이나 수형자나 대학생 등과 같이 공권력주체와 특별한 관계에 있는 자와 행정주체와의 관계는 특별권력관계(besonderesGewaltverhältnis)로 설정하였다.

독일 및 독일영향을 받은 행정법과 그 도그마틱의 핵심은 행정작용형식이다. 일종의 스냅촬영인 셈인 행정행위가 절대적으로 지배하는 행정법상황을 타개하여 행정법시스템의 기초로 삼기 위해 고안한 것이 행정법관계론이다. 적어도 참여주체의 한쪽이 행정단위일 때 행정법관계가 존재한다. 사회적 관계가 법적 규율로부터 비롯된 -적어도 두 권리주체간의- 법적 관계의 특징을 지니게 되면 그것은 법관계라 할 수 있다.[6] 다만 여기서 유의할 점은 민사관계와는 달리 공법관계에서는 원칙적으로 권리와 의무가 대응하지 않는다. 즉, 행정이 일반적인 법집행의무를 부담한다고 하여 그것을 기화로 곧바로 시민의 그에 대한 권리가 인정되지는 않는다.

5) Burgi, Öffentliches Recht und Privatrecht, in: Hoffmann-Riem/Schmidt-Aßmann/Voßkuhle(Hrsg.), Grundlagen des Verwaltungsrechts, Bd. I, 2.Aufl., 2012, §18 Rn.26.

6) Remmert, in: Erichsen/Ehlers, Allg. VerwR, 14.Aufl., 2010, §18 Rn.1.

공권력이나 권력관계는 오늘날의 행정법적 이해와는 어울리지 않는 관헌국가적 잔흔이다. 행정법의 발전과 전개는 다름 아닌 非法의 세계인 권력관계를 법이 통용되는 법관계로 變換시킨 것이다. 행정법관계론마냥 '법'관계적 인식에 바탕을 두면, 일반적이든 특별적이든 권력관계나 다른 '비법관계'를 곧바로 부인할 수 있다. 즉, 시민의 *法以前*의 복종이란 의미에서의 일반적인 권력관계란 민주적 법치국가의 헌법하에서는 인정될 수 없다.[7)]

한편 일부에서는 행정법관계론을 국가중심적인 관헌국가의 출발점을 벗어날 행정법의 새로운 모멘텀으로 내세우지만, 법관계가 권리와 의무를 위한 직접적인 성립근거가 되지 않는 등 아직은 그것이 행정법시스템을 선도할 행정법제도가 되진 않았다. 행정법으로서는 앞으로도 여전히 행정작용형식을 지향할 수밖에 없지만, 행정법관계론을 다루는 것이 무가치하진 않다. 양자는 지향점에서 상호 보완관계에 있다.[8)] 따라서 행정법관계론을 통해 행정과 시민간의 법관계를 민주적 법치국가에 맞춰 더욱 체계적으로 조망하고 접근할 수 있다.[9)]

대부분의 문헌에서 과거와는 다르지만 전혀 존재하지도 않는 것까지 소개되는 등 특별권력관계는 여전히 비중이 있게 다루어지고 있으며, 판례 역시 그 존재를 인정한다.[10)] 하지만 행정법관계론에서는 특별권력관계는 그 자체로 설자리가 없다. 굳이 그것을 내세우지 않더라도 관련한 다툼을 행정사건으로 포착할 수 있다.[11)]

맹목적일 수 있는 행정주체의 우월적 지위를 새롭게 설정할 수 있도록, 앞에서의 행정법관계가 민주적 법치국가적 헌법에 의해 특징지워진 행정법의 중심개념이 되어야 한다. 결국 당사자소송의 바른 자리매김은 공법학 특히 행정법학으로서는 자신의 존재 및 그 바탕을 새롭게 인식하게 만든다. 개정시안의 제1조 입법목적에서 현행 '공법상의 권리관계'를 '공법상의 법률관계'로 바꾼 것이 이 점을 바로 시사하고 있다.

2. 종래 민사법적 논리로부터 벗어날 계기

금번 개정을 통해 당사자소송의 대상이 될 사안의 경우 이제까지 시종 민사적 접

7) Hesse, Grundzüge des Verfassungsrechts der Bundesrepublik Deutschland, 20.Aufl., 1995, Rn.280ff.

8) Schmidt-Aßmann, Das allgemeine Verwaltungsrecht als Ordnungsidee, 2.Aufl., 2004, S.302.

9) 우리의 경우 행정법관계론에 대해 관심이 덜하고, 단지 일부 문헌에서만 소개되고 있다: 문상덕, 현대의 행정변화와 행정법학 방법론 연구, 행정법연구 제14호(2005.10.),, 130면 이하; 이세정, 법관계론의 기초(역), 공법논총 제1호(2005.6.), 281면 이하.

10) 대법원 1995.6.9. 선고 94누10870판결(농지개량조합과 그 직원과의 관계는 사법상의 근로계약관계가 아닌 공법상의 특별권력관계이다); 대법원 1989.9.12. 선고 89누2103판결(서울특별시지하철공사의 임원과 직원의 근무관계의 성질은 … 공법상의 특별권력관계라고는 볼 수 없다).

11) 가령 대법원 2010.11.25. 선고 2010도10202판결이 형법 제156조상의 '징계처분'이란 공법상의 특별권력관계에 기인하여 질서유지를 위하여 과하여지는 제재를 의미한다고 판시하였는데, '공법상의 특별권력관계'를 '공법상의 근무관계'로 바꾸면 된다.

근만이 강구된 나머지 민사법적 틀을 벗어날 수 없었다. 그런데 한 당사자가 국가여서 현실적으로 결코 대등할 수 없음에도 불구하고 대등한 당사자의 법관계를 바탕으로 한 민사법적 논리가 통용됨으로써, 국가의 우월적 지위가 우회적으로 더욱 강하게 되어버렸다. 대표적인 분야가 국가배상법분야이다(후술). 그리고 당연무효인 조세부과에 의해 기 납부세금에 관한 (부당이득)반환청구사건과[12] 개발부담금부과처분의 직권취소를 이유로 한 부당이득반환청구사건에서[13] 법원은 시종 민사상의 부당이득반환사건으로 접근한다. 이런 입장은 일찍이 독립된 의의를 갖는 공법적 부당이득반환청구제도를 상정하지 않은 대법원 1969.12.9. 선고 69다1700 제1부 판결에서 연유한다. 같은 맥락에서 대법원은 국세기본법 제51조 및 제52조의 국세환급금 및 국세가산금 결정이나 환급 거부 결정에 대해서 행정처분성을 부인하고, 민사소송인 부당이득반환청구의 소에 의하여야 한다고 판시하였다.[14] 아울러 국세환급금의 충당에 대해서도 동일하게 판시하였다.[15] 외부법인 당해 규정을 내부적 사무처리절차규정에 불과하다고 판시한 것이 보여주듯이, 목전의 결과에 너무 몰입한 나머지 전체 법률관계의 이해가 왜곡될 수 있음을 증명하는 대표적인 사례이다. 그리고 '공익사업을 위한 토지 등의 취득 및 보상에 관한 법률' 등의 환매권에 대해서 판례가 행정법문헌의 입장과는 달리 사권으로 접근하는 것[16] 역시 공법적 관점을 압도하는 사법적 접근의 한 예이다. 사실 실체적 상관관계이론에 의하면 별 어려움 없이 공권에

12) 대법원 1995.4.28. 선고 94다55019판결; 1991.2.6. 선고 90프2판결.

13) 대법원 1995.12.22. 선고 94다51253판결; 개발부담금 부과처분이 취소된 이상, 그 후의 부당이득으로서의 과오납금 반환에 관한 법률관계는 단순한 민사관계에 불과한 것이고, 행정소송 절차에 따라야 하는 관계로 볼 수 없다.

14) 대법원 1989.6.15. 선고 88누6436전원합의체판결: (다수의견) 국세기본법 제51조 및 제52조 국세환급금 및 국세가산금결정에 관한 규정은 이미 납세의무자의 환급청구권이 확정된 국세환급금 및 가산금에 대하여 내부적 사무처리절차로서 과세관청의 환급절차를 규정한 것에 지나지 않고 그 규정에 의한 국세환급금(가산금 포함) 결정에 의하여 비로소 환급청구권이 확정되는 것은 아니므로, 국세환급금결정이나 이 결정을 구하는 신청에 대한 환급거부결정 등은 납세의무자가 갖는 환급청구권의 존부나 범위에 구체적이고 직접적인 영향을 미치는 처분이 아니어서 항고소송의 대상이 되는 처분이라고 볼 수 없다. 동지판례: 대법원 1990.4.27. 선고 89누2912판결; 1990.2.13. 선고 88누6610판결.

15) 대법원 1994.12.2. 선고 92누14250판결: 국세환급금의 충당은 국세기본법 제51조 제2항, 같은법시행령 제31조 등에 그 요건이나 절차, 방법이 따로 정하여져 있고 그 효과로 같은 법 제26조 제1호가 납세의무의 소멸을 규정하고 있으나, 그 충당이 납세의무자가 갖는 환급청구권의 존부나 범위 또는 소멸에 구체적이고 직접적인 영향을 미치는 처분이라기보다는 국가의 환급금 채무와 조세채권이 대등액에서 소멸되는 점에서 오히려 민법상의 상계와 비슷하고, 소멸대상인 조세채권이 존재하지 아니하거나 당연무효 또는 취소되는 경우에는 그 충당의 효력이 없는 것으로서 이러한 사유가 있는 경우에 납세의무자로서는 충당의 효력이 없음을 주장하여 언제든지 민사소송에 의하여 이미 결정된 국세환급금의 반환을 청구할 수 있다고 할 것이므로, 이는 국세환급결정이나 그 국세환급신청에 대한 거부결정과 마찬가지로 항고소송의 대상이 되는 처분이라고 할 수 없다. 동지판례: 대법원 2005.6.10. 선고 2005다15482판결; 2004.3.25. 선고 2003다6443판결.

16) 대법원 1992.4.24. 선고 92다4673판결: '징발재산정리에 관한 특별조치법' 제20조 소정의 환매권은 일종의 형성권으로서 그 존속기간은 제척기간으로 보아야 할 것이며, 위 환매권은 재판상이든 재판외이든 그 기간 내에 행사하면 이로써 매매의 효력이 생기고, 위 매매는 같은 조 제1항에 적힌 환매권자와 국가 간의 사법상의 매매라 할 것이다. 헌재 2006.11.30. 2005헌가20: 환매권은 개별법규가 인정한 민사법상의 권리이다(대법원 1992.4.24. 선고 92다4673판결; 헌재 1994.2.24. 92헌마283).

해당할 수 있다

요컨대 행정법학으로서는 당사자소송의 활성화는 기왕의 민사관계적 접근으로 인해 빚어진 공법에서의 왜곡상황을 교정하는 계기이자 공법적 관점을 법학 일반에 반영시킬 수 있는 계기이기도 하다.[17]

3. 공법영역의 고유성이 확보될 계기

공법규정으로서의 성질결정의 물음과 공법에로의 귀속의 물음은 엄연히 구분되어야 한다. 전자가 구별기준의 차원이라면, 후자는 공법규정 적용영역의 차원이다. 공법과 사법의 구별은 실무상으로는 성질의 문제가 아니라, 귀속의 문제인 셈이다.[18] 그런데 종래 공법사건과 민사사건의 구분에서 그 논의가 이론과 행정실무에 바탕을 두고서 전개되지 못하고, 기왕의 판례의 입장을 출발점으로 하여 역으로 정리하는 식으로 전개되는 결과, 구분을 위한 가늠기준이 제시되지 않은 채 현상을 고착시키기도 한다. 공법과 사법의 구분과 경계마저 무색하게 하여 공법의 근거점 자체가 의문스럽게 되어버렸다. 공법과 사법의 구별에 관한 제 논의는 구체적인 구별의 기준을 제시하기보다는 양법체제의 특성을 대비시키는 데 그친 느낌이다. 나아가 법학교육에서 으뜸으로 강조되어야 할 정형적인 기준설정 자체가 불가능하여 행정법의 학문성에 대해 의문을 갖게 할 정도로 학설의 불필요한 다툼이 벌어졌다.

이제 관련 법관계를 새롭게 이론적 바탕에 의거하여 구별할 수 있는 여건이 마련될 것 같으면 자연스럽게 구체적인 귀속기준의 설정에 초점을 모을 것으로 기대된다. 이런 차원에서 논의대상이 될 수 있는 것이 바로 이른바 관리관계의 정체성이다. 본래의 사법관계가 특별규범으로서의 공법법규의 존재로 인해 공법관계가 바뀌는 데 지나지 않음에도 불구하고 통상 그것을 관리관계란 이름으로 범주적 차원에서 접근함으로써,[19] 해당 주체의 모든 법률관계가 공법관계로 여겨지는 등 심각한 오해가 유발되었다. 그 결과 행정법도그마틱상으로도 중대한 난맥이 빚어지곤 한다. 요컨대 관리관계 개념을 급부행정영역에서의 행정작용상의 특징(비권력성, 비일방성, 공법계약적 관계설정의 가능성, 사법관계의 형성가능성 등)을 강조하는 차원에서 사용하면 모르겠지만, 그것을 공법관계로서 범주적으로 설정하는 것은 곤란하다.[20] 행정의 사

17) 일본의 阿部泰隆 교수가 지적한 민사법제국주의(民事法帝國主義)마냥, 우리 로스쿨을 지배하는 과도한 민사법 위주적 추세를 교정하는 계기로도 작용할 수 있다.

18) 여기서 새롭게 등장하는 문제가 행정의 계약적 활동이다. 당사자소송의 활성화 움직임에 연계하여, 그런 활동의 공법이나 사법에로의 귀속이 행정법학의 당면과제임에도 불구하고, 그것에 관한 논의가 태부족하다. 최근의 주목할 문헌으로 김남진, 행정계약·공법상계약·행정법상계약, 고시계, 2007.7., 18면 이하; 김대인, 행정계약법의 이해, 2007.

19) 가령 대법원 1988.4.27. 선고 87누915판결.

법적 활동에 관한 바른 이해를 갖고 보면 관리관계를 별도로 설정할 필요성 역시 그다지 크지 않다.

Ⅴ. 당사자소송의 활성화에 따른 행정소송법의 개혁

1. 사실행위에 대한 효과적인 권리구제수단의 마련

당사자소송의 대상을 구체화하여 그것의 활성화를 도모함으로써 그것을 포괄적인 권리구제수단이 되게 한다.[21] 이로써 현재 행정소송에서 권리구제의 사각지대에 놓인 사실행위에 대한 효과적인 권리구제수단이 마련되게 되었다. 행정사실행위 가운데 이른바 권력적 사실행위에 대해서는 일치되게 처분성을 인정한다. 물론 인정논거는 매우 다양하다. 행정사실행위 전체에 처분성을 인정하는 입장, 권력적 사실행위 그 자체로 처분성을 인정하는 입장, 합성처분적 논증에 의거하여 처분성을 인정하는 입장 등 각각의 입장이 매우 다양하다. 그리고 그것의 실정법적 착안점을 둘러싸고도, '행정청이 행하는 구체적 사실에 관한 법집행으로서의 공권력의 행사'에서 찾는 입장과 '그 밖에 이에 준하는 행정작용'에서 찾는 입장으로 나뉜다.

문헌에서 권력적 사실행위로 처분성이 인정된 것이 진정한 사실행위, 특히 권력적 사실행위에 해당하는지 세심한 검토가 필요하다. 사안의 내용에 의거하여 판단을 내려야지 그 표제(가령 말소, 단수 등)에 사로잡혀서는 곤란하다. 가령 문헌에서 권력적 사실행위의 예로 들곤 하는 '주민등록직권말소'는 그 자체가 등록취소로서 행정행위이며, 단수처분 역시 그 자체가 공적 서비스제공의 법률관계를 소멸시키는 행정행위이며, 접골사자격증의 반납지시와 회수는 그 자체가 일종의 하명처분이다. 따라서 이들에 대해서 처분성을 인정한 판례(대법원 1994.8.26. 선고 94누3223판결 등)를 권력적 사실행위의 예로 드는 것은 타당하지 않다. 바람직스럽게도 이런 시도가 소송에서는 일관되게 주효하지 않는다.[22]

최근 특히 정보제공작용(경고, 추천, 교시 등)이 부각되면서 그것들까지도 행정처분으로 보고자 하는 움직임도 있다.[23] 그러나 판례는 알선·권유는(대법원 1967.6.27.

---

20) 여기서 권력관계에 대비시켜 관리관계를 '단순고권행정관계' 또는 '비권력적 행정법관계'로 命名하기도 하는데, 전자의 경우에는 본래 행정사실행위를 둘러싼 법률관계를 일컫는 것이어서 오해를 빚을 수 있다.

21) 김철용 선생님은 그것의 포괄소송으로서의 성질을 가지며 경우에 따라 확인소송, 이행소송 등 다양한 형태의 소송유형이 허용된다고 지적한다. 동인, 행정법, 2012, 536면.

22) 헌재 2011.12.29. 2009헌마527: 이 사건 종교행사 등 참석불허 처우는 이른바 권력적 사실행위에 해당하므로 행정소송의 대상이 된다고 단정하기 어렵고, 가사 행정소송의 대상이 된다고 하더라도 이미 종료된 행위로서 소의 이익이 부정되어 각하될 가능성이 많은바, 청구인에게 그에 의한 권리구제절차를 밟을 것을 기대하기는 곤란하므로 보충성원칙의 예외로서 헌법소원의 제기가 가능하다.

선고 67누44판결 등) 물론, 회신에 대해서(대법원 1989.1.24. 선고 88누3116판결) 정당하게 처분성을 부인한다.

과거 行政行爲從屬的 權利救濟觀에 의거하여 권리구제를 내세워 무리하게 처분성을 논증한 태도의 문제점은 명백히 사실행위임에도 불구하고 처분성을 인정한 교도소장의 수형자서신검열행위 건(헌재 1998.8.27. 96헌마398전원재판부)이 잘 보여준다. 사실 권력적 사실행위를 처분으로 본다 하더라도 궁극적인 권리구제는 이행소송의 형태를 취하여야 하는데, 금번 개정작업에서는 당사자소송의 일환으로 행정상 급부이행소송을 규정하고 있기에 이제는 권력적 사실행위를 전제로 무리하게 체계파괴적인 처분성확대를 도모할 필요가 없다. 요컨대 당사자소송의 활성화에 즈음하여 행정행위종속적 권리구제관에 사로잡혀 무리하게 처분성을 논증한 태도를 이제는 버려야 한다.[24]

2. 항고소송과의 교호작용

종래 행정소송에서 소외되었던 당사자소송이 제자리를 잡음에 따라 항고소송과의 동조화를 가져다 줄 것이다. 가령 항고소송에서의 직권심리 규정의 당사자소송에의 준용은 과거와는 다른 의미에서 현실화될 것으로 기대하여 본다. 그밖에도 종래 당사자소송의 대상에 해당하는 사건에서 공법적 관점이 스며들 수밖에 없을 것이다. 역으로 당사자소송의 활성화에 즈음하여 항고소송 역시 종래의 관헌국가적 잔흔을 없애고 국민이 편하게 다가서는 소송으로 바뀔 것이다. 종래 당사자소송의 대상에 해당하는 사건에서 당사자를 대등하게 보아 접근한 기조는, 행정소송 전반에서 국가의 우월적 지위를 전제로 한 접근에 대해 -공법에서의 행정의 이니셔티브를 부인하는 정도에까지는 이르지 않더라도- 다소간 영향을 미칠 것이다.

종래의 관행적인 민사적 접근을 획기적으로 바꾸는 것이 당장은 불편을 끼칠 수도 있다. 가령 행정법원은 본원단위로 설치되어 있어 지원소재의 국민으로서는 일반 민사소송의 경우에는 하등 불편을 느끼지 않았는데, 행정소송으로 바뀐다면 당장은 불편을 느낄 것이다. 그러나 이런 불편은 행정법원과 행정재판부를 국민의 편리에 맞춰 사법기관이 조정하면 될 문제이고, 크게 보아 행정재판의 활성화가 법치행정을 담보하기에 크게 문제되지 않을 것으로 조심스럽게 판단한다.

---

23) 박균성, 앞의 책, 438면; 박정훈, "공정거래법의 공적 집행", 제도연구(한국경제연구원), 6, 52면.

24) 독일의 경우 과거와는 달리, 다수입장과 판례는 대집행실행에 대해 사실행위로 보아 일반이행소송을 통한 권리구제를 도모하고 있다.

3. 행정소송법의 미래로서의 당사자소송

금번 개정작업에선 당사자소송의 대상이 되는 사건을 해당소송을 중심으로 설정하였다. 일본의 경우 당사자소송을 "당사자간의 법률관계를 확인하거나 형성하는 처분 또는 재결에 관한 소송으로 법령의 규정에 의해 그 법률관계의 당사자의 일방을 피고로 하는 소송, 공법상의 법률관계에 관한 확인소송 그 외 공법상의 법률관계에 관한 소송"이라고 정의하고 있다(행정사건소송법 제4조). 일본과는 달리 대상을 구체적으로 정한 것이 당사자소송의 발전가능성을 차단하였다고 볼 수도 있겠지만, 우리의 경우 당사자소송의 강력한 활성화를 직접적으로 강구하고 있다고 하겠다.

금번 개정작업은 당사자소송의 대상을 구체화하는 데 그쳤다. 따라서 그것의 소송상의 구체적 형성은 행정소송법이 그 바탕은 되지만 전적으로 법원과 판례에 맡겨져 있다. 종전에 민사사건으로 치부하여 그것의 소송상의 관할정도만 논의될 뿐 내용에 관한 심도 있는 논의를 하지 않았다. 이제 행정법학계는 쉽지 않거니와 피할 수도 없는 과제를 안게 되었다. 당사자소송의 구체적 형성에 공법적 관점을 투영하여 그것을 완벽한 공법제도로 새롭게 구축하는 것이 그것이다. 종래 민사적 접근을 공법적으로 전환해야 할 판례와 실무에 대해 학계보다 더 막중한 임무가 주어지기에, 새로운 틀을 만드는 데 결정적인 역할이 기대된다. 무늬만 행정소송이자 당사자소송이 되어서는 곤란하다.

그런데 여기서 유의할 점이 있다. 당사자소송의 활성화를 곧바로 민사관계를 공법관계로 전면적으로 치환하는 것으로 받아들여서는 곤란하다. 가령 -제 자신 다르게 생각하지만- 많은 행정법문헌이 판례의 입장과는 달리 국가계약에 대해 공법관계로 접근할 것을 지적하는데, 그렇게 되면 강행법규인 행정법규 일반의 위반은 당연히 계약의 무효를 야기한다. 독일처럼 위법하지만 유효한 공법계약의 범주가 마련되지 않은 이상, 돌이킬 수 없는 결과를 낳을 수도 있다. 일체의 법관계를 공법관계로 탈바꿈할 수도 없거니와 그에 따른 후속파장 역시 대처하기가 쉽지 않다. 또한 국가의 이니셔티브를 전제로 한다는 점에서 공법관계로의 전환이 항상 국민에게 유리한 것도 아니다. 이 점에서 당사자소송의 활성화를 사법에 대한 공법의 승리행진의 시작으로 삼아서는 곤란하다. 도리어 종래 사적자치를 내세워 공법적 관점을 배제하여 온 사법에 대해 공법적 마인드를 갖게 하는 계기로 인식할 필요가 있다.[25] 이에 금번 개정을 통해 마련된 당사자소송의 활성화 문제에 대해서는 더 한층 학계와 실무

---

25) 공법, 사법의 양 법체제(Rechtsregime)는 통일된 법질서의 부분영역으로서 다양한 방법으로 상호 영향을 미친다. 따라서 양자의 대립성을 과장해서 표현하는 것은 피해야 한다: "사법과 공법은 한 어머니의 동일한 자식이다"(Otto v. Gierke). Die soziale Aufgabe des Privatrechts, 1889, Neudruck 1948, S.34(Burgi, Öffentliches Recht und Privatrecht, §18 Rn.1에서 재인용).

계의 상호협력이 요구된다. 그리하여 향후에 당사자소송 일반을 관류하는 내용과 절차에 관해 의견이 모아지면, 대만처럼 민사소송법과 독립된 자족적 행정소송법이 구축될 수 있을 것이다. 활성화된 당사자소송은 바로 행정소송법의 미래라 하겠다.

Ⅵ. 당사자소송의 활성화에 따른 국가배상법의 개혁

종래 국가배상책임에서 민사불법행위적 논증이 강하게 지배하여 공법적 문제제기가 전혀 어필하지 못하였다. 국가배상관계가 공법관계로 되는 이상, 국가책임을 바르게 구현할 국가배상법의 개혁은 자연스런 수순이다. 이를 통해 행정재판이 국민에 더욱 다가서거니와 행정 역시 자신의 활동에 대해 전폭적인 책임을 질 수밖에 없을 것이라 희망을 갖는다.[26)]

1. 주관적 책임요소의 제거

비록 행정법문헌에서 논의가 분분하지만, 헌법은 국가의 자기책임을 지향한다.[27)] 그럼에도 불구하고 그것을 관철하는 데 있어서 결정적인 장애물이, 국가배상법 제2조 제1항상의 명시적인 주관적 책임요소의 존재이다. 즉, 국가배상법상의 주관적 책임요소의 존재는 가해공무원의 고의나 과실의 존부가 국가책임인정의 궁극적 기준이 되게 하거니와,[28)] 행정소송상의 위법성판단과 국가배상법상의(직무행위의) 위법성판단이 다르게 만든다.[29)]

대위책임적 구조의 핵심축인 주관적 책임요소가 건재한 이상, 아무리 헌법이 국가의 자기책임을 표방한다 하더라도, 그것을 관철하는 것은 결정적으로 저지된다. 헌법은 자기책임인데, 국가배상법은 대위책임 또는 절충적 책임(고의와 중과실의 경우는 국가와 가해공무원의 중첩적 책임이되, 경과실의 경우는 국가만의 책임)이라는 체계위반적 인식을 타파하기 위해, 행정소송개정을 기화로 이제 국가배상법제에서 주관적 책임요소와 절연하는 문제를 숙고할 필요가 있다.

지금도 일부 구동독 지역에서는 여전히 통용되고 있는 구동독의 국가책임법 제1조 제1항은 "국가나 지방자치단체의 기관의 직원이나 수임자가 국가활동의 수행에서 재산과 권리와 관련해서 자연인과 법인에 대해 위법하게 가한 손해에 대해서, 국

26) 상론은 졸고, 國家賠償法改革을 통한 法治國家原理의 具體化, 행정법학 제2호(2012.3.31.), 69면 이하 참조.
27) 민법에서 헌법으로 논의가 이행된 독일과는 달리 우리는 헌법에서 국가배상법으로 이행된 점이 결정적인 착안점이다. 상세는 김중권, 행정법기본연구Ⅱ, 2009, 159면 이하 참조.
28) 최근의 예로 대법원 2011.2.24. 선고 2010다83298판결.
29) 최근의 예로 대법원 2011.1.27. 선고 2008다30703판결.

가나 지방자치단체의 기관이 책임을 진다"고 규정하고 있다. 즉, 동규정은 유책성과 무관한 책임을 담고 있다. 독일 연방대법원(BGH) 역시 동법상의 배상책임이 결과무가치에 바탕을 둔 결과불법설에 의한다는 점을 분명히 하였다.[30] 비슷한 맥락에서 1958.3.14.의 스위스 국가배상법(연방 등의 책임에 관한 연방법) 제3조 제1항은, "공무원이 직무활동에서 제3자에게 위법하게 가한 손해에 대해 연방은 공무원의 유책성을 고려함이 없이 책임을 진다"고 규정하고 있다. 유럽법에 따른 책임 역시 독일의 법제와 비교하여 보면, 행위자의 유책성은 필요하지 않고, 배상책임 역시 국가의 직접적 자기책임이다.[31] 한편 독일에서 국가배상사건이 일반법원에서 담당하는 점이 혹시나 이런 문제제기에 대한 대항기저가 될지 모르나, 그들의 경우 가해 공무원의 과실책임은 이미 객관적 책임에 근접하였다고 한다.[32]

2. 공무원의 개인적 배상책임의 명시적 배제

종전의 입장을 바꿔, 판례는 공무원의 비난가능성 정도(고의, 중과실, 경과실)에 따라 상이한 법효과를 전개하였다.[33] 즉, 고의와 중과실의 경우에는 전적으로 가해 공무원 개인 자신이 책임을 져야 하되, 외관주의에 따라 국민을 두텁게 보호하기 위하여 국가가 중첩적으로 책임을 지는 것으로 하는 반면, 경과실의 경우에는 직무수행상의 통상적으로 예기할 수 있는 흠이기에 국가 자신이 전적으로 책임을 진다는 것이다. 기본적으로 현행법상의 구상조항(국가배상법 제2조 제2항)을 기저에 둔 판례 입장은, 궁극적으로 가해 공무원에 대한 직접적인 배상청구 가능성의 문제로 귀착된다.

동 판례의 이런 접근은 이미 많은 문헌에서 더 이상의 논의가 불필요할 정도로 다각도로 조명되었다. 배상책임 본질의 문제가 논의핵심이다. 국가배상시스템은 國家無責任에 따른 공무원개인책임형의 체제가 극복되는 과정이자 결과이다. 비록 국가의 자기책임까진 가지 않더라도, 책임인수를 바탕으로 한 대위책임에 이르렀다면, 가해 공무원의 개인적 책임 문제는 이미 돌이킬 수 없는 단계에 진입한 것이다. 즉, 대위책임 그 자체가 가해 공무원에 대한 직접적인 책임추궁의 가능성을 배제한 것이다. 배상책임의 성질은 일원적으로 보아야 한다. 배상책임의 성질은 求償에 관한 입법상황에 좌우될 수 없는 본질의 문제이다.

요컨대 동 판례(의 다수견해)는 국가배상법제를 以前 시대로, 과장하면 위임이론이

---

30) BGHZ 166, 22ff.

31) Grzeszick, in: Erichsen/Ehlers(Hrsg.), §47 Rn.5.

32) Grzeszick, in: Erichsen/Ehlers(Hrsg.), Allg. VerwR, 14. Aufl., 2010, §44 Rn.28. 그리하여 이런 흐름 속에서 1981년 그들 국가책임법에서 유책성요청을 포기한 것이 그다지 문제가 되지 않았다.

33) 대법원 1996.2.15. 선고 95다38677전원합의체판결.

주효하였던 國家無責任의 시대로 되돌렸다 하겠다. 그리고 이런 판례입장은 여전히 현재진행형이다.[34] 그런데 헌법상 요구되는 국가자기책임을 그 본연에 맞게 구현하기 위해서는 공무원개인책임을 명시적으로 배제하는 것이 필요하다. 참고로 구 동독의 국가책임법은 공무원에 대한 직접적인 손해배상청구권을 명시적으로 배제하고 있으며(동법 제1조 제2항), 스위스 역시 그들 국가배상법에서 이를 명문화하였다(동법 제3조 제3항).

3. 군인 · 군무원 등의 특례규정의 問題

헌법 제29조 제2항은 군인 등의 국가배상청구권을 부인 즉, 박탈하고 있으며, 이를 구체화한 것이 국가배상법 제2조 제1항 단서이다.[35] 이들 조항의 변천사는 우리 헌정사는 물론 현대사의 桎梏을 그대로 웅변한다. 국가배상법차원에서 국가배상청구권의 배제를 둘러싼 헌법적 문제점은 유신헌법의 개헌을 통해 헌법적으로 일단락된 것으로(?) 여겨진다. 헌법조항의 위계에 터 잡은 실질적 위헌론이 주창되나, 헌법 제29조 제2항 자체는 물론 국가배상법 제2조 제1항 단서에 대한 위헌여부에 관한 일련의 헌법재판소결정이 잘 보여주듯이,[36] 논의는 그곳에서 머물고 있다. 그 결과 이 문제는 개헌만이 유일한 해결책인 양 운위될 뿐, 헌법의 본지를 훼손하지 않고 우회적으로 이 문제를 해결하려는 시도마저 강구되지 않는다. 기왕의 논의는 일종의 改憲待望論에 다름 아니다.

국가배상청구권과 같은 청구권적 기본권을 바탕으로 한 국가배상책임제도는 국가배상법과 같은 개별법에 의해 구체화 · 형성화되기에, 입법자는 그의 구체화 · 형성화 기능을 통해 법치국가원리를 구현시켜야 한다. 그렇다면 법치국가원리 및 국가책임제도의 本旨와 相容될 수 없는 헌법 제29조 제2항의 경우, 입법자는 굳이 그것의 개별법적 구체화를 강구할 필요가 없다. 즉, 개헌을 통한 正道의 해결책이 실현되기 어려운 이상, 국가배상법 제2조 제1항 단서를 삭제하여 우회적으로 헌법 제29조 제2항을 무력화시키는 것이다. 이런 식의 접근은 헌법조문에는 아무런 변화 없이 헌법규정에 반하는 조치를 취하는 일종의 憲法侵毁(Verfassungsdurchbrechung)에[37] 해당한다.

34) 대법원 2011.9.8. 선고 2011다34521판결 등. 이에 비판으로 졸고, 공무원의 個人的 賠償責任認定의 문제점에 관한 小考, 법률신문 제4002호(2012.1.26.)

35) 한편 면책조항의 '전투 · 훈련 · 기타 직무집행과 관련하거나' 부분이 2005.7.13.개정(법률 제7584호)을 통해 '전투 · 훈련 등 직무집행과 관련하여'로 바뀌었음에도 불구하고, 전투 · 훈련 또는 이에 준하는 직무집행뿐만 아니라 일반의 직무집행에 관하여도 면책조항의 적용을 긍정한 대법원 2001.2.15. 선고 96다42420판결의 기조는 여전하다(대법원 2011.3.10. 선고 2010다85942판결).

36) 헌재 1995.12.28. 95헌마3 등.

37) 계희열, 헌법학(상), 2005, 108면. 헌법침훼를 헌법침식(憲法侵蝕)이라고도 한다(허영, 헌법이론과 헌법, 2011, 130면).

통상 헌법침훼적 조치들은 당연히 위헌이라는 데 의문이 없다. 그런데 일찍이 C. Schmitt는 헌법침훼를 헌법무시적인 것과 헌법존중적인 것으로 나누어 후자의 경우 예외적으로 헌법상 인정된다고 주장하였다.[38] 비록 C. Schmitt가 바이마르헌법 제42조 제2항에 따른 대통령의 비상조치 같은 것을 '헌법존중적 헌법침훼'의 예로 들긴 하였지만, 이런 식의 접근 역시 일종의 '헌법존중적 헌법침훼'로 봄직 하다. 그런데 국가배상책임제도의 법치국가원리적 의미-법치국가원리를 보충하고 구체화한다는 점, 국가책임의 제도적 보장인 헌법 제29조 제1항은 입법자가 넘을 수 없는 책임요건과 책임의 최소한의 보장을 담고 있다는 점-를 되새겨 볼 때, 이런 식의 접근은 '헌법존중적 의미'를 갖는다고 하겠다. 새로운 문제상황을 유발하는 여기서의 접근은 궁극적으로 이를 통해 선의의 -조문상 변화는 없지만 실제에 있어서는 헌법규정의 내용이 변하는- 憲法變遷을 야기할 수도 있을 것이다.[39]

4. 국가배상법 제5조의 삭제

여기서의 하자에 대해 판례는 물론 대부분의 문헌은 별다른 異論없이 '영조물이 그 용도에 따라 통상 갖추어야 할 안전성의 결여'로 이해한다.[40] 그런데 판례는 영조물로부터의 오염으로 인한 이용자나 주민의 손해배상의 문제에서 그것의 하자에 관한 종전의 이해와는 전혀 다른 접근을 한다. 즉, "여기서 안전성을 갖추지 못한 상태, 즉 타인에게 위해를 끼칠 위험성이 있는 상태라 함은 당해 영조물을 구성하는 물적 시설 그 자체에 있는 물리적·외형적 흠결이나 불비로 인하여 그 이용자에게 위해를 끼칠 위험성이 있는 경우뿐만 아니라 그 영조물이 공공의 목적에 이용됨에 있어 그 이용상태 및 정도가 일정한 한도를 초과하여 제3자에게 사회통념상 수인할 것이 기대되는 한도를 넘는 피해를 입히는 경우까지 포함된다고 할 것이다."[41] 요컨대 수인한도기준을 가미하였다.

그리하여 여기서의 '설치·관리의 하자'를 순전히 '통상 갖추어야 할 안전성의 결여'로 보는 데 숙고가 필요하다. 민법 제758조의 공작물책임(工作物責任)에서의 공작

38) Ders., Verfassungslehre, 8.Aufl., 1993, S.100.

39) 규범적 물음의 논증과는 다소간 거리가 있긴 하나, 실제 국가배상법상의 대표적 독소조항인 동 단서를 삭제하였다고 하여 헌법위반이라는 주장이 제기될 리 없으리라 여겨진다. 여기서의 논의는 현행 법치국가원리에 부합하지 않는 헌법상황을 어떻게 타개하기 위한 모색의 일환이다.

40) 대법원 2007.10.25. 선고 2005다62235판결 등. 그리하여 가령 도로의 경우 도로의 위치 등 장소적인 조건, 도로의 구조, 교통량, 사고시에 있어서의 교통 사정 등 도로의 이용 상황과 그 본래의 이용 목적 등 여러 사정과 물적 결함의 위치, 형상 등을 종합적으로 고려하여 사회통념에 따라 구체적으로 판단한다(대법원 2008.3.13. 선고 2007다29287, 29294판결). 그리하여 강설 및 폭설과 관련하여 일반도로의 경우에 비해 고속도로의 경우에 신속한 제설작업과 교통통제를 통한 안전성확보가 요구된다(대법원 2000.4.25. 선고 99다54998판결; 2008.3.13. 선고 2007다29287, 29294판결).

41) 대법원 2010.12.23. 선고 2009다10928, 10935, 10942, 10959판결 등.

물의 설치 또는 보존의 '하자' 역시 그렇게 해석하고 있으며, 일본의 판례 역시 그러하다. '하자'의 이런 이해가 시사하는 일종의 결과책임적이고 상태책임적 인식은, 주관적 요소가 가미됨으로써 판례상으로 관철되지 못하며, 그에 따라 혼란이 조성된다. 궁극적으로 주관적 요소가 가늠추가 됨으로써, 더욱이 동조의 하자가 영조물의 하자가 아니라 '설치·관리의 하자'이어서 그 책임이 물적 책임이 아니라 행위책임인지라, 주관설이 더 어필한다. 나아가 관리행위의 주효여부가 책임인정의 관건이 되기에, 무과실책임적 성격 역시 확고하지 않다.[42] 사정이 이렇다면, 동조상의 하자의 의미를 새롭게 정립할 필요가 있다. 통상 행정법에서 하자란 '위법'을 의미하는 점에 착안하여, 법 제5조상의 책임을 완전한 행위책임으로 나아가기 위해 여기서의 '하자'를 '위법'으로 접근함으로써 논란을 줄일 수 있다.

그리고 영조물로부터의 오염과 관련하여 수인한도기준의 가미에 대해서는, 사안을 불법행위에 터 잡은 손해배상의 차원에서 접근한 것에 대해 이의를 제기하고 싶다. 관련 사안에서 문제가 된 것은 공공시설(비행장, 사격장 등)로부터 비롯된 공해로 인해 재산권 등의 권리에 대해 수인할 수 없는 피해 즉, 특별희생이 발생한 것이다. 즉, 사회적 구속을 넘어 재산권의 사적 효용성을 저해함으로써 보상부특별희생의 존부가 문제되는 상황이다. 따라서 본질은 손실보상의 문제이지 손해배상의 문제가 아니다.[43]

이제 국가배상법 제5조가 국가배상책임의 체계에서 과연 필요한지 곱씹어 볼 필요가 있다. 동조를 통한 소기의 목적은 -구동독의 국가책임법마냥 국가자기책임설이 확고히 정비되면 말할 나위 없겠지만 그렇지 않더라도- 제2조에 의해서도 충분히 커버될 수 있다.[44] 제5조를 행위책임적 인식에서 파악한다면 과연 제2조와 별도의 존재이유가 있는지 의문스럽다. 제5조를 대위책임적 구조인 제2조와는 달리 분명한 국가자기책임적 구조로 구성한 것은 영역의 다름에 따른 나름의 정당성을 보여주기보다는 오히려 책임구조체계의 난맥을 드러낸다. 발상의 전환이 필요하다. 하루바삐 제2조의 대위책임적 기본구조와 더불어 제5조 자체를 폐지하는 것이 입법정책적으로 바람직하다.

42) 가령 낙뢰로 위 신호기에 고장이 발생하여 보행자신호기와 차량신호기에 동시에 녹색등이 표시되어 발생한 교통사고에서, 판례는 낙뢰로 인한 신호기의 고장을 피고 소속 경찰관들이 순찰 등을 통하여 스스로 발견하지 못하고, 고장사실이 3차례에 걸쳐 신고가 되었음에도 불구하고 사고를 방지하기 위한 아무런 조치가 취해지지 않은 채 위 신호기가 고장상태로 장시간 방치된 점에서 과실을 근거지웠다(대법원 1999.6.25. 선고 99다11120판결).

43) 독일의 경우 유사사안을 수용적 침해(결과적 개입)의 차원에서 접근한다.

44) 일반적으로 공무수행한 관용차의 사고에서 차의 결함과 운전자의 과실이 경합한 경우에 국가배상법 제2조와 제5조의 경합을 긍정한다. 하지만 후자에 대한 배상인정의 가능성이 더 높다는 편익적 측면을 배제하고 이론적으로 보자면 결국 제2조의 문제이다. 그리고 대법원 1999.6.25. 선고 99다11120판결이 보여주듯이, 하자가 발생된 후 어느 정도의 시간이 지나면 결국 제2조의 문제가 되어버린다.

5. 행정의 사법적 작용에서 공무원의 위법한 행위로 인한 손해발생 문제

국가배상법의 공법적 성격에 비추어 국가배상책임으로 커버하는 활동은 공무원의 고권적·공법적 활동이다. 행정의 사법작용(사경제활동)에서 공무원이 위법한 행위를 한 경우 어떤 구제방식을 취해야 하고, 국가책임은 어떻게 되는가? 일단 전적으로 민법의 책임규정이 적용된다. 따라서 공무원은 사법적(私法的) 위법행위에 대해 민법 제750조 등에 의해 스스로 책임을 질 수 있으며(공무원의 고유책임), 국가 역시 공무원과 병립하여 민법 제756조에 의하여 책임을 질 수 있으되, 제1항 제2문의 면책가능성이 동반된다. 이들 공무원과 국가의 책임은 민법의 부진정연대채무에 해당한다. 우리의 경우 이처럼 민법규정을 단순히 대입하면 치명적인 불합리한 점이 생겨난다. 즉, 민법 제756조 제1항 제2문상의 면책주장이 주효하면, 가해공무원이 궁극적으로 책임을 지는 결과가 된다. 공무원으로서는 자신 행위의 공법적 영역이나 사법적 영역에로의 귀속이 결코 중요하지 않음에도 불구하고, 전혀 다른 법상황에 놓이는 셈이다.

손해배상을 한 국가는 위법한 행위를 한 공무원에게 구상할 수 있다. 민법상의 구상규정(제756조 제3항)을 그대로 적용할 때 문제가 있다. 국가배상법과는 달리 경과실의 경우에도 구상이 가능하여서 공무원의 신분보장에 저촉될 수 있기 때문이다. 그런데 독일의 경우 그들 민법 제839조 제1항 제2문과 연방공무원법 제78조 제1항에 의해 경과실이 있는 경우에는 처음부터 공무원은 책임을 지지 않으며, 구상 역시 허용되지 않는다. 우리의 경우 행정의 사경제활동에 대해 전적으로 민법이 통용된다고 보는 일반적 태도를 취한다면 민법상의 구상과 다르게 취급하는 것은 애초에 허용되지 않는다. 결론적으로 공법과 사법의 협력체제에서의 행정법의 위상에 걸맞게 국가책임법제를 새롭게 구축할 때이다.

Ⅶ. 맺으면서 - 행정법의 미래로서의 당사자소송

일찍이 Schmidt-Aßmann은 법학적 체계사고란 견고한 가치위계에 고정되어 있지 않을 뿐더러 필연적으로 靜的이지도 않다고 강조하면서, 동시에 그런 사고에서의 언명은 오히려 미래의 향상된 인식과 바탕규준의 불변성의 유보하에 있음을 지적하였다.[45] 어제까지의 행정법이 오늘의 그것이 되어선 아니 되거니와, 내일의 그것이 되어서도 아니 된다. 일찍이 토마스 제퍼슨은 "모든 헌법과 법률은 20년이 지나면

45) Schmidt-Aßmann, Das allgemeine Verwaltungsrecht als Ordnungsidee, 2.Aufl., 2004, S.1.

자동으로 시효가 소멸돼야 한다"고 하였는데, 그 주장에 전폭적으로 동의하기란 어렵지만, 日新又日新함으로써 입법이 사회의 역동성에 부단히 조응해야 한다는 그 本旨는 충분히 공감할 만하다.

근대시민국가에 터잡은 행정법으로서는 그것의 토대는 물론 주위환경이 획기적으로 변화한 지금, 그 변화에 대해 부단히 조응하여야 한다. 관헌국가적 잔흔을 떨치고 민주적 법치국가원리에 부합하게 만드는 행정법의 개혁은 항시적 화두이다. 배움을 넓게 하면 고루한 데 머물지 않듯이, 행정법학으로서는 당사자소송의 활성화를 기왕의 민사적 접근으로 인해 빚어진 공법에서의 왜곡상황을 교정하는 계기이자 공법적 관점을 법학 일반에 반영시킬 수 있는 계기로 삼아야 한다. 나아가 이를 바탕으로 가칭 '행정기본법'의 제정으로 나아갈 수 있는데, 활성화된 당사자소송은 이런 변화를 가져다줄 분기점이 될 것이기에, 바로 행정법의 미래라 하겠다. 새삼 崔仁勳의 「원시인이 되기 위한 문명한 의식」에서의 지적: "외국문화는 어떤 것이든지 받아들여도 좋다. 다만 原物形으로 받아들일 것이 아니라, 그것을 요소로 분해해서 구조식을 알아내고, 다음에 소재는 국산자재든 수입자재든 간에 완제품을 국내생산을 하여 저렴한 가격으로(즉 정신적 낭비-외국숭배·물신숭배를 줄이고) 지식시장에 내놓는 일이 바른 태도일 것이다"을 상기할 필요가 있다.

* 이강국 헌법재판소장 퇴임기념논문집(2013.1.19.), 379면 이하 소수.

제 4 장

行政訴訟에서 大學의 當事者能力과 原告適格에 관한 小考

Ⅰ. 처음에 – 소송요건적 핵심물음

교육과학기술부 장관이 법학전문대학원 설치법 제38조에 의거하여 시정명령을 내린 다음 동법 제39조에 의거하여 2011.9.15. 강원대학교 총장에게 강원대학교 로스쿨의 2012학년도 모집정원 총 40명 중 4%에 해당하는 1명의 모집을 정지하는 처분(이하 '이 사건 모집정지 처분'이라 합니다)을 내렸다. 이 사건 모집정지 처분을 한 이후인 2011.9.30. 다시 강원대학교 총장에 대해 '인가 신청 당시 재학생 모두에게 장학금을 지급한다고 약속을 하였음에도 이를 위배하여 일부 재학생에게만 장학금을 지급하였다'는 이유로 향후 재학생 모두에게 장학금을 지급할 것을 내용으로 하는 시정명령(이하 '이 사건 시정명령'이라 합니다)을 내렸다. 이에 강원대학교 총장의 명의로 이 시정명령에 대해 취소소송을 제기하였다. 소송대상인 시정명령의 실체적, 절차적 하자는 차치하고서 소송요건 차원에서의 물음 즉, 과연 행정기관인 강원대학교가 소를 제기할 능력이 있는지 여부와 -소송능력이 인정된다는 전제에서- 강원대학교가 취소를 구할 원고적격이 있는지 여부의 물음이 논란의 대상이 될 수 있다.

그런데 기왕의 법원의 입장에 기초하여, 서울행정법원은 지난 5월 17일 로스쿨 인가 조건인 장학금 지급 비율을 지키지 않았다가 로스쿨 정원 축소와 시정명령을 받은 강원대 총장이 교육과학기술부를 상대로 낸 학생모집정지처분과 시정명령 취소소송(2011구합32485판결 등)에서 "국립대는 당사자 능력이 인정되지 않는다"며 각하판결을 내렸다. 그리고 "강원대는 국가가 설립·경영하는 학교로서 법인도 아니고 법인격 없는 사단 또는 재단도 아닌 교육시설의 명칭에 불과해 당사자 능력이 인정되지 않는다"며 "대표기관인 총장 역시 별도의 법인격을 가진 존재가 아니어서 당사자 능력이 인정되지 않는다"고 판시하였다. 이하에서는 이들 문제에 대해 우리 행정소송법제의 개혁을 기저에 두고서 접근하고자 한다.[1)]

Ⅱ. 국립대학교가 소를 제기할 능력이 있는지 여부

1. 문제의 제기

원고의 당사자능력이 존재하지 않으면, -소의 종류나 권리의 침해여하에 좌우될 것 없이- 소는 허용되지 않는다.[2)] 피고차원의 당사자능력은 이론적 문제에 불과하다.[3)] 독일의 경우 그들 행정법원법은 당사자능력에 관해 명시적으로 규정하고 있다. 즉, 동법 제61조에 의하면 자연인, 법인, -권리가 귀속될 수 있는 한- 사단, -주법이 규정하는 한- 행정청이 당사자능력(참여능력)을 갖는다. 우리의 경우 이에 관한 특별한 규정이 없기에 부득불 민사소송법상의 그것을 준용할 수밖에 없다. 즉, 일반적으로 당사자능력이 인정되는 자연인 및 법인은 물론, 비법인 사단이나 재단은 당사자소송의 원·피고 및 항고소송의 원고가 될 수 있으나, 당사자능력이 없는 법인의 기관이나 행정청 등은 당사자소송의 원·피고 및 항고소송의 원고가 될 수 없다.[4)]

2. 서울행정법원 2009.6.5. 선고 2009구합6391판결의 내용[5)]

(1) 사안

원고(국가)가 1957.5.1. 문교부장관의 설치허가를 받아 서울대학교 내에 서울대학

---

1) 이 글은 서울행정법원의 1심판결이 내려지기 전에 작성된 것이며, 여기서의 논의의 일부가 법률신문 제4042호(2012.6.25.)에 '行政訴訟에서 大學의 當事者能力에 관한 小考'의 제명으로 게재되었다.

2) 물론 다툼에서 당사자능력의 존부가 관건이 될 경우에는 원고에게 당사자능력이 있는 것으로 다루어져야 한다(BGH NJW 1957, 989; NJW 1982, 2070).

3) 왜냐하면 행정청의 활동 뒤에는 당사자능력이 있는 단체적 지위(국가, 지방자치단체 등)가 존재하기 때문이다. 그리하여 판례에서도 특히 입학사정(대법원 1990.8.28. 선고 89누8255판결)이나 징계관련해서 피고적격의 물음에 대해 별다른 의문이 당연하게 제기되지 않았다.

4) 전성수, 행정소송의 이론과 실무, 2008, 97면.

5) 이에 대한 항소심(서울고등법원 2009.11.25. 선고 2009누19672판결)과 상고심(대법원 2010.3.11. 선고 2009두23129판결)은 아무런 이의 없이 수긍하였다.

교 보건진료소를 설립한 후, 1989.9.30. 서울특별시 관악구청장에게 서울대학교 총장을 개설자로, 진료과목을 내과 등 8개 과목으로 하여 위 보건진료소를 의원으로 개설하겠다는 취지의 의료기관 개설신고(이하 '이 사건 신고'라 한다)를 하였고, 이에 관악구보건소장(피고)은 같은 날 원고의 위 신고를 수리한 다음 의료법 시행규칙 제22조에 의하여 의료기관 개설신고필증을 교부하였다. 피고는 2008.11.21. 의원으로 신고된 위 보건진료소는 당초부터 의료기관 신고대상이 아님에도 착오로 인하여 의원으로 등록된 것이라는 이유로 위 보건진료소를 직권폐업하기로 결정하고, 같은 달 25.경 위 결정을 통보하였다(이하 '이 사건 직권폐업통보'라 한다).

(2) 주장 및 판단

(가) 당사자 능력

피고는, 항고소송은 위법한 행정처분 등에 대하여 개인의 권리나 이익이 침해된 경우에 이를 보호함을 목적으로 하는 주관적 소송이므로 개인이 아닌 국가는 원고로서 항고소송을 제기할 수 없다고 주장하나, 국가는 권리 · 의무의 귀속 주체로서 행정소송법 제8조 제2항과 민사소송법 제51조 등 관계 규정에 따라 행정소송상의 당사자 능력이 있는 것이고, 이는 항고소송에서 원고로서의 당사자 능력이라고 하여 달리 볼 것은 아니므로, 피고의 위 주장은 이유 없다.

(나) 당사자 적격

피고는, 이 사건 직권폐업통보로 인하여 권리나 이익을 침해받은 자는 원고가 아니라 서울대학교이므로, 원고는 이 사건 직권폐업통보의 무효확인 또는 취소를 구할 법률상 이익이 없어 원고 적격이 없다고 주장하나, 서울대학교는 국가가 설립 · 경영하는 학교일 뿐 위 학교는 법인도 아니고 대표자 있는 법인격 없는 사단 또는 재단도 아닌 교육시설의 명칭에 불과하여 권리능력과 당사자능력을 인정할 수 없으므로, 서울대학교를 상대로 하는 법률행위의 효과는 서울대학교를 설립 · 경영하는 주체인 국가에게 귀속되고, 그 법률행위에 대한 쟁송은 국가가 당사자가 되어 다툴 수밖에 없다 할 것이어서, 피고의 이 부분 주장 역시 이유 없다.

3. 비판적 검토

(1) 전제적 논의

종전에 판례는 국가의 당사자능력의 인정에 소극적이었다. 즉, 아파트 건축으로 인접 대학교 구내에 설치계획중인 관측장비가 제대로 작동되지 못하는 결과 연구·수업에 지장이 생기게 된다는 사정이 인정된다 하여 그 대학교 총장이 개인 명의로 건축허가처분의 집행정지신청을 구한 사건에서[6] 그 원심은[7] 국가는 항고소송의 원고가 될 수 없음을 분명히 하였다. 국가를 비롯한 행정주체의 당사자능력 및 원고적격이 인정되어야 한다는 反論이 제기되었지만[8] 대부분의 문헌들이 이 문제에 대해 무관심하였다.[9] 그러나 국가가 국토이용계획과 관련한 기관위임사무의 처리에 관하여 지방자치단체의 장을 상대로 취소소송을 제기한 사건에서 법원은 국가의 당사자능력결여를 문제 삼은 피고의 항변을 수용하지 않았는데,[10] 서울행정법원 2009.6.5. 선고 2009구합6391판결 및 후속판결은 국가의 당사자능력을 분명히 인정하고 아울러 원고적격까지 인정하였다. 이는 분명 발전이라 하겠지만,[11] 대학에 대한 당사자능력 자체가 완전히 부인됨으로써 권리구제의 확대를 도모하는 데 있어서 극복하기 힘든 장애에 봉착하였다.[12] 요컨대 후자의 물음을 여하히 극복하느냐가 관건이다.

(2) (국립)대학의 법적 지위

독일에선 과거에는 영조물로 보았지만, '대학기본법'(HRG) 제58조 1항이 '공법단체'(공법상의 사단)임을 명시함으로써, 오늘날에는 인적 단체로 보고 있다. 그러나 동 조항은 대학이 동시에 공공시설(공공기관, Einrichtung)임을 명시하고 있기에, 공법단체인 대학이 영조물적 특징도 지닌다고 주장이 분분하다. 요컨대 구성원(교수, 학생, 직원)의 참여를 전제로 한다는 점에서 공법단체(공법상의 사단)적 형상을 하긴 하나 국가의 지배로부터 완전히 자유롭지 못하다.

우리의 경우 실정법상 대학 특히 국립대학의 법적 지위와 관련해서 특별히 규정하고 있지 않지만, 통상 대학은 영조물(Anstalt)에 해당한다고 본다. 영조물은 일찍이 Otto Mayer에 의하여 「공행정주체에 의하여 특정한 공적 목적에 계속적으로 봉

---

6) 대법원 1994.12.30. 자 94두34결정.

7) 부산고등법원 1994.6.16. 자 94부131결정.

8) 대표적으로 박정훈, 주석 행정소송법(편집대표: 김철용·최광율), 2004, 390-391면.

9) 오늘날엔 독일에선 국민에 대한 국가적 고권 역시 주관적 공권으로 인정되고 있다. Vgl. Scherzberg, in: Erichsen/Ehlers, Allg. VerwR, 14.Aufl., 2010,§12 Rn.27.

10) 대법원 2007.9.20. 선고 2005두6935판결.

11) 이에 대한 호평으로 박시준, 국가가 행정소송에서 원고로서의 당사자능력과 당사자적격을 가지는 여부법률신문 제3834호(2010.4.19.) 참조. 반면 강해룡 변호사는 민사소송의 논리로 행정청의 당사자능력을 부인한 것은 문제이고, 국가가 원고가 되고 피고 역시 국가기관이 되는 것은 아귀에 맞지 않으며, 사안에서 행정청에 대한 처분의 효과는 국가가 아닌 행정청에게 발생하기에 국가가 아닌 서울대학교 총장이 원고가 되어야 한다고 반론을 편다. 동인, 행정소송에서의 원고적격, 법률신문 제3838호(2010.5.6.). 그런데 이 물음에 관해 행정법문헌은 대체적으로 매우 무심한 태도를 보이고 있다.

12) 그런데 이런 태도는 비단 이 판례 말고도 대법원 2007.9.20. 선고 2005두6935판결과 부산고등법원 1994.6.16. 자 94부131결정에서도 바로 확인할 수 있다.

사하도록 정해진 인적・물적 수단의 종합체」라고 정의되었는데,[13] 오늘날에도 Otto Mayer의 정의가 통용되고 있다.[14] 영조물법인은 영조물이 법인격을 취득한 공공단체인데, 권리능력 있는 단체처럼 권리능력 있는 영조물(영조물법인)은 법률에 의해서 또는 법률에 의거해서 설립되어야 한다. 행정주체로서의[15] 영조물법인은 그것의 법적 독자성으로 인해 그 자신이 맡은 임무를 자기책임껏 수행할 권리와 의무를 갖는다. 그리하여 그 자신 권리와 의무의 귀속주체이어서 -자신의 기관을 통해서이지만- 스스로 법적으로 활동하고 스스로 책임을 진다. 반면 권리능력 없는 영조물은 법적으로 독립체가 아니기에, 직접적인 국가행정(조직)에 속한다(예: 학교, 박물관, 병원, 교도소, 시험소). 따라서 이 영조물의 설립자(예: 국가, 도)가 권리・의무의 주체이고 원칙적으로 소송주체가 된다.

요컨대 일반적인 입장과 이상의 판례에 의하면, 서울대학교는 국가가 설립・경영하는 학교일 뿐 위 학교는 법인도 아니고 대표자 있는 법인격 없는 사단 또는 재단도 아닌 교육시설의 명칭에 불과하여 권리능력과 당사자능력을 인정할 수 없다. 이런 점을 극복하지 않고서는 금번 서울행정법원의 판시처럼- 강원대학교가 제기한 소 역시 부적법하여 각하될 수밖에 없다.

(3) 대학의 기본권주체성 및 대학의 자율권

우선 법인의, 나아가 공법인의 기본권주체성의 물음을 살펴보면,[16] 헌법학계에서는 다수입장은 논거상의 차이가 있지만 일단 예외적 긍정설을 취한다. 가령 기본권

---

13) Ders., Verwaltungsrecht, Bd.Ⅱ, S.263, 331.

14) 많은 문헌을 대표하여 김남진/김연태, 행정법Ⅰ, 2012, 92면.

15) 한편 종래 독일의 'Verwaltungsträger'를 행정주체로 옮겼다. 독일의 문헌이 공무수탁사인 역시 'Verwaltungsträger'의 일종으로 들기에 자연 공무수탁사인에 대해서도 행정주체적 지위를 부여하여 왔다. 법에서 권리(법)주체는 권리의무의 귀속주체를 의미한다. 그런데 행정주체설을 단순 대입하면 공무수탁사인의 경우 귀속주체인 이상 그의 위법한 행위로 인한 배상책임은 국가배상차원에서는 그 스스로가 져야 한다는 논증이 성립한다. 행정주체로서의 공무수탁사인과 관련한 이런 인식(행정주체=배상책임주체)은 대법원 2010.1.28. 선고 2007다82950, 82967판결을 기화로 별다른 의문 없이 보편적으로 문헌에서 받아들여지고 있다(최근의 예로 정하중, 국가배상법 제2조 제1항의 '공무를 위탁받은 사인'의 의미, 법률신문 제3965호(2011.9.5.); 박균성, 공무수탁자의 법적 지위와 손해배상책임, 행정판례연구 제15집 제1호, 2010.6., 151면 이하; 정남철, 행정대집행과 국가배상책임, 행정판례연구 제15집 제1호, 2010.6., 189면 이하). 반면 공무수탁사인의 행정주체적 지위에 대해서는 강력한 의문제기가 행해진다(홍준형, 사인에 의한 행정임무의 수행 : 공무수탁사인을 둘러싼 법적 쟁점을 중심으로, 공법연구 제39집 제2호(2010), 639면; 김중권, 2010년도 주요 행정법(행정)판결의 분석과 비판에 관한 소고, 안암법학 제35호, 2011.5.31., 96면 이하). 그런데 기왕의 논의는 조직법상의 의미, 작용법상의 의미 그리고 책임법상의 의미를 구분하지 않았다. 공무수탁사인이 행정주체가 되어 -지방자치단체, 공공조합, 영조물법인, 공재단처럼- 간접적인 국가행정의 일환이 되나, 이는 조직법상의 의미이다(Klement, Höchstrichterliche Rechtsprechung zum Verwaltungsrecht: Ungereimtes in der Beleihungsdogmatik des BGH, VerwArch 2010, 112(119); Maurer, Allg. VerwR, 2009, §21 Rn.11). 작용법의 차원에서는 그것은 고유한 직무담당자(Amtsträger)이다. 대법원 2010.1.28. 선고 2007다82950, 82967판결에 대한 비판으로 김중권, 공무수탁사인의 행정주체적 지위의 문제점에 관한 小考, 법률신문 제3989호(2011.12.5.).

16) 이는 치열한 논쟁이 행해지는 대표적인 논제이다. 관련 문헌 가운데 대표로 계희열, 공법인의 기본권주체성, 공법이론의 현대적 전개(구병삭 교수 정년기념논문집), 1991, 1면 이하.

은 공권력에 대한 개별시민의 관계에서 존재하기에, 지방자치단체 등 공법인은 공법상의 직무로서 일정한 '관할' 내지 '권한'을 가질 뿐이고 원칙적으로 기본권을 누릴 수 없지만, '국가가 일정한 기본권의 실현에 이바지하도록 하기 위해 이를 설치하는 경우'나 '공법상의 법인이 기본권에 의하여 보호되는 생활영역에 속해 있으며, 시민의 개인적 기본권을 실현하는 데 기여하고 있을 뿐만 아니라, 국가로부터 독립된 또는 어쨌든 국가와는 구별되는 실체를 가지고 있는 경우'에는 예외적으로 기본권주체성이 인정된다고 한다.[17] 즉, 예외적으로 기본권주체가 될 수 있는지에 관한 판단기준은, 당해 공법인이 '개인과 유사한 상황'에 놓이는지, 기본권이 보호하려는 전형적인 위험상황에 처하는지, 그러한 상황에 있기 때문에 기본권에 의한 보호를 필요로 하는지 여부이다.[18] 헌법재판소 역시 공법인의 기본권주체성을 원칙적으로 부정하되,[19] 서울대학교와 같은 대학이 공권력행사의 주체이자 동시에 학문의 자유의 주체가 됨을 인정하였다.[20][21]

(4) 管見

행정법문헌에서 종래 국립대학교에 대해 단지 영조물적 이해에 그치고 그것의 권리주체성 즉, 독립성에 대해서는 적극적으로 모색되지 않았다. 이경운 교수는 대학의 자율보장을 위해 영조물적 구성을 취하더라도 법인격을 인정할 필요가 있다고 하였지만,[22] 박정훈 교수는 국립대학교가 법적 형식의 관점에서는 국가의 기관으로

17) 권영성, 헌법학원론, 2010, 323면; 허영, 한국헌법론, 2012, 252면; 홍성방, 헌법학(상), 2010, 350면.

18) 한수웅, 헌법학, 2012, 391면 이하.

19) 헌재 1994.12.29. 93헌마120: 「헌법재판소법제68조 제1항에서 "……기본권을 침해받은 자는 헌법소원의 심판을 청구할 수 있다"고 규정한 것은 기본권의 주체라야만 헌법소원을 청구할 수 있고, 기본권의 주체가 아닌 자는 헌법소원을 청구할 수 없다는 것을 의미한다 할 것인데, 기본권의 보장에 관한 각 헌법규정의 해석상 국민(또는 국민과 유사한 지위에 있는 외국인과 사법인만이 기본권의 주체라 할 것이고, 국가나 국가기관 또는 국가조직의 일부나 공법인은 기본권의 '수범자(受範者)(Adressat)'이지 기본권의 주체로서 그 '소지자)(Trager)'가 아니고 오히려 국민의 기본권을 보호 내지 실현해야 할 '책임'과 '의무'를 지니고 있는 지위에 있을 뿐이므로, 국가기관인 국회의 일부조직인 국회의 노동위원회는 기본권의 주체가 될 수 없고 따라서 헌법소원을 제기할 수 있는 적격이 없다」.

20) 헌재 1992.10.1. 92헌마68・76: 「헌법 제31조 제4항이 규정하고 있는 교육의 자주성, 대학의 자율성 보장은 대학에 대한 공권력 등 외부세력의 간섭을 배제하고 대학인 자신이 대학을 자주적으로 운영할 수 있도록 함으로써 대학인으로 하여금 연구와 교육을 자유롭게 하여 진리탐구와 지도적 인격의 도야라는 대학의 기능을 충분히 발휘할 수 있도록 하기 위한 것으로서 이는 학문의 자유의 확실한 보장수단이자 대학에 부여된 헌법상의 기본권이다. 따라서 국립대학인 서울대학교는 다른 국가기관 내지 행정기관과는 달리 공권력의 행사자의 지위와 함께 기본권의 주체라는 점도 중요하게 다루어져야 한다. 여기서 대학의 자율은 대학시설의 관리・운영만이 아니라 학사관리 등 전반적인 것이라야 하므로 연구와 교육의 내용, 그 방법과 그 대상, 교과과정의 편성, 학생의 선발, 학생의 전형도 자율의 범위에 속해야 하고 따라서 입학시험제도도 자주적으로 마련될 수 있어야 한다.」

21) 한편 이에 대해선 설득력이 있는 논거제시가 없다는 지적이 있다. 김선택, 공법인의 기본권주체성과 기본권제한의 특수문제로서 기본권충돌의 법리, 판례연구 7(1995), 고려대학교 법학연구원, 65면 이하; 기본권의 주체, 헌법재판연구 제20권, 2009, 249면.

22) 동인, 대학의 법적 지위와 국립대학 법인화, 교육법학연구 제16권 제2호, 2004, 167면.

서 국가의 행정영역에 흡수되지만 그 실질적 기능에서는 독자적인 생활영역을 갖고 헌법상 학문의 자유와 대학의 자율권에 의거하여 생활영역의 법적인 독립성을 부여받고 있다고 강력히 주장한다.[23] 박정훈 교수도 지적하였지만, 우리 헌법재판소가 대학의 자율권을 헌법상의 기본권으로 인정하고, 아울러 대학에 대해 학문의 자유와 대학자율권의 기본권주체로 인정한 것이 법인격인정의 출발점이다. 종래 개별법상의 법인격부여를 법인격인정의 유일한 근거점으로 보는 데 그치고, 헌법상의 논의를 그것에 대입하지 않았다. 그 결정적인 이유는 바로 "법인은 법률의 규정에 의함이 아니면 성립하지 못한다"는 민법 제31조에서 벗어나지 못하였기 때문이다. 대학의 경우 그것의 자율성의 보장이 헌법상으로 표방되고 있기에 그것의 독자성 즉, 법인격은 당연히 인정된다고 보아야 한다. 왜냐하면 그것이 헌법상 인정되는 기본권인 대학의 자율권을 보장하기 위한 첫걸음이기 때문이다.

그런데 국립대학교에 대해 권리능력을 인정하는 경우에 개별법에 의거한 법인격부여의 경우와 구별할 필요가 있다. 법인격부여에서 가장 중요한 것이 재산의 귀속인데, 여전히 교원임용[24] 등에서 국가의 강한 지배를 받고 있기에 재산의 귀속 등에서 완전한 권리능력을 인정한다는 것은 성급하다. 독일의 문헌에 의하면,[25] 완전한 권리능력이 있는 公法人의 신분은 갖지 않되, 일정한 행정임무를 자신의 책임껏 수행할 수 있고 그러한 한에서 고유한 권리와 의무가 부여되는 공법적으로 성립한 조직체가 부분적 권리능력있는 행정단위(teilrechtsfähige Verwaltungseinheiten)이다.[26] 그것은 구조에 따라서 공법단체(공법상 사단), 영조물, 그 밖의 것이 될 수 있다. 권리능력이 있는 한에 있어서 그들은 행정주체(Verwaltungsträger)이다.[27]

요컨대 자치와 분화의 측면에서 대학은 국가를 상대로 하여선 학문의 자유를 바탕으로 당연히 독립된 권리주체에 해당한다. 국립대학교는 부분적 권리능력을 갖는 영조물로서 대학의 자율권과 관련해서 권리능력(독자성)을 가지며, 그리하여 그 자율

---

23) 동인, 국립대학 법인화의 공법적 문제, 법학 제47권 제3호, 2006.9., 432면-433면.

24) 교육공무원법 제25조(교수 등의 임용): ① 교수·부교수는 대학의 장의 제청으로 교육과학기술부장관을 거쳐 대통령이 임용하고, 조교수는 대학의 장의 제청으로 교육과학기술부장관이 임용한다. ② 대학의 장이 제1항의 교육공무원을 임용제청할 때에는 해당 대학인사위원회의 동의를 받아야 한다. 다만, 대학인사위원회를 구성할 수 없는 신설 대학은 대학인사위원회가 구성될 때까지 인사위원회의 동의를 받아야 한다. ③ 제1항의 교육공무원의 전보는 해당 대학인사위원회의 동의를 받아 대학의 장의 제청으로 교육과학기술부장관이 한다.
제27조(부총장·대학원장·단과대학장의 보직) ① 부총장은 교수 중에서, 대학원장·단과대학장은 교수 또는 부교수 중에서 대학의 장의 제청으로 교육과학기술부장관이 임명한다. ② 대학의 장이 교육공무원을 제1항에 따라 임명할 것을 제청할 때에는 해당 대학인사위원회의 동의를 받아야 한다.

25) Maurer, Allg. VerwR, 17. Aufl., 2009, §21 Rn.10.

26) 한편 기본권주체성의 인정에 요구되는 기본권능력은 민법상의 권리능력과 일치하지 않기에 그것의 인정에 완전한 권리능력이 요구되지 않는다. 따라서 부분적 권리능력을 갖는 조직체 역시 기본권주체가 될 수 있다. 기본권주체, 헌법재판연구 제20권, 251면.

27) 독일에서 드는 대표적인 예가 대학의 단과대학이다. 그것은 대학교와는 달리 공법인은 아니되, 일정한 측면에서 권리능력을 갖는다. Vgl. BVerfGE 15, 256, 261f.; BVerwGE 45, 39, 42.

권과 관련한 국가의 조치에 대해서 소송상의 당사자능력을 지닌다고 하겠다. 사실 정부의 수도권 소재 공공기관의 지방이전시책을 추진하는 과정에서 도지사가 도 내 특정시를 공공기관이 이전할 혁신도시 최종입지로 선정한 행위를 다툰 사건에서,[28] 판례는 피고측이 주장한 원고적격 및 대상적격상의 물음에 부정적인 태도를 보였지만, 원고(춘천시)의 당사자능력에 관해서는 별다른 의문을 제기하지 않았다.

나아가 사립대학의 경우에도 비록 해당법인이 권리주체로 여겨지고 있지만, 여기서의 논의는 그대로 통용될 수 있다. 즉, 법인과 대학당국간의 갈등에서 대학이 자율권과 관련해서는 독립된 권리주체가 될 수 있다고 보아야 한다. 종래 독일의 예를 좇아 문헌상으로 국립대학만을 상정하고 있으며, 또한 법인에 관한 민법적 논리에 사로잡힌 나머지 관련 논의가 정체된 것은 아닌지 확인이 필요하다.[29]

(5) 서울고등법원 2010.12.9. 선고 2009누38963판결의 문제점

사안은 국민권익위원회가 2008.9.30. 경기도선거관리위원회위원장에게 하남시 선거관리위원회 관리계장으로 근무해 온 피고보조참가인에 대한 중징계의결요구를 취소하고 향후 신고로 인한 신분상 불이익처분 및 근무조건상의 차별을 하지 말 것을 요구한 처분을 한 데 대해서, 경기도선거관리위원회위원장이 국민권익위원회를 상대로 취소소송을 제기한 것이다. 원심(서울행정법원 2009.11.6. 선고 2008구합50506판결)은 당사자능력을 부정하였다.[30] 반면 항소심은 당사자능력을 긍정한 다음 본안에서 인용판결을 내렸다.[31]

---

28) 대법원 2007.11.15. 선고 2007두10198판결. 이에 관한 평석으로 김남진, 혁신도시입지선정의 법적 성질, 법률신문 제3629호(2008.2.).

29) 공법적 쟁점에 대한 과도한 민사법적 조명이 비단 이것만이 아니어서 많은 곳에서 공법학의 정체성이 혼란에 처해 있다. 대표적인 영역이 국가배상책임법이다. 이에 관해서는 졸고, 國家賠償法改革을 통한 法治國家原理의 具體化, 행정법학 제2호(2012.3.31.), 69면 이하 참조.

30) 항고소송의 원고가 되기 위해서는 민사소송의 경우와 마찬가지로 당사자능력이 구비되어야 하므로, 자연인 및 법인은 물론 비법인사단이나 재단도 항고소송의 원고가 될 수 있으나 당사자능력이 없는 법인의 기관이나 행정청 등은 항고소송의 원고가 될 수 없다 할 것인데, 원고가 이 사건 소는 자연인이 아닌 경기도선관위의 대표자라는 기관의 지위에서 원고를 경기도선관위원장으로 특정하여 제기한 것임을 명확히 밝히고 있는 이 사건에서, 경기도선관위원장은 국가의 산하기관에 불과할 뿐 항고소송의 원고가 될 수 있는 당사자능력이 없으므로 이 사건 소는 부적법함을 면할 수 없다고 할 것이다.

31) 행정소송법상 항고소송은 행정청의 '처분 등'이나 부작위에 대하여 제기하는 소송이고(행정소송법 제3조), 대표적인 항고소송은 '처분 등'의 취소를 구하는 취소소송이다. 행정소송에 대해서는 행정소송법 제8조 제2항에 따라 법원조직법과 민사소송법의 규정이 준용되므로 항고소송을 제기하기 위해서는 민사소송과 마찬가지로 자연인과 법인 등 소송의 주체가 될 수 있는 일반적 능력인 당사자능력이 있어야 하고, 특정한 소송사건에서 소를 제기하여 본안판결을 받기에 적합한 자격인 원고적격을 갖추어야 하므로, 국가의 행정조직에 불과한 국가기관이 직접 당사자가 되어 소를 제기할 수는 없는 것이 원칙이다. 그러나 사법권은 법관으로 구성된 법원에 속하고(헌법 제101조 제1항), 법원은 헌법에 특별한 규정이 있는 경우를 제외한 일체의 법률상의 쟁송을 심판할 권한을 가지므로(법원조직법 제2조 제1항), 권리의무의 존부에 대하여 다툼이 있는 경우에는 그 권리의무의 주체는 최종적으로 법원의 심판을 받을 헌법상의 권리가 있고 법원도 그 심판청구를 받아들일 책무가 있다. 따라서 국가기관이 다른 국가기관에 대하여 한 조치라도 그것이 일반국민에 대한 행정처분 등과 동등하다고 평가할 수 있을 정도로 권리의무에 직접적이고 구체적인 영향을 미치고 그 조치의 위법성을 제거할 다

국가기관이 행정청에 대해 당사자능력과 원고적격을 인정한 대상판결은 동일한 법주체인 국가기관 상호간의 다툼이 국가와 사인간의 통상의 행정사건과 본질에서 흡사하다는 점을 주된 논거로 삼았다. 국가기관 상호간의 권한 다툼이 일반적인 권리상의 다툼과 실제론 동일하다는 점에서 이 논거는 일견 타당할 수 있다. 하지만 당사자능력이 기본적으로 권리능력을 출발점으로 한다는 점에서, 법효과의 귀속주체가 될 수 없는 기관이 당사자능력을 갖기 위해서는 특별한 법률적 근거가 요구된다(예: 독일 행정법원법 제61조 제3호). 오히려 동일한 법주체인 행정주체에 속한 기관의 다툼인 점이 전혀 고려되지 않은 점이 의아스럽다. 현행법상 국가기관상호간의 권한쟁의심판에 대한 쟁송의 수단(헌법 제111조 제4호, 헌법재판소법 제62조)이 마련되고 있음에도 불구하고 다분히 목적론적 차원에서 무리하게 논증을 하였다.

Ⅲ. 대학자율권침해에 대해 대학교가 취소를 구할 원고적격이 있는지 여부

1. 현행 법제의 구조

취소소송은 처분의 취소를 구할 법률상 이익이 있는 자가 제기할 수 있다(행정소송법 제12조). 이를 두고서 항고소송이 주관소송인지 객관소송인지 약간의 논란이 있다. 일찍이 박정훈 교수는 다음과 같은 논거를 바탕으로 항고소송의 객관소송적 성격을 주장한다. 즉, ⅰ) 우리 헌법상 독일처럼 '권리침해'를 행정소송의 전제로 명시한 규정은 없으며, 오히려 헌법 제107조 제2항에 의하여 항고소송의 핵심이 위헌·위법성을 판단하는 데 있음을 명시하고 있다. ⅱ) 원고적격과 관련하여, 판례는 개개의 위법사유마다 그 근거규정의 사익보호성을 따지지 않고, 위법사유를 전제로 하지 않은 채 근거법률 전체의 내용에 비추어 계쟁처분과 관련한 (원고의) 사익보호성을 탐구하기에, 독일에서처럼 원고적격과 위법성과의 견련성이 요구되지 않는다. ⅲ) 우리의 취소소송의 본안요건에 위법성만을 요건으로 하지 그밖에 권리침해를 요건으로 삼지 않으며, 취소소송의 소송물에 '위법성 일반' 이외에 권리침해를 포함시키지 않는다. ⅳ) 취소판결의 형성적 효과를 인정하면 행정소송법 제29조 제1항과 같은 규정이 불필요한데, 이를 명문화한 것은 프랑스에서처럼 위법성을 확인하는 기판력

른 법적 수단이 없는 경우에는, 국가기관의 지위에서 그 조치를 한 상대방 국가기관을 상대로 법원에 소를 제기하여 다툴 수 있는 당사자능력과 당사자적격이 있다고 봄이 상당하다. 다만 국가기관이 항고소송을 제기할 수 있다고 보기 위해서는 다른 국가기관이 행한 조치 및 그 조치에 불응한 경우에 부과될 수 있는 불이익처분의 근거법령과 그 내용, 침해되는 국가기관의 권리침해 내지 불이익의 내용과 정도, 우월적 지위에서 고권적인 권한행사로 볼 수 있는지 여부, 정부조직 내에서 가능한 해결조정 수단이 행정조직법 기타 법령상 존재하는지 여부, 권한쟁의에 관한 심판, 기관소송 등 다른 권리구제 수단으로 분쟁을 해결할 수 있는지 여부 등을 종합적으로 검토하여야 한다. 追論: 대법원 2013.7.25. 선고 2011두1214판결로 확정됨.

이 대세적 효력이라는 점을 명백히 하기 위함이다.[32)]

그러나 현재의 법상황 그 자체로서도 주관적 권리침해의 요소와, 원고적격과 위법성의 牽聯性을 충분히 도출해낼 수 있다. 즉, 행정소송법 제12조의 원고적격 규정의 해석의 출발점은 바로 동법 제1조의 목적이기에, 취소가 구해질 처분 등은 '당연히' 위법한 것이고, 원고적격에는 '당연히' 권리침해를 전제로 한다. 따라서 동조상의 '법률상 이익'은 물론, '처분'개념에 관한 대법원의 판례[33)]은 이상과 같은 전제적 이해를 갖고서 바라보아야 한다.

2. 문제의 제기

우리 행정소송법은 被侵的 構造의 주관적 쟁송의 원칙에 서 있다. 그리하여 관건은 피침적 법률상 이익(권리)의 즉, 주관적 권리의 존부이다. 즉, 사안에서 대학이 침해받은 권리가 존재하여야 하며, 이것은 위법주장의 근거법규가 원고로 나선 자의 이익(私益)을 보호하도록 예정하고 있는지에 직결된다(보호규범이론).[34)] 그런데 이런 주관적 권리는 대외적인 차원을 즉, 국가와 국민과 같은 대립된 인격주체가 설정되는 상황을 전제로 한 것이다. 만약 다툼이 내부관계에서의 것이라면 -기관소송에 흡사하며, 독일의 경우에는 행정법원법에 의해 원천적으로 배제되지 않는- 내부소송(자기소송: Insichprozeß)의 문제가 되어버린다.

원고적격의 물음은 당사자능력의 인정을 전제로 하기에, 이 문제에 대한 기왕의

---

32) 동인, 행정소송의 주요쟁점, 공법연구 제31집 제3호(2003.3.), 62면 이하. 그밖에도 항고소송의 객관소송적 이해가 법원조직법 제2조 제1항상의 '법률상의 쟁송'에 저촉되지 않는다든지, 항고소송의 피고가 행정주체인 독일과는 달리 프랑스처럼 처분청이라든지, 우리 판례는 프랑스처럼 위법판단기준시를 처분시로 고수하고, 처분사유의 추가·변경을 엄격하게 제한한다든지, 우리의 사정판결제도는 행정입법까지 취소소송의 대상이 됨을 전제한 것이라든지 등을 지적한다.

33) 대법원 1995.12.12. 선고 95누11856판결 등; 1999.8.24. 선고 97누7004판결 등.

34) 우리의 경우 이런 사익보호성의 요구는 행정소송의 차원을 넘어, 국가배상에서도 -독일(기본법 제34조, 민법 제839조 제1항)과 같이 명문으로 위반직무행위의 제3자성이 요구되지 않음에도 불구하고, 일련의 판결(대법원 2006.4.14. 선고 2003다41746판결; 2002.3.12. 선고 2000다55225, 55232판결; 2001.10.23. 선고 99다36280판결; 1994.12.27. 선고 94다36285판결 등) 통해 공고히 되었다. 배상책임제한적 기능을 갖는 제3자성(사익보호성) 요구에 대해서, 일부에서는 -독일과는 달리- 근거가 없음을 이유로 부정적으로 본다. 한편 사실 대위책임을 전제한 메커니즘에서는 이 제3자관련성 요구가 지극히 당연하다 할 수 있겠지만, 이는 대위적 배상책임청구권의 특징은 아니며, 모든 국가책임의 본질적 요소라 하겠다(Ossenbühl, Staatshaftungsrecht, 5.Aufl. 1998, S.57). 왜냐하면 반사적 이익에 대한 보호배제를 목적으로 하는 이 요구는 행정소송에서의 원고적격 마냥 주관적 쟁송의 원칙에선 당연하기 때문이다(Vgl. Maurer, Allg. VerwR, §26 Rn.19). 사실 독일의 경우에도 (제3자보호에서의) 개인보호인정의 기준에서 국가책임법과 행정소송법은 동일한 기조에 있다(Detterbeck/Windthorst/Sproll, Staatshaftungsrecht, 2000, §9 Rn,103). 유럽연합법 역시 -공익만이 아니라- 원고의 이익을 보호하도록 되어 있는 규범을 위반한 경우에 한하여 배상책임을 인정하고 있다(Vgl. EuGH Slg 2000, I-5291 Rn.42-Bergadem; Slg 2002, I-11355 Rn.53-Camar). 한편 보호규범이론은 발전되게 진화하고 있다. 종래의 이익법학적 출발점에서 벗어나 권리를 規範執行에 관한 權利로 설정하고자 한다. 이에 관해서는 김중권, 規範執行에 관한 權利로서의 行政法上의 主觀的 公權論에관한 小考, 공법연구 제40집 제4호(2012.6.)(본서 99면 이하) 참조.

입장의 전환을 그 출발점으로 한다. 그런데 종래 앞에서 본 대로 판례가 대학을 -국립대학의 경우에는- 국가나 -사립대학의 경우에는- 사립법인의 부속기관인양 독립된 법적 지위를 인정하지 않았는데, 최근 미미하지만 그 의미가 결코 사소하지 않은 변화가 있다. 즉, 재임용거부처분취소처분에 대한 취소소송에서 학교법인의 기관에 불과한 원고(아주대학교 총장)는 당사자능력이 없어 항고소송의 원고가 될 수 없다는 원심에[35] 대해 상고심은 적극적으로 대학총장의 당사자능력을 인정하였다.[36]

3. 管見

(1) 공공단체의 원고적격성에 관한 일반론

국가를 제외한 공공단체는 행정주체로서의 지위를 갖지만 동시에 파생적 행정주체이기에 경우에 따라서는 국가의 공권력의 대상 즉, 행정객체가 된다. 따라서 그것에 부여된 고유한 권리가 침해되면 당연히 원고적격이 인정된다. 그럼에도 불구하고 이런 간단한 원칙을 적용하는 데 있어서의 늘 곤란함을 겪거나 고민을 한다. 이런 사정은 독일도 정도의 차이가 있긴 하나 동일하다. 즉, 공권력의 통일체(단위)와 소위 "내부소송"의 효력범위에 관한 오해, 주관적 권리의 제한적 귀속이나 -국가로부터 분리된 민간의 주체만이 주관적 권리의 주체가 될 수 있다는- 낡은 생각에 사로잡혀 있기 때문이라 한다.[37] 사실 우리 헌법재판소 판례가 대학의 자율권이 헌법상 기본권이고 대학이 그것의 향유주체임을 분명히 한 이상, 대학으로서는 대학외의 제세력에 대해 대학의 자율권을 방어할 수 있다. 결국 대학의 자율권과 관련해서는 대학의 주관적 법적 지위는 별 어려움 없이 긍정될 수 있다.

O. Mayer에 의해 창시된 이른바 特別權力關係의 법형상은 (침투불가한) 국가의

---

35) 서울고등법원 2008.5.20. 선고 2007누24878판결.

36) 대법원 2011.6.24. 선고 2008두9317판결: [1] 교원지위 향상을 위한 특별법 제10조 제3항, 대학교원 기간임용제 탈락자 구제를 위한 특별법 제10조 제2항, 사립학교법 제53조의2 제1항, 제2항 규정들의 내용 및 원래 교원만이 교원소청심사위원회의 결정에 대하여 행정소송을 제기할 수 있도록 한 구 교원지위 향상을 위한 특별법(2007.5.11. 법률 제8414호로 개정되기 전의 것) 제10조 제3항이 헌법재판소의 위헌결정(헌법재판소 2006.2.23. 선고 2005헌가7, 2005헌마1163전원재판부결정)에 따라 학교법인 및 사립학교 경영자뿐 아니라 소청심사의 피청구인이 된 학교의 장 등도 행정소송을 제기할 수 있도록 현재와 같이 개정된 경위, 학교의 장은 학교법인의 위임 등을 받아 교원에 대한 징계처분, 인사발령 등 각종 업무를 수행하는 등 독자적 기능을 수행하고 있어 이러한 경우 하나의 활동단위로 특정될 수 있는 점까지 아울러 고려하여 보면, 교원소청심사위원회의 결정에 대하여 행정소송을 제기할 수 있는 자에는 교원지위 향상을 위한 특별법 제10조 제3항에서 명시하고 있는 교원, 사립학교법 제2조에 의한 학교법인, 사립학교 경영자뿐 아니라 소청심사의 피청구인이 된 학교의 장도 포함된다고 보는 것이 타당하다. [2] 사립대학교 총장이 소속 대학교 교원의 임용권을 위임받아 전임강사 갑에 대하여 재임용기간의 경과를 이유로 당연면직의 통지를 하였고, 이에 갑이 총장을 피청구인으로 재임용 거부처분 취소 청구를 하여 교원소청심사위원회가 재임용 거부처분을 취소한다는 결정처분을 한 사안에서, 대학교 총장이 교원소청심사위원회를 상대로 결정처분의 취소를 구하는 행정소송을 제기할 당사자능력 및 당사자적격이 있다고 한 사례.

37) Hufen, Verwaltungsprozessrecht, 8.Auf., 2011, §14. Rn.94.

내부영역과 외부영역간의 구분에 연계될 뿐만 아니라, 행정규칙의 법규성질의 결여를 근거지우기도 한다. 그런데 특히 특별권력관계의 토대인 불침투설과는 이미 결별하였음에도 불구하고 특별권력관계론에서 비롯된 내부영역과 외부영역의 공간적 범주상의 이원주의는 지금까지도 독일 공법학을 지배하여 행정규칙에 관한 전통적 통설이 여전히 주효하고 있다. 이런 현상에 대해 가령 F. Ossenbühl은 체념적으로, '존재론적으로 정해져 있는 요소'로서 '내부와 외부'를 언급하고,[38] P. Lerche는 독일 국법학은 외부효적(außenwirksam) 사건을 일방적으로 목표로 삼는다고 말하였다.[39] 독일의 경우 이런 이원주의에서 빚어진 권리보호의 공백을 나름대로 해소하기 위한 노력이 바로 허용되는 '내부소송'의 범위에 관한 모색이다.

한편 특별권력관계에 대해 대부분의 문헌에서 과거와는 다르지만 여전히 비중있게 다루어지고 있으며, 판례에서도 그 존재가 인정되고 있다.[40] 하지만 행정과 시민간의 법관계를 민주적 법치국가에 맞춰 더욱 체계적으로 조망하고 접근할 수 있는 행정법관계론에서는[41] 특별권력관계는 그 자체로 설자리가 없다. 굳이 그것을 내세우지 않더라도 관련한 다툼을 행정사건으로 포착할 수 있다.[42] 이런 간단한 결론은 차치하고서, 그것의 존속여하에 대해서 간략히 살펴보고자 한다. 공법상의 근무관계를 보자면, 공무원에 대해서는 가중된 의무가 지워지고 임용 등에서 광범한 재량이 인정되는 등 일반국민과 행정과의 관계에 비하면 나름의 특별한 점이 있다. 이 점에서 특별권력관계의 범주에 속하는 부분사회의 목적·기능이 제대로 성취되도록 나름의 특수성을 인정하면서, 구성원의 인권보장과 부분사회의 특수한 기능이 실제적 조화(praktische

38) ders., AöR 92(1967), S.1(4).

39) ders., in: Maunz/Dürig, GG, Art.84 Rn.95.

40) 대법원 1995.6.9. 선고 94누10870판결; 농지개량조합과 그 직원과의 관계는 사법상의 근로계약관계가 아닌 공법상의 특별권력관계이고, 그 조합의 직원에 대한 징계처분의 취소를 구하는 소송은 행정소송사항에 속한다. *대법원 1989.9.12. 선고 89누2103판결: 서울특별시지하철공사의 임원과 직원의 근무관계의 성질은 지방공기업법의 모든 규정을 살펴보아도 공법상의 특별권력관계라고는 볼 수 없고 사법관계에 속할 뿐만 아니라, 위 지하철공사의 사장이 그 이사회의 결의를 거쳐 제정된 인사규정에 의거하여 소속직원에 대한 징계처분을 한 경우 위 사장은 행정소송법 제13조 제1항 본문과 제2조 제2항 소정의 행정청에 해당되지 않으므로 공권력발동주체로서 위 징계처분을 행한 것으로 볼 수 없고, 따라서 이에 대한 불복절차는 민사소송에 의할 것이지 행정소송에 의할 수는 없다.

41) 아직은 그것이 행정법시스템을 선도할 행정법도그마틱의 제도가 되지는 않았다. 따라서 행정법체계는 앞으로도 여전히 행정작용형식을 지향할 수밖에 없다. 하지만 행정법도그마틱상의 "법관계'란 사고형상이 결코 새삼스러운 것은 아니며, 행정법관계론을 다루는 것 역시 무가치하지 않다. 관헌국가가 행정법의 기원이어서 그 관헌국가적 잔흔이 여전히 통용되거니와 경우에 따라선 행정법의 현대화를 위한 향상된 인식을 방해한다. 행정작용관계를 권력관계의 차원에서 접근하는 것이 대표적인 예이다. 이에 행정법관계론을 통해 행정과 시민간의 법관계를 민주적 법치국가에 맞춰 더욱 체계적으로 조망하고 접근할 수 있다. 요컨대 행정작용형식론과 행정법관계론, 양자는 지향점에서 다툼은 없고 상호 보완관계에 있다. Schmidt-Aßmann, Ordnungsidee, Das allgemeine Verwaltungsrecht als Ordnungsidee, 2.Aufl., 2004, 302.

42) 가령 대법원 2010.11.25. 선고 2010도10202판결이 형법 제156조상의 '징계처분'이란 공법상의 특별권력관계에 기인하여 질서유지를 위하여 과하여지는 제재를 의미한다고 판시하였는데, '공법상의 특별권력관계'를 '공법상의 근무관계'로 바꾸면 된다.

Konkordanz)를 기하고자 하는 제한적 긍정설의 견지에서 주장은[43] 충분히 수긍할 만하다. 그런데 이런 실제적 조화를 과연 굳이 특별권력관계나 그것의 변형인 특별행정법관계 또는 특별신분관계를 설정하여야만 기할 수 있는지 의문스럽다. 이미 전통적인 특별권력관계이론이 배척되는 이상 굳이 그것을 논의의 출발점으로 삼을 필요가 없다. 종래 특별권력관계로 운위되는 공무원근무관계, 재학관계, 병역관계, 수형관계를 독립된 법관계로 고찰하되, 사법심사에서의 다소간 다른 모습과 같이 해당영역에서의 그 나름의 특징을 부여하면 된다. 요컨대 실제로 문헌에서 주장도 되지 않는 것까지 소개되어 대표적인 과잉논의인 특별권력관계론은 그것의 역사적 역할을 마쳤다고 하겠다.[44] 대체적 표현인 '행정법적 특별관계', '특별신분관계' 등은 오히려 특별권력관계란 전통적 사고가 수용될 위험이 있다.[45] 요컨대 행정법관계론마냥 '법'관계적 인식에 바탕을 두면, 일반적이든 특별적이든 권력관계(Gewaltverhältnisse)나 다른 '비법관계'를 곧바로 부인할 수 있다. 즉, 시민의 *法以前*의 복종이란 의미에서의 일반적인 권력관계란 민주적 법치국가의 헌법하에서는 인정될 수 없다.[46]

(2) 공공단체의 원고적격인정의 가늠잣대

원고적격을 가늠함에 있어서 보통의 자연인의 경우와 같이, 공공단체 역시 -단순한 기회와 이익과는 대조적으로- 자신의 권리만을 자세히 말하자면 고유한 권리만을 주장할 수 있다. 해서 一般公衆의 권리와 그 구성원의, 주민의 이익을 주장할 순 없다. 독일의 판례에 의하면, 상공회의소는 영업감독의 조치와 그것의 폐지에 의해 자신의 고유한 권리의 침해는 주장할 수 있지만,[47] 회원의 권리 역시 상공회의소 그 자체에 원고적격을 부여할 수 없다.[48] 방송국이나 주의 미디어기관은 연방에서 수신가능한 프로그램의 허용에 대해 대항할 수 있지만,[49] 결코 시청자의 권리를 주장할 순 없다. 그리고 대학은 학문자유의 침해에 대해서만 대항할 수 있고, 학생의 상해로 인해 의문스런 교통조정에 대해서는 결코 대항할 수 없다.

한편 독일에서 공공단체의 기본권 침해로부터의 원고적격이 다투어 지고 있다. 여기서 연방헌법재판소의 판례는 매우 제한적이다.[50] 즉, 공공단체는 극히 이례적인 상황에만 기본권을 주장할 수 있다. 공공단체 및 그에 비견가능한 법주체를 위한 기

43) 천병태, "법치행정" 예외로서의 부분사회론, 고시연구, 1996.7, 43면 이하.
44) Ipsen, Allg. VerwR, 2000, R.194.
45) Maurer, Allg. VerwR, §8 Rn.31.
46) Hesse, Grundzüge des Verfassungsrechts der Bundesrepublik Deutschland, 20.Aufl., 1995, Rn.280ff.
47) OVG Koblenz, DÖV 1981, 845.
48) 도살장폐쇄에 대한 상공회의소의 소는 허용되지 않는다-VGH Kassel, NVwZ 1989, 779.
49) BVerwG, NJW 1997, 3040.
50) BVerfGE 61, 82, 103ff; 75, 192, 196.

본권보호의 주요한 대상은 다음과 같다: 단체로 파악된 종교공동체를 위한 종교의 자유, 공적 방송기관을 위한 방송통신의 자유,[51] 대학을 위한 학문의 자유와 경우에 따라서는 예술의 자유와[52] 이들의 부분단체(단과대학), 특정직업단체를 위한 결사의 자유.

Ⅳ. 맺으면서 – 민법적 논리가 아닌 공법적 논리로 접근

가장 기본적인 쟁점 가운데 아직도 해결되지 않은 것이 많음을 이 글을 통해 확인할 수 있었다. 당사자능력은 소송요건의 첫 단추임에도 불구하고 행정법문헌에서는 그냥 지나치는 수준에서 언급할 뿐이다. 행정소송법이 민사소송법의 특별법적 성격을 갖는 점에는 의문이 있을 수 없지만, 그 나름의 정체성을 담보하려는 노력이 너무 부족하였다. 입법론적으로 독일처럼 자족적인 행정소송법을 마련하는 것이 바람직한데, 그 바탕이자 전제는 관련 주제에 관한 심도 있는 논의이다. 독일에서는 공법학의 융성으로 민법의 原性岩이 훼손되어 간다는 민법학에서의 우려가 제기되는 것과는 대조적으로 우리의 경우 민법적 논리가 과도하게 공법적 이슈를 지배하는 듯하다. 끝으로 행정법이 법치국가원리의 구체화라는 본래의 소임을 다하기 위해서는 그것이 헌법의 집행법이자 구체화된 헌법으로서의 인식을 더욱 강하게 가져야 한다. 종래 대학의 지위와 대학의 자율권에 관한 헌법상의 논의가 행정법차원의 논의에 연계되지 못하였다. 학제적 연구가 강조되긴 하나, 우선 법학내부에서의 학제적 연구가 더욱 시급하다.

* 강원법학 제36권, 2012.6.30., 69면 이하 소수.

---

51) BVerfGE 31, 314, 322; 74, 297, 317; 78, 101, 102.
52) BVerfGE 15, 256, 262.

제 5 장

유럽행정법상 행정소송을 통한 권리보호시스템에 관한 연구

Ⅰ. 처음에 – 법공동체(Rechtsgemeinschaft)로서의 유럽연합

超國家的 組織體로서 國家結合體(Staatenverbund)인 유럽연합이 유럽연합조약에 의해 탄생하였다. 그리고 기왕의 유럽공동체조약과 유럽연합조약을 통해 통상의 국제조약과는 구별되는 超國家的 法秩序가 만들어졌다. 유럽법질서의 여러 규범은 각 회원국 법질서의 구성부분이 될 수 있으며, 경우에 따라서는 회원국의 행정청과 법원에 의해 적용되어야 한다. 여기서 유럽최고법원은 유럽연합을 법공동체(Rechtsgemeinschaft)로 특징을 지우고 그에 의거해서 구체적인 법효과를 도출한다. 따라서 개인의 권리보호상의 이익과 유럽연합의 집행상 이익을 균형을 맞추는 효과적이고 정합적인 권리보호시스템을 구축하는 것은 불가피하게 요구된다. 이런 권리보호시스템은 유럽연합의 다차원시스템에서의 권한을 회원국의 법원과 유럽연합 법원간에 사물(실체)에 맞춰 분배한다.[1] 그런데 유럽통합의 진전에 따라 집행위원회, 유럽행정청과 회원국행정청간의 행정적 통합(연합, 결합)상태가 등장함으로써, 유럽의 행정통

1) Schmidt-Aßmann, in: Hoffmann-Riem/Schmidt-Aßmann/Voßkuhle, Grundlagen des VerwR I, 2.Aufl., 2012, § 5 Rn.80ff.

합 · 결합체(Verwaltungsverbund)는 다름 아닌 통제(심사)의 결합체(Kontrollverbund)[2] 이나 권리보호의 결합체(Rechtsschutzverbund)[3]이기도 하다.

한편 유럽법집행상의 이원화 즉, 유럽연합소속기관에 의한 유럽법의 직접적 집행과 회원국행정청에 의한 간접적 집행을 구별하는 데 맞춰,[4] 유럽의 행정구제시스템 역시 이원적으로 구성되어 있다. 요컨대 유럽연합소속기관의 행위에 대한 행정구제는 원칙적으로 유럽연합법원에 의해, 회원국행정청에 의한 행위에 대한 행정구제는 회원국법원에 의해 행해진다. 상호 독립적이긴 하나 교호적 관계에 있는 양 행정구제 가운데 이 글에서는 前者에 초점을 맞추고자 한다.[5] 행정법학계의 오랜 숙원이 행정소송법개정이다. 따라서 여기서의 논의가 시대에 맞는 행정소송법을 마련하는 데 기여하는 데 초점을 맞추고자 한다.

Ⅱ. 유럽연합법원과 회원국법원의 권리보호임무

1. 유럽연합법원과 회원국법원의 권리보호임무

유럽법이 직접 유럽연합소속기관에 의해 집행될 경우, 권리보호의 임무는 당연히 유럽법원에 과해지기에, 이들 기관의 집행행위에 대한 소송에 관해 국내 법원은 관할권이 없다.[6] 그리고 유럽법원의 심사규준은 전적으로 유럽법이다.[7] 반면 회원국 행정청이 유럽연합을 직접적 간접적으로 집행하는 경우에는, 관련소송이 회원국 법원의 관할이다. 유럽법집행을 위한 회원국의 조치는 유럽법적 규준은 물론, -상위의 연합법과 일치하는 한에 있어서- 국내법과도 일치하여야 하기에 회원국 법원은 자신의 판단규준을 국내법은 물론 유럽법으로부터도 획득한다.

효과적인 권리보호의 원칙은 포괄적인 권리보호보장을 추구한다. 원칙적으로 법원에 의한 효과적인 권리보호가 제공되어야 한다. 이런 필요성은 특히 직접적 효과를 발생하는 유럽연합의 규범적 행위에서 또는 연합법집행을 위한 회원국의 법적 행위에서 생겨난다. 그리하여 회원국의 집행행위에 대한 소송이 유럽연합조약의 권리보

2) Schmidt-Aßmann, Das allgemeine Verwaltungsrecht als Ordnungsidee, 2.Aufl., 2004, Rn. 4/89.
3) Classen, Effektive und kohärente Justizgewährleistung im europäischen Rechtsschutzverbund, JZ 2006, 157ff.
4) Gundel, in: Schulze/Zuleeg, Europarecht, 2Aufl., 2010, §3 Rn.91ff.; Streinz, Europarecht, 8.Aufl., 2008, Rn. 537ff. 김중권, 유럽화된 독일행정절차법에 관한 연구, 2008. 9.30., 52면 이하.
5) 본래 계획은 회원국법원 특히 독일 국내법원에 의한 권리보호까지 진행하고자 했는데, 이는 다름 아닌 독일 행정소송법의 유럽화의 문제이다. 지면 관계상 이에 관한 논의와 함께 유럽연합을 상대로 한 손해배상청구는 다른 곳에서 진행하려 한다.
6) EuGH, Slg. 1987, 4230f., Rn.14-18; Slg. 2005, Ⅰ-10513, Rn.21.
7) 명시적으로 EuGH, Slg. 2004, Ⅰ-6677 Rn.43.

호시스템에 규정되어 있지 않지만, 회원국으로서는 효과적인 사법구제에 관한 권리(재판청구권)가 보장될 수 있는 권리구제와 소송절차에 관한 시스템을 구축할 의무를 진다. 나아가 회원국법원으로서는 권리구제에 관한 국내 소송절차규정을 해석하고 적용함에 있어서, 유럽법의 적용영역에서의 모든 법적 행위가 유럽법과의 일치성의 차원에서 심사될 수 있게 할 의무를 진다.

2. 유럽연합법원의 위상

사법권의 임무는 유럽의 조약시스템에서 유럽법원에 맡겨져 있다. 유럽법원은 1986년의 통일적인 유럽의 조치 이래로 '유럽최고법원(EuGH)'의 타이틀을 달고 있다.[8] 유럽최고법원의 핵심적 임무는 유럽연합조약(EUV) 제19조에 의해 유럽연합조약의 해석과 적용에서 권리를 보호하는 것이다. 이런 광범한 임무가 맡겨져 있어서, 유럽연합기관 가운데 유일하게 법원만이 통합공동체로의 조약법질서 전개에 대해 구체적인 형상을 부여할 권능을 갖는다. 유럽최고법원이 갖는 이런 특별한 형성의 잠재력은 그것의 재판관할에 대해 대상적으로 제한하지 않기에 더욱 강조된다. 이는 헌법재판소의 권한을 능가하며, 특히 미국의 대법원에 대응한다고 지적된다.[9] 즉, 유럽최고법원은 결코 헌법재판소로서만 기능하는 것이 아니라, 오히려 행정법원으로서도 민사법원으로서도 기능한다. 최근 유럽최고법원은 점점 더 조세법, 노동법, 지적재산권의 분야에서 그 역할을 하고 있다.

Ⅲ. 무효화소송

1. 의의와 본질

유럽연합법의 차원에서는 독일처럼 소송종류의 개괄주의를 택하지 않는다. 유럽업무방식조약(AEUV)은 다수의 소송종류를 완결적으로 규정하고 있다. 열거주의가 유럽연합법적 권리보호시스템을 위한 특징이다.[10] 그 소송종류 가운데 가장 효과적인 것이 유럽업무방식조약(AEUV) 제263조(구 공동체조약 제230조)에 의한 무효화소송인

---

8) 리스본조약에선 "Gerichshof der Europäischen Union"의 표현으로 규정되어 있다.

9) Danwitz, Europäisches Verwaltungsrecht, 2008, S.286.

10) 그런데 재판청구권이 표방하듯이, 공권력에 대한 흠결없는 개인적 권리보호의 원칙을 실현하기 위해서는 행정소송의 종류상의 개괄조항이 반드시 마련되어야 하고, 그리하여 이 규정이 행정소송법의 중심규범(Schlüsselnorm)로서 행정소송법의 발전을 견인하여야 한다. 소송종류를 법률이 정하지 않았다 하여 권리구제의 허용성을 원천부정하는 것(대법원 1990.10.23. 선고 90누5467판결; 1987.3.24. 선고86누182판결)은 사법의 본질에 전혀 맞지 않는다.

데, 이를 통해 유럽연합기구 및 유럽연합기관(이하 '연합기구 등'이라 한다)의 조치에 대해 개인적 권리보호를 위해 유럽법원에 행정구제를 강구할 수 있다.[11] 유럽업무방식조약 제265에 의한 부작위(불행위)소송(Untätigkeitsklage) 역시 동일한 의의를 갖는다. 이 무효화소송은 소위 직접적 소송(Direktklage)에 속하며, 그것은 유럽법원에 대한 직접적인 재판권을 연다. 그런데 무효화(소효)소송(Nichtigkeitsklage)이라는 표현에도 불구하고, 이 소송의 본질은 확인을 지향하는 권리구제가 아니라, 형성을 지향하는 권리구제이다.[12] 즉, 형성소송인 취소소송이다. 따라서 소가 이유 있으면, 유럽최고법원이 다투어진 법적 행위를 무효(nichtig)라고 판시하는데, 이를 통해 그 법적 행위는 폐지되게 된다. 본질이 취소소송인 점에서 용어로 인한 오해가능성을 주의하여야 한다. 그리고 인용판결이 내리기 전까지 유럽연합의 법적 행위에 대해서는 -마치 우리의 공정력과 같은 존속특권마냥- 통용추정이 적용된다.[13]

한편 현행 유럽업무방식조약 제263조 제4항은 구 공동체조약 제230조 제4항보다는 더 나아 갔다. 왜냐하면 자연인등이 자신을 상대로 하거나 자신을 직접적 개별적으로 관련시킨 작용을 대상으로 제기한 무효화소송만이 아니라, -자신을 직접적으로 관련시키고 결코 집행조치를 유발하지 않는- 명령적 성질의 법적 행위에 대한 무효화소송 역시 허용하기 때문이다.

2. 소송당사자

(1) 특권이 인정되는 원고의 경우

유럽업무방식조약 제263조에 의하면, 완전한 특권을 갖는 원고, 부분적 특권을 갖는 원고, 전혀 특권이 없는 원고의 3가지의 유형으로 구별된다. 즉, 동조 제2항에 의해 회원국, 유럽의회, 유럽각료회의(Rat, Rat der Europäischen Union: Council of the European Union),[14] 집행위원회는 완전한 특권을 갖는 원고에 속한다. 이들은 특별한 권리보호필요성을 주장할 필요 없이, 즉, 언제나 원고적격이 있다. 아래의 위법사유를 내세워 -동조 제1항에서 든- 유럽연합기구 등의 전체 작용에 대해 소를 제기할 수 있다.

반면 동조 제3항에 의해 부분적 특권이 있는 원고 즉, 심계원(Rechnungshof), 유

11) Classen, in: Schulze/Zuleeg, a.a.O., § 4 Rn.14ff.
12) Danwitz, a.a.O., S.290.
13) EuGH, Slg. 1957, 83(126).
14) 이는 유럽이사회(Europäischer Rat; European Council)와는 구별된다. 유럽이사회는 'EU정상회의'라고도 하는데, 유럽연합의 각 회원국의 정상들의 회의체이다. 입법권을 갖지 않으며, 유럽연합의 입법에도 참여하지 않지만, 입법의 방향 등을 제시하거나 각 회원국간의 타협을 발견한다든지 향후 유럽연합의 발전을 위한 계기를 마련한다든지 하는 상위기관으로서의 나름의 역할을 한다.

럽중앙은행과 지역위원회(AdR) 경우 자신의 권능의 침해를 전제로 하여 원고적격이 있다. 즉, 자신의 법적 이익에도 이바지하도록 결정되어 있는 법규범의 위반의 가능성을 설명할 수 있다. 이런 특권을 갖는 원고(privilegierte Kläger)와 관련한 무효화소송은 우선 헌법적 권리구제와 비견될 수 있기에,[15] 그것은 기관분쟁절차의 특징이자 추상적 규범통제의 특징을 갖는다.[16]

(2) 특권이 인정되지 않는 보통의 원고의 경우

무효화소송을 특권을 갖지 않는 원고 즉, 자연인(私人)과 法人이 유럽업무방식조약 제263조 제4항에 의해 제기할 경우에 그것은 전형적인 행정법적 권리구제로서 기능한다. 그런데 여기서 원고가 계쟁조치의 수범자이면 당연히 원고적격이 인정되어 문제되지 않는다.[17] 따라서 명령이나 다른 사람을 대상으로 한 결정에 대해 제3자가 무효화소송을 제기할 경우가 문제되는데, 여기서 동항은 아래에 보듯이, 비교적 엄격한 허용요건(원고적격)을 규정하고 있다. 즉, 원고가 직접적이고 개인적으로 관련이 있어야 한다(이익관련자소송).

i) 관련성: 자연인이나 법인의[18] 무효화소송은 이들이 그 조치에 대해 관련되는 경우에만 허용된다. 독일법의 경우 피침적 구조를 취하는데(행정법원법 제42조 제2항), 여기서 권리침해의 주장이 요구되지 않는다.[19] 그리하여 원고가 제소대상인 행위(작용)로 인해 실체적으로(실질적으로) 곤란하게 될 때, 그는 관련성을 갖게 된다.[20] 그런데 비록 유럽업무방식조약 제263조 제4항이 명문으로 '권리제한'을 말하진 않지만, 판례는 원고가 제소된 행위로 자신의 법적 지위를 제한(침해)받거나 제한받을 수 있는 경우에만 그 곤란함을 인정한다.[21] 그리하여 기본적으로 관련성은 실체적 차원에

---

15) Schwarze, in: ders., Der EuGH als Verfassungsgericht und Rechtsshutzrecht, 1983, S.11ff.

16) Danwitz, a.a.O., S.290; Dörr/Lenz, Europäischer Verwaltungsrechtsschutz, 2006, S.23. Rn.80.

17) 유럽행정소송법은 불이익처분의 직접적 상대방은 특별한 논거를 들지 않더라도 그것을 다툴 수 있다는 즉, 그에게 원고적격이 당연히 인정된다는 수범자이론(상대방이론)을 명문으로 인정하고 있다. 불이익처분은 적어도 일반적 행동의 자유와 관련이 있다는 점, 헌법상으로 자유가 포괄적으로 보호되고 있다는 점, 자유권은 기본으로 국가에 대한 방어권적 성격을 갖는다는 점을 수범자이론의 인정근거로 들 수 있다. 개인은 물론 법원에게도 논증상의 편함을 가져다 줄 동이론이 -그 필요성은 차치하고- 우리에게 통용되는지 여부는 논란이 있을 수 있겠지만, 대법원 1995.8.22. 선고 94누8129판결을 계기로 긍정적으로 봄직하다.

18) 여기서 법인은 연합법에 의거하여 정해지나 그것은 국내법에 연계된다. 그리하여 국내법적으로 권리능력있는(또는 부분적 권리능력있는) 것으로 여겨지는 조직단위가 원칙적으로 법인으로 다루어지며, 공법이나 사법의 권리주체인지 여부는 중요하지 않다. 그리하여 회원국의 지역단체와 권리능력있는 재단 역시 이에 속한다. 나아가 직능단체나 상공회의소와 같이 권리능력이 있는 단체나 기구도 법인과 동일한 지위를 갖는다. 여기서 자연인이나 법인의 주소가 유럽연합에 있어야 하는 것이 필수적이진 않는다. 그런데 제3국 역시 법인의 범주에 들어간다.

19) 독일법에서 만들어진 주관적 공권 개념은 유럽연합법에선 이질적이어서(EuGH Slg 1963, 1(25); Slg 1964, 1251(1270f.). 매우 드물게 주관적 권리라 설시한 것으로 Slg 1960, 1165(1189); Slg 1976, 1185(1200)), 그에 갈음하여 대부분 '개인의 권리'나 '개인적 권리'가 운위된다.

20) Dörr/Lenz, a.a.O., Rn.115.

서 포착한다. 가령 신청에 대한 어떤 조치가 내려졌을 때 그것의 이유제시만을 다툴 경우에는 그 관련성이 결여된다.[22]

ii) 직접성: 직접성 기준에 의해 단지 잠재적으로만 관련되는 자가 권리보호를 강구하는 것이 저지된다. 계쟁 행위 그 자체가 -다른 고권조치가 끼어들어가지 않더라도- 원고의 이익을 제한(침해)할 경우에만 직접적 관련성이 당연히 주어진다. 판례는 후속조치(집행)가 필요하긴 하나 그것이 강제되는 경우 가령 '준 자동적으로' 발생하게 되는 경우에는 그 직접성을 인정한다. 가령 유럽연합이 특정 회원국을 상대로 민간에 대한 보조금의 반환을 명하는 결정을 내렸을 경우처럼, 개인을 목표로 한 조치를 회원국상대로 하였을 때 그 회원국이 실행에 옮길 의무를 지고 아무런 재량여지가 없다고 하면, 그 조치는 개인에 대해 직접적으로 관련성을 갖는다.[23]

iii) 개별성: '개별적' 관련성의 기준에 의해 민중소송은 제외되게 된다. 언제 개별적 관련성이 존재하는지가 많은 다툼의 대상이다. 판례 역시 결코 분명하지 않다. 그것의 기초가 되는 Plaumann 공식에 의하면, 자연인이나 법인은 -그들을 다른 인적 범주와는 구별되게 만들고 (그들을) 수범자와 비슷한 방법으로 개별화시키는- 일정한 인적 특성이나 상황으로 인해 그들이 어떤 조치와 관련성을 가질 때, 그들 자신이 개인적으로 관련이 있다고 주장할 수 있다.[24] 그런데 판례의 다음의 사항을 염두에 넣어 다분히 임기응변적 접근을 강구하기도 한다: 추가적 상황 가령 구체적인 사안의 규율이 추가될 때 관련인의 범주가 (결정이나 명령인) 조치를 발하는 시점에 분명한지 여부,[25] 원고가 법적 규준이나 집행위원회의 가세에 따른 사전 행정절차에 참여하였는지 여부,[26] 원고의 구체적인 법적 지위가 느낄 정도로 제한받았는지 여부, 특별한 규범이 원고를 포함한 일정한 지위의 상황에 대한 고려를 명하였는지 여부.[27]

(3) 피 고

소가 제기된 법적 행위를 발했던 유럽연합기구(나 권리주체)가 무효화소송의 피고이다. 유럽업무방식조약 제263조 제1항에 언급된 연합기구(유럽의회, 유럽각료회의, 집행위

---

21) EuG Slg. 1999, II-3427 Rn.158-Boehring; Slg. 2000, II-3145 Rn.34-BP Chemicals.

22) EuG Slg. 1992, II-2181 Rn.31-NBV. 여기서 절차의 본질과 관련하여 節次奉仕說와 節次固有價値說이 대립하는 상황에서 후자에 대한 수정이 필요하다. 追論: 김중권, 행정법, 2013, 474면 이하.

23) EuGH Slg. 1979, 1185 Rn.11; Slg. 1985, 207 Rn.7ff.

24) EuGH Slg. 1963, 213(238); Slg. 1971, 897 Rn.4-10; Slg. 1993, I-1993 Rn.10ff. 최근의 것으로 EuGH, Rs. C-260/05 P, U. v.22.11.2007.

25) EuGH Slg. 1977, 709(726); Slg. 1977, 797(807f.).

26) EuGH Slg. 1986, 391 Rn.23ff.; Slg. 1990, I-2477 Rn.11ff.

27) EuGH Slg. 1995, II-2310 Rn.67; Slg. 1995, II-2941 Rn.61.

원회)와 유럽중앙은행 이외에, 기타의 유럽연합기관이나 기구 역시 피고가 될 수 있다. 유럽의회와 유럽각료회의의 공동작용에 대해 원고가 다툴 경우에는 이들 양자를 공동피고로 하여 소를 제기하여야 한다.[28] 유럽이사회((Europäischer Rat; European Council)는 유럽연합의 기관이 아니어서, 그의 작용은 무효화소송으로 다툴 수가 없다.

(4) 원고적격에 관한 'Plaumann 공식'의 완화 문제

유럽연합에서는 원고적격의 인정을 위해 개인적 권리의 침해가 반드시 요구되지는 않으며, - 오히려 마치 독일에서의 가능성설처럼- 경제적 이익의 제한으로도 원고적격은 충분하다.[29] 그렇지만 원고적격에서의 개인적 관련성은 당사자의 현재 상태를 위협하는 (법적 행위의) 결과에 의해 매개된다는 식으로[30] Plaumann 공식이 확고하다. 이는 보기에 따라서는 원고적격의 인정에서 매우 엄격하게 여겨진다. 그리하여 2002년에 효과적인 권리보호의 보장을 위한 유럽연합의 사법부의 의무를 내세워, 유럽최고법원의 법무감(Generalanwalt; Advocate-General)인 Jacobs와 유럽법원(EuG)은 규범불법에 대한 광범한 1차적 권리보호를 달성하기 위해서 원고적격규정(구 공동체조약 제230조 제4항)을 Plaumann 공식에서 벗어나 관대하게 해석할 것을 제안하였다. 그리하여 법무감 Jacobs는 공동체작용의 원고에 대한 개별적 관련성을 그 작용이 그 원고의 이익에 대해 현저한 영향을 미쳤거나 미칠 수 있는 경우에는 인정되어야 한다고 주장하였다.[31] 유럽법원(EuG)은 공동체규정이 자연인 등의 권리를 제한하거나 의무를 과하면서 그들의 법적 지위를 의심여지 없이, 그리고 현재 제한할 경우에는 그들이 개별적으로 관련된 것으로 여겼다.[32]

그런데 유럽최고법원(EuGH)은 보통 원고적격규정을 확대해석하는 것을 피하지 않지만, 이상의 관련성을 완화하려는 착안점에는 동조하지 않는다.[33] 동법원은 개별적 관련성 요구에 관해 본문이 명백하다고 여기고, 개별적 관련성의 기준이 소멸하게 될 것 같으면, 공동체법원으로서는 유럽조약에 의해 부여된 권능을 일탈하는 것이 된다고 본다.[34] 요컨대 유럽행정소송에서의 무효화소송이 독일식의 피침적 구조와는 달리 관련성구조를 띠고, 이익관련자소송(Interessentenklage)에 해당하긴 하나, 그것의 관련성, 직접성, 개별성에 관해 유럽최고법원이 비교적 엄격한 입장(Plaumann 공

---

28) Pechstein, EU/EG, Rn.383.
29) EuGH Slg. 1991, Ⅰ-2501 Rn.16f.; Slg. 1981, 2639 Rn.9.
30) EuGH Slg. 1991, Ⅰ-2501 Rn.17; Slg. 1994 Ⅱ-121 Rn.79-82, Ⅱ-323 Rn.44-47.
31) EuGH Slg. 2002, Ⅰ-6681, 6715.
32) EuGH Slg. 2002, Ⅱ-2361 Rn.51.
33) EuGH Slg. 2002, Ⅰ-6719, Rn.36ff; Slg. 2004, Ⅰ-3425, Rn.29ff.
34) 이에 대한 평가에서 독일 문헌상 찬반이 나뉜다. 논의전반에 관해선 Röhl, JURA 2003, 830ff.

식)을 견지하는 한, 결과적으로 독일의 보호규범론에 닿아 있다고 하겠다.[35] 규범인 명령에까지 소송대상성을 인정하기에 나름 엄격한 잣대인 'Plaumann 공식'을 통해 균형을 잡고 있다고 할 수 있다.

3. 소송대상

(1) 일반적 징표

제소대상은 무효화소송에 의해 단지 무효로 판시되어 소멸될 수 있기에, 무효화소송은 유럽연합기구 등의 법적 행위의 폐지가 소를 통해 강구될 수 있는 경우에만 허용된다. 따라서 그것은 -유럽연합법상으로 규정되어 있지 않는- 이행소송은 물론 -마찬가지로 유럽연합법상으로 빈번하지 않는- 일반적 확인소송과는 구분되어야 한다. 법효과의 소멸(제거)를 지향하는 무효화소송을 위해선 소송대상에 대해 다음의 것이 전제된다.[36]

ⅰ) 행위의 법적 존재: 어떤 행위가 법적으로 존재하여야 한다. 동조 제1항에 의하면 '행위(작용)'만이 무효화소송으로 다툴 수 있다. 유럽업무방식조약 제265조에 의해 불행위(부작위)소송만이 제기될 수 있는 단순한 부작위는 결코 여기서의 '행위'에 해당하지 않는다. 물론 행위에 나서는 것을 거부하는 경우나 권리보호를 구하는 자가 꼭 필요하다고 여기는 것을 내버려 두는 경우에는 단순한 부작위와는 구별되어야 하기에, 이들은 당연히 무효화소송의 대상이 된다. 나아가 처음부터 무효인(혹은 존재하지 않는) 법적 행위는 여기서의 행위와 구별되어야 한다. 유럽법원은 유럽연합의 모든 법적 행위의 적법성 추정을 출발점으로 삼는다.[37] 따라서 어떤 행위가 취소되지 않는 한, 무효화소송에서 무효로 판시되지 않는 한, 또는 예비판정절차에 따라 효력이 없다고 판시되지 않는 한, 그 법적 행위는 법효과를 발휘한다. 공동체법질서상으로 도저히 용인될 수 없고 그리하여 법적 행위가 -잠정적일망정- 결코 법효력을 발휘할 수 없을 정도로 하자의 중대함이 명백한 그런 법적 행위만이 법적으로 존재하지 않는 것으로 즉, 非行爲(Nichtakt)로 여겨져야 한다.[38] 물론 이런 부존재는 극히 이례적인 경우에 시인되는데,[39] 특히 기관이 자신의 권한을 중대하고 명

35) 그리하여 EuGH가 공동체법상의 규정이 시민을 "보호"하여야 한다고 명시적으로 강조한 점(EuGH, EuZW 1995, 636)을 들어 동법원이 독일적 특징인 보호규범이론에 동조하는 것 같다고 주장된다. Stern, Die Einwirkung des europäischen Gemeinschafts auf die Verwaltungsgerichtsbarkeit, JuS, 1998, S.769(771).

36) 그러나 유럽연합의 조약상의 법관계로부터의 다툼에 대해서는 유럽법원은 유럽업무방식조약 제272조에 즉, 중재조항에 의거하여 관장하지 무효화소송을 규정한 동 조약 제263조에 의거하지는 않는다.

37) EuGH Slg. 1994, Ⅰ-2555 Rn.48; Slg. 1999, Ⅰ-4643, Rn.93.

38) EuGH Slg. 2004, Ⅰ-8923 Rn.19.

백한 방법으로 초과한 경우에 고려된다고 한다. 처음부터 무효인(존재하지 않는) 법적 행위에 대한 무효화소송은 허용되지 않는다.[40] 하지만 이것이 유럽법원에 의한 무효의 확인을 배제하지는 않는다.[41]

ii) 유럽연합에로의 귀속가능성: -유럽각료회의와 집행위원회가 해당하는- 유럽연합기관 내지 (유럽중앙은행과 같은) 유럽연합의 권리(법)주체의 행위만이 제소의 대상이 된다. 유럽연합의 기구는 이에 해당하지 않아, 유럽이사회(Europäischer Rat; European Council)의 조치는 무효화소송의 대상이 될 수 없다. 나아가 (회원국이 기관대차의 방법으로 예외적으로 유럽연합를 위하여 행위에 나서지 않는 한) 비록 회원국이 연합법을 집행한다 하더라도[42] 또한 회원국의 작용이 유럽연합을 구속한다 하더라도, 이들 회원국의 행위는 유럽연합에 귀속될 수 없다. 私人의 조치 역시 당연히 유럽연합기관 등의 행위와는 분리되어야 하는데, 만약 사인의 조치가 공무위탁의 방법으로 유럽연합법집행에 들어오는 경우에는 유럽연합에 귀속될 수 있다.

iii) 권리구속효의 존재: 유럽업무방식조약 제263조 제1항에 의하면, 권고나 견해표명 즉, 아무런 법효과를 성립시키지 않는 행위방식은 무효화소송의 대상이 되지 못한다. 물론 -유럽업무방식조약 제126조 제7항이 규정하는 것처럼- 권고에 대해 법효과가 발생하는 경우는 다르다.[43] 법효과의 발생여부가 관건이다. 어떤 조치가 규율적 성격을 지니는지 여부 즉, 법효과의 성립을 분명히 목표로 하였는지 여부는 불분명하다. 어떤 행위가 구속적인 법효과를 낳도록 정해져 있는지 여부는 형식, 표현과 행위형식에로의 귀속가능성에 무관하게 결정되어야 한다.[44] 가령 준비조치, 단순한 통지, 반복적 결정이나 해지는 무효화소송을 통해 다툴 순 없다. 그러나 유럽업무방식조약 제263조 제2항, 제3항, 제4항이 규정한 명령(지침을 포함하여)과 결정은 당연히 법효과를 발생시키는 행위이다. 나아가 집행위원회가 발한 지침이나 집행위원회가 유럽업무방식조약 제108조 제1항에 의거하여 발한 공동체대강의 통지 역시 그것의 자기구속적 성격으로 인해 마찬가지이다. 물론 제소후에 법효과가 소멸하면, 계쟁물은 실효된다.[45]

iv) 외부효의 존재: 유럽업무방식조약 제263조 제1항에 의하면, 무효화소송은 '제

39) EuGH Slg. 1994, I-2555 Rn.50.
40) EuGH Slg. 1957, 213, 232f.
41) EuGH Slg. 1987, 1005 Rn.10.
42) Ehlers, in: Ehlers/Schoch, Rechtsschutz im Öffentlichen Recht, 2009, §8 Rn.12.
43) EuGH Slg. 2004, I-6649 Rn.50.
44) EuGH Slg. 1995, I-1651 Rn.20; Slg. 1996, I-1469 Rn.29. 여기서 근거규정의 성질과 유리시켜 법효과의 존부로 처분성을 판단하는 독일에서의 처분성논증이 연상되는데, 우리 판례 역시 이런 취하고 있다(대법원 2005.2.17. 선고 2003두14765판결; 2006.6.22. 선고 2003두1684전원합의체판결).
45) EuGH Slg. 2003, II-2097 Rn.38.

3자에 대한' 법효과를 즉, 외부효를 지닌 유럽의회의 행위(작용)에 대해서만 제기된다. 그리하여 예산계획의 공식적 확정,[46] 선거운동비용보조와 선거비용상환에 관한 의회의장단의 결정이[47] 이에 속하는 반면, 조사위원회구성에 관한 결정,[48] 예산계획의 시행은[49] 이에 속하지 않는다. 나아가 기타의 행정내부적인 법적 행위(순수한 조직행위나 직무지시) 및 종료되지 않은 표현행위 역시 무효소송의 대상이 되지 못한다.

(2) 자연인이나 법인의 제소에서의 소송대상의 문제

유럽업무방식조약 제263조 제4항은 이상의 필요한 일반적 징표를 넘어 자연인이나 법인의 제소대상으로 결정(Entscheidungen)과 명령(Verordnungen)만을 언급한다. 여기서 결정은 유럽업무방식조약 제288조 제4항에 의해 그것이 나타내는 사람에게 대해 구속적이며, 명령은 유럽업무방식조약 제288조 제2항에 의해 일반적인 통용을 지니는 것이 그 특징이다. 즉, 원칙적으로 추상적으로 규정된 사안과 일반적으로 규정된 인적 범주와 관련이 있다. 물론 다른 사람을 상대로 한 결정과 명령을 위한 원고적격은 직접적, 개인적 관련성의 기준에 의해 제한된다.

한편 유럽업무방식조약 제263조 제4항상의 이들 개념은 프랑스적 권리보호의 시스템에 의거하여 넓게 즉, 권리보호지향적으로(법형식을 지향하지 않는 식으로) 이해되나, 유의할 점은 독일의 경우 제3자효 행정행위의 문제는 새삼스런 것이 아니기에 유럽행정소송법이 프랑스법의 영향에 있다고 성급하게 단언하는 것은 곤란하다. 이 점은 원고적격에서 유럽최고법원의 비교적 엄격한 태도가 증명한다.

그런데 유럽최고법원은 집행위원회가 구 공동체조약 제86조 제1항과 제3항(현 유럽업무방식조약 제108조)에 의한 보조금감독기능의 범주에서 회원국에 대해 어떤 결정을 내리는 것을 거부한 것에 대해 결정의 성질을 부인하였다.[50] 내용상으로는 결정인 명령 즉, 구체적 개인적 개별규율을 나타내는 명령(소위 외관적 명령)의 경우 -조치적(처분적) 조례 건이 보여주듯이- 실질적 접근과 형식적 접근에 따라 성질이 다를 수 있지만, 유럽연합에서는 구별할 필요없이 무효화소송으로 다툴 수 있는 동규정상의 명령에 속한다.[51] 나아가 일반 공중에 대해서는 규범적 성격을 가지나 좁은 범주의 관련자에게는 개별적 성격도 지니는 즉, 이중적 성격을 갖는 규율(즉, 하이브리드적 명령)[52] 역시 마찬가지이다. 유럽법원[53]과 유럽최고법원은[54] 외관적 지침과

46) EuGH Slg. 1986, 2155 Rn.6.
47) EuGH Slg. 1986, 1339 Rn.27.
48) EuGH Slg. 1986, 1753 Rn.11.
49) EuGH Slg. 1986, 1017 Rn.7f.
50) EuGH Slg. 2005, I-1283 Rn.66-74.
51) EuGH Slg. 1962, 963, 979.

하이브리드적 지침의 취소제기를 허용한다.

결정과 명령은 법적 성질이 다르고 이런 취지를 반영하여 개념을 구분한 유럽업무방식조약 제288조의 관점에서 보면, 결정과 명령을 동일한 소송대상으로 삼은 무효화소송규정은 체계상 불일치성을 드러낸다. 사실 현행 무효화소송규정은 자연인과 법인에게도 효과적인 사법적 권리보호가 보장되어야 한다는 기본사고를 전면에 내세워 법형식의 문제를 뒤로 물린 것이다. 엄격한 법형식에 의거하여 소송형식을 제도화한 독일방식이 유럽전역에 특히 라틴계국가에 통용되거나 기대하기 힘들다는 점에서 유럽행정소송법체계의 이런 부조화는 당연하다. 그래서 오로지 원고적격에 좌우되며, 유럽최고법원으로서는 원고적격에서 당연히 엄격한 입장을 취한다.[55)]

4. 권리보호이익(권리보호의 필요성)

(유럽업무방식조약 제263조 제2항과 제3항상의) 특권이 있는 원고와는 대조적으로 보통의 원고에 대해서는 권리보호이익의 존재가 요구된다. 이런 이익은 원칙적으로 부수적이다. 그런데 실은 법적 행위의 폐지가 원고에게 아무런 법적 이익을 낳지 않을 때는 다르다.[56)] 제소된 조치의 집행이 권리보호필요성을 필연적으로 배제하는 것은 아니다.[57)] 한편 유럽최고법원은 유럽연합기관이 계쟁조치를 폐지하였다 하더라도, 일정한 경우(가령 구체적인 반복의 위험이 존재하거나 공동체를 기능화하기 위한 본질적인 의의에 관한 법적 물음이 제기되거나, 판결이 원고의 손해배상청구권을 위한 근거를 성립시킬 수 있게 하거나 법적 지위를 위해 문제가 되는 불확실성이 제거되는 경우)에는 권리보호의 필요성을 시인하곤 하였다.[58)] 여기서의 무효화소송은 진정한 형성의 소에 해당하지 않고, 우리 행정소송법 제12조 제2문의 문제(독일에서의 계속적 확인의 소)라 할 수 있다.

5. 인용가능성

유럽연합기관 등의 법적 행위가 유럽업무방식조약 제263조 제2항상의 네 가지 하자(무권한, 중요한 형식규정의 위반, 조약이나 적용법규범의 위반, 재량남용) 가운데 하나를

52) 이런 명령은 반덤핑법에서 볼 수 있다. 참조. EuGH Slg. 1984, 1005 Rn.11; Slg. 1991, I-2501 Rn.13, 16.
53) EuG Slg. 1994, II-871 Rn.17.
54) EuGH Slg. 1995, I-4149 Rn.32ff.
55) 그런데 행정소송법개정에서 핵심문제인 소송형식과 관련하여 법형식에서 벗어나기 위해, 유럽의 사례를 드는 것은 곤란하다. 유럽연합 전체의 측면에서 법형식구별의 강제가 자칫 혼란을 초래할 수 있다는 현실적 곤란함에서 비롯되었다는 점, 그 대응기저로 원고적격에서 엄격한 입장을 취하는 점, 유럽행정소송법은 단위 국가의 차원이 아니라는 점 등을 고려하여야 한다.
56) Dörr/Lenz, a.a.O., Rn.148.
57) EuGH Slg. 1986, 1965 Rn.21.
58) EuGH Slg. 1995, II-2305 Rn.60.

지니면, 그 무효화소송은 인용된다. 유럽최고법원에 대해선 원칙적으로 완전한 적법성심사가 과해진다. 이들 위법근거에 대해서는 한편으로 하자체계를 구조화하는 의의가 주어진다. 다른 한편 유럽최고법원은 형식적, 절차적 訴因인 '무권한성'과 '본질적인 형식하자'는 직권으로 포착하려고 하나, 실체적 소인인 '조약이나 적용법형식의 위반'과 '재량남용'은 원고가 주장하면 비로소 심사하려는 경향을 보인다.[59]

독일 행정소송법메커니즘이 피침적 구조를 바탕으로 권리침해와 위법성간의 견연성을 전제로 하나 프랑스의 경우에는 그러하지 않는데, 유럽행정소송에서의 본안심사는 프랑스법을 차용하여 객관적인 규준을 목표로 한다.[60] 사실 피침자소송이 아닌 관련자소송을 취하는 이상 위법성과 주관적 권리침해의 견연성은 당연히 논의에서 제외되며, 초국가적 조직체인 유럽연합을 상대로 한 소송에서 주관적 권리침해를 전제하는 것 역시 부적절하다. 특히 특권이 있는 원고가 제기하는 무효화소송은 기관분쟁절차의 특징이자 추상적 규범통제의 특징을 갖는다는 점에서 당연히 객관적 법위반으로 충분하다. 그리고 사인(자연인과 법인)이 제기하는 경우에도 원고적격의 판단기준인 '관련성'의 존부를 관련하여 권리제한(침해)이 결정적인 가늠자가 된다는 점에서 주관적 권리침해 문제로부터 완전히 벗어났다고 할 순 없다. 요컨대 유럽행정소송법에서의 프랑스법적 영향을 단선적으로 말할 수는 없다.

계쟁 작용의 적법성을 판단하기 위한 규준적인 시점은 -우리의 처분시설마냥- 원칙적으로 조치가 발한 시점이다.[61] 통제(심사)의 밀도는 일반적으로 독일의 헌법재판소와 행정법원에서의 그것보다는 뒤진다고 평가된다. 왜냐하면 유럽연합입법자에게는 독일법에서보다 더 광범한 형성여지가 부여되기 때문이다. 해서 비례성 심사가 독일만큼 엄격하게 행해지지는 않는다.[62]

개개의 하자와 관련하여 유의할 점은 다음과 같다. 중요한 절차규정의 위반과 관련해서 절차규정의 위반이 중요한지 여부는 절차규정의 종류에 의해 가늠되지 않고, 위반이 법적 행위의 내용에 혹시나 영향을 미쳤는지 여부에 좌우된다.[63] 즉, 개별경우의 상황에 따라 절차규정의 비준수가 본질적이거나 비본질적이거나 될 수 있다. 그리고 독일법과는 달리, 유럽연합법은 판단여지와 재량여지를 구분하지 않고, 활동하는 기관에 대해 형성여지가 주어지는 경우에 일반적으로 재량이라 말한다. 프랑스

---

59) Dörr/Lenz, a.a.O., Rn.178.
60) Dörr/Lenz, a.a.O., Rn.80.
61) EuGH Slg. 1996, I-4551 Rn.33; Slg. 1997, I-4475 Rn.46.
62) 비록 비례원칙이 독일에서 연유함에도 불구하고 그것을 구체적으로 적용함에 있어서 유럽최고법원은 독일식의 논증구조(적합성, 필요성, 상당성)를 그대로 따르지 않는다. 즉, 기본자유에 대한 회원국의 개입에서 그 제한의 적합성과 필요성만을 심사한다.
63) Dörr/Lenz, a.a.O., Rn.180.

법에 의거해서 계쟁 법적 행위가 제시된 목적과는 다른 목적을 위해 발해졌거나 규정된 절차를 회피하는 데 이바지할 경우에만 재량하자가 인정된다.[64] '조약이나 집행을 위해 적용될 법규범의 위반'은 포괄적 성격을 갖기에, 이상의 세 가지 폐지사유의 어느 하나에도 들어가지 않는 모든 위반을 포함한다. 그리하여 일반적 법원칙이나 유럽연합기본권 역시 당연히 심사척도가 된다.

6. 판결의 효력

무효화소송이 이유 있게 되면, 유럽최고법원은 계쟁작용이 유럽업무방식조약 제264조 제1항에 의해 무효(nichtig)라고 판시한다. 인용판결은 형성적 효과를 갖기에, 계쟁작용을 폐지(취소)한다. 그런데 강제조치와 관련하여 재량을 '무제한적으로' 심사할, 즉 나름의 합목적성고려도 행하고 나름의 조치(변경)를 발할 권한이 명령에 의해 유럽최고법원에 대해 이전될 수 있다(유럽업무방식조약 제261조). 즉, 금전벌이나 강제금과 같은 강제조치에 대해서는 적극적 변경을 취할 수 있다.

법적 작용이 상호 분리가능한 부분을 담고 있을 때는, 부분폐지 역시 고려된다.[65] 소대상인 명령이나 지침인 경우, 인용판결은 대세적으로(erga omnes) 효과를 미치는 반면 (수범자를 상대로 한) 결정의 무효판시는 상대방에 대해서만 영향을 미친다(inter-partes). 인용판결은 원칙적으로 소급효(ex tunc)를 갖는다.[66] 유럽업무방식조약 제264조 제2항에 의하면 유럽최고법원은 필요하다고 여길 경우에는 예외적으로 인용판결의 미래효를 부여할 수 있는데, 유럽최고법원은 EG-명령에 대해 종종 신뢰보호의 이유에서,[67] 공동체법의 통일적용의 이유에서[68] 예외를 인정하였다.

나아가 유럽연합기관의 작용이 무효로 판시된 경우에는 피고는 판결로부터 비롯된 조치를 취해야 한다(유럽업무방식조약 제266조). 판결의 기속력에 따라 부작위의무, 적극적인 처분의무나 결과제거의무가 생겨난다. 즉, 무효원인이 실체적 하자에 바탕을 두면, 동일하거나 내용적으로 동일한 조치가 행해져서는 아니 된다. 무효로 판시된 법적 행위에서 비롯된 시행조치는 폐지되어야 하고, 불법적으로 징수된 금전벌이나 납부는 상환되어야 한다.[69] 무효로 판시된 행위의 지속적인 불이익은 제거되거나 전보되어야 한다.[70]

---

64) EuGH Slg. 1966, 153, 176; Slg. 1996, Ⅰ-5755 Rn.69.
65) EuGH Slg. 1974, 1063, Rn.21; Slg. 1996, Ⅰ-4733 Rn.143.
66) EuGH Slg. 1988, 5459 Rn.22.
67) EuGH Slg. 1988, 5459 Rn.22.
68) EuGH Slg. 1985, 719 Rn.17.
69) EuGH Slg. 1997, Ⅱ-1185 Rn.42.
70) EuGH Slg. 1998, Ⅰ-2915 Rn.16.

Ⅳ. 부작위소송

1. 의 의

유럽업무방식조약 제265조 제1항에 의하면, 회원국이나 유럽연합의 다른 기관은 유럽의회, 유럽이사회, 각료회의, 집행위위원회나 유럽중앙은행이 조약에 위반하여 결정을 내리는 것을 부작위하는 데 대해서 소를 제기할 수 있다. 이처럼 유럽업무방식조약 제265조(구 공동체조약 제232조)에 규정된 부작위(불행위)소송(Untätigkeitsklage)은 유럽연합기관 등의 위법한 부작위에 관한 것이다. 무효화소송과의 관계에서 일반적으로 부작위소송은 보완적 성격을 갖는다고 본다. 부작위소송은 유럽연합법적으로 작위의무를 지는 연합기관 등의 '완전한 부작위'가 존재하는 경우에만 제기할 수 있다. 즉, 신청한 행위가 전부 또는 부분적으로 거부될 경우에는 유럽업무방식조약 제263조에 의한 무효화소송을 제기해야 한다.

사실 부작위소송의 실제적 의의는 낮다. 특히 자연인이나 법인에 의해 드물게 불행위소송이 제기되거니와, 적지 않은 소송 역시 허용되지 않는다고 각하되곤 한다.[71] 이처럼 부작위소송이 실무상으로는 결코 특별한 의의를 가지진 못하지만, 무효화소송을 보완한다는 점에서 이것의 도입으로 유럽연합법적 권리보호는 어느 정도 완성되었다고 하겠다.

2. 성 질

무효화소송마냥 부작위소송 역시 객관적 법적 통제는 물론, 주관적 권리보호에 이바지한다. 일종의 국가소송이나 기관소송마냥 회원국이나 유럽연합의 다른 기관에 의해 소가 제기될 경우에는 전자에, 반면 자연인이나 법인에 의해 소가 제기될 경우에 후자에 해당한다. 왜냐하면 유럽업무방식조약 제265조 제3항에 의하면, 이들에 대해 수범자적 지위나 직접적인 개별적 관련성이 요구되기 때문이다. 무효화소송과는 달리 부작위소송은 결코 형성소송이 아니며, 유럽업무방식조약 제265조 제1항에 의해 그것은 부작위의 조약위반을 단지 "확인하는 것"을 지향한다. 그래서 독일에서 동일한 상황에서 기능하는 의무이행소송이 아니라, 확인소송에 해당한다. 만약 연합기관 등이 계속 부작위하거나 행위의 결과가 소구에 맞지 않을 경우, 원고로서는 법원에 새로이 제소할 수 있긴 하나, 자신이 원하는 원래의 목표 달성에는 어느 정도 불확실

71) Burgi, in: Rengeling/Middeke/Gellermann, Handbuch des, Rechtsschutzes in der Europäischen Union, 2.Aufl., 2003, §8 Rn.5.

성을 피할 수 없다. 그리하여 입법정책적 차원에서(de lege ferenda) 독일의 의무이행소송마냥 유럽연합법적 의무이행소송을 조약본문에 담을 것이 주장되고 있다.[72)]

3. 원고와 소송대상

부작위소송은 완전한 부작위에 대해서만 대처할 수 있는데, 부작위가 명시적으로 묵시적으로 일어나야 하되, 원고에 따라 소송대상에서 약간의 차이가 있다.

먼저 회원국이나 유럽연합의 다른 기관이 제기하는 소에서 부작위의 대상인 '결정'과 관련하여 법적 행위에 국한하는지 여부가 논란이 된다. 지배적 견해에 의하면, 권리구속적인 법적 행위나 유럽업무방식조약 제288조상의 법적 행위에 해당할 필요가 없다. 따라서 부작위소송은 무효화소송의 대상이 될 수 없는 행위를 부작위한 것 역시 대상으로 삼을 수 있다.[73)] 그리하여 가령 집행위원회가 입법안을 제안하지 않은 것과 같은[74)] 준비행위의 부작위 역시 대상이 될 수 있다.[75)]

유럽업무방식조약 제265조 제3항에 의하면, 자연인이나 법인은 연합기관 등이 추천이나 견해표명에 해당하지 않는 행위를 부작위하였을 때에만 부작위소송을 제기할 수 있다. 그 결과 무효화소송 경우와 마찬가지로 그 대상이 권리구속적인 외부법적 행위에 해당하여야 한다. 그러나 명령, 지침이나 제3자지향적 결정에 대해서도 다툴 수 있는 무효화소송과는 달리 자신이 수범자가 되는 부작위만이 부작위소송의 대상이 된다. 그런데 판례는 때때로 원고가 직접적 개인적 관련성을 주장할 수 있는 한, 연합기구 등이 제3자를 상대로 결정내리는 것을 지체하는 경우에도 부작위소송을 허용하기도 하였다.[76)] 판례의 이런 태도는 -제3자효 행정작용에 대한 제소가능성을 규정함으로써 적극적인 경쟁자보호에 연계시키는- 사인 등에 의한 무효화소송 규정(유럽업무방식조약 제263조 제4항)에 부작위소송을 동조화시키는 셈이다. 이는 결과적으로 일종의 제3자에 대한 개입청구권 인정의 문제이다. Ehlers는 이런 접근방식이 분명 입법정책적으론(de lege ferenda) 환영할 만하지만, 유럽업무방식조약 제265조 제3항의 본문과는 일치하기가 극히 어렵다고 평가한다.[77)] 한편 가령 조약위반절차를 개시하지 않은 것과 같이 집행위원회가 회원국에게 어떤 결정을 내리지 않은 경

72) Ehlers, in: Ehlers/Schoch, a.a.O., §9 Rn.1.

73) Ehlers, in: Ehlers/Schoch, a.a.O., §9 Rn.8; Burgi, in: Rengeling/Middeke/Gellermann, a.a.O., §8 Rn.21.

74) Dörr/Lenz, a.a.O., Rn.205.

75) 물론 여기서 부작위소송의 소송대상은 인용판결이 내려질 수 있을 정도로 법적, 사실적 측면에서 자세히 표현되어야 한다.

76) EuGH Slg. 1996, Ⅰ-6065 Rn.59; Slg. 1998, Ⅱ-3407 Rn.58; Slg. 2003, Ⅱ-2157 Rn.29.

77) Ehlers, in: Ehlers/Schoch, a.a.O., §9 Rn.11.

우[78] 또는 집행위원회가 명령이나 지침과 같은 규범을 제정하지 않은 경우에는 자연인이나 법인이 부작위소송을 제기하는 것은 원칙적으로 허용되지 않는다.

4. 사전절차의 이행

(1) 선행요구의 존재

유럽업무방식조약 제265조 제2항에 의해, 부작위소송은 먼저 -피고가 될- 연합기관 등에 대해 행위에 나서도록 요구하는 것이 선행한 다음에 비로소 허용된다. 요구에 의한 이런 사전절차가 존재함으로써, 연합기관 등 피고로선 향후 부작위소송의 가능성을 의식하여 나름의 자기통제를 기할 수 있거니와, 사법부의 부담도 경감될 수 있으며, 나아가 잠재적 원고의 권리보호이익에도 이바지할 것이다. 물론 -사전절차를 규정한 조약위반소송절차에서와 마찬가지로- 차후의 사법적 소송대상을 미연에 정하는 의미도 있다.[79] 사전절차에서의 요구는 당연히 불행위소송의 제기보다 선행되어야 하고, 문서로 행해져야 하고, 관련 기관이 어떤 조치를 취해야 하는지를 충분히 자세히 나타내야 한다.

(2) 선행요구에 대한 입장표명의 부재

상대방인 연합기관 등이 2개월 이내에 아무런 입장을 밝히지 않았을 때만 비로소 부작위소송이 허용된다. 요구를 받은 연합기관 등이 원고의 소구에 합치하게 견해를 표명하면, 법적 다툼은 해소된다. 그러나 그것이 원고가 원하는 것에 미치지 못할 경우에, 즉, 전부나 부분적으로 부인하면 거부처분마냥 부작위소송이 아닌 무효화소송이 제기되어야 한다.[80] 여기서의 입장표명은 실체상으로 적극적이거나 소극적인 (거부하는 혹은 다른) 결정이 내려진 것을 요건으로 한다. 그리하여 연합기관 등이 아무런 행위를 하지 않거나 그 요구를 내용적으로 심사하는 것 또는 신청대상 조치를 본질적으로 인식하는 것을 거부하는 경우에는, 아무런 입장표명이 존재하지 않는 셈이다.[81] 질질 끄는 대답이나 단순한 중간통보 역시 입장표명이 있다고 할 순 없다. 원칙적으로 입장표명은 -유용한 무효화소송의 대상이 될 수 있는- 법적 행위를 요건으로 한다. 그러나 이것이 예외 없이 통용되는 것은 아니다. 한편 부작위소송의 신청을 무효화소송으로 전환하는 것은 허용되지 않는다. 오히려 무효화소송은 독립

78) EuGH Slg. 1989, 291 Rn.13; Slg. 1990, I-2181 Rn.11; Slg. 1994, II-1115 Rn.31.

79) 그리하여 소송대상이 제한될 순 있지만, 확대되어서는 아니 된다.

80) 여기서 인용판결이 내려지면, 앞에서 본 것처럼 유럽연합기관 등은 취소판결의 이유를 존중하여 신청에 대해 새로이 결정을 내려야 한다. Dörr/Lenz, a.a.O., Rn.198.

81) Dörr/Lenz, a.a.O., Rn.212.

적으로 제기되어야 한다.[82)]

5. 인용가능성

피고인 연합기관 등이 (유럽업무방식조약 제265조 제1항상의) 결정을 내려야 하거나 (동조 제3항상의) 법적 행위를 발해야 할 의무를 진다고 확인되면, 부작위소송은 인용된다. 전적으로 유럽연합법적 행위(작위)의무가 존재하는 경우만 그러한데, 그런 작위의무는 전체 유럽연합법으로부터 즉, 일반적 법원칙을 포함한 1차법은 물론, 2차법으로부터도 생겨날 수 있다. 행위에 나서는 것의 여부와 그 방법이 피고 연합기관 등의 재량에 속할 경우에는, 규정에 합당한 재량을 행사하면 이들이 행위에 반드시 나서야 하고 원하는 조치를 발해야 하는지 여부에 좌우된다. 즉, 재량의 영으로의 축소가 인정되어야 한다.[83)] 연합기관 등이 원하는 행위는 아니지만 다른 미미한(덜 나아간) 행위를 반드시 했어야 하는 경우에는 -마치 독일의 재결정명령판결(지령판결) 마냥- 소가 일부 인용된다(재량의 축소의 상황). 위법판단시점과 관련해서, -판결시를 취하는 독일과는 달리 일종의 처분시마냥- 행위에 나설 것에 대한 요구(요청)의 시점을 목표로 삼아야 한다(유럽업무방식조약 제265조 제2항).[84)] 그런데 유럽연합법이 행위에 나서는 것에 관한 시간적 규준을 담고 있지 않을 때는, 판례는 연합기관 등에게 통상 상당한 기간을 허용한다.[85)] 상당성의 여부는 그때그때 개별경우의 상황에 의해 특히 행정절차의 맥락, 절차진행에서의 참여자의 용태, 일(사무)의 복잡성, 다양한 참여자의 의의에 의거하여 판단이 내려진다. 한편 피고는 작위의무의 실현과 결부된 객관적 곤란함은 주장할 수는 없지만, 취할 조치의 내용을 확정함에 있어서 그리고 정책실현에서 우선을 확정함에 있어서 나름의 재량여지가 존재함을 내세울 수는 있다.[86)]

6. 판결의 효력

허용요건에선 무효화소송을 따르지만, 부작위소송은 형성판결이 아니라 확인판결을 지향한다. 즉, 그것이 허용되고 인용되면, 유럽법원은 조약위반을 단지 확인하여야 한다.[87)] 모든 확인소송처럼 그것은 집행가능하지 않다. 그럼에도 불구하고 피고

82) EuGH Slg. 1997, II-1161 Rn.72.
83) 재량축소에 관해서는 김중권, 행정법기본연구 I, 2008, 212쪽 이하 참조.
84) EuGH Slg. 1998, II-3407 Rn.71; Slg. 1999, II-2633 Rn.34.
85) EuGH Slg. 1997, I-1503 Rn.37; Slg. 1999, II-2633 Rn.37.
86) EuGH Slg. 1985, 1513, 1600.
87) Danwitz, a.a.O., S.296.

연합기관 등은 인용된 무효화소송에서와 마찬가지로 판결의 기속력에서 일정한 조치를 반드시 취해야 한다. 그런데 이런 확인판결 그 자체로는 법형성적으로 조약위반 상태를 제거하지 못하거니와, 피고로 하여금 행위에 나서도록 강제하는 것 역시 가능하지 않다. 그리하여 가령 집행위원회결정의 경우 내용적 특징인 재량여지로 인해, 인용판결은 실제로 마치 독일의 재결정명령판결(지령판결)마냥 제한적인 의미를 갖는데 그친다.

한편 유럽최고법원으로서는 -독일의 의무이행소송처럼- 피고로 하여금 원고가 구한 행위를 발하도록 명하는 것을 내용으로 하는 판결을 해서는 아니 된다.[88] 즉, 확인된 '조약위반성'은 피고 연합기구 등으로 하여금 단지 '스스로' 유럽업무방식조약 제265조의 규준에 따라 요구된 조치를 취하도록 의무를 지울 뿐이다.

V. 조약위반소송

1. 의의와 성질

조약위반소송(Vertragsverletzungsklage)은 회원국이 조약을 위반하였는지 여부의 물음에 대해 구속적으로 밝히기 위한 것이다. 유럽최고법원의 판례에 의하면, 집행위원회는 회원국에 의한 공동체법의 시행을 감시하고 그 의무위반을 소송절차를 통해 확인할 임무를 갖는다.[89] 즉, 집행위원회는 '조약의 수호자'로서 회원국으로 하여금 유럽연합의 제 조약을 준수하도록 강제시키는 역할을 맡는다. 그리하여 집행위원회로서는 조약위반소송절차를 통해 자신의 역할을 충실히 수행한다.[90] 유럽업무방식조약은 두 가지 유형의 조약위반소송을 규정하고 있다: 회원국에 대한 집행위원회의 감시소송(동조약 제258조)과 회원국간의 소송(동조약 제259조).

조약위반소송절차는 권리보호필요성의 존재에 좌우되지 않는 객관법적인 감독절차로서의 성질을 갖는다. 여기서 법위반이 연합시민의 권리 역시 침해하였는지 여부는 결정적이지 않고, 사인도 조약위반소송을 직접 제기할 가능성도 없다. 하지만 조약위반소송절차가 개인적 권리보호를 위해 전혀 의미가 없지는 않다.[91] 그것의 유효성은 특히 연합시민, 기업 그리고 단체가 이의신청(소원)을 함으로써 그에 의해 개시할

88) 독일 행정법원법 제113조 제5항 제2문에 따른 의무이행소송을 구하는 것은 유럽최고법원에 의해 통상 허용되지 않는 것으로 각하된다. 참조. EuGH Slg. 1993, I-1093 Rn.13.

89) EuGH, Rs. C-456/05, U. v. 6.12.2007, Rn.25.

90) 그런데 현실적으로 즉, 유럽최고법원의 실무상으로 특히 유럽업무방식조약 제259조에 의한 회원국의 신청에 의거한 조약위반소송절차는 그다지 언급할 만한 역할을 하지 못한다고 한다.

91) Ehlers, in: Ehlers/Schoch, a.a.O., §7 Rn.2.

가능성이 있다는 데 있는데, 이런 우회적 방법으로 조약위반소송절차는 개인적 권리보호에도 이바지한다. 왜냐하면 개인이 국내법원에서 조약위반절차에서의 유럽최고법원의 판결을 원용할 수 있으며, 또한 국내법규정의 연합법위반을 주장할 수도 있기 때문이다. 결과적으로 조약위반소송에 의해 유럽연합법상의 개인의 권리보호가 마무리될 수 있다. 다른 한편 조약위반소송은 특히 연합법적 쟁점을 최종구속력있게 밝히는 데도 이바지한다. 가령 연합지침이 다의적이어서 집행위원회와 제 회원국이 바른 전환을 두고서 다툴 경우에, 조약위반소송은 효과를 거둘 수 있다.

2. 소송당사자

집행위원회나 모든 회원국이 원고가 되며, 유책 회원국이 피고가 된다. 조약위반소송절차는 유럽연합법의 객관적 통제에 이바지하기 때문에, 원고적격의 차원에서 -다른 소송유형에서 요구되는- 다른 요건은 충족될 필요는 없다. 집행위원회와 회원국만이 원고가 될 수 있기에, 만약 개인이 소위 회원국의 불법에 대해 대처하고자 하면, 그는 직접적으론 해당 회원국의 국내법원에 권리보호를 구해야 한다. 그러면 해당 국내법원은 경우에 따라서는 유럽업무방식조약 제267조(구 공동체조약 제234조)에 따른 상응한 물음을 유럽최고법원에 제청할 수 있거나 제청하여야 한다. 또한 개인은 집행위원회에 대해 조약위반소송절차를 개시하도록 이의제기할 수 있다. 이런 이의제기에 대해 집행위원회로선 심리할 순 있겠지만, -설령 정당한 요망이라 하더라도- 반드시 조약위반소송절차를 개시하여 나설 의무는 존재하지 않는다. 즉, 조약위반소송절차의 개시여부와 관련해서는 전적으로 집행위원회의 재량이 부여되어 있다.

3. 소송대상과 제소기간

피고 회원국이 구체적으로 표기된 행위에 의해 유럽연합조약의 특정한 규정을 위반하였는지 여부의 물음이 소송대상이다. 성문의, 불문의 유럽연합법을 지키지 않았을 때 조약위반이 존재한다. 조약상의 규율이외에도 일반적 법원칙, 제3국과의 협정, 연합기관의 구속적인 법적 행위(명령, 지침, 결정)를 지켜야 한다는 것은 조약 자체로부터 생겨나기에, 작위나 부작위가[92] 이런 연합법과 합치하지 않아 위배되면 곧바로 조약법의 위반이 존재한다. 여기서 결정적인 것은 회원국의 행위이다. 즉, 국가의 작용만이 가늠대상이기에 국가권력을 행사하는 모든 주체가 고려된다. 그리하여 국가

92) 유럽법적 의무를 불충분하게 이행하는 것 역시 조약위반소송절차의 대상이 될 수 있는데, 실제로 유럽연합지침의 불충분한 전환에 대한 소송이 가장 빈번하다.

가 설립한 사법형식의 공기업은 물론 국가가 출자하여 지배하는 사권주체 역시 이에 포함된다.[93] 조약위반이 국가권력의 어떤 담당주체(입법부, 행정부, 사법부)에 의해 행해졌는지는 당연히 중요하지 않다. 그리하여 모든 국가기관의 활동 가령 입법자의 규범제정 개개의 행정결정 및 국내법원의 일정한 판결이[94] 고려된다. 마찬가지로 해당 국가기관이 핵심적 단위나 비핵심적 단위로 활동하는지 여부는 중요하지 않다. 왜냐하면 어떤 국가기관이 유럽연합법위반인 행위에 대해 책임을 지는지의 물음은 종종 유럽최고법원과 전적으로 무관한 국내법에 의해 답해져야 하기 때문이다. 그렇지만 공공의 안녕질서를 유지하기 위한 제 조치는 대상이 될 수 없다.[95]

사인의 행위는 당연히 조약위반소송의 대상이 될 수 없는데, 국가가 사인의 행위를 결정하였거나 영향을 미쳤을 경우 혹은 연합법이 회원국으로 하여금 사인의 활동에 대해 개입하도록 의무를 과한 경우에는[96] 다르다. 즉, 이 경우에는 해당 국가를 상대로 조약위반소송을 제기할 수 있다. 원칙적으로 조약위반소송은 원칙적으로 기간에 구속을 받지 않는다.

4. 사전절차의 이행

조약위반소송에 들어가기에 앞서 사전절차가 이행되어야 한다. 이런 사전절차는 실제로 주목할 정도로 경고기능과 여과기능을 발휘하며, 동시에 소송물의 분명한 확정에도 이바지한다.[97] 유럽업무방식조약은 원고에 따라 약간 다르게 사전절차를 규정하고 있다.

(1) 집행위원회가 조약위반소송절차를 개시할 경우

먼저 원고가 집행위원회인 경우 사전절차는 두 단계로 구성된다(유럽업무방식조약 제258조). 즉, 우선 집행위원회가 해당 회원국에 대해 자신의 견해에 의하면 일정한 사안이 조약위반에 해당한다는 입장을 근거를 들어 나타낸다('독촉장'). 이때 해당 회원국으로서는 집행위원회가 정한 기한(통상 2개월) 내에 견해를 표명할 기회를 갖는다. 여기서 해당 회원국 국가가 집행위원회의 입장에 표현된 요구를 정한 기간안에 따르지 않을 경우, 집행위원회가 비로소 유럽최고법원에 소를 제기한다.

만약 집행위원회가 가령 회원국의 견해표명에 기하여 자신의 판단을 바꾸면, 일정

93) EuGH Slg. 2001, I-4527 Rn.12; Slg. 2002, I-593 Rn.16.
94) 법관의 독립성의 원칙은 이것에 배치되지 않는다.
95) 유럽업무방식조약 제276조.
96) EuGH Slg. 1982, 4005 Rn.15, 23ff.
97) EuGH Slg. 2003, I-13145 Rn.27.

한 쟁점이 해소된 경우에만 절차가 곧바로 속행할 수 있다. 하지만 집행위원회가 회원국이 조약위반을 범했다는 평가를 원래 제시한 것과는 다른 사실적, 법적 관점에서 근거를 둘 경우에는, 사전절차가 다시 진행되어야 한다. 만약 사전절차를 다시 밟지 않으면 소는 허용되지 않는다.[98] 회원국이 제소전에 그의 행위를 바꾸면, 집행위원회의 견해에 의하면 애초의 위반은 제거되어 있지 않지만 소송에서의 비난은 약해질 수 있다. 집행위원회가 조약위반소송을 제기한 이후 회원국의 행위에서 변화가 있더라도, 기왕의 조약위반소송은 아무런 영향을 받지 않는다. 하지만 보조금통제, 영내시장에서의 법일치화. 일정한 국내권능의 남용에 관한 유럽업무방식조약상의 규정을 위반한 경우, 집행위원회(및 유럽업무방식조약 제259조의 경우 다른 회원국)는 이상의 사전절차를 거칠 필요 없이 유럽최고법원에 곧바로 조약위반소송을 제기할 수 있다.[99]

(2) 회원국이 조약위반소송절차를 개시할 경우

회원국이 다른 회원국의 조약위반에 대해 유럽최고법원에 소를 제기하려면, 그 회원국은 먼저 집행위원회에 제소의 절차를 맡겨야 한다(유럽업무방식조약 제259조). 이에 집행위원회는 관련 회원국에 대해 대심절차에서 서면과 구술에 의한 견해표명의 기회를 부여한 다음, 근거를 제시하면서 자신의 입장을 나타낸다. 여기서 조약을 위반하였다고 문제를 제기한 회원국의 평가에 동의할 것 같으면, 집행위원회는 이상에서 본 유럽업무방식조약 제258조에 의한 절차를 진행한다. 즉, 일정 기간안에 집행위원회가 과한 의무를 해당 회원국이 이행하지 않을 때 집행위원회는 소를 제기하여야 한다. 반면 집행위원회의 차원에서 아무런 조약위반이 없다고 보거나 소를 제기하지 않을 경우에는, 문제를 제기한 회원국이 직접 제소할 수 있다. 집행위원회가 3개월 이내에 아무런 입장을 나타내지 않았을 때도 직접 제소할 수 있다

5. 인용가능성

소를 제기한 시점에 유럽최고법원에 의해 확인된 문제의 행위가 회원국에게 귀속가능하였고 주장된 법위반에 해당하면, 그 소는 이유 있게 된다. 피고 회원국가가 예외 규정(가령 양적 수입제한을 금지하는 유럽업무방식조약 제34조 등)에 해당한다고 주장하는 경우가 아닌 한, 원고가 원칙적으로 주장・입증의 책임을 진다. 한편 사적

98) EuGH Slg. 1981, 3019, Rn.21.

99) 유럽업무방식조약 제108조 제2항(보조금통제), 제114조 제9항(영내시장에서의 법일치화), 제348조 제2항(일정한 국내권능의 남용).

활동과 관련해서는, (공기업의 경우처럼) 그것이 회원국에게 귀속될 수 있는 경우[100] 혹은 회원국이 공동으로 고유한 의무(가령 보호의무)를 위반한 경우에만 회원국차원의 책임이 성립한다.

그런데 해석이 분명하지 않는 국내의 규범적 행위가 유럽연합법과 합치하는지 여부를 판단하기란 매우 어렵다.[101] 먼저 유의할 점은, 국내법에 대해 통상 유럽연합법합치적 접근을 강구할 수 있으며, 그런 접근이 보장되어야 한다는 것이다. 그리하여 가령 유럽연합지침의 전환이 문제된 사안에서 유럽연합법과 관련한 다의성이 존재해서는 아니 된다.[102] 이밖에 국내법의 해석을 위한 구속적인 규준을 만드는 것이 유럽최고법원의 임무는 아니다. 오히려 유럽최고법원은 통상 국내법원의 해당 판례를 목표로 삼아야 한다.[103] 그런 것이 존재하지 않을 때는, 유럽최고법원은 지침전환절차에 직접 참여하는 행정부의 견해표명을 전적으로 신뢰할 수 있다고 하겠다.

6. 판결의 효력

소가 이유 있으면, 유럽최고법원은 피고 회원국이 조약상의 의무를 위반하였다는 것을 내용으로 하는 확인판결을 내린다. 판결 이후에 피고 회원국은 피해구조에 필수적인 조치를 지체 없이 취해야 한다(유럽업무방식조약 제260조). 만약 피고 회원국이 이에 따르지 않는다면, 집행위원회는 제2차 조약위반소송을 개시할 수 있다. 그런데 이 소송은 앞서의 조약위반에 의한 제1차 소송절차와는 구별되며, 본질이 판결의 불복에 해당한다(유럽업무방식조약 제260조 제2항). 이에 따라 사물적으로 첫 번째 판결에서 논의된 비난만이 문제될 수 있다. 두 번째 소송에서 집행위원회는 관련 피고 회원국이 지불하여야 할 -제재로서의- 일괄금액과(또는) -압력수단으로서의- 강제금을 신청해야 한다.[104] 물론 유럽최고법원은 그것에 구속되지는 않는다. 그리고 조약위반소송에서의 유럽최고법원판결의 확정력은 당연히 국내법원도 구속한다.[105]

100) EuGH Slg. 1982, 4005, Rn.15; Slg. 1996, I-3265 Rn.4.
101) 연합지침의 불충분한 전환에 대해 비난이 가해질 경우, 이들 지침을 전환시킨 법적 행위(가령 국내 법규범)가 적법한지 여부에 좌우되지 않는다.
102) EuGH Slg. 1986, 2956 Rn.11; Slg. 1991, I-2567 Rn.20.
103) Meddeke, in: Rengeling/Middeke/Gellermann, a.a.O., §4 Rn.11.
104) EuGH Slg. 2006, I-6885 Rn.45.
105) Dörr/Lenz, a.a.O., S.17 Rn.58.

Ⅵ. 예비판정절차

1. 의 의

유럽연합법의 집행은 통상 회원국의 관할이기에,[106] 유럽연합법의 전환의 적법성에 관한 통제는 우선 국내 법원의 임무에 속한다. 국내법질서와 유럽연합법질서의 이런 분화된 권리보호시스템에도 불구하고, 연합법질서의 통일성과 정합성이 유지될 수 있도록, 양 재판권을 특별히 연계시킬 필요가 있다. 유럽업무방식조약 제267조(구 공동체조약 제234조)에 의한 예비판정절차(Vorabentscheidungsverfahren)는 이런 상황을 고려하여 만든 법제도이다. 회원국의 국내법원에 의한 제청을 기점으로 삼음으로써, 예비판정절차에 의한 연계는 한편으로는 국내법원이 연합법을 해석하고 개별경우에 적용하는 것을 허용하면서, 다른 한편으로는 연합법의 해석과 관련한 의문이 최종적으로 해명될 수 있다는 점을 확고히 한다. 나아가 위계적으로 단계화된 법질서에서 법적 통일성을 위해, -파생된 법의 규범의 통용에 관해 최종적으로 결정을 내리고 배척독점을 행사할 수 있는- 審級을 필요로 한다.[107] 이런 식의 협력을 통해 모든 회원국에서 규정에 맞는 연합법의 적용과 통일적인 해석이 확고하게 만들어진다.[108]

예비판정절차는 실무상으로 유럽최고법원의 판례 가운데 가장 많은 건의 소송종류로 발전되었다.[109] 유럽연합법의 적용을 맡은 법원으로서의 국내법원과 유럽최고법원간에 협력을 성립시킴으로써, 예비판정절차는 궁극적으로 회원국법원에 의해 재판되는 법적 분쟁에서 중간절차로서의 기능을 발휘한다. 그리하여 예비판정절차는 법학적 규범해석을 위한 객관적인 재판절차가 되어 버린다. 특권이 없는 사인은 유럽업무방식조약 제263조 제4항에 의해 비교적 엄격한 원고적격이 요구되는 관계로 유럽연합의 법적 행위에 대해 무효화소송을 극히 제한적으로 행사할 수 있다. 예비판정절차는 이런 상황에 대한 기능적 등가물인 셈이다.[110] 결과적으로 유럽연합법에서의 법학적 해석물음에 대한 대답에 집중하는 것이 유럽최고법원의 일반적인 업무방식이 되어버렸다.[111]

---

106) Schwarze, Europäisches Verwaltungsrecht, 2. Aufl.(2005), S.25ff.
107) 헌법재판소의 배척독점의 정당화를 위해서도 법통일의 사고가 동원된다.
108) EuGH, Slg. 1982, 3415 Rn.7; Slg. 2005, Ⅰ-8151 Rn.38.
109) 2006년을 기준으로 처리된 546건 가운데 266건(46,32 %)이 예비판정절차의 건이다.
110) Danwitz, a.a.O., S.294.
111) 대륙법계 헌법재판소는 전통적으로 결코 초상고심이 되지 않으려는 경향을 띠는데, 전체적으로 유럽최고법원의 대처방법은 이런 경향과는 현저한 대비를 드러낸다.

2. 소송대상

유럽업무방식조약은 세 가지의 소송대상을 규정하고 있다: i) 조약의 해석에 대한 물음, ii) 연합기관 등의 작용의 유효성(효력)과 해석에 대한 물음, iii) 유럽각료회의에 의해 설립된 기구의 정관에 대한 물음. 그렇지만 iii)은 그다지 중요하지 않다. 해석을 위한 물음은 전체 연합법과 관련이 있을 수 있다. 여기에는 특히 견해표명이나 그 밖의 표시행위와 같은 법적으로 비구속적인 행위도 포함된다. 그렇지만 소위 '혼합적인' 협정의 경우에는, 그것이 전적으로 회원국의 관할에 들어가더라도 유럽최고법원에 의한 해석의 지배를 또한 받는지 여부가 다투어진다. 이에 반해 -국내법과 연합법의 일치성을 위한 물음을 포함하여- 국내법의 해석을 위한 물음의 경우에는 예비판정절차는 허용되지 않는다. 한편 잘못 제기된 물음에 대해 유럽최고법원은 경우에 따라서는 실체에 맞춰 변경하여 심리할 수 있다.[112] 중요한 것은 여기서 소송대상이 되는 물음이란 연합법의 추상적 해석에 국한된다는 것이다. 따라서 개별사건에서의 연합법의 적용가능성에 대한 물음은 소송대상이 될 수 없다. 연합법의 유효성에 대한 물음은[113] 2차법과 연계해서만 제기될 수 있다.

한편 유효성(효력)의 물음의 경우, -유럽업무방식조약 제263조 제5항에 의해 인정되는- 존속력이 원고와의 관계에서 예비판정절차에서도 준수되어야 한다.[114] 유럽업무방식조약 제277조가 규정한 부수적 통제 역시 예비판정절차에서 진행될 수 있다. 왜냐하면 命令의 경우 특권이 있는 원고를 제외하고서는 원칙적으로 결코 취소를 제기할 수 없기 때문이다. 유럽법원과 국내법원에서 연합법의 폐지를 목표로 하는 병렬적 절차가 진행될 경우, 이것은 제청권에 경우에 따라서는 영향을 미친다. 연합기관 등이 의무에 반하게 부작위한 경우에 그것의 위법확인을 예비판정절차를 통해 제청할 수는 없다.[115] 이 경우 권리보호는 소관 연합기관 등을 상대방으로 하여 직접 부작위소송을 제기하여 강구할 수 있다.

3. 제청권자

모든 국내법원이 예비판정절차를 위한 제청권을 갖는다. 연합법상 여기서의 법원은 관련 부서(법원)가 독립적이고 법률적 근거에 의거하여 계속적으로 존재하여야 한다는 것을 요건으로 한다. 당연히 다른 분쟁당사자의 동의가 없더라도 가동할 수

112) EuGH, Slg. 1996, Ⅰ-4705 Rn.24.

113) 이것은 결정에 중요한 법적 행위의 기초가 되는 법적 행위와도 관련될 수 있다. EuGH, Slg. 1983, 2771 Rn.10.

114) EuGH, Slg. 1994, Ⅰ-833 Rn.18; Slg. 2003, Ⅰ-1875 Rn.31.

115) EuGH, Slg. 1996 Ⅰ-6065 Rn.53.

있어야 하기에, 특히 민간에 의한 중재법원은 배제된다.[116] 즉, 예비판정절차를 위한 제청을 할 수가 없다. 그리고 쟁송절차에서 구속적인 판결이 법적 규준에 의거해서만 발해져야 한다는 점에서,[117] 등기법원 역시 제청할 수 없다.[118] 제청권이 존재하면, 이는 회원국의 국내소송법에 의해 제한되어서는 아니 된다. 유럽최고법원의 (실용적인) 판례에 의하면, 특히 상위법원이 사안을 자신의 법적 견해에 구속되어 하위법원에 환송하더라도 그러하다.[119] 한편 국내법원이 유럽최고법원에 대해 유럽의 법적 행위의 유효성(효력)[120]에 대해 물음을 제기하고자 하면, 국내법원으로서는 유럽차원에서의 통용(효력)에 관한 계류 중 다툼에 대해 판결이 내려질 때까지 법적 다툼이 중지되지 않았는지 여부를 심사하여야 한다.[121]

4. 제청의 요건

판결의 현저성(중요성)이 제청의 요건이다. 즉, 국내법원이 내려야 할 판결이 제기된 물음에 대한 유럽최고법원의 대답에 좌우되어야 한다. 해석이나 효력의 물음에 대해 여러 다양한 대답이 가능하여 그로 인해 다양한 결과가 초래될 경우에만 제청이 허용된다. 판결의 현저성(Entscheidungserheblichkeit) 여부의 판단과 관련해서, 유럽최고법원은 국내법원에 대해 광범한 여지를 부여한다. 그 이유는 한편으로 판결의 현저성이 통상 결정적으로는 -유럽최고법원이 결코 판결근거로 삼을 수 없는- 국내법에도 좌우된다는 것이다. 다른 한편으로는 해석의 물음에서는 贊反이 간단히 대비되는 대답은 존재하지 않고, -국내의 법적 다툼에 대한 영향의 측면에서 예측하기가 종종 가능하지 않을 정도로- 일련의 대답이 존재한다. 한편 국내법원으로서는 실체에 합치한 대답이 가능하도록, 사안을 법적으로 그리고 사실적으로 충분히 자세히 기술하고 준비하여야 한다.[122] 사안설명상의 당사자의 비판은 논외이므로, 제청자가 설명 등에서 완전한 책임을 진다. 한편 절차가 부속적이지 않고, 이미 완결되었거나 실효되면, 제청은 허용되지 않는다.[123]

116) EuGH, Slg. 1982, 1095 Rn.13.
117) EuGH, Slg. 1993, I-1277 Rn.15ff.; Slg. 1994, I-1477 Rn.21ff.
118) EuGH, Slg. 2001, I-5355 Rn.16.
119) EuGH, Slg. 1974, 139 Rn.3; Slg. 1991, I-3277 Rn.46.; Slg. 1995, I-4599 Rn.14.
120) 이는 병렬적으로 무효화소송의 대상이 된다.
121) EuGH, Slg. 2000, I-11369 Rn.12ff.
122) EuGH, Slg. 1998, I-4261 Rn.5ff.; Slg. 1999, I-1279 Rn.5ff.
123) EuGH, Slg. 1988, 2041 Rn.11; Slg. 1991, I-45685 Rn.12.; Slg. 2004, I-2549 Rn.37.

5. 제청의무

국내법원의 제청은 재량사항인데 일정한 요건하에 제청의무가 성립한다. 유럽업무방식조약 제267조 제3항은 최종심으로 판결내리는 법원을 언급하지만, 최종심 이전의 절차에서 해석상의 물음이 제기되었고 최종심법원의 판결이 국내법의 소송수단에 의해서는 취소를 구할 수 없을 때는, 국내법원은 유럽최고법원에 예비판정을 위한 물음을 제청하여야 한다.[124] 즉, 조약 등에 대해 무효를 이유로 적용하지 않으려 하는 모든 국내법원으로서는 관련 물음을 유럽최고법원에 대해 제청하여야 한다.[125] 이런 제청의무는 연합법의 통일성과 정합성을 유지하기 위함이다.

물론 아무런 해명의 필요성이 존재하지 않을 때는 제청의무의 예외가 존재한다.[126] 상응한 물음이 이미 계류중인 경우(해서 국내법원이 유럽최고법원의 판결을 기다려야 하는 경우)나 물음이 유럽최고법원에 의해 판명되고 -다른 판단을 정당화시키는 - 특별함 역시 인정할 수 없는 경우에 그러하다. 해석물음의 바른 대답에 대해서 전혀 의문이 존재할 수 없는 경우에도 마찬가지이다. 그렇지만 유럽연합의 모든 법관이 동일하게 판결내릴 것이라고 실제로 충분히 확고한 경우에만 상응한 '자명한 원칙'(acte clair)이 존재한다. acte-clair 독트린은 통상 주효할 순 없다. 오히려 국내법관은 다른 국내법질서에서는 다르게 판결이 내려지는 것이 자명하다고 간주하곤 한다. 예상가능한 기간에 본안에서 권리보호가 기대될 수 있으며, 그 범주에서 물음이 제청의 방법으로 밝혀질 수 있는 경우, 잠정적 권리보호의 절차에서는 원칙적으로 제청의무가 존재하지 않는다.[127] 그렇지만 유효성의 제청이 지닌 특별한 의의로 인해, 국내법원이 유럽의 법적 행위의 무효에 출발점을 두는 법적 다툼에서는 이런 예외가 고려되지 않는다.[128]

6. 본안판결 및 판결의 효력

(1) 본안판결

본안에서 유럽최고법원은 국내법원이 제기한 물음에 대해 -경우에 따라서는 상응한 수정을 한 다음에- 답을 내린다. 통용(효력)의 물음에 대해서는 통상 유럽최고법

---

124) 법원이 자신의 판결을 공동체작용의 무효에 근거지우려고 하더라도 제청의무는 성립한다. 이것은 유럽최고법원의 배척독점의 결과이다. 반면 연합법의 해석에 아무런 합리적 의심이 없을 때는, acte-clair-독트린에 의해 제청은 불필요하다.

125) EuGH, Slg. 1987, 4199 Rn.13ff.; Slg. 1991, Ⅰ-415 Rn.19.

126) EuGH, Slg. 1982, 3415 Rn.10.

127) EuGH, Slg. 1977, 957 Rn.5.

128) EuGH, Slg. 1991, Ⅰ-415 Rn.24.

원은 제청법원이 제시한 논거를 단지 따를 뿐이다. 유럽연합법의 해석의 물음에서는 유럽최고법원은 어떤 의미로 규범이 해석되어야 할지를 언급한다. 그런데 이때 유럽최고법원이 어느 정도로 규준을 구체화하고 어느 정도의 범위에서 각각의 국내법원에 구체화를 맡기는지와 관련해서 실제론 다소간 차이점이 있다. 관세법에서는 일부 구체적인 판결이 내려지나,[129] 다른 사안에서는 유럽최고법원은 비교적 추상적인 진술을 하여 자신의 판결 자체로부터 분명한 결론이 도출될 수 없게 하면서, 구체적인 판결을 내리는 것은 국내법원에 맡긴다.[130]

(2) 판결의 효력

제청에 따른 예비판정절차상의 판결은 제청법원 및 동일한 소송절차에 참여한 법원에 대해 구속적이다.[131] 국내법원이 이런 결과를 피하고자 한다면, 새로이 제청할 수 있다.[132] 한편 유럽기관 등이 행한 법적 행위가 무효라고 판시하면, 당사자를 넘어 일반구속적인 효력을 지니나,[133] 다른 판결은 직접적으론 당사자에 대해서만 효력을 미친다. 그러나 실제로는 약간의 광범한 영향이 생겨난다. 그래서 어떤 회원국 법원도 유럽기관 등이 행한 법적 행위에 대해서 유럽최고법원과 다르게 해석할 수는 없다. 즉, 예비판정절차를 통한 연합법의 해석을 통해 유럽최고법원은 회원국법의 유럽연합법합치성에 관한 판결을 위한 간접적인 시사를 제공할 수 있다.[134] 그러나 여하튼 회원국법의 연합법합치성 및 구체적인 법적 다툼에 관한 판결은 제청법원에 여전히 맡겨져 있다.[135]

판결의 시간적 효력은 통상 소급적으로 발생한다.[136] 객관적으로 중요한 불확실성(불안정성)이 존재하고, 그래서 참여자가 다른 법상황을 신뢰하였고, 그래서 유럽최고법원이 판결의 효력을 명시적으로 판결의 시점으로 제한할 수 있는 경우에는, 이미 계류중인 소는 판결시를 출발점을 삼는다.[137] 그러나 이것은 물음이 최초에 답해져야 할 경우에만 가능하다.[138]

---

129) EuGH, Slg. 1997, Ⅰ-6495 Rn.18; Slg. 1998, Ⅰ-5255 Rn.16ff.
130) EuGH, Slg. 1997, Ⅰ-3689 Rn.29; Slg. 2001, Ⅰ-1795 Rn.33.
131) EuGH, Slg. 1977, 163 Rn.26/27.
132) EuGH, Slg. 1987, 2545 Rn.13.
133) EuGH, Slg. 1981, 1191 Rn.13.
134) Dörr/Lenz, a.a.O., S.71. Rn.246.
135) EuGH, Rs. 6/64, Slg. 1964, 1253(1256; 1. Leitsatz).
136) EuGH, Slg. 1980, 1237 Rn.9.
137) EuGH, Slg. 1990, Ⅰ-1889 Rn.41ff.
138) EuGH, Slg. 2004, Ⅰ-1835 Rn.37.

Ⅶ. 잠정적 권리보호

1. 잠정적 권리보호의 체계

재판청구권의 기능이란 포괄적인 사법적 권리보호의 보장에 있은 즉, 그것을 통해 효과적인 권리보호의 보장이 강구되어야 한다. 사법통제가 지닌, 사후적・진압적 권리구제로 인해, 권리보호의 실효성은 결과적으로 의문시될 수 있다. 왜냐하면 법원의 적법성심사 전에 행정청이 돌이킬 수 없는 조치를 집행했다고 하면, 재판청구권의 실현을 통한 '포괄적이고 효과적인 권리보호'는 口頭禪일 수밖에 없기 때문이다. 따라서 잠정적 권리보호는 효과적인 권리보호를 위한 기본요소이다. 그것은 항상 오랜 시간이 소용되는 법적 분쟁에서 종국적인 판결을 내리기 전까지 중간해결책을 발견할 수 있게 한다. 유럽행정소송이 집행부정지를 원칙으로 하기에, 잠정적 권리보호의 의의가 더욱더 크다.[139]

유럽업무방식조약은 잠정적 권리보호(einstweiliger od. vorläufiger Rechtsschutz)에서 다음의 세 가지를 규정하고 있다: 고권행위의 집행의 잠정적 정지에 대한 신청(유럽업무방식조약 제278조(구 유럽공동체조약 제242조)), 잠정적 명령(가처분)[140]의 발급에 대한 신청(유럽업무방식조약 제279조(구 유럽공동체조약 제243조)), 강제집행의 잠정적 정지에 대한 신청(유럽업무방식조약 제299조 제4항(구 유럽공동체조약 제256조)). 이들 절차들은 고립분산적이지 않고, 그 핵심에서는 동일한 요건에 바탕을 둔다. 왜냐하면 이들은 상호 특별한 관계에 있기 때문이다. 가령 강제집행의 잠정적 정지에 대한 신청의 경우 고권행위의 집행의 잠정적 정지에 대한 신청에 대해서 특별관계에 있다. 그리고 이들은 잠정적(가) 명령의 -효과에서 규범적으로 자세히 규율된- 특별한 제도에 해당한다.[141]

2. 허용요건

i) 잠정적 권리보호의 조치에 대한 신청은 본안의 법원에 제기되어야 하는데, 그 신청은 본안소송이 계속중인 경우에만 허용되고, 본안에 대해 확정력있게 판결이 내려진 경우에는 더 이상 허용되지 않는다.[142] 즉, 소송계속이 아닌 경우에는 당연히

---

139) 우리 행정소송법개정에서도 잠정적 권리보호 문제가 주제의 하나이다. 법무부개정시안상의 논의는 김중권, 권리구제확대를 위한 획기적인 전환의 마련, 행정소송법 개정 공청회 발표문(2012.5.24.), 47면 이하 참조.

140) 여기서의 'einstweilige Anordnungen'은 '가명령'이나 '잠정하명'이 적확한데 일반적으로 가처분으로 옮기기에 편의상 그것을 따른다.

141) Wegener, in: Rengeling/Middeke/Gellermann, a.a.O., §19 Rn.6f.

잠정적 권리보호가 배제된다.

ii) 잠정적 권리보호의 신청은 본안소송의 신청대상과 직접적인 관계에 있어야 한다.[143] 집행의 정지에 대한 신청은 무효화소송이 제기된 조치에 대해, 가령 연합기관 등의 -법적 효과와 결부된- 집행가능하고 부담적인 조치에 대해서 해야 한다.[144] 반면 가처분제도(유럽업무방식조약 제279조)에 있어서는 신청대상이 약간 분명하지 않다. 여기선 현존한 법관계의 보장만이 문제되는 것이 아니라, 존재하는 상태의 변경까지도 명해질 수 있다. 그렇지만 본안과의 충분히 긴밀한 상관관계가 요건이다. 나아가 본안이 선취되어서는 아니 되고, 혹은 그것을 넘어서도 아니 된다. 잠정적 권리보호는 확인하는 주문을 가진 판결로써만 종결할 수 있는 절차에서도 가능하다. 또한 무효화소송으로써 일정한 적극적 결정 역시 소구될 수 있기 때문에, 원고는 여기서 집행의 정지에 국한되지 않고, 가처분을 신청될 수 있다.[145] 경우에 따라서 원고는 제3자를 상대로 해서도 그것을 구할 수 있다.[146] 관련 조치가 이미 집행되었고, 다투어지는 행위가 종료한 경우엔 권리보호의 필요성의 결여로 신청이 불허된다.

iii) 본안에서의 소가 명백히 불허되지 않아야 한다.[147] 소가 명백히 허용되지 않거나 명백히 이유가 없을 때는, 잠정적 권리보호가 존재하지 않는다.

iv) 잠정적 권리보호에 대한 신청은 시급성을 요건으로 한다. 다시 말해, 중대하며 다시 회복될 수 없는 손해가 임박하여야 한다. 여기서 유럽법원은 엄격한 태도를 취한다. 특히 재정적 손해의 경우에는 그것이 벌충(회복)가능하다는 것을 출발점으로 삼는다. 경제적 곤란함만으론 충분하지 않다.[148] 따라서 우선적으로 비재산적 손해가 문제되는 경우 또는 재산상 손해가 생존에 위협적이거나 회복불가능한 성격을 가질 경우에는 가처분이 가능하다.

v) 나아가 잠정적 권리보호가 꼭 필요하여야 한다. 본안에서의 인용가능성이 충분히 전망될 때가 그런 때이다.[149] 소가 명백히 허용되고 이유가 있을 때는, 이 요건은 이미 충족되어 있다.

---

142) EuGH, Slg. 1990, I-2177 Rn.4.
143) EuGH, Slg. 1980, 3501 Rn.15f.
144) EuGH, Slg. 1980, 2033 Rn.12.
145) EuGH, Slg. 1987, 1691 Rn.16ff.; Slg. 1995, II-2919 Rn.25.
146) EuGH, Slg. 1986, 1085 Rn.23.
147) 우리 판례는 법정의 소극적 요건에 해당하는 '공공복리에 중대한 영향을 미칠 우려' 이외에 추가로 '본안청구의 이유없음이 명백할 경우'를 소극적 요건으로 요구한다. 종종 이런 법정외 소극적 요건의 추가가 타당한지가 문제되나, 판례는 본안소송에서 처분의 취소가능성이 없음에도 처분의 효력이나 집행의 정지를 인정한다는 것은 제도의 취지에 반한다는 점을 들어 시종 그것을 고수한다(대법원 2008.5.6. 자 2007무147결정 등). 금번 법무부 행정소송법개정시안에서도 판례의 입장을 반영하여 그것을 소극적 요건으로 설정하였다.
148) EuGH, Slg. 1988, 5183 I Rn.17f.
149) EuGH, Slg. 1988, 4547 Rn.1ff.; Slg. 1990, I-3351 Rn.26ff.

3. 인용가능성과 판결

가구제의 필요성 및 신청의 급박성이 믿을 만하게(fumus boni juris) 되면, 허용된 가구제신청은 이유가 있게 된다. 여기서 심리의 핵심은 긴급성(절박성)이다. 심리에서 먼저 중대하고 회복할 수 없는 손해가 충분한 개연성에서 임박한지 여부가 확인되고, 이어서 유럽연합의 집행이익과 신청자의 권리보호의 이익간에 이익형량이 행해진다.[150] 다만 관계자(참여자)의 이익과 사물관련한 제3자의 이익 간에 형량을 함에 있어서는 신청자에게 유리하게 행해져야 한다.[151] 인용판단을 한 다음 신청한 조치를 발할 것인지 여부와 그 정도와 관련해서는 수소법원에게 재량여지가 남아 있다.[152] 본안에서의 소가 개괄적으로 심리한 즉, 결과에 대해 전혀 전망이 없지 않는 한, 가처분은 불가피하다.[153] 법원은 단순한 정지가 효과적인 권리보호를 보장하는데 불충분할 것 같으면. 추가로 가처분을 발할 수 있다. 끝으로 잠정적 권리보호를 통해 본안판단을 선취해서는 아니 된다.[154]

Ⅷ. 맺으면서 – 행정법은 사라지고, 헌법은 남는다?

행정법으로서는 중요한 분야에서 유럽통합의 과정으로 인하여 동요를 겪는다. 환경법, 의약품법, 경제법처럼, 특별행정법의 일정한 부분영역은 결정적으로 유럽적 규준에 의하여 특징이 지워진다. 그리고 행정법의 일반이론은 물론, 행정절차법, 행정소송법 역시 유럽연합법의 강력한 영향력 아래에 놓여있다.[155] 작금의 유럽화의 진전에 따라 각 회원국의 행정법영역은 유럽연합법적 침투로 인해 상대적으로 안정적인 헌법적 상황과 비교해서 그 고유함을 상실할 정도이다. 그리하여 일찍이 Otto Mayer가 1924년에 "헌법은 사라져도, 행정법은 남는다"(Vefassungsrecht vergeht, Verwaltungsrecht besteht)고 확언하였던, 행정법의 독자성 명제는 다른 차원에서 도전을 받고 있다. 오히려 Otto Mayer의 언명은 이젠 역전된 감이 든다–"행정법은

150) EuGH, Slg. 2001, I-1461 Rn.73; Slg. 2005, I-3539 Rn.10f.
151) EuGH, Slg. 1978, 679 Rn.5/6; Slg. 1990, Ⅰ-3351 Rn.39.
152) EuGH, Slg. 1996, I-3903 Rn.44f.
153) EuGH, Slg. 1993, I-3667 Rn.21; EuG, Slg. 1996, II-381 Rn.42.
154) EuG, Slg. 1994, II-703 Rn.9; Slg. 1995, II-2919 Rn.16.
155) 참고문헌: 김중권, 獨逸 行政節次法의 유럽화에 관한 小考, 법조, 제626호(2008.11.), 154쪽 이하; 문병효, 최근 독일행정법의 변화와 시사점 : 유럽화, 민영화, 규제완화를 중심으로, 고려법학 제52호(2008.4.), 213쪽 이하; 장경원, 독일맥주순수령 판결을 통해 본 유럽과 독일의 경제행정법, 행정판례연구 제12집(2007.6.), 304쪽 이하; 정남철, EU계획법의 현황 및 법적 쟁점, 토지공법연구 제37집 제1호(2007.8.), 439쪽 이하; EU법에 있어서 재산권보장의 의미와 한계: 유럽연합(EU) 기본권헌장 및 유럽헌법 초안의 해석을 중심으로, 토지공법연구 제43집 제1호(2009.2.) 379쪽 이하; 홍준형, 유럽통합과 독일행정법의 변화, 행정법연구 제12호(2004.10.) 215쪽 이하.

사라지고, 헌법은 남는다." 실체법을 실현하는 양대 메커니즘이 절차법과 소송법이다. 이들 영역의 유럽화 문제는 시대적 화두인 동시에, 행정절차법과 행정소송법을 위한 새로운 개혁의 動因이 된다.[156] Schmidt-Aßmann은 유럽화 (비록 의당 그렇다 하더라도) 오로지 회원국법의 변경과 국내적 해결책의 배격만으로 여겨서는 아니 되고, 대신 공동발전의 기회로 삼아야 한다고 강변한다.[157] 이런 지적은 독일 공법학에서 치열하게 논의되는 유럽화의 문제가 비단 유럽에 국한된 것이 아님을 분명히 인식하게 한다. 유럽화가 독일 공법학의 두 번째 국면을 위한 출발점으로 여겨지듯이, EU와의 FTA의 체결을 계기로 유럽행정소송법과 그에 연동된 독일 행정소송법상의 변화를 우리 행정소송법을 개혁하는 착안점으로 삼을 때이다.

* 공법연구 제41집 제1호, 2012.10.31., 311면 이하 소수.

156) 가령 主觀的 公權論의 기원지인 독일의 경우 과거의 보호규범설을 극복하기 위한 다양한 시도가 강구되어, 이미 문헌상으로는 단지 관련규정의 사익보호성만을 탐문하던 종전의 경향에서 벗어난 지 오래되었다. 특히 유럽연합법의 출범을 기화로 '기능적 주관화'란 표제가 시사하듯이 새로운 경향이 일반화되어 가고 있다. 이에 관한 상세는 김중권, 規範執行에 관한 權利로서의 行政法上의 主觀的 公權論에관한 小考, 공법연구 제40집 제4호(2012.6.20.), 159쪽 이하(본서 99면 이하).

157) ders., Die Europäisierung des Verwaltungsverfahrensrecht, in: Festgabe 25 Jahre BVerwG, 2006, S.488.

제 6 장

미니컵젤리로 인한 窒息死와 國家賠償責任의 問題

– 대상판결: 대법원 2010.9.9. 선고 2008다77795판결
대법원 2010.11.25. 선고 2008다67828판결 –

Ⅰ. 대상판결의 要旨

* 대법원 2010.9.9. 선고 2008다77795판결(이하 '대상판결A'라 한다)의 요지

[1] 구 식품위생법(2005.1.27. 법률 제7374호로 개정되기 전의 것)은 제1조에서 "이 법은 식품으로 인한 위생상의 위해를 방지하고 식품영양의 질적 향상을 도모함으로써 국민보건의 증진에 이바지함을 목적으로 한다."고 규정하고 있고, 같은 법 제7조, 제9조, 제10조, 제16조 등에서는 식품의약품안전청장 등으로 하여금 식품 또는 식품첨가물의 제조 등의 방법과 성분, 용기와 포장의 제조 방법과 그 원재료, 표시 등에 대하여 일정한 기준 및 규격 등을 마련하도록 하고, 그와 같은 기준 및 규격 등을 준수하는지 여부를 확인할 필요가 있거나 위생상 위해가 발생할 우려나 국민보건상

의 필요가 있을 경우 수입신고시 식품 등을 검사하도록 규정하고 있다. 위와 같은 구 식품위생법의 관련 규정을 종합하여 보면, 같은 법 제7조, 제9조, 제10조, 제16조는 단순히 국민 전체의 보건을 증진한다고 하는 공공 일반의 이익만을 위한 것이 아니라, 그와 함께 사회구성원 개개인의 건강상의 위해를 방지하는 등의 개별적인 안전과 이익도 도모하기 위하여 설정된 것이라고 할 수 있다.

[2] 구 식품위생법(2005.1.27. 법률 제7374호로 개정되기 전의 것) 제7조, 제9조, 제10조, 제16조 등 관련 규정이 식품의약품안전청장 및 관련 공무원에게 합리적인 재량에 따른 직무수행 권한을 부여한 것으로 해석된다고 하더라도, 식품의약품안전청장 등에게 그러한 권한을 부여한 취지와 목적에 비추어 볼 때 구체적인 상황 아래에서 식품의약품안전청장 등이 그 권한을 행사하지 아니한 것이 현저하게 합리성을 잃어 사회적 타당성이 없는 경우에는 직무상 의무를 위반한 것이 되어 위법하게 된다. 그리고 위와 같이 식약청장등이 그 권한을 행사하지 아니한 것이 직무상 의무를 위반하여 위법한 것으로 되는 경우에는 특별한 사정이 없는 한 과실도 인정된다.

[3] 어린이가 '미니컵젤리'를 먹다가 질식하여 사망한 사안에서, 그 사고 발생 전에 미니컵젤리에 대한 세계 각국의 규제 내용이 주로 곤약 등 미니컵젤리의 성분과 용기의 규격에 대한 규제에 머물러 있었고, 대한민국 정부도 그 수준에 맞추어 미니컵젤리의 기준과 규격, 표시 등을 규제하는 조치를 취하여 위 사고 발생 전까지 미니컵젤리와 관련한 질식사고가 발생하지 않았던 점 등에 비추어, 비록 당시의 과학수준상 미니컵젤리의 성분에 대하여 허위신고를 하더라도 그 진위를 가려내기 어려웠고, 위 사고 발생 후 시험 등을 통하여 그러한 허위신고의 가능성이 확인되고 곤약 등을 제외한 다른 성분을 함유한 미니컵젤리로 인한 질식의 위험성이 드러났다고 하더라도, 위 사고 발생 무렵 식품의약품안전청장 및 관계 공무원이 그러한 위험성을 인식하거나 예견하기 어려웠던 점 등 여러 사정을 고려하여 보면, 식품의약품안전청장 및 관계 공무원이 위 사고 발생 시까지 구 식품위생법(2005.1.27. 법률 제7374호로 개정되기 전의 것)상의 규제 권한을 행사하여 미니컵젤리의 수입·유통 등을 금지하거나 그 기준과 규격, 표시 등을 강화하고 그에 필요한 검사 등을 실시하는 조치를 취하지 않은 것이 현저하게 합리성을 잃어 사회적 타당성이 없다거나 객관적 정당성을 상실하여 위법하다고 할 수 있을 정도에까지 이르렀다고 보기 어렵고, 그 권한 불행사에 과실이 있다고 할 수도 없다고 한 원심의 판단이 정당하다.

* 대법원 2010.11.25. 선고 2008다67828판결(이하 '대상판결B'라 한다)의 요지

[1] 구 식품위생법(2005.1.27. 법률 제7374호로 개정되기 전의 것) 제7조, 제9조, 제10

조, 제16조의 내용과 형식에 비추어 보면, 위 각 규정들은 식품의 위해성을 평가하고, 식품산업 종사자들의 재산권이나 식품산업의 자율적 시장질서를 부당하게 해치지 않는 범위 내에서 적정한 식품의 규격과 기준을 설정하고 그러한 규격과 기준을 실행하기 위한 검사조치를 실시하는 등 식품으로 인한 국민의 생명·신체에 대한 위험을 예방하기 위한 조치를 취할 수 있는 합리적 재량권한을 식품의약품안전청장 및 관련 공무원에게 부여한 것이라고 봄이 상당하다. 위와 같이 구 식품위생법의 규정이 식품의약품안전청장 등에게 합리적인 재량에 따른 직무수행 권한을 부여한 것으로 해석되는 이상, 식품의약품안전청장 등에게 그러한 권한을 부여한 취지와 목적에 비추어 볼 때 구체적인 상황 아래에서 식품의약품안전청장 등이 그 권한을 행사하지 아니한 것이 현저하게 합리성을 잃어 사회적 타당성이 없는 경우에 한하여 직무상 의무를 위반한 것이 되어 위법하게 된다.

[2] 어린이가 미니컵젤리를 섭취하던 중 미니컵젤리가 목에 걸려 질식사한 두 건의 사고가 연달아 발생한 뒤 약 8개월 20일 이후 다시 어린이가 미니컵젤리를 먹다가 질식사한 사안에서, 당시의 미니컵젤리에 대한 국제적 규제수준과 식품의약품안전청장 등의 기존의 규제조치의 수준, 이전에 발생한 두 건의 질식사고의 경위와 미니컵젤리로 인한 사고의 빈도, 구 식품위생법(2005.1.27. 법률 제7374호로 개정되기 전의 것)이 식품에 대한 규제조치를 식품의약품안전청장 등의 합리적 재량에 맡기고 있는 취지 등에 비추어, 식품의약품안전청장 등이 미니컵젤리의 유통을 금지하거나 물성실험 등을 통하여 미니컵젤리의 위험성을 확인하고 기존의 규제조치보다 강화된 미니컵젤리의 기준 및 규격 등을 마련하지 아니하였다고 하더라도, 그러한 규제권한을 행사하지 아니한 것이 현저하게 합리성을 잃어 사회적 타당성이 없다고 볼 수 있는 정도에 이른 것이라고 보기 어렵다.

Ⅱ. 사안과 경과[1)]

1. 사 안

대상판결의 사안은 어린이가 미니컵젤리를 먹다가 질식사한 사건이다.[2)] '대상판

1) 동일한 제명으로 제172차 대법원특별소송실무연구회(2011.6.14.)에서 발표한 것을 대폭 줄여 인권과 정의 제419호(2011.8.)에 게재하였는데, 여기서는 원래의 발표문을 바탕으로 추가·보완하였다.

2) 그런데 이전에도 미니컵젤리 질식사건 사례가 두 건이었다. 2001.4.경 안양시에 살고 있는 남자 아이(9세)가 미니컵젤리를 먹다가 기도가 막히는 바람에 저산소 뇌손상으로 인한 1급 장애를 입었고, 2004.2.1.경 경산시에 있는 사회복지관에서 보호중인 장애아(9세)가 보육사가 입에 넣어준 미니컵젤리를 먹다가 질식하여 사망하였다.

결A'의 사안은 2004.2.2. 부산에 살고 있는 어린이(6세)가 냉동 보관된 미니컵젤리(mango mini fruit jelly)를 먹다가 질식하여 사망한 사건이다. '대상판결B'에서는 수원 ○○초등학교 1학년에 재학중이던 어린이가 친구의 부모가 운영하는 식당에 가서 놀던 중, 그 친구 아버지가 2004.7.18. 구입해 놓은 이 사건 젤리를 망인 등에게 주었고 망인이 위 젤리를 먹다가 기도가 막히는 바람에 호흡이 곤란하게 되어 병원으로 옮겨졌으나 질식상태에서 뇌에 산소가 공급되지 않아 2004.10.10. 사망하였다. 여기서 주목한 사안은 '대상판결B'의 사안이다. 왜냐하면 2004년 2월 1일과 2일에 '대상판결A'를 비롯한 '미니컵젤리 질식사 사고'(이하 '이 사고'라 한다)가 연이어 일어났었고, 유럽연합이 2004.4.23. 곤약, 글루코만난 외에도 광범위한 첨가물의 사용을 잠정적으로 금지하고, 2004.7.12. 미니컵젤리로 인한 질식 위험성에 대하여 경고하는 취지의 발표를 하였기 때문이다.

2. 경 과

'대상판결A'의 경우, 원고는 대한민국과 한국뉴초이스푸드를 피고로 하여 국가배상책임과 손해배상책임을 청구하였다. 이에 서울중앙지방법원 2006.12.8. 선고 2005가합57993판결은 원고의 주장을 받아들였고, 반면 항소심인 서울고등법원 2008.9.11. 선고 2007나7074판결은 정반대의 입장을 취하였고 대법원 2010.9.9. 선고 2008다77795판결 역시 그러하였다. '대상판결B'의 경우, 원고는 대한민국과 주식회사 영남코프레이션를 피고로 하여 국가배상책임과 손해배상책임을 청구하였다. 이에 서울중앙지방법원 2006.8.17. 선고 2005가합32369판결은 공동불법행위책임을 인정하였으며, 서울고등법원 2008.8.26. 선고 2006나92129판결은 국가배상책임과 관련하여 1심의 입장을 그대로 수긍하였다. 반면 대법원 2010.11.25. 선고 2008다67828판결은 동일한 재판부에서 담당한 위의 대법원 2010.9.9. 선고 2008다77795판결과 동일한 맥락에서 접근하여 정반대의 입장을 취하였다.

이상의 경과를 시간적으로 보면 다음과 같다: 서울중앙지방법원 2006.8.17. 선고 2005가합32369판결('대상사안B': 원고승소) → 서울중앙지방법원 2006.12.8. 선고 2005가합57993판결('대상사안A': 원고승소) → 서울고법 2008.8.26. 선고 2006나92129판결('대상사안B: 원고승소') → 서울고등법원 2008.9.11. 선고 2007나7074판결('대상사안A': 원고패소) → 대법원 2010.9.9. 선고 2008다77795판결('대상사안A': 원고패소), 대법원 2010.9.9. 선고 2008다77795판결('대상사안B': 원고패소).

Ⅲ. 인정사실[3)]

1. 미니컵젤리에 대한 국내외 조치 내용

(1) 미국(호주, 캐나다도 동일)

미국 식품의약국(FDA)은 곤약을 함유한 미니컵젤리가 어린이와 노약자에게 질식의 위험이 있다는 1차 경고를 발표(2001.8.17.)한 후 미니컵젤리의 물성(physical properties)이 특히 어린이에게 질식의 위험이 있다고 판단함에 따라 2001. 10. 4. 곤약을 함유한 미니컵젤리에 대하여 물리적 시험 없이 수입금지 조치를 내렸다{제품 크기: 직경 1.5인치(4.5㎝) 이하의 원형제품, 직경 1.25인치(3.1㎝) 이하의 비원형제품}.

(2) 유럽연합

유럽연합집행위원회(EC)는 2002.3.27. 곤약(konjac gum과 konjac glucomannan)이 함유된 젤리에 대하여 잠정적으로 판매·사용·수입금지 결정을 하였고, 유럽연합의회는 2003.6.18. 젤리에 대한 곤약 사용을 영구 금지 조치하기로 결정하면서 각 회원국이 2004.1.17.까지 국내법에 반영하여 시행할 것을 권고하였고, 유럽연합집행위원회는 2004.4.23. 16종의 겔화제{한천(agar), 카라기난(carrageenan) 포함}가 함유된 미니컵젤리에 대하여 잠정적으로 판매·사용·수입 금지를 결정하였고, 유럽식품안전청의 식품첨가물전문위원회는 2004.7.12. 미니컵젤리의 위험요소로서 제품의 경도, 형태, 크기 및 섭취 방법을 지적하고 시험과정에서 일부 곤약을 함유하지 않은 미니컵젤리가 곤약을 함유한 미니컵젤리에 비하여 용해도가 높고 관통하는 데 적은 힘이 필요한 것으로 나타났으나 곤약을 함유하지 않은 미니컵젤리도 쉽게 용해되지 않고 한 번에 섭취할 때 기침을 하여 뱉어내기 어려운 물리화학적 특성을 나타내므로 질식의 위험이 있는 것으로 판단하였고, 나아가 해조류나 검류에서 유래한 식품첨가물은 종류와 관계없이 입으로 빨아들이는 방법 또는 미니컵을 눌러서 젤리를 입에 넣는 방법으로 섭취할 경우 미니컵젤리에 의한 질식위험이 있으며 이러한 위험은 어린이에게만 한정되지 않는다는 입장을 밝혔다.

(3) 덴마크, 스위스, 이탈리아, 핀란드

곤약과 글루코만난을 함유한 미니컵젤리 제품을 금지하고 있다.

---

3) 이하의 사실은 '대상사안B'에서 인정된 사실이어서 '대상사안A'와는 약간의 차이가 있다.

(4) 일 본

정부 차원에서 별도로 조치하는 사항은 없고, 소비자 단체에서 경고표시 및 구급 방법 표시를 강화하고, 제품입구 및 크기, 형태의 설계를 변경하는 등의 건의사항을 내어 놓고 있으며, 정부는 자율적으로 질식 위험이 없는 제품을 생산하도록 업계, 단체에 요청하고 있다.

(5) 대한민국

(가) 곤약을 함유한 미니컵젤리에 대한 미국 식품의약국의 일련의 조치에 따라 2001.10.22. 곤약 및 글루코만난이 함유된 직경 4.5㎝ 이하 원형, 원추형, 타원형의 미니컵젤리의 생산, 수입, 유통 등을 금지하고, 이들 이외의 식품첨가물(카라기난 등)을 사용한 제품에도 "잘못 섭취할 경우 질식의 위험이 있다."는 내용의 경고문을 표시하도록 조치하였다.

(나) 한국소비자보호원은 2004.2.4. 미니컵젤리로 말미암아 2004.2.1.과 2.2. 연이어 2건의 질식사고가 발생하자 식품의약품안전청장에게 향후 유사 안전사고가 유발되지 않도록 미니컵젤리에 대한 수입금지 등의 안전조치가 필요한지에 대하여 검토해 줄 것을 촉구하였는데, 이에 대하여 식품의약품안전청은 위 두 사건은 제품 자체에 기인하여 발생한 위해라기보다는 특수한 환경(장애인, 냉동보관 및 섭취시 주의 소홀 등)에서 발생되었을 개연성이 크고, 떡과 같은 식품의 경우에도 유사 사례가 발생할 개연성이 있기 때문에 생산, 수입의 금지는 현실적으로 불가능하므로 교육, 홍보를 통한 위해방지가 보다 합리적인 것으로 판단된다고 회신하였다.

(다) 2004.10.10. 이 사건 사고와 2004.4.23. 유럽 연합의 미니컵젤리에 관련된 잠정금지 조치에 따라 2004.10.12. 직경 4.5㎝ 이하의 원형, 원추형, 타원형의 모든 미니컵젤리(함유성분 관계없음)를 잠정적으로 제조, 유통, 판매를 금지하였다가 2005. 4.11.부터 ① 제품의 형태와 관계없이 곤약, 글루코만난을 함유한 제품 중 뚜껑에 직접 접촉하는 면의 직경 또는 최장길이가 4.5㎝ 이하인 제품은 계속하여 생산, 수입, 판매 등을 금지하고, ② 기타 식품첨가물 및 원료 등으로 제조한 제품도 제품의 형태와 관계없이 뚜껑에 직접 접촉하는 면의 직경 또는 최장길이가 4.5㎝ 이하인 경우에는 질김성과 깨짐성을 고려하여 정해진 기준에 따라 압착시험을 했을 경우 7N(Newton) 이하의 물성을 갖고 있으며, 질식의 위험성이 있고 냉동섭취를 금하며(얼려서 먹지 말도록 표시), 5세 이하 어린이 및 노약자에게 섭취를 금지한다는 내용의 주의경고를 표시한 제품에 한하여 생산, 수입, 판매 등을 허용하도록 하였다.

2. 미니컵젤리에 대한 시험 등

(1) 미니컵젤리의 특징

미니컵젤리는 단단한 물성의 젤리 캔디로서, 반강직성의 반구형 등의 미니컵에 담겨 있고, 젤리를 입으로 빨아들이는 방법 또는 미니컵을 눌러서 젤리를 입에 넣는 방법으로 섭취한다. 미니컵젤리는 젤리의 물성을 위하여 다양한 종류의 겔화제가 첨가되는데, 곤약(konjac), 글루코만난(glucomannan), 해조류(seaweeds)나 검류(gums)에서 유래한 첨가물, 과일에서 유래한 펙틴(pectin), 동물에서 유래한 젤라틴(gelatin) 등이 겔화제로 사용되고 있다.

(2) 질식의 원인

미니컵젤리는 일반적으로 제품의 물리적 특성, 크기, 모양, 섭취방법 등이 질식사고와 개연성이 있는 요소로 알려져 있고, 질식사고는 이들 요소들이 서로 복합적으로 상호작용하여 기도를 막아 질식을 유발하는데, 미니컵젤리가 용기로부터 쉽게 빠져나오지 않아 입으로 흡입하는 경우 젤리가 입 안으로 급하게 들어오면서 후두덮개가 미처 후두 입구를 닫기 전에 젤리가 기도로 들어가 기도폐쇄를 일으켜 사고가 나게 되며 제품의 특성상 일부만 기도를 막게 되어도 질식을 일으킬 수 있다.

(3) 식품위생심의회의 기준규격분과 위원회 심의 내용

(가) 식품의약품안전청은 이 사건 사고가 발생한 이후인 2004.10.경부터 2004.11.경 사이에 미니컵젤리의 질식위험요인 규명과 합리적 조치 방안을 마련하기 위하여 유통되고 있는 미니컵젤리의 시험 등을 실시하여 2005.2.1. '식품위생심의회의 기준규격분과 위원회 심의자료'로 '미니컵젤리 관리방안'이 제출되었는데 그 내용은 다음과 같다.

(나) 대상 제품: 2004.10.12. 당시 수입, 생산된 제품 등

(다) 미니컵젤리의 모양, 크기 및 주의 표시사항

○ 모 양: 원추형, 빗살무늬 홈이 있는 원추형, 하트형, 반원형, 십자형

○ 크 기

- 원형제품: 직경 3.2㎝, 7㎝의 원형
- 비원형제품: 장축 4.5 ~ 4.8㎝, 단축 2.5 ~ 3.2㎝
- 빗살무늬 홈이 있는 원추형제품 : 깊이 0.5㎜ ~ 5㎜의 홈이 10개 ~ 15개

○ 주의 표시사항 표시(국내에 유통되는 제품만을 기재한다)

- 국내제품
  · 유아, 어린이 및 노약자에게는 잘게 썰어 주시기 바람, 본 제품은 냉동제품이 아니므로 얼려 드시지 마십시오.
  · 잘못 섭취할 경우 질식의 위험이 있으니 잘게 썰어서 드십시오.
  · 5세 이하의 어린이에게는 잘게 썰어 주십시오.
  · 개봉한 제품은 냉장보관 하시고, 유통기한 내에 드시기 바랍니다.
  · 한 번에 드실 경우 질식의 위험이 있으니 잘 씹어 드십시오.
  · 어린이와 노약자는 반드시 먹기 좋은 크기로 잘라서 드시기 바랍니다.
- 말레이시아, 대만, 일본 수입제품
  · 한 번에 삼킬 경우 질식의 위험이 있으니 특히 어린이나 노약자는 반드시 잘게 썰어서 드십시오.
  · 본 제품은 잘못 섭취할 경우 질식의 위험이 있으니 섭취시 주의를 바랍니다(과일조각이 들어 있습니다. 충분히 씹어 삼키십시오. 5세 이하의 어린이에게는 권하지 않습니다. 섭취방법 도안 표시).
  · 본 제품을 드실 때 어린이와 노약자는 질식의 위험이 있사오니 잘게 썰어서 드십시오.
  · 본 제품 섭취시 어린이나 노약자는 질식의 위험이 있으니 잘게 씹어 드시기 바랍니다(과일조각이 들어 있습니다. 질식을 방지하기 위하여 작은 조각으로 잘라 씹어 삼키십시오, 5세 이하의 어린이와 60세 이상 노약자는 권하지 않습니다).

(라) 특성 분석을 위한 시험

미니컵젤리의 잠재적 위험물성에 대한 분석을 위해 전방압출시험, 압착시험, 천공시험, 응집성시험을 하였는데, 그 결과는 다음과 같다.

① 전방압출시험(젤리가 원통의 구멍을 빠져나가거나 형태가 변형될 때 측정되는 힘으로 미니컵젤리의 질김성, 점착성, 탄성 등을 측정함)

㉮ 1차 시험으로 미니후르츠 젤리 등 22품목{수입산: 18종(대만 13, 중국 4, 말레이시아 1), 국산 4종}의 깨짐성과 질김성을 측정한 결과 각각 1.2N ~ 측정범위초과, 2.4N ~ 측정범위초과로 나타났고, 카라기난 1.3%를 사용한 것으로 수입신고한 대만산 제품 6종이 측정범위를 초과하였으며, 2차 시험으로 미니후르츠 젤리 등 41품목{수입산: 29정(대만 21, 중국 4, 일본 3, 말레이시아 1), 국산: 6종, pilot 시료 : 3종, 대조구(묵, 두부): 3종}을 검사한

결과 1차 시험 결과와 유사하였고, 곤약을 사용하지 않은 것으로 수입신고한 대만산 미니컵젤리와 곤약을 사용한 것으로 표시된 대만 현지 유통 미니컵젤리의 측정 값이 유사하게 나타났다.

㈏ 이 사건 사고와 관련있는 미니컵젤리로 보이는 종합과일맛 미니 젤리(검체 6, 제조회사 : JOJOMO ENTERPRISE CO.LTD)와 종합미니과일 젤리(검체 14, 제조회사 : JOJOMO ENTERPRISE CO.LTD)(위 두 가지 미니컵젤리를 합하여 부를 때에는 '이 사건 제품들'이라고 한다)는 검체의 겔이 납작하게 응집되어 고착되어 있고, 검체14의 경우는 겔이 응집되어 원통의 구멍을 빠져나가지 못하여 측정치기계의 측정범위 한계를 초과하여 측정불가 상태에 해당하였으며, 이 사건 제품들 모두 질식의 개연성이 가장 높은 제품으로 판단되었다.

② 압착시험(미니컵젤리의 물직적 특성을 규명하기 위한 것으로 물성과 질식과의 개연성 여부를 판단하기 위하여 실험, 미니컵젤리 조직의 단단함, 깨짐성 등을 측정)

㈎ 1차 시험으로 미니후르츠 젤리 등 41품목{수입 : 29종(대만 21, 중국 4, 일본 3, 말레이시아 1), 국산 : 6종, pilot 시료 : 3종, 대조구(묵, 두부) : 3종}을 검사한 결과 국산 5종, 대만산 1종, 두부 2종은 젤리의 구조적 붕괴 없이 파열되어 검체의 탄성 및 강도가 낮아 질식의 개연성이 가장 낮은 제품으로, 국산 1종, pilot 시료 3종, 말레이시아 1종, 대만산 9종, 중국산 4종, 일본산 2종, 묵 1종은 젤리의 구조가 약해 쉽게 부서지고 탄성 및 강도가 낮아 질식의 개연성이 미미한 제품으로, 대만산 11종, 일본산 1종은 젤리의 강도가 크고 탄성이 강한 젤리로 질식의 개연성이 매우 높은 제품으로 판단되었고, 2차 시험으로 미니후르츠젤리 34품목{수입 : 28종(대만 21, 중국 4, 일본 2, 말레이시아 1), 국산 : 6종}을 검사한 결과 1차 시험 및 전방압출시험의 측정값과 유사한 결과를 보였다.

㈏ 이 사건 제품들은 검체의 부서짐이 일어나지 않고, 젤리의 탄성이 강하여 (31.2~ 56.9N) 잘 깨지지 않아서 질식의 개연성이 높은 제품으로 판단되었다.

③ 천공시험(미니컵젤리의 저항값을 측정하는 실험)

㈎ 미니후르츠 젤리 등 41품목{수입 : 29종, 국산 : 6종, pilot 시료 : 3종, 대조구(묵, 두부) : 3종}을 검사한 결과, 압착시험의 측정값과 유사한 결과를 보였다.

㈏ 이 사건 제품들은 Probe에 대응하여 구멍이 뚫리지 않고, 질김성 및 탄성

이 강하여(1.7 ~ 2.9N) 질식의 개연성이 가장 높은 제품으로 판단되었다.

④ 응집성 시험(미니컵젤리의 압축시 반발력을 측정하는 실험)

㉮ 미니후르츠 젤리 등 38품목(수입 : 29종, 국산 6종, pilot 시료 : 3종)을 검사한 결과 검체의 대부분이 0.32 ~ 0.44 범위에 속하였으며, 특히 국산 4개 제품은 0.09, 0.14, 0.19, 0.24로 낮은 값을 나타내었다.

㉯ 이 사건 제품들 중 검체6은 0.417, 검체14는 0.412로 응집성 시험에서 높은 수치를 나타내었다.

⑤ 관능검사

㉮ 미니컵젤리를 입 안에서 씹기 전에 쉽게 깨지지 않는 단단한 성질과 유연하게 움직이는 탄력성을 관능적으로 검사하여 그 정도를 구분한 후 0 ~ 10 사이의 숫자로 표시하였는데, 실험 결과 단단함과 탄성에 대하여 그렇다고 답변했을 경우에는 5를 초과한 값을, 그렇지 않다고 답변했을 경우 5 미만의 값을 선택하였는데, 단단함은 1.0 ~ 8.4, 탄성은 1.0 ~ 7.2까지 분포하였고, 평균과 중간값은 모두 5 부근에 위치하였다.

㉯ 질식사고와 관련 있다고 추정되는 1개 제품은 가장 강한 물성 그룹에 속하였고, 곤약을 함유한 것으로 표시된 제품 4개 중 3개는 물성이 강한 그룹에, 1개는 중간 그룹에 속한 것으로 나타났다. 그러나 곤약이 아닌 기타 겔화제를 사용한 것으로 표시한 제품의 관능검사 결과도 상당수가 가장 물성이 강한 그룹에 속한 것으로 나타났다.

(4) 위 심의자료에 첨부되어 있는 국립독성연구원 위해성 연구부 검토의견과 식품의약품안전청 식품규격평가부 검토의견, 식품의약품안전청 식품안전국 검토의견을 살펴보면 다음과 같다.

(가) 국립독성연구원 위해성 연구부 검토의견

국내 유통중인 미니컵젤리 22개를 검사한 결과 곤약을 사용하지 않은 것으로 수입신고한 8개 제품의 깨짐성, 질김성 값이 곤약을 사용한 것으로 수입신고한 제품의 측정값보다 높게 나와 곤약을 사용하였을 것으로 추정되어 사실과 달리 신고한 것으로 판단되고, 카라기난으로 수입신고한 제품의 경우도 카라기난 외에 기타 증점제가 혼합된 것으로 추측되며, 국내 사망사고를 발생시킨 대만산 종합과일맛미니 젤리 등 사고를 발생시킨 젤리는 곤약을 함유하지 않은 것으로 신고되었지만 모두 물성 시험에서 젤강도, 응집성, 탄성 등이 높은 것으로 나타나 곤약을 함유한 것으로 추측되고, 이러한 제품들은 기도를 막았을 경우에 기도폐쇄의 가능성이 매우 높다고 판단되었다. 젤리의 물성은 냉장, 냉동보관 등 젤리의 보관방법에 따라서도 많이 달라진다고 한다.

(나) 식품의약품안전청 식품규격평가부 검토의견

미니컵젤리의 안전성 확보를 위한 합리적 관리방안을 위해서 직경 4.5㎝ 이하의 모든 미니컵젤리의 생산, 수입, 유통, 판매 등을 금지하는 것이 최근 주요 외국의 조치 결과나 소비자의 안전을 최우선적으로 판단해야 한다는 점에서 타당할 것으로 판단된다고 검토하였다.

(다) 식품의약품안전청 식품안전국 검토의견

국립독성연구원 위해성연구부와 식약청 식품규격평가부의 검토의견과 식품안전국의 자체 조사자료를 바탕으로, 미니컵젤리 제품 전부를 판매금지하는 것은 식품산업 발전에 저해요인으로 작용할 수 있다고 보아서 잠정적으로 7N을 허용 물성기준으로 제시하여 관리하는 방안을 제안하였다.

한편, 식품의약품안전청은 2004.2.1.과 2004.2.2.에 미니컵젤리로 말미암아 사망사고가 발생한 이후에 질식사를 유발한 미니컵젤리 제품에 관하여 동일한 제품을 수거하여 성분을 분석한 사실이 없고, 이 사건 실험 이전에는 수입, 유통이 허가된 홍조류추출물 성분으로 된 미니컵젤리가 실제로 쉽게 부서지거나 씹히는지 등에 관하여 검사를 한 적이 없다.

현재 과학적 기술로는 식물성 겔화를 구별하여 검출해 내기 어렵고 이를 확인하는 방법이 마련되어 있지 않으며, 곤약을 함유하고 있는 제품과 함유하고 있지 않은 제품의 성분을 구분할 수 있는 방법이 없고 이를 검사할 수 있는 기관이 없을 뿐만 아니라 수입 신고시 곤약 함유 제품이 아니라고 신고한 경우에 실제 곤약 성분이 함유되었는지 여부에 대하여 확인할 수 있는 방법도 없다.

Ⅳ. 관련 규정의 개관

* 구 식품위생법(제7096호 2004.1.20.)

제4조 (위해식품등의 판매등 금지) 다음 각호의 1에 해당하는 식품등은 판매하거나 판매할 목적으로 채취 · 제조 · 수입 · 가공 · 사용 · 조리 · 저장 또는 운반하거나 진열하지 못한다. <개정 1988.12.31, 1991.12.14, 1995.12.29, 1998.2.28, 2002.8.26>

1. 썩었거나 상하였거나 설익은 것으로서 인체의 건강을 해할 우려가 있는 것

2. 유독·유해물질이 들어 있거나 묻어 있는 것 또는 그 염려가 있는 것. 다만, 인체의 건강을 해할 우려가 없다고 식품의약품안전청장이 인정하는 것은 예외로 한다.

3. 병원미생물에 의하여 오염되었거나 그 염려가 있어 인체의 건강을 해할 우려가 있는 것

4. 불결하거나 다른 물질의 혼입 또는 첨가 기타의 사유로 인체의 건강을 해할 우려가 있는 것

5. 제22조제1항 또는 제5항의 규정에 의하여 영업의 허가를 받아야 하는 경우 또는 신고를 하여야 하는 경우에 허가받지 아니하거나 신고하지 아니한 자가 제조·가공·소분한 것

6. 제15조의 규정에 의한 안전성 평가의 대상에 해당하는 농·축·수산물 등으로서 안전성 평가를 받지 아니하거나 안전성 평가결과 식용으로 부적합하다고 인정된 것

7. 수입이 금지된 것 또는 제16조제1항의 규정에 의하여 수입신고를 하여야 하는 경우에 신고하지 아니하고 수입한 것

제7조 (기준과 규격) ① 식품의약품안전청장은 국민보건상 필요하다고 인정하는 때에는 판매를 목적으로 하는 식품 또는 식품첨가물의 제조·가공·사용·조리 및 보존의 방법에 관한 기준과 그 식품 또는 식품첨가물의 성분에 관한 규격을 정하여 고시한다. 다만, 식품첨가물중 기구 및 용기·포장의 살균·소독의 목적에 사용되어 간접적으로 식품에 이행될 수 있는 물질의 경우에는 그 성분명만을 고시할 수 있다. <개정 1995.12.29, 1999.5.24, 2002.8.26>

② 식품의약품안전청장은 제1항의 규정에 의하여 기준과 규격이 고시되지 아니한 식품 또는 식품첨가물(식품에 직접 사용하는 화학적합성품인 첨가물을 제외한다)에 대하여는 그 제조·가공업자로 하여금 제조·가공·사용·조리 및 보존의 방법에 관한 기준과 그 성분에 관한 규격을 제출하게 하여 제18조의 규정에 의하여 지정된 식품위생검사기관의 검토를 거쳐 당해 식품 또는 식품첨가물의 기준과 규격을 한시적으로 인정할 수 있다. <개정 1995.12.29, 1998.2.28, 2002.8.26>

③ 수출을 목적으로 하는 식품 또는 식품첨가물의 기준과 규격은 제1항 및 제2항의 규정에 불구하고 수입자가 요구하는 기준과 규격에 의할 수 있다. <개정 1995.12.29>

④ 제1항 및 제2항의 규정에 의하여 기준과 규격이 정하여진 식품 또는 식품첨가물은 그 기준에 의하여 제조·수입·가공·사용·조리 또는 보존하여야 하며, 그 기준과 규격에 맞지 아니하는 식품 또는 식품첨가물은 판매하거나 판매의 목적으로 제조·

수입·가공·사용·조리·저장·운반·보존 또는 진열하지 못한다. <개정 1995.12.29>

제9조 (기준과 규격) ① 식품의약품안전청장은 국민보건상 필요하다고 인정하는 때에는 판매를 목적으로 하거나 영업상 사용하는 기구 및 용기·포장의 제조방법에 관한 기준과 기구, 용기·포장 및 그 원재료에 관한 규격을 정하여 고시한다. <개정 1995.12.29, 1999.5.24>

② 식품의약품안전청장은 제1항의 규정에 의하여 기준과 규격이 고시되지 아니한 것에 대하여는 그 제조·가공업자로 하여금 그 기구, 용기·포장의 제조방법에 관한 기준과 기구, 용기·포장 및 그 원재료에 관한 규격을 제출하게 하여 제18조의 규정에 의하여 지정된 식품위생검사기관의 검토를 거쳐 당해 기구, 용기·포장 및 그 원재료의 기준과 규격을 한시적으로 인정할 수 있다. <개정 1995.12.29, 1998.2.28>

③ 수출을 목적으로 하는 기구, 용기·포장 및 그 원재료의 기준과 규격은 제1항 및 제2항의 규정에 불구하고 수입자가 요구하는 기준과 규격에 의할 수 있다.

④ 제1항 및 제2항의 규정에 의하여 기준과 규격이 정하여진 기구 및 용기·포장은 그 기준에 의하여 제조하여야 하며, 그 기준과 규격에 맞지 아니하는 기구 및 용기·포장은 판매하거나 판매의 목적으로 제조·수입·저장·운반·진열하거나 기타 영업상 사용하지 못한다. <개정 1995.12.29>

제10조 (표시기준) ① 식품의약품안전청장은 국민보건상 특히 필요하다고 인정하는 때에는 판매를 목적으로 하는 식품 또는 식품첨가물과 제9조제1항의 규정에 의하여 기준 또는 규격이 정하여진 기구와 용기·포장의 표시에 관하여 필요한 기준을 정하여 이를 고시할 수 있다. 다만, 생물의 유전자중 유용한 유전자만을 취하여 다른 생물체의 유전자와 결합시키는 등의 유전자재조합기술을 활용하여 재배·육성된 농·축·수산물등을 원료로 하여 제조·가공한 식품 또는 식품첨가물의 경우에는 그 표시에 관하여 필요한 기준을 정하여 이를 고시한다. <개정 1995.12.29, 1999.5.24, 2000.1.12>

② 제1항의 규정에 의하여 표시에 관한 기준이 정하여진 식품등은 그 기준에 맞는 표시가 없으면 이를 판매하거나 판매의 목적으로 수입·진열 또는 운반하거나 영업상 사용하지 못한다. <개정 1995.12.29>

제16조 (수입식품등의 신고등) ① 판매를 목적으로 하거나 영업상 사용하는 식품등을 수입하고자 하는 자는 보건복지부령이 정하는 바에 의하여 보건복지부장관·

식품의약품안전청장에게 신고하여야 한다. <개정 1998.2.28>

② 보건복지부장관 · 식품의약품안전청장은 보건복지부령이 정하는 사유가 있는 경우에는 제1항의 규정에 의하여 신고된 식품등에 대하여 통관절차 완료전에 관계 공무원 또는 검사기관으로 하여금 필요한 검사를 하게 하여야 한다. 다만, 기구 또는 용기 · 포장의 경우에는 통관절차 완료후에 검사를 하게 할 수 있다. <개정 1998.2.28, 2000.1.12, 2002.8.26>

③ 보건복지부장관 또는 식품의약품안전청장은 제1항의 규정에 의하여 신고된 식품등이 다음 각호의 1에 해당하는 경우에는 제2항의 규정에 불구하고 검사의 전부 또는 일부를 생략할 수 있다. <개정 2002.8.26>

1. 제4조 내지 제6조 · 제8조 및 제11조의 규정에 의한 위해식품등에 해당하지 아니하고, 제7조 · 제9조 · 제21조 및 제32조의2의 규정에 적합하다고 보건복지부장관 또는 식품의약품안전청장이 사전에 확인하여 고시(이하 "수입식품등사전확인등록"이라 한다)한 경우(수산동식물의 경우 수출국의 정부가 인정하는 경우를 포함하되, 수출국이 우리나라로부터 수입하는 수산동식물에 대하여 같은 제도를 인정하는 경우에 한한다)

2. 보건복지부장관 또는 식품의약품안전청장이 인정하여 고시한 국내외 검사기관에서 검사를 받아 그 검사성적서 또는 검사증명서를 제출하는 경우

3. 그 밖에 제1호 및 제2호에 준하는 사항으로서 보건복지부령이 정하는 사유에 해당하는 경우

④ 제2항 및 제3항의 규정에 의한 검사의 종류 · 대상, 검사방법 및 수입식품등사전확인등록의 기준 · 절차 등에 관하여 필요한 사항은 보건복지부령으로 정한다. <신설 2002.8.26>

제17조의2 (식품등의 재검사) ① 보건복지부장관 · 식품의약품안전청장, 시 · 도지사, 시장 · 군수 또는 구청장은 제16조 또는 제17조의 규정에 의하여 식품등을 검사한 결과 당해 식품등이 제7조 또는 제9조의 규정에 의한 식품등의 기준 및 규격에 적합하지 아니한 경우로서 적정한 검사를 위하여 특히 필요한 때에는 대통령령이 정하는 바에 의하여 미리 당해 영업자에게 그 검사결과를 통보할 수 있다. <개정 1998.2.28>

② 제1항의 규정에 의한 통보를 받은 영업자가 그 검사결과에 대하여 이의가 있는 경우에는 보건복지부장관 · 식품의약품안전청장이 인정하는 국내외 검사기관의 검사성적서 또는 검사증명서를 첨부하여 보건복지부장관 · 식품의약품안전청장, 시 · 도지사, 시장 · 군수 또는 구청장에게 재검사를 요청할 수 있다. <개정 1998.2.28>

③ 제2항의 규정에 의한 재검사의 요청을 받은 보건복지부장관・식품의약품안전청장, 시・도지사, 시장・군수 또는 구청장은 대통령령이 정하는 바에 의하여 재검사를 할 것인지 여부를 결정한 후 그 결과를 당해 영업자에게 통보하여야 한다. <개정 1998.2.28>

④ 보건복지부장관・식품의약품안전청장, 시・도지사, 시장・군수 또는 구청장은 제3항의 규정에 의하여 당해 식품등에 대하여 재검사하기로 결정한 경우에는 지체없이 재검사를 실시한 후 그 결과를 당해 영업자에게 통보하여야 한다. 이 경우 재검사수수료 및 보세창고료등 재검사의 실시에 따르는 비용은 영업자가 부담한다. <개정 1998.2.28>

* 식품위생법시행규칙[시행 2004.1.31] [보건복지부령 제270호, 2004.1.31, 타법개정]

제11조 (식품등의 수입신고) ① 법 제16조제1항의 규정에 의한 수입신고를 하고자 하는 자(이하 "수입신고인"이라 한다)는 다음 각호의 서류(전자문서로 수입신고를 하는 경우에는 제3호 및 제4호외의 서류)를 수입되는 식품등의 통관장소(기구 또는 용기・포장의 경우에는 통관장소 또는 보관장소를 말한다)를 관할하는 지방식품의약품안전청장 또는 국립검역소장(인천공항・부산・인천・김해검역소장을 제외한다. 이하 이 조에서 같다)에게 제출하여야 한다. 이 경우 수입되는 식품등의 도착예정일 5일전부터 미리 신고할 수 있으며, 미리 신고한 도착항・도착예정일등 주요사항이 변경되는 때에는 즉시 그 내용을 문서로 신고하여야 한다. <개정 1995.8.31, 1996.5.18, 1996.12.20, 1998.10.19, 1999.12.29, 2000.8.8, 2001.7.31, 2003.8.18>

1. 별지 제4호서식에 의한 식품등의 수입신고서
2. 삭제 <1999.12.29>
3. 식품위생검사기관이 발급한 식품등의 한시적 기준 및 규격검토서사본(천연첨가물 및 기구등의 살균・소독제와 식품 및 식품첨가물에 사용되는 기구 또는 용기・포장에 한한다)
4. 품목제조보고서 사본 또는 영업허가(신고)증 사본(자사의 제품을 제조하기 위한원료로 수입하는 경우에 한한다)
5. 검사성적서 또는 검사증명서[별표 6의 식품등의 수입신고 및 검사방법에서 정하는 정밀검사대상식품등으로서 식품의약품안전청장이 인정하는 국내외 검사기관(이하 "공인검사기관"이라 한다)에서 정밀검사를 받아 제출하는 경우에 한한다]
6. 한글표시가 된 포장지(한글표시가 인쇄된 스티커를 붙인 포장지를 포함한다) 또는 한글표시 내용이 기재된 서류

7. 구분유통증명서[종자의 구입 · 생산·보관 · 선별 · 운반 · 선적과정에서 법 제10조 제1항 단서의 규정에 의한 식품(이하 "유전자재조합식품"이라 한다)과 구분하여 관리하였음을 증명하는 서류를 말한다. 이하 같다] 또는 이와 동등한 효력이 있음을 생산국의 정부가 인정하는 증명서. 다만, 유전자재조합 표시대상에 해당하는 식품으로서 유전자재조합식품이라는 표시를 하지 아니한 경우에 한한다.

② 법 제16조제2항에서 "보건복지부령이 정하는 사유가 있는 경우"라 함은 다음 각호의 1에 해당하는 경우를 말한다. <신설 2000.8.8>

1. 식품등의 기준 및 규격과 법 제10조의 규정에 의한 식품등의 표시기준에 적합한 식품등인지 검사할 필요성이 있는 경우

2. 식품으로 인한 위생상의 위해가 발생할 우려가 있는 경우

3. 기타 보건복지부장관 또는 식품의약품안전청장이 식품위생상의 위해에 관한 보고자료 등을 검토한 결과 국민보건상 검사가 필요하다고 인정하는 경우

③ 지방식품의약품안전청장 또는 국립검역소장은 제1항의 규정에 의하여 식품등의 수입신고를 받은 때에는 별표 6의 식품등의 수입신고 및 검사방법에 따라 당해 식품등에 대한 검사를 실시하고, 그 결과 적합하다고 인정되고 수입신고인이 원하는 경우에는 별지 제5호서식에 의한 식품등의 수입신고필증을 교부하여야 한다. 다만, 다음 각호의 1에 해당하는 식품등에 대하여는 검사결과의 확인전에 필요한 조건을 붙여 식품등의 수입신고필증을 교부할 수 있다. <개정 1995.8.31, 1996.5.18, 1996.12.20, 1998.10.19, 2000.8.8>

1. 신선한 식품류

가. 살아있거나 신선하거나 냉장한 수산물

나. 신선하거나 냉장한 농 · 임산물(썩었거나 상한 것이 조금 있는 경우로서 이를 선별할 수 있는 경우를 포함한다)

2. 원료의 수급 또는 물가조절을 위하여 긴급히 수입하는 식품등

3. 법 제10조의 규정에 의한 표시기준의 경미한 위반사항으로서 통관후 시중에 유통판매하기 전에 동사항을 보완할 수 있는 식품등

4. 별표 6의 식품등의 수입신고 및 검사방법에서 정하는 무작위표본검사의 대상에 해당하는 식품등

④ 지방식품의약품안전청장 또는 국립검역소장은 제3항제3호의 규정에 의한 식품등에 대하여는 표시보완 작업장의 소재지를 관할하는 시장 · 군수 또는 구청장(자치구의 구청장을 말한다. 이하 같다)에게 그 내용을 통보하여 표시보완 확인등의 사후관리를 하도록 하여야 하고, 이를 요청받은 시장 · 군수 또는 구청장은 그 결과를 지방식품의

약품안전청장 또는 국립검역소장에게 통보하여야 한다. <신설 1995.8.31, 1996.5.18, 1998.10.19, 1999.12.29, 2000.8.8>

⑤ 지방식품의약품안전청장 또는 국립검역소장은 제3항의 규정에 의한 검사결과 부적합한 식품등에 대하여는 별지 제5호의2서식에 의하여 당해 수입신고인 및 관할 세관장에게 부적합하다는 사실을 지체없이 알려주어야 한다. 이 경우 그 사실을 통보받은 당해 수입신고인은 다음 각호의 1에 해당하는 조치를 취하여야 한다. <신설 1995.8.31, 1996.5.18, 1996.12.20, 1998.10.19, 2000.8.8, 2003.8.18>

1. 수출국으로의 반송 또는 다른 나라로의 반출

2. 식용외의 다른 용도로의 전환. 이 경우 다른 용도로의 전환에 필요한 행정기관간의 협의 그 밖의 절차에 관한 사항은 식품의약품안전청장이 따로 정한다.

3. 당해 식품등에 대한 검사결과 기준 및 규격중 수분함량등 경미한 성분규격의 위반사항에 해당하는 경우로서 가공・가열・용도제한등으로 위생상 위해를 충분히 제거할 수 있는 것으로 인정되는 때에는 그 위해의 제거후 재수입신고

4. 삭제 <1996.12.20>

5. 제1호 내지 제3호외의 경우에는 폐기

⑥ 지방식품의약품안전청장 또는 국립검역소장은 제1항의 규정에 의한 신고내용을 별지 제6호서식의 식품등수입신고수리대장에 기재하고, 매년 식품등의 수입신고상황을 당해 연도 종료후 1월 이내에 별지 제7호서식에 의하여 식품의약품안전청장에게 보고하여야 한다. 다만, 전산으로 처리한 경우에는 신고수리대장과 수입신고상황보고서를 전산출력물로 대체할 수 있다. <개정 1995.8.31, 1996.5.18, 1998.10.19, 1999.12.29>

⑦ 삭제 <1999.12.29>

⑧ 관세법등 다른 법률에 의하여 압류・몰수된 수입물품의 경우에는 식품등의 수입신고서 및 첨부서류를 생략할 수 있다. <개정 1998.10.19>

⑨ 식품등이 제1항 후단의 규정에 의하여 미리 신고한 도착예정일보다 늦게 도착하는 경우 그 지연기간은 민원사무처리에관한법률시행령 제3조의 규정에 의한 민원사무처리기간에 산입하지 아니한다. <신설 1995.8.31, 1996.12.20, 2000.8.8, 2003.8.18>

⑩ 지방식품의약품안전청장 또는 국립검역소장은 제1항의 식품등의 수입신고에 필요한 서류의 접수, 제3항의 식품등의 수입신고필증의 교부 또는 제5항의 부적합통보를 식품의약품안전청장이 정하는 바에 의하여 전자문서로 행할 수 있다. <신설 1998.10.19, 2000.8.8, 2003.8.18>

⑪ 식품의약품안전청장은 제1항의 규정에 따라 수입신고한 식품들 중 다른 용도

로 전환될 우려가 있다고 인정되는 식품 및 식품첨가물을 유통관리대상 식품 · 식품첨가물로 지정할 수 있다. 이 경우 유통관리대상 식품 · 식품첨가물의 지정절차 및 방법 등에 관한 세부사항은 식품의약품안전청장이 따로 정한다. <신설 2003.8.18>

⑫ 지방식품의약품안전청장 또는 국립검역소장은 제11항의 규정에 의한 유통관리대상 식품 · 식품첨가물에 대한 수입신고를 받은 경우에는 수입신고인의 영업소 소재지를 관할하는 지방식품의약품안전청장 또는 시장 · 군수 · 구청장에게 신고받은 내역을 통보한다. <신설 2003.8.18>

Ⅴ. 問題의 提起

공권력의 불행사(부작위)에 대한 국가배상책임이 문제되는 상황은 두 가지의 경우이다. 허가신청에 대한 부작위의 경우와 일련의 규제권한불행사(부작위)의 경우이다. 행정청과 신청자를 당사자로 하는 二面關係(二極關係)의 문제인 전자의 경우 행정소송상의 부작위위법확인소송 말고도 그 부작위로 인해 발생한 손해에 대해 국가책임법적으로 접근하는 데 큰 장애는 없다. 반면 행정청-피규제자-피해자(일반국민)를 당사자로 하는 三面關係(三極關係)의 문제인 후자의 경우에는 개입수권규정의 존부는 물론 그것의 법적 성격이 문제되며, 여기에 권한행사의 재량적 성질이 가세하기에 상황이 더욱 복잡하게 된다. 종래 공권력의 불행사(부작위)에 대한 국가배상책임에서 결정적인 장애물은 反射的 利益論과 行政裁量論이었다. 따라서 우선적 물음은 규제권한의 불행사로 인해 발생한 손해가 국가배상책임을 성립시킬 수 있는지 여부이다. 이는 관련규정이 전적으로 공익을 지향하는지 아니면 사익보호까지도 포함하고 있는지 여부의 물음이다. 그 다음 물음은 일련의 규제권한불행사의 위법성여부이다. 이는 규제권한의 불행사가 직무행위의 부작위로서 위법한 재량행사에 해당하는지 여부의 물음이다.[4)]

그런데 사안의 성격상 논의의 바탕이 되는 리스크행정법으로서의 식품위생법의 의의를 상정하지 않은 채[5)] 단지 국가책임법적 차원에서만 논의를 할 것 같으면, 그

---

4) 한편 최근 저축은행파동에서 금융감독기관의 감독책임이 부각되는데, 일찍이 독일에서 비슷한 사건이 발생하였다. 이에 관해서는 김남진, 행정법의 기본문제, 1994, 447면 이하. 다만 독일의 경우 국가감독책임을 인정한 판례(BGHZ 74, 144; BGH NJW 1979, 1879)가 나온 후 입법으로 관련 규정의 사익보호성을 배제시켰다.

5) 리스크행정법과 관련한 문헌: 김남진, 위험의 방지와 리스크의 사전배려, 고시계 제53권 제3호(613호) 50면 이하; 윤혜선, 리스크의 관점에서 본 담배규제의 법적 쟁점, 행정법연구 제27호(2010.8.), 105면 이하; 동인, 리스크 규제에 관한 공법적 연구: 식품안전법제를 중심으로, 서울대학교 대학원, 2009; 조태제, 리스크정보의 공표와 그 법적 통제, 토지공법연구 제43집 제1호(2009.2.) 539면 이하; 동인, 식품법에서의 리스크행정조직, 법학논총(한양대) 제24집 제4호(2007.12.) 43면 이하; 조인성, 학제적 문제로서 리스크규율(Risikoregulierung) 및 리스크의사소통(Risikokommunikation)의 흠결 및 해결방안: 독일에서의 논의를 중심으로, 토지공법연구 제43

결론은 설득력과 공감을 가져다주기보다는 종래의 틀을 단순 대입한 것으로 여겨질 수 있다. 따라서 논의의 전제로 식품위생법을 비롯한 일련의 식품법의 성격을 기저에 두고서 그곳에서의 식품수입에 대한 국가개입의 모습과 불행사의 구체적 대상을 먼저 살펴본 다음, 국가책임법적 물음에 접근하고자 한다.[6]

Ⅵ. 논의의 전제: 리스크행정으로서의 식품위생법

1. 식품법 및 식품위생법의 위상

식품법 및 식품위생법은 수행임무상으로 우선 *危險防止法*에 해당한다. 그런데 국가의 식품감시는 의약품감시와 더불어 *危險防止*라는 전통적인 국가임무로부터 발전되어온 행정유형인, '리스크행정(Risikoverwaltung)'을 대표한다.[7] 이러한 새로운 행정유형은 환경법, 과학기술상의 안전법 그리고 건강보호를 위한 제조물감시 등에서 중요한 역할을 수행한다. 그것의 두드러진 특징은 그때그때의 안전상의 중요점을 특별하게 확장함에 있다. 리스크사회(Risikogesellschaft)[8]로 표현되는 과학기술문명으로 인해, 인식가능한 위험의 순간적이고 개별조항적 방지를 능가한 것이 국가에 대해 요구되고 있다. 인식론적 측면에서 보아, 손해가 蓋然性있는 것(wahrscheinlich)으로 뚜렷이 나타날 때까지 기다려서는 아니 되고, 오히려 혐의(의혹, Verdacht)가 있는 경우에는 인식가능한 손해발생의 前段階에서 이미 조치를 취해야 한다. 이 점과 관련하여 사용되는 표제어가 豫防(Prävention)과 事前對備(Vorsorge)이다. 행정법적 용어로 바꾸면, 감시적 법률관계에서 개입경계선을 현저히 낮추는 것이라 말할

집 제2호(2009.2), 125면 이하; 김종천, 과학기술발전에 따른 리스크・위험방지를 위한 국가의 안전보호의무, 외법논집 제33집 제1호(2009.02), 339면 이하; 박종원, 환경리스크 대응법제 연구, 2009; 김현준, 환경행정법에서의 위험과 리스크, 행정법연구 제22호(2008.12.) 133면 이하; 김은주, 리스크 규제에 있어 사전예방의 원칙이 가지는 법적 의미, 행정법연구 제20호(2008.04), 67면 이하; 박효근, 환경영역에서 리스크방지를 위한 협동원칙, 한양법학 제22집(2008.2.) 289면 이하; 동인, 예방적 환경리스크관리의 법적 방안, 환경법연구 제28권 제1호(2006.5.), 657면 이하; 한국법제연구원, 리스크 사회에 있어서의 공법적 과제: 한・독국제학술대회, 2006; 한귀현, 환경리스크의 통제에 관한 법리, 환경법연구 제27권 제4호(2005.12), 5면 이하; 조홍식, 리스크관리체계로서의 환경법, 법학(서울대 법학연구소) 제43권 제4호(125호)(2002.12), 27면 이하; 김중권, 행정법기본연구Ⅱ, 2009, 361면 이하; 463면 이하; 487면 이하; 행정법기본연구Ⅲ, 2010, 347면 이하, 369면 이하, 382면 이하, 411면 이하.

6) 이 글을 준비하면서 특히 서기석 법원장의 글(국가배상법, 박준서(편집대표), 주석민법 [채권각칙(7)], 2004, 128면 이하)과 김현준 교수의 발표문(한국행정판례연구회 제260차 월례발표회, 2010.3.18.)에서 많은 시사점을 받았다.

7) Di Fabio; Risikovorsorge-uferlos?, ZLR 2003, 163(166f.); Risikoentscheidungen im Rechtsstaat -Zum Wandel der Dogmatik im öffentlichen Recht, insbesondere am Beispiel der Arzneimittelüberwachung, 1994, S.5f., 115f., 445ff.

8) Ulrich Beck, Die Risikogesellschaft:Auf dem Weg in eine andere Moderne, 1986; Niklas Luhmann, Soziologie des Risikos, 1991.

수 있다. 행정법학으로서는, 사전대비와 사전예방을 징표로 하는 리스크행정이 전통적인 일반행정법의 체계에 어떻게 상응할 수 있을지가 관건이다.

2. 리스크개념에 관한 논의[9)]

(1) 개념정립의 원천적 곤란함

공법상으로 '리스크'(Risiko)에 관해 말하기 위해서는, 우선 용어상으로 정당함의 증명이 필요하다.[10)] 리스크를 法問題로 다루는 법학문헌에서 종종 지적되는 점이 바로, 리스크개념은 위험개념과는 구분되게, 전통적인 법개념에 해당하지 않는다는 것이다. 리스크개념을 다룸에서 곤란함이 빚어지고, 이에 따라 법조인 역시 리스크개념의 사용에 주저하곤 한다. 그 이유는 리스크의 배후에는 모호한 개념이 숨겨져 있기 때문이다. 법학에서는 우선 위험개념과의 구분에서 귀속문제가 주제로 되었다. 위험은 침해자(장애유발자, 경찰책임자, Störer)에게 귀속될 수 있는, 법익침해의 충분한 蓋然性이 있을 것을 요건으로 한다. 리스크의 경우에는 이 모든 징표가 불확실하다. 법익침해가 불확실하다. 그것이 당장 내일 발생할 수도 있지만, 100년이 지나 발생할 수 있을 뿐더러, 필경 그렇지 않을 수도 있다. 또한 어떤 법익이, 그리고 어떤 것의 법익이 위험스러운지 예상할 수 없으며, 어떤 효과상관관계가 인과관계를 조성할지도 예상할 수 없다. 따라서 리스크의 경우에는 개인화가능한 침해자 역시 곧장 확인되지 않는다. 리스크개념은 위험개념상의 복합적 성립요건 가운데에 어떤 것에 관련할지가 불분명한데, 여기서는 두 가지 기본적 이해가 대립한다. 즉, 훼손(손상)개연성을 목표로 할 것인지 아니면 훼손(손상)가능성을 목표로 할 것인지 여부이다.[11)]

먼저 삼단계적 모델인데, 이는 위험과 리스크를 蓋然性에 따른 구분에서 접근한다. 고전적인 경찰법적 危險 개념은, 객관적으로 기대될 만한 사건발생이 방해받지 않고 진행되면, 상태나 행위가 충분한 개연성을 갖고서 보호법익의 훼손(손상)을 초래할(한) 상황에 초점을 맞춘다. 이에 '삼단계적 모델'은 리스크를 낮은 개연성을 지닌 위험으로 설정하여, 리스크를 전통적 체계성에서의 법문제로 분류하고자 시도한다. 이는 1980년대에 원자력법을 다룸에 있어 성립하였다.[12)] 따라서 위험을 위해서는 충분한

---

9) 이하는 특히 독일에서의 논의를 중심으로 소개한다. 상론은 행정법기본연구II, 491면 이하 참조.

10) 한편 우리의 경우 영어상의 risk와 danger에 각각 비견되는 Risiko와 Gefahr를 의미에 맞게 옮기기란 쉽지 않다. 의견이 분분하다. 일부에선 Risiko를 위험가능성, 위험성, 위험도 등으로 부르는 데 대해서, 일부에서는 정반대로 Gefahr를 위해로 Risiko를 위험으로 부르고 있다. 여기선 이제까지의 용례를 좇아 "Gefahr"는 危險으로, "Risiko"는 리스크로 옮기고자 한다.

11) Vgl. O. Lepsius, Risikosteuerung durch Verwaltungsrecht, VVDStRL 63, 2004, S.264(267ff.).

12) BVerfGE 49, 89, 137-143;53, 30, 59; R. Breuer, Gefahrenabwehr und Risikovorsorge im Atomrecht, DVBl. 1978, 829, 835f.; ders., Anlagensicherheit und Störfälle, NVwZ 1990, S.211, 214.; B. Bender,

개연성이 요구되는 반면에, 리스크는 등급적으로 낮은 개연성과 관련이 있다. 요컨대 삼단계적 모델은 개연성정도에 따라 위험, 리스크와 잔여리스크(Restrisiko)로 나눈다.[13]

이에 대해 이단계적 모델은 可能性에 따른 구분을 지향한다. 즉, 범주의 관계를 회전시켜, 리스크를 上位概念을 설명함으로써,[14] 삼단계적 모델상의 결함을 메운 것이, '이단계적 모델'이다. 이는 다음과 같은 새로운 구분기준을 제시한다: 훼손(손상) 발생의 가능성. 이에 의하면 위험은 개연성에 국한하지만, 리스크는 훼손의 가능성과 관련이 있다.[15] 위험과 리스크가 (국가개입에 상응하여 인정여부가 나뉘는) 청구권에 따라 분리되면, 잔여리스크를 위한 새로운 구분문제가 생긴다. 이 모델에 의하면, 원칙적으로 수용가능한 잔여리스크는 더 이상 존재할 수가 없다. 왜냐하면 수용가능의 한계 그 자체가 불확실하기 때문이다. 가능성기준에 의해 비로소 리스크개념은 위험개념으로부터 해방되고 고유한 특질을 얻는다. 이런 리스크개념이 독일에서는 1990년대에 성립하여, 문헌상으로 실현됨으로써,[16] 법학으로서는 리스크의 법적 개념을 정립하는 데 성공한 셈이라고 한다.[17]

(2) 우리 법제상의 리스크개념의 모색

리스크개념의 불확실성은 그것의 본질적 불확실성만큼이나 심대하다. 여기서는 과연 우리네 법제에서 그 같은 개념적 정렬이 가능한지에 초점을 맞추고자 한다. 독일어 'Gefahren'에 해당하는 위험개념에는 개연성의 징표가 담겨져 있다. 우리 법제

Gefahrenabwehr und Risikovorsorge als Gegenstand nukleartechnischen Sicherheits, NJW 1979, 1425.

13) 한편 통상 사회전체의 리스크로 받아들여져 종래 별다른 법적 물음이 제기되지 않았던 이른바 잔여리스크가 후쿠시마 원전비극에 따른 독일 원자력법 제13차 개정을 통해 법적 통제의 대상이 되어버렸다. 이는 사실상 그것의 부정을 의미한다. 이에 관해선 졸고, 일본 원전비극에 따른 독일 원자력법개정에 관한 小考, 법률신문 제4015호 2012.3.15.

14) 이런 인식은 D. Murswiek의 지적-기술안전상의, 일반적인 위험방지법상의 모든 위험은 동시에 리스크이지만, 모든 리스크가 위험은 아니다-에서 극명히 표현된다. Ders., Die staatliche Verantwortung für die Risiken der Technik, 1985, S.83.

15) 개념정의의 규준으로선 특히 vgl. Kloepfer/Rebinder/Schmidt-Aßmann/Kunig, Umweltgesetzbuch-Allgemeiner Teil, 1990, §2 Abs.6.

16) 그러나 독일의 경우 리스크개념의 기본이해를 둘러싼 논쟁은 아직 끝나지 않았다. 가령 O. Lepsius 교수는 훼손발생의 가능성은 결코 법적 규율의 대상이 될 수 없다고 본다. 그리고 리스크사전대비로 훼손가능성을 피할 수 있으리라는 독일에서 만연한 기대는 환상적 목표를 지향할 뿐더러, 법적으로 전환불가능한 요건에 바탕을 두고 있다고 강변한다. 그리하여 그는 이단계적 모델식의 리스크이해란 폐기되어야 한다고 주장하면서, -리스크를 불확실한 개연성으로 파악하여- 불확실한 개연성을 개인적으로 귀속시키는 것만이 리스크행정법의 임무일 수 있다고 강조한다. O. Lepsius, a.a.O., S.264(277ff.).

17) 그러나 유럽법의 경우 다른 상황이다. 즉, 유럽법의 리스크개념이 가능성에로의 확대를 허용하긴 했지만, 현재는 개연성관련에로의 회귀가 그 특징이다. 가령 위험개념을 사용한 Novel Food-Verordnung 제3조 제1항이나 리스크를 훼손발생의 개연성의 징표로써 정의하는 식품기본명령(Lebensmittel-Basisverordnung) 제3조 제9호가 가능성이 아닌 개연성을 목표로 삼음으로써, 독일에서 달성된, 위험과 리스크의 용어상의 구분마저도 의아스럽게 만든다.

는 생명과 신체에 대한 (기능장애를 포함한) '일체의 훼손'을 '위해'로, '재산에 대한 그것'은 '손해'로 구별하여 사용하고 있다. 특기할 것은 경찰관직무집행법 제5조는 '위해를 미치거나 손해를 끼칠 우려가 있는 상황'을 '위험한 상태'로 설정하여 표제를 '위험발생의 방지'로 규정하고 있다.

요컨대 우리의 경우 위해나 손해의 발생과 관련하여 사용된 '우려'의 개념에서 개연성의 징표를 찾고자 한다. 그렇지만 이런 시도를 방해하는 것이 바로 '憂慮'의 사전적 의미이다. 그것이 근심, 걱정을 하는 것을 의미하기에, 念慮와의 구분이 모호하다. 사실 처음부터 '우려'를 사용하지 않고서 위험발생을 연결시켰다면, 좋았을 것인데, '염려'와 구별되지 않는 우려를 위험발생에 연결하여 무차별적으로 사용함으로써 곤경에 처하였다. 하지만 개연성을 근거로 하여 위험개념을 설정하였음을 감안할 때, 만약 여기서의 '우려'를 '혐의'와 동일한 의미인 '염려'와 동일시여길 것 같으면, 이는 과도한 경찰권발동의 개입을 정당화함으로써 위험방지법으로서의 경찰법의 골간을 붕괴시켜 버린다.[18] 부득불 '우려'와 '염려'를 구분할 수밖에 없으며, 이에 따라 -비록 논란이 있긴 하나- 리스크영역을 우리 법제에서도 도출해낼 수 있다. 그것은 바로 '염려'와 관련한 부분이다. 가령 우리 약사법은 '국민보건에 위해를 끼칠 염려가 있는 의약품 등의 제조 등'을 금지하고 있으며(동법 제62조 제11호), 아울러 제조업허가취소나 품목제조금지 등을 명할 수 있음을 규정하고 있다(동법 제76조 제1항 제4호). 이상과 같은 시도(우려≒개연성, 의심=혐의≒염려≒리스크)를 약사법은 물론 다른 리스크법영역 전체에서 일관되게 관철하기란 극히 어렵다. 그런데 식품위생법 제4조 제2호에 의해 '유독·유해물질이 들어 있거나 묻어 있는 것 또는 그 염려가 있는 것(다만, 인체의 건강을 해할 우려가 없다고 식품의약품안전청장이 인정하는 것은 예외로 한다)'이 금지대상이 되는데, 여기서 '염려'에 대한 접근은 리스크적 이해를 전제로 한다.[19]

이 점이 논제에 대한 리스크행정 및 리스크결정의 차원에서의 접근을 강구할 수 있게 하는 결정적인 단초라 하겠다.[20] 이런 시도가 적잖이 도움을 줄 것이며, 향후

18) 종종 위해를 리스크로 바로 換置시키곤 하는데, 이것이 바른 이해를 결정적으로 저해한다.

19) 비교: 구 식품위생법(제7096호 2004.1.20.) 제4조 (위해식품등의 판매등 금지) 다음 각호의 1에 해당하는 식품등은 판매하거나 판매할 목적으로 채취·제조·수입·가공·사용·조리·저장 또는 운반하거나 진열하지 못한다. 2. 유독·유해물질이 들어 있거나 묻어 있는 것 또는 그 **염려**가 있는 것. 다만, 인체의 건강을 해할 **우려**가 없다고 식품의약품안전청장이 인정하는 것은 예외로 한다.
日本 食品衛生法 제6조: 次に掲げる食品又は添加物は、これを販売し(不特定又は多数の者に授与する販売以外の場合を含む。以下同じ。)、又は販売の用に供するために、採取し、製造し、輸入し、加工し、使用し、調理し、貯蔵し、若しくは陳列してはならない, 二 有毒な、若しくは有害な物質が含まれ、若しくは付着し、又はこれらの疑いがあるもの。ただし、人の健康を損なうおそれがない場合として厚生労働大臣が定める場合においては、この限りでない：

20) 이런 논증 없이 막연히 리스크결정이나 국가의 기본권보호의무를 운위하는 것은 자칫 피규제자의 기본권에

관련 법제의 정비에도 기여할 수 있다. 우선 '염려'와 구별되지 않는 우려를 위험발생에 연결하여 규정한 입법상황을 대폭적으로 고침과 동시에 그에 상응한 구분되는 용어의 개발을 강구하여야 한다.[21] 왜냐하면 기본적으로 리스크는 책임의 귀속이 아닌 책임의 분배가 관건이기 때문이다.

3. 리스크결정의 의의 및 리스크행정의 특징

행정당국이, 위험혐의의 영역이나 (그것을 넘어서 사회형성의 의미에서) 위험혐의의 앞영역에서 리스크축소의 관점에서 어떤 활동(소위 앞당겨진 위험방지)을 했을 때, 이를 행정법상의 리스크결정이라 할 수 있다. 리스크결정은 위험방지조치상의 특별한 유형이거나 최소한 위험방지조치와 매우 밀접한 관계에 있다.[22] '위험'이나 '위험혐의'와 같은 전래적인 개념과 구분되게 사용되는 '리스크결정'은 새로운 법질서체계 즉, 리스크행정의 중심적 좌표이자 행정법을 위해 새로운 문제를 가리키는 방향키라 할 수 있다.

전통적인 위험방지의 조치와 비교해, 리스크결정의 공통된 특징은 훼손(피해)발생의 개연성을 판단함에 있어 인식상의 불확실성의 정도가 두드러진다는 점이다. 아울러 원인과 훼손결과간의 상호관련성이 완화되는 것 역시 리스크결정의 또 다른 공통된 특징이다. 그리고 여기서의 리스크결정이란, 결정내리는 자가 그 스스로 생활경험이나 승인받은 학문적인 리스크사정에 갈음해서 규칙을 만들어야 하거나 또는 확고한 규칙없이 결정을 내려야 하지만 지식이 늘어나도 이러한 딜레마가 제거되지 못할 경우에 비로소 주어진다.[23] 이에 리스크결정(Risikoentscheidungen)의 징표는 다음과 같다: ⅰ) 개연성판단이 경험이나 확고한 통상의 지식에 의거해서는 더 이상 불가능할 정도로, 위험방지의 임무가 앞당겨지고 있는 점(개연성문턱의 낮춤), ⅱ) 국가의 결정이 내부나 외부의 학술전문가의 도움아래서만 내려질 수 있는 점, ⅲ) 결정과 결정근거의 명료성이 없는 점, ⅳ) 평가・비교에 의거하지 않고서는 국가의 조치가 나오지 않거나 평가・비교하는 효능과 리스크의 분석이 법률적으로 요구되고

대한 과도한 제한을 정당화시킬 수 있다.

21) 한편 '의약품등안전성정보관리규정(식품의약품안전청고시 제2004-30호, 2004.4.27.)' 제10조가 정보의 신뢰성 및 인과관계의 평가와 관련하여 다음과 같은 기준을 설정하였다: 확실함(certain), 상당히 확실함(probable/likely), 가능함(possible), 가능성적음(unlikely), 평가곤란(conditional/unclassified), 평가불가(unassessible/unclassifiable). 여기서 '확실함'은 (발생확률 90%이상의) 고도의 개연성이 있는 상태에, '상당히 확실함'은 (발생확률 75%이상의) 개연성이 있는 상태에 해당하여 위험범주에 속하는 반면, (발생확률이 그에 미치지 않는) '가능함'은 리스크범주에 속한다.

22) 그렇다 하더라도 위험개념과 리스크개념이 서로 호환될 수 있다고 생각해서는 아니 된다. 심지어 양자가 하나의 대상에서 나란히 사용된다 하더라도, 엄연히 개념상으로 구분해야 할 것이다.

23) Vgl. K.-H. Ladeur, Risikowissen und Risikoentscheidnug, KritV 1991, S.241ff.

있는 점, v) 개별적 행위(혹은 부작위)와 가능한 훼손에 관한 인과적 귀속가능성이 개입요건에 반드시 들어 있지 않는 점.[24)]

그리고 리스크행정은 다음의 특징을 갖는다: i) 국가의 통제요청을 개별조항적, 개별사건적 위험방지에서 일정한 제품을 위한 제조 · 판매조건의 형성으로 확대함-억제적 개별조치에서 절차적인 부문조종으로 이행하는 것. ii) 승인 · 감시절차에서 독립적인 과학전문가의 주도적 역할이 인정됨. iii) 여러 행정청 상호간은 물론 행정청과 기업간에도 네트워크관계가 형성됨. iv) 정보교환과 정보제공의무의 중요성이 확실히 증대됨. v) 근거있는 리스크비교의무처럼 리스크와 효능(효용)간에 형량을 해야 할 필연성이 강화됨. vi) 한편으론 국가감시를 생산과 분배 전반에 확대하며, 다른 한편으론 경제주체의 자기감시를 위하여 그 국가감시를 축소하는 경향을 나타냄. vii) 행정법적 작용형식의 시스템에서 공식적이고 억제적 조치로부터 비공식적 조치로 이전함. viii) 이런 일련의 결과로 사법통제가 뒤로 물러서는 脫法化(Entrechtlichung)의 경향을 나타냄.[25)]

Ⅶ. 식품수입에 관한 식품위생법상 시스템과 그에 따른 불행사의 대상

1. 식품수입에 관한 식품위생법상 시스템과 사안

의약품의 잠재적 리스크로 인해 약사법은 禁止原則(Verbotsprinzip)이 통용된다. 즉, 의약품은 기본적으로 사전허가를 필요로 한다. 반면 식품법의 경우에는 濫用原則(Missbrauchsprinzip)이 지배하여 식품은 식품제조자의 고유한 책임으로 즉, 허가 없이도 유통될 수 있다. 물론 그는 소비자정보를 포함한 건강보호와 소비자보호를 위한 법률상의 제 요청을 충족하여야 한다. 또한 예방적 건강보호가 요구되는 경우에는 금지원칙이 주효한다. 그리하여 식품수입에 대한 국가통제메커니즘과 관련하여 현행법은 물론 구 식품위생법(이하에선 '구법'이라 한다)은 개별 품목의 수입행위에 대해서(구법 제16조) 신고제를 채택하고 있다.[26)] 식품수입업에 대해서도 신고제를 취하는데 별반 특별한 요구사항이 없어서 사실상 법적 통제의 가능성밖에 놓여 있는 셈이다. 반면 수입신고의 경우에는 단순히 신고만으로 끝나지 않고 그에 동반하여 여러 가지 검사(심사)가 행해지고 있다.[27)] 현재의 판례와 다수문헌의 입장에 의하면

---

24) Di Fabio, Risikoentscheidungen im Rechtsstaat, S.113f.

25) Di Fabio, Risikovorsorge-uferlos?, ZLR 2003, 163(167).

26) 식품위생법 제정 당시에는(법률 제1007호, 1962.1.20. 제정) 제15조에서 수입사전승인제를 규정하였다.

27) 구 식품위생법은 시행규칙에서 정한 경우에 검사하명의무(및 그에 따른 검사의무)를 규정한 반면 현행법은 일단 모든 수입식품에 대해 검사하명의무(및 그에 따른 검사의무)를 규정하고 있다.

여기서의 신고는 의당 수리를 요하는 신고에 해당한다고 하겠다. 그런데 이처럼 광범하게 심사가 통용되고 있는 점에서 이런 법상황을 과연 고유한 신고로 포착할 수 있을지 의문스럽다. 수리를 요하는 신고가 그 실질은 허가라는 점이 이런 법상황을 정당화시킬 수 있는 단초라 하겠다.[28] 한편 유럽연합법의 차원에서는 금지원칙에서 남용원칙으로 이행되는 것이 뚜렷한 경향이다.[29]

'대상판결B'의 사안에서는 피고 회사가 2004.6.10. 부산항에 입항된 이 사건 젤리에 대하여 성분을 카라기난으로 표시하여 2004.6.16. 부산세관에 수입신고를 하고, 2004.6.26. 부산지방식품의약품안전청의 관능검사에서 적합판정을 받아 2004.6.28. 식품 등의 수입신고필증을 교부받았다. 이 사건 젤리의 낱개가 들어있는 큰 플라스틱 통에는 '식품의 섭취 시 어린이나 노약자는 질식의 위험이 있으니 잘게 썰어서 드십시오.'라는 경고 문구가 적혀 있다. '대상판결A'의 사안에서는, '대상판결B'에서와 마찬가지로 젤리성분을 카라기난으로 표시하여 수입신고를 하였고, '섭취시 주의가 필요하다'는 취지의 문구를 포장용기에 기재하였다.

한편 수입신고의 검사에는 서류검사, 관능검사 그리고 정밀검사가 있다. 관능검사라 함은 제품의 성상·맛·냄새·색깔·표시·포장상태·정밀검사이력 등을 종합하여 그 적부를 판단하는 검사이고, 정밀검사라 함은 물리적·화학적·미생물학적 방법에 따라 실시하는 검사로서 서류검사 및 관능검사를 포함한다.[30] 통상 처음 수입신고의 경우에는 서류검사와 -표본을 대상으로 한- 관능검사를 포함한 정밀검사까지 실시하지만, 동일한 제품을 추가적으로 수입하는 경우에는 서류검사만을 실시할 뿐이라고 한다. 그런데 사안에서는 시종 관능검사만을 언급하지 정밀검사에 대해서는 별반 언급이 없기에, -준비서면 등을 검토하지 않은 상태에서 추측할 수밖에 없지만- 정밀검사는 실시하지 않았을 것으로 추측하여 본다.

2. 불행사의 대상이 된 규제 문제

규제권한의 불행사의 위법을 검토하기 위해서는 우선 해당 규제권한을 법령이 예정하고 있는지 여부를 살펴야 한다. 사안은 3극관계이어서 규제권한의 발동은 피규제자로서는 부담적 행위이다. 법률유보차원에서 허용되고 예정되어 있지 않은 즉,

---

28) 이 점에서 건축법 제14조의 건축신고를 수리를 요하는 신고로 본 대법원 2011.1.20. 선고 2010두14954판결은 역설적으로 수리를 요하는 신고에 대한 근본적인 의문을 야기한다. 이에 관해선 졸고, 건축법 제14조의 건축신고가 과연 수리를 요하는 신고인가?, 특별법연구 제9권(이홍훈 대법관 정년퇴임기념), 2011.5., 273면 이하(본서 179면 이하) 참조.

29) Schulze/Zuleeg(Hrsg.), Europarecht, 2006, §24 Rn4.

30) 식품위생법시행규칙(보건복지부령 제270호) [별표 6] 식품등의수입신고및검사.

위법한 권한행사의 불행사를 문제삼는 것은 아닌지 숙고가 필요하다. 판례는 구법 제7조, 제9조, 제10조, 제16조와 관련지어, ⅰ) 문제의 미니컵젤리의 수입, 유통 등을 금지하는 것, ⅱ) 관련 기준과 규격, 표시 등을 강화하는 것, ⅲ) 필요한 검사 등을 실시하는 것을 불행사권한의 내용으로 삼았다. ⅱ)와 ⅲ)의 경우 관련 규정에서 근거를 찾을 수 있지만, ⅰ)의 경우에는 그렇지 않다. 따라서 우선 그것의 근거 규정을 탐문할 필요가 있다. 전자와 관련하여 당시의 식품위생법은 명시적인 수입, 유통을 금할 수 있는 규정을 두지 않았다. 반면 현행 식품위생법은 제15조(위해평가)와 제17조(위해식품등에 대한 긴급대응)에 의해 사안과 유사한 상황에 대한 대처가능성을 담고 있다. 그런데 법 제15조는 2005.1.27.에, 제17조는 2009.2.6.에 신설되었다. 따라서 수권근거가 적극적으로 확인되지 않는다면, 사안은 현행 제15조나 제17조와 같은 예방적 조치규정을 마련하지 않음에 대한 입법부작위의 차원의 문제가 되어버린다.[31] 입법부작위의 경우 입법상의 광범한 형성여지로 통상의 행정의 부작위에 비해 위법성을 확인하기가 매우 어렵다. 구법 제55조의 시정명령이나 제56조의 폐기처분의 제도로부터도 사안에서의 수입유통금지를 도출하기가 어렵다.

요컨대 구법 제4조가 위해식품 등의 판매 등을 금지하고 있으며, 제58조는 제4조 등의 위반시에 영업허가의 취소, 영업의 전부나 일부의 취소 및 영업소폐쇄를 규정하고 있다. 수입유통의 금지가 사실 영업의 취소에 해당한다는 점에서 일단 수입유통의 금지 역시 허용되는 규제권발동의 내용으로 삼을 수 있다. 그런데 여기서는 영업취소권이 성립하기 위한 전제인 제4조에 따른 판매금지의 성립여부가 문제된다(후술).

한편 명시적인 법률적 근거가 없더라도, 국가의 기본권보호의무에 의거하여 관련 공권력발동을 정당화할 수 있다고 주장되곤 하는데, 주의가 필요하다. 개입조치의 수범자(피규제자: 위법건축물의 건축주 등)에 대한 수권규범이 반드시 필요하기에, 그에 대한 행정개입청구권을 -규제를 통해 보호받을 수 있는- 관련자의 직접 기본권에서 도출하는 것은 배제된다. 즉, 제3자의 권리에 대한 개입을 정당화하기 위하여 국민의 기본권을 직접적으로 목표로 삼는 것은, 법치국가원리적 이유에서 배제된다.[32] 또한 방어권으로서의 기본권의 주된 의미를 완전히 탈색시키지 않기 위해서는, 국가의 기본권보호의무를 신중히 고찰하여야 한다. 국가의 기본권보호의무는 행위의무나

31) 사실 기준과 규격이 고시의 형태로 발해지기에 그것들의 강화를 해태한 것 역시 입법부작위의 문제이기도 한다.

32) VGH Kassel의 소위 유전공학판결(NJW 1990, 336ff.)은, 법정책적인 동기에서 비롯한 보호의무지향으로 말미암아 전통적인 방어지향적 기본권보호가 오도되고 어떻게 잠식당하여 정반대로 흘러 갈 수 있는가를 잘 보여주는 전형적인 예이다. 동 법원은 독일 기본법 제2조 제2항으로부터의 보호목적 사고를 목표로 삼으면서, 입법자가 유전공학상의 리스크의 중대한 위험잠재성을 포착하는 그 밖의 특별한 규정을 만들어야만 유전공학 시설의 가동이 허용된다고 판시하였다.

행위수권으로서 직접 행정부에게 향해지진 않는다. 이 물음은 국가의 기본권보호의무를 내세워 재량축소를 논증함에 있어 매우 중요하다. 자칫 국가의 기본권보호의무가 제3자에 대한 국가의 무한적 개입을 정당화시킬 수 있는 구실이 될 수 있기 때문이다.[33]

Ⅷ. 규제근거규정의 사익보호성여부: 사안에서 규제권의 불행사로 인해 발생한 손해의 의미

1. 국가배상책임을 성립시키는 손해의 인정 근거[34]

판례는 일찍이 손해발생과 관련하여 직무행위의 제3자성, 즉 직무행위의 관련규정의 사익보호성을 요구하였다. 즉, 대법원 1993.2.12. 선고 91다43466판결('극동호사건')은 "공무원에게 부과된 직무상 의무의 내용이 단순히 공공 일반의 이익을 위한 것이거나 행정기관 내부의 질서를 규율하기 위한 것이 아니고 전적으로 또는 부수적으로 사회구성원 개인의 안전과 이익을 보호하기 위하여 설정된 것이라면, 공무원이 그와 같은 직무상 의무를 위반함으로 인하여 피해자가 입은 손해에 대하여는 상당인과관계가 인정되는 범위 내에서 국가가 배상책임을 지는 것이고, 이때 상당인과관계의 유무를 판단함에 있어서는 일반적인 결과발생의 개연성은 물론 직무상 의무를 부과하는 법령 기타 행동규범의 목적이나 가해행위의 태양 및 피해의 정도 등을 종합적으로 고려하여야 할 것이다"고 판시하였다.[35][36] 한편 여기서의 직무행위(직무상의 의무)의 사익보호성여부는 국가배상책임성립요건에서 손해의 발생 그 자체와 직결된 문제임에도, 이를 전적으로 상당인과관계의 차원에서 접근하기도 한다.[37]

먼저 확인할 사항은 직무행위(직무상의 의무)의 사익보호성여부가 어떤 경우에 문

---

33) 국가의 기본권보호의무에 관한 피상적 이해는 이런 위험을 증폭시킨다. 국가의 기본권보호의무와 재량축소에 관해서는 졸저, 행정법기본연구 I, 2008, 230면 이하 참조.

34) 물론 직무행위의 제3자성, 관련규정의 사익보호성은 직무행위의 위법성과도 연계가 된다. 모성준, 국가에 대한 편향적 손해배상책임 인정경향의 문제점, 민사법연구 제16집, 2008.12., 14면.

35) 동지: 대법원 1998.5.8. 선고 97다36613판결. 대법원 91다43466판결의 의의와 문제점에 관해서는 김남진, 행정법의 기본문제, 1039면 이하(공무원의 직무해태와 국가 등의 배상책임, 판례월보 제272호(1993.5.), 21면 이하); 손지열, 국가배상에 있어서의 위법성과 인과관계, 민사판례연구 제16권(94.05) 202-219면. 그런데 규제권능의 불행사로 인한 국가배상책임에서 관련 규정의 사익보호성을 모색하였으며, 개연성의 존부와 아울러 규범목적 등에 의거하여 인과관계를 검토한 점에서 획기적인 의의를 갖는다. 하지만 논증의 취약점도 있다. 즉, 그것은 직무상의 의무와 해당 직무행위의 재량성을 구별하지 않고 사안을 전적으로 상당인과관계의 차원에서 전개한 점이다. 그리하여 김남진 선생님은 재량축소의 관점을 환기시켰다. 동인, 앞의 책, 1045면.

36) 일본의 경우에도 과거 규제권능의 불행사를 별다른 접근을 강구하지 않은 채 위법으로 판시하기도 하였다: 最判 昭和57(1982) 1.19 民集36卷1号 19頁(경찰의 총칼일시보관의무의 해태); 最判 昭和59(1984) 3.23 民集38卷5号 475頁(경찰이 포탄회수를 지체한 것).

37) 대법원 1994.6.10. 선고 93다30877판결.

제되는지 여부이다. 독일의 경우 행정소송에서 원고적격의 문제를 해결하는 데 도움을 주는 수범자(상대방)이론(Adressentheorie)이 있다.[38] 이는 부담적 처분의 직접 상대방은 별다른 논증없이 원고적격이 인정되나 신청에 대한 거부처분이나 부작위의 경우 그리고 제3효행정행위에서 그 제3자의 경우에는 원고적격여부가 탐문되어야 한다는 것이다. 관련 사안의 예가 잘 보여주듯이, 이것의 기조는 국가책임법에도 그대로 접목될 수 있다. 즉, 직무행위(직무상의 의무)의 사익보호성여부는 직무행위가 제3자와 관련성을 가질 경우와 직무행위가 부작위로 나타난 경우에 문제된다.

비록 독일(기본법 제34조, 민법 제839조 제1항)과 같이 명문으로 위반직무행위의 제3자성이 요구되진 않지만, 우리의 경우 이에 대한 요구가 '대상판결A'를 비롯한 일련의 판결을[39] 통해 공고히 되었다고 하겠다. 배상책임제한적 기능을 갖는 제3자성(사익보호성) 요구에 대해서, 일부에서는 -독일과는 달리- 근거가 없음을 이유로 부정적으로 본다. 한편 사실 대위책임을 전제한 메커니즘에서는 이 제3자관련성 요구가 지극히 당연하다 할 수 있겠지만, 이는 대위적 배상책임청구권의 특징은 아니며, 모든 국가책임의 본질적 요소라 하겠다.[40] 왜냐하면 반사적 이익에 대한 보호배제를 목적으로 하는 이 요구는 행정소송에서의 원고적격 마냥 주관적 쟁송의 원칙에서는 당연하기 때문이다.[41] 사실 독일의 경우에도 (제3자보호에서의) 개인보호인정의 기준에서 국가책임법과 행정소송법은 동일한 기조에 있다.[42] 유럽연합법 역시 -공익만이 아니라- 원고의 이익을 보호하도록 되어 있는 규범을 위반한 경우에 한하여 배상책임을 인정하고 있다.[43] 물론 위반직무행위의 제3자성이 그 근거규정의 제3자성이긴 하나 행정소송의 경우 그 자체만으로 원고적격이 인정되는 것은 아님을 유의하여야 한다. 소를 제기하는 자가 제3자성(사익보호성) 규정에서 예정한 보호범주에 들어간다고 인정되어야 비로소 그에게 원고적격이 인정된다.[44]

2. 사안의 규제근거규정의 법적 성격

서울중앙지방법원 2006.8.17. 선고 2005가합32369판결('대상사안B')은 이 물음에 대해 별다른 지적 없이 곧바로 배상책임을 인정하였다. 서울중앙지방법원 2006.12.8.

38) 대법원 1995.8.22. 선고 94누8129판결을 계기로 우리의 경우에도 불이익처분의 당사자와 관련해서는 受範者(相對方)理論이 통용된다고 봄직하다.

39) 대법원 2006.4.14. 선고 2003다41746판결; 2002.3.12. 선고 2000다55225, 55232판결; 2001.10.23. 선고 99다36280판결; 1994.12.27. 선고 94다36285판결 등.

40) Ossenbühl, Staatshaftungsrecht, 5.Aufl. 1998, S.57.

41) Vgl. Maurer, Allg. VerwR, 17.Aufl., 2009. §26 Rn.19.

42) Detterbeck/Windthorst/Sproll, Staatshaftungsrecht, 2000, §9 Rn,103.

43) Vgl. EuGH Slg 2000, I-5291 Rn.42-Bergadem; Slg 2002, I-11355 Rn.53-Camar.

44) 독일의 경우 원고적격 논증에서 이를 분명히 한다. 비슷하게 阿部泰隆, 行政法解釋學II, 2009, 505頁.

선고 2005가합57993판결('대상사안A')과 서울고법 2008.8.26. 선고 2006나92129판결('대상사안B') 역시 그러하였다. 반면 서울고등법원 2008.9.11. 선고 2007나7074판결('대상사안A')은 직무행위의 제3자성, 즉 직무행위의 관련규정의 사익보호성의 물음을 제기하여 -가정적인 인정의 가능성을 첨언하긴 했지만- 부정적으로 판단하였다. 이 물음에 대해 대법원 2010.9.9. 선고 2008다77795판결과 대법원 2010.9.9. 선고 2008다77795판결은 먼저 지적한 다음, 공히 긍정하는 태도를 취하였다. 특히 대법원이 이들 규정의 제3자 보호성 즉, 사익보호성을 논증함에 있어서, 식품위생법 제1조의 입법목적을 환기한 다음 같은 법 제7조, 제9조, 제10조, 제16조 등에서 착안점을 적극적으로 모색한 것은 바람직하다.[45)]

3. 규제근거규정의 私益保護性 인정의 含意

(1) 대법원 2001.10.23. 선고 99다36280판결의 기조와의 비교

일찍이 '국가 또는 지방자치단체가 법령이 정하는 상수원수 수질기준 유지의무를 다하지 못하고, 법령이 정하는 고도의 정수처리방법이 아닌 일반적 정수처리방법으로 수돗물을 생산·공급하였다는 사유만으로 그 수돗물을 마신 개인에 대하여 손해배상책임을 부담하는지 여부'의 물음에서, 대법원 2001.10.23. 선고 99다36280판결은 관련규정의 사익보호성을 부정하였다. 반면 대법원 2006.4.14. 선고 2003다41746판결은, "하천법의 관련 규정에 비추어 볼 때, 하천의 유지·관리 및 점용허가 관련 업무를 맡고 있는 지방자치단체 담당공무원의 직무상 의무는 부수적으로라도 사회구성원 개개인의 안전과 이익을 보호하기 위하여 설정된 것이다"라고 판시하였다. 더욱이 대법원 2010.4.15. 선고 2007두16127판결은 -종래 환경법에서의 원고적격 문제가 유해시설과 근접한 지역에서의 주민과 관련이 있었던 데 대해서- 공간적 차원을 넘어 환경피해의 실질성이나 종국성에 초점을 맞추었다.[46)] 사실 대법원 2001.10.23. 선고 99다36280판결의 기조는 후술할 대법원 2001.3.9. 선고 99다64278판결과도 어울리지 않는다. 대상판결을 비롯한 이런 일련의 변화로 환경법상의 제 기준의 유지와 관련한 규정의 성격을 더 이상 반사적 이익차원에서 바라볼 수는 없으리라 예상된다.

---

45) 독일 역시 직무의무의 제3자성을 직무의무를 성립시키는 규정과 직무행위의 본질에서 구한다. Vgl. BGHZ 56, 40, 45; 69, 128, 136; 84, 292, 299.

46) 원고적격의 물음과 관련하여 매우 획기적인 것임에는 분명하지만, -법적 차원은 물론 정책적 차원(가령 취수장에 위치한 지역과 수돗물의 消費地간의 상황인식의 간극)에서도- 후속적 물음이 사소하지 않다. 이에 대한 평석으로 이준서, '낙동강 취수장 판결'로 살펴본 환경행정소송상의 원고적격 확대의 문제, 한양법학 제31집(2010.8.), 61면-82면 참조.

(2) 행정개입청구권과 관련한 규제개입규정과 관련해서, 변화의 희망

종래 행정규제에서 그 법관계를 -전적으로 행정과 피규제자만을 당사자로 한- 2자관계로 설정한 나머지 행정의 규제권한의 행사와 관련해서는 반사적 이익론 (및 재량론)이 주효하여 행정의 규제권한불행사에 대한 법적 비난이 봉쇄되었다. 그러나 대상판결을 기화로 -비록 늦었지만- 특히 국민의 생명신체와 재산과 같은 법익을 보호하는 것을 지향하는 행정규제 일반은 사익보호성을 지니는 것으로 판단되리라 예상된다.[47)]

그런데 규제근거규정의 사익보호성의 보편화를 예상할 때, 제기될 수 있는 문제가 제3자에 대한 행정개입청구권 법리의 인정여부이다. 이에 대해, 문헌에서는 당연시 여기나 판례에서는 상황이 정반대이다. 그 결정적인 원인이 바로 대법원 1999.12.7. 선고 97누17568판결의 존재이다. 독일에서의 관련 논의를 세심하게 논구하지 않은 불찰은 있지만, 제3자에 대한 행정개입청구권을 원천적으로 부정하는 동 판결의 존재는 우리 행정법의 발전을 결정적으로 가로막는 장애물이다.[48)] 재량축소에 관해 본격적인 논의가 전개되지 않고 있는 현재 상황 역시 이와 무관하지 않다고 여겨진다. 또한 이는 행정절차의 재개(불가쟁적 행정행위의 재심사 및 행정행위의 폐지에 따른 재심사)에 관한 무관심에 닿아 있다.[49)]

일찍이 Ossenbühl은 띠톱판결에서 (제3자에 대한) 행정개입청구권의 법리를 인정한 이래로 행정의 개입수권조항이 사익을 위하여 동원될 수 있음을 빗대, '행정법의 주관적 권리화' 경향을 행정법체계상의 코페르니쿠스적 전환이라 표현하였다.[50)] 대상판결을 비롯한 판례의 흐름에 견줘, 우리의 경우에도 -비록 국가책임법의 차원이지만- '행정법(규)의 주관적 권리화'가 실현되고 있다고 하겠다. 토석채취공사 도중 경사지를 굴러 내린 암석이 가스저장시설을 충격하여 화재가 발생한 사안에서, 토지형질변경허가권자에게 허가 당시 사업자로 하여금 위해방지시설을 설치하게 할 의무를 다하지 아니한 위법과 작업 도중 구체적인 위험이 발생하였음에도 작업을 중지시키는 등의 사고예방조치를 취하지 아니한 위법이 있다고 하여, 허가 및 감독규정과 관련한 부작위에 대해 국가배상을 인정한 대법원 2001.3.9. 선고 99다64278판결이 그

---

47) 이는 국가와 행정법의 존재이유에 직결된 문제이기도 하다. 阿部泰隆, 行政法解釋學Ⅱ, 504頁.

48) 그럼에도 불구하고 동 판결의 문제점을 상론한 문헌은 보이지 않는다. 이것의 문제점에 관해서는 행정법기본연구Ⅰ, 69면 이하.

49) 우리 1987년의 행정절차법안이 독일의 그것을 참조하여 행정처분의 재심사를 규정하였으나(동법안 제33조), 현행의 행정절차법은 그에 관한 규정을 두고 있지 않으며 학문적 논의 역시 殆無하다. 이에 관해서는 김남진, 행정법의 기본문제, 275면 이하; 졸저, 행정법기본연구Ⅰ, 100면 이하, 506면 이하 참조.

50) Ders., Die Weiterentwicklung der Verwaltungswissenschaft, in: Jeserisch/Pohl/v. Unruh(Hrsg.), Deutsche Verwaltungsgeschichte, Bd. V, 1987, S.1143(1146).

대표적인 예이다. 사실 대법원 1999.12.7. 선고 97누17568판결이 보여준 개입규정에 대한 인식과는 매우 다르다고 하겠다. 불원간 이런 변화의 기조가 진압적 개입수단에 관해서도 나비효과를 발생시켜 종래의 패러다임의 교체를 가져다줄 것이다.

Ⅸ. 행정청의 권능(권한)불행사(해태, 부작위)의 위법성에 대한 접근방식

1. 판례에서의 접근방식[51)]

판례는 합리성차원에서의 접근방식(≒수권규정을 전제로 한 경우)과 재량축소론적 접근방식(≒수권규정을 전제로 하지 않은 경우)을 병행하고 있다.

(1) 합리성차원에서의 접근

합리성차원에서의 접근은 기실 경찰관직무집행법상의 개별수권규정 및 일반 임무규정에 터 잡은 것이다. 효시가 된 대법원 1996.10.25. 선고 95다45927판결은, "긴급구호권한과 같은 경찰관의 조치권한은 일반적으로 경찰관의 전문적 판단에 기한 합리적인 재량에 위임되어 있는 것이나, 그렇다고 하더라도 구체적 상황하에서 경찰관에게 그러한 조치권한을 부여한 취지와 목적에 비추어 볼 때 그 불행사가 현저하게 불합리하다고 인정되는 경우에는, 그러한 불행사는 법령에 위반하는 행위에 해당하게 되어 국가배상법상의 다른 요건이 충족되는 한, 국가는 그로 인하여 피해를 입은 자에 대하여 국가배상책임을 부담한다"고 판시하였다.[52)] 경찰권발동과 관련해서 대법원 1998.5.8. 선고 97다54482판결과 대법원 1998.8.25. 선고 98다16890판결 그리고 대법원 2004.9.23. 선고 2003다49009판결(속칭 군산 윤락업소 화재 사건) 역시 마찬가지였다. 대법원 2006.7.28. 선고 2004다759판결 역시 그렇다. 그런데 허가 및 감독규정과 관련해서, 대법원 2001.3.9. 선고 99다64278판결은 여기에 '객관적 정당성의 결여'를 추가하였다.

---

51) 유의할 점은 여기서의 합리성차원에서의 접근은 후술할 재량축소론적 접근과 비교한 것이다. 즉, 권한을 부여한 취지와 목적에 의거하여 구체적인 사정에 따라 판단한다고 대략적으로 기술한 다음 바로 합리성결여 여부를 판단하는 논증의 방식이다. 반면 재량축소론적 접근은 판단의 기준으로 위험의 존재, 예견가능성, 회피가능성 등을 적시하면서 작위의무의 성립을 논증하는 방식이다. 양자의 차이점은 특히 작위의무의 성립여부에 관해 구체적·적극적으로 논증하였는지 여부에 두고자 한다. 사실 이런 구분은 후술할 일본에서의 논의에서 비롯되었다.

52) 이에 대한 평석으로 김상철, 공무원의 규제권한 불행사와 국가배상책임, 민사판례연구 제20권(1998.6.) 327-350.

(2) 재량축소론적 접근

수권규정이 전제되지 않은 경우로 일찍이 대법원 1980.2.26. 선고 79다2341판결은, 「지방자치단체 소유의 임야에 많은 주민이 들어서 무허가 주택을 짓고 살고있다 하더라도 그 주민을 대상으로 한 통반이 조직되고 주민세를 부과하는 등의 관리행정까지 실시해 왔다면 그 자체단체로서는 의당 주민들의 복리를 위하여 주택가 내에 돌출하여 위험이 예견되는 자연암벽을 사전에 제거하여야할 의무도 부담한다 할 것인데 그 의무를 해태한 부작위로 인하여 붕괴 사고가 일어나서 주민들이 손해를 입었다면 그 자치단체로서는 국가 배상법 제2조에 의한 책임을 면할 수 없다고 봄이 상당하다」고 판시하였다. 달리 볼 수도 있겠지만,[53] 굳이 어떤 접근을 하였는지 설정하자면 재량축소론적 접근을 한 것으로 봄직하다. 그리고 이를 더욱 진전시켜 대법원 1998.10.13. 선고 98다18520판결(에이즈양성판정의 불통지 사건)은, 「공무원의 부작위로 인한 국가배상책임을 인정하기 위하여는 공무원의 작위로 인한 국가배상책임을 인정하는 경우와 마찬가지로 '공무원이 그 직무를 집행함에 당하여 고의 또는 과실로 법령에 위반하여 타인에게 손해를 가한 때'라고 하는 국가배상법 제2조 제1항의 요건이 충족되어야 할 것인바, 여기서 '법령에 위반하여'라고 하는 것이 엄격하게 형식적 의미의 법령에 명시적으로 공무원의 작위의무가 규정되어 있는데도 이를 위반하는 경우만을 의미하는 것은 아니고, 국민의 생명, 신체, 재산 등에 대하여 절박하고 중대한 위험상태가 발생하였거나 발생할 우려가 있어서 국민의 생명, 신체, 재산 등을 보호하는 것을 본래적 사명으로 하는 국가가 초법규적, 일차적으로 그 위험 배제에 나서지 아니하면 국민의 생명, 신체, 재산 등을 보호할 수 없는 경우에는 형식적 의미의 법령에 근거가 없더라도 국가나 관련 공무원에 대하여 그러한 위험을 배제할 작위의무를 인정할 수 있을 것이지만, 그와 같은 절박하고 중대한 위험상태가 발생하였거나 발생할 우려가 있는 경우가 아니라면 원칙적으로 공무원이 관련 법령을 준수하여 직무를 수행하였다면 그와 같은 공무원의 부작위를 가지고 '고의 또는 과실로 법령에 위반'하였다고 할 수는 없을 것이므로, 공무원의 부작위로 인한 국가배상책임을 인정할 것인지 여부가 문제되는 경우에 관련 공무원에 대하여 작위의무를 명하는 법령의 규정이 없다면 공무원의 부작위로 인하여 침해된 국민의 법익 또는 국민에게 발생한 손해가 어느 정도 심각하고 절박한 것인지, 관련 공무원이 그와 같은 결과를 예견하여 그 결과를 회피하기 위한 조치를 취할 수 있는 가능성

---

53) 비슷한 일본 판례: 大阪地方法院은 조성택지의 옹벽붕괴사고에서 택지조성 등의 규제법의 취지나 목적에 비추어 옹벽의 소유자에게 개선명령을 발하고 아울러 그것을 대집행수순을 통해 위험을 제거하여야 함에도 불구하고 그렇게 하지 않은 것이 현저히 합리성을 결여하여 위법이라 판시하였다. 大阪地判 昭和49 4.19.下級民集 25卷1-4号 315頁.

이 있는지 등을 종합적으로 고려하여 판단하여야 할 것이다」 판시하였다.[54] 대법원 2001.4.24. 선고 2000다57856판결, 대법원 2005.6.10. 선고 2002다53995판결 그리고 대법원 2009.9.24. 선고 2006다82649판결 역시 그와 동일한 기조를 취하였다. 한편 허가 및 감독규정과 관련한 대법원 2001.3.9. 선고 99다64278판결은 특별한 수권규정이 없는 위험관리(의무)와 관련해서는 그것의 해태를 객관적 정당성의 관점에서 검토되어야 한다고 판시하였다.

(3) 절충적 접근

한편 이상의 두 가지 접근방식이 결합된 경우가 생겨났다. 즉, 대법원 2007.10.25. 선고 2005다23438판결(경찰관들이 인질의 구출 및 납치범의 검거 직무를 수행하는 과정에서 범인에게 돈을 전달하기로 한 인질의 아버지가 피살된 사건)은, "범죄의 예방·진압 및 수사는 경찰관의 직무에 해당하며(경찰관직무집행법 제2조 제1호 참조), 그 직무행위의 구체적 내용이나 방법 등이 경찰관의 전문적 판단에 기한 합리적인 재량에 위임되어 있으므로, 경찰관이 구체적 상황하에서 그 인적·물적 능력의 범위 내에서의 적절한 조치라는 판단에 따라 범죄의 진압 및 수사에 관한 직무를 수행한 경우, 경찰관에게 그와 같은 권한을 부여한 취지와 목적, 경찰관이 다른 조치를 취하지 아니함으로 인하여 침해된 국민의 법익 또는 국민에게 발생한 손해의 심각성 내지 그 절박한 정도, 경찰관이 그와 같은 결과를 예견하여 그 결과를 회피하기 위한 조치를 취할 수 있는 가능성이 있는지 여부 등을 종합적으로 고려하여 볼 때, 그것이 객관적 정당성을 상실하여 현저하게 불합리하다고 인정되지 않는다면 그와 다른 조치를 취하지 아니한 부작위를 내세워 국가배상책임의 요건인 법령 위반에 해당한다고 할 수 없다"고 판시하였다.[55] 대법원 2008.4.24. 선고 2006다32132판결(음주운전 단속시 운전자의 요구에 따라 곧바로 채혈을 실시하지 않은 사건) 역시 동일한 기조를 취하였다.[56] 대상판결 역시 우선 미니컵젤리의 위험성의 존부와 그에 대한 행정청의 인

54) 유의할 점은 대법원은 관리 및 검사·판정상의 직무행위에 관한 명시적 근거규정이 없음을 전제로 하면서 아울러 부작위의 위법성의 전제인 작위의무의 성립에 대해 회의적이었다. 그런데 비록 당시의 후천성면역결핍증예방법(법률 4077호)이 그에 관한 명문의 근거규정을 두고 있진 않았지만, 동법 제3조 제1항이 '국가·지방자치단체의 의무'로 "국가와 지방자치단체는 후천성면역결핍증의 예방과 인간면역결핍바이러스에 감염된 자(이하 "감염자"라 한다)의 보호·관리를 위한 대책을 수립하고 시행하며 예방에 필요한 지식을 적극적으로 국민에게 홍보하여야 한다"고 규정하였기에 -비록 임무조항이어서 체계적 문제는 있지만- 그나마 동조항을 착안점으로 삼아 논의를 전개할 수도 있었다고 여겨진다. 그런데 이해되지 않게도 검진결과의 통보에 관한 근거규정이 대상판결이 내려진 후 10년이 지난 2008.3.21.에 비로소 신설되었다(제8조의 2).

55) 그리고 동 판결은 참조판례로 이상에서 본, 대법원 1996.10.25. 선고 95다45927판결; 1998.10.13. 선고 98다18520판결; 2001.3.9. 선고 99다64278판결; 2001.4.24. 선고 2000다57856판결 등을 든다.

56) 한편 이들 판결에 대해, 모성준 판사는 대법원이 하급심의 손해배상책임인정 완화경향에 제동을 거는 것으로 평가를 내린다. 동인, 앞의 글, 3면.

식·예견가능성을 전제로 하여 제반사정을 최종적으로 합리성차원에서 판단하였다.

2. 일본에서의 경향

일본에서는 두 가지 접근이 강구되고 있다. 먼저 일찍이 일본에서 스몬(スモン) 사건[57]에서 東京地方法院은 독일에서의 재량축소론을 원용한 듯한 접근을 강구하였다. 즉, 신약의 제조승인의 철회권불행사의 위법성이 문제된 사안에서, 규제권한(철회)의 작위의무를 논증하기 위해, 국민의 생명·건강·중요한 재산 등에 대한 위험이 절박하고(위험의 존재: 피침해법익의 중요성), 행정청이 이런 위험을 알고 있는 상태에 있으며(예견가능성), 행정청의 규제권한행사가 결과를 쉽게 면하게 할 수 있으며(결과회피가능성), 규제권한을 행사하지 않으면 결과발생을 방지할 수 없고(보충성), 국민이 규제권한행사를 요청해 기대할 수 있는 사정에 있을 것(기대가능성)이 필요하다고 판시하였다.[58] 이를 기화로 裁量收縮論(裁量權收縮論)이 성립하였다.[59] 여기서 유의할 점은 그 당시 일본의 약사법은 제조승인의 취소(철회)에 관한 규정을 두지 않았다.[60]

반면 일본의 최고재판소는, 법이 부여한 권한의 취지, 목적 등에 비추어 구체적인 사정하에서 규제권한의 불행사가 재량의 범위를 일탈하여 남용에 해당하는 경우에는 그것의 불행사가 위법을 구성하는 것으로 보아, '허용되는 범위를 넘어서 현저히 합리성이 결여된 것'을 그 남용의 기준으로 삼는다.[61] 재량축소를 언급하지 않고, 이런 식으로 합리성차원에서의 접근을 裁量權消極的 濫用論(消極的 權限濫用論)이라 한다.

이상의 두 가지 접근에 대해 일본의 문헌은 분분하다. 대표적으로 鹽野 宏 교수나 藤田 宙靖 전 최고재판소재판관은 裁量收縮論에 대해 소극적인 입장을 취한다. 鹽野 宏 교수는 재량과 작위의무는 대립개념이므로 (재량수축론의) 독일적인 납득방법을 일본법에 채용할 의미는 없다고 강조한다. 그는, 유의해야할 더욱 근본적인 문

---

57) 스몬은 복부충만 후 심한 복통을 수반하는 설사가 나며, 발바닥에서 점차 위쪽으로 마비와 통증이 퍼지고, 시력장애를 일으켜 실명에 이르게 하는 질환이다. 일본에서 整腸劑인 키노포름의 복용에 따른 부작용으로 확인되었다. 스몬재판은 제1심에서 국가와 제약회사의 책임을 인정한 이래로 더 이상 소송이 진행되지 않고 화해를 통해 해결이 되었다. 스몬은 1955년경부터 산발적으로 발생하였는데, 1967-68년에 대량 발생하여 사회적 관심을 불러 일으켰다.

58) 東京地判 昭和 53(1978) 8.3. 判例時報 899号 48頁.

59) 비슷한 기조를 견지한 것으로 野犬幼兒咬死事件判決(東京高判 昭和 52.11.17 判例時報 875号 17頁.

60) 昭和54년(1979) 개정에서 제조승인취소규정이 마련되었다(약사법 제74조의2).

61) 인용된 건: 最判 平成元(1989) 11.24 民集43卷10号 1169頁; 最判 平成7(1995) 6.23. 民集49卷6号 1600頁. 인용되지 않은 것: 最判 平成16(2004) 10.15 民集58卷7号 1802頁; 最判 平成16(2004) 4 27 民集58卷4号 1032면. '현저한 합리성 결여'를 위법판단기준으로 명시적으로 제시한 것과는 달리 일본 최고재판소는 그 이전에 '경찰이 칼의 일시보관조치를 하지 않아 발생한 사건'(最判 昭和 57(1982) 1.29民集36卷1号 19頁)과 '바다에서 올린 포탄의 회수를 게을리하여 발생한 사건'(最判 昭和 59(1984) 3.23 民集38卷5号 475頁)에서는 별다른 언급없이 제반사정을 합리적으로 판단하여 그것이 직무상의 의무에 위반하여 위법하다고 판시하였다.

제로, 그런 위해방지책임(위험관리책임, 위험방지책임이라고도 칭한다)의 근거를 어떻게 세울지에 따라, 법률근거의 유무에 불문하고 위해방지조치(私人의 자유, 재산의 침해가 포함되는 일도 있다)를 취할 것을 인정하는 데까지 발전할 가능성이 있다는 점을 든다. 그는 이런 전개양상은 종래의 법치국가원리와 정면으로 대립하는 계기가 된다고 주장하였다. 하지만 그 역시 裁量收縮論이 하급심에 영향을 주어 국가배상책임을 이끌고 기여한 점은 별도로 긍정적이라 평하였다.[62] 藤田 宙靖 전 최고재판소재판관은, 「법률자체가 일정 요건하에선 행정청의 權限行使를 적극적으로 요구하고 있다는 이론적인 전제가 들어가지 않는 이상, 그 문제는 이론적으로는 해결되지 않는다」고 하면서, 이론적으로 재량권의 폭이 영으로 되면 그 자체로 행정은 당해권한을 행사하거나 판단할 자유를 상실하여 사실상 규제를 할 수 없는 결과를 낳는 것으로 본다.[63] 宇賀 克也 교수는 재량수축론이냐 재량권소극적 남용론이냐 하는 논의는 생산적이지 못하고 중요한 것은 작위의무성립요건을 유형화하는 데 부응하여 가능한 한 구체화하는 것이라고 지적한다.[64] 또한 일부에서는 재량수축론에 대해서는 근거규범의 해석이 평준화될 위험이 있다고 지적한다.[65]

반면 裁量收縮論을 지지하는 대표적인 학자인 阿部泰隆 교수는 裁量權消極的濫用論이 실은 기준이 없는 사례해결에 지나지 않는다고 혹평을 한다. 그리고 裁量收縮論의 利點은 국가배상책임요건을 재판관의 재량에 전면적으로 맡기지 않고 일정한 정도의 사고방식을 지시하려는 것에 있다고 강조한다. 나아가 鹽野 宏 교수나 藤田 宙靖 전 최고재판소재판관의 주장에 대해서도, 阿部泰隆 교수는 독일의 훌륭한 이론을 채용하면 되고, 왜 일본법에 채용할 의미가 없는지 이해되지 않는다고 반문한다. 법률적 근거의 부재에 대한 비판에 대해서는 한편으론 수긍하면서도 다른 한편으론 그래서 발전가능성이 있다고 반론을 제기한다. 전통적인 행정법이론의 출발점에 집착할 시대가 아님을 강변한다. 일부에서 양자를 단지 설명상의 차이가 있을 뿐이라고 평가하는 데 대해서도 단호히 거부한다.[66]

한편 福岡カネミ油症事件에선 福岡地方法院 小倉支院은 이상의 재량수축론의 논거를 들어 작위의무가 성립함을 논증한 다음, 사건에서의 식품위생법상의 규제권한의 불행사를 재량권의 소극적 남용이라고 할 정도로 불합리한 경우라고 同値시켜 위법을 판시하였다.[67]

---

62) 同人, 行政法II, 2010, 312頁-312頁.
63) 同人, 行政法 I 總論, 2005, 511頁.
64) 同人, "行政介入請求權と危險管理責任", 礒部力小早川光郎芝池義一 編, 行政法の新構想 III, 2008, 261頁.
65) 山本隆司=金山直樹, 法協 122 卷 6号, 114頁 이하.
66) 阿部泰隆, 行政法解釋學II, 506頁.
67) 福岡地判 小倉支判 昭和 53.3.10 判例時報 881号17頁.

3. 관견: 기왕의 접근방식의 문제점 및 대안

(1) 합리성차원에서의 접근에서 재량축소론적 접근으로

일본과는 달리 우리의 경우 최종심자체가 투 트랙의 접근이 행해지고 있기에 매우 혼란스럽다. 합리성차원에서의 접근의 경우와 재량축소론적 접근의 경우를 가늠할 수 있는 구체적이고 설득력있는 기준이 제시되지 않기에, 판례의 이런 임기응변적 해결방안으로 인해 행정법도그마틱이 치명적으로 방해받고 있다 하겠다.

먼저 여기서의 합리성 차원의 접근에 대한 근본적인 물음을 제기하고자 한다. 법치국가원리의 구현에 있어서 합리성결여여부는 법적 논거를 통해 필터링되어야 하고, 위법성의 여하는 법질서에 의거해서 판단되어야 한다. 해당 직무행위의 재량성 여부를 논하지 않은 채 직무상의 의무만을 설정하여 별다른 논증없이 인과관계의 차원에서 접근한 대법원 1993.2.12. 선고 91다43466판결('극동호사건') 및 대법원 1998.5.8. 선고 97다36613판결(청주우암상가 붕괴사건)과 비교해서, 합리성차원에서의 접근은 그나마 논거가 있다는 점에서 진전된 것이다. 그러나 '-사회적 타당성이 없을 정도의, 합리성의 현저한 결여'라는 권한불행사의 위법성의 논거는 구체적인 판단기준으로 삼기에는 너무나 추상적이다. 재량행사에서 요구되는 것은, 관련 제 이익을 성실하게 형량하여 즉, 상황에 합당하게 결정을 내리는 것이다. 여기서의 형량에는 합리성요청이 내재되어 있기에, 합리성 차원의 접근 역시 나름 충분히 타당할 수 있다. 그러나 작위의무의 성립여부에 관한 논거를 충분히 적시하지 않은 채 결론차원에서 행해지는 합리성차원의 접근에 대해서는, -일정한 정도의 사고방식을 지시하는 셈인 재량축소론적 접근과 비교해서- 국가배상책임요건에 관한 판단을 법관의 그것에 전면적으로 맡기는 것이나 다를 바 없다는 -설득력 있는- 우려가 제기될 수 있다.[68]

공무원의 부작위에 따른 국가배상책임이 문제되는 상황을 자세히 검토할 필요가 있다. 법령에 의해 일정한 작위의무가 성립하면 즉, 해당 직무행위가 기속행위인 경우에는 별다른 논거가 더해질 필요없이 부작위 그 자체가 위법한 것으로 된다. 반면 직무행위가 재량행위인 경우에는 -이는 수권규정의 존재여하에 관계없는데 특히 명시적인 수권규정이 없는 경우에는 특히 재량이 당연하다- 성실하게 관련 제 이익을 고려하여 재량을 행사하여야 한다.

그리하여 사안에서 -가정적으로- 성실하게 관련 제 이익을 고려하여 재량을 행사

---

68) 이 점에서 나름 구체적인 기준을 적시하여 논증한 대법원 2007.10.25. 선고 2005다23438판결식의 접근은 시사점을 제시한다.

하였다면 의당 그 직무행위를 했어야 할 것-즉, 재량축소의 상황-인 데도 불구하고 재량행사를 그르쳐 그 직무행위를 하지 않음으로 인해 손해가 발생하게 된 것이다.

그런데 합리성결여의 문제가 과연 국가배상책임요건의 성립에서 위법성판단의 문제인지 의문스럽다. 오히려 합리성결여는 상당인과관계의 차원에서 바라볼 필요가 있다(후술). 아울러 현저한 합리성의 결여만으로 곧바로 재량하자의 바로미터로 삼는 것 역시 지양할 필요가 있다. 왜냐하면 직무행위의 위법을 가져다주는 근거는 입법목적, 수권목적은 물론 특히 행정법의 일반원칙을 통해 설득력있게 제시할 수 있기 때문이다.[69]

더불어 이제 근본적인 검토가 필요한 사항이 국가배상책임에서의 '법령위반'의 의미이다. 판례는 이른바 상대적 위법성설의 입장에서 '객관적 정당성의 결여'를 국가배상법상의 '위법의 의미'로 바라보며,[70] 행정소송에서의 위법과 국가배상법에서의 위법을 다르게 설정한다.[71] 그리하여 종종 위법판단에서 궁극적으로 혹은 단독적으로 '객관적 정당성의 결여'나 -대법원 1997.7.25. 선고 94다2480판결처럼- '합리성의 현저한 결여'가 운위되고 있다. 특히 대법원 2001.3.9. 선고 99다64278판결처럼 위법판단기준을 '합리성의 현저한 결여'와 '객관적 정당성의 결여' 두 가지를 들고 있는 경우에는 논증의 혼란이 조성된다. 그리고 판례는 객관적 주의의무에 대한 위반과 '객관적 정당성의 결여'를 결부시킴으로써 위법성과 과실유무를 연동시킨다.[72] 따라서 이상의 '합리성의 현저한 결여'에 대한 문제제기는 '객관적 정당성의 결여'에 대해서도 마찬가지로 통용될 수 있다. 오늘날 법치국가원리가 비단 엄격한 의미의 법령만이 아니라 행정법의 일반원칙을 통해 구현되고 있다는 점에서, 법관의 전속적인 판단에 좌우되는 因子로 여겨질 우려가 있는 이런 가늠자로부터 벗어나 이들을 법치국가원리에 맞춰 새롭게 가다듬어야 한다. 그 출발점은 현행 국가배상법상의 주관적 책임요소(고의와 과실)에 대한 이해를 헌법합치적으로 교정하는 것이다.[73]

(2) 현행 재량축소론적 접근의 한계

어떤 유용한 재량상의 관점에 의해서도 그 거부가 정당화될 수 없게 만든 것이 재량축소론이긴 하나, 운위되는 재량축소론적 접근 역시 한계를 지닌다. 왜냐하면 재량축소론은 본래 제3자에 대한 경찰개입청구권의 인정여부가 문제된 상황에서 비

---

69) 참고판례: 대법원 1997.7.25. 선고 94다2480판결.
70) 대법원 2008.6.12. 선고 2007다64365판결 등.
71) 대법원 2007.5.10. 선고 2005다31828판결 등.
72) 모성준, 앞의 글, 11면.
73) 국가배상책임의 성격을 비롯한 현행 국가배상법제의 근본 문제점에 관해선 행정법기본연구II, 151면 이하.

롯되었기 때문이다.[74] 제시된 그 논거들(위험의 존재, 예견가능성, 회피가능성 등)은 제3자(피규제자 또는 규제대상자)에 의해 조성된 경찰위험의 경우에만 주효할 수 있는 것이다. 따라서 개괄적 수권조항에 의거한 경찰권발동을 전제로 하는 재량축소론적 논거를 일반화하면 2극관계에서의 상황을 바르게 포착할 수 없다.[75] 판례상으로 종종 재량축소론적 접근이 아닌 합리성차원의 접근이 강구되곤 하는 까닭이 여기에 있지 않을까 추측하여 본다.

재량규범의 목적은 개별적 정의의 실현에 있기에 재량여지를 축소시키는 특별한 사정이 존재할 수 있으며, 그에 따라 재량축소를 인정하는 것은 그 자체론 당연하다.[76] 따라서 경찰의 위험방지를 넘는 차원에서 재량축소론적 접근이 강구되어야 한다(후술). 그리고 본래 재량축소론은 -독일에서- 제3자에 대한 행정개입청구권의 문제에 직결되어 궁극적으로 행정소송상의 의무이행소송에 연계되어 있기에, 행정청으로 하여금 사전적 예방적 조치를 강구하도록 견인하기 위해 창안된 것이다. 판례상으로 제시된 기준(중요법익에 대한 침해의 중대성과 절박성, 결과의 예견가능성, 결과의 회피가능성 등)에 관해 국가책임법적 차원의 성찰이 당연히 필요하다. 가령 위험의 존재와 관련해서 그에 대한 지나친 고도화요청은 극단적 상황만을 상정하게 하는데, 특히 절박성 요구는 자칫 규제권한의 불행사를 정당화할 수 있는 구실로 작동할 수 있다.[77][78]

X. 사안에서 일련의 규제권능의 불행사의 위법성여부에 관한 검토

1. 주관적 책임요소의 문제

먼저 규제권능의 불행사가 작위의무를 전제로 한 부작위가 되어야 하며, 그 부작위와 손해발생간에 상당인과관계가 있어야 한다. 그런데 통상 공무원의 위법한 직무

---

74) 부작위의 위법성은 행정개입청구권의 경우와는 달리 재량의 영으로의 축소에까지 이르지 않더라도 결정재량의 축소 즉, 재량축소만으로도 주장할 수 있다.

75) 가령 보충성의 경우를 보면, 본래 행정개입청구권이 문제가 된 효시적 사안은 隣人保護의 문제였다. 여기서는 民事上의 인인보호를 염두에 두고서 논의가 전개되어야 하기 때문에 보충성요건이 도출된 것이다.

76) Bader/Ronellenfitsch, VwVfG Kommentar, 2009, §40 Rn.72.

77) Drews/Wacke/Vogel/Martens는 오늘날 경찰편의주의에도 불구하고 경찰이 특정한 경우 개입할 의무를 질 수 있다는 점에 관해선 광범한 의견일치가 있으나, 그러한 의무지움의 요건에 관해선 여지껏 밝혀지지 않았다고 지적하였다. 그들은 관련 판례가 처음부터 장해나 위험의 강도가 극히 높은 경우처럼 극단적인 사건에 대해서만 경찰의무화를 시인하려고 하였음을 비판적으로 지적하였다. 그리하여 중간정도의 장해와 위험의 경우에도 사정에 따라선 경찰청의 해태(태만)가 재량하자가 될 수 있음, 즉 재량의 영으로의 축소를 인정하였다. Drews/Wacke/Vogel/Martens, Gefahrenabwehr, 9.Aufl., 1986, S.400ff.

78) 재량축소론 전반에 관해선 행정법기본연구Ⅰ, 212면 이하 참조. 아울러 김춘환, 재량권의 영으로의 수축이론, 현대행정법학이론(이명구교수 화갑기념논문집), 1996, 194면 이하 참조.

행위로 인한 국가배상책임에서는 가해 공무원의 고의와 과실의 주관적 책임요소가 요구되고 있기에, 부작위로 인한 국가배상책임의 경우에도 주관적 책임요소의 요구에 수정이 필요한지 여부가 문제될 수 있다. 하급심에서는 과실 유무에 대한 판단이 행해졌지만, '대상판결A'는 "권한을 행사하지 아니한 것이 현저하게 합리성을 잃어 사회적 타당성이 없는 경우에는 직무상 의무를 위반한 것이 되어 위법하게 되는 경우에는 특별한 사정이 없는 한 과실도 인정된다"고 판시하였다. 반면 '대상판결B'는 특별한 언급을 하지 않았다. 부작위의 인정은 우선 작위의무를 전제로 한다는 점에서 이미 부작위의 성립 그 자체에 고의과실의 주관적 요소가 개재되어 있다고 하겠다.[79]

한편 대체적으로 우리의 경우 독일의 경우에 비해 더 엄격한 과실책임주의가 지배하고 있다. 민법에서 연유한 대위책임구조가 헌법에서도 구현된 독일의 경우 판례와 문헌은 이미 객관적 책임에 근접하였다고 할 정도로 과실책임주의의 한계를 극복한지 오래이다.[80] 그러나 우리의 경우 헌법상의 국가배상책임의 本旨(국가자기책임)가 도외시된 채 도리어 과실책임주의가 강고하다. 하루바삐 국가배상제도를 民事不法行爲的 접근에서 벗어나 법치국가원리와 (재판청구권을 통한) 권리보호보장의 필수불가결한 요소로 삼기 위해서는, 국가배상법 제2조상의 고의 및 과실의 의미를 탈색시켜야 한다.[81]

2. 규제권능(권한)불행사와 관련한 일본에서의 참고할 만한 예

여기서 관심을 끄는 것은 最判 平成7(1995) 6.23. 民集49卷6号 1600頁(判例時報1539号32頁)과 最判 平成16(2004) 10.15. 民集58卷7号 1802頁(判例時報1876号3頁)이다. 전자의 사건의 경우 소화 34년부터 50년까지의 기간에 신질환, 간질, 리테마토데스 또는 관절류머티즘의 치료를 위해서 클로로킨(クロロキン) 製劑를 복용함에 따른 부작용으로 클로로킨강막증에 걸린 환자의 가족이 국가, 제약회사 그리고 의료기관에 대해 소를 제기한 것이다. 국가의 책임과 관련해서 제1심과 제2심은 裁量權收縮論의 견지에서 판단하였는데, 제1심에서는 후행대신의 재량여지가 없다고 한 반면, 제2심은 제약회사가 책임을 지기에, 후생대신이 개입하며 사태를 해결하는 것외에 방도가 전혀 없었다고는 말할 수 없음을 들어 작위의무의 발생을 부인하였다. 최

79) 동지: 鹽野 宏, 行政法Ⅱ, 315頁. 그리하여 권한불행사의 위법성이 확인되면, 과실도 쉽게 推認되는 식으로, 다시 판단할 여지가 없는 식으로 된다고 지적한다.

80) Papier는 그들 현행법상의 유책성요청의 실제적 의의를 과대평가해서는 아니 된다고 강조한다. Ders., in: Maunz/Dürig, GG Kommentar, §34 Rn.197.

81) 이런 접근에 관해서는 행정법기본연구Ⅱ, 151면 이하.

고재판소는 당시의 크로로킨강막증에 관한 의학적, 약학적 식견(지식)에서 보아 크로로킨 製劑의 유용성이 부정되기까지는 이르지 않았기에, 크로로킨 製劑에 대해 약방으로부터의 삭제나 제조승인취소를 취하지 않은 것이 현저하게 합리성을 결한 것으로 말할 순 없다고 판시하였다. 이에 대해서는 이것이야 말로 현저하게 합리성을 결한 경우라는 반론이 분분하다.

후자의 사건은 일본 熊本현의 미나마타(水俣) 지방에서 발생한 공해질환인 미나마타(水俣)病[82]에 걸린 자가 국가와 현을 상대로 미나마타병의 발생 내지 피해확대를 방지하기 위해 규제권한을 행사하는 것을 해태한 것이 위법이라 주장한 사건이다. 1956년 5월의 미나마타病의 공식발표후에 원인규명이 난항을 겪었지만, 1957년 1월에는 국가와 현도 참가한 연구발표회에서 魚介(바다에 사는 동물 전체를 말함)類의 섭취가 원인이라는 일응의 결론에 도달하였다. 어획과 어개류의 섭취를 자숙하길 촉구하는 행정지도가 행해졌다. 1959년 11월에 식품위생조사회는, 후생대신에게 미나마타病의 주원인을 이루는 것은 어떤 유기수은화합물이라는 답신을 하였다. 그러나 메틸수은화합물의 배출은 1968년 5월에까지 계속되었다. 동년 9월에 국가는 미나마타病의 원인은 질소 미나마타 공장의 아세트 알데히드 제조시설에서 만들어진 메틸수은화합물이라고 정부견해를 발표하였다. 그 다음해에 미나마타 灣과 그 주변해역에 대해 2개 수질법(공공용수역의 수질보전에 관한 법률, 공장배출등의 규제에 관한 법률)에 의거하여 지정수역의 지정 등을 실시하였다. 1995년의 무라야마 정권시절에 정치적 해결로 소송은 종료되고 행정책임은 부정된다고 여겨졌지만, 이 사건을 계기로 행정책임이 새롭게 부각되었다.

쟁점은 미나마타병의 원인이 어느 정도 규명된 이후 정부의 공식적 발표를 거쳐 지정수역의 지정이 있기 전 11년간의 규제공백상황에 대한 법적 평가이다. 1심은 질소의 책임(원인)만을 인정하고, 국가와 현의 규제권한불행사의 위법을 인정하지 않아 배상책임을 부정하였다.[83] 반면 2심은 1968년 11월말에 미나마타病의 원인물질과 배출원을 고도의 개연성을 갖고서 인식할 수 있었다는 전제에서 국가로선 2개의 수질법에 의거하여 현은 어업조정규칙에 의거하여 당해 공장의 배출을 규제하는 작위의무가 있다고 하여 원고청구의 일부를 인용하였다.[84] 이에 피고인 국가와 현이 상고를 하였는데, 최고재판소는 원고의 손을 들어 주었다. 즉, 1956년 5월의 미나마타病의 공식발표 이후 3년반이 경과한 시점에 중대한 피해사례가 속출하였다는 점,

82) 미나마타 灣에서 잡힌 어패류를 먹은 사람의 신경이 손상되어 사지마비나 언어장애가 일어나고 눈과 귀의 기능이 상실되었는데 1984년 말까지 2,732명의 환자가 발생하여 799명이 사망했다.

83) 大阪地判 平成6.7.11. 判時1506号 5頁.

84) 大阪高判 平成13.4.27. 判時1761号 3頁.

1959년 11월말 시점에서 보면, 미나마타 灣과 그 주변해역을 지정수역으로 지정하는 것, 당해지정수역에 배출되는 공장배수로부터 수은 또는 그 화합물이 검출되지 않는다고 하는 수질기준을 정하는 것, 아세트 알데히드 제조시설을 특정시설로 정하는 것을 위해 규제권한을 행사하는 데 필요한 (2개의) 수질法 소정의 절차를 바로 취할 수 있다는 점, 1959년 12월말에는 주무대신으로서는 규제권한을 행사하여, 메틸에 대해서는 공장배수의 처리방법의 개선, 당해시설사용의 일시정지 기타 필요한 조치를 취하도록 명할 수 있었다는 점, 미나마타病으로 인한 건강피해가 심각하게 되면 바로 권한을 행사해야 할 상황에 있다는 점, 이 시점에 규제권한을 행사하였으면 그 이후에 초래된 일을 방지할 수 있었는데, 실제로 그런 행사를 하지 않아 피해가 확대되었다는 점 등을 종합적으로 고려한 즉, 1960년 1월 이후에는 수질법에 의거하여 규제권한을 행사하지 않은 것은 동법률들의 취지, 목적, 그 권한의 성질 등에 비추어 현저히 합리성을 결하였기에 위법이라 판시하였다.

3. 대상판결의 하급심이 위법성을 인정한 제 논거

(1) 서울중앙지방법원 2006.8.17. 선고 2005가합32369판결: 서울고법 2008.8.26. 선고 2006나92129판결('대상사안B')

① 이 사건 젤리는 카라기난을 성분으로 신고하여 수입되었지만 물성은 곤약을 함유한 젤리와 비슷한 탄성과 강도, 응집성을 지니고 있어서 질식의 개연성이 가장 높은 제품인 점, ② 현재 우리나라에 수입·유통되고 있는 미니컵젤리에 포함되어 있는 성분들을 시험·검사한 결과 2001.10.에 곤약, 글루코만난을 함유한 미니컵젤리를 금지시켰음에도 곤약, 글루코만난을 함유한 미니컵젤리와 유사한 성질을 가지고 있는 제품이 유통되고 있어서 미니컵젤리의 물성에 따라 질식의 위험성이 발생할 가능성이 높은 점, ③ 피고 대한민국은 이 사건 사고가 발생한 것과 같은 해에 미니컵젤리로 인한 두 건의 질식사고가 발생했음에도 위 두 건의 질식사고를 유발한 미니컵젤리에 대하여 단단함, 탄성 등에 대하여 조사를 한 적이 없고, 나아가 이 사건 사고가 발생하기 전까지 미니컵젤리의 특성에 대하여 실험하거나 조사한 적도 없는 점, ④ 현재 과학적 기술 수준으로는 미니컵젤리의 성분에 곤약 성분이 함유되었는지 여부에 대하여 검출할 수 있는 방법이 없고, 달리 이를 검사할 수 있는 기관이 마련되어 있지 않아서 젤리를 수입할 당시 실제와 다르게 성분 신고를 하더라도 이를 확인할 수 있는 방법이 없음에도 막연히 젤리 수입업자의 성분 신고에 의존하여 수입을 허가해 온 점, ⑤ 나아가 미니컵젤리는 물리적 특성, 크기, 모양, 섭취방

법 등이 질식사고의 원인이 되는데, 특히 한 입 크기로 섭취하게 되는 젤리 형태는 그 첨가물이 곤약이든 해조류이든 해조류가 아니든 미니컵젤리와 유사한 크기, 물리적, 물리화학적 특성을 갖는 젤리 제품을 제조할 수 있는 물질의 경우에는 미니컵젤리와 같은 섭취방법으로 입으로 빨아들이거나 미니컵을 눌러서 젤리를 입에 넣어서 섭취하는 경우에는 질식의 위험이 내포되어 있는 점 등에 비추어 보면, 피고 대한민국으로서는 비록 미니컵젤리의 첨가물에 대하여 관리할 수 있는 방법이 마련되어 있지 않아서 미니컵젤리에 곤약이 함유되어 있는지 여부를 분석할 수 없다고 하더라도 미니컵젤리 형태로 한 입에 흡입하여 내용물을 섭취할 경우 질식에 대한 위험이 항상 내포되어 있는 상황에서, 이 사건 사고가 발생한 것과 같은 해에 미니컵젤리의 섭취로 사망한 두 건의 사고가 있었음에도 미니컵젤리에 대한 별도의 검사를 실시함이 없이 막연히 수입업자에 의한 성분에 의존하여 이 사건 젤리를 국내에 유통시킨 잘못을 저질렀고, 그로 인하여 망인이 이 사건 젤리를 섭취하다가 사망에 이르렀다고 할 것이므로, 피고 대한민국은 이 사건 사고로 망인 및 원고들이 입은 손해를 배상할 의무가 있다.

(2) 서울중앙지방법원 2006.12.8. 선고 2005가합57993판결('대상사안A')

① 피고 대한민국은 이 사건 사고 이전에 이미 2001.4.경과 2004.2.1.에 미니컵젤리로 인한 질식사고가 발생한 적이 있었음에도 불구하고, 그 후 미니컵젤리의 물성이나 질식사고의 유발 가능성 등에 대하여 시험 등을 실시한 바가 없었던 점, ② 피고 대한민국은 위와 같은 두 번의 질식사고에 이어 이 사건 사고가 발생한 이후에도 식품의약품안전청이 2004.10.26.부터 2004.12.6.까지 사이에 위와 같이 시험을 실시하기 전에는 이 사건 젤리를 포함하여 질식사고를 유발한 미니컵젤리는 물론 다른 품목의 미니컵젤리에 대하여도 시험 등을 실시한 적이 없었을 뿐만 아니라, 당시 제조 · 수입 등이 허가된 상태였던 한천이나 카라기난 등의 겔화제를 함유한 미니컵젤리에 대하여도 시험을 실시한 바가 없었던 점, ③ 국내에 유통 중인 미니컵젤리 22종을 검사한 결과 곤약을 사용하지 않은 것으로 수입신고된 8개 제품의 깨짐성, 질김성 값이 곤약을 사용한 것으로 수입신고된 제품의 측정값보다 높게 나와, 실제로는 곤약을 사용하였음에도 불구하고 사실과 다르게 이를 사용하지 않은 것으로 신고한 것으로 보이는 점, ④ 식품의약품안전청이 2004.10.26.부터 2004.12.6.까지 사이에 국내에 수입 · 유통되고 있는 미니컵젤리에 대하여 시험을 실시한 결과, 2001.10.22.에 이미 곤약과 글루코만난을 함유한 미니컵젤리의 제조 · 수입 · 유통 등을 금지하였음에도 불구하고, 곤약과 글루코만난을 함유한 미니컵젤리와 유사한 성

질을 가지고 있는 제품들이 국내에 유통되고 있는 것으로 밝혀졌으며, 따라서 미니컵젤리로 인한 질식사고의 가능성이 상존하고 있었던 점, ⑤ 세계 각국에서는 미니컵젤리로 인한 질식사고가 빈발함에 따라 앞서 살핀 바와 같은 각종의 규제조치를 강구하고 있었고, 피고 대한민국도 이러한 각국의 동향을 파악하고 있었던 점, ⑥ 현재의 과학기술로는 미니컵젤리에 곤약 성분이 함유되었는지 여부에 대하여 검출할 수 있는 방법이 거의 없어 수입업자가 실제와 다르게 성분신고를 하더라도 이를 확인하기가 극히 곤란함에도 불구하고, 피고 대한민국은 막연히 수입업자의 성분신고에만 의존하여 수입을 허가해 온 점, ⑦ 특히 한 입 크기 정도로 제조된 미니컵젤리의 경우에는 함유된 겔화제가 곤약인지, 해조류 추출물인지, 기타 검류인지 여부에 따라 질식사고의 유발 가능성이 크게 달라지는 것으로 보이지는 아니하고, 입으로 빨아들이거나 미니컵을 눌러서 젤리를 입에 넣는 섭취방법 자체에 질식사고의 유발 위험성이 내포되어 있는 점 등에 비추어 보면, 미니컵젤리에 함유된 겔화제의 종류와 상관없이 미니컵젤리의 크기·형태 및 섭취방법이 결정적인 요인이 되어 일련의 질식사고가 발생하고 있는 상황에서, 피고 대한민국으로서는 미니컵젤리의 물성에 대한 시험 등을 실시하여 그 물성과 질식사고 유발 가능성과의 관계를 파악하는 등으로 질식사고의 발생을 방지하여야 할 의무가 있음에도 불구하고, 이러한 조치를 취함이 없이 막연히 수입업자에 의한 성분신고에만 의존하여 이 사건 젤리를 국내에 유통시킨 과실로 이 사건 사고 발생의 원인을 제공하였다고 할 것이므로, 이 사건 사고로 손석현 및 그 유족인 원고들이 입은 손해를 배상할 의무가 있다.

4. 사안에서 행정청의 권능(권한)불행사의 위법성여부에 관한 검토

(1) 논의의 전제

(가) 법원칙으로서의 식품의 안전성

불쾌감이나 불안함의 느낌이 사회적 모멘트로 응축될 때, 비로소 *安全*은 *法的 意義*를 갖는다. *安全概念*은 객관적 차원과 주관적 차원을 지니며, 또한 그 안에서 외적인 것(安全對象, Sicherheitsobjekt)과 내적인 것(안전상대방, Sicherheitsadressat)이 용해되어 있다. 이런 관점에서는 안전에 관한 넓은 개념: "객관적으론 위험의 부존재, 주관적으로는 개인이나 집단이 가능한 위험으로부터 보호받고 있다는 확신"[85]이 도출될 수 있다.[86] 그러나 이런 정의는 안전의 수단은 물론 안전의 목적까지도 필

85) Brockhaus, Enzyklopädie, Bd. 17, 1973.

86) 한편 우리 국어사전은 '안전'을 '평안하여 위험이 없음'으로 정의하고 있다. 민중엣센스 국어사전, 제4판, 1996, 1724면.

요한 정도로 명료하게 담고 있지 않기에, 보충이 필요하다. 즉, 안전은 항상 안전수범자가 현존한 보호조처(예방조처)를 믿고서 위험원(리스크원)을 무해하다고 여길 것을 항상 요건으로 한다. 그런데 식품안전기본법은 물론 식품위생법도 '식품의 안전'에 관한 개념정의를 두고 있지 않다. 참고로 유럽연합내에서는 회원국에 대해 -지침과 달리 국내전환조치가 없어도- 바로 직접 통용되는 유럽식품기본명령 제14조 제2항은, "식품이 건강에 해를 끼치거나 사람의 섭취에 부적합한 경우에 그것은 안전하지 않은 것으로 여겨진다"고 규정하고 있다.

식품법의 우선적(주된) 관심사는, 소비자 즉, '식품 등을 섭취하거나 사용하기 위하여 식품을 구입하는 자'를 식품으로 인한 리스크와 훼손으로부터 포괄적으로 최적으로 보호하기 위함에 있다. 식품안전에 대한 요구는 근대적인 '安全國家'로 하여금, 식품섭취와 연계된 (소비자의) 생명과 건강에 대한 잠재적인 리스크를 가능한 저지할 것을 의무지운다. 즉, 최적의 식품안전의 실현이 식품법의 핵심목표이다. 식품안전기본법과 식품위생법 제1조의 목적규정은, 식품안전성을 위한 법률적 테두리를 설정하는 셈이 되어, 모든 형식의 국가적 의약품규율을 위한 부동의 규범적인 규준이 된다. 다시 말해, 食品의 安全性의 原則은 식품법을 貫流하는 法原則이다. 이젠 안전성원칙을 그저 표어차원에서나, 의학이나 약학과 같은 과학적 관점에서나, 사회학적 관점에서 바라보아서는 곤란하다. 食品의 安全性의 原則을 法原則으로 설정하면, 전체 公法秩序속에서 동 원칙을 자리매김하는 것이 다루어져야 한다.[87)]

식품위생법 제1조상의 '국민보건의 증진에 이바지함'으로 인해, 국가기관은 달성된 안전수준의 항구적인 향상을 행할 의무를 진다(최적화명령, Optimierungsgebot). 이런 점에서 식품안전은 지속적인 사후향상의 지배를 받는 역동적인 범주이다. 그런데 식품안전의 지속적인 최적화의 원칙(명령)은, 식품유통에서의 최대한 또는 절대적인 안전을 실현할 것이 요구되지 않음을 의미한다. 식품안전은 법률상으로는 전적으로 상대적인 안전성원칙으로 구상되어야 한다. 우리 식품안전기본법 제20조 제3항은 "위해성평가는 현재 활용가능한 과학적 근거에 기초하여 객관적이고 공정·투명하게 실시하여야 한다"고 규정하고 있으므로, 안전성유무를 판단하는 척도로 그때그때의 과학지식의 수준을 삼는다. 즉, 식품혁신에 대해 개방적인 토대가 마련되어 있다.

---

87) 한편 유럽식품기본명령은 사람의 생명과 건강의 고도의 보호를 일반적인 원칙으로 삼아 식품법이 이를 추구하도록 규정하고 있으며(동명령 제5조 제1항), 일본 식품안전기본법 제3조 역시 '식품의 안전성 확보를 위한 조치를 강구함에 있어서의 기본적인 인식'의 표제하에, 「식품의 안전성 확보는, 이를 위해 필요한 조치가 국민의 건강 보호가 가장 중요하다는 기본적 인식하에 강구되는 것에 의해, 실행되어야한다」고 규정하고 있다.

(나) 사전대비(사전배려)의 법원칙

1) 식품법상의 사전대비의 법원칙

전통적인 위험방지에서 현대적인 예방정책으로의 이행은 사전대비의 원칙(Vorsorgeprinzip; precautionary principle)으로 귀결된다. 통상 환경법에서는 사전대비원칙이란 국가와 사회가 미래를 예측하고 계획성 있는 행위를 함으로써, 발생할 우려가(또는 가능성이) 있는 위험과 리스크를 사전에 대비하여야 하고, 생태계의 기초와 자연자원의 관리와 보전을 위해 사전에 대비해야 한다는 원칙을 말한다.[88] 환경에서의 사전대비원칙의 목표는, "자연의 생활토대(바탕)를 보호하고 발전시키며, 그리고 생태적 세대협약(약속)의 의미에서 확고히 하거나 새로이 만드는 것"이다.[89] 동 원칙을 명시적으로 규정한 유럽공동체조약[90]과는 달리 독일의 경우 - 가령 연방임미치온방지법 제5조 제1항 제2호처럼- 개별법규정에서 동 원칙을 언급하고 있다. 그럼에도 불구하고 이를 환경법을 견인하는 주된 원칙으로 삼고 있는데, 이런 사정은 그에 관한 명시적 천명이 없는 우리의 경우에도 마찬가지이다.[91] 그것에 해당하는 환경오염 등의 사전예방을 천명하는(환경정책기본법 제8조 제1항) 우리의 경우에도 마찬가지이다.

유럽식품기본명령 제7조는 '사전대비의 원칙'의 표제하에 과학적인 불확실의 일정한 경우에 더한 과학적 정보가 존재할 때까지 리스크관리자로 하여금 잠정적인 리스크관리조치를 취할 수 있게 허용한다. 유럽법우위의 원칙에 의해 동 원칙은 모든 회원국에 직접 통용되어, 결국 동 원칙은 식품법의 근본적인 일반원칙이 되었고, 최근에는 동 원칙을 내용적으로 구체화하려고 시도되고 있다. 동 원칙은 모든 리스크행정법에서의 특징이다. 그리고 오늘날 식품법, 약사법, 원자력법 등 리스크행정법은 一國 단위를 넘어 超國家性(Supranationalität)을 가진다.[92] 따라서 비록 우리 식품법에서 사전대비의 원칙이 명시적으로 표방되고 있진 않지만, 그것은 별다른 의문없이 통용된다 하겠다.[93] 따라서 이런 관점에서 식품위생법제 및 관련 제 결정을

88) 김남진/김연태, 행정법Ⅱ, 2011, 652면.

89) Michael Kloepfer, Umweltrecht, 3.Aufl., S.173.

90) 동 조약 제174조 제2항.

91) 관련 문헌: 박종원, 화학물질의 리스크 규제와 사전배려원칙, 中央法學 제12집 제2호(2010), 311면 이하; 김홍균, 환경법상 사전배려원칙의 적용과 한계, 저스티스 제119號(2010.10.), 262면 이하; 박종원, REACH 규칙과 사전배려원칙, 環境法硏究 제31권 제3호(2009), 109면 이하; 동인, 국제환경법상 사전배려원칙의 지위와 기능, 法學論叢 제24집 제3호(2007.8.) 405면 이하; 박균성, 과학기술위험에 대한 사전배려원칙의 적용에 관한 연구, 행정법연구 제21호(2008.8.) 143면 이하; 류권홍, 국제환경법상 사전배려원칙, 원광법학 제23집 제3호, 2007, 119면 이하; 정관선, 사전배려 원칙에 관한 공법적 고찰 : LMO리스크 관리를 중심으로, 慶熙法學 제42권 제3호(2007.12.), 287면 이하; 송동수, Vorsorge im koreanischen Umweltrecht = 한국환경법에 있어서의 사전배려, 土地公法硏究 제32집(2006.9.), 41면 이하; 여인호, 事前配慮原則, 慶南法學 제19집(2004.2.), 243면 이하; 김연태, 환경법에 있어서 사전배려원칙의 실현, 法學論集 제34집(1998.12.) 79면 이하.

92) Simon, Kooperative Risikoverwaltung im neuen Lebensmittelrecht, 142ff.

93) 반면 일본 식품안전기본법은 '국민건강에 대한 악영향의 미연방지'의 표제로 사전대비의 원칙을 표방한다

접근하여야 한다.

2) 사전대비의 원칙의 적용과 한계

동 원칙은 우선 개별법률에 의거하여 효력을 갖는다. 행정은 물론 판례는 직접 곧바로 동 원칙에 의거하여 (제3자의) 자유에 개입(침해)하거나 이를 적법한 것으로 여길 순 없다. 사실 동 원칙은 그것의 내용적 형성과 관련해서 취약점을 지니는데, 특히 동 원칙에 의거하여 행사가능한 사전대비적 조치의 범주에서 기본권개입적 조치를 취할 때 이 점이 두드러진다. 제방(경계)이 없고 한계가 없는 리스크사전대비의 위험을 막기 위해서는, 동 원칙을 적용함에 있어 공법상의 원칙을 유의하여야 한다. 동 원칙의 적용이 자동적으로 더 큰 법적 불안정성과 기본권개입수위의 일반적 저하를 야기해서는 아니 된다. 유럽식품기본명령 제7조의 동 원칙의 적용과 관련해서 집행이사회가 행한 통보를 바탕으로 보면,[94] 우선 충분히 확실한 경험지식에 의거한 위험방지와는 달리 리스크결정은 중요한 지식흠결이 그 특징이다. 지식결핍이 리스크사전대비를 위한 모든 고려의 출발점이다. 그리하여 집행이사회는 지식흠결을 메우기 위한 모든 조치에 우위를 두었으며, 충분한 리스크지식과 과학적 불확실성을 구별하여 단지 후자만이 사전대비원칙의 경우라고 보았다. 훼손(손상, 위해)의 가능성이 모호하여 기본적으로 단지 혐의요소에 불과하면, 국가의 개입은 특히 조심해서 선택되어야 한다. 그래서 비공식적 활동이 우위에 있다고 하고 아울러 조치란 어떤 조치의 의식적인 부작위에도 있을 수 있다고 한다. 그리하여 작위나 부작위의 바람직한 결과와 그렇지 않은 결과를 형량하여야 한다.[95] 부담적 조치를 선택함에 있어서는, 동일한 보호수준을 보장하며 비용에 유리한 대안을 강구하여야 한다. 사전대비결정은 그 특성상 잠정적 성질을 지닌다. 해서 더 나은 지식이 있을 때는 수정될 수 있으며, 그때까지 진행상황을 관찰하여야 한다.

사전대비의 원칙이 법원칙으로 통용된다 하여, 법치국가원리적 제한을 간과하여도 무방하다는 것을 의미하지는 않는다. 반대로 합리적인 절차와 법치국가원리적 구속이 견지될 수 있게끔 리스크를 다룰 필요가 있다. 사전대비조치는 일관되어야 한다. 즉, 비견가능한 리스크는 원칙적으로 동일하게 다루어져야 하며, 이것이 리스크비교의무를 성립시킨다. 마지막으로 중요한 것이 과학적으로 지지된 리스크조사 · 평가와 정책적 결정을 구분하는 것인데, 이는 불확실한 사실토대에서 리스크관리의 조치로

(제5조).

94) Di Fabio, Risikovorsorge-uferlos?, 163(170f.).

95) 판례 역시 "구 식품위생법이 식품에 대한 규제조치를 식약청장 등의 합리적 재량에 맡기고 있는 취지, 즉 식약청장 등으로서는 규제권한을 행사할 것인지 여부를 결정함에 있어 그러한 규제권한의 행사로 인한 식품의 수입업자, 판매업자 등 식품관련업 종사자들의 재산권 침해, 자율적인 시장질서에 개입함으로 인한 부작용의 우려 등도 식품의 위험성과 함께 비교 · 교량하여야 한다"고 이 점을 정당하게 지적하였다.

서 성립할 것이다.

요컨대 리스크사전대비를 무한적으로 강구해서는 아니 된다. 일종의 가정적 전제에서 비롯된 중요한 결과는 국가적 조치의 개입시점을 앞당기는 것이자 개입기점을 저하시키는 것이다. 따라서 이는 일반국민의 안전과 피규제자 자유간의 비례적 균형의 문제를 야기한다. 국가개입의 기점(수위)가 낮아지면 낮아질수록, 한계를 제시하는 것이 더욱더 중요해진다. 누군들 위해가능성의 리스크나 위해발생의 위험을 안고서 살아가려 하겠는가? 식품소비자로서는 의당 리스크제로를 원한다. 'in dubio pro securitate'(의심스러우면 안전에 유리하게)의 기치하의 모든 형량결정에 배여 있는 사전대비는 자칫 성급하게 제조・경영・무역・기술의 금지를 낳는다. 따라서 사전대비원칙의 한계로 기능할 수 있는 것이 비례원칙이다.[96] 미디어적 표현에 법적 판단을 우선적으로 맞추는 것은 법치국가적 원리와는 일치하지 않는다.[97] 이에 Di Fabio 교수는 법치국가적 원리의 제방을 리스크사전대비란 우리의 海圖에 더욱 명료하게 기입할 필요가 있다고 강조한다.[98]

(2) 管見

(가) 논의의 대상

사안에서 문제가 된 규제권능(권한)은 수입유통의 금지에 관한 것이다. 앞에서 본 대로 수입유통의 금지의 본질은 영업취소에 해당하며, 이 영업취소는 재량사항이다. 따라서 영업취소상의 재량여지가 축소되어야 할지 여부가 관건이다. 이상에서 본 사전대비원칙과 국가의 기본권보호의무론이 법치국가적 원리하에 전개되어야 하기에, 보증인적 지위에 있는 국가가 위험으로 응축되는 리스크에 대해서 자의적 방법으로 태만히 방치하거나 명백히 부적절한 보호조치를 취하는 경우에만, 보호의무위반을 인정하여야 한다.[99] 재량축소여부를 검토하기에 앞서, 구법 제58조가 규정한 영업취소의 요건을 검토하여야 한다. 사안에서는 문제의 미니컵젤리가 구법 제4조에 의한 금지대상에 해당하여야 한다. 동조는 제1호부터 제7호에서 금지대상식품을 규정하고 있다. 미니컵젤리의 경우 그 자체 수입이 금지되진 않았기에 제7호의 문제가 아니라 제2호(유독・유해물질이 들어 있거나 묻어 있는 것 또는 그 염려가 있는 것. 다만, 인체의 건강을 해할 우려가 없다고 식품의약품안전청장이 인정하는 것은 예외로 한다)나 제4호(불결하거나 다른 물질의 혼입 또는 첨가 기타의 사유로 인체의 건강을 해할 우려가 있는 것)의

96) 유럽식품기본명령 제7조 제2항은 이를 명문화하였다.
97) Simon, Kooperative Risikoverwaltung im neuen Lebensmittelrecht, S.208.
98) Di Fabio, Risikovorsorge-uferlos?, 163(172.).
99) 졸저, 행정법기본연구II, 474면.

문제이다. 그런데 이미 곤약과 글루코만난을 함유한 미니컵젤리 제품을 유해하다고 금지하고 있기에 제4호보다는 제2호에 초점을 맞추고자 한다.

(나) 구법 제4조 제2호의 해당성 여부에 관한 검토

먼저 구법 제4조 제2호의 특징을 바라보아야 한다. '유독·유해물질이 들어 있거나 묻어 있을 염려가 있는 것'을 금지대상으로 규정하고 있다.[100] 앞서 리스크결정을 불확실한 가운데서 성립하는 것이라 보아 식품위생법에서의 동호를 그 예로 보았다. 따라서 과연 사안에서의 미니컵젤리에 대해 여기서의 염려가 존재하는지가 구명되어야 한다.[101] 물론 그 염려가 있더라도 인체의 건강을 해할 우려가 없다고 식품의약품안전청장이 인정하면 금지대상이 되지 않는다.

'염려'의 의미를 이제껏 본격적으로 논증한 적이 없지만, 독일 의약품법 제5조 제2항은 '염려스러운 의약품'에 관해 다음과 같이 규정하고 있다: 의약품을 규정에 따라 사용하였는데, 그것이 의학지식상으로 타당할 수 있는 정도를 넘어서는 유해효능을 지녔다는 근거있는(정당한) 혐의가 당시의 학문수준에 비춰 있을 경우, 그 의약품은 염려스럽다. 이러한 개념정의는 우리의 경우에도 염려관련규정을 해석함에 그대로 통용될 수 있다고 여겨진다. 여기서의 염려(혐의)를 인정하기 위해선, 단순한 추정에 의거하여 국민보건상의 위해(유해)가 발생했다는 막연한 염려(혐의)만으론 충분치 않다. 오히려 그 염려(혐의)가 학문적 지식이나 경험을 통해서 근거가 있어야 한다. 그런데 염려(혐의)가 근거있다고 인정하기 위해서는, 있음직한 위해(유해)발생이 순전히 학문적·이론적 근거만 있다하여도 충분하다. 그리고 중대한 신체훼손의 혐의가 있으면, 훼손발생의 미미한 가능성만으로도 수입을 금하는 데(의약품의 경우엔 제조허가를 거부하거나 취소하는 데) 충분하다. 따라서 위험방지가 앞당겨져 있다(前置) 하더라도, 위험방지법에서 개연성충족여부를 판단하는 데 통용되는 逆比例의 原則(Grundsatz der gegenläufigen Proportionalität)[102]이, '(근거있는) 염려'의 존부를 판단함에 있어서도 적용되어야 한다.

100) 약사법 역시 '국민보건에 위해를 끼칠 염려가 있는 의약품 등의 제조 등'을 금지하고 있다(동법 제62조 제11호).

101) 의약품의 경우에는 그것의 효능으로 인해 식품의 경우와는 다소간 다르게 효능과 리스크의 형량이 행해지긴 해도 그 논의의 기조는 동일하다 하겠다. 상세는 졸저 행정법기본연구II, 510면 이하.

102) 이는 피해발생의 개연성을 어느 정도로 요구할지는 피해가능성(잠재성)이 어느 만큼 되느냐에 좌우된다고 보아, 개연성의 정도와 피해의 정도간에는 역비례관계가 있다는 것이다(Je-desto-Formel). 여기서는 피해의 정도와 보호법익의 위계(우열)가 결정적으로 중요하다(more, less).

(다) 대상판결에 대한 평가

1) '대상사안A'의 경우

그런데 이상의 혐의인정은 -여기서는 수입업자를 상대로 한- 수입유통금지의 정당화근거이다.[103] '대상사안A'를 비롯한 사안에서 문제의 본질은 일련의 사고에도 불구하고 염려를 과학적으로 확인하기 위한 심도있는 검사가 제대로 행해지지 않았다는 점에 있다. 그런데 '대상사안A'의 경우 바로 하루 전에 동종사고가 발생하였다는 점에서 심도있는 검사를 포함한 안전예방조치의 해태에 대해 법적 비난을 가하기에는 기대가능성의 차원에서 부적합하다. 사전대비(사전배려)원칙은 조절적으로 적용되어야 하며,[104] "소비자보호를 위해 필요하다"는 것만으로는 -해당 수입업자의- 기본권적 보호영역에 대한 개입을 정당화시킬 순 없다. 물론 '대상판결A'의 제1심에서의 인용논거 가운데 ④⑤⑥⑦의 경우 국가의 기본권보호의무의 견지에서 입법차원에서 안전장치의 마련과 보안을 위한 동인으로 작용할 수는 있다.

2) '대상사안B'의 경우

대상사안B의 경우에는 다르다. 이미 2004.2.1.과 2.2.에 연이어 사고가 발생하였고,[105] 유럽연합이 2004.4.23. 곤약, 글루코만난 외에도 광범위한 첨가물의 사용을 잠정적으로 금지하고, 2004.7.12. 미니컵젤리로 인한 질식 위험성에 대하여 경고하는 취지의 발표를 하였다. 그럼에도 불구하고 행정당국은 조치를 취할 것인지 여부를 판단하기 위한 아무런 대응을 하지 않다. 여기서는 유럽연합의 조치시점을 기점으로 하여 시간적으로 분리하여 접근할 필요가 있다. 사실 상당 기간 동안 미니컵젤리와 관련한 질식사고가 발생하지 않았고, 연달아 발생한 두 건의 사고 역시 각 미니컵젤리의 고유한 물리적 특성이나 섭취방법 등의 위험요소와는 무관한 것으로 보이는 특수한 사정이 있었기에, 당국으로서는 미니컵젤리의 리스크(유해물질의 염려)를 인식하지 못한 것을 비난하기란 어렵다. 그러나 유럽연합이 2004.4.23.과 2004.7.12.에 일련의 조치를 취한 이후에는 다른 상황이 전개되었다고 보아야 한다. 초국가적 리

103) 사실 식약청이 2004.10.10.의 사고('대상사안B')와 2004.4.23. 유럽연합의 미니컵젤리에 관련된 잠정금지 조치에 따라 2004.10.12. 직경 4.5㎝ 이하의 원형, 원추형, 타원형의 모든 미니컵젤리(함유성분 관계없음)를 잠정적으로 제조, 유통, 판매를 금지한 것은 특별한 검사과정을 거치지도 않았으며, 지금과는 달리 그 당시에는 그런 긴급대응에 관한 근거규정도 없었다는 점에서 위법의 문제가 제기된다.

104) Di Fabio, Voraussetzungen und Grenzen des umweltrechtlichen Vorsorgeprinzips, in: FS Ritter, 1997, 807(814).

105) 한편 한국소비자보호원이 2004.2.4. 식품의약품안전청장에게 향후 유사 안전사고가 유발되지 않도록 미니컵젤리에 대한 수입금지 등의 안전조치가 필요한지에 대하여 검토해 줄 것을 촉구하였는데, 이에 대하여 식품의약품안전청은 2.1.과 2.2.의 두 사건은 제품 자체에 기인하여 발생한 위해라기보다는 특수한 환경(장애인, 냉동보관 및 섭취시 주의 소홀 등)에서 발생되었을 개연성이 크고, 떡과 같은 식품의 경우에도 유사 사례가 발생할 개연성이 있기 때문에 생산, 수입의 금지는 현실적으로 불가능하므로 교육, 홍보를 통한 위해방지가 보다 합리적인 것으로 판단된다고 회신하였다.

스크행정의 차원에서, 미니컵젤리의 리스크를 인식할 계기가 제공된 것이다. 그럼에도 불구하고 대법원은 "유럽연합의 조치는 최종적인 규제조치가 아닌 점, 당시 유럽연합을 제외한 다른 국가들의 경우 아직 기존의 조치 이외에 미니컵젤리에 대한 새로운 규제조치를 취하려는 움직임은 없었던 점"을 들어 "식약청장 등이 미니컵젤리의 위와 같은 위험성을 의심하기에 충분한 사정이 존재하였다고 하기는 부족하다"고 판단하였다. 그러나 충분한 개연성이 확보되지 않은 과학적으로 불확실한 가운데 내려지는 리스크결정은 그 자체가 잠정적이며,[106] 아울러 리스크행정은 -개연성에 의거하여 위험이 확인되지 않는 한- 확고한 조치보다는 정보작용이라는 우회적 수단을 강구한다는 점이 간과되었다. 특히 '대상사안B'에서 문제의 미니컵젤리가 유럽연합에서의 2004.4.23.의 잠정금지조치 이후(2004.6.16.) 수입신고된 제품이라는 점에서, 관련 대응이 전혀 없었다는 것은 문제이다.[107]

한편 국가의 기본권보호의무의 진전으로 사안이 대립된 사인간의 갈등을 축으로 한 3極關係이기에, 국가로서는 자신의 불개입을 정당화할 수 있는 상대화원칙을 주장할 수 있다. 따라서 당시의 검사수준과 관련하여, 사안에서 보다 세심한 검사가 사실상 가능한지 그리고 법적으로 기대가능성이 있는지를 검토하여야 하며, 더불어 -검사결과에 따라 필요할 법한- 긴급대응조치와 관련해서는 사전대비원칙의 한계인 비례원칙의 차원에서도 접근하여야 한다. 왜냐하면 이들 논거는 재량축소를 배제시킬 수 있기 때문이다. 비록 그 당시의 과학적 기술 수준으로는 미니컵젤리의 성분에 곤약 성분이 함유되었는지 여부에 대하여 검출할 수 있는 방법이 없고, 달리 이를 검사할 수 있는 기관이 마련되어 있지 않았다 하더라도, '대상사안B'에서의 사고발생 이후에 행해진 검사를 통해, 특히 한 입 크기 정도로 제조된 미니컵젤리의 경우에는 함유된 겔화제가 곤약인지, 해조류 추출물인지, 기타 검류인지 여부에 따라 질식사고의 유발가능성이 크게 달라지지 않는다는 점과 입으로 빨아들이거나 미니컵을 눌러서 젤리를 입에 넣는 섭취방법 자체에 질식사고의 유발 위험성이 내포되어 있다는 점이 확인되었다. 그리고 국내에 유통 중인 미니컵젤리 22종을 검사한 결과 곤약을 사용하지 않은 것으로 수입신고된 8개 제품의 깨짐성, 질김성 값이 곤약을 사용한 것으로 수입신고된 제품의 측정값보다 높게 나와, 실제로는 곤약을 사용하였음에도 불구하고 사실과 다르게 이를 사용하지 않은 것으로 신고한 것으로 보이는 점

106) 이에 관해서는 졸저, 행정법기본연구Ⅱ, 514면 이하; 행정법기본연구Ⅲ, 411면 이하 참조.

107) 식품의약품안전청은 2004.2.1.과 2004.2.2.에 미니컵젤리로 말미암아 사망사고가 발생한 이후에 질식사를 유발한 미니컵젤리 제품에 관하여 동일한 제품을 수거하여 성분을 분석한 사실이 없고, 이 사건 실험 이전에는 수입, 유통이 허가된 홍조류추출물 성분으로 된 미니컵젤리가 실제로 쉽게 부서지거나 씹히는지 등에 관하여 검사를 한 적이 없다. 여기서 신고제로 인해 초래된 규제공백의 문제점을 바로 간취할 수 있다.

에서 그 당시의 과학기술수준에서의 기대가능성에서의 반론 역시 수긍할 수 없다. 하급심도 정당하게 지적하듯이 수입신고제의 맹점을 감안하다면, 더욱 정밀하게 사안에 접근하였어야 하는데, 그렇지 못하였다고 하겠다.

끝으로 -동원가능한- 긴급대응과 관련해서, 리스크의 인정이나 위험발생개연성에 관해 나름 설득력있는 확인을 하지 않은 채 전면적 수입유통금지를 발하였다면 그것의 과도함은 당연히 인정되나, 그보다 약한 조치의 경우 -가령 일시적인 금지조치를 발하는 것, 수입업자에게 성분에 대한 증명을 추가적으로 요구하는 것, 대국민적인 리스크경고를 발하는 것- 에는 비례원칙에 위배하였다고는 보기는 어렵다.[108] 따라서 이런 마일드한 조치나마 취하지 않은 것은 법적 비난이 가능하다. 결론적으로 '대상사안B'의 경우 규제권능의 불행사는 위법이라 보아야 할 것으로 여겨진다.

XI. 규제권능불행사와 위해(손해)발생간의 인과관계 문제

이상에서 '대상사안B'의 경우 규제권능불행사가 위법이라고 접근한 이상, 그 부작위와 위해발생간의 인과관계 문제를 검토하지 않으면 아니 된다. 리스크행정에서의 개입모델은 '위험방지의 앞당김(前置)'이 핵심표제이다. 즉, 미지의 위험을 예방적으로 리스크로 예측하고 축소하기 위해서, 법률은 행정으로 하여금 인간적 지식의 한계영역에서 그리고 경험이 부족한 분야에서 대처하도록 한다. 여기서 위험예측의 핵심부분, 즉 일정한 법익에서의 손해발생이 개연성이 있는지 여부의 확인은 실제로 버려진다. 전통적인 인과관계요청에 의하면, 원인과 원인으로 인한 손해간에 경험에 비추어서 상관관계가 있어야 하지만, 리스크행정에서는 이러한 인과관계요청이 가능성관계로 대체된다. 리스크행정에서의 특유의 책임법적 구조는 입법정책적(de lege ferenda) 물음이기에, 여기서는 현행의 책임법구조에서 논해야 한다.[109]

요컨대 국가배상책임을 성립시키기 위해서는, 직무행위와 손해간에 상당인과관계가 존재하여야 한다. 그리고 그것의 판단에서 판례는 "상당인과관계의 유무를 판단함에 있어서는 일반적인 결과 발생의 개연성은 물론 직무상 의무를 부과하는 법령 기타 행동규범의 목적, 그 수행하는 직무의 목적 내지 기능으로부터 예견가능한 행

108) 한편 독일의 경우 '소비자보호를 위해 필요한'이라는 기술로 종종 형량이 도외시되곤 한다. Schroeter, Das Gebot der Rückverfolgbarkeit-Gedanken zur Tragweite des Art.18 der EU Basisverordnung, ZLP 2005, 191(192).

109) 현실적으로 배상대상의 범위에서 재산적 손해 이외에 위자료포함여부가 문제된다. 일본의 판례는 처분청이 통상 기대되는 노력으로 지연을 헤소시킬 수 있음에도 불구하고 이를 회피하려는 노력을 상구하지 않았다는 것이 필요하다고 함으로써, 행정소송상의 부작위위법확인소송과 비교하여 위법성요건을 가중시킨다고 한다. 最判平成 3.4.26 民集45卷4号 653頁: 〔行政判例百選II, 平成18, 450頁 이하〕.

위 후의 사정, 가해행위의 태양 및 피해의 정도 등을 종합적으로 고려하여야 한다" 고 판시한다.[110] 대상판결이 시사하듯이, 공무원의 부작위에 따른 손해배상책임의 인정에서도 그 기조는 별반 다르지 않다.

이하에서는 독일 문헌에서의 관련 논의를 통해 좀더 구체적인 착안점을 찾고자 한다.[111] 상당인과관계설이 지배하는 독일의 경우에도 사회적으로 합당한 원인유발을 필요로 한다. 즉, 직무의무위반이 손해발생을 위해 논리적 의미의 조건(필수조건)에 해당하더라도 그 직무의무위반이 원인으로 되지는 않는다. 그 조건으로 인한 손해발생의 가능성은 그것이 생활관에 의하면 합리적으로 고려에 넣을 수 없을 정도로 동떨어진 것이 되어서는 아니 된다. 한편 직무의무에 합당한 행위를 하였더라도 손해가 발생하였을 거라면 그 경우에는 직무의무위반을 원인으로 삼을 순 없다. 이 점은 재량행위와 부작위에 의한 직무의무위반의 경우 특히 중요하다. 재량하자로 인한 직무의무위반행위의 경우, 재량하자가 없었더라면 손해가 처음부터 발생하지 않았거나 -주장하는- 정도로는 발생하지 않았을 경우에만 인과관계가 인정될 수 있다. 그런데 이런 상황은 행정청의 재량이 영으로 축소되었을 경우 즉, 합법적이고 의무에 적합한 결정이란 아무튼 결과적으로 이미 실제 행해진 결정과는 다르게 내려졌어야 할 경우에나 있을 수 있다. 그리하여 행정청에게 적법한 재량행사의 여지가 있는 한, 행정청이 바르게 재량을 행사하였으면 결과적으로 다르게 결정하였을 -확실성에 가까울 정도의- 개연성이 있을 경우에만 그 재량하자가 원인이 될 수 있다. 달리 진행될 결정결과의 단순한 가능성으로는 충분하지 않다고 보아야 한다.[112] 부작위에 의한 직무의무위반의 경우에도 동일한 요구를 유의하여야 한다. 즉, 직무의무에 합당한 활동개시가 있었으면 손해가 처음부터 발생하지 않았거나 -주장하는- 정도로는 발생하지 않았을 -확실성에 가까울 정도의- 개연성이 있을 경우에만 인과관계를 인정할 수 있다.[113] 단순한 가능성이나 어느 정도의 개연성으로는 충분하지 않다.

공무원의 부작위의 경우 그 인과관계의 상당성을 판단함에 있어서 이처럼 확실성에 가까울 정도의 개연성이 요구되면, 극히 이례적이지 않는 한, 국가배상책임을 인정하기란 매우 어려울 수 있다. 우선 이상의 기준에 의거하여 그 인과관계의 존부를

---

110) 대법원 2007.12.27. 선고 2005다62747판결 등, 판례의 이런 기조에 대해, 서기석 법원장은 상당인과관계설을 견지하면서 그 상당성의 판단에 독일의 규범목적설이 적용된 것으로 보며, 아울러 이은영 교수의 주장(동인, 손해배상범위의 이론, 손해배상법의 제 문제(성헌 황적인박사 화갑기념), 1990, 57면-66면)이 채택된 것으로 본다. 동인, 앞의 글, 181면.

111) 이하의 내용은 Papier, Münchener Kommentar zum BGB, 5.Aufl., 2009, §839 Rn.276ff.을 중심으로 한 것이다.

112) BGH VersR 1985, 887.

113) BGH NVwZ 1994, 823(825).

판단하여 본 다음, 리스크행정의 특유의 논증이 가능한지 여부도 살펴보고자 한다. '대상사안B'의 하급심에서의 인정사실을 통해, 사고발생이후에 미니컵젤리의 잠재적 위험물성에 대한 분석을 위해 행한 일련의 시험(전방압출시험, 압착시험, 천공시험, 응집성시험, 관능검사)에서 해당 제품이 위험성은 충분히 -확실성에 가까운 개연성의 정도로- 확인할 수 있다. 따라서 유럽연합이 2004.4.23.과 2004.7.12.에 일련의 조치를 취한 이후에 만약 식약청이 새롭게 검사에 나섰다면 다른 진행상황이 전개되었을 것이다. 한편 위험방지의 차원에서 개입행정모델은 개연성의 관점이 지배하기에, 그것의 부작위에 따른 손해발생에서의 인과관계 문제에서 기왕의 확실성에 가까운 개연성을 요구하는 것은 사물의 이치에 합당하다. 하지만 가능성의 관점이 주효하는 리스크행정의 경우 손해발생에 대한 인과관계의 상당성 판단에서 확실성에 가까운 개연성을 요구하는 것은 사전대비원칙을 무색하게 만들 수 있다. 물론 입법정책적 방안이 마련되지 않은 이상, 상당성을 단지 부작위와 손해발생간의 단순한 가능성에 의거하여 가늠하는 것 역시 타당하지 않다.

결론적으로 양자간에 어느 정도의 개연성만으로도 상당성을 인정하는 것이 바람직하다. 그런데 이런 식의 접근이 기왕의 판례입장에서 전개하기 어려운지 곱씹어 볼 필요가 있다. 손해발생의 개연성에 더해 규범목적 등을 함께 고려하는 지금의 판례의 기조에서도 식품위생법 및 관련 규정의 목적을 충분히 고려하였다면 여기서의 접근 역시 큰 어려움 없이 강구할 수 있다고 여겨진다.[114]

XII. 맺으면서 – 事故, 소동(야단법석), 스캔들이 변혁을 낳는다.

최근 우리는 이전에 목도하지 않은 상황을 접하고 있다. 후쿠시마 原電事故와 독일에서의 슈퍼박테리아 공포가 바로 그것이다. 리스크행정의 문제는 이제 현실이 된 것이다. -자칫 남용될 우려가 없지 않은- 'in dubio pro securitate'(의심스러우면 안전에 유리하게)의 기치를 실감하고 있다. 리스크를 바로 위험으로 換置할 법한 작금의 사태에 즈음하여, "우리시대의 가장 큰 리스크는 리스크에 대한 두려움에 있다"는 警句가 무색할 정도이다. 비록 리스크행정법에 관한 기왕의 논의가 우리의 법제에 적극적으로 투영되지 않고 있지만, -하급심에서와는 달리- 대상판결에서 리스크사회에서의 나름의 문제의식을 찾을 수 없었다는 점은 아쉽다. 법해석은 어느 경우

114) 일찍이 인과관계론과 관련하여 지금의 판례기조의 출발점이 된 대법원 1993.2.12. 선고 91다43466판결('극동호사건')과 관련해서, 손지열 전 대법관은 손해배상법상의 귀책판단에 새로운 지평을 연 것으로 평가하였다. 동인, 앞의 글, 218면.

에서나 결코 법률가의 의견에만 좌우되지 않기에, 적합하게 공평하게 사고하는, 건전한 상식을 가지고 있는 시민들의 견해와 기대감도 고려하지 않으면 아니 된다.[115)]

생명이 혼돈의 가장자리에서 創發하듯이, 수천명의 기형아출산을 야기한 Thalidomide 藥禍事故로 독일 의약품법이 1961년에 일신하였다. 이와 마찬가지로, 만약 '대상사안B'에서 다른 접근이 강구되었다면, 부작위에 대한 국가책임에서 패러다임의 변혁이 있었을 것이며, 나아가 리스크행정법 자체를 정립할 수 있는 단초도 마련되었을 것이다. 그런데 돌이켜 보면, 대법원 1993.2.12. 선고 91다43466판결('극동호사건')에 대해 깊은 성찰을 하였다면, 동 판결이 초기조건이 되어 -이상에서 지적한 것과 같은- 바람직한 나비효과가 생길 수 있었다. 아름다운 것은 얻기 어렵다(chalepa ta kala: Socrates).

* 특별법연구 제10권(전수안 대법관 퇴임기념), 2012.6.28., 90면 이하 소수.

115) Mayer/Kopp, Allg. VerwR, 5.Aufl., 1985, S.116. 물론 당연히 법치국가원리가 견지되어야 한다.

제7장

分離理論下에서 공용개입유사적 개입의 인정의 問題點

– 대상판결: 대법원 2011.11.10. 선고 2011두16636판결 –

Ⅰ. 대상판결의 要旨

법률 제2292호 하천법 개정법률 제2조 제1항 제2호 (나)목 및 (다)목, 제3조에 의하면, 제방부지 및 제외지는 법률 규정에 의하여 당연히 하천구역이 되어 국유로 되는데도, 하천편입토지 보상 등에 관한 특별조치법(이하 '특별조치법'이라 한다)이 법률 제2292호 하천법 개정법률 시행일인 1971.7.20.부터 법률 제3782호 하천법 중 개정법률 시행일인 1984.12.31. 전에 국유로 된 제방부지 및 제외지에 대하여는 명시적인 보상규정을 두고 있지 않지만, 제방부지 및 제외지가 유수지와 더불어 하천구역이 되어 국유로 되는 이상 그로 인하여 소유자가 입은 손실은 보상되어야 하고, 보상방법을 유수지에 관한 것과 달리할 아무런 합리적인 이유가 없으므로, 법률 제2292호 하천법 개정법률 시행일부터 법률 제3782호 하천법 중 개정법률 시행일 전에 국유로 된 제방부지 및 제외지에 대하여도 특별조치법 제2조를 유추적용하여 소유자에게 손실을 보상하여야 한다.

Ⅱ. 問題의 提起 – 分離理論에 따른 부조화

재산권에 관한 헌법 제23조의 이해를 둘러싼 공법적 논의는 늘 현재진행형이다. 변함없는 공법학의 화두이다. 일찍이 4반세기 전에 김남진 교수님의 글을 통해 수용유사적, 수용적 침해에 관한 독일논의가 소개되었고,[1] 다수의 관련 문헌도 출현하였다. 그에 따라 공법 특히 행정법 대부분의 문헌에서 동 법리의 우리 법제상의 통용 여부를 둘러싸고 치열한 논쟁이 벌어졌다. 그것은 특히 헌법 제23조 제3항의 법적 효력에 관한 다툼으로 이어져, 위헌무효설, 직접효력설, 유추적용설 등이 전개되고 있다. 가해공무원의 고의 · 과실을 바탕으로 한 국가배상법과 적법한 공권적 개입을 대상으로 한 손실보상을 양축으로 하는 국가책임법제는 권리구제에서 불가피한 공백을 지닌다. 즉, 보상규정이 필요함에도 불구하고 그것을 갖추지 않은 상태에서 재산권에 대해 공권적 개입을 하는 경우가 그에 해당한다. 재산권에 대해 이처럼 행정청의 위법 · 무책의 침해행위가 행해진 경우, 현행 국가책임법제는 제 역할을 하지 못한다. 독일 대법원(BGH)은 적법한 공권적 개입도 보상이 행해지는데 하물며 위법한 것은 더할 나위없이 당연하다는 물론해석에 터잡아 유추에 기하여 이런 공백을 메웠다. 그 소산이 바로 수용유사적, 수용적 침해의 법리이다.[2] 유추의 방법으로 위헌적 문제상황을 타개한 대상판결은[3] 의식하진 않았지만 결과적으로 동일한 맥락에서 접근하였다고 하겠다. 그런데 독일에서 이른바 자갈채취결정이래로 종래의 '境界理論'(變換理論)을 대신하여 소위 '分離理論'이 등장함으로써, 동 법리는 결정적인 전기를 맞았다. 이하에서는 독일에서의 논의에 견줘 우리의 상황을 살펴봄으로써 문제의 소재를 밝히고자 한다.

Ⅲ. 境界理論的 接近의 內容

공용개입유사적 개입(준공용개입)과 공용개입적 개입(결과적 공용개입)의 법리는 경계이론을 낳았다. 그것의 이론적 바탕은 가치보장이다. "수인하라 그리고 청산하라"(dulde und liquidiere)는 명제가 이를 표방한다. 경계이론은 –우리 헌법 제23조

1) 동인, 재산권의 공용침해와 손실보상, 고시연구, 1982.11., 39면 이하; 수용유사 · 수용적 침해와 보상, 월간고시 1984.4.

2) 이하에선 이들을 각기 공용개입유사적 개입(준공용개입)과 공용개입적 개입(결과적 공용개입)으로 표현하고자 한다.

3) 대법원 2011.8.25. 선고 2011두2743판결 역시 동일하다.

제1항과 독일 기본법 제14조 제1항 제2문의- 재산권의 내용·한계의 결정과 -우리 헌법 동조 제3항과 독일 기본법 동조 제3항의- 보상부공용개입(공용침해), 양자에 대해 재산권제한의 정도상의 차이에 따라 나누어 질 뿐 기본적으로 동질적이라 파악한다. 그리하여 재산권에 대해 사회적 제약을 넘어선-즉, 특별희생을 낳는- 제한을 가하였음에도 불구하고 그에 상응한 보상이 없을 때는 곧바로 보상부공용개입으로 變換된다는 것이다. 여기서 특별희생이론 내지 실질적 기준이론은, 그때그때의 전환이 일어나는 境界라인을 정하는 기능을 갖는다. 보상규정의 결여는 당연히 다른 보상규정의 유추를 통해 해결한다. 경계이론적 접근의 결과 -우리 헌법 동조 제3항과 독일 기본법 동조 제3항의- 공용개입은 원래의 보상부공용개입은 물론 보상규정이 없지만 보상이 요구되는 재산권에 대한 공권적 개입까지도 포함하게 된다. 즉, 공용개입(공용침해)개념이 매우 넓게 획정되게 되었다(광의의 공용개입개념).

Ⅳ. 分離理論的 接近의 內容

독일의 헌법재판소는 공용개입유사적 개입과 공용개입적 개입의 법리가 궁극적으로 자신의 위헌법률심판권에 저촉된다는 점을 뒤늦게 인식하고서 동 법리를 공박하였다. 1981.7.14.자 소위 의무납본제에 관한 결정[4]과 1981.7.15.자 소위 자갈채취에 관한 결정을[5] 시발점으로 하여, -특히 보전의무부 내용결정을 정립하여 재산권의 내용·한계결정을 嚮導한- 1999.3.2.자 소위 史蹟保護에 관한 결정을[6] 통해 다음의 점이 확고히 정립되었다. 즉, ⅰ) 기본법 제14조 제3항상의 보상부공용개입만이 공용개입으로 인정된다(협의의 공용개입개념). 그리하여 일정한 조치가 공용개입적 성격을 갖는지 여부는 개입발생이후에 비로소 확인하는 것이 아니라, 처음부터 확인할 수 있다. ⅱ) 기본법 제14조 제3항상의 공용개입과 동조 제1항 제2문상의 재산권의 내용·한계의 결정은 개념상으로 엄격히 구분된다. ⅲ) 재산권의 내용·한계의 결정에 해당하는 법률규정은, 비록 그것이 헌법적 한계를 일탈한다 하더라도, 보상부공용개입을 낳는 규범으로 轉化되지 않고, 그 자체가 위헌이며 무효이다. 그리고 그런 법규정에 의거한 조치 역시 그 자체 위법한 행위가 된다. ⅳ) 일반법원으로서는, 재산권개입적 법률이 비례원칙의 위반이나 보상규정의 결여로 위헌이고 무효라 여길 경우, 기본법 제14조 제3항에 직접 의거하여 손실보상을 제공하여서는 아니 되고,

4) BVerfGE 58, 137ff.
5) BVerfGE 58, 300ff.
6) BVerGE 100, 226ff.

대신 종국재판을 위해 연방헌법재판소에 기본법 제100조 제1항에 따른 합헌성물음을 제청하여야 한다. ⅴ) 재산권적 개입이 위법하면, 관련자는 취소소송을 제기하여야 하고, 이 경우에 손실보상청구권은 성립하지 않는다. 보충적 권리보호(제2차적 권리보호)에 대해 우선적(제1차적) 권리보호의 우위가 통용된다.

Ⅴ. 우리나라에서의 논의현황

우리의 경우에도 개발제한구역과 장기미집행도시계획시설에 관해서, 헌법재판소가 1998년[7]과 1999년[8]에 내린 헌법불합치결정을 계기로, '분리이론'의 도입이 화두가 되었다. 이를 계기로 분리이론적 접근의 도입가능성 여부가 격렬히 논쟁되었다. 상당수 문헌들이 그것의 도입을 찬동하지만, 그에 못지않은 상당수 문헌 역시 독일과는 거리가 있는 -특히 (보상부) 공용수용·사용·제한을 규정한- 법문구조상의 차이를 들어, 그것의 도입에 반대하곤 한다.[9] 그런데 분리이론의 근거점은 재산권의 내용·한계의 결정과 공용개입이 문제되는 경우를 엄별하고 있는지 여부이다. 분명 우리 헌법재판소는 이들 결정을 비롯한 후속적 결정을 통해 양자를 구별하면서, 보상규정 등과 같은 상당한 보전수단을 강구하지 않은 재산권의 내용·한계의 결정에 대해 적극적으로 위헌성판단에 나섬으로써, 유추를 통한 손실보상청구권의 행사가능성을 원천적으로 봉쇄하는 결과를 낳는다. 비록 독일처럼 행정소송을 통한 제1차적 권리보호를 우선적으로 강구하게 하지는 않지만, 분명 나름 분리이론적 접근을 하고 있다고 하겠다.[10]

Ⅵ. 맺으면서 - 우리의 효과적인 學問的·制度的 資産으로

공용개입개념의 확대경향의 소산인 공용개입유사적 개입 및 공용개입적 개입의 법리는 분리이론적 접근과는 맞지 않다. 경계이론적 접근의 이론적 출발점인 가치보장은 기실 전제주의적 발상에 닿아있다. 法治國家는 이런 전제주의적 명제를 존속보장적 명제(방어하라 그리고 청산하라: wehre dich und liquidiere/ 또는 조치의 적법성에 대한 의문이 독립된 법관에 제거된 다음에 비로소 수인하라)로 대체한 것이다.[11] 입법적

7) 헌재 1998.12.24. 89헌마214, 90헌바16, 97헌바78(병합).
8) 헌재 1999.10.21. 97헌바26.
9) 이를 둘러싼 국내의 논의현황과 문헌은 정혜영, 헌법재판소의 판례를 통해 본 재산권보장의 문제점, 인권과 정의 제357호(2006.5.), 주 7) 참조.
10) 이에 대한 설득력있는 문헌으로 특히 한수웅, 헌법학, 2011, 820면 이하 참조.

불법에 대해 일반법원이 공용개입유사적 개입의 관점에서 손실보상을 인정하면, 이는 헌법재판소의 위헌법률심판권과 마찰을 빚을 수 있다. 아울러 법관이 유추를 통해 보상부 공용개입을 인정한다는 것은 豫算特權에 기한 의회의 歲出責任과 歲出高權과도 갈등을 빚을 수 있다. 다만 이들 법리가 본래 국가책임법상의 흠결을 메우기 위한 수단인 점에서 그것을 완전히 폐기하는 것은 바람직하지 않거니와 -정연하지 못할뿐더러 세심한 고려도 부족한- 입법현실에도 맞지 않다. 독일에서 이들 법리는 分離理論의 변화된 상황에서 제1차 권리보호의 우위와 헌법재판소의 위헌법률심판권을 전제로 하여 여전히 존속하거니와 오히려 과거보다 더 높은 체계정합성을 지니게 되었다.[12] 사실 대상판결과 같은 법원의 입장이 어제 오늘이 아님에도 불구하고, 그동안 이에 대해 그동안 특히 헌법재판소가 분리이론적 접근을 강구한 뒤에도 아무런 의문이 제기되지 않았다. 分離理論의 구조식에 따른 나름의 법제도를 구축하려는 노력이 뒤따르지 못하였다.

요컨대 分離理論下에서 이들의 고유한 적용영역을 체계적으로 설정하여, 이들을 우리의 효과적인 학문적・제도적 자산으로 만드는 것이 행정법의 과제이다.[13] 아울러 모든 행정법적 사례가 잠재적인 헌법적 사례임을(Otto Bachof) 유의할 필요가 있다. 물론 헌법에로 곧바로 안락하게 도피해서는 아니 된다.

* 법률신문 제4031호, 2012.5.14., 소수.

11) Hufen, VerProzR, 8Aufl., 2011, §31 Rn.3.

12) 최근 Lege 교수는 제명이 '자갈채취결정 30년'인 글(JZ, 2011, 1084ff.)의 말미에서 "연방헌법재판소가 완전히 승리하였다고 믿는 사람은 매우 잘못 생각하고 있다"고 지적하였다.

13) 이에 관해서는 김중권, 행정법기본연구Ⅱ, 2009, 177면 이하 참조.

제 8 장

憲法裁判所의 判例가 行政法에 미친 影響에 관한 小考

Ⅰ. 처음에

법치국가는 법과 합리성을 통해서, 자신의 활동을 사전에는(ex ante) 예상가능하게, 사후에는(ex post) 통제가능하게 만든다. 그런 식으로 규율되어 있을 때, 법치국가는 개인의 자유 등에 대한 제어된 개입권력일 뿐만 아니라, 개인에게 유리한 보호권력 즉, 개인적 인간존엄성, 자유, 재산권 그리고 주관적 권리를 위한 보증인이기도 하다. '헌법의 구체화'와 동반하여 또는 그에 갈음하여 '법치국가원리의 구체화'로 행정법을 새롭게 자리매김하여야 한다.

1987년 민주항쟁의 소산의 하나인 헌법재판소가 출범한 지 근 25년이 되었으며, 국가적 쟁점이 법적 쟁점으로 되었을 때, 헌법재판소는 규범의 최대치와 최소치를 통해 -보기에 따라서는 동의하지 않긴 해도- 나름 법적 평화에 이바지하여 왔다. 특히 공법의 경우 그 이전 다소간 공허한 수준에 머물렀던 논의가 헌법적 질서와 가치하에 더욱 구체성과 적실성을 지니게 되었다.

'구체화된 헌법으로서의 행정법'이란 F. Werner의 명제를[1] 좇으면, 행정법은 고도로 헌법에 의해 특징이 지워지며, 헌법의 근본적인 변화의 지배를 받는다. 따라서 헌법재판소의 판례가 행정법에 결정적으로 영향을 미치는 것은 자명하다. 물론 기왕의 행정법적 관점이 헌법재판에 반영되는 것 역시 당연하다. 이에 그동안 헌법재판소의 판례가 행정법에 미친 영향 전반을 비판적으로 검토하고자 한다.[2]

1) F. Werner, DVBl. 1959, S.527.
2) 이 글은 그동안 필자가 행정법적 문제를 헌법적 의미에 연계시켜 해결하려고 하였던 시도를 바탕으로 하되,

Ⅱ. 행정법에 미친 영향 개관

1. 법률유보와 관련한 의회유보의 원칙의 문제

(1) 판례의 입장

법률유보와 관련하여 다양한 관점에서 논의가 전개되고 있다. 그런데 헌법재판소는 일련의 판례를 통해서 의회유보를 전제로 한 본질성이론의 입장을 취하고 있다. 그리하여 헌법 제40조의 국회입법의 원칙에 본질유보사항유보설이 내포되어 있는 식으로 파악하거나,[3] 법률유보의 원칙에 의회유보의 원칙이 내포되어 있는 것으로 본다.[4] 법원 역시 "제한의 본질적인 사항에 관한 한 법률에 근거를 두어야 한다"고 판시하였으며,[5] 특히 본질성이론을 표방하는 의회유보를 법률유보와 동격시하여 판시하였다.[6] 따라서 요컨대 법률유보와 관련하여 다양한 관점에서 전개되고 있는 논의현황에도 불구하고, 헌법재판소와 법원의 판례는 공히 분명히 법률유보의 문제에서 본질성이론의 입장에서 접근한다고 하겠다.[7] 본질성이론에 바탕을 둔 의회유보의 참뜻은 행정입법에로의 위임금지에 있다.[8] 이 점에서 의회유보를 처음으로 명시적으로 언급하여 분명 법률유보의 원칙에 전기를 가져온 헌재 1999.5.27. 98헌바70을[9]

내용을 새롭게 수정・보완한 것이다. 종래 개개의 논문에서 논의한 것을 새롭게 전개하기 위한 출발점으로 삼고자 정리하고자 한다는 점도 분명히 한다.

3) 헌재 2001.4.26. 2000헌마122: 우리 헌법 제40조의 의미는 적어도 국민의 권리와 의무의 형성에 관한 사항을 비롯하여 국가의 통치조직과 작용에 관한 기본적이고 본질적인 사항은 반드시 국회가 정하여야 한다는 것이다.

4) 헌재 2012.11.29. 2011헌마827: 오늘날의 법률유보원칙은 단순히 행정작용이 법률에 근거를 두기만 하면 충분한 것이 아니라, 국가공동체와 그 구성원에게 기본적이고도 중요한 의미를 갖는 영역, 특히 국민의 기본권 실현에 관련된 영역에 있어서는 행정에 맡길 것이 아니라 국민의 대표자인 입법자 스스로 그 본질적 사항에 대하여 결정하여야 한다는 요구, 즉 의회유보 원칙까지 내포하는 것으로 이해되고 있다. …… 적어도 헌법상 보장된 국민의 자유나 권리를 제한한 때에는 그 제한의 본질적인 사항에 관한 한 입법자가 법률로써 스스로 규율하여야 한다.

5) 대법원 2005.2.17. 선고 2003두14765판결. 동판결의 중요한 의의는 대상행위의 침익성 여부를 먼저 검토한 다음에 그에 따라 법률유보의 물음을 대입한 데 있다.

6) 대법원 2012.7.26. 선고 2012재두145판결: 2007.10.12. 선고 2006두14476판결: (주택재개발사업 및 도시환경정비사업의) 시행인가신청시의 동의요건은 사업시행인가 신청에 대한 토지 등 소유자의 사전 통제를 위한 절차적 요건에 불과하고 토지 등 소유자의 재산상 권리・의무에 관한 기본적이고 본질적인 사항이라고 볼 수 없으므로 법률유보 내지 의회유보의 원칙이 반드시 지켜져야 하는 영역이라고 할 수 없다.

7) 김중권, 행정법, 2013, 77면.

8) 독일 연방헌법재판소가 일련의 판례를 통해 규범영역에서 본질적인 결정은 모두 입법자 스스로 규율하여야 하고, 기본권실현에 중요한(본질적인) 것이 본질적인 것이라고 판시하였다. BVerfGE 40, 237(249); 49, 89(126); 83, 130(142, 151f.); 95, 267(307); 108, 282(311).

9) 오늘날 법률유보원칙은 단순히 행정작용이 법률에 근거를 두기만 하면 충분한 것이 아니라, 국가공동체와 그 구성원에게 기본적이고도 중요한 의미를 갖는 영역, 특히 국민의 기본권실현과 관련된 영역에 있어서는 국민의 대표자인 입법자가 그 본질적 사항에 대해서 스스로 결정하여야 한다는 요구까지 내포하고 있다(의회유보원칙). 그런데 텔레비전방송수신료는 대다수 국민의 재산권 보장의 측면이나 한국방송공사에게 보장된 방송자유의 측면에서 국민의 기본권실현에 관련된 영역에 속하고, 수신료금액의 결정은 납부의무자의 범위 등과 함께 수신료에 관한 본질적인 중요한 사항이므로 국회가 스스로 행하여야 하는 사항에 속하는 것임에도 불구하

새롭게 검토할 필요가 있다.

(2) 管見

개념적으로 법률유보, 의회유보 그리고 법규(법령: 법률 + 법률하위적 법규범)유보는 구분되어야 한다. 여기서 의회유보(Parlamentsvorbehalt)는 공론을 전제로 한 의회의 결정을 요구하는데, 그것이 반드시 입법절차의 엄격한 형식으로 그리고 법률에 의해 내려질 필요는 없고, 단지 구속적인 의회결의만은 요구된다. 그러나 법률유보와 연계하여 논의될 경우에는 의회유보는 입법형식의 그것을 의미한다.[10)]

그런데 헌재 98헌바70이 한국방송공사가 수신료금액을 결정하고 문화관광부장관이 이를 승인하는 메커니즘이 법률유보원칙에 위반된다고 분명히 판시하였음에도 불구하고, 그에 따라 개정된 법률은 물론, 현행법률(방송법 제65조) 역시 수신료의 결정이 입법형식으로 정해지는 것이 아니라 단지 국회의 승인을 얻도록 규정하고 있다. 이는 수신료를 특별부담금으로 보아 법률유보의 대상임을 분명히 한 헌재 98헌바70의 논증에 정면으로 배치된다. 그런데 문제된 수신료금액결정의 메커니즘에 의회의 의사가 개재될 여지가 없다는 것이 과연 법률유보의 원칙 나아가 그 일환으로서의 의회유보에 배치되는지 再考가 필요하다. 한국방송공사란 영조물법인으로서 간접적 국가행정의 일환이고 개별법에 의해 행정주체로 성립하였다. 그리고 간접적 국가행정의 존재이유는 자치와 분화의 원칙에 있다. 따라서 입법자의 입법형성의 자유의 차원에서 수신료금액결정의 메커니즘에 의회의 의사를 반영하는 장치를 두는 것은 문제가 없지만, 법률유보와 의회유보의 견지에서 그것이 당연히 요구되는 것은 아니라 하겠다. 당시의 거센 수신료거부란 사회적 이슈가 법적 논증을 압도한 듯하다.

2. 조문형식의 고시의 법적 성질 문제

(1) 사법구제의 투 트랙

법도그마틱에 의거한 법개념과 실정법상의 용어간에 괴리가 발생하는 것이 자연스러운 일이긴 해도 그로 인해 정연한 전개가 심각한 지장에 처하곤 한다. 공법의 대표적인 난맥상황이 고시의 문제이다. 특히 보건복지부의 건강보험이나 요양급여와 관련한 고시조항에 대해 종종 헌법소원심판이 제기되고 다루어진다. 헌법재판소는

고 한국방송공사법 제36조 제1항에서 국회의 결정이나 관여를 배제한 채 한국방송공사로 하여금 수신료금액을 결정해서 문화관광부장관의 승인을 얻도록 한 것은 법률유보원칙에 위반된다.

10) 종래에는 법률유보와 법규유보가 분명히 구분되지 않았으며, 법규명령 역시 법률유보를 위해 충분하다고 보았다. 그러나 본질사항유보설의 등장으로 인해 재차 엄격히 구분하는 것이 경향이다.

대상적격여부는 크게 문제 삼지 않는 경향을 보인다. 즉, 헌재 2011.6.30. 2010헌마121은, 한방물리요법 중 일부를 요양 급여대상에 포함시킨 '건강보험 행위 급여·비급여 목록표 및 급여 상대가치점수 개정'(2009.11.30. 보건복지가족부 고시 제2009-216호) [별지] 중 제1편 제2부 제14장 한방 시술 및 처치료 제1절 시술료 중 분류항목 '하-70' 신설 부분 및 제1편 제3부 행위 비급여 목록 제14장 한방 시술 및 처치료 중 제1절 시술료 중 분류항목 '허-2 한방물리요법' 신설 부분에 대해 의사가 제기한 헌법소원심판사건에서 자기관련성결여를 이유로 각하하였다. 반면 헌재 2012.6.27. 2010헌마716은, 1983.1.1. 이후 출생한 A형 혈우병 환자에 한하여 유전자재조합제제에 대한 요양급여를 인정하는 '요양급여의 적용기준 및 방법에 관한 세부사항'(2010.1.29. 보건복지가족부 고시 제2010-20호) II. 약제 2.약제별 세부인정기준 및 방법 [339] 기타의 혈액 및 체액용약 Recombinant blood coagulation factor Ⅷ 주사제(품명: 리콤비네이트주, 애드베이트주 등)의 대상환자 중 "'83.1.1. 이후에 출생한" 부분에 대해 1983.1.1. 이전에 출생한 A형 혈우병 환자들이 제기한 헌법소원심판사건에서 청구인들의 평등권을 침해하였다고 판시하였다.

그런데 법원은 이전부터 이들 고시의 처분성을 인정하였다. 구체적으로 대법원 2006.9.22. 선고 2005두2506판결에서 소송대상은 '약제급여·비급여목록및급여상한금액표(보건복지부 고시 제2002-43호, 2002.6.27.)'가 개정된 것(보건복지부 고시 제2002-46호)이었고,[11] 대법원 2003.10.9. 자 2003무23결정에서 소송의 대상은 항정신병 치료제의 요양급여 인정기준에 관한 보건복지부 고시(보건복지부 고시 제2002-57호)이었다.[12]

(2) 管見

이들 고시의 처분성을 법원이 확고히 인정하고 있기에, 지금의 상황은 헌법소원의 보충성의 원칙의 차원에서 문제가 될 수 있다. 이런 관할의 문제와는 별도로 과연 이들 고시의 본질이 무엇인지가 논란이 될 수 있다. 사실 리딩판례인 대법원 2003.10.9. 자 2003무23결정을 비롯한 이들 판결이 "어떠한 고시가 일반적·추상적 성격을 가질 때에는 법규명령 또는 행정규칙에 해당할 것이지만, 다른 집행행위의 매개 없이 그 자체로서 직접 국민의 구체적인 권리의무나 법률관계를 규율하는 성격을

11) 그 내용은 동 고시 제2조 제1항의 별지 가운데 제1장 약제급여목록및급여상한금액표중 '가. 일부 본인부담 약제목록및상한금액표'에 '별표 1'과 같이 변경한다는 것이다.

12) 이는 국민건강보험법 제39조 제2항·제3항 및 국민건강보험요양급여기준에관한규칙 제5조 제2항의 규정에 의한 '요양급여의적용기준및방법에관한세부사항(보건복지부 고시 제2002-45호, 2002.6.29)'을 다음과 같이 개정 고시한 것이다: 요양급여의적용기준및방법에관한세부사항 중 'II. 약제'의 '2. 약제별 세부 인정기준 및 방법' 중 '별첨1'과 같이 변경하며 '별첨2'를 추가 신설한다(아래 참조).

가질 때에는 항고소송의 대상이 되는 행정처분에 해당한다"고 판시하였고, 이런 판시가 '두밀분교통폐합조례사건'에서의[13] 판시와 외양상 흡사하기에, -명시적으로 드러나지 않음에도 불구하고- 이들 판례가 자칫 행정입법적 고시를 전제로 처분적 고시로 접근한 것으로 보기도 한다.[14]

이들 고시가 과연 일반추상적 성질로서의 규범적 징표를 갖는지 세심한 검토가 필요하다. 대법원 2006.9.22. 선고 2005두2506판결에서 문제가 별표 1.의 경우 그 자체로 코드, 품명, 업소명, 규격 단위, 상환금액 등이 구체적으로 적시되어 있다. 그리고 대법원 2003.10.9. 자 2003무23결정에서 문제가 된 당해 고시 역시 '약제급여・비급여목록및급여상한금액표'와 마찬가지로, 개별구체적인 사항을 담고 있다. 요컨대 이들 고시의 경우 여러 개별처분을 합쳐서 일종의 엑셀파일로 공지한 것이고, 따라서 그것을 전형적인 개별구체적인 규율로서의 행정처분으로 보는 데, 하등의 문제가 없다.[15]

3. 신고제의 문제

신고제의 본질에 관해 아직 의견의 통일을 보지 못하고 있다. 허가제의 관계에서 신고제의 본질이 다투어진다. 신고제에서 늘 논란이 되는 것이 반려 문제이다. 신고는 신고한 것으로 충분하고, 반려가 있어서는 아니 된다는 시각에서, 신고에 반려규정이 있으면 그 신고는 본질이 허가라고 주장되기도 한다. 그런데 헌법재판소는 노동조합설립신고제와 관련한 명문의 반려규정(「노동조합 및 노동관계조정법」 (2010.6.4. 법률 제10339호로 개정되기 전의 것) 제12조 제3항)의 존재로 신고제가 허가제로 되는 것은 아님을 판시하였다.[16]

종래 행정법에서 자기완결적 신고와 수리를 요하는 신고의 구별은 반려의 처분성 여하에 의거하였다. 즉, 전자의 경우 수리와 반려 공히 법적으로 무의미하지만, 후자의 경우 수리와 반려 공히 처분성이 인정된다고 한다. 이들 신고유형을 구별하는 가늠잣대에 관한 논의는 통일되지 못한다. 주로 심사의 성격에 따른 차원에서 행해지

13) 대법원 1996.9.20. 선고 95누8003판결 등.

14) 한편 박균성 교수는 당해 고시를 집행적 법규명령으로 보고서 그것의 처분성을 인정한다(동인, 행정법론(상), 2013, 196면).

15) 상론은 김중권, 행정법기본연구 Ⅲ(2010), 165면 이하 참조.

16) 헌재 2012.3.29. 2011헌바53: 이 사건 법률조항은 노동조합 설립에 있어 노동조합법상의 요건 충족 여부를 사전에 심사하도록 하는 구조를 취하고 있으나, 이 경우 노동조합법상 요구되는 요건만 충족되면 그 설립이 자유롭다는 점에서 일반적인 금지를 특정한 경우에 해제하는 허가와는 개념적으로 구분되고, 더욱이 행정관청의 설립신고서 수리 여부에 대한 결정은 재량 사항이 아니라 의무 사항으로 그 요건 충족이 확인되면 설립신고서를 수리하고 그 신고증을 교부하여야 한다는 점에서 단체의 설립 여부 자체를 사전에 심사하여 특정한 경우에 한해서만 그 설립을 허용하는 '허가'와는 다르다. 따라서 이 사건 법률조항의 노동조합 설립신고서 반려제도가 헌법 제21조 제2항 후단에서 금지하는 결사에 대한 허가제라고 볼 수 없다.

고 있다. 가령 일부 문헌은 등록제와 수리를 요하는 신고를 동렬에 놓고서 이 경우 형식적 심사만이 허용되며,[17] 자기완결적 신고의 경우에는 형식적 심사조차 행해지지 않는다고 주장하였다, 반면 일부 문헌은 전자의 경우에는 형식적 심사에 국한하지만, 후자의 경우에는 형식적 심사만이 아니라 실체적 심사까지도 할 수 있다고 보기도 한다. 특히 최근 평생교육시설설치신고의 반려 건에서, 이른바 자기완결적 신고에서 수리 및 수리거부의 무의미성을 견지하기 위해서는 법원이 애써 수리거부의 처분성을 부인하고, 신고 그 자체로서 대상평생교육의 적법한 실시라는 형성적 효과가 발생한다고 판시했어야 하며, 또한 대상적격의 부인에 따라 각하했어야 했는데, 마치 그것이 이른바 수리를 요하는 신고인 양 수리거부의 처분성을 전제로 그것의 위법성을 적극적으로 논증하였다.[18] 결국 자기완결적 신고 자체의 정체성이 의심스럽게 되었다.[19]

신고제는 비단 행정법에 국한하지 않는 공법 전체의 대표적인 고민거리이다. 특히 대법원 2011.1.20. 선고 2010두14954전원합의체판결이 종래 자기완결적 신고의 대표격인 건축법상의 건축신고를 허가의제효과와 관련한 실질적 심사에 기하여 수리를 요하는 신고를 봄으로써, 난맥의 절정에 달하였다.[20] 왜냐하면 그렇다면 허가제와 신고제의 구별의 이유가 어디에 있는지 확신할 수 없기 때문이다. 나아가 자칫 -심사의 성격에 따른 논증이 여전히 의문스럽지만- 허가제에 대비시켜 형식적 심사로 등록제를 정당화시킨 헌재 1997.8.21. 93헌바51에 저촉될 수도 있다. 오히려 대법원 2010두14954전원합의체판결의 후속파로 수리를 요하는 신고가 이처럼 판례에 의해 인정될 것 같으면, 과연 그것과 허가제는 무엇으로 구별하여야 할지 근원적인 의문이 강력히 제기된다. 반려에 관한 명문규정의 여하에 관계없이 신고는 반려 즉, 신고대상행위의 금지를 예정하고 있다.[21] 따라서 신고제에서 무게 중심이 수리에 있지 않음을 시사하는 헌재 2007헌마712는 바른 신고제의 정립에 도움이 될 것이다. 다만 허가제가 심사의무를 전제로 한다면, 신고제에서는 기본적으로 심사가 재량이라는 점을 유의하여야 한다. 그리고 신고제가 허가제를 대체한 제도인 점이 그 출발점

---

17) 「정기간행물의 등록 등에 관한 법률」 제7조 제1항의 등록제를 규정한 입법취지가 정기간행물의 발행요건에 관하여 실질적 심사가 아니라 단지 형식적 심사에 그치도록 하고 있다고 본 헌재 1997.8.21. 93헌바51에서 비롯되었다.

18) 대법원 2011.7.28. 선고 2005두11784판결. 이에 대한 비판으로 졸고, 이른바 자기완결적 신고가 과연 존재하는가? 법률신문 제3984호(2011.11.17.)(본서 194면 이하).

19) 한편 헌재 2008.5.29. 2007헌마712은 서울남대문경찰서장이 ○○합섬HK지회에 대해 9회에 걸쳐 옥외집회신고서를 반려한 행위가 공권력의 행사에 해당한다고 판시하였다.

20) 이에 대한 비판으로 졸고, 건축법 제14조상의 건축신고가 과연 수리를 요하는 신고인가?, 특별법연구 제9권(이홍훈 대법관 정년퇴임기념), 2011.5.13., 273면 이하(본서 179면 이하).

21) 참고로 헌재 2000.6.1. 99헌마538은 신고자로서는 옥외집회신고반려를 신고접수거부 또는 집회금지통고로 볼 수 있다고 긍정하였다.

이다. 하루바삐 자유권의 회복이란 허가제의 본연에 맞춰 행정법제상의 신고제가 정비되어야 한다.

4. 토지등소유자가 주거환경정비사업의 시행자일 경우의 문제

(1) 사업시행인가에 대한 법원의 새로운 접근

토지등소유자가 도시환경정비사업을 시행할 수 있도록 한 '도시 및 주거환경정비법'(2005.3.18. 법률 제7392호로 개정된 것) 제8조 제3항 중 '도시환경정비사업은 토지등소유자가 시행할 수 있다.'는 부분이 사업시행에 동의하지 않는 토지등소유자의 재산권을 침해하는지 여부의 물음에 대해, 헌재 2011.8.30. 2009헌바128 · 148은 그렇지 않다고 판시하였다. 그리고 토지등소유자가 도시환경정비사업을 시행하는 경우 사업시행인가 신청시 필요한 토지등소유자의 동의는 개발사업의 주체 및 정비구역 내 토지등소유자를 상대로 수용권을 행사하고 각종 행정처분을 발할 수 있는 행정주체로서의 지위를 가지는 사업시행자를 지정하는 문제라고 지적하였다. 그런데 최근 대법원 2013.6.13. 선고 2011두19994판결은 토지등소유자가 사업시행자인 경우 사업시행자지정을 위한 특별한 메커니즘을 법률이 규정하지 않음에도 불구하고, 사업시행인가를 통해 사업시행자지정의 메커니즘을 적극적으로 강구하였다. 즉, "구 「도시 및 주거환경정비법」(2012.2.1. 법률 제11293호로 개정되기 전의 것, 이하 '구 도시정비법'이라 한다) 제8조 제3항, 제28조 제1항에 의하면, 토지 등 소유자들이 그 사업을 위한 조합을 따로 설립하지 아니하고 직접 도시환경정비사업을 시행하고자 하는 경우에는 사업시행계획서에 정관 등과 그 밖에 국토해양부령이 정하는 서류를 첨부하여 시장 · 군수에게 제출하고 사업시행인가를 받아야 하고, 이러한 절차를 거쳐 사업시행인가를 받은 토지등소유자들은 관할 행정청의 감독 아래 정비구역 안에서 구 도시정비법상의 도시환경정비사업을 시행하는 목적 범위 내에서 법령이 정하는 바에 따라 일정한 행정작용을 행하는 행정주체로서의 지위를 가진다. 그렇다면 토지 등 소유자들이 직접 시행하는 도시환경정비사업에서 토지등소유자에 대한 사업시행인가 처분은 단순히 사업시행계획에 대한 보충행위로서의 성질을 가지는 것이 아니라 구 도시정비법상 정비사업을 시행할 수 있는 권한을 가지는 행정주체로서의 지위를 부여하는 일종의 설권적 처분의 성격을 가진다"고 판시하였다.

(2) 管見

대법원이 조합설립인가가 설권적 성격을 갖는 점에 연계하여 사업시행인가를 사업시행자지정에 갈음하는 식으로 논증한 것은 사업시행자지정의 메커니즘을 관철하기 위한 나름의 시도이다. 그 나름 정당성과 설득력을 인정할 수 있긴 하지만, 행정주체적 지위를 가질 수 있는 것과 그 행정주체적 지위를 설정하는 것은 구별되어야 한다. 공무위탁사인의 예처럼 사인 역시 어려움 없이 행정주체가 될 수 있다.[22] 관건은 어떻게 사인에게 행정주체적 지위를 설정하느냐의 문제이다. 공무위탁의 메커니즘은 법령에 의하거나 법령에 의거하여 행정행위(설권적 성격)나 행정계약에 의해 행해진다. 따라서 「사회기반시설에 대한 민간투자법」 제13조의 사업시행자지정과 같은 사인을 행정주체로 전환시키는 메커니즘이 존재하여야 한다. 행정주체적 지위의 인정을 전제로 하여 토지수용권이 성립한다는 점에서, 토지수용권을 발생시키는 사업시행인가에 대해 행정주체적 지위의 창설의 효과를 인정하는 것은 바람직하지 않거니와, 공법적으로 허용되지도 않는다. 그리고 사업시행자로서의 토지등소유자는 조합설립의 경우보다 상대적으로 공법적 구속을 덜 받는다. 또한 도시환경정비사업이 대토지 소유자 위주로 진행될 때 동의하지 않는 소토지소유자의 의사에 반하게 공권력이 행사될 수 있다. 따라서 토지등소유자가 사업시행자가 될 경우 조합설립인가와 같은 사업시행자지정 메커니즘이 규정하지 않은 것은 치명적인 공법적 문제점을 안고 있다.

5. 권력적 사실행위의 문제

(1) 논의현황

일찍이 헌법재판소는 재무부장관이 제일은행장에 대하여 한 국제그룹의 해체준비착수지시와 언론발표지시를 권력적 사실행위로 보면서 법치국가원리에 반한다고 보았다.[23] 최근에도 "이 사건 종교행사 등 참석불허 처우는 이른바 권력적 사실행위에 해당하므로 행정소송의 대상이 된다고 단정하기 어렵고, 가사 행정소송의 대상이 된다고 하더라도 이미 종료된 행위로서 소의 이익이 부정되어 각하될 가능성이 많은바, 청구인에게 그에 의한 권리구제절차를 밟을 것을 기대하기는 곤란하므로 보충성 원칙의 예외로서 헌법소원의 제기가 가능하다"고 판시하였다.[24] 기본적으로 헌법재

22) 여기서 행정주체의 의미를 배상책임주체의 그것으로 확대하여서는 아니 된다. 김중권, 행정법, 131면.

23) 헌재 1993.7.29. 89헌마31: 재무부장관이 제일은행장에 대하여 한 국제그룹의 해체준비착수지시와 언론발표지시는 상급관청의 하급관청에 대한 지시가 아님은 물론 동 은행에 대한 임의적 협력을 기대하여 행하는 비권력적 권고·조언 등의 단순한 행정지도로서의 한계를 넘어선 것이고, 이와 같은 공권력의 개입은 주거래 은행으로 하여금 공권력에 순응하여 제3자 인수식(引受式)의 국제그룹 해체라는 결과를 사실상 실현시키는 행위라고 할 것으로, 이와 같은 유형의 행위는 형식적으로는 사법인인 주거래 은행의 행위였다는 점에서 행정행위는 될 수 없더라도 그 실질이 공권력의 힘으로 재벌기업의 해체라는 사태변동을 일으키는 경우인 점에서 일종의 권력적 사실행위로서 헌법소원의 대상이 되는 공권력의 행사에 해당한다.

판소는 대상적격과 권리보호 필요의 차원에서 권력적 사실행위에 대한 권리구제가능성이 매우 낮음을 이유로 광범한 헌법소원제기가능성을 인정한다.[25)]

그러나 행정법문헌은 권력적 사실행위에 대해 -비록 논거는 다르지만-[26)] 일치되게 처분성을 인정한다. 법원의 판례 역시 권력적 사실행위의 존재를 인정한다.[27)] 그리고 판례는, "구청장이 사회복지법인에 특별감사 결과 지적사항에 대한 시정지시와 그 결과를 관계서류와 함께 보고하도록 지시한 경우, 그 시정지시는 비권력적 사실행위가 아니라 항고소송의 대상이 되는 행정처분에 해당한다"고 판시하였다.[28)] 판례가 명시적으로 기술하지는 않지만, 권력적 사실행위가 항고소송의 대상이 된다고 인정할 것으로 여겨진다.

(2) 管見

그런데 권력적 사실행위의 존재와 정당성에 대해 성찰이 필요하다. 무엇보다도 그것의 정체가 분명하지 않다. 행정소송법개정으로 당사자소송이 활성화될 것으로 예상되는데, 출처와 정당성에서 의문스러운 권력적 사실행위의 존재가 이런 발전을 저해할 수 있다. 이제 행정행위종속적 권리구제관에 사로잡혀 무리하게 처분성을 논증한 태도는 재고되어야 한다.[29)] 차제에 권력적 사실행위로 드는 것들에 대한 세심한 분석이 따라야 한다. 가령 이상의 종교행사 등 참석불허 처우는 권력적 사실행위가 아니라, 참석금지의 하명처분이다.[30)]

---

24) 헌재 2011.12.29. 2009헌마527.

25) 헌재판례에서 권력적 사실행위가 처음 등장한 것은 헌재 1992.6.26. 89헌마271에서 재판장의 소송지휘권의 행사가 권력적 사실행위나 명령의 형식으로 행해진다고 설시한 데 있다.

26) 여기서는 행정사실행위 전체에 처분성을 인정하는 입장, 권력적 사실행위 그 자체로 처분성을 인정하는 입장, 합성처분적 논증에 의거하여 처분성을 인정하는 입장 등 각각의 입장이 매우 다양하다. 그리고 그것의 실정법적 착안점을 둘러싸고도, '행정청이 행하는 구체적 사실에 관한 법집행으로서의 공권력의 행사'에서 찾는 입장과 '그 밖에 이에 준하는 행정작용'에서 찾는 입장으로 나뉜다.

27) 대법원 2008.11.13. 선고 2007도9794판결: 경찰관직무집행법 제6조 제1항은 "경찰관은 범죄행위가 목전에 행하여지려고 하고 있다고 인정될 때에는 이를 예방하기 위하여 관계인에게 필요한 경고를 발하고, 그 행위로 인하여 인명·신체에 위해를 미치거나 재산에 중대한 손해를 끼칠 우려가 있어 긴급을 요하는 경우에는 그 행위를 제지할 수 있다"고 규정하고 있는데, 위 조항 중 경찰관의 제지에 관한 부분은 범죄의 예방을 위한 경찰 행정상 즉시강제 즉, 눈앞의 급박한 경찰상 장해를 제거하여야 할 필요가 있고 의무를 명할 시간적 여유가 없거나 의무를 명하는 방법으로는 그 목적을 달성하기 어려운 상황에서 의무불이행을 전제로 하지 아니하고 경찰이 직접 실력을 행사하여 경찰상 필요한 상태를 실현하는 권력적 사실행위에 관한 근거조항이다.

28) 대법원 2008.4.24. 선고 2008두3500판결.

29) 참고로 독일의 경우 과거와는 달리, 다수입장과 판례는 대집행실행에 대해 합성처분적 접근을 하지 않고, -자기집행이든 타자집행이든- 사실행위로 보아 일반이행소송을 통한 권리구제를 도모하고 있다.

30) 그리고 가령 국제그룹의 해체준비착수지시와 언론발표지시의 경우 지시라는 관헌국가적 개념을 기왕의 법제도에 포섭하기가 쉽지 않아서 권력적 사실행위로 보는 것이 나름 수긍되지만, 그 당시의 관치금융체제를 감안하면 지시상대방은 그에 복종할 수밖에 없기에, 이 지시는 하명처분으로 봄직하다. 다만 쟁송법적 문제는 여기서 지시의 수범자가 아닌 대상기업이 그것을 다툴 수 있는지 여부이다. 지시의 수범자에게 사실상 자유여지가 없는 이상, 그는 단순한 매개자에 불과하다고 볼 수 있기에, 지시가 곧바로 대상기업에 대해 직접 영향을 미친다고 보면 대상기업이 그것을 다툴 수 있다고 봄직하다.

6. 위임입법형식의 예시성여부 및 법령보충적 규칙과 위임재량준칙의 문제의 문제

(1) 헌법재판소의 기조

헌법 이외의 법령에 근거한 법규명령이 인정될 수 있는지의 문제는 의회입법원칙의 이해에 바탕을 두고서 논의된다. 일찍이 감사원규칙(감사원법 제52조)의 법적 성질이 법규명령인지 아니면 행정규칙에 불과한지 여부가 다투어졌는데, 행정규칙설은 감사원법과 같은 법률은 '법률내용의 구체적 한정적 위임'은 할 수 있어도 '입법의 형식' 자체는 창설할 수 없다는 것을 그 근거로 삼으며,[31] 헌법에 명시되어 있는 명령만이 법규명령의 성질을 가진다고 본다.[32] 반면 법규명령설은 법률 역시 민주적 정당성을 가진다는 점, 헌법상의 법규명령은 열거가 아니라 예시된 것이라는 점, 법률에 종속하는 하위규범으로서의 법규명령의 창설도 가능하다는 점을 든다.

이상의 논의는 법률이 입법사항을 대통령령이나 부령이 아닌 고시와 같은 행정규칙의 형식으로 위임하는 것과 관련해서도 다투어졌다. '금융산업의 구조개선에 관한 법률' 제2조 제3호 가목 등 위헌소원 사건'(헌재 2004.10.28. 99헌바91)에서, 헌법재판소는 법률이 입법사항을 대통령령이나 부령이 아닌 고시와 같은 행정규칙의 형식으로 위임하는 것과 관련하여, 行政規制基本法 제4조 제2항 단서조항 역시 근거점으로 삼아 논증을 전개하였다. 즉, 헌법재판소는 정당하게 헌법상의 행정입법의 형식은 예시적인 것이므로 고시 등에 위임하는 것이 가능하다고 설시하였다.[33] 한편 법원은 헌재 2004.10.28. 99헌바91에서 다투어진 금융감독위원회의 고시에 대해 그것의 법적 성질을 논하지 않은 채 포괄위임금지 등에 저촉되지 않아 문제가 없다고 보았다.[34]

---

31) 대표적으로 김도창, 311면.

32) 그리하여 '법규명령'만 행정입법으로 보아야 한다고 주장하기도 한다(홍준형, 351면).

33) 헌법 제40조와 헌법 제75조, 제95조의 의미를 살펴보면, 국회입법에 의한 수권이 입법기관이 아닌 행정기관에게 법률 등으로 구체적인 범위를 정하여 위임한 사항에 관하여는 당해 행정기관에게 법정립의 권한을 갖게 되고, 입법자가 규율의 형식도 선택할 수도 있다 할 것이므로, 헌법이 인정하고 있는 위임입법의 형식은 예시적인 것으로 보아야 할 것이고, 그것은 법률이 행정규칙에 위임하더라도 그 행정규칙은 위임된 사항만을 규율할 수 있으므로, 국회입법의 원칙과 상치되지도 않는다. 다만, 형식의 선택에 있어서 규율의 밀도와 규율영역의 특성이 개별적으로 고찰되어야 할 것이고, 그에 따라 입법자에게 상세한 규율이 불가능한 것으로 보이는 영역이라면 행정부에게 필요한 보충을 할 책임이 인정되고 극히 전문적인 식견에 좌우되는 영역에서는 행정기관에 의한 구체화의 우위가 불가피하게 있을 수 있다. 그러한 영역에서 행정규칙에 대한 위임입법이 제한적으로 인정될 수 있다. 행정규칙은 법규명령과 같은 엄격한 제정 및 개정절차를 요하지 아니하므로, 재산권 등과 같은 기본권을 제한하는 작용을 하는 법률이 입법위임을 할 때에는 "대통령령", "총리령", "부령" 등 법규명령에 위임함이 바람직하고, 금융감독위원회의 고시와 같은 형식으로 입법위임을 할 때에는 적어도 행정규제기본법 제4조 제2항 단서에서 정한 바와 같이 법령이 전문적·기술적 사항이나 경미한 사항으로서 업무의 성질상 위임이 불가피한 사항에 한정된다 할 것이고, 그러한 사항이라 하더라도 포괄위임금지의 원칙상 법률의 위임은 반드시 구체적·개별적으로 한정된 사항에 대하여 행하여져야 한다.

34) 대법원 2005.2.18. 선고 2002두9360판결 등.

(2) 법령보충적 규칙과 위임재량준칙의 문제

법령보충적 규칙의 법적 성격 및 허용성의 물음과 위임재량준칙의 문제는 행정법적으로 문헌과 판례에서 늘 다투어지는 주제이다. 헌법상의 위임입법(행정입법) 형식은 예시라는 -비록 지속적으로 반대의견이 제시되긴 하지만- 확고한 헌법재판소의 입장에서[35] 이들 주제를 검토해야 한다.

(가) 법령보충적 규칙의 문제

'법령의 규정이 특정행정기관에게 그 법령내용의 구체적 사항을 정할 수 있는 권한을 부여하면서 그 권한행사의 절차나 방법을 특정하고 있지 아니한 관계로 수임행정기관이 행정규칙의 형식으로 그 법령의 내용이 될 사항을 구체적으로 정한 것'이 문제되었다. 일찍이 대법원은 이런 행정규칙에 대해 당해 법령의 위임한계를 벗어나지 아니하는 한 그것들과 결합하여 대외적인 구속력이 있는 법규명령으로서의 효력을 갖는다고 판시하였다.[36]

법률보충적 규칙(法令補充的 規則)은 판례상으로 공인된 법제도이다.[37] 하지만 그것의 법적 성격을 두고서 대부분의 문헌에서 '행정규칙형식의 법규명령'의 문제로[38] 다투어지고 있다.[39] 생각건대 모법률이 구체적 권한행사를 행정청에게 수권(위임)한 이상, 그것의 구현메카니즘의 형식은 법적으로 아무런 문제가 되지 않는다. 모법률이 특히 부령으로 정하도록 규정하지 않는 한, 행정청은 나름의 선택에 따라 구현할

35) 최근의 것으로 헌재 2012.2.23. 2009헌마318.

36) 대법원 1987.9.29. 선고 86누484판결: 상급행정기관이 하급행정기관에 대하여 업무처리지침이나 법령의 해석적용에 관한 기준을 정하여서 발하는 이른바 행정규칙은 일반적으로 행정조직 내부에서만 효력을 가질 뿐 대외적인 구속력을 갖는 것은 아니지만, 법령의 규정이 특정행정기관에게 그 법령내용의 구체적 사항을 정할 수 있는 권한을 부여하면서 그 권한행사의 절차나 방법을 특정하고 있지 아니한 관계로 수임행정기관이 행정규칙의 형식으로 그 법령의 내용이 될 사항을 구체적으로 정하고 있다면 그와 같은 행정규칙, 규정은 행정규칙이 갖는 일반적 효력으로서가 아니라, 행정기관에 법령의 구체적 내용을 보충할 권한을 부여한 법령규정의 효력에 의하여 그 내용을 보충하는 기능을 갖게 된다 할 것이므로 이와 같은 행정규칙, 규정은 당해 법령의 위임한계를 벗어나지 아니하는 한 그것들과 결합하여 대외적인 구속력이 있는 법규명령으로서의 효력을 갖게 된다.

37) 최근의 예: 산업입지 및 개발에 관한 법률 제40조 제1항, 제3항 등의 위임에 따라 제정된 국토해양부와 환경부 고시 '산업입지의 개발에 관한 통합지침' 제36조 제1항 제10호(대법원 2012.2.9. 선고 2011두24101판결); '청소년유해매체물의 표시방법'에 관한 정보통신부고시(헌재 2004.1.29. 2001헌마894).

38) 여기서 '법규명령형식의 행정규칙', '행정규칙형식의 법규명령'과 같은 용어의 사용이 과연 문제의 본질이나 법규명령과 행정규칙의 근본이해에 부합하는지 숙고할 필요가 있다. 우리의 경우 양자가 강학상의 개념인 점에서, 형식 자체가 제도적으로 확고하지 않은 점에서, 그것으로 인해 바른 접근이 저해되고 논의가 매우 혼란스럽게 되었다.

39) 가령 법령의 수권에 착안하여 법규명령으로서의 효력을 갖는 것으로 보는 법규명령설, 의회입법의 원칙상 법규명령은 헌법에 규정된 것에 국한하여야 하기에 행정규칙에 불과하다고 보는 행정규칙설, 이런 행정규칙은 헌법이 예정하지 않은 위임입법이므로 위헌무효라고 보는 위헌무효설이 주장된다. 이들과 다른 차원에서 주장되는 것이 규범구체화행정규칙설이다. 이는 법률보충적 규칙의 존재가 판례에 의해 인정되고 있음을 전제로 독일에서의 규범구체화행정규칙에 관한 논의를 통해 그것의 직접적 구속효를 인정하려고 한다. 관련 학설상의 현황과 논의내용에 관해서는 정남철, 헌법논총 제16집(2005), 459면 이하 참조.

수 있다. 행정규칙의 형식으로 구현한다 하더라도, 하등의 문제가 되지 않는다. 또한 그것은 당연히 직접적인 법적 효과를 발생시킨다. 왜냐하면 그것은 기본적으로 모법률이 수권한 행정권한을 행사한 것이기 때문이다. 결국 그런 행정규칙은 모법률을 비롯한 상위법령의 수권의 결과일 따름이고, 당연히 상위법령과 결합하여 법규적 성질을 가진다. 헌법재판소가 법령보충적 규칙의 대외적 구속력을 아무런 異議를 제기하지 않고서 시인하였기에,[40] 헌법재판소가 헌법상의 위임입법(행정입법)의 형식은 예시라고 설시한 것은 당연하다.

(나) 위임재량준칙의 문제

이는 일반적으로 '법규명령형식의 행정규칙'이라는 명칭으로 다투어지는데, 재량준칙이 법령의 위임(수권)에 의거하여 법규명령의 형식으로 발해질 때 문제가 생긴다. 내용에 초점을 맞추어 법적 성질을 가늠하는 입장을 취하면 자연 행정규칙설을 취하고, 그 반대로 존재형식에 초점을 맞추면 당연히 법규명령에 해당한다(법규명령설).[41] 판례는 과거에는 실질에 초점을 맞추어 설령 처분기준이 부령으로 되어 있더라도 그 사실을 무시하고 법규명령으로 보려 하지 않았다.[42] 하지만 지금은 대통령령의 형식으로 존재하는 경우에는 그것을 법규명령으로 보지만,[43] 부령의 형식으로 존재하는 경우에는 변함없이 행정규칙에 불과하다고 본다.[44] 여기서 이를 비구속적인 행정규칙으로 보는 이상, 법원은 -규범통제의 문제는 차치하고- 재량준칙상의 기준에 원칙적으로 구속되지 않는다. 다만 최근 법원은 나름 독자적으로 위법여부를 판단할 여지가 있음을 전제로 하면서도 재량준칙상의 기준을 존중한다는 입장을 견지한다.[45]

---

40) 다만 헌재 2000.1.27. 99헌바23이 "심판대상법조항이 요양급여의 방법·절차·범위·상한기준 등 요양급여의 기준을 '보건복지부장관이 정한다'고 한 뜻은 '보건복지부의 법규명령으로' 정한다는 의미로 해석하여야 한다." 설시하였는데, 이는 사안의 본질을 오해하였다 하겠다.

41) 이 논의는 당연히 위임(수권)이 전제된 것이어서 새삼 수권여부를 기준으로 삼을 필요는 없다고 여겨진다.

42) 대법원 1982.11.23. 선고 82누304판결: 1965.9.15. 자 교통부훈령 제142호, 1981.1.1자 같은령 제680호(자동차운수사업법 제31조 등에 관한 처분요령)는 법규의 성질을 가지는 것으로는 볼 수 없고, 상급행정기관인 교통부장관이 관계 하급기관인 직원에 대하여 직무권한의 행사를 지휘하고 직무에 관하여 명령하기 위하여 발한 것으로서 행정조직내부에 있어서의 명령에 지나지 아니한다.

43) 대법원 1997.12.26. 선고 97누15418판결.

44) 한편 최근 판례의 입장에 다소의 변화가 강구된다. 즉, 대법원 2006.6.27. 선고 2003두4355판결은 '시외버스운송사업의 사업계획변경 기준 등에 관한 구 여객자동차 운수사업법 시행규칙 제31조 제2항 제1호, 제2호, 제6호'가 동법 제11조 제4항의 위임에 따라 규정된 것임을 들어 법규명령에 해당한다고 판시하였다. 이를 법규명령·행정규칙 구별에 관한 대법원의 실질적 판례변경으로 보는 입장으로 김남진, 법률신문 제3568호(2007.7.5.). 그러나 유의할 점은 동 판결은 문제가 된 시행규칙 규정이 제재적 처분의 기준에 해당하지 않는다는 것을 전제로 하였다.

45) 대법원 2007.9.20. 선고 2007두6946판결: 제재적 행정처분의 기준이 부령의 형식으로 규정되어 있더라도 그것은 행정청 내부의 사무처리준칙을 정한 것에 지나지 아니하여 대외적으로 국민이나 법원을 기속하는 효력이 없고, 당해 처분의 적법 여부는 위 처분기준만이 아니라 관계 법령의 규정 내용과 취지에 따라 판단되어야 하므로, 위 처분기준에 적합하다 하여 곧바로 당해 처분이 적법한 것이라고 할 수는 없지만, 위 처분기준이 그 자체로 헌법 또는 법률에 합치되지 아니하거나 위 처분기준에 따른 제재적 행정처분이 그 처분사유가 된 위반행위의 내용 및 관계 법령의 규정 내용과 취지에 비추어 현저히 부당하다고 인정할 만한 합리적인 이유가

법규범의 존재형식이 법규명령에 해당하는 형식을 취하는 이상 형식남용이 없는 한 법형식은 바로 법적 성질이다. 부령형식의 위임재량준칙은 당연히 법규적 성질을 갖는다. 위임재량준칙의 비법규성을 고수하는 법원의 입장은 -비록 과거의 비구속성 일변도의 입장과는[46] 약간 다르긴 해도- 헌법재판소가 위임입법형식의 예시성을 전제로 고시에의 위임 역시 긍정하는 입장하며, 법령보충적 규칙이 공히 인정되고 있는 것과는 배치된다.[47]

7. 행정입법상의 재위임의 문제

재위임의 경우에도 헌법재판소는 1차 위임상의 요구(포괄위임금지)가 그대로 견지되어야 한다고 판시하였다.[48] 법원 역시 그런 입장을 따른다.[49] 문헌에서 이에 대해 아무런 의문이 제기되지 않는다. 독일의 경우 기본법 제80조 제4항에 의해, 재위임은 수권법률에 의해 명시적으로 허용되는 것으로 표시되고 그것이 법규명령에 의해 행해질 것이 요구된다. 그리고 법규명령의 제정에 기본적으로 연방참사원의 동의를 필요로 한다.[50] 이는 독일과 같은 의원내각제국가에서 의회입법의 원칙을 절대적으로 고수하기 위한 논리이다. 독일의 이런 법상황이 고려되어야 한다. 위임독트린(포괄위임금지)은 의회입법의 원칙상 제1차 위임(수권)에는 당연히 요구되지만, 이미 대통령령이든 총리령이든 부령이든 법률로부터 1차 위임이 행해진 다음에는 후속적 규범정립의 문제는 이미 행정부의 내부사(內部事)일 뿐이다. 당연히 그 후의 위임은

없는 한 섣불리 그 처분이 재량권의 범위를 일탈하였거나 재량권을 남용한 것이라고 판단해서는 안 된다.

46) 대법원 1997.5.30. 선고 96누5773판결: 도로교통법시행규칙 제53조 제1항이 정한 [별표 16]의 운전면허행정처분기준은 부령의 형식으로 되어 있으나, 그 규정의 성질과 내용이 운전면허의 취소처분 등에 관한 사무처리기준과 처분절차 등 행정청 내부의 사무처리준칙을 규정한 것에 지나지 아니하므로 대외적으로 국민이나 법원을 기속하는 효력이 없으므로, 자동차운전면허취소처분의 적법 여부는 그 운전면허행정처분기준만에 의하여 판단할 것이 아니라 도로교통법의 규정 내용과 취지에 따라 판단되어야 한다.

47) 한편 대법원 94누14148전원합의체판결이 취한 기조(부령인 제재처분기준⇒행정규칙⇒사실상 불이익의 인정)를 수정한 대법원 2003두1684전원합의체판결에서 다수의견이 별개의견처럼 제재적 행정처분기준을 곧바로 법규명령으로 보지 않은 점은 아쉽지만, 법적 불이익을 낳는 근거규정이 법규가 아니라면 그 자체가 법률유보차원의 문제를 낳는다는 점에서, 이런 문제를 해소하기 위해 법원으로서는 원하든 원하지 않든 부령형식의 제재적 행정처분기준을 법규명령으로 볼 수밖에 없을 것이다. 상론은 김중권, 행정법, 344면 이하 참조.

48) 헌재 1996.2.29. 94헌마213: 법률에서 위임받은 사항을 전혀 규정하지 않고 재위임하는 것은 복위임금지의 법리에 반할 뿐 아니라 수권법의 내용변경을 초래하는 것이 되고, 부령의 제정·개정절차가 대통령령에 비하여 보다 용이한 점을 고려할 때 재위임에 의한 부령의 경우에도 위임에 의한 대통령령에 가해지는 헌법상의 제한이 당연히 적용되어야 할 것이므로 법률에서 위임받은 사항을 전혀 규정(規定)하지 아니하고 그대로 재위임하는 것은 허용되지 않으며 위임받은 사항에 관하여 대강(大綱)을 정하고 그 중의 특정사항을 범위를 정하여 하위법령에 다시 위임(委任)하는 경우에만 재위임이 허용된다.

49) 대법원 2013.3.28. 선고 2012도16383판결: 법률에서 위임받은 사항을 전혀 규정하지 않고 재위임하는 것은 백지재위임금지의 법리에 반할 뿐 아니라 수권법의 내용변경을 초래하는 것이 되므로 허용되지 아니한다 할 것이나, 위임받은 사항에 관하여 대강을 정하고 그 중의 특정사항을 범위를 정하여 하위법령에 다시 위임하는 경우에는 재위임이 허용된다 할 것이다(대법원 2006.4.14. 선고 2004두14793판결).

50) 심지어 그들은 일반행정규칙의 제정에도 연방참사원의 동의를 요구한다(독일 기본법 제84조 제2항).

행정부의 고유한 권한행사에 속하기에, 그것에 의회입법의 원칙을 유지하기 수단인 위임독트린을 대입하는 것은 도그마틱의 과잉이다. 우리 헌법은 독일과는 달리 재위임에 대해 특별히 언급하지 않고 있다. 따라서 "법률에서 위임받은 사항을 전혀 규정하지 아니하고 그대로 재위임하는 것은 허용되지 않는다"거나 "법률에서 위임받은 사항을 전혀 규정하지 않고 재위임하는 것은 복위임금지의 법리에 반할 뿐 아니라 수권법의 내용변경을 초래하는 것이 되므로 허용되지 아니한다"는 논증은 그 근거에서부터 문제가 있다.

8. 행정규칙의 법규성 인정에서 전환규범의 적용의 문제

(1) 헌법재판소와 법원의 同調化

과거에는 행정규칙의 외부효 자체를 부인하였지만, 오늘날에는 조직규칙을 제외하고서는 행정규칙은 대외적으로 영향을 미친다. 가령 근무규칙은 국민일반에게 영향을 미치며, 특히 영조물규칙은 그 이용자에게 직접적으로 영향을 미친다. 따라서 오늘날에는 현실적으로 엄존한 외부효는 더 이상 부인되지 않는다. 관건은 이 외부효를 어떻게 접근하느냐이다. 독일의 통설과 판례는 행정규칙의 직접적 외부효를 부인하는(비법규성) 기조를 견지하면서도, 행정규칙의 사실적 외부효의 문제는 자기구속의 법리를 매개로 하여 대처하였다. 다시 말해, 평등원칙이나 신뢰보호원칙을 전환규범으로 삼아 행정관례에 터 잡아 행정규칙에 위반한 행위의 위법을 논증하였다. 우리의 문헌상 지배적 입장 역시 행정규칙의 직접적 외부효를 부인하면서 전환규범과 같은 우회적 방도를 통해 위법성을 논증한다.

하지만 우리 법원은 본래 문헌상의 지배적 입장과는 다른 접근을 하였다. 즉, 시종 행정규칙의 비법규성에 바탕을 둔 전환규범적 이론구성을 수긍하지 않고, 처음부터 관련 규정의 법적 성질이 법규인지, 법규가 아닌지를 가늠하는 방식으로 접근하였다. 당연히 형식적 기준이 아닌 실질적 기준에 의거하여, 처음부터 법적 성질을 재단하였다. 그 결과물이 법령보충적 규칙의 법규성인정이며, 위임재량준칙의 경우에도 간접적인 대외적 효력을 인정하기보다는 처음부터 대상 규범의 법적 성질을 가늠하여 그것의 법규성을 부인하였다. 그런데 헌법재판소는 일찍부터 행정법문헌상의 지배적인 입장처럼 전환규범적 논증을 추가하였다.[51] 그런데 법원 역시 최근에 대법

---

51) 헌재 1990.9.3. 90헌마13: 행정규칙이 법령의 규정에 의하여 행정관청에 법령의 구체적 내용을 보충할 권한을 부여한 경우, 또는 재량권행사의 준칙인 규칙이 그 정한 바에 따라 되풀이 시행되어 행정관행이 이룩되게 되면, 평등의 원칙이나 신뢰보호의 원칙에 따라 행정기관은 그 상대방에 대한 관계에서 그 규칙에 따라야할 자기구속을 당하게 되고, 그러한 경우에는 대외적인 구속력을 가지게 된다 할 것이다.

원 2009.12.24. 선고 2009두7967판결을 시발로 대법원 2009.3.26. 선고 2007다 88828, 88835판결에 즈음하여, 자기구속의 법리, 평등원칙, 신뢰보호원칙과 같은 전환규범을 매개로 행정규칙의 대외적 구속력을 논증한 접근방식을 추가하였다. 결과적으로 양 사법기관의 접근방식이 동일하게 되었다.

(2) 管見

우리의 법령보충적 규칙의 경우 행정규칙에 곧바로 직접적 외부효(구속효)를 인정한 점에서는 결과적으로 독일의 규범구체화 행정규칙과 비슷하지만, 명시적인 법률상의 인정근거가 요구되지 않아 인정범위가 훨씬 넓다. 이제 헌법재판소와 법원은 공히 법령보충적 규칙에 더해서 독일식의 전환규범적 접근을 병행한다.

이런 이원적 접근방식에 대해 대부분의 문헌은 별다른 異議가 없지만, 치명적인 체계정합성의 문제가 있다. 먼저 행정규칙은 물론 행정입법 전반에 대해 매우 백안시하는 기조를 취하는 독일의 통설적 접근은 우리의 권력구조와 맞지 않는다. 독일법상 행정의 상대적으로 낮은 위상과 약한 독립성과, 독일법의 법원지향적 통제(심사)관점과 밀접한 상관관계가 있다. 행정의 작용여지에 관한 독일공법의 공포(恐怖)는, 행정규칙이 고유한 힘을 갖지 못하게 하면서, 동시에 그것을 법령과 법원판결 사이에서 꽉 끼게 만들었다.[52] 그리하여 일찍이 Ossenbühl은 헌법이론상으로 독일공법학은 의회에 대해 독점적으로 부여하는 민주적 정당성의 원리의 비현실적인 과도함과는 결별해야 한다고 지적하였다.[53]

대통령제국가로서 존재지평이 독일과 완전 다른 우리로서는 이상의 지적을 새로운 인식의 단초로 삼아야 한다. 법령보충적 규칙의 존재는 독일의 통설적 접근과는 다른 접근을 강구할 수 있게 하는 결정적인 착안점이다. 불필요한 전환규범적 논증이 추가됨으로써, 방향전환을 모색하기 곤란하게 되었거니와, 체계정합적인 논의 역시 어렵게 되었다. 한편 법령보충적 규칙이 공인되고 있고, 위임재량준칙 역시 -비록 판례가 아직 수긍하지는 않지만- 대세는 법규성의 인정이다. 그렇다면 행정규칙 가운데 조직규칙과 규범해석규칙을 제외하고서는 실은 모두 법규성이 인정되는 셈이다. 또한 조직규칙 역시 상당 부분이 법령에 의해 정해져 있다. 차제에 우리 권력구조를 바탕으로 행정규칙의 효력에 관한 논의 전반을 새롭게 전개할 필요가 있다.[54]

---

52) R. Wahl, Die ungesicherte dritte Kategorie des Rechts, in: Festgabe 50 Jahre Bundesverwaltungsgericht, 2003, S.571(596).

53) ders., Die Not des Gesetzgebers im naturwissenschaftlich-technischen Zeitalter, 2000, S.34.

54) 대법원 2009두7967판결에서의 논의대상인 농림사업시행지침서는 법령보충적 규칙에 해당하기에, 사실 전환규범적 접근을 할 필요가 없었다. 졸고, 법률신문 제3961호(2011.8.22.) 참조.

9. 행정소송에서의 대학의 당사자능력 및 원고적격 문제

(1) 대학의 기본권주체성 및 대학의 자율권에 관한 헌법상의 논의

법인의, 나아가 공법인의 기본권주체성의 물음을 살펴보면,[55] 헌법학계에서는 다수입장은 논거상의 차이가 있지만 일단 예외적 긍정설을 취한다. 가령 기본권은 공권력에 대한 개별시민의 관계에서 존재하기에, 지방자치단체 등 공법인은 공법상의 직무로서 일정한 '관할' 내지 '권한'을 가질 뿐이고 원칙적으로 기본권을 누릴 수 없지만, '국가가 일정한 기본권의 실현에 이바지하도록 하기 위해 이를 설치하는 경우'나 '공법상의 법인이 기본권에 의하여 보호되는 생활영역에 속해 있으며, 시민의 개인적 기본권을 실현하는 데 기여하고 있을 뿐만 아니라, 국가로부터 독립된 또는 어쨌든 국가와는 구별되는 실체를 가지고 있는 경우'에는 예외적으로 기본권주체성이 인정된다고 한다.[56] 즉, 예외적으로 기본권주체가 될 수 있는지에 관한 판단기준은, 당해 공법인이 '개인과 유사한 상황'에 놓이는지, 기본권이 보호하려는 전형적인 위험상황에 처하는지, 그러한 상황에 있기 때문에 기본권에 의한 보호를 필요로 하는지 여부이다.[57] 헌법재판소 역시 공법인의 기본권주체성을 원칙적으로 부정하되,[58] 서울대학교에 대해 공권력행사의 주체이자 동시에 학문의 자유의 주체가 됨을 인정하였다.[59][60]

---

55) 이는 치열한 논쟁이 행해지는 대표적인 논제이다. 관련 문헌 가운데 대표로 계희열, 공법인의 기본권주체성, 공법이론의 현대적 전개(구병삭 교수 정년기념논문집), 1991, 1면 이하.

56) 권영성, 헌법학원론, 2010, 323면; 허영, 한국헌법론, 2012, 252면; 홍성방, 헌법학(상), 2010, 350면.

57) 한수웅, 헌법학, 2012, 391면 이하.

58) 헌재 1994.12.29. 93헌마120: 헌법재판소법 제68조 제1항에서 "…… 기본권을 침해받은 자는 헌법소원의 심판을 청구할 수 있다"고 규정한 것은 기본권의 주체라야만 헌법소원을 청구할 수 있고, 기본권의 주체가 아닌 자는 헌법소원을 청구할 수 없다는 것을 의미한다 할 것인데, 기본권의 보장에 관한 각 헌법규정의 해석상 국민(또는 국민과 유사한 지위에 있는 외국인과 사법인만이 기본권의 주체라 할 것이고, 국가나 국가기관 또는 국가조직의 일부나 공법인은 기본권의 '수범자(受範者)(Adressat)'이지 기본권의 주체로서 그 '소지자)(Trager)'가 아니고 오히려 국민의 기본권을 보호 내지 실현해야 할 '책임'과 '의무'를 지니고 있는 지위에 있을 뿐이므로, 국가기관인 국회의 일부조직인 국회의 노동위원회는 기본권의 주체가 될 수 없고 따라서 헌법소원을 제기할 수 있는 적격이 없다.

59) 헌재 1992.10.1. 92헌마68・76: 헌법 제31조 제4항이 규정하고 있는 교육의 자주성, 대학의 자율성 보장은 대학에 대한 공권력 등 외부세력의 간섭을 배제하고 대학인 자신이 대학을 자주적으로 운영할 수 있도록 함으로써 대학인으로 하여금 연구와 교육을 자유롭게 하여 진리탐구와 지도적 인격의 도야라는 대학의 기능을 충분히 발휘할 수 있도록 하기 위한 것으로서 이는 학문의 자유의 확실한 보장수단이자 대학에 부여된 헌법상의 기본권이다. 따라서 국립대학인 서울대학교는 다른 국가기관 내지 행정기관과는 달리 공권력의 행사자의 지위와 함께 기본권의 주체라는 점도 중요하게 다루어져야 한다. 여기서 대학의 자율은 대학시설의 관리・운영만이 아니라 학사관리 등 전반적인 것이라야 하므로 연구와 교육의 내용, 그 방법과 그 대상, 교과과정의 편성, 학생의 선발, 학생의 전형도 자율의 범위에 속해야 하고 따라서 입학시험제도도 자주적으로 마련될 수 있어야 한다.

60) 한편 이에 대해선 설득력이 있는 논거제시가 없다는 지적이 있다. 김선택, 공법인의 기본권주체성과 기본권제한의 특수문제로서 기본권충돌의 법리, 판례연구 7(1995), 고려대학교 법학연구원, 65면 이하; 기본권의 주체, 헌법재판연구 제20권, 2009, 249면.

(2) (국립)대학의 법인격 인정 여부

행정법문헌에서 종래 국립대학교에 대해 단지 영조물적 이해에 그치고 그것의 권리주체성 즉, 독립성에 대해서는 적극적으로 모색되지 않았다. 이경운 교수는 대학의 자율보장을 위해 영조물적 구성을 취하더라도 법인격을 인정할 필요가 있다고 하였지만,[61] 박정훈 교수는 국립대학교가 법적 형식의 관점에서는 국가의 기관으로서 국가의 행정영역에 흡수되지만 그 실질적 기능에서는 독자적인 생활영역을 갖고 헌법상의 학문의 자유와 대학의 자율권에 의거하여 생활영역의 법적인 독립성을 부여받고 있다고 강력히 주장한다.[62] 우리 헌법재판소가 대학의 자율권을 헌법상의 기본권으로 인정하고, 아울러 대학에 대해 학문의 자유와 대학자율권의 기본권주체로 인정한 것이 법인격인정의 출발점이다. 종래 개별법상의 법인격부여를 법인격인정의 유일한 근거점으로 보는 데 그치고, 헌법상의 논의를 그것에 대입하지 않았다. 그 결정적인 이유는 바로 "법인은 법률의 규정에 의함이 아니면 성립하지 못한다"는 민법 제31조에서 벗어나지 못하였기 때문이다. 대학의 경우 그것의 자율성의 보장이 헌법상으로 표방되고 있기에 그것의 독자성 즉, 법인격은 당연히 인정된다고 보아야 한다. 왜냐하면 그것이 헌법상 인정되는 기본권인 대학의 자율권을 보장하기 위한 첫걸음이기 때문이다.

그런데 국립대학교에 대해 권리능력을 인정하는 경우에 개별법에 의거한 법인격부여의 경우와 구별할 필요가 있다. 법인격부여에서 가장 중요한 것이 재산의 귀속인데, 여전히 교원임용 등에서 국가의 강한 지배를 받고 있기에 재산의 귀속 등에서 완전한 권리능력을 인정한다는 것은 성급하다. 독일의 문헌에 의하면,[63] 완전한 권리능력이 있는 公法人의 신분은 갖지 않되, 일정한 행정임무를 자신의 책임껏 수행할 수 있고 그러한 한에서 고유한 권리와 의무가 부여되는 공법적으로 성립한 조직체가 부분적 권리능력있는 행정단위(teilrechtsfähige Verwaltungseinheiten)이다.[64] 그것은 구조에 따라서 공법단체(공법상 사단), 영조물, 그 밖의 것이 될 수 있다. 권리능력이 있는 한에 있어서 그들은 행정주체이다.[65]

---

61) 동인, 대학의 법적 지위와 국립대학 법인화, 교육법학연구 제16권 제2호, 2004, 167면.

62) 동인, 국립대학 법인화의 공법적 문제, 법학 제47권 제3호, 2006.9., 432면-433면.

63) Maurer, Allg. VerwR, 17.Aufl., 2009, §21 Rn.10.

64) 한편 기본권주체성의 인정에 요구되는 기본권능력은 민법상의 권리능력과 일치하지 않기에 그것의 인정에 완전한 권리능력이 요구되지 않는다. 따라서 부분적 권리능력을 갖는 조직체 역시 기본권주체가 될 수 있다. 기본권주체, 헌법재판연구 제20권, 251면.

65) 독일에서 드는 대표적인 예가 대학의 단과대학이다. 그것은 대학교와는 달리 공법인은 아니되, 일정한 측면에서 권리능력을 갖는다. Vgl. BVerfGE 15, 256, 261f.; BVerwGE 45, 39, 42.

(3) 국립대학의 당사자능력에 관한 판례의 입장

로스쿨 인가 조건인 장학금 지급 비율을 지키지 않았다가 로스쿨 정원 축소와 시정명령을 받은 강원대 총장이 교육과학기술부를 상대로 낸 학생모집정지처분과 시정명령 취소소송에서 서울행정법원 2012.5.17. 선고 2011구합32485판결은 "국립대는 당사자 능력이 인정되지 않는다"며 각하 판결을 내렸다. 그리고 "강원대는 국가가 설립·경영하는 학교로서 법인도 아니고 법인격 없는 사단 또는 재단도 아닌 교육시설의 명칭에 불과해 당사자 능력이 인정되지 않는다. 대표기관인 총장 역시 별도의 법인격을 가진 존재가 아니어서 당사자능력이 인정되지 않는다"고 판시하였다. 이는 과거 서울행정법원 2009.6.5. 선고 2009구합6391판결의 태도를 그대로 견지한 것이다.[66]

(4) 管見

국가를 제외한 공공단체는 행정주체로서의 지위를 갖지만 동시에 파생적 행정주체이기에 경우에 따라서는 국가의 공권력의 대상 즉, 행정객체가 된다. 따라서 그것에 부여된 고유한 권리가 침해되면 당연히 원고적격이 인정된다. 그럼에도 불구하고 이런 간단한 원칙을 적용하는 데 있어서의 늘 곤란함을 겪거나 고민을 한다. 이런 사정은 독일도 정도의 차이가 있긴 하나 동일하다. 즉, 공권력의 통일체(단위)와 소위 '내부소송(자기소송)'의 효력범위에 관한 오해, 주관적 권리의 제한적 귀속이나 -국가로부터 분리된 민간의 주체만이 주관적 권리의 주체가 될 수 있다는- 낡은 생각에 사로잡혀 있기 때문이라 한다.[67]

요컨대 자치와 분화의 측면에서 대학은 국가를 상대로 하여 학문의 자유를 바탕으로 당연히 독립된 권리주체에 해당한다. 즉, 헌법재판소 판례가 대학의 자율권이 헌법상 기본권이고 대학이 그것의 향유주체임을 분명히 한 이상, 대학으로서는 대학 외의 제 세력에 대해 대학의 자율권을 방어할 수 있다. 다시 말해 국립대학은 부분적 권리능력을 갖는 영조물로서 대학의 자율권과 관련해서 권리능력(독자성)을 가지며, 그리하여 그 자율권과 관련한 국가의 조치에 대해 소송상의 당사자능력을 지닌다고 하겠다.[68] 대학의 자율권과 관련해서 대학의 주관적 법적 지위를 별 어려움

---

66) "서울대학교는 국가가 설립·경영하는 학교일 뿐 위 학교는 법인도 아니고 대표자 있는 법인격 없는 사단 또는 재단도 아닌 교육시설의 명칭에 불과하여 권리능력과 당사자능력을 인정할 수 없으므로, 서울대학교를 상대로 하는 법률행위의 효과는 서울대학교를 설립·경영하는 주체인 국가에게 귀속되고, 그 법률행위에 대한 쟁송은 국가가 당사자가 되어 다툴 수밖에 없다 할 것이다." 이에 대한 항소심(서울고등법원 2009.11.25. 선고 2009누19672판결)과 상고심(대법원 2010.3.11. 선고 2009두23129판결)은 아무런 이의 없이 수긍하였다.

67) Hufen, Verwaltungsprozessrecht, 8.Auf., 2011, §14. Rn.94.

68) 나아가 사립대학의 경우에도 비록 해당법인이 권리주체로 여겨지나, 여기서의 논의는 그대로 통용될 수 있다.

없이 긍정할 수 있게 하는 헌법상의 논의를 고려하였다면, 강원대로스쿨 사건에서 소송요건의 문제로 각하되지는 않았을 것이다.

10. 국가배상법에 대한 공법적 접근의 문제

(1) 헌법재판소의 기조

국가배상청구권은 피해자나 그 법정대리인이 손해 및 가해자를 안 날로부터 3년간, 불법행위가 있은 날로부터 5년간 이를 행사하지 아니하면 시효로 인하여 소멸한다(국가배상법 제8조, 민법 제766조, 국가재정법 제96조). 국가배상청구권에 대해 민법의 소멸시효규정을 준용되도록 한 국가배상법 제8조에 대해 지속적으로 위헌이 주장되었지만, 헌법재판소는 합헌으로 판시하였고,[69] 입장에 변화가 없다.[70] 청구권적 기본권으로서의 국가배상청구권은 민법상의 손해배상청구권과는 다른 특성을 갖기에 민법의 소멸시효 규정을 그대로 적용하는 것은 문제가 있다는 것이 위헌론의 주장이다. 이에 대해 헌법재판소는 소멸시효제도의 취지에 초점을 맞추어 민법상의 소멸시효제도의 존재이유가[71] 그대로 국가배상청구권의 경우에도 적용되는 것으로 보아 합헌논증을 하였다.[72]

즉, 법인과 대학당국간의 갈등에서 대학이 자율권과 관련해서 독립된 권리주체가 될 수 있다고 보아야 한다.

69) 헌재 1997.2.20. 96헌바24: 이 사건 법률조항은 헌법 제29조 제1항이 규정하는 국가배상청구권을 일부 제한하고 있다 하더라도 일정한 요건하에 그 행사를 제한하고 있는 점에서 그 본질적인 내용에 대한 침해라고는 볼 수 없을 뿐더러, 그 제한의 목적과 수단 및 방법에 있어서 정당하고 상당한 것이며 그로 인하여 침해되는 법익과의 사이에 입법자의 자의라고 볼 정도의 불균형이 있다고 볼 수도 없어서 기본권제한의 한계를 규정한 헌법 제37조 제2항에 위반된다고 볼 수도 없다.

70) 최근의 것으로 헌재 2011.9.29. 2010헌바116.

71) 소멸시효제도의 존재이유는 첫째 일정한 사실상태가 오래 계속되면 그 동안에 진정한 권리관계에 대한 증거가 없어지기 쉬우므로 그 계속되어 온 사실상태를 그대로 진정한 권리관계로 인정함으로써 과거사실의 증명의 곤란으로부터 채무자를 구제함으로써 민사분쟁의 적정한 해결을 도모한다는 점, 둘째 오랜 기간 동안 자기의 권리를 주장하지 아니한 자는 이른바 권리 위에 잠자는 자로서 법률의 보호를 받을 만한 가치가 없으며 시효제도로 인한 희생도 감수할 수밖에 없는 것이지만, 반대로 장기간에 걸쳐 권리행사를 받지 아니한 채무자의 신뢰는 보호할 필요가 있으며 특히 불법행위로 인한 손해배상청구에 있어서는 불법행위에 기한 법률관계가 통상 미지의 당사자간에 예기하지 못한 우연의 사고로 말미암아 발생되는 것이므로 가해자는 언제 손해배상청구를 받을지 얼마나 손해배상책임을 지게될지 등이 분명치 아니하여 극히 불안정한 지위에 놓이게 되므로 피해자가 손해 및 가해자를 알면서도 상당한 기간 동안 권리를 행사하지 아니하는 때에는 손해배상청구권을 시효에 걸리게 하여 가해자를 보호할 필요가 있는 점 등의 고려에 의하여 민사상의 법률관계의 안정을 도모하고 증거보전의 곤란을 구제함으로써 민사분쟁의 적정한 해결을 위하여 존재하는 제도이다.

72) 사실 국가배상청구권의 소멸시효에서 중요한 것은 손해 및 가해자를 안 날이 언제인지이다. 우리 현대사의 시대적 아픔(이른바 반국가사범과 민간인학살 건 등)은 물론, 군의문사사건에서 소멸시효의 완성이 다투어졌는데, 판례는 이른바 '거창사건'으로 인한 희생자와 그 유족들이 국가를 상대로 제기한 손해배상청구소송에서는, 국가가 소멸시효 완성의 항변을 하는 것이 신의칙에 반하지 않는다고 보았지만(대법원 2008.5.29. 선고 2004다33469판결), 군인이 복무 중에 군 내부의 불법행위로 인하여 사망한 사건에서는, 국가의 소멸시효 완성 항변은 신의성실의 원칙에 반하는 권리남용으로서 허용될 수 없다고 판시하였다(대법원 2011.10.13. 선고 2011다36091판결).

(2) 管見

헌법재판소의 이런 입장은 국가배상법 및 국가배상청구권의 성질에 관한 기왕의 사법설에 연계되어 있다. 사법설은 특히 국가배상법에 규정된 사항 외에는 민법에 따른다는 동법 제8조를 결정적인 근거로 삼아, 국가배상법은 민법의 특별법적 성격을 갖는다고 보았다. 판례 역시 이런 입장이다.[73] 그런데 국가배상법을 단순히 민법의 특별법으로 보면 민사불법행위론이 그 기본이 되며, 자칫 그로 인해 법치국가원리와 (재판청구권을 통한) 권리보호보장을 보충하고 구체화하는 국가배상책임제도의 본지가 몰각될 우려가 있다. 대표적인 예가 -동일한 사법부가 관장함에도 불구하고- 취소소송의 위법성과 국가배상청구상의 위법성이 다르다고 보는 것이다. 또한 법원의 판례에서 과실책임주의가 종종 강조되거나 공무원 개인책임이 인정되는 등 실제로 바람직하지 않게도 민사불법행위론이 국가배상법을 강하게 지배하고 있다.[74] 우리의 경우 독일과는 달리 먼저 헌법에 국가배상책임이 규정된 다음에, 비로소 국가배상법이 제정되었다. 공법제도로서의 국가배상책임제도가 단순한 청구권적 기본권의 차원을 넘어 법치국가원리의 필수적 내용으로서의 의의에 천착하여 전개할 필요가 있다. 차제에 현행 국가배상법의 기능부전을 해소하기 위해서는 국가배상제도가 위법한 국가작용을 질책하는 것인 점에서 소멸시효제도를 비롯한 현행 국가배상법의 문제 전반이 헌법적 차원에서 검토되어야 한다.[75]

11. 재산권보장에서 分離理論 문제

(1) 경계이론을 대체한 분리이론의 등장

재산권에 관한 헌법 제23조의 이해를 둘러싼 공법적 논의는 늘 현재진행형이다. 변함없는 공법학의 화두이다.[76] 즉, 보상이 필요한, 재산권에 대한 공권적 개입(침해)이 존재함에도 보상규정을 두지 않은 경우가 문제된다. 일찍이 독일 대법원(BGH)은 적법한 공권적 개입도 보상이 행해지는데 하물며 -보상규정이 없어서- 위법한 것은 더할 나위없이 보상이 당연하다는 물론해석에 터 잡아 유추에 기하여 공백을 메웠다. 그 소산이 바로 준공용개입(수용유사적 침해), 결과적 공용개입(수용적 침해)의 법

---

73) 대법원 1972.10.10. 선고 69다701판결.

74) 이런 문제점에 대해서 졸고, 國家賠償法改革을 통한 法治國家原理의 具體化, 행정법학 제2호, 2012.3.31. 69면 이하 참조.

75) 참고: 김진곤, 국가배상청구권의 소멸시효에 관한 입법구조와 그 문제점 : 법형성과 법해석을 중심으로, 헌법학연구 제18권 제1호(2012.3.), 115면 이하.

76) 일찍이 4반세기 전에 김남진 교수님의 글을 통해 수용유사적, 수용적 침해에 관한 독일논의가 소개되었다. 동인, 재산권의 공용침해와 손실보상, 고시연구, 1982.11., 39면 이하.

리이다. 독일 연방헌법재판소가 준공용개입과 결과적 공용개입의 법리가 궁극적으로 자신의 위헌법률심판권에 저촉된다는 점을 뒤늦게 인식하여 이른바 자갈채취결정이래로 종래의 '境界理論'(變換理論)을[77] 대신하여 소위 '分離理論'을 전개함으로써, 이들 법리는 결정적인 전기를 맞았다.[78] 分離理論的 接近에 따른 주요 內容은 다음과 같다: ⅰ) 독일 기본법 제14조 제3항상의 보상부공용개입만이 공용개입으로 인정된다(협의의 공용개입개념). 그리하여 일정한 조치가 공용개입적 성격을 갖는지 여부는 개입발생이후에 비로소 확인하는 것이 아니라, 처음부터 확인할 수 있다. ⅱ) 기본법 제14조 제3항상의 공용개입과 동조 제1항 제2문상의 재산권의 내용·한계의 결정은 개념상으로 엄격히 구분된다. ⅲ) 재산권의 내용·한계의 결정에 해당하는 법률규정은, 비록 그것이 헌법적 한계를 일탈한다 하더라도, 보상부공용개입을 낳는 규범으로 轉化되지 않고, 그 자체가 위헌이며 무효이다. 그리고 그런 법규정에 의거한 조치 역시 그 자체 위법한 행위가 된다. ⅳ) 일반법원으로서는, 재산권개입적 법률이 비례원칙의 위반이나 보상규정의 결여로 위헌이고 무효라 여길 경우, 기본법 제14조 제3항에 직접 의거하여 손실보상을 제공하여서는 아니 되고, 대신 종국재판을 위해 연방헌법재판소에 기본법 제100조 제1항에 따른 합헌성물음을 제청하여야 한다. ⅴ) 재산권적 개입이 위법하면, 관련자는 취소소송을 제기하여야 하고, 이 경우에 손실보상청구권은 성립하지 않는다. 보충적 권리보호(제2차적 권리보호)에 대해 우선적(제1차적) 권리보호의 우위가 통용된다.

(2) 우리의 논의현황

준공용개입의 보상 문제와 관련하여 행정법문헌은 헌법 제23조 제3항의 법적 효력을 중심으로 위헌무효설, 직접효력설, 유추적용설 등이 전개되고 있다. 그런데 법원은 오래 전부터 보상규정부재인 위헌적 상황을 유추의 방법으로 타개하였다.[79] 판

77) 준공용개입과 결과적 공용개입의 법리가 경계이론을 낳았다. 그것의 이론적 바탕은 가치보장이다. "수인하라 그리고 청산하라"(dulde und liquidiere)는 명제가 이를 표방한다. 경계이론은 -우리 헌법 제23조 제1항과 독일 기본법 제14조 제1항 제2문의- 재산권의 내용·한계의 결정과 -우리 헌법 동조 제3항과 독일 기본법 동조 제3항의- 보상부공용개입(공용침해), 양자에 대해 재산권제한의 정도상의 차이에 따라 나누어 질 뿐 기본적으로 동질적이라 파악한다. 그리하여 재산권에 대해 사회적 제약을 넘어서는 -즉, 특별희생을 낳는- 제한을 가하였음에도 불구하고 그에 상응한 보상이 없을 땐 곧바로 보상부공용개입으로 變換된다는 것이다. 여기서 특별희생이론 내지 실질적 기준이론은, 그때그때의 전환이 일어나는 境界라인을 정하는 기능을 갖는다. 보상규정의 결여는 당연히 다른 보상규정의 유추를 통해 해결한다. 경계이론적 접근의 결과 공용개입개념이 매우 넓게 획정되게 되었다(광의의 공용개입개념).

78) 1981.7.14. 자 소위 의무납본제에 관한 결정(BVerfGE 58, 137ff.)과 1981.7.15. 자 소위 자갈채취에 관한 결정(BVerfGE 58, 300ff.)을 시발점으로 하여, -특히 보전의무부 내용결정을 정립하여 재산권의 내용·한계결정을 嚮導한- 1999.3.2.자 소위 史蹟保護에 관한 결정(BVerGE 100, 226ff.)을 통해 확고히 정립되었다.

79) 대법원 2011.11.10. 선고 2011두16636판결: 법률 제2292호 하천법 개정법률 제2조 제1항 제2호 (나)목 및 (다)목, 제3조에 의하면, 제방부지 및 제외지는 법률 규정에 의하여 당연히 하천구역이 되어 국유로 되는데도, 하천편입토지 보상 등에 관한 특별조치법(이하 '특별조치법'이라 한다)이 법률 제2292호 하천법 개정법률 시

례가 경계이론에 바탕을 둔 준공용개입의 보상의 법리를 의식하지는 않았지만 결과적으로 동일한 맥락에서 접근하였다고 하겠다. 하지만 헌법적 차원에서는 이 문제는 다른 접근이 강구되었다. 즉, 개발제한구역과 장기미집행도시계획시설에 관해서, 헌법재판소가 1998년[80]과 1999년[81]에 내린 헌법불합치결정을 계기로, "분리이론"의 도입이 화두가 되었다. 이를 계기로 분리이론적 접근의 도입가능성 여부가 격렬히 논쟁되었다. 상당수 문헌들이 그것의 도입을 찬동하지만, 그에 못지않은 상당수 문헌 역시 독일과는 거리가 있는 -특히 (보상부) 공용수용·사용·제한을 규정한- 법문구조상의 차이를 들어, 그것의 도입에 반대하곤 한다.[82] 그런데 분리이론의 근거점은 재산권의 내용·한계의 결정과 공용개입이 문제되는 경우를 엄별하고 있는지 여부이다. 분명 우리 헌법재판소는 이들 결정을 비롯한 후속적 결정을 통해 양자를 구별하면서, 보상규정 등과 같은 상당한 보전수단을 강구하지 않은 재산권의 내용·한계의 결정에 대해 적극적으로 위헌성판단에 나섬으로써, 유추를 통한 손실보상청구권의 행사가능성을 원천적으로 봉쇄하는 결과를 낳는다. 비록 독일처럼 행정소송을 통한 제1차적 권리보호를 우선적으로 강구하게 하진 않지만, 분명 나름 분리이론적 접근을 하고 있다.[83]

(3) 管見

독일에서 준공용개입과 결과적 공용개입의 법리는 分離理論의 변화된 상황에서 제1차 권리보호의 우위와 헌법재판소의 위헌법률심판권을 전제로 하여 여전히 존속하거니와 오히려 과거보다 더 높은 체계정합성을 지니게 되었다.[84] 그러나 우리의 경우 헌법재판을 통해 분리이론적 접근이 강구되었음에도 불구하고, 그것의 함의가 적극적으로 구현되지 못하거니와, 널리 소개되고 있지도 않다. 헌법재판소결정에 부합하지 않는 법원의 접근에 대한 비판이나 문제제기가 그동안 전혀 없었다는 점이 이를 웅변한다.[85] 분리이론의 바탕인 존속보장의 핵심은 제1차적 권리구제의 우위

행일인 1971.7.20.부터 법률 제3782호 하천법 중 개정법률 시행일인 1984.12.31. 전에 국유로 된 제방부지 및 제외지에 대하여는 명시적인 보상규정을 두고 있지 않지만, 제방부지 및 제외지가 유수지와 더불어 하천구역이 되어 국유로 되는 이상 그로 인하여 소유자가 입은 손실은 보상되어야 하고, 보상방법을 유수지에 관한 것과 달리할 아무런 합리적인 이유가 없으므로, 법률 제2292호 하천법 개정법률 시행일부터 법률 제3782호 하천법 중 개정법률 시행일 전에 국유로 된 제방부지 및 제외지에 대하여도 특별조치법 제2조를 유추적용하여 소유자에게 손실을 보상하여야 한다. 대법원 2011.8.25. 선고 2011두2743판결 역시 동일하다.

80) 헌재 1998.12.24. 89헌마214, 90헌바16, 97헌바78(병합).

81) 헌재 1999.10.21. 97헌바26.

82) 이를 둘러싼 국내의 논의현황과 문헌은 정혜영, 헌법재판소의 판례를 통해 본 재산권보장의 문제점, 인권과 정의 제357호(2006.5.), 주 7) 참조.

83) 이에 대한 설득력있는 문헌으로 특히 한수웅, 헌법학, 2011, 820면 이하 참조.

84) 반면 Lege 교수는 제명이 '자갈채취결정 30년'인 글(JZ, 2011, 1084ff.)의 말미에서 "연방헌법재판소가 완전히 승리하였다고 믿는 사람은 매우 잘못 생각하고 있다"고 지적하였다.

즉, 행정소송을 통한 권리구제가 손실보상의 강구보다 우선한다는 데 있기 때문에, 分離理論의 구조식에 따른 나름의 법제도는 행정법에 의해 비로소 발전적으로 구축될 수 있다.[86] 그러나 사정은 그렇지 않다. 관련 논의가 처음 국내에 소개될 때에서 크게 벗어나지 않아, 여전히 이들 법리의 인정 여부가 문제될 뿐이다. 행정법문헌의 빈약한 논의상황이 문제의 원인이긴 하나,[87] 비단 헌법적 차원에 머물지 않는 공법적 이슈에 대한 심각한 무관심이 결정적 원인이다.

Ⅲ. 맺으면서

헌법과 행정법은 상호 의존적, 교호적(交互的) 관계에 있다. 그런데 현재의 공법의 문제상황 전반을 보면, 두드러진 특징은, 헌법적 물음과의 적조함이 아니라, 정반대의 상황 즉, 헌법과 그것의 원리에 대한 조약한 치유기대감이라 하겠다. 즉, 헌법적 원리에 의거한 인플레된 논증의 배후에는 종종 절제되지 않는 만족감이 존재한다. 더군다나 헌법재판소의 판례의 함의가 행정법에서 적극적으로 실천에 옮겨지지 않았다. 가령 분리이론에 따른 -1차적 권리보호의 우위와 같은- 후속 물음이 해소되지 않은 채 그것이 우리의 학문적, 제도적 자산으로 되지 못하였다. 일찍이 Otto Bachof는 모든 행정법적 사례가 잠재적인 헌법적 사례라고 지적하였다. 효력의 우위는 헌법이 누리지만, 적용우위는 행정법이 누린다는 명제를 실천하기 위해서는 헌법재판소의 판례를 향상된 인식에서 지속적으로 성찰하여야 한다.

* 헌법논총 제24집 2013.10., 393면 이하 소수.

---

85) 대법원 2011.11.10. 선고 2011두16636판결을 대상으로 한 비판으로 졸고, 分離理論下에서 공용개입유사적 개입의 인정의 問題點, 법률신문 제4031호(2012.5.14.)(본서 361면 이하).

86) 상론은 김중권, 행정법기본연구Ⅱ(2009), 177면 이하.

87) 행정법문헌으로 정하중, 헌법상의 재산권보장체계에 있어서 경계이론과 분리이론, 서강법학연구 제5권(2003.5.), 57면 이하; 정남철, 재산권의 사회적 구속과 수용의 구별에 관한 독일과 한국의 비교법적 고찰, 공법연구 제32집 제3호(2004.2.), 363면 이하.

제 9 장

로스쿨에서의 行政法判例教育

Ⅰ. 처음에 – 수단으로서의 행정법판례교육

어떤 새로운 제도도입의 성공여부를 판단하는 데는 절대시간이 필요하기에, 얼마 지나지 않은 이 시점에 로스쿨의 성공여부를 논의한다는 것은 성급하기 짝이 없다. 하지만 로스쿨이 출범한 지 3년에 접어들었기에, 로스쿨에 대한 중간점검의 차원에서 과연 로스쿨이 본래 예정한 방향으로 나아가고 있는지 진지하게 고민할 필요가 있다. 로스쿨과 관련해서는 검사임용 등과 같은 소식은 하루가 멀다하고 미디어상으로 오르내리지만, 정작 교육에 대한 관심은 도입전과 비교하면 급속히 식었다고 여겨진다. 그런 점에서 한국행정법학회가 학술대회의 대주제를 '로스쿨시대의 행정법교육'으로 설정한 것은, 오늘 이 자리가 현재에 대한 진단과 미래에 대한 준비를 위한 자리가 되어야 한다는 점을 시사한다.[1] 그런데 이하의 논의에서 분명히 할 점은 여기서의 논의가 과연 '로스쿨시대'라는 상황에서의 특별한 것인지 의문을 갖는다. 기본적으로 로스쿨의 출범과는 무관하다고 여긴다.[2] 논제에 맞춰 로스쿨에 연계하여

1) 그런데 미국의 경우 로스쿨에서의 법교육에 관해서는 부단히 검토되고 있다. 비견한 예로 카네기 재단이 지난 세기의 초엽(1914)과 금세기의 초엽(2007)에 두 차례나 대대적으로 법교육에 관한 연구를 수행하였다. 이들 두 연구보고서를 비교검토를 한 문헌(James R. Maxeiner, Educating Lawyers Now and Then: Two Carnegie Critiques of Common Law and the Case Method, 35 Int'l J. Legal Info, 1(2007))에서 손쉽게 그동안의 변화를 간취할 수 있다.

2) 한편 미국식 로스쿨의 도입이 우리의 법치주의를 '법률의 지배'에서 영미식의 '법의 지배'로 바꾸는 것은 결코 아님을 유의하여야 한다. 유럽과 대비하여 특히 미국의 경우엔, 공익목적의 달성에 있어서 국가에 대한 강한

논의를 전개한 것임을 분명히 하고자 한다.

판례는 사법기관의 재판작용의 축적된 결과물인 동시에, 법학이 실무를 만나는 곳이다.[3] 양자의 연결점이자 만남의 장소인 판례에 대한 공부나 교육은 그대로 법학과 실무의 그것이 되어 버린다.[4] 그런데 판례교육은 해당 분야의 판례를 단순히 이해가능하게 전달하는 것이 그 목적이 아니다. 행정법판례교육은 그 자체가 목적이 되어서는 아니 되고, 행정법교육의 일환으로 즉, 행정법에 대한 바른 이해 및 그것의 정체성을 공고히 하는 수단이어야 한다. 당연히 논의의 출발점은 로스쿨시대에 행정법교육은 무엇을 지향하여야 하는지, 이제까지의 행정법교육과 비교해서 어떤 점에서 새로움이 있는지에 관한 것이다. 즉, 행정법판례교육은 무엇을 목적으로 하는지 그 지향점에 관한 논의에 들어가기에 앞서 우선적으로 상기할 사항은 과연 로스쿨시대에 법학과 법학교육에 요구되는 것이 무엇이며, 이에 법학과 법학교육은 어떻게 대응하여야 하는지에 관한 것이다. 이런 바탕에서 행정법학의 좌표를 어떻게 설정할 것인지에 관한 논의가 행해져야 한다. 이상의 논의에 관해 김철용 선생님과 김용섭 교수님이 기조강연과 발제를 통해 심도있게 말씀해주셨기에, 맡은 주제와 관련한 최소한 언급에 그치고자 한다.

교육방법에 관한 본격적인 논의에 들어가기에 앞서 교육대상의 측면에서 행정법판례가 과연 무엇을 말하는지 즉, 그것이 어디까지 미쳐야 하는지를 획정하여야 한다. 이는 다름 아닌 행정법의 대상에 관한 논의이다. 오늘의 주제의 핵심은 행정법판례교육을 교육방법(교수법)적으로 어떻게 수행할 것인지에 관한 것이다. 이 물음은 로스쿨에서의 교육방법(교수법)에 연관된다. 미국 로스쿨에서의 법교육을 상징하는 것이 판례중심교육방법(Case Method)과 문답식교육방법(Socratic Method)이다.[5] 따

불신이 지배하고 기업가층의 사적 주도권을 앞세우며, 행정의 법구속은 물론 사법적 통제 역시 강하지 않는 반면에, 사인 또는 사적 단체의 행정에 대한 참여의 정도가 강하다. 당연히 적법절차의 보장에 초점이 모아진다. 기본적으로 미국류의 법치주의는 강자(산업계, 이익단체)의 약자(개개의 시민)에 대한 장치로서 가동하는 것은 아닌지 검토가 필요하다. 왜냐하면 포획이론이 보여주듯이, 행정청의 결정이 정치과정과 밀접히 연관되어 있어, 과연 행정청이 공공복리의 중립적 관리자의 역할을 수행할 수 있을지 의문스럽기 때문이다. 독일형 법치주의와 대비된, 미국형 법치주의의 이상의 문제점에 관해서는 김남진, 법률의 지배와 법의 지배, 고시연구 1997.4., 47면 이하 참조. 당연히 미국에서의 법에 대한 관념이 대륙법계 특히 독일에서의 그것과는 판이하게 다르며, 이는 법교육의 방향성에 결정적인 영향을 미친다(후술).

3) 여기서 예링의 다음의 지적을 상기할 필요가 있다: 실천적 학문의 경우에 이론은 타락하지 않고자 한다면 실무와 계속적인 관계를 가져야 한다. 양창수(역), 예링, "다시 지상에서-어떻게 개선할 것인가?", 서울대 법학 제39권 제3호, 1998, 82면. 100년 전에 독일 법학과 법학교육의 방향전환을 강조한 이 글은 지금 우리에게도 많은 시사점을 제시한다.

4) 법학과 법실무의 연결고리로서의 판례의 의의와 기능에 관해서는 박정훈, 한국행정법학의 성과와 전망, 한국행정법학회 창립기념학술대회 발표문, 2010.11.26., 35면 이하 참조.

5) 미국 로스쿨에서 방문연구를 수행하긴 했지만 극히 짧은 시간에 비구속의 시간을 보내면서 수업 등에서 많은 경험을 하지 못한 발표자로서는, 미국 로스쿨에서의 교육이나 교육방법에 관해 언급한다는 것이 매우 외람된 일이다. 해서 관련 문헌과 함께 전문가의 조언을 받아 글을 완성하였다. 혹시나 미국 로스쿨에 관해 잘못 알고 있다면 가차없는 叱正을 받고자 한다.

라서 법조인양성시스템을 미국형 로스쿨로 바꾸었다고 하여, 판례법국가이자 보통법(common law)국가인 미국에서의 이런 교육방법이 과연 성문법국가인 우리에게 접목될 수 있는지 여부와 -가능하다면- 어떻게 어느 정도로 접목될 수 있는지에 관한 논의가 궁극적인 종착점이다.[6)]

Ⅱ. 이른바 로스쿨제도가 지향하는 법조인상

근거법률인 법학전문대학원 설치·운영에 관한 법률 제2조에 의하면, "법학전문대학원의 교육이념은 국민의 다양한 기대와 요청에 부응하는 양질의 법률서비스를 제공하기 위하여 풍부한 교양, 인간 및 사회에 대한 깊은 이해와 자유·평등·정의를 지향하는 가치관을 바탕으로 건전한 직업윤리관과 복잡다기한 법적 분쟁을 전문적·효율적으로 해결할 수 있는 지식 및 능력을 갖춘 법조인의 양성에 있다". 이에 종래의 법조인양성이 점에 의한 선발의 방식이라면, 언필칭 이젠 프로세스에 의한 양성으로 전환하였다고 말한다. 새로운 법조인양성시스템을 통해 기대되는 효과로 ⅰ) 법학계와 법조실무계의 상생관계를 구축하는 것, ⅱ) 실천학문으로서의 법학의 고유 위상을 회복하는 것, ⅲ) 새로운 쟁점에 대한 실무의 개방성을 제고하는 것, ⅳ) 새로운 학문후속세대가 출현하는 것 등을 상정할 수 있다.

로스쿨제도가 지향하는 법조인상은 과거와는 다르다. -비록 바람직하지 않다 하더라도- 과거에는 법실무를 오로지 송무적 차원에서 이해하였다면, 지금은 송무적 차원을 넘어 정책입안, 자문이나 평가 등의 차원에서도 유능한 법전문가를 대거 필요로 하고 있다. 즉, 조언자, 협상자, 변호사, 판사, 검사, 중재인 그리고 행정공무원이 법전문가가 될 수 있다. 따라서 법조인은 복합적인 사회와 경제에서 본래부터 존재하는 갈등의 모든 국면의 방향을 상정할 책무를 지닌다. 그리하여 특히 국가제도를

6) 준비하면서 로스쿨에서의 교육대상 및 교육방법에 관해 그간 발표된 다음의 문헌에서 많은 시사를 받았다. 김광수, "법학전문대학원의 개원과 법학교육의 신지평", 법학연구(전북대) 제26집, 2008; 김선택, "법학전문대학원(로스쿨)의 헌법 교육", 영산법률논집 제2권 제1호, 2005; 김용섭, "법학전문대학원에서의 법학교육과 법조양성시스템 중간점검", 저스티스, 제120호, 2010; 김재원, "미국로스쿨의 법학교육방법 -Case Method에 관한 오해와 이해", 법철학연구 제9권 제2호, 2006; 김종철, "법학전문대학원에서의 교육내용과 방법에 대한 소견", 동아법학 제37호, 2005; 김창록, "로스쿨에서의 이론교육과 실무교육", 법과사회 제35호, 2008; 김창록/김종철/이국운, "법학전문대학원 교육의 내용과 방법", 법과사회 제33호, 2007; 문재완, "로스쿨제도도입에 따른 교육내용의 변경", 법학논총(단국대) 제27집, 2004.3.; 박민, "법학교육방법론에 대한 소고", 교육법학연구, 제18권 제2호, 2006; 신봉기, "우리나라 로스쿨에서의 행정법 교육내용과 방법", 영산법률논집 제2권 제1호, 2005; 오준근, 행정법, 법학전문대학원 교육과정 및 교수법개발연구 공청회 자료집(한국법학교수회), 2007; 이경운, "법학전문대학원에서의 공법학 교수방법 및 커리큘럼", 공법연구 제36집 제1호, 2007; 이국운, "법학전문대학원의 헌법교육, 어떻게 할 것인가?", 법과사회 제26호, 2004; 이상돈/김나경, "법학교육방법의 개선방향", 고려법학 제53호, 2009; 이종근, "미국 로스쿨제도 하에서의 법학교육 및 우리 법학교육에의 시사점", 교육법학연구, 2009; 한견우, "법학전문대학원체제의 행정법강의", 법학논고 제28집(경북대), 2008; 홍정선, "로스쿨에서의 지방자치법 교육 및 교과내용", *地方自治法研究* 제8권 제2호, 2008.

주된 내용으로 하는 행정법학으로서는 그것이 단순한 소송법학으로 축소되어서는 곤란하다. 행정법의 매력은 비록 규범적 관점이 그것의 기본이긴 해도 그 대상인 행정목적과 정책을 함께 아우르는 데 있다. '행정법'은 행정'법'인 동시에 '행정'법이다. 따라서 행정목적과 정책을 법치국가원리의 구체화를 통해 실현시킬 수 없다면, 행정법은 그 존재이유에서 심각한 의문에 봉착한다.

요컨대 법치국가원리를 구현하는 법제도설계자를 양성하는 것이 행정법교육에 특별히 과해진 임무라 하겠다. 그리고 이 법제도설계자가 활동하는 영역은 비단 행정법의 고유영역에 한하지 않고, 민법, 형법, 상법 그리고 국제법의 영역에까지 미친다.[7] 사실 이런 임무는 비단 로스쿨시대에 법조인양성의 차원에서만이 아니라, 그것과 무관하게 요구되는 것이다. 그런데 이런 강조점을 판례를 통한 법리교육의 비중저하로 오해하여서는 곤란하다. 법치국가원리에 부합하며 실효성이 담보되는 입법정책적 접근(de lege ferenda적 접근)은 전적으로 현행법에서의 접근(de lege lata적 접근)을 다한 다음에 이루어질 수 있다는 점을 유의하여야 한다.

Ⅲ. 행정법판례의 의의

1. 행정법에서의 판례의 의의

행정법은 성문의 총칙법전을 갖고 있지 않다. 다른 법영역에서는 총칙(총론)에 해당하는 범주가 일반행정법이다. 그것은 행정법의 개별영역을 위하여 통상적인 통용을 요구하는 법률, 헌법규정, 법제도 그리고 법원칙의 總和를 일컫는다. 즉, 법원, 입법자, 행정법학계 그리고 행정실무의 일종의 공동업적의 결과물이 바로 일반행정법의 구축이다.[8] 그리고 이 일반행정법을 구축하는 데 아교와 같은 역할을 하는 것이 행정법도그마틱이다. 행정법사를 돌이켜 보면 비례원칙 등과 같은 행정법의 일반원칙마냥 행정법도그마틱은 판례를 통해 형성되었으며, 나아가 입법을 통해 그것이 확인되거나 제도화되기도 하였다. 따라서 행정법은 다른 법영역에 비할 수 없을 정도로 판례의존도가 높다. 성문의 총칙법전을 갖는 다른 법영역의 경우 사안에 대한 법적용을 논의함에 있어서는, 1차적으로 개별조문의 해석을 중심에 놓고 판례를 바라보아야 한다. 여기서는 판례의 기능이 보족적인 차원에 머문다. 반면 행정법의 경

7) 동지: 박정훈, 행정법의 체계와 방법론, 2005, 64면 이하

8) 일반행정법의 의의에 대해 Schmidt-Aßmann은, "무릇 질서이념으로서의 일반행정법은 개별법제도상의 정렬(법규정)의 상관관계, 지속적인 발전계보와 적합성을 항상 재차 확인하는 데 이바지한다. 따라서 당연히 그것의 바탕은 일반화되어야 할 분석적 사고의 합리화효력에 관한 통찰이다"고 지적하였다. Ders., Das allgemeine Verwaltungsrecht als Ordnungsidee, 2.Aufl., 2004, S.1.

우에는 행정법도그마틱의 바탕이 판례이기에, 판례는 보족적 차원을 넘는 의미를 지닌다. 즉, 판례의 비중이 남다르다. 이는 경우에 따라서는 자칫 실정법제에서 벗어난 판례가 종종 출현할 수 있다는 것을 시사한다.[9]

2. 대법원과 헌법재판소의 판례만이 행정법판례에 해당하는가?

판례는 판결과 결정이 축적되어 구축된 것이다. 판례는 사법기관인 대법원과 헌법재판소가 행한 법적 심판(판단)을 칭한다. 일반적인 민·형사건의 경우에는 이들 기관은 중립의 제3자로서 분쟁당사자의 대립된 이익을 판단한다. 그런데 행정사건의 경우 행정심판제도가 대표하듯이 비사법기관도 분쟁을 판단하는 일을 맡고 있다. 행정사건은 그 한 당사자가 행정당국이어서 국민의 권익보호 차원에서 비사법적, 대안적 분쟁해결방도가 일찍부터 제도화되었다. 따라서 전통적인 본래의미의 판례만을 대상으로 삼는다면 행정법구현의 장은 매우 축소되어 버린다.[10] 종래 법조인은 주로 송무를 중심으로 사법기관의 판례를 기저에 놓고서 활동하였다. 이런 상황이 기본이며, 근본적으로 바뀔 리 없지만, 행정법판례의 외연을 넓힐 필요가 있다. 왜냐하면 국민권익위원회 등이 권리구제를 도모할 경우에는 기왕의 소송구조에서 비롯된 권리구제상의 장애물(가령 거부처분의 신청권이나 불가쟁력 등)에 강하게 구애받지 않고 있기 때문이다. 필자는 일찍부터 행정심판제도를 행정소송의 전심절차가 아닌 사후적(제2차적) 행정절차로 보아 행정소송과 다른 차원에서(가령 집행정지의 원칙, 위법판단의 재결시점 등) 논의를 전개할 필요가 있다고 강조하여 왔다.[11] 따라서 이처럼 행정법판례의 범위를 확대하는 것은 법조서비스의 확대의 계기가 될 수 있거니와, 무엇보다도 종래 전통적인 기본틀에 사로잡힌 나머지 정체상황에 처한 행정법학의 변화를 꾀할 수 있다. 또한 로스쿨출범에 따라 법조인의 대량배출이 예상된다는 점에서, 법조서비스 확대의 계기가 될 수도 있다.

3. 행정법판례는 공법판례를 의미하는가?

행정법판례를 공법판례로 보는 것과 관련해서 검토하고자 한다. 통상 행정법을 행정의 조직, 작용 및 구제에 관한 국내공법으로 정의하고 있다. 행정법=공법으로 단

9) 필자의 管見에서 보자면, 이에 해당하는 최근의 예로 건축법 제14조의 건축신고를 수리를 요하는 신고로 명시적으로 판시한 대법원 2011.1.20. 선고 2010두14954전원합의체판결을 들 수 있다. 이에 대한 비판적 평석으로 졸고, Quo vadis-申告制?, 법률신문 제3916호(2011.3.7.) 참조.

10) 박정훈 교수가 국민권익 등의 고충민원의 '판례'도 앞으로 행정법에 있어 주요 연구대상이 되어야 한다고 강조한 데서 시사를 받았음을 밝혀둔다.

11) 졸저, 행정법기본연구II, 2009, 28면 이하 참조.

선적으로 설정하면 행정판례는 공법사건과 관련한 판례에 국한된다. 그런데 행정법 문헌은 일찍부터 행정의 사법적 작용 역시 논의를 하여 왔다. 그럼에도 불구하고 그 논의의 결실은 손에 잡히지 않는다. 왜냐하면 그런 작용이 공법적 구속을 받는다는 다소 막연한 논의에 머물기 때문이다. 공법적 구속에 관한 실질적 고찰로 나아가기 위해서는 행정법의 위상을 바르게 정립하는 것이 우선이다.

한편 법현실에서는 공법에 의한 사법의 사용이 날로 증대되고, 동시에 사법에 대한 공법의 진출 역시 날로 증대되고 있다. 양자의 구별 문제를 양자간의 우열의 문제로 확대하여서는 곤란하다. 양자는 형상과 기능에서 구별되지, 위계에서는 구별되진 않는다.[12] 양 법체제(Rechtsregime)는 통일된 법질서의 부분영역으로서 다양한 방법으로 상호 영향을 미친다. 따라서 양자의 대립성을 과장해서 표현하는 것은 피해야 한다: "사법과 공법은 한 어머니의 동일한 자식이다."(Otto v. Gierke)[13] 그런데 공법과 사법은 종종 대립적인 것이 아니라, -경우에 따라서는 공동법의 긍정으로 표현되긴 하나- 협력적으로 영향을 미친다. 따라서 양자의 구별을 전제로 하면서도, 이들을 교호적 포용(포괄)질서(wechselseitige Auffangordnungen)로서 인식하여야 한다.[14]

이처럼 공법과 사법을 전체법질서의 부분으로서 교호적 포용질서로서 파악할 때, 행정법의 이해는 바뀔 수밖에 없다. 행정의 법(das Recht der Verwaltung)이 우러나오는 법체제가 바로 공법과 사법이다. 따라서 행정법(das Verwaltungsrecht)을 공법의 부분영역으로만 명명할 순 없고, (공법과 사법의 그때그때의 해당 법규로부터 성립하는) '행정의 법'으로서 명명하여야 한다.[15] 그리하여 국가배상사건의 경우 단지 논의의 장으로 당사자소송의 대상이 된다고 할 것이 아니라, -특히 고의 · 과실의 의의와 위법성의 의미와 관련해서- 民事不法行爲的 틀에서 벗어나려는 적극적인 모색이 필요하다.[16] 나아가 행정사법작용과 관련해서도 비록 논의의 장은 민사소송에서

---

12) Burgi, Öffentliches Recht und Privatrecht, in: Hoffmann-Riem/Schmidt-Aßmann/Voßkuhle(Hrsg.), Grundlagen des Verwaltungsrechts, Bd. I, 2006, §18 Rn.2.

13) Die soziale Aufgabe des Privatrechts, 1889, Neudruck 1948, S.34(Burgi, Öffentliches Recht und Privatrecht, §18 Rn.1에서 재인용).

14) 이에 관한 논문모음으로 vgl. Hoffmann-Riem/Schmidt-Aßmann(Hrsg.), Öffentliches Recht und Privatrecht als wechselseitige Auffangordnungen, 1996. 그러나 이런 접근에 비판적인 문헌도 있다: Spannowsky, Rezension von Hoffmann-Riem/Schmidt-Aßmann(Hrsg.), Öffentliches Recht und Privatrecht als wechselseitige Auffangordnungen, AöR 123(1998), 307ff.; C. Callies, Öffentliches und privates Nachbarrecht als wechselseitige Auffangordnungen DV Bd. 34(2001) S.169(192ff.); Stelkens, Verwaltungsprivatrecht, 2005, 345f.

15) 비슷한 맥락에서 행정법을 광의와 협의에서 파악하기도 한다. 즉, 광의의 행정법은 (조직적 의미에서의) 공행정이 활동하는 데 따르는 법규의 총체개념으로, 협의의 그것은 공행정주체의 고권적 권한과 관련한 법규(공법규정)의 총체개념으로 정의를 내린다. Wolff/Bachof/Stober, VerwR I, 11. Aufl., 1999, §22 Rn.7. 반면 Ehlers는 매우 좁게 파악하여 '공법의 부분영역으로서의 행정법'이란 표제를 붙인다. Ders., Verwaltung und Verwaltungsrecht, in: Erichsen/Ehlers, Allg. VerwR, 14.Aufl., 2010, §3 Rn.10ff.

이루어지지만, 그것의 실질적(실체적) 문제점을 공법적 관점에서 접근하는 것을 강구하여야 한다. 즉, 재판방식차원의 물음이 아니라, 공법적 구속의 구체적 전개가 관건이다.[17] 사실 행정법판례교육은 법치국가원리의 구체화를 기치로 다른 법영역 헌법뿐만이 아니라 특히 -지금도 여전히 행정법에 강하게 드리워진- 민법에 대해서 행정법의 정체성을 확보하기 위한 과정이기도 하다.[18]

Ⅳ. 행정법판례교육의 기조[19]

1. 지향점: 법치국가원리의 구체화

행정법판례교육은 행정법교육과 무관할 수 없다.[20] 여기서는 행정법의 의의와 좌표가 결정적으로 중요하다. 법률유보원칙, 적법성원칙, 신뢰・존속보호원칙, 사법구제와 같은 公理的 요소는 물론 명료한 행위형식과 관련해서도, 법치국가원리의 여러 요소를 합성한 것이 체계로서의 행정법이다. 따라서 행정법판례교육은 먼저 법치국가원리의 구체화를 지향하여야 한다. 여기서 문제되는 것이 행정법판례에서 헌법적 쟁점을 어떻게 다룰 것인지, 그리고 헌법소원심판과 어떤 관계를 설정한 것인지이다. 전자의 물음이 헌법과 행정법과의 관계에 관한 것이라면, 후자의 물음은 헌법소원심판의 보충성원칙의 차원에서의 문제이다. 과거 1959년에 독일연방행정법원장인 Fritz Werner는 행정법을 '구체화된 헌법'으로 표현하였다.[21] 당시 그로선, 헌법적 물음에 대한 외면과 더불어, 정치적 회피와 과도한 사실성에 대한 헌법의 취약성을 시대정신의 장애물로 여겼다. 그러나 우리의 현재상황의 두드러진 특징은, 헌법적 물음과의 적조함이 아니라, 정반대 즉, 헌법과 그것의 원리에 대한 조약한 치유기대감이라 하겠다. 헌법적 원리에 의거한 인플레된 논증의 배후에는, 종종 절제되지 않는 만족감(Euphorie)이 존재한다. 요컨대 모든 행정법적 사례는 잠재적인 헌법적 사례이듯이(Otto Bachof), 헌법과 행정법의 긴밀한 조응과 牽聯은 일반적인 현상이거니와, 필요하다. 하지만 그럼에도 불구하고, 개별법적 차원을 경시한다거나 헌법

16) 이에 관한 상론은 졸저, 행정법기본연구Ⅱ, 2009, 151면 이하 참조.

17) 이에 관한 상론은 졸저, 행정법기본연구Ⅰ, 2008, 33면 이하 참조.

18) 한편 미국의 법교육역사에서 보건대, 20세기 후반부터 로스쿨에서의 관심이 사법과목에 대한 강조에서 공법과 규제의 중요성으로 심대하게 이전하였다고 한다. Carrie Menkel-Meadow, Taking Law and Really Seriously: Before, During and after "The Law", 10 Vand. L. Rev. 577(2007).

19) 참고로 헌법과목의 특성과 로스쿨에서의 헌법교육의 목표에 관해서는 김선택, 법학전문대학원(로스쿨)의 헌법교육, 영산법률논총, 제2권 제1호, 2005, 10면 이하 참조.

20) 행정법교육의 목표와 방향에 관해선 이미 박정훈 교수의 깊이 있는 연구(동인, 앞의 책, 59면 이하)가 있기에, 여기서는 주제에 관련지어 논의하는 데 그치고자 한다.

21) Ders., DVBl. 1959, 527ff.

에로의 곧바로 안락하게 도피한다거나 하는 것은 정당화되지 않는다.

2. 공익판단에 대한 적극적 검토

행정은 공익을 실현하는 작용이다.[22] 대표적인 불확정법개념인 공익 개념은 매우 다의적이게 사용되고 이해되고 있어서 그것을 손에 잡히게 정의하고 그 범주를 설정하는 것은 간단치 않다. 공익이 사익에 대해 단지 대척점에 놓여 있었던 과거와는 달리 다원화된 현대사회에서는 공익간에도 충돌상황이 빚어지기에, 행정법적 판단을 내리기 어려운 상황이 일상화되었다. 특히 공익의 판단문제는 행정사건에서 정책형성적 결정은 물론 재량행위에서 제기되고 있다. 종래 행정법상의 공익여부의 판단은 마치 법원의 전속적 사항인양 치부되어 왔다.[23] 그리하여 행정법 문헌 역시 판례의 기술과 태도를 아무런 이의제기 없이 그대로 전달하여 왔다. 그런데 대법원은 가령 주택건설사업계획의 승인이나 산림형질변경허가에서 재량행위에 따른 형량의 대상인 공익상의 필요에 대해 매우 관대한 입장을 취하고 있어 자칫 법정의 제한사유 자체를 유명무실하게 만들 정도이다.[24] 하지만 행정법판례교육을 통해 법원의 공익성판단 역시 다각도로 검토되어야 한다. 공익자체가 다분히 합목적성의 통제에서 다루어질 대상인지라, 법적 고찰에는 나름 한계가 있을 수밖에 없지만, 사실관계를 바탕으로 정책적 차원에서 행정청의 판단의 타당성을 나름대로 검토할 필요가 있다.[25] 행정법판례교육에서 이런 문제의식을 등한시하면, 행정법판례교육의 미래지향성은 상실되고 단지 그것에는 과거확인적 성격만이 남을 우려가 있다.

---

22) 최송화, 공익론, 2002, 머리말: 공익은 공법 또는 행정법의 알파요 오메가라고 할 수 있다. 우선 공익은 공법의 목적이며 공법의 존재가치라고 할 수 있다. 그러나 동시에 공익은 공법 또는 행정법의 영역의 진입로이자 관문이기도 하다.

23) 공익판단에 대한 판례의 태도와 관련해서 최송화 선생님은, 판례가 아직 공익판단을 본격적인 法問題로 취급하지 않는 경향이며, 아울러 공익판단에 관련되는 복잡한 함의와 관련성을 의식하지 못하고 전통적인 규준적 공익관을 무의식적으로 반영하고 있는 듯하다고 평하였다. 동인, 위의 책, 242면, 274면.

24) 대표적인 예로 대법원 2007.5.10. 선고 2005두13315판결: 구 주택건설촉진법(2003.5.29. 법률 제6916호 주택법으로 전문 개정되기 전의 것) 제33조에 의한 주택건설사업계획의 승인은 상대방에게 권리나 이익을 부여하는 효과를 수반하는 이른바 수익적 행정처분으로서 법령에 행정처분의 요건에 관하여 일의적으로 규정되어 있지 아니한 이상 행정청의 재량행위에 속하므로, 이러한 승인을 받으려는 주택건설사업계획이 관계 법령이 정하는 제한에 배치되는 경우는 물론이고 그러한 제한사유가 없는 경우에도 공익상 필요가 있으면 처분권자는 그 승인신청에 대하여 불허가 결정을 할 수 있으며, 여기에서 말하는 '공익상 필요'에는 자연환경보전의 필요도 포함된다. 특히 산림의 훼손은 국토 및 자연의 유지와 수질 등 환경의 보전에 직접적으로 영향을 미치는 행위이므로, 법령이 규정하는 산림훼손 금지 또는 제한 지역에 해당하는 경우는 물론이고 금지 또는 제한 지역에 해당하지 않더라도 허가관청은 산림훼손허가신청 대상토지의 현상과 위치 및 주위의 상황 등을 고려하여 국토 및 자연의 유지와 환경의 보전 등 중대한 공익상 필요가 있다고 인정될 때에는 허가를 거부할 수 있고, 그 경우 법규에 명문의 근거가 없더라도 거부처분을 할 수 있다.

25) 이 점에서 공익판단을 법문제화로 분명히 인식하는 것이 첫 단추이다. 이에 관해서는 '법에 있어서의 공익'을 특집주제로 삼은 서울대 법학 제47권 제3호(통권 제140호)(청담 최송화 교수 정년기념호), 10면 이하 참조.

3. 행정법판례의 기본틀에 대한 성찰

행정법판례는 법치국가원리의 성숙도, 행정법의 위상, 대국가적 국민의 지위 등의 변화를 그대로 나타낸다.[26] 우리 행정법제의 대부분은 그 기본틀이 지금은 보편화된 상황인 행정법에서의 3극관계가 전혀 인식되지 못하고, 국가는 국민을 극히 수동적 존재인 臣民처럼으로 여기던 제3공화국시절에 만들어졌다. 그리하여 패러다임의 전환이 시급함에도 불구하고 판례상으로 여전히 그것이 견지되곤 한다. 가령 대부분의 행정법문헌에서 마치 당연히 인정되는 것처럼 소개되는 제3자에 대한 행정개입청구권의 경우, 판례는 대법원 1999.12.7. 선고 97누17568판결에서 분명히 거부한 이래 한 번의 일탈(새만금판결)이 있긴 하였으나, 기조를 고수하고 있다.[27] 나아가 국가작용에 대한 공법으로서의 행정법적 조명이 충분히 비춰지지 않아서 익숙한 민사법적 접근이 무분별하게 강구된 결과, 행정사건임에도 불구하고 그것을 민사적 접근을 강구하곤 하였다. 가령 대법원 1989.6.15. 선고 88누6436전원합의체판결의 다수의견은 국세환급거부결정의 행정처분성을 부인하면서 국세기본법상의 국세환급금 및 국세가산금결정에 관한 규정이 내부적 사무처리절차로서 과세관청의 환급절차를 규정한 것에 불과하다고 판시하였고, 이는 지금까지 변함이 없다. 대법원 1960.9.26. 선고 4291행상151판결이, "군수의 위토인허 취소처분은 농지개혁법(폐) 적용에 관한 처분이어서 행정소송의 대상이 되지 아니한다"고 판시하였다. 이를 기화로 농지개혁법 실시에 관한 분쟁은 공법상의 권리관계에 관한 소송으로 보지 않고 일반 민사소송 사항으로 다루어야 한다는 것이 법원의 견해로 굳어졌다.[28] 최근에도 대법원은 "관계 법령에 따라 감독관청의 승인이 요구됨에도 이를 위반하여 승인 없이 임상시험에 해당하는 의료행위를 하였더라도 그 자체가 의료상의 주의의무 위반행위는 아니므로, 당해 의료행위에 있어 구체적인 의료상의 주의의무 위반이 인정되지 아니한다면 그것만으로 불법행위책임을 지지는 아니한다"고 판시하였다.[29] 행정법판례의 역사는 행정법역사인 점에서, 행정법판례교육 역시 민주적 법치국가원리에 조응하지 못하는 이런 틀을 바꾸는 과정이어야 한다.

---

26) 행정판례의 역사에 관해선 특히 정하중, 한국행정판례의 성과와 과제, 한국행정판례의 성과와 발전방향(한국행정판례연구회/한국법제연구원 공동심포지움), 2005, 13면 이하; 박정훈, 행정판례 반세기 회고, 동 공동심포지움, 51면 이하 참조.

27) 대표적으로 대법원 2006.6.30. 선고 2004두701판결. 이에 대한 평석으로 졸저, 행정법기본연구Ⅲ, 2010, 315면 이하 참조.

28) 대법원 1962.5.24. 선고 62다160판결; 1964.6.2. 선고 63누190판결; 1977.4.26. 선고 76누111판결.

29) 대법원 2010.10.14. 선고 2007다3162판결.

4. 행정법 및 행정법제의 개혁을 위한 시금석의 마련

행정법과 마찬가지로 행정법판례는 법치국가원리의 구체화에 이바지하여야 한다. 일반행정법은 확고한 학설로 이루어진 완결된 總和는 결코 아니며, 열려진 체계이고, 새로운 이론제기의 착안점은 논의되고 시험된다. 즉, 일반행정법은 정체상태인 영역이 결코 아니며, 부단히 조응해 나가는 유연성이 전제된 영역이다. 그것의 지속적 발전과 전개는, 한편으로는 법치국가와 민주주의를 위한 헌법결정에 의해서, 다른 한편으로는 특별행정법영역에서 국가목표를 담은 효과적인 목적과 임무에 의해서 정해진다. 이런 일반행정법의 의의에 비추어 행정법판례교육은 그 자체를 행정법 자체는 물론 법제도개선의 계기로 삼아야 한다. 그런데 사법의 속성상 판례는 기본적으로 미래가 아닌 과거를 바라본다. -비록 제반사정을 고려하여 객관성과 합리성을 확실히 하기 위함이지만- 행정법판례는 종종 사안해결에서 법도그마틱에 의거하기보다는 '개별구체적 상황의 고려'를 앞세워 임기응변적(Kasuistik) 대처를 하곤 한다. 법적용에서의 부담경감기능을 하는 법도그마틱으로서는 필연적으로 기능적 한계를 지니긴 하나, 판례가 임기응변적 대처를 기조로 견지하면 행정법도그마틱의 의의는 상실되고 종국에는 행정법마저 그 존립이 위협받는다.[30)]

요컨대 판례가 법학과 법실무가 만나는 장인 점에서 행정법판례교육이 기왕의 판례입장을 스트레이트로 전달하는 것에 그친다면(判例追隨的 傾向), 행정법판례교육 자체가 새로운 시도에 대한 가로막을 더욱 공고하게 할 수 있다. 거센 비판의 바람이 자유로이 불지 않으면 학문의 나무는 콩나물마냥 허약하기 짝이 없다. 행정법판례교육은 그 자체가 목적이 아니다. 따라서 판례를 바라볼 때는 당연히 비판적 관점을 견지하여야 한다. 판례교육에서 중요한 것은 과정이지 결과가 아니기에, 관련 견해들을 분석하거나 조직화하는 하나의 바른 길은 존재하지 않는다. 법조인은 그 경력에서 매우 다양하게 자신의 업무를 수행하여야 하는데, 비판적 사고기술은 이런 맥락에서 필수적이다.[31)] 따라서 교수방법은 학생으로 하여금 필요한 판례분석과 비판을 스스로 행하도록 자극을 주는 것이어야 한다.

30) 동지: 박정훈, 앞의 책, 72면 이하.

31) Weaver, Langdells Legacy: Living with the Case Method, 36 Vill. L. Rev. 517, 550(1991),

Ⅴ. 행정법판례교육의 구체적 실행방법

1. 논의의 전제

미국의 하버드 로스쿨을 배경으로 한 영화, 'The Paper Chase'(하버드의 공부벌레, 1973)와 'Legally Blonde'(금발이 너무해, 2001)는 로스쿨에서의 예의 교육방법과 강의실 분위기를 약간 과장일진 모르나, 어느 정도는 정확하게 반영하고 있다. 두 영화 모두 첫 장면이 신입생의 첫날 수업이었다. '하버드의 공부벌레'에서는 Kingsfield 교수(John Houseman 분)가 계약법수업 첫날 신입생인 Hart에게 사실관계와 관련 다른 판례 등에 대해 집중적으로 질문을 던져 주인공 Hart를 곤경에 처하게 만들지만, Hart는 나름대로 대처하여 위기를 모면한다.[32] 반대로 '금발이 너무해'에서는 Elle Woods(Reese Witherspoon 분)는 민사소송법 수업에서 수업준비결여를 이유로 교실에서 쫓겨났다. 즉, 그녀는 판례교과서(Casebook)에서 할당된 독서분량을 완성하지 못하여 교수의 문초에 가까운 질문에 배길 수 없었기 때문이다. 로스쿨하면 바로 연상되는 것이 실무교육의 강화와 더불어 이상의 두 가지 교육방법, 판례중심교육방법(Case Method)과 문답식교육방법(Socratic Method)이다. 이들 특히 판례중심교육방법에 대한 비판으로 대안적 방법 즉, 문제해결중심교육방법 등이 제시되긴 하나,[33] 이들을 완전히 대체하였다고 보진 않는다. 심지어 문제해결중심교육방법의 옹호론자 역시 "창의적인 문제해결은 대립된 방법을 단념하지 않는다"고 인정하였다.[34] 실제의 변호사업무를 가르치는 데 있어서 전통적인 판례중심교육방법보다 더 좋게 기능하는 문제중심교육방법은, 실은 판례중심교육방법의 변위나 진화된 것으로 간주될 수 있다. 따라서 미국 로스쿨교육에서 여전히 주류적인 이들 교육방법이 우리 로스쿨에 접목가능한지여부에 관한 논의를 바탕으로 -접목가능하다면- 어떻게 우리식으로 가공되어야 할지를 살펴보고자 한다. 그런데 앞에서 밝힌 대로, 이들 교육방법은

32) 그런데 '하버드의 공부벌레'에서의 Kingsfield 교수의 실감나는 연기로 인해 문답식강의 자체가 로스쿨진학을 생각하는 예비신입생들의 마음에 공포감을 줄지 모른다고 생각해서인지, 시카고 로스쿨의 홈페지에서는 어느 누구도 Kingsfield 교수처럼 로스쿨수업을 하지 않으며 자신들의 대학에는 그런 교수가 없다고 친절히 안내를 하고 있다(http://www.law.uchicago.edu/prospectives/lifeofthemind/socraticmethod, 2011.3.22. 마지막 방문).

33) 문제중심교육방법의 장점은, 새로운 상황에 대한 적절한 자료의 적용을 반영하도록 학생을 효과적으로 강제하며, 판례와 실정법을 -단지 동화되어야 할 것보다는- 사용되고 있는 것으로 사고하는 것을 몸에 배게하는 것이다. 미국 로스쿨협회보고서는 문제중심교육방법의 장점으로 다음과 같은 다섯 가지 점을 든다: 법에 대한 법조인의 접근을 가깝게 한다. 기회와 자문에서의 훈련을 제공한다. 문제의 범위를 학생의 고찰까지 널리 확대한다. 판례법이 적당치 않은 곳에서(주로 입법차원에서) 교육의 효과성을 제고한다. 학생의 흥미에 대한 자극을 제공한다.

34) Kerper, Creative Problem Solving vs. the Case Method: A Marvelous Adventure in Which Winnie-the-Pooh Meets Mrs. Palsgraf 34 Cal. W. L. Rev. 351, 354(1998).

비단 로스쿨시대라고 통용될 수 있는 것은 아니다.

2. 미국 로스쿨의 교육방법(특히 판례중심교육방법과 문답식교육방법)에 관한 개관[35)]

(1) Langdell의 개혁

하버드 로스쿨의 Christopher Columbus Langdell이 판례중심교육방법과 문답식교육방법(소크라테스식 교육방법)을 19세기후반에(1870) 처음으로 개발하고 적용하였다. 그 이전 1784년에 최초의 독립된 로스쿨인 Litchfield School of Tapping Reeve and James가 만들어졌고(1833년까지 운영되었음), 하버드 대학이 1817년에 독립된 로스쿨을 설립한 이래 다른 대학 역시 이를 따랐지만 로스쿨의 성장과 발전은 매우 느렸다. 왜냐하면 그 당시에는 법조인양성에서 도제식방법이[36)] 선호되어 대학에서의 법교육이 크게 중요하지 않았기 때문이다. 그리하여 19세기 중반까지 대학이 아니라 법조계가 그들의 도제식 시스템으로 대부분의 젊은 개업변호사의 법교육을 좌지우지하였다.[37)] 실제 판례 대신 보고서가 학생이 배울 자료이었다. 그럼에도 불구하고 Langdell은, "법조인은 로스쿨에서 교육되어야 한다. 즉, 단지 법에 관한 보고서를 읽는 것으로 교육되어서는 아니 되고, -법의 근원적 원천인- 법원의 실제 판결을 고찰하면서 교육되어야 한다"는 주장을 고수하였다.[38)] 또한 그는 '법학교수'의 일은 -실무를 풀타임으로 하고 부차적 일로 학생을 가르치기보다는- 전일제 교수이어야 한다고 제안하였다.[39)]

Langdell은 법교육과 관련해서 두 가지의 중요한 혁신을 이루었다. 첫 번째로 법연구(법학)를 -대학공동체의 눈으로 법연구의 정설(orthodoxy)을 증진하는 것을 기대하면서- 자연과학과 유사하게 '과학'(Science)으로 구성하였다. 두 번째로 19세기 후반부를 지배한 보통법이론인 법형식주의(legal formalism)적 사고를 도입하였다. -교리주의(doctrinalism)라고도 하는- 형식주의하에서, "보통법은 -상호연관이 되며 논리적으로 모순되지 않는- 광범한 원리와 특별한 원칙의 체계적이고 영구불멸의 배

35) 최근까지 미국에서의 논의를 잘 정리한 문헌으로 Kuan-Chun Chang, The Teaching of Law in the United States: Studies on the Case and Socratic Methods in Comparison with Traditional Taiwanese Pedagogy, 4NTU L. Rev. 1(2009). 이 글을 준비하는 데 많은 도움이 되었다.

36) 도제식양성의 통상적인 방법은, 지시된 읽기, 다른 멘토와의 대화, 실제의 관찰, -법자료의 복사와 같은- 일상적인 사무의 수행을 결합한 것이다.

37) 미국에서의 법교육의 역사에 관해서는 특히 Carrie Menkel-Meadow, Taking Law and Really Seriously: Before, During and after "The Law", 10 Vand. L. Rev. 555(2007) 참조.

38) W. Burlette Carter, Reconstructing Langdell, 32 Ga. L. Rev.1, 4(1997), at 5.

39) 예링 역시 대학에서의 전업 교수에 의한 법교육을 강조하는 Langdell과 같은 생각을 가졌다. 양창수(역), 앞의 글, 82면, 89면.

열을 담고 있다."[40] 이런 원칙은 판례연구와 귀납적 논증을 통해 법관에 의해 발견된다. 예를 들자면, 개개의 법원리는 수세기에 걸쳐 많은 사례에서 느리게 발전의 정도에 의해 지금의 수준에 도달하였다. 이 발전은 일련의 판례를 통해 추적될 수 있다. 그래서 원리를 효과적으로 통달하는 방법은 그것이 새겨진 판례를 공부하는 것에 의한다. 법형식주의에 관한 이런 생각이 법교육에 대한 Langdell의 개혁방안의 토대가 되었다. 즉, 리딩판례가 원칙의 정렬에 맞춰 취합되고, 주문이 극히 중요하게 되는 방식으로 조직화되는 Langdell의 접근은 모든 법지식을 조직화하기 위한 청사진으로 판명되어, 법교육의 기본틀로 채택되었다.[41]

1870~1871년 두 번째 학기에 Langdell은 이런 원칙을 그의 교육에 접목시켰다. Langdell은 그의 새로운 교수법을 이행하기 위하여 충분한 그룹의 판례를 수합하였다. 계약법과 매매법에 관한 그의 교과서는 판례의 취합이었다. Langdell은 특정 판례에 관한 학생에게 묻는 것으로 수업을 시작하였다. 사실, 주장, 견해에 관한 약간의 예비적 탐문 이후 그는 주장과 견해에 대한 학생의 생각을 분명히 하기 위한 의도에서 더 진전된 질문을 던졌다. 궁극적으로 Langdell의 이 새로운 교수법(문답식 교육방법)은 사례의 다양한 측면을 자세히 고찰함으로써 학생으로 하여금 판례를 비판적으로 공부하는 것과 자신의 나름의 입장에서 판례를 판단하거나 동의하지 않게끔 하는 것을 기대하였다. 처음에는 Langdell의 실험에 대해 학생들은 격노하였고, 그들이 '법'(law)을 공부하고 있지 않다고 공개적으로 강하게 불평하였다. 그러나 이런 교육방법의 실행은 점차 받아들여졌고, 학생들은 그들이 법을 배울 뿐만 아니라 그것을 완전히 이해하는 데 필요한 정신적 훈련을 받았다고 인식하였다.[42]

요컨대 Langdell이 법은 과학이어야 한다고 인식하고 개발한 이상의 두 가지 교육방법은 미국 법교육의 신기원을 열었고, 미국로스쿨의 장래를 엄청나게 변화시켰다.[43]

40) Steven B. Dow, There's Madness in the Method: A Commentary on Law, Statistics, and the Nature of Legal Education, 57 Okla. L. Rev. 579, 580-581(2004),

41) Dennis Patterson, Langdell's Legacy, 90 Nw. U. L. Rev. 196, 201 (1995).

42) 상세는 Franklin G. Fessenden, The Rebirth of the Harvard Law School, 33 Harv. L. Rev. 493, 498-99 (1920).

43) Langdell의 혁명은 이것만이 아니다. Langdell로 인해, (일세기 이상 놀랍게도 한결같은 양식인) 하나의 강의실에서 많은 학생을 가르치는 것이 촉진되었고, 이로 인해 로스쿨과 대학에 수익성이 제고되었다. 또한 매년 시험을 치고, 연속적인 교과과정을 개발하는 것이 강구되었으며, 법에서 학구적 연구를 고무시켜, 현대에서의 법학도서관이 문헌을 위한 단순한 장소를 넘는 것으로 발전되었다. 이에 대해서는 Carrie Menkel-Meadow, Taking Law and Really Seriously: Before, During and after "The Law", 10 Vand. L. Rev. 555, 561 (2007) 참조.

(2) 판례중심교육방법의 內容과 長短點

(가) 판례중심교육방법의 內容

로스쿨의 전형적인 과정에서 활용되는 핵심적인 아마도 유일한 자료가 바로 -종종 '판례와 자료'(case and materials book)라 불리는- '판례교과서'(Casebook)이다.[44] 그것은 판례들을 함께 연계시키거나 판례법이나 성문법을 -주된 자료를 읽는 데 덜 중요하게- 요약하는 문헌자료를 포함하고 있다. 학생은 수업준비에 읽어야 할 견해를 지정받은 후, 책을 복사하거나 구입하여 준비하여야 한다. 판례들을 좇아, 학생에 대해서 판례의 어떤 측면이 중요한지, 혼란스러운지 그리고 의문스러운지를 상기시키는 식의 질문이 행해진다. 즉, 수업은 학생이 읽어오도록 할당된 중요 판례에 관한 토론(discussion)이며, 학생으로서는 수업에 참여하기 전에 판결에 대해 알아야 하는 부담을 갖는다. 판례교육에서의 토론식 수업의 첫 번째 목표는 판례를 지지하는 적용법리를 분명히 하는 것이다. 그러면 가르치는 사람에 의해 향도되어, 학생은 판결을 어떻게 분해하고 판결의 구성부분을 어떻게 분석할지를 배운다. 또한 학생은 하나의 판례를 다른 것에 관련시키는 것과, 외견상 불일치한 판례의 결과를 -이들이 함께 유지될 수 있게끔- 조화시키는 것을 배운다. 이런 훈련의 과정은 학생으로 하여금 법적 논증의 토대를 구성하는 판례로써 생각하고 일하는 것에 대한 접근을 얻을 수 있게 할 뿐만 아니라, 아울러 그런 판례에서 드러난 법리에 관한 지식까지도 얻을 수 있게 한다. 사실 Langdell의 판례중심교육방법의 주된 초점은 법의 오리지날 원천은 물론 판례법에서의 판례분석과 법논증의 방법에 관한 것이었다.[45]

---

44) Langdell은 학생들이 주어진 주제에 관한 모든 판례 혹은 심지어 대부분의 판례를 재검토하는 것이 필요하다고 믿지 않았다. 그는 판례의 대부분은 가치가 없기에 정연한 재검토가 오히려 유해하다고 생각하였다. 그래서 학생은 교수에 의해 선정된 것과 같은 '좋은', '괜찮은' 판결을 재검토하면 족하다. 해서 Langdell은 음미할 만한 가치가 있는 선정된 판례를 담은 판례교과서(Casebook)을 만들었다. Russell L. Weaver, Langdells Legacy: Living with the Case Method, 36 Vill. L. Rev. 517, 532 (1991).

45) 나아가 본래 하버드 로스쿨에서 시작된 판례중심교육방법은 다른 분야의 교육기관에 의해 약간의 변용을 거쳐 광범하게 수용되었다. 가령 하버드 경영대학원에서 강좌의 80퍼센트가 사례중심방법으로 이루어진다. 왜냐하면 이 방법이 학생으로 하여금 '의사결정을 위한 근육을 발달시키고 스스로 중요한 아이디어를 발견하는 것을 가능케 하는 데 있어서' 유용하다고 인정되었기 때문이다(Colleen Walsh, From Law School to Business School Evolution of the Case Method,HARv. UNIV. GAZETTE, Apr. 3, 2008, http://www.news.harvard.edu/gazette/2008/04.03/13-casemethod.html). 하버드내의 여러 직업학교에서의 교육방법을 비교하는 연구를 하버드 경영대학원의 교수가 수행하였는데, 이를 통해 다른 방도의 '사례중심방법'은 실로 다른 기술을 개발하였음이 알려졌다. 그래서 하버드 로스쿨의 Todd Raktoff와 Martha Minow 교수는 -경영대학모델과 합치하는 개혁을 하면서- 판례중심교육방법을 유지할 것을 주장하였다. 가령 수업자료와 관련해서 그들은 판례교과서 저자에게 수업자료를 개업변호사로부터 얻을 것과 그들의 자문을 받아 책을 저술할 것을 조언하였다(Todd D. Rakoff& Martha Minow, A Case for Another Case Method, 60 Vand. L. Rev. 597, 604-05 (2007) (citing David A. Garvin, Making the Case, 106(1) HARVARD MAG. 56, 56 (2003)).

(나) 판례중심교육방법의 長點

ⅰ) 학생의 흥미제고: 어떤 주제를 중심으로 강의식교육방법에서는 학생들이 아무 생각없이 수업에 참여하는 경향이 있다. 그러나 판례를 읽으면서 학생들은 -판결을 동의하거나 동의하지 않거나 혹은 판결에 의문이나 혼란을 갖거나 관계없이- 수업에 흥미를 갖고서 참여하고 그들의 견해를 나타내려거나 의문점을 분명히 하거나 문제점을 해결하려고 한다.[46]

ⅱ) 판례독해: 판례중심교육방법은 학생에게 판례를 어떻게 읽을 것인지를 가르치는 도구이다. 법조인은 판례를 어떻게 분석할지 알아야 하는데, 판례중심교육방법은 이런 기술을 가르치는 직접적인 방도를 제공한다.[47] 판례를 읽기 위해서는 학생은 판례를 구성부분(관련 사실, 주문, 판결이유)으로 나눌 수 있어야 한다. 그런 다음 학생은 다른 법조인의 주장을 고려하고 법원이 이들 주장을 타당하다고 판단하였는지를 공부한다. 추가로 판례중심교육방법은 판례를 종합하는 기술을 촉진한다.

ⅲ) 법조인처럼 생각하기: 판례중심교육방법은 학생으로 하여금 비판적 사고기술을 획득하는 데 도움이 되게 사용될 수 있다.[48] 판례중심교육방법은 -비판적 사고가 법조인에게 필수적 요청이듯이- 학생으로 하여금 법조인처럼 사고할 것을 요구한다.[49] 법조인은 의뢰인의 문제를 분석하고 판례가 그 문제에 대해 어떤 입장인지를 그리고 의뢰인이 조정과 같은 다른 수단을 필요로 하는지 여부를 판단하여야 한다.

ⅳ) 일련의 선례를 통한 법을 알기: 판례중심교육방법은 선례에 기반한 시스템에서 법을 배우는 유일한 현실적 방도이다.[50] 판사는 사례에 관한 견해에서 법리를 판시할 수 있으며, 심지어 법리의 중요성과 그것을 미래의 사건에 적용할 필요성을 제안하는 언급을 할 수 있다. 판례중심교육방법은 학생으로서는 판사가 주어진 영역에서 '법'을 정함에 있어서 선례를 따르거나, 구별하거나 피할 정도를 검토하는 데 유용하고 효과적인 것으로 판명되었다.

ⅴ) 소송과정을 이해하기: 판례중심교육방법의 중요한 정당성은 그것이 학생에게 소송과정에 대해 많은 것을 가르치기 위하여 사용될 수 있다는 것이다.[51] 단지 선례, 원칙 그리고 법리를 안다고 하여 학생이 법실무를 하는 데 충분히 자격을 갖추었다고 할 수 없다.

---

46) Weaver, Langdells Legacy: Living with the Case Method, 36 Vill. L. Rev. 517, 548(1991).

47) Weaver, Langdells Legacy: Living with the Case Method, 36 Vill. L. Rev. 517, 548(1991).

48) Weaver, Langdells Legacy: Living with the Case Method, 36 Vill. L. Rev. 517, 549(1991).

49) Abramson, "Art for A Better Life": A New Image of American Legal Education, 2006 BYU Educ. & L.J. 227, 272 (2006), at 267.

50) Weaver, Langdells Legacy: Living with the Case Method, 36 Vill. L. Rev. 517, 553(1991).

51) Weaver, Langdells Legacy: Living with the Case Method, 36 Vill. L. Rev. 517, 554(1991).

vi) 학생의 교훈적 상상력의 배양: 판례중심교육방법은 판례에 담겨진 다른 입장을 탐구하기 위한 바탕으로 판례자료를 적용하기에, 학생들은 다른 관점을 고려하는데 자신의 상상력을 개발한다. 수업시간이 아닐 때에도 어떤 판례의 다른 측면에 주의를 기울이는 것이 습관이 되어버린다.

vii) 학생의 정서적 강건함: 때때로 법조인은 어려운 상황에서 수행하여야 한다. 가령 판사로부터 예기치 않은 질문을 받거나 법정 등에서 상대방에게 적절하게 항변하여야 한다. 이런 상황과 조우할 때, 법조인은 빨리 생각하고 즉시 반응할 필요가 있다.[52] 판례중심교육방법에 의해 고무된 토론수업을 통해 학생의 생각은 교수와 동료에 의해 비판적 검토의 대상이 되어 버리며, 더욱이 판례중심교육방법에서 학생들은 자신들이 막다른 곳에 갇혀있다는 것을 바로 인식할 수 있다.

(다) 판례중심교육방법의 短點

i) 판례교과서상의 문제점: 판례교과서에 대한 Langdell의 생각은 법에 대한 그의 구상(법형식주의)에서 비롯되었다. 학생들은 근본적인 법리의 전개를 보여주거나 그 의미와 적용을 예로 보여주는 판결만을 읽도록 요구받는다.[53] 근본적인 법리와 원칙을 충분히 반영하고 있지 않는 판결을 배제함에 있어서, Langdell의 판례교과서는 법에 관한 매우 제한적이고 부적절한 시각을 담고 있다. 원리와 원칙에 대한 과도한 강조는 주어진 사건에서 변호사와 판사가 하나의 진실한 법리를 추구한다는 점을 시사한다. 이런 시각은 법의 실제를 간과한 것이다. 근본적인 법리에 부합하지 않게 내려지는 판결이 그에 충실한 것만큼 많기에, 이들 판결 역시 법을 이해하기 위해서라면 반드시 고려되어야 한다.[54]

ii) 불완전한 구상에서 법을 바라본다: 판례중심교육방법은 법교육에서 다른 고려사항을 저해시키거나 배제할 수 있다.[55] 이는 법의 사회윤리적 측면에 대한 부적절한 주의를 기울이게 한다. 그리하여 로스쿨졸업생은 전체 법시스템을 위한 법조인의 책임감은 물론 실무에서의 윤리감에 대해서 충분히 교육을 받지 못하고 있다. 더해서 판례중심교육방법은 선정된 판결에 대한 학생들의 복종으로 귀결되어, 결과적으로 창의적인 법연구가 저지될 수 있다. 가령 학생들은 모든 법적 물음을 위한 답으로 되어 있는 보통법의 원리와 원칙이외에는 다른 것을 공부하지 않는다. 실정법과 입법자료, 가령 분명하고 중요한 법원에 대해 주의가 덜 기울려지거나 전혀 주의가

52) Weaver, Langdells Legacy: Living with the Case Method, 36 Vill. L. Rev. 517, 552(1991).
53) Fessenden, The Rebirth of the Harvard Law School, 33 Harv. L. Rev. 493, 506(1920).
54) Weaver, Langdells Legacy: Living with the Case Method, 36 Vill. L. Rev. 517, 570(1991).
55) James R. Maxeiner, Educating Lawyers Now and Then: Two Carnegie Critiques of the Common Law and the Case Method, 35 INT'L J. LEGAL INFO. 1, 31(2007).

기울려지지 않는다.[56)]

iii) 사실발견과 소송진행의 과정을 소홀히 한다: 원리와 원칙에 대한 판례중심교육방법의 강조는 법원이 통상 몰두하는 사실발견과 소송절차에 대해서는 주의를 기울이지 않는다는 점을 시사한다.[57)] 소송과정은 항소심판결에서의 법적 사실의 간략한 묘사보다도 더 복잡하다.[58)] 소송의 결과에 대부분 영향을 미치는 소송에서의 쟁점은 사건의 항소심이전단계에서 나타나고, 통상 법조인은 항소심의 단계가 아닌 처음부터 법문제와 맞닥친다.[59)] 항소심판결만을 공부하는 학생들은 현실과 접촉할 기회를 잃어버려서 필수적인 테크닉을 구비하지 않은 채 법문제의 다른 단계에 들어가게 된다.

iv) 법조인의 실제업무를 가르치지 않는다: 실제에서의 의뢰인은 변호사사무실에서 잘 정돈된 사실패턴, 분명한 대립된 지위, 정확한 대상과 목적을 갖고서 사건을 설명하지 않는다. 의뢰인이 사건을 설명하는 단계에서의 성공적인 변호사업무는 -청취, 사실조사, 이익설명(해명), 협상 그리고 기획을 포함한- 다양한 측면에서의 기술을 필요로 한다.[60)] 그러나 판례중심교육방법은 이런 기술에 그다지 역점을 두어 다루려고 하지 않는다.

(3) 문답식교육방법의 內容과 長短點

(가) 문답식교육방법의 內容

문답식교육방법은 '능동적 교수방법'(active teaching)으로 오래 전부터 인정되어 왔다. 통상 그것은 앞에서 본 판례중심교육방법과 결합하여 사용된다. 이 방법은 수업시간에서 가혹하게 질문함으로써 생각을 연마하고 추출하는 것을 의미한다.[61)] 특히 법조인은 빨리 생각하고 자신의 입장을 다른 사람 앞에서 능숙하고 확신에 차게 주장하는 법을 배워야 한다. 문답식교육방법의 표준형식은 교수가 한 학생을 선정하여 그날 배울 판례의 사실, 주문, 판결이유를 말하도록 하면서 시작한다. 그 다음 때때로 이 학생에서 저 학생으로 때론 그렇지 않게, 교수는 판례상의 판결주문의 함축

56) Dow, There's Madness in the Method: A Commentary on Law, Statistics, and the Nature of Legal Education, 57 Okla. L. Rev. 579, 585(2004).

57) Dow, There's Madness in the Method: A Commentary on Law, Statistics, and the Nature of Legal Education, 57 Okal. L. Rev. 579, 585(2004).

58) Abramson, "Art for A Better Life": A New Image of American Legal Education, 2006 BYU Educ. & L.J. 227, 268(2006).

59) Weaver, Langdells Legacy: Living with the Case Method, 36 Vill. L. Rev. 517, 553(1991).

60) Janeen Kerper, Creative Problem Solving vs. the Case Method: A Marvelous Adventure in Which Winnie-the-Pooh Meets Mrs. Palsgraf 34 Cal. W. L. Rev. 351, 353(1998).

61) Abramson, "Art for A Better Life": A New Image of American Legal Education, 2006 BYU Educ. & L.J. 227, 272(2006).

및 그 판결주문의 다른 판례에 대한 관계와 관련하여 더 진전되고 더 어려운 질문을 던진다. 이런 질문의 과정을 통해서 교수는 학생들로 하여금 판례에 나타난 법적 사고를 생생하게 상기하도록 이끈다. 교수는 한 학생에게 일련의 질문을 던질 수도 있으며, 아울러 여러 명의 학생에게 나누어 질문할 수도 있다. 교수는 학생에게 양 당사자를 위해 주장하도록 질문할 수 있으며, 그리고 그런 다음 해당 판례의 법리가 다른 사실의 패턴에서 어떻게 기능할지를 알기 위한 '제한적 가정'을 제공함으로써 사건의 사실을 조정할 수도 있다. 통상 이런 질문절차는 전체 수업시간에 걸쳐 진행된다. 교수는 강의를 하지도 않고 답을 제공하지도 않는다. 학생들은 교수의 질문에 의해 제공되는 가이드라인을 기초로 하여 나름의 결론을 개발해내도록 강제된다.[62] 그리하여 Langdell이 주장한 것처럼, 학생들은 고려되는 문제의 진실을 발견하도록 기대된다.

(나) 문답식교육방법의 長點

i) 질문과정의 內在化를 통한 자기주도: 질문을 받을 수 있다는 리스크가 수업의 모든 학생으로 하여금 법적 논쟁의 한계와 위력의 탐구에 열정적으로 참여하게 자극을 준다. 학생들은 마음속으로나 교수와의 대화로 그것을 실행함으로써 법적 분석을 배운다. 학생에게 질문하는 것은 그들로 하여금 개개 처지의 약점에 직면하게끔 만들고, 궁극적으로 그들을 자신의 법적 주장의 위력을 평가하는 것을 훈련시킨다.[63] 해서 준비단계에서 이미 수업전에 학생은 그 스스로에게 잠재적인 질문을 할 수 있을 것이고, 교육자가 행한 일종의 질문은 수업후에 스스로에게 과해질 수도 있게 된다. 질문과정을 內在化하는 것이 결코 환상은 아니며, 그것이 법적 논증의 본질이고 문답식교육방법의 성취물이다.

ii) 다양한 시각에서의 접근모색: 문답식교육방법은 학생에게 많은 다른 시각에서 판결을 검토하도록 질문함으로써 배움의 과정을 확대한다.[64] 가령 학생들은 판결의 한계에 대해 생각하도록 또는 판결에 영향을 준 가치판단을 검토하도록 질문을 받을지도 모른다. 학생은 "무엇이 법원으로 하여금 그런 판결에 도달하도록 하였는가?" "법원은 어떤 정책적 고려를 언급하였는가?" 등과 같이 더 진전된 질문을 받을 수도 있다.

iii) 법조인이 되기 위한 필수적 기술을 가르친다: 문답식교육방법의 목적은 학생

---

62) 상세는 see Phillip E. Areeda, The Socratic Method(SM) (Lecture at Puget Sound1/31/90), 109 Harv. L. Rev. 911, 914-15, 922(1996).

63) Abramson, "Art for A Better Life": A New Image of American Legal Education, 2006 BYU Educ. & L.J. 227, 273(2006).

64) Weaver, Langdells Legacy: Living with the Case Method, 36 Vill. L. Rev. 517, 548(1991).

에게 '분석적 사고'를 가르친다. 보너스로 학생에게 '의사소통(커뮤니케이션)에서의 약간의 실습'을 제공한다.[65] "만약 로스쿨이 그들 기준을 낮추고 그들의 방법을 바꾼다면, 궁극적으로 로스쿨학생들이 고통을 겪을 것이다. 학부에서의 독립된 사고, 비판적 분석, 의사소통에 대해 훈련을 받지 않았는데, 법교육에서도 그런 것에 충분히 노출되지 않으면, 로스쿨학생들은 자신을 기다리는 도전에 직면하여 아무런 준비없이 법조시장에 진입할 것이다"[66] 법실무의 실제세계에서 법조인은 통상 사전준비를 위한 충분한 기회를 갖지 않은 채 낯선 사람 앞에서 자신의 의뢰인을 변호하는 것이 요구된다. 따라서 화술이 흡족할 정도가 되어야 한다는 것이 법조인을 위해서는 사전필수요청이다. 문답식교육방법은 이런 기술을 가르치는 최선의 교육법인 셈이다.[67]

(다) 문답식교육방법의 短點

ⅰ) 정신건강의 관점에서의 비판: 문답식교육방법에 대한 가장 강력한 비판은 그것이 심각한 불안을 야기함으로써 학생들에게 해를 끼친다는 점이다.[68] 학생의 불완전한 답에 대한 교수의 빠른 힐난은 그 학생에 대해 공적 추락, 모욕, 비웃음 심지어 인간성말살의 결과를 빚는다.[69] 이런 잔인하고 심리학적으로 과도한 과정은 학생에게 -심지어 수업에서 말하지 않은 학생의 경우에도 그들이 호명될 가능성이 협박이기에- 일생동안 마음의 상처를 남길 수도 있다. 문답중에 학생이 겪는 스트레스는 전체 공부과정을 그늘지게 할 수 있는데, 사실 학생의 압박은 교수만이 아니라, 동료로부터의 무례한 응대에서 기인할 수도 있다.[70] 한편 문답식교육방법의 목표는 법리와 원칙의 구상상의 뼈대를 이해하는 것이기에, 학생들은 교과과정자료에 대한 지배를 얻고자 한다. 반면 교수의 일은 학생들의 주장에 이의를 제기하는 것이다. 그 결과 학생들에게 법이란 일련의 주장에 불과하다는, 아울러 궁극적인 결과가 정의나 공정과 같은 로스쿨진학의 초기믿음과는 무관하다는 인상을 남긴다.[71]

---

65) Powell, A Defense of the Socratic Method: An Interview with Martin B. Louis (1934-94), 73 N.C. L. Rev. 957, 970(1995).

66) Ruta K. Stropus, Mend It, Bend It, and Extend It: The Fate of Traditional Law School Methodology in the 21st Century, 27 Loy. U. Chi. L.J. 449, 473(1996).

67) Anthony Kronman, The Socratic Method and the Development of the Moral Imagination, 31 U. Tol. L. Rev. 647, 648 (2000).

68) Abramson, "Art for A Better Life ": A New Image of American Legal Education, 2006 BYU Educ. & L.J. 227, 273(2006).

69) Kerr, The Decline of the Socratic Method at Harvard, 78 Neb. L. Rev. 113, 118(1999).

70) 재미있는 사실은, 소크라테스는 한 번에 수많은 학생에게 질문하지 않았기에, 어리석은 주장으로 논리적인 곤경에 처한 학생의 경우 약간의 모욕감은 있겠지만, 동료들 앞에서 커다란 부끄러움 없이 선선히 자신의 생각을 고칠 수 있었을 것이다.

71) Andrew Moore, Conversion and the Socratic Method in Legal Education: Some Advice for Prospective Law Students, 80 U. Det. Mercy L. Rev. 505, 507(2003).

ⅱ) 변호사업무를 가르치는 데 효과가 없다: 문답식교육방법은 단지 추상적인 것에 초점을 맞춘다. 그리고 판례바탕에 관한 논증은 종종 과도하게 학구적이고 문헌에 바탕을 두고 있다고 여겨진다.[72] 하지만 법조인의 진짜 일은 현실의 의뢰인의 실제 문제를 해결하는 것이다. 그것은 문답식의 대화에서 탐구된 추상적인 법리, 원리와 이론에 덜 의존한다. 그래서 주어진 시간에 커버될 수 있는 매우 한정된 자료로 인해 문답식교육방법은 비능률적이다.[73] 더욱이 문답식교육방법에서 질문의 세심하고 주의깊게 통제된 과정은 법에 존재할 수 있는 불가칙성을 실제로 간과하고 있다.[74]

ⅲ) 페미니즘의 관점에서의 비판: 페미니스트 법학자들은 로스쿨여학생들에 대한 역효과에 바탕을 둔 비판을 전개하였다.[75] 그들의 주장에 의하면, 문답식교육방법의 강의실은 남학생지향적이고 경쟁적인 환경이어서, 여성 자신은 물론 그들의 더 협력적이고 공동적인 공부스타일에 불리하다. 가부장적, 위계적인 문답식수업의 강의실에서 협박감과 소외감을 느끼기 때문에, 여학생들로서는 그 자신들이 아무 것도 기여하지 못하며 그 자신들의 목소리가 논쟁에서 배제된다고 종종 느낀다. 강의실에서의 우세한 남학생들의 목소리로 인해, 여학생들은 나중에 취업전망을 결정짓는 시험에서 기대만큼 잘하지 못할 수도 있다.

(4) 소결

판례중심교육방법의 주된 목적이 학생을 '법조인처럼 생각하게' 훈련시키는 것임에도 불구하고, Langdell과 그 추종자는 법의 실무로부터 벗어났다고, 학생들을 "교수처럼 생각하게" 가르치려 한다고 비판을 받았다.[76] 그리하여 '문제중심교육방법'으로 판례중심교육방법을 대체하는 것이 최근에는 점차 시장점유율을 얻어가고 있긴 하나, 판례중심교육방법과 문답식교육방법은 여전히 미국 로스쿨에서 가장 공통적으로 사용하는 교육방법이다. 주요 로스쿨은 특히 진학을 꿈꾸는 학생을 위해 그들 홈페이지에서 교육방법을 소개하고 있다. 예로 시카고 로스쿨 홈페이지는 다음과 같이 분명히 지적한다: "오늘날 문답식교육방법에 의거한 시카고대학 교수들은 매우 어려운 법구상과 원칙을 탐구하기 위해 참여식의 공부법과 토론을 사용한다. 이 노력은

72) Kerr, The Decline of the Socratic Method at Harvard, 78 Neb. L. Rev. 113, 119(1999).

73) Abramson, "Art for A Better Life ": A New Image of American Legal Education, 2006 BYU Educ. & L.J. 227, 275(2006).

74) Stropus, Mend It, Bend It, and Extend It: The Fate of Traditional Law School Methodology in the 21st Century, 27 Loy. U. Chi. L.J. 449, 458(1996).

75) Kerr, The Decline of the Socratic Method at Harvard, 78 Neb. L. Rev. 113, 121(1999).

76) Myron Moskovitz, From Case Method to Problem Method: The Evolution of a Teacher, 48 St. Louis U. L.J. 1205, 1214(2004).

교수와 학생이 이슈를 더 완전하게 이해하기 위해 작업하는 공동협력적인 것이다. 목표는 법문제를 어떻게 분석하는지, 유추로 어떻게 논증하는지, 자신이나 다른 이의 주장에 대해 어떻게 비판적으로 생각하는지, 그리고 법의 지배를 받는 것에 대한 법의 영향을 어떻게 이해할 것인지를 배우는 것이다. 문답식교육방법의 수업과정은 참여자로 하여금 -처음에는 불완전하게 표한 직감일 수도 있는- 입장을 생생하게 하고, 개발하고 방어할 것을 요구한다. 법조인은 무엇보다도 먼저 문제해결자이고, 그래서 로스쿨의 주된 임무는 우리 학생들을 문제해결에 필요한 도구를 갖추게 하는 것이다."[77]

3. 법시스템과 법교육방법의 관계-독일식의 판례중심교육방법을 중심으로[78]

(1) 법교육의 기본방향에 관한 논의

법교육을 위한 판례중심교육방법의 중요성은 국가의 법문화 및 법교육시스템의 바탕이 되는 전제로부터 무관하게 고려될 수는 없다. 시민법국가(대륙법계) 특히 독일의 일반적인 법문화와 그것의 전통적인 법조인교육양성 시스템은 결코 법교육에서 판례중심교육방법의 적용을 위한 우호적인 환경을 제공하지 않는다. 독일법은 비교법학자들이 이름붙인 '시민법(성문법)'의 전통에 의해 강하게 만들어져 있다. 시민법국가의 근본적인 특징 가운데 하나는 법발전을 위한 핵심수단으로 성문법전화에 의존하고, 주된 法源은 성문법령이고 원칙적으로 판례는 이에 속하지 않는다. 나아가 성문법령은 단순히 제정법이나 성문법의 집합이 아니라, 전체가 체계화·조직화되고 고도로 세련되게 만들어져 있다. 통상 성문법전은 보통 총칙과 각칙을 담고 있다. 전자는 법전이 규율해야 할 법문제 전체에 공통되는 쟁점을 다루고, 후자는 특별한 법적 물음과 관련한 조항으로 이루어져 있다. 대부분의 법이 성문의 형식으로 조문화되어 있다는 사실은, 통상 시민법시스템을 -판결로 공고화된, 판사가 만든 법(judge-made law)이 지배하는- 보통법시스템과 구별하는 중요한 특징으로 여겨진다. 하지만 오늘날 영국과 미국에서 과거의 농업사회에서 산업사회로 이전됨에 따라 제정법규정이 대량적으로 증가하였기에, 이런 차이점은 과거보다는 덜 두드러진다.[79]

---

77) http://www.law.uchicago.edu/socrates/soc article.html (마지막 방문 2011.3.22.).

78) 이하의 논의는 특히 Rainer Grote, Comparative Law and Teaching Law Through the Case Method in the Civil Law Tradition-A German Perspective, 82 U. Det. Mercy L. Rev. 163, 167(2005)을 참조하였다.

79) 미국의 법교육역사에서 보면, 20세기 후반에 새로운 실용주의하에 많은 학자들은 전체 법교육에서 제정법의 분석의 중요성을 다시금 강조하였다. Carrie Menkel-Meadow, Taking Law and Really Seriously: Before, During and after "The Law", 10 Vand. L. Rev. 577(2007). 그러나 독일처럼 단일한 계획에 바탕을 두고 법규를 제정하는 입법자의 이상은 미국 현실과는 맞지 않는다. 미국의 경우 법의 많은 영역이 50

오히려 법의 의의,[80] 법조인양성시스템 그리고 사법시스템에 대한 기본방향에서의 차이점에 착안할 필요가 있다.

이런 법전화의 문화로 인해, 시민법국가에서의 법교육은 입법부에 의해 공표된 중요 법전의 해석을 강조한다. 실정법령의 의미를 이해하기 위해서는, 규범의 문언을 단지 읽고 해석하는 것만으론 충분하지 않다. 법전이 다루도록 되어 있는 잠재적인(근본적인) 개념상의 이슈를 확고히 인식하는 것이 역시 필요하다. 법학도가 -관련 문건이나 주석에 관한 공부를 통해서- 법적 질료를 법전에 담아 구조화하기 위해 그리고 지적일관성을 부여하기 위해 입법부에 의해 사용된 법개념에 익숙하기만 하다면, 그는 법전의 고도로 추상적인 언어를 이해하길 바랄 수 있다. 그런 식으로 법전을 만드는 것과 그에 수반된 법문화하에서, 시민법국가에서의 학생은 법적 쟁점에 대한 도그마틱적 접근에 호의를 보인다. 법원에 의한 해석을 위한 넓은 여지를 남기는, 법전의 추상적 특징에도 불구하고, 판사는 결코 그 자신을 법제정자(lawmaker)로 여겨지지 않는다. 사실 독일식의 법질서의 극치는 본질적으로 법률인 반면, 대조적으로 미국의 법조인은 입법과 성문법해석의 발달된 기법을 갖고 있지 않다.[81] 그리하여 독일의 법문화는 개별 판결의 분석보다는 개념적 쟁점과 관련하여 더 많은 관심을 갖는다.[82]

(2) 독일식의 판례중심교육방법에 관한 논의

판례중심교육방법이 최근에는 독일대학에서 법교육의 필수부분을 형성하고 있다는 것은 사실이지만, 분명히 하여야 할 점은 이런 판례중심교육방법이 독일 특유의 판례중심교육방법이라는 것이다. 그것은 독일의 법교육시스템의 요구사항에 의해 그리고 법사고와 법논증이라는 특유한 독일의 전통에 의해 모양이 다듬어졌다. 독일의 법교육시스템은 사법기관을 위한 학생을 준비하기 위해 국가에 의해 만들어졌다. 그

개 주의 독립된 통제에 맡겨져 있다. 물론 독일 역시 연방제이긴 하나, 법의 많은 영역이 통일된 연방법에 의해 지배를 받는다. 반면 미국의 경우에는 각양각색의 주법에 의해 지배를 받는다.

80) 독일식의 법사고는 법적 쟁점에 대한 추상적 체계적 접근의 가장 정교한 예를 제공한다. 독일 법조인은 개개 규정을 -법시스템과 마찬가지로- 개념단위 용어의 전체를 바라본다. 법질서의 구조가 기대이상의 법원칙을 바탕으로 조직화되어 있다. 현실에서 도달하기 어려울지 모르나, 그 이상은 법을 법리의 합리적, 완전한 논리적 시스템으로 보는 것이다. 보통법 전통에서 자란 법조인으로서는, 이처럼 법리의 내부적인 일관된 시스템으로의 법의 의의에 대해 당연히 매우 회의적인 태도를 취할 것이다.

81) James R. Maxeinet, U.S. “Methods Awareness”(Methodenbewußtsein) For German Jurist, in FS Wolfgang Fikentscher, 1998, 119.

82) 한편 예링의 다음 지적은 매우 시사적이다: 오늘날의 개념법학은 이러한 고려를 하지 않으며, 설사 종국적으로 법적용의 목적에 전혀 맞지 않는 결과에 도달하여 스스로 자신의 불능성 안에서 자멸하더라도 그 길을 똑바로 나아간다. 법논리는 이제 더 이상 로마에서와 같이 생활을 위하여 존재하지 아니하고, 생활이 법논리를 위하여 존재하는 것이다. … 추상적인 개념전개와 논리일관성에 의하여 얻어진 명제를 생활에 그대로 적용하는 것에 대한 태연함, 그것이 오늘날의 개념법학의 기본적 특징이다. 양창수(역), 앞의 글, 88면.

런데 판사는 사례를 가능한 한 중립적이고 거리를 둔 방법으로 접근하도록 기대된다. 그리하여 독일의 '판례중심교육방법'은 학생으로 하여금 다음의 사항을 가르친다: 적절하게 적용가능한 법을 발견하는 것, 법적 문제의 사실(요건사실)을 포섭하는 것, 적절한 해석방법을 사용하여 포섭을 주장하거나 반박하는 것, 개개 가능한 판결의 결과를 고려하는 것, 법의 흠결을 고려하는 것, 유추가 가능한지를 고려하는 것.

법원칙의 중립적인 적용이라는 독일식의 이상은 법의 개념 즉, -미국처럼 특정 이익을 증진하기 위해 사용될 수 있는 정치적 수단으로서의 법의 이해와는 반대로- 학문으로서 법의 이해와 밀접히 연계되어 있다.[83] 독일의 '판례중심교육방법'은 그래서 구상상의 법학(jurisprudence)에 밀접히 연관되어 있다. 실정법령을 최고에 두고 판결을 독립된 法源으로 보지 않는 법원시스템은 법적 논증에서 연역적 접근을 더 선호한다. 이런 점은 -공행정의 특별분야를 위한 법규정은 물론, 행정법과 헌법의 일반원칙이 매우 광범하게 성문화되어 있는- 공법분야에는 그대로 타당하다. 이런 맥락에서의 연역적 접근은 법조인으로 하여금 법을 법리와 규범의 자제적, 합리적이고 연역적 시스템으로 마음속에 그리게 요구한다. 그것의 대상은 가능한 한 많이 -정치, 심리학 그리고 사회학의 지배로부터 분리시켜- 법을 유지하는 것이다. 비록 정치적, 경제적, 사회적 고려의 중요성이 법원의 논증을 위하여 특히 연방헌법재판소의 재판을 위하여 증대되었지만, 그것의 사용은 전통적인 해석방법 특히 목적론적 해석방법에 의해 획정된 범위안에서 확고히 머문다.[84]

그리하여 대학에서의 강의와 연습은 중요한 판결에 관한 토의를 담고 있긴 하지만 토의범위가 대부분의 보통법국가보다는 좁다. 법원의 판결이유가 法源의 차원에서 토의되지 않으며, 다만 해석이 의문시될 때 설득력을 갖는 때때로 고도의 설득력을 갖는 권위로 논의된다. 그리하여 이들에 관한 토의는 미국 로스쿨이 제공하는 식의 판례중심교육방법보다는 매우 한정적이다. 즉, 개개의 판결이 관련 영역에서 법의 발전에 이바지하는지, 그것의 법적 논증이 강한 설득력을 갖는지에 초점을 맞춘다. 그리하여 판례 뒤에 있는 사실, 諸이익, 정책적 주장은 거의 역점을 두어 다루지 않는다.[85]

---

83) Juergnage R. Ostertag, Legal Education in Germany and the United States A Structural Comparison, 26 Vand. J. Transnat'l L. 301, 324(1993).

84) 미국의 입법은 내포적이거나 체계적이지 않다. 실정법해석의 이론 역시 세련되지 못하였다. 결과적으로 미국 법조인은 비록 판례중심교육방법을 통해 일반적인 법리를 究明하도록 교육을 받지만, 이들을 공식화하는 데는 별반 관심을 갖지 않는다. 독일에서와 비교되지 않을 정도로 미국 로스쿨학생들은 명쾌한 개념, 제도 그리고 법규로써 법을 체계적으로 다루는 것을 접하지 못한다.

85) Juergnage R. Ostertag, Legal Education in Germany and the United States A Structural Comparison, 26 Vand. J. Transnat'l L. 301, 331(1993).

4. 우리 나름의 판례중심교육방법과 문답식교육방법의 모색

독일식의 판례중심교육방법이 미국 로스쿨에서의 그것과는 당연히 매우 다르듯이, 법교육의 방법이란 그것이 촉진시킬 법교육의 목표와 괴리될 수 없다. 법교육의 목표가 우선 법의 다양한 개념에 연계되어 있어서, 적어도 단시일내에 바뀌기란 매우 어렵긴 하나, 우리의 경우 로스쿨출범으로 종래의 법조인양성에 획기적인 전환이 행해진 이상 과거와 다른 무엇을 강구하지 않으면 아니 된다. 로스쿨체제가 이론과 실무의 접목을 지향하기에 행정법판례교육은 일단 판례중심교육방법을 하지 않으면 아니 된다.[86] 더군다나 행정법의 경우 총칙에 해당하는 법전이 없어서 미국식의 교육방법이 수용될 수 있는 일단의 여건은 마련된 것으로 볼 여지가 있다. 그리고 비판적 사고와 학생의 創發性을 고무시키기 위해서는 문답식교육방법의 채용 역시 필연적이다.[87] 다만 우리 네 현실의 여건에서 접목가능한 수준과 범위를 강구하여야 한다. 법원의 개념정의와 법문화의 근본적인 차이점에서 비롯된 미스매치(부정합성)를 어떻게 해소시킬 것인지가 관건이다. 이미 법의 원리와 원칙은 물론 법리가 고도의 법전화되어 있는 우리와 같은 시민법국가의 경우 당연히 미국에서의 그것과는 달라야 한다. 따라서 판례중심교육방법의 기능은, 판례에서의 법리와 원칙의 대부분을 발견하기보다는 개념법학의 엄밀성을 확고히 하는 데 두어야 한다.[88] 따라서 앞에서 본 독일식의 '판례중심교육방법'의 기조가 그대로 동원될 수 있다.

구체적인 실행방법과 관련해서 보자면,[89] 판례교육수업의 초입단계에서 주제를 확고히 한다는 의미에서 교수는 주제와 연관된 법원칙과 법리를 먼저 상기시킬 필요가 있다. 미국식의 연역적 방식이 아닌 귀납적 방식으로 先 적용규범(법원칙, 법리 법규정)의 문제, 後 적용의 문제로 접근한다. 그런데 항상 강조할 사항은 판례읽기의 생활화이다. 판례읽기는 학생에게 단지 법리를 배우는 것만이 아니라 이들 법리가

---

86) 사실 기왕의 법학과 법실무에 대한 상호간의 비판 및 그에 따른 문제점은 로스쿨출범과는 무관한 것이다.

87) 교수가 조직화된 추상적인 일방적인 발표를 제공하는 식의 통상 강의식교육방법의 경우, 학생들은 수업자료를 준비하거나 재가공하도록 요구되지 않는다. 비록 딱딱한 강의가 법전의 해석, 학설 그리고 법지식을 암기하는 데 다소간 유용하다고 판명될 수 있을지라도, 학생의 분석적, 소통적 기술을 직업에서 필요로 하는 수준까지 올리진 못한다. 사실 강의식의 방법으로 교육하는 교실에서는 학생들이 정교하게 준비된 강의로부터 충실하게 받아쓰는 경향이어서 시험치기 전 일주일까지 쓴 것을 읽을 동기가 없다. 그러면 시험후에 한 주 정도가 지나면, 노트필기에서의 모든 것은 완전히 잊혀져버린다.

88) Kuan-Chun Chang, The Teaching of Law in the United States: Studies on the Case and Socratic Methods in Comparison with Traditional Taiwanese Pedagogy, 4NTU L. Rev. 33(2009).

89) 여기서 먼저 논의해야할 사항은 행정법판례교육을 어떤 수준에서 진행할 것인지이다. 여기서의 교육방법은 학생이 행정법에 대해 어느 정도의 이해하고 있지 않으면, 정규강좌의 한정된 시간으로 인해 충분한 성과를 맺지 못하고 끝날 공산이 크다. 따라서 여기서의 내용이 제대로 구현되기 위해서는 학생들이 적어도 행정법과목을 하나나 둘 정도를 사전에 이수하는 것이 필요하다. 따라서 중급정도의 행정법수업에선 여기서와 같이 판례중심교육방법을 취하고, 그 이전단계의 경우에는 판결요지를 행정법판례교육의 주된 재료로 삼는 것이 바람직하게 여겨진다. 한편 여기서의 구체적 수업진행은 주로 발표자의 개인적 경험에 의한 것임을 밝힌다.

어떻게 적용되는지를 알게 한다.[90] 지속적인 판례읽기를 통해 학생들은 사실관계가 어떠한지, 법적 쟁점과 근거법령은 무엇이며, 소송당사자의 주장과 그 논거는 무엇인지, 법원의 판단은 어떠한지를 자연스럽게 깨닫게 된다. 교수의 역할은 학생들로 하여금 이상의 사항에 대해 좀더 쉽게, 체계적으로 그리고 심화시켜 접근하게 하는 것이다. 대부분의 사건에서 의견의 불일치는 법리와 원칙의 정교성에 있는 것이 아니라, 사실에 있다. 따라서 사실관계에서 법적 쟁점을 추출하는 데 한층 주의를 기울여야 한다. 그리고 쟁점이 된 판례는 물론 그렇지 않은 것의 경우에도 대립된 의견의 가능성을 인식하게 한다. 사실 Langdell의 판례중심교육방법의 주된 초점은 법의 오리지날 원천은 물론, 판례법에서의 판례분석과 법논증의 방법에 관한 것이었다는 점에서, 판례교육의 요체는 분석적, 비판적 법사고이다. 따라서 개개 판례에 대한 국소적 접근에 그쳐선 아니 되고, 관련 판례와의 상관관계를 고려하여 종합적으로 접근하게 이끌어야 한다. 여기서 강조되어야 할 점이 바로 판례의 흐름이다.[91] 비판의 재료는 학자들의 문헌에서 쉽게 찾을 수 있기에, 행정법판례교육에서도 항상 이론적 쟁점을 부각시켜 학생들도 하여금 판례의 경향을 단순히 아는 수준을 지나, 기왕의 틀에 대한 문제의식을 갖게 한다. 다만 논제에 대한 입법정책적 접근(de lege ferenda적 접근)과 현행법에서의 접근(de lege lata적 접근)을 구별하여 병행하도록 이끌어야 한다.[92]

판례중심교육방법에서 문답식교육방법의 병행은 필연적이다.[93] 문답식교육은 먼저 학생들에게 대상판례에 대한 숙제를 과하는 것에서 시작된다. 그리하여 수강생의 예습을 바탕으로 판례중심교육방법에서의 언급한 대로 수업을 진행한다. 교수와 학생간의 문답식진행에 그쳐선 아니 되고, 학생으로 하여금 원고와 피고의 소송당사자로서의 입장에서 사안을 접근하게 하여 상호간에 설득력있는 논증을 전개하게 한다(role-playing).[94] 문답식교육방법은 학생의 흥미를 일깨우고, 토론과 배움을 제고시

---

90) Weaver, Langdells Legacy: Living with the Case Method, 36 Vill. L. Rev. 517, 548(1991).

91) 가령 실효한 행정처분에 대한 권리구제(소이익)의 문제에서 과거 대법원 1995.10.17. 선고 94누14148전원합의체판결의 입장에서 180° 선회한 대법원 2006.6.22. 선고 2003두1684전원합의체판결의 경우, 우선 근거규정의 법적 성질과 유리시켜 처분성을 처음 논증한 대법원 2005. 2. 17. 선고 2003두14765판결을 논의하는 것이 바람직하다.

92) 이상의 교육방법이 효과를 거두기 위해서는 무엇보다도 이런 프로그램을 운용시킬 수 있는 재료 즉, 판례교재가 있어야 한다. 돌이켜 보면 先學들은 어려운 1970년대에 웅대한 판례집을 완성하였다. 즉, 7년간의 작업을 통해 9,000여건의 방대한 판례를 수록한 한국행정과학연구소 編(편집대표 김도창)의 「행정판례집 上·中·下」가 1977년에 출간되었고, 뒤이어 「주석 판례행정법Ⅰ·Ⅱ」(이상규)가 출간되었다. 그 후 1980년에 서울대학교 법학연구소에 기획된 「판례교재행정법」(김도창, 김철용, 최송화, 서원우)이 출간되었다. 물론 법학전문대학원협의회의 주도로 「판례교재행정법」(김용섭, 신봉기, 김광수, 이희정)이 출간되어 많은 도움을 받고 있지만, 더 많은 교재가 출간되었으면 한다.

93) 미국 시카고 로스쿨의 홈페이지상 문답식교육방법에 대한 소개는 다음과 같은 Bertrand Russell의 말로써 시작한다: It should be one of the functions of a teacher to open vistas before his pupils, showing them the possibility of activities that will be as delightful as they are useful.

키며, 배움의 과정에 학생들은 적극적으로 참여를 한다. 그런데 대화를 통한 검토의 과정에서, 학생은 물론 교수도 그들이 읽는 판결에 대한 새로운 통찰력을 얻을 기회를 가질 수 있다.[95] 문답식교육방법은 결코 Kingsfield 교수가 하는 수준까지 가진 않더라도 '친절한 공격'이다. 학생에게 약간의 압박을 가하는 것은 필요하다. 학생들로 하여금 자신의 견해가 일탈하였거나 논리적 구멍이 있다거나 하는 것을 알게 하는 것이 교육자의 의무이다.[96] 다만 유의할 점은 -물론 효과를 극대화하기 위한 과장이긴 하나- Kingsfield 교수와 같이, 학생으로 하여금 극도의 모욕이나 당황에 처하게 하는 지나친 추궁식의 수업진행을 하여선 아니 된다. 참고로 미국 로스쿨협회(AALS)는 매년 개최되는 워크샵 기간중에, 문답식교육방법의 조심스런 사용과 관련하여 조언을 하고 있다.

Ⅵ. 맺으면서 - 행정법의 성공은 로스쿨 전체의 성공

로스쿨시대인데, 과연 나 스스로에게 무엇이 바뀌었는지 자문하여 본다. 천지상간에 새로운 것은 없다는 명제를 상기하면, 언필칭 로스쿨시대라 하여 과연 무엇이 바뀔 것인지 기본적으로 의문을 갖는다. 로스쿨도입의 명분으로 제시한 많은 것들이 로스쿨의 도입과 필연적 연계된 것인지 생각하여 본다. 로스쿨의 도입이 충분한 숙고의 과정을 거친 계수의 산물인지 아니면 그저 移植의 대상에 불과한지를 지금 말하는 것은 성급하다.[97] 그러나 지금의 노력여하에 따라 때론 전자로, 때론 후자가 될 수 있다. 이종격투기마냥 근자의 트렌드는 영역파괴이다. 그러나 법교육제도는 제도 그 자체가 독립하여 존재하지 않는다. 그것의 바탕이 되고 둘러싼 요인 -법의 의의, 법문화, 법사고 등-에서 자유로울 수 없다. 사정에 따라서는 원색이 아닌 중간색이 요구된다. 관견에서 보건대 로스쿨도입이 그랬어야 한다.

시민법국가에서 보통법국가의 사법제도, 그것도 미국의 고유한 제도인 로스쿨제도를 그대로 도입한다는 것은 그 자체가 실험이고 모험이다. 로스쿨도입 후에 법학의

94) 실무법조인에게 요구되는 중요한 테크닉이 바로 문서작성이다. 이 점에서 문답식교육방법과 병행하여 나름 일종의 준비서면에 해당하는 법문서를 작성하게 훈련시켜야 한다. 그리하여 웹2.0기반의 학습도구를 적극적으로 활용할 필요가 있다. 가령 여러 명이 동시에 문서작업을 할 수 있는 Google의 '협력적 글쓰기 도구'를 활용하면 개인은 물론 조별 토론의 장이 만들어진다.

95) Weaver, Langdells Legacy: Living with the Case Method, 36 Vill. L. Rev. 517, 548(1991).

96) Powell, A Defense of the Socratic Method: An Interview with Martin B. Louis(1934-94), 73 N.C. L. Rev. 957, 958(1995).

97) 작가 崔仁勳의 「원시인이 되기 위한 문명한 의식」에서의 지적: "외국문화는 어떤 것이든지 받아들여도 좋다. 다만 原物形으로 받아들일 것이 아니라, 그것을 요소로 분해해서 구조식을 알아내고, 다음에는 소재는 국산자재든 수입자재든 간에 완제품을 국내생산을 하여 저렴한 가격으로(즉 정신적 낭비-외국숭배·물신숭배를 줄이고) 지식시장에 내놓는 일이 바른 태도일 것이다"은 우리에게 시사점을 던진다.

위기가 자주 거론되는데, 일면 로스쿨도입도 그 원인이 되겠지만, 더 중요한 원인은 이제까지의 법학교육에서 찾아야 한다. 여러 차례 강조하지만, 행정법교육과 행정법 판례교육의 문제는 로스쿨에서의 문제가 아니다. 그럼에도 불구하고 이에 관한 논의를 미룰 수 없는 것은, 로스쿨출범에 실무사고의 절대적 우위를 연계시킴으로 말미암아 법교육의 무게중심이 대학에서 실무계 특히 주요 로펌으로 이전될 위험이 있기 때문이다. 새삼 지금의 미국 로스쿨을 있게 한 Langdell이 대학을 법교육주체로 굳건하게 세우려고 하였다는 점을 상기하여야 한다.[98] 근본이 다른 양제도를 결합하였을 경우, 서로의 접점을 중심으로 세심한 노력을 다할 때 비로소 화학적 결합이 성공하고 새로운 것이 창조된다. 반면 발상을 전환하지 않은 채 만연한 태도를 취하면 실패할 수밖에 없으며, 이 경우 제도의 단순 조립에 불과하다. 행정법이 다른 법영역과는 다른 점에서, 로스쿨에서 교육방법차원에서의 행정법의 성공여하는 전체의 그것으로 봄직하다. 그런 점에서 비록 실험이고 모험이라 하더라도, 로스쿨의 성공과 행정법의 융성을 위한 노력을 멈출 수는 없다.[99]

"You teach yourselves the law, but I train your minds. You come in here with a skull full of mush; you leave thinking like a lawyer." (Professor Charles Kingsfield)

* 행정법학 창간호, 2011.9.30. 119면 이하 소수.

---

98) 그리하여 미국에선 판례중심교육방법의 주된 목적이 학생을 '법조인처럼 생각하게' 훈련시키는 것임에도 불구하고, Langdell과 그 추종자는 법의 실무로부터 벗어났다고, 학생들을 '교수처럼 생각하게' 가르치려 한다고 비판이 가해진다. Myron Moskovitz, From Case Method to Problem Method: The Evolution of a Teacher, 48 St. Louis U. L.J. 1205, 1214(2004).

99) 다음과 같은 예링의 지적은 매우 시사적이다: 법학은 변혁에 대항하기보다는 반대로 이를 즐거이 환영하여야 한다. 왜냐하면 법학은 그에 의하여 새로운 개념형성 활동의 기회를 가지게 되기 때문이다. 양창수(역), 앞의 글, 77면.

제 3 편 建築行政法 · 科學技術行政法 등

제 1 장

法律的 根據가 없는 生活對策에 관한 申請拒否의 問題

- 대상판결: 대법원 2011.10.13. 선고 2008두17905판결 -

Ⅰ. 사안[1)]

은평 뉴타운 개발사업과 관련해서 서울특별시장과 피고(에스에이치공사)는 2002.11.20. 은평뉴타운을 포함한 강북뉴타운 개발사업의 이주대책 기준일을 2002.11.20.로 정하여 이를 공고하였고, 그 후 피고는 2004.10.19. 이 사건 사업의 시행으로 인하여 생활근거 등을 상실하는 주민들을 위한 주거대책 및 생활대책으로 '은평 뉴타운 도시개발구역 이주대책'을 공고하였다. 이 사건 사업의 시행으로 인하여 영업근거를 상실하는 화훼영업자를 위한 생활대책(이하 '이 사건 대책'이라 한다)은 다음과 같다: 기준일 3개월 이전부터 사업구역내에서 관계법령에 의한 허가·등록·신고 및 사업자등록을 하고 협의계약 체결일까지 계속 영업을 하여 영업손실보상을 받고 보상에 협의하여 자진 이주한 화훼영업자에게는 사업구역내 화훼용지 82㎡ 이하 지분을 공급하되, 사업자등록 미필 영업자는 영업손실 보상자의 생활대책기준(이 사업구역내 분양상가 또는 상가용지(준주거) 16.5㎡ 이하의 지분 공급)에 의한다.

그런데 원고는 소외 3으로부터 중앙식물원 내의 다른 비닐하우스시설인 서울 은

1) 이 글은 본래 2011년도 主要 行政法(行政)判決의 分析과 批判에 관한 小考, 안암법학 제38호(2012.5.31)에 실린 것을 수정·보완하여 한국토지보상법연구회 동계학술발표회(2012.12.20.)에서 발표한 것이다. 그리고 내용을 일부 요약하여 법률신문 제4098호(2013.1.24.)에 동명의 제명으로 게재하였음을 밝혀둔다.

평구 진관내동 428 지상 비닐하우스 3개동(가동 15호, 16호, 17호)을 임대차보증금 200만 원, 월차임 13만 원으로 정하여 임차하는 한편, 1999.2.5. 동생인 소외 1의 명의를 빌려 '태평양농원'이라는 상호로 화훼도매업을 영위하는 내용의 사업자등록을 하고 그 무렵부터 위 임차시설에서 화훼도매업을 영위하면서 소외 1의 명의로 세금을 신고 · 납부하였다(이하 원고가 위와 같이 운영한 화훼도매업체를 '이 사건 화원'이라 한다). 원고는 이 사건 화원에서 화훼도매업을 계속 영위하던 중 신용불량자 등록이 해제됨에 따라 이 사건 화원의 사업자등록 명의를 자신의 명의로 변경하려고 하였으나 그 명의변경이 여의치 않자, 2003.6.30. 소외 1의 명의로 사업자등록을 한 '태평양농원'에 관하여 폐업신고를 함과 아울러 다시 자신의 명의로 상호는 동일하게 '태평양농원'으로 신규로 사업자등록을 하고 이 사건 화원에서 화훼도매업을 계속 영위하였다. 원고가 생활대책과 관련해서 사업구역내 화훼용지 82㎡ 이하 지분의 공급을 신청하였는데, 피고는 요건미비를 이유로 거부하고, 대신 상가용지 16.5㎡ 이하를 공급받을 수 있는 대상자 중 공급순위 3순위 적격자로 선정되었음을 통보하였다(이하 '이 사건 처분'이라 한다).

Ⅱ. 경과

제1심은[2] 다음의 논거로 형식적인 사업자등록의 요구를 배격하고 화훼영업의 실질성에 초점을 맞추어 원고 역시 생활대책의 수급자격을 갖는다고 판시하였다: ⅰ) 이 사건 선정기준에서 '기준일 3개월 이전부터 사업자등록을 하고 계속 영업을 한 화훼영업자'일 것을 요건으로 정하여 그 요건의 충족 여부에 따라 생활대책에 차등을 둔 취지는 사업자등록을 하여 세금을 성실하게 납부하려는 영업자와 사업자등록을 하지 않음으로써 세금 납부를 회피하려는 영업자를 생활대책에 있어서 서로 다르게 취급하고 또 '기준일 3개월 이전'이라는 객관적, 일률적인 기준을 설정함으로써 이주대책 기준일 3개월 이전부터 화훼영업을 한 것이 아님에도 이를 가장하는 자를 공급대상자에서 제외하기 위한 것으로 보이는 점, ⅱ) 이 사건 대책과 같은 생활대책은 택지 등 조성사업의 시행자가 그 사업의 원활한 시행을 위하여 그 사업 시행으로 인하여 생활근거를 상실하게 되는 이주자에 대하여 종전의 생활상태로 원상회복 시켜 주기 위하여 마련하는 것으로서 헌법 제23조 제3항의 손실보상의 한 형태로 볼 수 있는 점, ⅲ) 만약 원고가 이 사건 화원의 사업자등록 명의를 자신의 명의로 바꾸지 않고 소외 1의 사업자등록 명의를 그대로 유지하였더라면 소외 1이 이

2) 서울행정법원 2008.3.19. 선고 2007구합34422판결.

사건 선정기준을 충족한 것으로 처리되어 화훼용지 공급대상자로 선정되었을 것으로 보이는 점.

2심(서울고등법원 2008.9.24. 선고 2008누10272판결)과 대상판결 역시 이를 그대로 수긍하였다.

Ⅲ. 대상판결의 요지

[1] 공익사업을 위한 토지 등의 취득 및 보상에 관한 법률은 제78조 제1항에서 "사업시행자는 공익사업의 시행으로 인하여 주거용 건축물을 제공함에 따라 생활의 근거를 상실하게 되는 자(이하 '이주대책대상자'라 한다)를 위하여 대통령령으로 정하는 바에 따라 이주대책을 수립·실시하거나 이주정착금을 지급하여야 한다"고 규정하고 있을 뿐, 생활대책용지의 공급과 같이 공익사업 시행 이전과 같은 경제수준을 유지할 수 있도록 하는 내용의 생활대책에 관한 분명한 근거 규정을 두고 있지는 않으나, 사업시행자 스스로 공익사업의 원활한 시행을 위하여 필요하다고 인정함으로써 생활대책을 수립·실시할 수 있도록 하는 내부규정을 두고 있고 내부규정에 따라 생활대책대상자 선정기준을 마련하여 생활대책을 수립·실시하는 경우에는, 이러한 생활대책 역시 "공공필요에 의한 재산권의 수용·사용 또는 제한 및 그에 대한 보상은 법률로써 하되, 정당한 보상을 지급하여야 한다"고 규정하고 있는 헌법 제23조 제3항에 따른 정당한 보상에 포함되는 것으로 보아야 한다. 따라서 이러한 생활대책대상자 선정기준에 해당하는 자는 사업시행자에게 생활대책대상자 선정 여부의 확인·결정을 신청할 수 있는 권리를 가지는 것이어서, 만일 사업시행자가 그러한 자를 생활대책대상자에서 제외하거나 선정을 거부하면, 이러한 생활대책대상자 선정기준에 해당하는 자는 사업시행자를 상대로 항고소송을 제기할 수 있다고 보는 것이 타당하다.

[2] 뉴타운개발 사업시행자가 사업시행으로 생활근거 등을 상실하는 주민들을 위한 주거대책 및 생활대책을 공고함에 따라 화훼도매업을 하던 갑이 사업시행자에게 생활대책신청을 하였으나, 사업시행자가 갑은 위 주거대책 및 생활대책에서 정한 '이주대책 기준일 3개월 이전부터 사업자등록을 하고 영업을 계속한 화훼영업자'에 해당하지 않는다는 이유로 화훼용지 공급대상자에서 제외한 사안에서, 사업시행자의 거부행위가 행정처분에 해당한다고 본 원심판단은 정당하다.

[3] 갑이 이주대책 기준일 3개월 이전부터 동생 명의를 빌려 사업자등록을 하고 화원 영업을 하다가 기준일 이후에 비로소 사업자등록 명의만을 자신 명의로 바꾸

어 종전과 같은 화원 영업을 계속하였더라도 '기준일 3개월 이전부터 사업자등록을 하고 계속 영업을 한 화훼영업자'에 해당한다고 본 원심판단은 정당하다.

Ⅳ. 문제의 제기

법적 물음은 소송요건의 차원과 본안에서의 인용여부의 차원에서 제기된다. 전자에서 제기되는 법적 물음은 거부처분의 인정여부이다. 대법원 1984.10.23. 선고 84누227판결이래로, 신청대상행위가 행정행위이고, 그 신청자에게 법률상 조리상의 신청권이 있어야 거부처분이 존재한다(거부처분인정공식). 여기서 문제는 신청권의 존재인데, 근거법률인 공익사업법은 이주대책과는 별도로 생활대책에 관해 특별히 규정하고 있지 않은 법상황에 초점을 맞추어야 한다. 그런데 판례가 신청권의 논증에서 다소간 엄격한 태도를 취한 경향과 비교하여, 대상판결은 -기존의 접근을 뛰어넘을 정도의- 매우 대조적인 모습을 보여준다.

본안에서의 인용여부의 차원에서 제기되는 법적 물음은 사업자등록의 문제이다. 판례는 형식적 메커니즘을 넘어 실질적 관점에서 즉, 구체적 타당성의 관점에서 대처하는데, 이것이 과연 현행법의 형식적, 공식적 메커니즘과 마찰은 없는지 여부를 검토할 필요가 있다.

Ⅴ. 소송요건의 차원에서의 검토

1. 거부처분인정공식에 관한 일반론

(1) 대법원 1984.10.23. 선고 84누227판결의 의의

대법원 1984.10.23. 선고 84누227판결의 의의는, 계획변경신청권의 존부의 물음을 넘어서 거부처분의 성립요건으로서 '국민이 행정청에 대하여 그 신청에 따른 행정행위를 해줄 것을 요구할 수 있는 법규상 또는 조리상의 권리' 즉, '신청권'의 존재를 요구한 점에 있다.[3] 이로부터 비롯된 거부처분 인정 공식(행정행위신청+신청권)은 지금껏 후속 판결은 물론 행정심판에서도 그대로 전승되고 있다. 이런 인정공식과 관련하여 다툼의 대상은 신청권의 문제인데, 판례가 부작위의 개념정의(제2조 제2호)상에 있는 "일정한 처분을 하여야 할 법률상 의무가 있음에도 불구하고"에 착안하여 요구한 것이다.

---

3) 이에 대한 비판으로 이홍훈, 도시계획과 행정거부처분, 행정판례연구 제1집(1992), 115면 이하.

(2) 현행 기본포맷의 문제점

한편 대법원 1998.7.10. 선고 96누14036판결이 거부처분의 성립요건으로 ⅰ) 신청권의 존재에 덧붙여, ⅱ) 그 신청한 행위가 공권력의 행사 또는 이에 준하는 행정작용이어야 할 것, ⅲ) 그 거부행위가 신청인의 법률관계에 어떤 변동을 일으킬 것을 요구한 이래로, 이런 논증양식이 판례의 기본포맷이다. 일단 행정소송법상의 처분정의에 의거한 듯한 점은 호평할 만하나, 치명적인 문제점을 안고 있다. 우선 ⅱ)와 ⅲ)이 독립되게 요구될 정도로 서로 본질적으로 나누어질 대상인지 의문스럽다. 신청대상행위가 ⅱ)의 요건을 충족하면, 그것의 거부는 당연히 ⅲ)의 요건을 충족한다. 따라서 ⅱ)와 ⅲ)은 불필요한 중복이다. 나아가 과연 이런 접근이 현행법상의 처분정의에 부합하는지 여부도 의문스럽다. 현행 행정소송법 제2조 제1항 제1호상의 처분정의상 행정행위(처분)가 아닌 사실행위나 공법계약체결의 거부는 거부처분이 될 수 없다.[4] 이 점에서 대법원 96누14036판결상의 ⅱ)의 요건은 처분정의와는 분명한 간극이 있다. 거부행위의 규율성을 인정하기 위해 요구되는, '신청권에 바탕을 둔 신청인의 법률관계상의 변동'과 관련해서는 판례가 비록 완화된 입장을 취하지만, [5] 이 역시 불필요한 논증이다.

(3) 대표적인 거부처분의 확대인정

과거와는 달리 일련의 판례를 통해 거부처분인정에서 획기적인 전환이 행해졌다: 명문규정의 부재에도 불구하고 설치자명의변경의 요구권을 인정한 대법원 2003.4.11. 선고 2001두9929판결, 폐기물처리사업계획의 적정통보를 착안점으로 삼아 국토이용계획변경신청권을 예외적으로 인정한 대법원 2003.9.23. 선고 2001두10936판결,[6] 지목변경신청반려행위의 처분성을 인정한 대법원 2004.4.22. 선고 2003두9015전원합의체판결, 대법원 2004.4.22. 선고 2000두7735전원합의체판결(이른바 서울대 미대 '김민수 교수사건'), 행정개입청구권과 행정행위의 재심의 법리를 반영하여 거부처분을 인정한 대법원 2006.3.16. 선고 2006두330판결(소위 새만금판결).

그러나 획기적인 변화는 확대되지 않았다. 가령 행정개입청구권을 정면으로 다시 부인한 판례로 인해 대법원 2006.3.16. 선고 2006두330판결은 일회적 의미에 그쳤

4) 독일의 경우에도 특히 사실행위의 거부와 관련하여, 다수는 처분성을 부인하지만, 반대의 입장도 상당하며, 판례 또한 그 경향을 판단하기가 쉽지 않다.

5) 대법원 2002.11.22. 선고 2000두9229판결: 신청인의 실체상의 권리관계에 직접적인 변동을 일으키는 것은 물론 그렇지 않다 하더라도 신청인이 실체상의 권리자로서 권리를 행사함에 중대한 지장을 초래하는 것도 포함한다.

6) 상세는 김중권, 행정법기본연구 I (2008), 486면 이하.

다. 그리고 대법원 2000두7735전원합의체판결은 하급심과는 달리 재임용거부결정의 통지를 문제로 삼음으로써, 소송대상을 통보처분으로 보았다는 오해를 낳기에 충분한데, 실제 일부 문헌에서 그렇게 소개되기도 한다. 그러나 사안은 동 판례의 표제-교수재임용거부처분취소-처럼 거부처분사건이다. 따라서 여기서의 재임용거부 취지로 한 임용기간만료의 통지를 통지처분으로 자리매김해서는 아니 된다.

(4) 대법원 2004.4.28. 선고 2003두1806판결의 문제점

대법원 2004.4.28. 선고 2003두1806판결은 '도시계획시설변경입안제안의 거부'를 거부처분으로 보았다. 이것에 대해 朴正勳 교수는 다음의 의의를 주장하였다: i) 20년 동안 도시계획・국토이용계획의 분쟁에 관한 행정소송을 봉쇄한 장벽이 사실상 붕괴되었다, ii) 민원에 대한 통지의무와 도시계획입안제안에 대한 통지의무가 근본적으로 다르지 않기에 행정청에 대한 모든 신청에 대해 신청권을 인정하든지 아니면 거부처분의 요건으로 신청권을 요구하는 판례 자체를 포기하여야 할 시점이 임박하였다.[7)]

위 판결의 취지를 쫒는다면, 도시계획변경입안의 '제안'에 관해 신청권이 인정되며, 이에 따라 도시(관리)계획변경에 관해서는 당연히 신청권이 인정됨으로써 계획변경신청권의 일반적 인정으로 귀착될 수 있다. 위 판결에서는 '도시계획시설변경입안의 제안'에 대한 거부가 문제된다. '도시계획시설변경계획결정'은 분명히 행정처분이지만, 그 이전 단계에서 행해진 '입안결정'은 아직 법적 효과를 발생시키지 않은 점에서 일종의 준비행위이자 절차행위이다. 입안제안의 거부가 거부처분이 되면, 준비행위나 절차행위가 완료된 행정처분과 동일하게 취급되어서, 그에 대한 전면적인 사법통제가 가능해질 수 있는 등 예상하지 못한 법리적 희생이 너무 크다.[8)]

2. 생활대책대상자 선정기준 등에 관한 규정의 법적 성질

(1) 법률대위적 규칙에 따른 접근

법률유보의 원칙에서 사회급부유보설이나 전부유보설을 취하지 않는 한, 헌법상 추구되는 생활보상의 측면에서 사업시행자 스스로 공익사업의 원활한 시행을 위하여 필요하다고 인정하여 생활대책을 수립・실시하는 것, 이를 위해 생활대책대상자 선정기준 등에 관한 규정(이하 '대상규정'이라 한다)을 마련한 것 자체는 아무런 문제가

7) 동인, 행정판례 반세기 회고, 행정판례연구 제11집(2006), 80면 이하.
8) 상세는 졸고, 도시계획변경입안제안에 대한 거부의 처분성여부, 법률신문 제3446호(2006.3.27.).

없다. 그런데 판례는 대상규정의 법적 성질을 구체적으로 논하지 않은 채, 생활대책대상자 선정기준에 해당하는 자의 신청권을 논증하였다.

법률적 위임이 없는 이상, 판례마냥 대상규정은 내부규정 즉, 일종의 행정규칙으로 보는 것이 자연스럽다. 자세히 보면, 이 규정은 일단 法律代位的 規則(gesetzes-vertretende Verwaltungsvorschriften)에 해당한다. 법률대위적 규칙은, 규범이 필요한 일정한 분야에 법률적 규율이 不在할 때 발해진다. 법률적 규율의 不在란 아예 그것이 전혀 없는 경우는 물론, 법률적 규정이 있으되 구체화규정이 요구될 정도로 개괄적인 경우도 의미한다. 특히 후자의 경우에는 재량준칙에로의 변경이 유동적이다. 그러나 재량준칙과 법률대위적 규칙과 구별되는 점은, 후자의 경우 정해진 결정규준을 구체화하는 것이 아니라 필요한 결정규준을 처음으로 제공한다는 것이다. 다만 여기서의 '법률대위'가 법률과 동등한 효력을 갖는 것을 뜻한다고 오해해선 아니 된다. 그것은 관계법령이 제정되기까지 나름의 행정통제규칙으로 기능할 뿐이고, 당연히 재판규범성을 갖지 않는다. 본래 법률대위적 규칙은 독일의 경우 과거 자금조성과 같은 급부행정영역에서 입법의 不備狀況에서 행정이 나름의 지침에 의거하기 위해 고안된 것인데, 급부행정영역에서도 법률적 규율이 대폭 증가하여 오늘날엔 그 의의가 많이 가시었다.

(2) 행정규칙에 의거하여 신청권을 도출할 수 있는지 여부

대상규정의 근거법률이 결여되어 있는 이상, 법률의 법규창조력에 비추어 대상규정을 법규로 보기는 어렵다. 따라서 법률대위적 규칙을 곧바로 -재판규범성의 의미에서의- 법규로 보는 입장도[9] 있지만, 법률상 또는 조리상의 신청권이 여기서 도출할 수 있을지 여부를 검토하여야 한다. 과거 판례가 모법률 없이 제정된 대통령령인 정부공문서규정에 의거하여 국가기관이 보관하는 문서에 대한 국민의 열람 및 복사 신청권을 인정하긴 하였지만,[10] 이는 그 존재형식이 대통령령이어서 사안과는 본질적으로 다르다.

그런데 어떤 행위의 법적 성질을 행정행위로 여기느냐의 물음에서, 법적 근거(수권)가 존재하는지 여부는 전혀 관계가 없다.[11] 법률상의 근거의 유무에 상관없이, 어떤 행위가 직접적인 근거규정 뿐만 아니라, 관련 규정에 의거해서 행정행위의 개개의 개념적 징표를 충족하고 있는지가 요체이다. 이에 대법원 2005.2.17. 선고 2003두14765판결의 논증방식은 그동안 취해온 것과는 근본적으로 다르다. 처분성여부를

9) 법규로 보는 입장으로 홍정선, 행정법원론(상), 2012, 258면.
10) 대법원 1989.10.24. 선고 88누9312판결.
11) Kopp/Ramsauer, VwVfG Kommentar, 11.Aufl., 2010, §35 Rn.57; BVerwG, NVwZ 1985, 264.

판단함에 있어 근거규정의 법적 성질에서 출발하였던 태도에서 벗어나, 관련 (법)규정에 의거하여 법효과발생 여부 및 처분성 여부를 논증한 다음에, 그것의 근거규정의 법규성을 요구하는 법률유보의 물음으로 이전하였다. 그런데 기존의 논증상의 난맥을 일소한 동판결의 의의는 이것에 그치지 않는다.[12)]

(3) 管見

법률적 위임이 없는 이상, 판례마냥 대상규정은 내부규정 즉, 일종의 행정규칙으로 보는 것이 자연스러우며, 일단 법률대위적 규칙에 해당할 수 있다. 그런데 이런 식의 접근은 대상규정이 행정당국에 의해 만들어져야 가능하다. 실상은 전혀 다르다. 대상규정은 에스에이치공사가 나름 협상수단의 차원에서 만든 자신의 내부규정이다. 그렇다면 대상규정은 공법적 의미를 갖지 않으며, 공법적 논의의 착안점으로 삼아서는 곤란하다.

3. 사안의 생활대책신청권이 헌법 제23조 제3항의 정당보상에서 도출될 수 있는지 여부

(1) 공법적인 두 가지의 물음

대법원은 법률적 근거가 없이 내부규정에 둔 생활대책이 "공공필요에 의한 재산권의 수용 · 사용 또는 제한 및 그에 대한 보상은 법률로써 하되, 정당한 보상을 지급하여야 한다"고 규정하고 있는 헌법 제23조 제3항에 따른 정당한 보상에 포함되는 것으로 보고서, 대상규정에 의해 생활대책대상자 선정기준에 해당하는 자는 사업시행자에게 생활대책대상자 선정 여부의 확인 · 결정을 신청할 수 있는 권리를 가지는 것으로 본다.

「공익사업을 위한 토지 등의 취득 및 보상에 관한 법률」(이하 '공익사업법'이라 한다)이 규정하지 않은 생활대책용지의 공급과 같은 생활대책을 과연 헌법 제23조 제3항에 따른 정당한 보상에 곧바로 포함시킬 수 있는지 세심한 검토가 필요하다. 우선 판례의 이런 태도는 헌법 제23조 제3항이 대국민적 직접적 효력을 갖는다는 것인데, 과연 전체 공법학계에서 전폭적으로 받아들여질 수 있는지 의문이다. 나아가 공익사업법이 규정하고 있는 이주대책에 대한 판례의 기왕의 입장에 비추어 검토가 필요하다.[13)]

---

12) 대법원 2006.6.22. 선고 2003두1684전원합의체판결을 통해서, 제재적 행정처분과 관련한 기왕의 리딩판결인 대법원 1995.10.17. 선고 94누14148전원합의체판결의 도식(부령인 제재처분기준⇒행정규칙⇒사실상 불이익의 인정)이 폐기되었다. 상세는 김중권, 행정법기본연구Ⅱ(2009), 92면 이하.

(2) 헌법 제23조 제3항의 법적 효력

재산권행사의 제약과 관련한 법률이 공용개입으로 인한 초래된 특별한 희생에 대해 손실보상을 규정하여야 함에도 불구하고 그렇지 아니한 경우에 재산권행사에서 제약을 당한 자가 헌법 제23조 제3항에 의해 손실보상을 청구할 수 있는지 여부가 문제된다. 이는 헌법상의 공용개입조항의 법적 효력과 연관되며, 그것의 이해를 둘러싼 공법적 논의는 늘 현재진행형이다. 변함없는 공법학의 화두이다. 일찍이 4반세기 전에 수용유사적, 수용적 침해에 관한 독일논의가 소개되었고,[14] 다수의 관련 문헌도 출현하였다. 그에 따라 공법 특히 행정법 대부분의 문헌에서 동 법리의 우리 법제상의 통용여부를 둘러싸고 치열한 논쟁이 벌어졌다. 그것은 특히 헌법 제23조 제3항의 법적 효력에 관한 다툼으로 이어져, 위헌무효설, 직접효력설, 유추적용설 등이 전개되고 있다

직접효력설(위헌무효설)은 헌법상의 보상규정을 국민에 대한 직접효력규정으로 보지 않고, 다만 입법자로 하여금 국민의 재산권을 침해할 경우에 보상에 관한 규정도 두게 구속하는 효력을 갖는다고 본다. 사실상 헌법규정을 직접 의거하여 보상을 도모할 수는 없는 셈이 되어 부득불 국가배상책임상의 방법을 강구할 수밖에 없다. 그 결과 공용개입에 따르는 보상규정이 없는 법률은 위헌무효이고 그에 근거한 재산권 침해행위는 위법한 직무행위가 되므로, 그 경우 국가배상법에 의거한 손해배상청구가 가능하다고 본다. 이는 준공용개입(수용유사적 침해)에 의한 보상 및 결과적 공용개입(수용적 침해)에 의한 보상을 부인하는 것으로 귀착된다. 그런데 국가배상책임의 모색은 현행 국가배상법의 성립요건 특히 주관적 책임요소와 관련해서 지극히 곤란함에 봉착한다. 사실상 국가무책임으로 귀결될 가능성이 크다. 반면 직접효력설은 헌법상의 보상규정을 국민에 대해 직접적 효력이 있는 규정으로 보며, 따라서 만일 법률에 당연히 있어야 할 보상규정이 없는 경우에는 직접 헌법상의 보상규정(제23조 제3항)에 근거하여 보상을 청구할 수 있다고 본다. 그리고 유추적용설(간접효력설)은 공용개입에 따른 보상규정이 없는 경우에는, 헌법 제23조 제1항(재산권보장조항) 및 제11조(평등원칙)에 근거하며, 헌법 제23조 제3항 및 관계규정의 유추적용을 통하여 보상을 청구할 수 있다는 입장이다. 이는 독일에서 발전된 '원형'으로서의 준공용개입 및 결과적 공용개입의 법리를 받아 들여 문제를 해결하고자 하는 견해이다.

---

13) 이주대책을 비롯한 생활보상의 내용과 범위에 관해서는 특히 정남철, 공생발전을 위한 생활보상의 문제, 저스티스 제134-1호(2013.2.), 130면 이하 참조.

14) 김남진, 재산권의 공용침해와 손실보상, 고시연구 1982.11., 39면 이하; 수용유사・수용적 침해와 보상, 월간고시 1984.4.

(3) 이주대책에 대한 판례의 입장

일찍이 헌법재판소는 이주대책은 헌법 제23조 제3항의 정당보상의 범주에 들어가지 않는다고 판시하였다: "이주대책의 실시는, 공공필요에 의하여 재산권을 수용당한 국민이 당연히 국가에 대하여 갖는 공법상의 권리인 손실보상청구권과는 전혀 다른 개념으로서, 택지개발사업등 공공사업의 시행으로 생활근거를 잃게 된 철거민들에 대하여 생활보호의 차원에서 공공용지의취득및손실보상에관한특례법 제8조에 따라 이루어지는 시혜적인 조치에 불과하여, 헌법 제23조 제3항에서 말하는 '정당한 보상'에 당하지 아니 한다"(헌재 1993.7.29. 92헌마30). "이주대책은 헌법 제23조 제3항에 규정된 정당한 보상에 포함되는 것이라기보다는 이에 부가하여 이주자들에게 종전의 생활상태를 회복시키기 위한 생활보상의 일환으로서 국가의 정책적인 배려에 의하여 마련된 제도라고 볼 것이다. 따라서 이주대책의 실시 여부는 입법자의 입법정책적 재량의 영역에 속하므로 공익사업을위한토지등의취득및보상에관한법률시행령 제40조 제3항 제3호(이하 '이 사건 조항'이라 한다)가 이주대책의 대상자에서 세입자를 제외하고 있는 것이 세입자의 재산권을 침해하는 것이라 볼 수 없다"(헌재 2006.2.23. 2004헌마19).

대법원 역시 이주대책이 생활보상의 일환으로 인정되는 것임을 분명히 한다: "공공용지의취득및손실보상에관한특례법상의 이주대책은 공공사업의 시행에 필요한 토지 등을 제공함으로 인하여 생활의 근거를 상실하게 되는 이주자들을 위하여 사업시행자가 기본적인 생활시설이 포함된 택지를 조성하거나 그 지상에 주택을 건설하여 이주자들에게 이를 그 투입비용 원가만의 부담하에 개별 공급하는 것으로서, 그 본래의 취지에 있어 이주자들에 대하여 종전의 생활상태를 원상으로 회복시키면서 동시에 인간다운 생활을 보장하여 주기 위한 이른바 생활보상의 일환으로 국가의 적극적이고 정책적인 배려에 의하여 마련된 제도이다"(대법원 1994.5.24. 선고 92다35783전원합의체판결).[15] "구 공공용지의취득및손실보상에관한특례법(2002.2.4. 법률 제6656호로 폐지) 제8조 제1항은 "사업시행자는 공공사업의 시행에 필요한 토지 등을 제공함으

---

15) [반대의견] 「공공용지의 취득 및 손실보상에 관한 특례법」에 의한 이주대책은 학설상 이른바 생활보상으로서 실체적 권리인 손실보상의 한 형태로 파악되고 있으며 대법원 판례도 이를 실체법상의 권리로 인정하여, 민사소송으로 이주대책에 의한 주택수분양권의 확인소송을 허용하였었다. 이주대책은 경우에 따라 택지 또는 주택의 분양이나 이주정착금으로 보상되는바, 이주정착금이 손실보상금의 일종이므로 통상의 각종 보상금처럼 실체적 권리가 되는 것을 부정할 수 없을 것이고, 그렇다면 같은 취지의 택지 또는 주택의 수분양권도 실체적인 권리로 봄이 마땅하며 가사 이를 권리로 보지 못한다 하더라도 적어도 확인소송의 대상이 되는 권리관계 또는 법률관계로는 보아야 한다.

[반대의견에 대한 보충의견] 「공공용지의 취득 및 손실보상에 관한 특례법」 제8조 제1항의 이주대책은 사업시행자가 이주자에 대한 은혜적인 배려에서 임의적으로 수립 시행해 주는 것이 아니라 이주자에 대하여 종전의 재산상태가 아닌 생활상태로 원상회복시켜 주기 위한 생활보상의 일환으로 마련된 제도로서, 헌법 제23조 제3항이 규정하는 손실보상의 한 형태라고 보아야 한다.

로 인하여 생활근거를 상실하게 되는 자(이하 '이주자'라고 한다)를 위하여 대통령령이 정하는 바에 따라 이주대책을 수립 실시한다"고 규정하고 있는 바, 위 특례법상의 이주대책은 공공사업의 시행에 필요한 토지 등을 제공함으로 인하여 생활의 근거를 상실하게 되는 이주자들을 위하여 사업시행자가 '기본적인 생활시설이 포함된' 택지를 조성하거나 그 지상에 주택을 건설하여 이주자들에게 이를 '그 투입비용 원가만의 부담하에' 개별 공급하는 것으로서, 그 본래의 취지에 있어 이주자들에 대하여 종전의 생활상태를 원상으로 회복시키면서 동시에 인간다운 생활을 보장하여 주기 위한 이른바 생활보상의 일환으로 국가의 적극적이고 정책적인 배려에 의하여 마련된 제도라 할 것이다"(대법원 2003.7.25. 선고 2001다57778판결).

(4) 管見

(가) 분리이론적 차원에서의 논의

공용개입유사적 개입(준공용개입)과 공용개입적 개입(결과적 공용개입)의 법리는 경계이론을 낳았다. 재산권에 대해 사회적 제약을 넘어선 -즉, 특별희생을 낳는- 제한을 가하였음에도 불구하고 그에 상응한 보상이 없을 땐 곧바로 보상부공용개입으로 變換된다는 것이다. 여기서 특별희생이론 내지 실질적 기준이론은, 그때그때의 전환이 일어나는 境界라인을 정하는 기능을 갖는다. 보상규정의 결여는 당연히 다른 보상규정의 유추를 통해 해결한다. 그런데 분리이론에 의하면, 보상부공용개입만이 공용개입으로 인정되며(협의의 공용개입개념), 재산권의 내용·한계의 결정에 해당하는 법률규정은, 비록 그것이 헌법적 한계를 일탈한다 하더라도, 보상부공용개입을 낳는 규범으로 轉化되지 않고, 그 자체가 위헌이며 무효이다. 그리고 그런 법규정에 의거한 조치 역시 그 자체 위법한 행위가 되는데, 재산권적 개입이 위법하면, 관련자는 취소소송을 제기하여야 하고, 이 경우에 손실보상청구권은 성립하지 않는다.[16]

우리의 경우에도 개발제한구역과 장기미집행도시계획시설에 관해서, 헌법재판소가 1998년[17]과 1999년[18]에 내린 헌법불합치결정을 계기로, '분리이론'의 도입이 화두가 되었다. 이를 계기로 분리이론적 접근의 도입가능성 여부가 격렬히 논쟁되었다. 상당수 문헌들이 그것의 도입을 찬동하지만, 그에 못지않은 상당수 문헌 역시 독일과는 거리가 있는 -특히 (보상부) 공용수용·사용·제한을 규정한- 법문구조상의 차이를 들어, 그것의 도입에 반대하곤 한다.[19] 그런데 분리이론의 근거점은 재산권의 내

16) 분리이론에 따라 공용개입유사적 개입(준공용개입)과 공용개입적 개입(결과적 공용개입)이 인정되는 경우에 관해서는 김중권, 행정법기본연구Ⅱ(2009), 177면 이하 참조.

17) 헌재 1998.12.24. 89헌마214, 90헌바16, 97헌바78(병합).

18) 헌재 1999.10.21. 97헌바26.

용·한계의 결정과 공용개입이 문제되는 경우를 엄별하고 있는지 여부이다. 분명 우리 헌법재판소는 이들 결정을 비롯한 후속적 결정을 통해 양자를 구별하면서, 보상규정 등과 같은 상당한 보전수단을 강구하지 않은 재산권의 내용·한계의 결정에 대해 적극적으로 위헌성판단에 나섬으로써, 유추를 통한 손실보상청구권의 행사가능성을 원천적으로 봉쇄하는 결과를 낳는다.[20] 비록 독일처럼 행정소송을 통한 제1차적 권리보호를 우선적으로 강구하게 하진 않았지만, 분명 나름 분리이론적 접근을 하고 있다고 하겠다.[21]

(나) 이주대책의 법적 성격에서의 논의

법률에서 규정되어 있는 이주대책조차 기본적으로 생활보상의 일환으로 입법자에 의해 시혜적으로 인정되는 제도인데, 법률에서 규정되고 있지 않는 생활대책이 헌법 제23조 제3항상의 정당보상에 들어간다는 것은 비단 이상의 헌법재판소결정만이 아니라. 대법원 1994.5.24. 선고 92다35783전원합의체판결의 판결기조를 정면으로 번복하는 것이다. 기조를 바꾸려면 판례변경의 과정을 거쳐야 한다.

요컨대 문제의 생활대책이 헌법 제23조 제3항에 따른 정당한 보상에 포함되는 것으로 보아야 한다고 전제한 다음, 생활대책대상자 선정기준에 해당하는 자의 신청권을 논증한 대상판결은 논리비약적인 논증을 전개한 것으로 여겨진다. 왜냐하면 헌법 제23조 제3항에서의 정당한 보상은 그것이 법률에 규정된 것을 전제로 하며, 또한 법률적 근거의 결여를 생활보상의 원칙을 내세워 메울 순 없기 때문이다.

Ⅵ. 본안에서의 인용여부의 차원에서의 검토

관련 규정이 명문으로 '사업자등록'을 요구함에도 불구하고, 판례는 당해 규정을 다분히 목적론적 해석을 강구하였다. 이미 법률에 규정되어 있지도 않는 생활대책을 헌법에 의거하여 인정한 이상, 이런 해석접근이 그다지 문제되지 않을 수도 있지만, 그렇지 않다.

사실 목적론적 해석에서, 그 해석자는 법문의 상호관계, 법문에 규정된 사안과 정상 및 기타 법문의 의미 중에서 중요한 증표로서 평가될 수 있는 상황을 고려하여

19) 이를 둘러싼 국내의 논의현황과 문헌은 정혜영, 헌법재판소의 판례를 통해 본 재산권보장의 문제점, 인권과 정의 제357호(2006.5.), 주 7) 참조.

20) 그러나 대법원 2011.11.10. 선고 2011두16636판결을 비롯하여 법원은 유추를 통한 손실보상청구권의 행사가능성을 인정한다. 이것의 문제점에 관해서는 졸고, 分離理論下에서 공용개입유사적 개입의 인정의 問題點, 법률신문 제4031호(2012.5.14.)(본서 361면 이하).

21) 이에 대한 설득력있는 문헌으로 특히 한수웅, 헌법학, 2011, 820면 이하 참조.

가장 적절한 의미내용을 선택해야 한다.[22] 그리하여 역사적 사실로서 존재하는 입법자 등의 주관적 의사가 아니라, 그것과 무관하며 경우에 따라서는 벗어나는 객관적인 규범목적에 바탕을 두고서 법률을 해석하고자 한다. 즉, 법률의 해석에 있어서 법문에 내재하는 입법취지(ratio legis)를 추구한다. 법률해석의 목적이란 현재 법적인 규준이 될 수 있는 법률의 규범적 의미를 밝히는 일이긴 해도, 목적론적 해석의 정당성은 먼저 문언적, 역사적 해석을 통해 나름의 문제해결을 강구한 다음에 그런 접근을 강구하여야 한다는 점에 있다.

법제도의 출발점은 일단 형식적 기준에 두어야 한다. 명문으로 사업자등록을 요구하고 있는 이상, 어떤 이유에서건 사업자등록에 이름을 올리지 않은 자를 실질적 관점에서 배려하는 것은 문제가 있다. 국가의 제도 운영은 원칙적으로 일단은 명의자를 중심으로 행해져야 하되, 그로 인한 후속적 다툼은 기본적으로 명의주체와 언필칭 실제적 주체 간의 민사적 다툼이다. 다만 형식적 기준에 의거할 때 법적 정의와 공평에 어긋날 상황이라면 형식위주적 원칙이 수정될 수 있다. 다만 그러기 위해서는 충분한 논증이 선행되어야 한다. 요컨대 사안처럼 어떤 충분한 선행의 논증을 하지 않은 채 사업에 대한 실질적 접근을 강구하는 것은 바람직하지 않다. 형식이자 공식은 그것이 행정활동의 수행을 조정하는 경우에만 그 자신의 힘을 발휘할 수 있다고 하겠다.[23]

Ⅶ. 맺으면서 – 의회의 歲出責任과 歲出高權에 관한 고려

손실보상규정의 결여나 불비와 같은 입법상의 흠결은 세심한 논증을 통해 확인되어야 한다. 그리고 분리이론의 입장을 견지할 때, 형식적으로는 헌법재판소의 위헌법률심판의 메커니즘을 밟아야 한다. 입법적 불법에 대해 일반법원이 공용개입유사적 개입의 관점에서 손실보상을 인정하면, 이는 헌법재판소의 위헌법률심판권과 마찰을 빚을 수 있다. 법관이 유추를 통해 보상부 공용개입을 인정하는 것 역시 豫算特權에 기한 의회의 歲出責任과 歲出高權과도 갈등을 빚을 수 있다. 사정이 이러한데, 생활대책이 마련되어 있지 않은 현행의 법상황을 헌법 제23조 제3항에 직접 근거하여 접근하는 것은 현행의 법상황에 대한 위헌성시비를 낳을 우려가 있다.

---

22) 김형배, 법률의 해석과 흠결의 보충, 고대 법률행정논집 제15집(1977), 13면.

23) 그러나 이른바 '법규명령형식의 행정규칙'이나 '이른바 처분적(조치적) 명령·조례'에 관한 논의가 보여주듯이, 판례는 기본적으로 실질에 절대적 비중을 두며, 대부분의 문헌 역시 이를 수긍한다. 그러나 일찍이 Jhering은 형식을 恣意의 단호한 排擊者이자 자유의 쌍둥이자매로 평하였다(ders., Geist des römischen Rechts auf den verschiedenen Stufen seiner Entwicklung, 2.T1., 2.Abt.1875, S.471: P. Krause, Rechtsformen des Verwaltungshandelns, 1974, S.16 Fn.15)에서 재인용).

손실보상의 재원은 일반국민의 세금에서 비롯된 것이다. 공공필요에 이바지하지 않는 경우에까지 특별희생을 확대·인정하는 것은 곤란하다. 특별희생의 발생을 전제로 하여 입법자가 손실보상규정을 두지 않는 경우에 보상일변도식의 접근은 자칫 입법자의 의사에 반할 수 있거니와, 재산권의 사회적 구속성도 유명무실하게 만들 수 있다.

* 토지보상법연구 제13집, 2013.2., 149면 이하 소수.

제 2 장

「도시 및 주거환경정비법」 상의 각종 認可의 法的 性質에 관한 小考

Ⅰ. 처음에

대륙법계국가의 특징인 사법과 공법의 구별은 근대국가의 동반현상이다.[1] 독일에서는 그것이 절대주의시대에 비로소 성립한 것이 아니라, 그 이전에 성립하였을 정도로, 집행권의 특별법으로서 확고히 자리를 잡았다.[2] 비록 공법과 사법상으로 다수의 실체적 겹침이나 기타의 근사(近似)가 존재한다 하더라도, 법적으로 보자면, 국가와 사회의 이원화의 불가피성은 지금껏 아무런 변화가 없다. 즉, 양자의 구분은 결국 권리구제방도의 선택과 결정을 위해서 필요하다. 구별의 필요성과는 별도로 공법과 사법은 일종의 교호적 포용질서로서 상호 영향을 주고받고 있다. 특히 공법은 사법에 대해 매우 강한 정도로 영향을 미친다.[3] 가령 행정사법을[4] 넘어서 행정법은 사법구속적(私法拘束的) 효과와 증빙적 효과를 발생시킬 수 있다.[5] 전자의 경우를

1) 한편 영국에서는 본래 양자의 구별을 인정하지 않았지만, 대륙법처럼 구별을 강조하고, 독일과 프랑스의 행정법학에서 도움을 구하려는 문헌도 상당하다. 대표적으로 P. Craig, Administrative Law, 1983, S.11ff.

2) Vgl. Stolleis, Geschichte des öffentlichen Rechts in Deutschland, Bd.1, 1988, S.126ff., S.394ff.

3) 그리하여 사법학계로부터 공법이 사법에 대해 침탈을 강구한다고 질책이 가해지며, 아울러 사법적 '原性岩'을 공법적 '파편'으로부터 구출할 필요가 있다고 주장된다(Medicus, NuR 1990, 150).

4) 프랑스행정법에서도 비록 행정사법의 법리가 공식적으로 거론되지는 않지만, 실질적으로는 인정되고 있다고 한다(김동희, 행정법Ⅰ, 2012, 78면).

5) 사법구속적 효과의 측면에서는 사법상으로 반드시 고려되어야 하지만, 증빙적 효과의 측면에서는 그것은 유의해야 할 근거점일 뿐이다. Ehlers, in: Erichsen/Ehlers(Hrsg.), Allg. VerwR, 14.Aufl., 2010, §3 Rn.66ff.

보자면, 행정법이나 (행정의 공법규율과 연계된) 사법이 사법형성적 효과를 다양하게 명시적으로 규정하고 있다. 인가제가 대표적인 예이다.[6] [7]

그런데 문헌에서 공법과 사법의 구별만이 강조되고 양자의 상호 영향은 물론, 행정행위에 의한 직접적인 사권(사법)형성에 관해 논의가 거의 없다. 사권형성적 행정행위(私權形成的 行政行爲)를 대표하는 인가에 관한 논의 역시 극히 빈약할뿐더러,[8] 그것의 본질에 관한 진지한 고찰 역시 행해지지 않고 있다. 인가란 명칭에 사로잡혀 인가론을 무분별하게 대입한 결과 인가론의 본연의 모습마저 상실될 정도이다. 그리고 법제에서도 특히 도시계획법 등에서 본래의 인가에 맞지 않는 것이 무분별하게 인가 개념 및 같은 의미로 승인 개념이 사용되고 있다. 관련 논의의 부족과 법제상의 용어의 誤用이 합쳐져서 인가제는 행정법의 대표적인 난맥지점이 되어버려서, 인가제 여부가 궁극적으로 판례의 판단에 좌우되는 결과가 빚어지고 있다.

오늘날의 시대경향인 공법질서와 사법질서의 융합과 맞물림을 전체 법질서속에서 바람직스럽게 자리매김해야 한다. 공법과 사법간의 조정수단으로서 기능하는 사권형성적 행정행위로서의 인가를 행정법도그마틱의 휴경지로 두어선 곤란하고, 새롭게 접근해야 한다.[9] 사적 영역에 대한 국가개입의 모델을 정연하게 정립하기 위해 인가제의 본연에 의거하여 법제상의 인가와 승인을 검토할 필요가 있다. 그 일환으로 「도시 및 주거환경정비법」(이하 도시정비법이라 한다)상의 각종 인가에 대해 비판적 접근을 하고자 한다. 최근 판례는 동법상의 조합설립인가처분을 인가로 본 종전의 입장을 바꿔 일종의 설권적 처분의 성격을 갖는다고 판시하였기에,[10] 동법상의 인가

---

6) 이밖에 행정행위만으로도 직접적인 사권형성이 빚어지기도 한다. 가령 징발법에 따라 징발집행통지서가 피징발자에게 교부되면, 피징발자로선 징발목적물이 징발관에게 인계완료될 때까지 징발관의 허가 없이는 그것을 대여, 양도를 하지 못한다(징발법 제10조). 식품위생법상으로 종전의 영업자에 대한 행정제재처분효과는 원칙적으로 일정기간 양수인 등에게 승계된다(제61조). 나아가 행정에 대해 사인의 계약적 합의를 수정하거나 무효화하는 권능이 부여되기도 한다(「독점규제 및 공정거래에 관한 법률」 제19조 제4항 등). 또한 사법적 규범의 구성요건적 징표(사안성립징표)가 행정법의 규정이나 행정법적 활동에 빈번히 연계된다. 가령 제조물의 결함이 제조물의 공급시의 법령이 정하는 기준을 준수함으로써 발생한 경우에는 원칙적으로 책임이 면해진다(제조물책임법 제4조 제3호).

7) 행정법의 증빙적 효과는 행정법적 규준이 증거평가에서 고려되는 것을 의미하며, 행정법적 규준의 위반은 유리한 증거로 또는 불리한 증거로 영향을 미친다. 가령 행정법적 규준의 위반이 국가배상책임의 성립에서 요구되는 직무상의 불법행위의 성부에 직접적으로 영향을 미치며, 일조권에 관한 공법상의 규율이 사법상의 수인한도를 판단하는 데 이바지한다.

8) 참고문헌: 선정원, 인가론의 재검토, 행정법연구 제10호(2003.10.) 171면 이하; 김종보, 강학상 인가와 정비조합 설립인가, 행정법연구 제10호(2003.10.), 325면 이하. 특히 김광수/선정원/장경원, 허가. 인가. 특허 등의 올바른 사용을 위한 정비 및 심사기준 연구, 법제처(2006.11.30.), 34면 이하에서 우리나 일본의 현행 인가론의 원형을 간취할 수 있다.

9) 일련의 시도로 김중권, 私權形成的 行政行爲-行政行爲에 의한 直接的 私權形成, 공법학연구 제10권 제3호, 2009.8. 229-258(행정법기본연구 Ⅲ(2010), 96면 이하).; 사권형성적 행정행위와 그 폐지의 문제점에 관한 소고, 행정판례연구 제11집, 2006.6., 151면 이하(행정법기본연구 Ⅰ(2008), 271면 이하); 행정법상 인가의 인정여부와 관련한 문제점에 관한 소고, 저스티스 제91호, 2006.6., 127면 이하(행정법기본연구 Ⅰ(2008), 290면 이하) 참조. 여기서의 내용은 도시정비법상의 제도에 관해 기왕에 전개한 것을 종합적으로 수정하고 정리하였다.

10) 대법원 2009.9.24. 선고 2008다60568판결: 2010.2.25. 선고 2007다73598판결. 필자는 종전부터 이런 주장을

전반을 새롭게 설정할 수 있다.

Ⅱ. 논의의 전제: 인가론의 기초내용[11]

1. 인가의 의의와 대상

인가(認可)란 사인간의 법률행위의 효력을 완성시켜주는 행정행위이다. 해서 완성행위이자 보충행위로 불린다. 민사법의 추인(追認)에 해당하는 인가는 대상이 되는 법률행위를 상대로 해서는 그것의 법효과를 발생시킨다는 점에서 일종의 법정조건인 셈이다. 인가로 인해 비로소 사법관계가 형성된다는 점에서 그것은 사권형성적 행정행위에 해당한다. 강제계약이나 명령계약에 해당하는 구 「금융산업의 구조개선에 관한 법률」 제14조 제2항에 의하여 내린 계약이전결정은 단독적 사권형성적 행정행위에 해당하고, 인가는 공동적 사권형성적 행정행위이다.

인가의 대상은 법률(적)행위이다. 대부분 문헌들은 인가대상이 되는 법률적 행위에는 사법행위는 물론 공법행위도 당연히 포함되는 것으로 기술한다. 그리하여 후자의 예로 공공조합의 설립인가, 공공조합의 정관변경, 지방채기채의 인가 등을 들고 있다. 그런데 공공조합의 설립인가는 이미 본래의 인가가 아니며, 지방채기채는 일종의 금전소비대차에 해당하여 사법행위에 해당한다.[12] 인가제가 본래 고권적 행위에 의한 사권형성적 효과에 착안하여 만들어진 점에서, 인가는 원칙적으로 사법행위를 대상으로 한다. 공법작용에 대한 인가는 본질적으로 감독권차원의 추인이기에, 이를 기왕의 인가론에 대입하는 것은 바람직하지 않다.

2. 인가의 본질

(진정한) 인가의 본질이자 인가를 다른 형성적 행정행위와 구별되게 하는 결정적인 기준은 그것의 보충행위적 성격과 완성행위적 성격이다. 전자와 관련해서는, 기본행위에 대한 인가의 부종성이, 후자와 관련해서는, 기본행위를 위한 법정조건성이 충족되어야 한다. 인가의 본질이 (사후적) 추인인 점에 비추어, 인가가 먼저 성립한 법률행위의 효력요건에 해당한다는 점과 인가이전의 법상태와 관련해선 법률행위의 효력이 (유동적으로) 발생하지 않은 점이 가늠잣대이다.[13] 사단법인의 정관변경에 관

하였는데(김중권, 행정법기본연구 I, 311면 이하), 판례가 수용한 것이다.

11) 이하의 내용은 김중권, 행정법, 2013, 212면 이하를 요약한 것이다.

12) 동지: 김철용, 행정법, 2012, 166면.

13) 법률행위의 효력이 처음부터 발생하지 않은(unwirksam) 경우와 법률행위가 하자가 있어서 무효인(nichtig)

한 민법 제42조처럼 -다만 허가란 용어를 사용한 점은 제외하고서- 양자의 징표를 분명히 나타내는 경우에는 큰 문제가 되지 않지만, 그렇지 않은 경우에는 간단치 않다. 법문에서 인가란 용어를 사용하더라도, 관련 규정을 통해 추인으로서의 본질적 징표가 확인되지 않으면, 인가로 보아선 아니 된다(명칭상의 인가≠ 실질적 인가).[14]

토지거래계약허가(「국토의 계획 및 이용에 관한 법률」 제118조 제6항)처럼, 허가제마냥 사전승인제적 기조를 바탕으로 하지만, 기본행위의 유동적 효력불발생의 메커니즘이 명문화된 경우도 인가로 보되, 본래의 인가와는 구별하여 부진정한 인가에 해당한다. 이는 인가적 요소(무허가행위의 무효)와 허가적 요소(사전적 통제)를 함께 지닌다.[15] 유의할 점은 해당 법률행위가 판례에 의해 효력규정위반을 이유로 무효가 되는 경우는 인가의 문제가 아니다.

3. 인가의 법적 성질과 부관의 부가 문제

인가의 재량・기속행위여부가 문제된다. 사권형성적 행정행위와 같이 사법관계에 직접적으로 영향을 미치는 고권작용은 사적자치와 마찰을 빚을 수 있다는 점에서, 명문의 특별 규정이 없는 한, 인가는 기속행위이고 -반론이 있지만[16]- 수정인가는 허용되지 않는다.[17]

독일 대표적 문헌과 판례는 인가에 대해서는 부관이 부가되어서는 아니 된다는 입장을 취한다.[18] 그러나 우리의 경우 인가에서의 부관허용성 문제를 그것 자체가 아닌 기속행위・재량행위의 차원에서 접근한다. 나아가 대법원 2005.9.28. 선고 2004다50044판결은 인가의 기속행위, 재량행위를 논하지 않은 채, 인가라 하더라도 부관의 부가 자체가 문제되지 않는다는 입장을 취하였다. 한편 부진정인가의 도그마틱적 정당성은 인가론에 맞지 않는 기왕의 판례나 법상황을 가능한 결정적인 모순없이 인가론의 차원에서 전개하기 위함에 있다. 따라서 해당 사안이 '부진정인가'의

경우를 엄별해야 한다. 토지거래계약허가제와 관련하여 판례와 문헌에서 '유동적 무효'로 기술하는 것은 문제가 있다.

14) 따라서 채광계획인가는 본질이 허가로, 공유수면매립법상 매립공사의 준공인가는 특허로, 도시계획사업의 실시계획에 관한 인가는 허가적 측면과 특허적 측면을 함께 지니는 허용으로, 어업권이전인가와 광업법상의 사업휴지인가는 예외적 승인으로 볼 수 있다. 상론은 김중권, 행정법기본연구 I, 292면 이하 참조.

15) 부진정인가의 예로 '민법 제46조의 재단법인의 정관변경 허가', '공익법인의 설립・운영에 관한 법률상의 기본재산처분허가', '사립학교법 제28조 제1항에 따른 금원차용허가'를 들 수 있다.

16) 인가의 대상인 법률관계를 일시적 성질의 법률관계를 형성하는 법률행위와 계속적 법률관계를 형성하는 법률행위로 구분한 다음, 후자에 있어서의 인가는 재량행위라고 한다. 선정원, 인가론의 재검토, 행정법연구 9호, 2003년 하반기, 184면 이하.

17) 한편 민법의 법인의 설립과 관련하여 인가의 기속성을 허가의 자유재량성에 대비시켜 이해하곤 하였는데, 이는 바람직하지 않다. 졸고, 민법개정시안상의 법인설립 등에 대한 국가개입에 관한 소고, 법률신문 제3944호(2011.6.20.) 참조.

18) Vgl. Kopp/Ramsauer, VwVfG §36 Rn. 5; Stelkens/Bonk/Sachs, VwVfG §36 Rn.12

경우에는 '진정한 인가'에서와는 달리 부관부가의 허용성을 긍정할 수 있다.

4. 인가의 효과: 인가와 기본행위와의 관계

유동적으로 효력이 발생하지 않은 법률행위가, 인가됨으로써 그 법률행위의 성립당시로 소급적으로 유효하게 된다. 이런 소급효의 원칙은 당사자가 달리 합의하지 않는 한, 또는 개별법이 소급효를 배제하지 않는 한, 견지되어야 한다.[19] 인가는 단지 기본행위를 완성하는 데 그친다. 따라서 기본행위상의 하자가 있으면, 인가가 있더라도 그 하자가 치유되어 기본행위가 유효하게 되지 않거니와, -민사소송으로 취소나 무효확인을 구하는 방법으로- 기본행위의 법적 효력을 다투는 것 역시 방해받지도 않는다. 마치 인가가 내려진 다음에는 사안이 공법과 결별하는 셈이다. 이 점에서 기본행위의 불성립 또는 무효(의 가능성)를 내세워 바로 그에 대한 감독청의 인가처분의 취소 또는 무효확인을 소구할 법률상 이익은 있다고 할 수 없다는 판례의 지적은 타당하다.

인가와 기본행위와의 관계에서의 인가의 특징으로 인하여 인가에 대한 불복메커니즘은 독특하게 된다. 즉, 인가이후 그 인가를 다투기 위해서는 인가 자체에 하자가 있어야 하고, 만약 인가 자체에는 하자가 없고 단지 기본행위에만 하자가 있을 때는 기본행위의 하자를 들어 인가를 다툴 수 없다. 판례는 소의 이익의 차원에서 이런 입장을 전개한다. 보충행위이자 완성행위로서의 인가의 위상에 따른 당연한 결과이다. 그런데 이런 전개의 전제는 여기서의 인가가 본래의 인가이어야 한다. 만약 본질이 아님에도 인가로 설정하면 자칫 권리구제의 공백 및 도그마틱의 난맥이 발생하는데, 인가여부가 다투어지는 것도 여기서 연유한다(후술).

5. 인가의 폐지(취소 · 철회)가능성

인가의 폐지(취소나 철회)는 보통의 행정행위의 폐지와는 결정적으로 다른 구석이 있다. 법률행위인 기본행위가 존재하기 때문이다. 먼저 인가의 폐지가 허용되는지 여부가 의문스러울 수 있다. 이것이 시인된다면, 이것이 인가된 법률행위의 효력에 대해 어떤 영향을 미칠 것인지가 문제된다. 독일의 사법학(私法學)에서는 사법관계의 안정을 위해 인가의 비철회성이 받아들여지고 있기에, 오랫동안 공법학에서의 통설 역시 사적 법률행위의 공법적 인가는 기본적으로 철회와 취소가 불가하다고 여겼다

19) 반면에 단체설립행위나 재단설립행위와 같이 계속적 법률관계를 형성하는 법률행위에 대한 인가의 효력은 인가시점부터 발생하고 소급효를 갖지 않는다고 한다. 선정원, 인가론의 재검토, 행정법연구 제9호, 2003년 하반기, 185면 이하.

(소위 "사권형성적 행정행위의 특별한 존속력 이론"). 우리의 경우 비록 이런 폐지불가론을 직접 거론하진 않지만, 인가의 경우 취소와 철회가 제한된다고 지적된다. 그런데 폐지불가설을 견지하면, 자칫 인가가 내려진 다음에는 관련 법적 다툼이 전적으로 민사법적 차원에서 전개되는 셈이 되어 국가개입수단으로서의 인가제가 단지 통과의례적 차원에 그칠 우려가 있다. 그리하여 독일에서는 1970년대에 들어와서 U. Steiner 교수의 주장을[20] 기점으로 하여 사권형성적 행정행위 역시 행정행위의 폐지의 일반원칙에 따라 폐지될 수 있다는 견해가 점차 확산되었다. 사적 법률행위의 안정성의 관점은 취소 내지 철회에 관한 재량행사시에 충분히 고려될 수 있다는 것이 새로운 견해의 바탕이다.[21] 물론 폐지제한의 강한 고려가 통용된다.[22]

Ⅲ. 「도시 및 주거환경정비법」 상의 각종 인가와 승인의 법적 성질에 관한 검토

1. 도시정비법상의 정비사업의 진행과정

도시정비법의 정비사업은 도시기능을 회복하기 위하여 정비구역안에서 정비기반시설을 정비하고 주택 등 건축물을 개량하거나 건설하는 사업인데, 크게 4가지를 규정하고 있다(제2조 제2호).[23] 그런데 정비사업 가운데 주거환경개선사업, 주택재개발사업, 도시환경정비사업은 처음부터 공법적 차원에서 접근한 반면, 재건축사업은 본래 사법적 차원에서 접근하였는데, 도시정비법의 제정을 기화로 다른 정비사업과 동일하게 공법적 통제를 받게 되었다. 재건축사업과 관련한 법적 다툼에서 소송방법이 문제되는 것은 이런 사정에서 연유한다. 한편 수용권이 부여되는가 하는 점 등을 제외하고는 정비사업은 대부분 동일한 과정으로 진행된다.[24]

---

20) Steiner, Bindungswirkung und Bestandskraft der fingierten Bodenverkehrsgenehmigung, DVBl. 1970, S.34(37).

21) 인가폐지에 따른 구체적인 효과에 관해선 행정법기본연구 Ⅲ, 113면 이하 참조.

22) Vgl. Maurer, Allg. VerwR, 18.Aufl., 2011, §3 Rn.15.

23) 가. 주거환경개선사업: 도시저소득주민이 집단으로 거주하는 지역으로서 정비기반시설이 극히 열악하고 노후·불량건축물이 과도하게 밀집한 지역에서 주거환경을 개선하기 위하여 시행하는 사업. 나. 주택재개발사업: 정비기반시설이 열악하고 노후·불량건축물이 밀집한 지역에서 주거환경을 개선하기 위하여 시행하는 사업. 다. 주택재건축사업: 정비기반시설은 양호하나 노후·불량건축물이 밀집한 지역에서 주거환경을 개선하기 위하여 시행하는 사업. 라. 도시환경정비사업: 상업지역·공업지역 등으로서 토지의 효율적 이용과 도심 또는 부도심 등 도시기능의 회복이나 상권활성화 등이 필요한 지역에서 도시환경을 개선하기 위하여 시행하는 사업.

24) 정비계획 수립과 정비구역 지정 ⇒ 안전진단(재건축사업의 경우에만 해당) ⇒ 추진위원회 구성 및 승인 ⇒ 조합설립 및 인가 ⇒ 시공사의 선정과 재건축조합의 매도청구 ⇒ 사업시행계획인가 ⇒ 정비조합(재개발사업의 경우)의 토지수용 ⇒ 관리처분계획 및 인가 ⇒ 이전고시 ⇒ 청산금 부과 및 조합의 해산

2. 조합설립추진위원회승인의 경우

(1) 관련 법제

조합을 설립하고자 하는 경우에는 정비구역지정 고시(정비구역이 아닌 구역에서의 주택재건축사업의 경우에는 주택재건축사업의 시행결정을 말한다) 후 위원장을 포함한 5인 이상의 위원 및 제15조 제2항에 따른 운영규정에 대한 토지등소유자 과반수의 동의를 받아 조합설립을 위한 추진위원회를 구성하여 국토교통부령으로 정하는 방법과 절차에 따라 시장·군수의 승인을 받아야 한다. 다만, 가로주택정비사업의 경우에는 추진위원회를 구성하지 아니한다(제13조 제2항).

통상 정비사업의 추진에 있어서 조합설립 이전의 여러 업무를 담당하기 위한 조합설립추진위원회(이하 추진위원회라 한다)가 구성된다. 정비사업이 비정상적으로 과열됨으로 인하여 다수의 추진위원회가 난립할 수 있기에, 추진위원회 승인제를 규정하였다. 토지등소유자 과반수의 동의를 얻도록 함으로써 같은 정비구역 내에서는 하나의 추진위원회만 존립할 수 있다. 즉, 추진위원회의 승인제는 조합설립이전에 조합설립을 위한 사전절차로서의 의의를 갖는다.

한편 도시정비법은 추진위원회로 하여금 ① 정비사업전문관리업자의 선정, ② 설계자의 선정 및 변경, ③ 개략적인 정비사업 시행계획서의 작성, ④ 조합의 설립인가를 받기 위한 준비업무, ⑤ 추진위원회 운영규정의 작성, ⑥ 토지등소유자의 동의서 징구, ⑦ 조합의 설립을 위한 창립총회의 개최, ⑧ 조합정관의 초안 작성 등을 할 수 있도록 하며(제14조 및 동 시행령 제22조), 추진위원회가 구성되어 승인받았음에도 불구하고 임의로 추진위원회를 구성하여 도시정비법에 따른 정비사업을 추진하는 자에 대해서는 2년 이하의 징역 또는 2천만원 이하의 벌금을 부과하는 규정(제85조)을 두고 있다.

(2) 법적 성질에 관한 논의

이 승인행위의 법적 성질을 두고서 강학상 인가인지 허가 또는 특허인지 여부가 다투어진다. 인가로 보는 입장에서는, 추진위원회에 대한 승인이 있다고 하여 추진위원회에 어떠한 권리, 능력, 법적 지위 또는 포괄적 법률관계를 설정하는 것은 아니므로 시장·군수의 승인은 강학상 특허로 볼 수 없다고 본다.[25] 논거로 승인을

25) 또한 추진위원회와 토지등 소유자들 사이의 구체적인 권리·의무 등은 기본행위인 추진위원회 설립행위 내용에서 나오는 것이지 행정청의 승인처분을 통하여 직접적으로 형성되는 것은 아니라는 점을 들고 있다. 이영동, 재개발·재건축조합의 설립과 설립무효, 사법논집 제49집, 2009, 177면 이하; 송현진/유동규, 재개발·재건축 이론과 실무, 2010, 227면 이하.

받은 추진위원회는 공법상 행정주체인 조합을 만들어 내기 위한 조직일 뿐이지, 추진위원회 자체가 승인을 받은 후 법인의 성립에 필요한 등기 또는 등록을 요하는 것도 아니어서 여전히 사법상 권리능력 없는 사단으로 남아있다는 점을 든다. 반면 특허로 보는 입장은, 추진위원회 승인신청 전 또는 조합설립인가 신청전에 동의를 철회한 자는 동의자의 수에서 제외하도록 한 점이나 하나의 정비구역 내에서는 복수의 추진위원회 승인은 사실상 허용되지 않는 점을 들어 승인의 설권적인 성질을 긍정한다.

(3) 관견(管見)

후술하듯이 정비조합설립인가가 설권적 성질을 갖는 이상, 정비조합을 설립하기 위한 사전과정인 추진위원회의 승인 역시 정비조합설립인가와 연계하여 접근하여야 한다. 그것 역시 설권적 성격을 갖는 특허에 해당한다. 정비조합설립인가와의 관계가 문제되는데, 본처분에 대한 예비결정의 일종으로 봄직하다.

한편 판례는 '추진위원회의 설립승인신청을 받은 시장・군수로서는 승인신청서에 첨부된 첨부서류에 의하여 당해 추진위원회의 구성에 대하여 토지등소유자의 2분의 1 이상의 동의가 있고, 추진위원회가 위원장을 포함한 5인 이상의 위원으로 구성되어 있음을 확인할 수 있다면 그 추진위원회의 설립을 승인하여야 하고, 이에 반하여 도시정비법상의 요건을 모두 갖추고 있음에도 승인요건 이외의 사유를 들어 승인을 거부할 수 없다'고 판시하였다.[26] 해제지향성을 지닌 허가제는 -특별히 규정하지 않는 한- 원칙적으로 기속행위인 반면, 無에서 有로의 법상황을 형성하는 특허는 -특별히 규정하지 않는 한- 원칙적으로 재량행위이다. 그리하여 특허의 경우 법정외 거부사유가 추가적으로 인정되는 것으로 본다. 허가의 경우에도 판례는 대법원 1992.12.11. 선고 92누3038판결이래로 공익과 마찰을 일으킬 수 있는 건축행위에 대해 중대한 공익상의 필요에 따른 거부가능성을 인정하였는데, 이 관점은 산림훼손허가나 산림(토지)형질변경허가에 그대로 이어지고 있다.[27] 이처럼 특허로 접근할 때, 기왕의 허가와 특허에 관한 판례의 입장과 불일치하는 상황이 빚어진다. 인가를 주장하는 입장에서는 승인을 기속행위로 본 이상의 판례를 그 논거로 들기도 한다. 하지만 특허의 재량성은 원칙의 모습이기에, 사안에 따라 다른 접근을 강구할 수 있거니와, 사실 재량성여부와 법정외 거부사유의 문제는 별개의 것이다.

한편 여기서의 승인을 특허로 접근하는 이상, 관련하여 인가적 접근을 강구하는

---

26) 대법원 2008.7.24. 선고 2007두12996판결.
27) 대법원 1997.9.12. 선고 97누1228판결.

모습은 지양해야 한다. 즉, "기본행위인 추진위원회 설립행위에 하자가 있는 경우에 기본행위의 불성립 또는 무효를 내세워 곧바로 행정청의 승인에 대한 취소를 구하는 것은 법률상 이익이 있다"는 식의 논증을 하여서는 곤란하다.

3. 정비조합설립인가의 경우

(1) 종전의 판례 태도

과거 판례는 "주택건설촉진법에서 규정한 바에 따른 관할시장 등의 재건축조합설립인가는 불량·노후한 주택의 소유자들이 재건축을 위하여 한 재건축조합설립행위를 보충하여 그 법률상 효력을 완성시키는 보충행위일 뿐이므로 그 기본되는 조합설립행위에 하자가 있을 때에는 그에 대한 인가가 있다 하더라도 기본행위인 조합설립이 유효한 것으로 될 수 없고, 따라서 그 기본행위는 적법·유효하나 보충행위인 인가처분에만 하자가 있는 경우에는 그 인가처분의 취소나 무효확인을 구할 수 있을 것이지만, 기본행위인 조합설립에 하자가 있는 경우에는 민사쟁송으로써 따로 그 기본행위의 취소 또는 무효확인 등을 구하는 것은 별론으로 하고 기본행위의 불성립 또는 무효를 내세워 바로 그에 대한 감독청의 인가처분의 취소 또는 무효확인을 소구할 법률상 이익이 있다고 할 수 없다"[28]고 판시하여 인가적 접근을 강구하였다.

(2) 현재의 판례 태도

판례는 "행정청이 도시 및 주거환경정비법 등 관련 법령에 근거하여 행하는 조합설립인가처분은 단순히 사인들의 조합설립행위에 대한 보충행위로서의 성질을 갖는 것에 그치는 것이 아니라 법령상 요건을 갖출 경우 도시 및 주거환경정비법상 주택재건축사업을 시행할 수 있는 권한을 갖는 행정주체(공법인)로서의 지위를 부여하는 일종의 설권적 처분의 성격을 갖는다고 보아야 한다"고 판시하여, 기왕의 입장을 바꿨다.[29] 물론 정비조합은 설립인가처분 외에 법인등기를 함으로써 최종적으로 법인으로 설립되는 것이나, 이 경우 등기는 공증적 성격을 갖는 법인성립요건에 불과하다.[30]

---

28) 대법원 2000.9.5. 선고 99두1854판결.

29) 대법원 2009.9.24. 선고 2008다60568판결: 2010.2.25. 선고 2007다73598판결.

30) 노경필, 도시정비법상 재건축·재개발사업과 행정소송, 사법 제10호, 2009, 229면.

(3) 관견(管見)

인가가 내려지면 조합은 정비사업의 시행주체이자 사업주체가 되며, 조합설립인가일부터 동법 제9조의 규정에 의한 주택건설사업 등의 등록을 한 것으로 본다(제16조 제4항). 요컨대 여기서의 조합은 조합원을 상대로 해서는 행정주체에 해당한다. 일찍부터 필자는 조합설립인가를 인가적 접근이 아닌 특허적 접근으로의 변화를 촉구하였는데, 판례가 수용한 것이다. 인가적 접근을 강구하던 과거에는 기본행위인 조합설립결의의 하자를 조합설립인가와 별개로 민사상 조합설립결의의 무효확인의 소를 통해 다투었다. 이제 이런 불합리한 소송행태는 해소되었다. 즉, 조합설립결의에 하자가 있는 경우 이는 설립인가처분상의 하자로 되어 당연히 설립인가처분 취소소송에서 취소사유로 주장할 수 있다. 그리고 설령 조합설립결의에 하자가 있어 그것이 무효로 된다 하더라도, 그러한 사정만으로 인가처분의 효력이 당연히 무효로 되는 것은 아니다.[31]

한편 이런 판례변화에 대한 이해에서 다소간 다른 지적이 있다. 박균성 교수는 판례가 정비조합설립인가에 대하여 인가의 성질과 함께 특허의 성질을 아울러 갖는 것으로 보고 있다고 한다.[32] 하지만 사적 영역에 대한 개입모델의 차원에서 하나의 행위가 복수의 개입모델에 해당할 수는 없다. 그리고 인가적 접근은 인가의 특유의 권리보호메커니즘을 동반하여 자칫 권리보호의 공백이 발생할 우려가 있다는 점을 유의하여야 한다.

4. 정비조합설립후 인가사항의 변경인가의 경우

(1) 관련 법제

조합설립결의에 대한 행정청의 인가를 통하여 정비조합이 성립된 후에, 도시정비법은 인가받은 사항을 변경하고자 하는 경우에도 조합설립인가를 받는 것과 동일한 요건과 절차를 거쳐 변경인가를 받을 것을 요하고 있다. 즉, 토지등소유자의 4분의 3 이상 및 토지면적의 2분의 1 이상(가로주택정비사업의 경우에는 토지등소유자의 10분의 9 이상 및 토지면적의 3분의 2 이상)의 토지소유자의 동의를 얻어 다음 변경인가를 받아야 한다. 다만 대통령령이 정하는 경미한 사항[33]을 변경하고자 하는 때에는 조

---

31) 노경필, 앞의 논문, 230면.

32) 동인, 행정법론(상), 2012, 315면.

33) 대통령령이 정하는 경미한 사항이란, 조합의 명칭 및 주된 사무소의 소재지와 조합장의 주소 및 성명, 토지 또는 건축물의 매매 등으로 인하여 조합원의 권리가 이전된 경우의 조합원의 교체 또는 신규가입 등이다(도시정비법 시행령 제27조).

합원의 동의없이 시장·군수에게 신고하고 변경할 수 있다(제16조 제1항 및 제2항). 다만 인가사항 가운데 정관변경의 경우 총회를 개최하여 조합원 과반수의 동의를 얻어 시장·군수의 인가를 받도록 하고 있다(제20조 제3항). 입법자는 인가사항 가운데 정관변경의 경우는 원활한 변경이 가능하도록 요건을 완화하면서 동시에 총회에서 조합원의 총의가 확인될 수 있게 하였다.[34)]

(2) 법적 성질에 관한 논의

여기서 확인할 사항은 인가사항의 변경인가에는 정관변경인가를 포함하기에, 양자를 구별하여 법적 성질을 논의할 필요는 없다. 조합설립인가 이후의 인가사항의 변경인가의 법적 성질과 관련해서도 인가적 접근, 특허적 접근 그리고 허가적 접근이 모색된다. 인가적 접근은 조합과 조합원들 사이의 구체적인 권리·의무의 측면에서 보면 조합원들의 권리·의무는 기본행위인 조합설립행위(정관작성행위)에서 나오는 것이지 행정청의 인가처분 자체에서 나오는 것이 아님을 근거로, 변경인가를 강학상의 인가로 본다.[35)] 판례는 '재건축주택조합의 조합장 명의변경에 대한 시장, 군수 또는 자치구 구청장의 인가처분은 종전의 조합장이 그 지위에서 물러나고 새로운 조합장이 그 지위에 취임함을 내용으로 하는 재건축주택조합의 조합장 명의변경 행위를 보충하여 그 법률상의 효력을 완성시키는 보충적 행정행위서, 그 기본행위인 조합장 명의변경에 하자가 있을 때에는 그에 대한 인가가 있다 하더라도 조합장 명의변경이 유효한 것으로 될 수 없는 것이다'라고 판시하였다.[36)] 반면 인가받은 사항의 변경(특히 조합원 변경으로 인한 정관변경)은 특허받은 사업자의 변경을 의미하고 새로운 면허를 발급하거나 면허의 발급대상이라 보는 견해가 있다.[37)]

(3) 관견(管見)[38)]

변경처분의 성질은 별다른 점이 없는 한 일단 당초처분과 성질을 같이 한다. 따라서 여기서의 변경인가는 판례처럼 당초인가와 마찬가지로 즉, 變權行爲로 볼만하다.[39)] 그런데 건축법 제16조가 보여주듯이, 통상 허가받은 사항이나 신고한 사항의

---

34) 이에 대해 정관변경인가에 대한 도시정비법의 규정은 입법적 오류이고, 정관은 조합설립행위의 근간으로서 정관의 변경은 바로 조합설립행위의 변경과 동등하게 취급하는 것이 옳고, 따라서 그 변경에 조합설립인가와 대등한 동의율과 동의내용을 요구하는 것이 옳다는 지적이 있다. 김종보/전연규, 새로운 재건축·재개발 이야기 Ⅰ, 2008, 468면.

35) 송현진/유동규, 앞의 책, 288면, 359면.

36) 대법원 2005.10.14. 선고 2005두1046판결.

37) 김종보, 강학상 인가와 정비조합 설립인가. 행정법연구 제10호, 2003.10. 338면.

38) 졸고, 도시정비법상의 조합설립변경인가처분과 관련한 문제점, 법률신문 제3902호(2011.1.6.).

39) 한편 변경인가를 인가로 본 대법원 2005.10.14. 선고 2005두1046판결은 조합설립인가를 설권적 처분으로 보

변경이란 표현을 사용하고, 도시정비법 제16조 제1항 역시 '인가받은 사항의 변경'이란 표현을 사용한다. 그런데 허가의 경우 행위의 허용이란 측면에서 '허가받은 사항'이란 표현이 별다른 불편을 자아내지 않지만, 설권행위로서의 인가의 경우에는 -변경인가를 사전승인이나 허가로 이해하지 않는 한- 이런 표현은 부자연스럽다. 사실 여기서의 변경인가신청은 기실 당초인가신청상의 인가요건상의 사항에 대한 변경을 대상으로 한다. 따라서 '인가받은 사항'과 관련해서는 조합설립인가와 더불어 또는 그와 별도로 어떤 개별 대상에 대한 인가를 상정해서는 아니 된다. 그러나 정비조합설립인가를 단선적으로 설권행위로만 이해하면, 더한 설득력이 있는 논의를 전개하기란 쉽지가 않다. 통상 건축허가에 대해서 건축행위의 허용(금지해제)이라는 형성적 측면만을 상정하는데, 건축허가에는 그와 함께 건축계획안이 관련 건축법규에 적합하다는 것을 확인하는 측면도 지닌다.[40] 이런 관점을 정비조합설립인가에 대입한다면, 그것에는 설권적 효과와 -인가요건상의 사항에 대한- 확인적 효과가 동시에 존재하며, '인가받은 사항의 변경'은 후자와 관련이 있는 셈이 되어 그 자체로서는 설권행위로서의 인가와 그다지 부조화를 낳지 않는다. 문제는 법문이 '인가받은 사항의 변경' 역시 인가의 대상으로 하고 있다는 점이다. 인가를 통해 이미 행정주체적 지위가 주어졌다는 점에서 당초인가사항의 변경에 대해 다시금 인가란 표현을 사용하는 것은 문제가 있다. 오히려 '인가받은 사항'의 변경에 대한 허용(허가, 사전승인)의 관점에서 보는 것이 바람직하다. 입법정책적 관점에서는 오해를 낳는 변경인가제를 변경허가제로 바꾸는 것이 바람직하다. 당초처분에서 변경처분에로의 과정을 이렇게 접근하면 '대통령령이 정하는 경미한 사항'에서의 신고 역시 (허가제를 대신한) 금지해제적 신고로서 바르게 설정할 수 있으며, 그리하여 -금지하명적 수리거부가 내려지지 않는 한- 신고 이후에 당초인가처분의 변경효과가 발생한다.[41]

여기서의 변경인가는 '인가받은 사항의 변경'에 관한 것이어서 당초의 설립인가와는 엄연히 구별되며, 당초의 설립인가는 변경인가와 무관하게 존재한다. 이런 맥락에서 판례는 '주택재건축사업조합이 새로이 조합설립인가처분을 받는 것과 동일한 요건과 절차를 거쳐 조합설립변경인가처분을 받는 경우 당초 조합설립인가처분의 유

기 전에 내려진 것임을 유의하여야 한다.

40) Brohm, Baurecht, 2.Aufl., 2006, §28 Rn.25.

41) 한편 판례는 변경인가처분이 행해졌더라도 사안이 경미한 사항의 변경신고의 대상인 경우에는 변경인가처분의 존재를 무시하고 변경신고적 접근을 강구할 수 있다는 논증을 하였다. 대법원 2010.12.9. 선고 2009두4555 판결: 조합설립인가처분과 동일한 요건과 절차가 요구되지 아니하는 구 도시정비법 시행령 제27조 각호에서 정하는 경미한 사항의 변경에 대하여 행정청이 조합설립의 변경인가라는 형식으로 처분을 하였다고 하더라도 그 성질은 당초의 조합설립인가처분과는 별개로 위 조항에서 정한 경미한 사항의 변경에 대한 신고를 수리하는 의미에 불과한 것으로 보아야 할 것이다. 따라서 경미한 사항의 변경에 대한 신고를 수리하는 의미에 불과한 변경인가처분에 설권적 처분인 조합설립인가처분이 흡수된다고 볼 것은 아니다.

효를 전제로 당해 주택재건축사업조합이 매도청구권 행사, 시공자 선정에 관한 총회 결의, 사업시행계획의 수립, 관리처분계획의 수립 등과 같은 후속 행위를 하였다면 당초 조합설립인가처분이 무효로 확인되거나 취소될 경우 그것이 유효하게 존재하는 것을 전제로 이루어진 위와 같은 후속 행위 역시 소급하여 효력을 상실하게 되므로, 특별한 사정이 없는 한 위와 같은 형태의 조합설립변경인가가 있다고 하여 당초 조합설립인가처분의 무효확인을 구할 소의 이익이 소멸된다고 볼 수는 없다'고 판시하였다.[42]

5. 정비사업시행인가의 경우

(1) 관련 법제

사업시행자(공동시행의 경우를 포함하되, 사업시행자가 시장・군수인 경우를 제외한다)는 정비사업을 시행하고자 하는 경우에는 사업시행계획서에 정관등과 그 밖에 국토해양부령이 정하는 서류를 첨부하여 시장・군수에게 제출하여 인가를 받아야 한다. 인가받은 내용을 변경하거나 정비사업을 중지 또는 폐지하고자 하는 경우에도 또한 같다(제28조 제1항). 사업시행자(시장・군수 또는 주택공사등을 제외한다)는 사업시행인가를 신청(인가받은 내용을 변경하거나 정비사업을 중지 또는 폐지하고자 하는 경우를 포함한다)하기 전에 미리 총회를 개최하여 조합원 과반수의 동의를 얻어야 한다. 다만, 사업시행자가 지정개발자인 경우에는 정비구역 안의 토지면적 50퍼센트 이상 토지소유자의 동의와 토지등소유자 과반수의 동의를 각각 얻어야 하며, 신고대상인 경미한 변경인 경우에는 총회 의결을 필요로 하지 아니한다(제28조 제5항).

(2) 법적 성질에 관한 논의

사업시행인가를 인가로 접근하는 입장에서는 사업시행계획의 작성행위를 기본행위로 파악하고, 이에 대한 보충행위로 행정청의 인가처분이 더해져 그 효력을 발한다고 본다.[43] 대법원도 "조합이 사업시행계획을 재건축결의에서 결정된 내용과 달리 작성한 경우 이러한 하자는 기본행위인 사업시행계획 작성행위의 하자라고 할 것이고, 이에 대한 보충행위인 행정청의 인가처분이 그 근거 조항인 도시정비법 제28조

---

42) 대법원 2012.10.25. 선고 2010두25107판결.

43) 강현호, 도시 및 주거환경정비법에 대한 소고, 현대공법이론의 제 문제, 2003, 334면. 한편 사업시행인가의 본질은 인가처분이 이루어지는 과정 또는 인가의 법적효력 가운데 어느 것에 중점이 있는가에 달려있다고 하는 견해가 있다. 동 견해는 도시정비법상 행정주체인 조합이 사업시행계획을 작성하여 조합원총회의 결의(동의)를 거치면 '성립(수립)'하는 것이고, 행정청의 인가를 통해 '확정'되고 '고시'됨으로써 대외적인 효력을 갖게 된다고 한다. 송현진/유동규, 앞의 책, 634면 이하.

의 적법요건을 갖추고 있는 이상은 그 인가처분 자체에 하자가 있는 것이라 할 수 없다"[44] 하여 인가로 파악하고 있다. 한편 양성적인 것으로 접근하는 입장이 있다. 즉, 박균성 교수는 사업시행계획의 인가는 사업시행계획의 효력을 완성시켜 사업시행계획이 조합원에게 구속력을 가지도록 한다는 점에서 인가이고, 사업시행자의 지위를 창설하는 점에 있어서는 특허로 본다.[45]

(3) 관견(管見)

사업시행인가는 정비사업을 구체적으로 실현에 옮기기 위한 첫걸음인데, 먼저 사업시행계획서의 성격을 보아야 한다. 그것은 사업시행자는 고시된 정비계획에 따라 토지이용계획(건축물배치계획을 포함한다), 정비기반시설 및 공동이용시설의 설치계획 등[46]을 포함하여 작성한다(제30조). 그것은 해당 정비사업이 목적하는 건축물 및 정비기반시설 등을 위한 설계도이면서 동시에 그 설계도대로의 시공을 위해 필요한 각종의 계획을 포괄하는 것인데, 본질은 사업계획안에 불과하고 행정계획이라 보기 힘들다.[47] 인가는 법적 행위로서의 기본행위를 출발점으로 한다. 그런데 사업시행자가 작성하는 사업시행계획은 그 자체 법적 행위가 아니라 정비사업에 관한 하나의 사업계획안과 같은 것이다. 따라서 사법상 법률행위를 기본행위로 하여 보충하는 강학상 인가의 구조는 발생하지 않는다.

구체적으로 사업시행인가의 효과를 보면, 우선 시행자는 인가를 받고서 비로소 정비사업을 적법하게 시행할 수 있다(제85조 제7호의 반대해석: 금지해제적 효과). 사업시행자는 정비구역안에서 정비사업을 시행하기 위하여 필요한 경우에는 「공익사업을 위한 토지등의 취득 및 보상에 관한 법률」 제3조의 규정에 의한 토지 · 물건 또는 그 밖의 권리를 수용 또는 사용할 수 있다(제38조). 그리고 법 제40조 제2항에 의해, 사업시행인가의 고시가 있는 때에는 「공익사업을 위한 토지등의 취득 및 보상에 관한 법률」 제20조 제1항 및 제22조 제1항의 규정에 의한 사업인정 및 그 고시가 있

---

44) 대법원 2008.1.10. 선고 2007두16691판결.

45) 동인, 행정법(하), 2012, 510면 이하.

46) 이밖에 임시수용시설을 포함한 주민이주대책, 세입자의 주거 및 이주 대책, 임대주택의 건설계획(주택재건축사업의 경우 제30조의3 제2항에 따른 재건축소형주택의 건설계획을 말한다), 건축물의 높이 및 용적률, 정비사업의 시행과정에서 발생하는 폐기물의 처리계획, 교육시설의 교육환경 보호에 관한 계획(정비구역으로부터 200미터 이내에 교육시설이 설치되어 있는 경우에 한한다), 시행규정(시장 · 군수 또는 주택공사등이 단독으로 시행하는 정비사업에 한한다), 그 밖에 사업시행을 위하여 필요한 사항으로서 대통령령으로 정하는 바에 따라 시 · 도 조례가 정하는 사항을 포함한다.

47) 반면 사업시행계획이란 정비사업이 목적하는 건축물 및 정비기반시설 등을 위한 설계도 이면서 동시에 그 설계도대로의 시공을 위해 필요한 각종의 계획을 포괄하는 것으로서, 사업시행자가 고시된 정비계획에 따라 작성하는 행정계획으로 보는 입장이 있다. 강신은, 관리처분계획방식 정비사업에 관한 법적 연구, 2012. 43면 이하.

는 것으로 본다. 여기서의 사업인정은 토지수용권을 부여하는 설권적 효과를 지니기에,[48] 사업시행인가 역시 그와 같은 효과를 갖는다고 하겠다(설권적 효과). 그리고 사업시행자가 사업시행인가를 받은 때는 다른 인가·허가·승인·신고·등록·협의·동의·심사 또는 해제가 있은 것으로 보며, 사업시행인가의 고시가 있은 때에는 다음의 관계 법률에 의한 인·허가 등의 고시·공고 등이 있은 것으로 본다(법 제32조 제1항: 다른 법률의 인·허가등의 의제적 효과).

이상에서 본 사업시행인가의 법효과에 비추어, 그리고 사업시행계획 자체가 법률행위가 아닌 점에서, 여기서의 인가를 사적 법률행위의 효력을 완성시켜 주는 보충행위인 강학상의 인가로 보아선 아니 된다. 문제는 단순 허가나 특허인지 아니면 융합적 성격인지 여부이다. 주택법 제16조와 제17조의 사업계획승인 마냥 여기서의 인가 역시 허가적 측면과 설권적(특허적) 측면을 함께 지닌 허용행위로 보는 것이 바람직하다.[49] 사업시행인가를 보충행위로서의 인가의 차원에서 접근한 판례의 태도는 바람직하지 않다.[50] 따라서 판례의 입장과는 달리, 사업시행인가의 요건이 된 사업시행계획에 하자가 있다면, 행정청의 사업시행인가를 대상으로 바로 취소소송을 제기할 수 있다고 하겠다.

6. 관리처분계획인가의 경우

(1) 논의현황

우선 관리처분계획인가와 관련해서 두 가지의 차원에서 다투어진다. 먼저 그 전체를 접근하는 기조에서 인가적 접근(A)과 확정적(확인적) 접근(a)이 다투어지고, 관리처분계획의 법적 성질과 관련해서는 크게 행정처분으로 보는 입장(B)과 사법행위로서의 자치규약으로 보는 입장(b)으로 대별된다.

판례는 관리처분계획을 행정처분으로 보는 것을 기초로 인가적 접근을 한다(A·B). 판례의 흐름을 보면, 우선 판례는 주택개량사업관리처분계획인가를 강학상의 인가로 설정한 다음,[51] 동일한 재판부가 그대로 참여하여 내린, 대법원 1996.2.15. 선

---

48) 참조판례: 대법원 1992.11.13. 선고 92누596판결: 토지수용법 제14조에 의한 토지수용을 위한 사업인정은 단순한 확인행위가 아니라 형성행위이고, 당해 사업이 비록 토지를 사용할 수 있는 사업에 해당된다 하더라도 행정청으로서는 그 사업이 공용수용을 할 만한 공익성이 있는지의 여부를 모든 사정을 참작하여 구체적으로 판단하여야 하는 것이므로 사업인정의 여부는 행정청의 재량에 속한다 할 것이다.

49) 참조판례: 대법원 1989.6.27. 선고 87누743판결: 도시재개발법 제12조에 의한 사업시행인가는 그 후 일정한 절차를 거칠 것을 조건으로 하여 일정한 내용의 수용권을 설정하여 주는 행정처분의 성격을 띠는 것으로서 그 사업시행인가를 받음으로써 수용할 목적물의 범위가 확정되고 목적물에 관한 현재 및 장래의 권리자에게 대항할 수 있는 일종의 공법상의 권리로서의 효력이 발생한다.

50) 상론은 졸고, 주택재건축 정비사업시행인가의 법적 성질에 관한 소고, 법률신문 제3737호(2009.4.13.).

51) 대법원 1994.10.14. 선고 93누22753판결: 가. 도시재개발법 제41조에 의한 행정청의 인가는 주택개량재개발조

고 94다31235전원합의체판결은 관리처분계획을 행정처분으로 판시하였다.[52] 판례의 이런 입장에 대해 문헌상으로 별반 의문이 제기되지 않고 지배적 입장이 되어 버렸다.[53]

반면 a · B의 입장에 의하면, 관리처분계획의 처분성은 인정하되, 그것의 인가가 단순히 조합의 총회결의를 통해 확정된 관리처분계획안을 보충적으로 승인하는 한도를 넘어 관리처분계획이라는 처분을 대외적으로 확정하기 위한 것이라는 점을 근거로 그 인가를 강학상 인가와는 구별한다. 즉, 관리처분계획이 인가에 의해 구속력을 얻게 된다는 것을 논거로 인가를 계획확정행위로 본다.[54] 다시 말해, 인가(및 고시) 전의 관리처분계획은 행정내부적 의미만을 지닌 단순한 행정계획의 안에 불과하고, 인가를 통해서 그것이 확정되어 처분으로서의 모습을 갖추어서 결국 '인가된 관리처분계획'이 취소소송의 대상이 되어야 한다고 주장한다.

(2) 문제의 제기

판례의 입장을 따르면, 관리처분계획=조합이 행한 처분, 관리처분계획인가 = 관리처분계획에 대한 법률상의 효력을 완성시키는 보충행위라는 등식이 성립한다. 이 등식은 부자연스럽다. 무릇 보충행위로서의 인가는 아직 효력이 발생하지 않은 기본행위를 전제로 하는데, 그 기본행위가 -잠정적 행정행위를 제외하고서는- 대개 종국적 법효과를 발생시키는 행정처분에 해당한다면, 분명 기왕의 인가와는 거리가 있다.[55]

합의 관리처분계획에 대한 법률상의 효력을 완성시키는 보충행위로서 그 기본이 되는 관리처분계획에 하자가 있을 때에는 그에 대한 인가가 있었다 하여도 기본행위인 관리처분계획이 유효한 것으로 될 수 없다. 나. 기본행위인 관리처분계획이 적법유효하고 보충행위인 인가처분 자체에만 하자가 있다면 그 인가처분의 무효나 취소를 주장할 수 있지만, 인가처분에 하자가 없다면 기본행위에 하자가 있다 하더라도 따로 그 기본행위의 하자를 다투는 것은 별론으로 하고 기본행위의 무효를 내세워 바로 그에 대한 행정청의 인가처분의 취소 또는 무효확인을 소구할 법률상의 이익이 있다고 할 수 없다.」 동지: 대법원 2000.9.5. 선고 99두1854판결; 2001.12.11. 선고 2001두7541판결 등.

52) 판결요지: 「한편 분양신청 후에 정하여진 관리처분계획의 내용에 관하여 다툼이 있는 경우에는 그 관리처분계획은 토지 등의 소유자에게 구체적이고 결정적인 영향을 미치는 것으로서 조합이 행한 처분에 해당하므로 항고소송에 의하여 관리처분계획 또는 그 내용인 분양거부처분 등의 취소를 구할 수 있으나, 설령 조합원의 자격이 인정된다 하더라도 분양신청을 하지 아니하거나 분양을 희망하지 아니할 때에는 금전으로 청산하게 되므로(같은 법 제44조), 대지 또는 건축시설에 대한 수분양권의 취득을 희망하는 토지 등의 소유자가 한 분양신청에 대하여 조합이 분양대상자가 아니라고 하여 관리처분계획에 의하여 이를 제외시키거나 원하는 내용의 분양대상자로 결정하지 아니한 경우, 토지 등의 소유자에게 원하는 내용의 구체적인 수분양권이 직접 발생한 것이라고는 볼 수 없어서 곧바로 조합을 상대로 하여 민사소송이나 공법상 당사자소송으로 수분양권의 확인을 구하는 것은 허용될 수 없다.」 동지: 대법원 2002.12.10. 선고 2001두6333판결; 2009.9.17. 선고 2007다2428 전원합의체판결 등.

53) 송현진/유동규, 앞의 책, 779면; 김향기, 관리처분계획과 법률유보 및 행정소송, 고시계 53권 제11호(제621호), 44면; 홍득관, 주택재건축사업과 관련된 법적 제 문제, 법조 제635호(2009.8.), 362면.

54) 김종보, 관리처분계획의 처분성과 그 공정력의 범위, 행정판례연구 제7집, 2002, 338면.

55) 일찍이 이 같은 문제점을 김종보 교수가 지적하였다. 즉 관리처분계획의 단계에서 등장하는 행정작용은 비록 그 실정법상의 명칭이 (관리처분계획의) 인가라고 하여도, 단순히 조합총회의 결의를 승인하는 한도를 넘어, (관리처분계획이라는) 처분을 대외적으로 확정하는 것이어서 강학상 인가의 특성을 상실하게 된다. 동인, 관

관리처분계획인가에 기왕의 인가론을 대입시킨 것이 타당한지 여부의 물음은 차치하고서, 관리처분계획인가에 대한 앞서의 태도(대법원 1994.10.14. 선고 93누22753판결)가 과연 관리처분계획의 처분성인정과 相符하는지 여부에 대해서 의문을 가졌을 법한데, 아쉽게도 그런 점을 발견할 수 없다. 판례상으론 94다31235전원합의체판결을 따르면, 관리처분계획인가는 '행정처분에 대한 인가'인 셈이 된다. 이는 인가론의 본연의 모습과는 전혀 부합하지 않는다. 한편 인가론을 그대로 대입하기보다는, 가령 관리처분계획은 예비결정이나 잠정적 처분으로, 이에 대한 인가는 본처분이나 종국적 처분으로 전환시키는 식으로 논증할 수도 있다. 그러나 이 또한 예비결정이나 잠정적 행정행위에 관한 본연의 논의와는 동떨어진 것이다. 요컨대 94다31235전원합의체판결은 관리처분계획인가에 관한 대법원 93누22753판결의 접근을 의문스럽게 만들었다.

(3) 관견(管見): 관리처분계획의 법적 성질

관리처분계획의 처분성을 견지하는 한, 관리처분계획의 인가와 관련해서는 치명적인 논증상의 오류가 선재되어 있다는 점에서, 관리처분계획의 법적 성질에 관한 심도있는 논의가 요구된다. 이 물음에 대한 답은 분양처분의 법적 성질과 결부시켜 구해야 한다. 먼저 관리처분계획과 관련한 구 도시재개발법상 여러 규정을 살펴본다.[56] 분명한 점은 법규정상 '대지 및 건축시설에 대한 권리의 확정'은 관리처분계획이 아닌 분양처분(이전고시[57])에서 직접 발생한다는 점이다. 이에 판례는 분양처분을 '항고소송의 대상이 되는 처분'으로[58] 또는 '공법상 처분'으로[59] 본다. 이를테면 분양처분은 일종의 單獨的 私權形成的 行政行爲인 셈이다.[60] 관리처분계획은 행정처

리처분계획의 처분성과 그 공정력의 범위, 317면 이하.

56) 구 도시재개발법상 제18조 제1항 제9호, 제34조 제1항·제4항·제6항·제8항, 제38조, 제39조 제1항.

57) 기존의 도시재개발법에서는 분양처분과 분양처분고시라는 용어를 사용하였는데, 도시정비법에서는 분양처분을 '소유권이전'으로, 분양처분고시를 '이전고시'라고 표기하고 있다. 도시정비법이 구 도시재개발법과 다르게 소유권귀속에 관한 표현을 '이전고시'로 부르고 있다고 하여도 이전고시의 법적성격은 소유권을 부여하는 행정처분이라는 점에서 구법상의 분양처분과 차이를 보이는 것은 아니다. 김종보/전연규, 앞의 책, 936면.

58) 대법원 1989.9.12. 선고 88누9763판결.

59) 대법원 1995.6.30. 선고 95다10570판결; 2012.3.22. 선고 2011두6400전원합의체판결.

60) 그런데 분양처분의 실질에 관해서, 88누9763판결은 환지처분과 동일하다는 식으로 표현하였지만, 95다10570판결은 환지처분에 관한 대법원 1991.6.14. 선고 90다카22575판결(… 환지처분 그 자체로는 아무런 권리의 득상, 변동을 생기게 하는 것은 아니고 이런 효과는 직접 법률의 규정에 의하여 생기는 것이므로 …)에 연계하여 다음과 같이 판시하였다: 「도시재개발법에 의한 재개발사업에 있어서의 분양처분은 재개발구역 안의 종전의 토지 또는 건축물에 대하여 재개발사업에 의하여 조성되거나 축조되는 대지 또는 건축 시설의 위치 및 범위 등을 정하고 그 가격의 차액에 상당하는 금액을 청산하거나, 대지 또는 건축 시설을 정하지 않고 금전으로 청산하는 공법상 처분으로서, 그 처분으로 종전의 토지 또는 건축물에 관한 소유권 등의 권리를 강제적으로 변환시키는 이른바 공용환권에 해당하나, 분양처분 그 자체로는 권리의 귀속에 관하여 아무런 득상·변동을 생기게 하는 것이 아니고, 한편 종전의 토지 또는 건축물에 대신하여 대지 또는 건축 시설이 정하여진 경우에는 분양처분의 고시가 있은 다음 날에 종전의 토지 또는 건축물에 관하여 존재하던 권리관계는 분양받는

분인 분양처분의 근거이자 기준의 기능을 하며, 분양처분은 관리처분계획을 집행하는 셈이 된다. 법효과의 직접적, 종국적 발생을 근거로 분양처분의 처분성을 인정한다면, 그것의 근거이자 기준인 셈인 관리처분계획에 대해서 처분성을 인정하는 것은 모순이다. 이 점에서, 대법원 94다31235전원합의체판결이 "분양신청 후에 정하여진 관리처분계획의 내용에 관하여 다툼이 있는 경우에는 그 관리처분계획은 토지 등의 소유자에게 구체적이고 결정적인 영향을 미치는 것으로서 조합이 행한 처분에 해당한다"고 판시한 것은, 법규정은 물론 분양처분의 처분성 인정과도 배치된다. 분양처분의 출발점인 관리처분계획 그 자체가 소유자에게 구체적이고 결정적인 영향을 미치는 것은 당연하다. 하지만 이런 점을 법적 성질을 가늠하는 데 결부시키는 것은 무리가 있다. 그런데 대법원 1999.8.20. 선고 97누6889판결은 구 토지구획정리사업법상의 환지계획과 관련해서, 관리처분계획의 처분성을 인정한 대법원 94다31235전원합의체판결과 사실상 배치되는 입장을 취하였다.[61] 환지계획과 관리처분계획이 영역상의 차이만 있을 뿐, 그 법적 의의가 동일하다는 점에서 대법원 97누6889판결은 대법원 94다31235전원합의체판결을 우회적으로 파기한 셈이다.[62]

그럼 과연 관리처분계획은 분양처분에 대해서 어떤 관계에 서며, 그 성질은 무엇인가? 기왕의 인가론처럼 기본행위가 공법적 행위도 될 수 있다고 보면 그다지 문제가 되지 않지만, 필자처럼 인가를 전적으로 사권형성적 행정행위로 자리매김할 경우에는 사정이 다르다. 그런데 이미 재개발조합이 성립한 후의 상황이긴 하지만, 앞에서 본, 재건축조합설립인가 및 재건축조합설립행위에 관한 논의가 참고가 된다. 행정처분에 대한 법규범의 위상을 견주어 본 즉, 관리처분계획은 조합구성원들의 합의의 산물로서 총회에서 의결된 자치규약의 일종으로 볼 수 있다.[63] 따라서 그것은 정관마냥 당연히 구속력을 가지며, 실질은 사법적 행위에 해당한다.[64] 결국 관리처

대지 또는 건축 시설에 그 동일성을 유지하면서 이행되는 바, 이와 같은 경우의 분양처분은 대인적 처분이 아닌 대물적 처분이라 할 것이므로, 재개발사업 시행자가 소유자를 오인하여 종전의 토지 또는 건축물의 소유자가 아닌 다른 사람에게 분양처분을 한 경우 그러한 분양처분이 있었다고 하여 그 다른 사람이 권리를 취득하게 되는 것은 아니며, 종전의 토지 또는 건축물의 진정한 소유자가 분양된 대지 또는 건축시설의 소유권을 취득하고 이를 행사할 수 있다.」 이는 분양처분이 설권행위가 아니라 단지 법효과의 발생을 단지-법적의미에서가 아니라 사실적 의미에서- 확인하는 데 지나지 않다는 것인데, 이런 논증은 관련법규정의 체계에 반한다.

61) 「토지구획정리사업법 제57조, 제62조 등의 규정상 환지예정지 지정이나 환지처분은 그에 의하여 직접 토지소유자 등의 권리의무가 변동되므로 이를 항고소송의 대상이 되는 처분이라고 볼 수 있으나, 환지계획은 위와 같은 환지예정지 지정이나 환지처분의 근거가 될 뿐 그 자체가 직접 토지소유자 등의 법률상의 지위를 변동시키거나 또는 환지예정지 지정이나 환지처분과는 다른 고유한 법률효과를 수반하는 것이 아니어서 이를 항고소송의 대상이 되는 처분에 해당한다고 할 수가 없다.」 그러나 이에 대하여 환지계획은 장차 변동하게 될 국민의 권리의무를 구속적으로 확정하는 구속적 행정계획이라는 비판이 있다. 김종보, 환지계획의 처분성, 공법연구 제28집 제3호, 2000.3., 292면.

62) 동 판례에 대한 비판적 평석으로 김남진, 대법원의 처분개념에 대한 의문, 법률신문 제2844호(1999.12.13.), 14면.

63) 그런데 자치규약설에 대해서는 정관의 효력범위(자치규약)가 미치지 않는 제3자 등에 대한 효과를 인정하는 도시정비법을 이해하기에는 무리가 따른다는 지적이 있다.

분계획인가는 아무런 의문없이 인가로 자리매김할 수 있다. 환지계획 인가의 경우에도 이상과 같이 논증할 수 있다.

한편 판례는 행정주체인 재건축조합을 상대로 사업시행계획 또는 관리처분계획에 관한 조합 총회결의의 효력 등을 다투는 소송은 행정처분에 이르는 절차적 요건의 존부나 효력 유무에 관한 소송으로서 그 소송결과에 따라 행정처분의 위법 여부에 직접 영향을 미치는 공법상 법률관계에 관한 것이므로, 이는 행정소송법상의 당사자소송에 해당한다고 판시하였다.[65] 관리처분계획을 행정처분으로 설정하면 의당 이런 절차적 요청의 문제는 본처분의 위법사유가 되어야 한다. 그럼에도 이들을 독립되게 공법적으로 다툴 수 있게 한 것은 바람직하지 않다. 이런 요령부득의 상황은 기실 관리처분계획을 행정처분으로 본 데서 비롯되었다.

7. 준공인가의 경우

사업시행자는 정비사업에 관한 공사를 완료한 때에는 대통령령이 정하는 방법 및 절차에 의하여 시장·군수의 준공인가를 받아야 한다(제52조 제1항).[66] 구법상의 준공검사나 사용검사와는 달리 입법자는 인가제를 수용하고 있는데, 여기서의 인가가 사인간의 법률행위를 보충하여 완성시키는 본래의 인가제에 해당하는가는 의문이다. 그런데 준공인가결정은 기본적으로 완공된 건축물의 사용을 허용한다(금지해제적 효과). 그리고 준공인가를 하거나 공사완료의 고시를 함에 있어 시장·군수가 사업시행인가에 의하여 의제되는 인·허가등에 따른 준공검사·준공인가·사용검사·사용승인 등('준공검사·인가등')에 관하여 관계행정기관의 장과 협의한 사항에 대하여는 당해 준공검사·인가등을 받은 것으로 본다(제53조 제1항: 인·허가등의 의제효과).

이처럼 준공인가로부터 비롯된 법효과가 다양하기에 그것을 하나로 과연 포착할 수 있을지 의문스러울 수 있지만, 주택법상의 사용검사처분(제29조)과 건축법에서의 사용승인(제22조)(과거 준공검사처분)과 마찬가지로 기본적으로 다름 아닌 사용허가에 해당한다고 하겠다.[67] 여기서 입법정책적 차원의 개선이 필요하다. 동일한 법제도를

---

64) 민사법학에선 사단법인설립행위를 둘러싸고 그것이 합동행위인지 단체적 성질의 계약인지 논란이 되고 있다.

65) 대법원 2009.9.17. 선고 2007다2428전원합의체판결 등.

66) 도시정비법 이전의 (구) 도시재개발법은 재개발사업에 관한 공사를 완료한 때에는 시장·군수 또는 구청장에게 공사완료보고서를 제출하고 준공검사를 받도록 하고(동법 제38조), (구) 주택건설촉진법은 사업주체가 주택건설사업 또는 대지조성사업을 완료한 경우에는 주택·부대시설·복리시설 및 대지에 대하여 시장등의 사용검사를 받도록 규정하였다(제33조의2).

67) 앞에서 본 것처럼 허가에는 항상 확인적 요소가 있음을 유의하여야 한다. 한편 준공인가란 사업시행계획에서 정한 데로 정확하게 시공되었는가를 확인하는 행정처분이며, 준 법률행위적 행정행위의 일종인 '확인행위' 또는 '공증행위'라고 보는 견해가 있다. 김종보/전연규, 앞의 책, 785면.

달리 개념설정하여 비롯된 혼란을 하루바삐 해소시켜야 한다.

Ⅳ. 맺으면서

법학에서 논쟁은 물론, 논증이 실종된 지 오래되었다. 권위를 신봉하는 법률가의 직업의식에 비추어 매우 우려되는 현상이다. 특히 통일화된 성문법전이 없는 행정법의 경우 법학방법론에 터 잡은 해석과 논증이 다른 법영역보다 더욱 강조되어야 하는데, 그렇지 않고 오히려 判例追隨的 경향이 압도하여 판례암기가 법적 논증에서 이상적 해결책인 양 받아들여지고 있다. 비판적 성찰이 동반되지 않은, 행정법의 판례에로의 도피는 일시적인 편안함을 넘어 행정법의 학문적 정체성에 심각한 의문을 던진다. 과연 행정법은 어디에 존재하는가? 비판적 성찰이 동반되지 않은 이런 判例追隨的 경향은 행정법의 판례에로의 도피이다. 이는 일시적인 편안함을 넘어 행정법의 학문적 정체성에 심각한 의문을 던진다. 이제 우리의 법제를 그 본연에 맞게 새롭게 구축할 때가 되었다. 그 출발은 올바른 용어나 개념의 사용이다(必也正名呼).

판례가 동법상의 조합설립인가처분을 인가로 본 종전의 입장을 바꿔 일종의 설권적 처분의 성격을 갖는다고 판시하였듯이, 이를 계기로 이상에서 본 대로 동법상의 추진위원회 승인, 정비조합설립 후 인가사항의 변경인가, 정비사업 시행인가, 관리처분계획인가 및 준공인가에 대해 정당한 자리매김을 모색하는 것이 시급하다.

* 공저(김중권/최종권), 법학논문집(중앙대) 제37집 제1호, 2013.4., 271면 이하 소수.

제 3 장

도시정비법상의 事業施行認可處分의 法的 性質에 관한 小考

– 대상판결: 대법원 2013.6.13. 선고 2011두19994판결 –

Ⅰ. 대상판결의 요지

구 '도시 및 주거환경정비법'(2012.2.1. 법률 제11293호로 개정되기 전의 것, 이하 '구 도시정비법'이라 한다) 제8조 제3항, 제28조 제1항에 의하면, 토지 등 소유자들이 그 사업을 위한 조합을 따로 설립하지 아니하고 직접 도시환경정비사업을 시행하고자 하는 경우에는 사업시행계획서에 정관 등과 그 밖에 국토해양부령이 정하는 서류를 첨부하여 시장·군수에게 제출하고 사업시행인가를 받아야 하고, 이러한 절차를 거쳐 사업시행인가를 받은 토지 등 소유자들은 관할 행정청의 감독 아래 정비구역 안에서 구 도시정비법상의 도시환경정비사업을 시행하는 목적 범위 내에서 법령이 정하는 바에 따라 일정한 행정작용을 행하는 행정주체로서의 지위를 가진다. 그렇다면 토지 등 소유자들이 직접 시행하는 도시환경정비사업에서 토지 등 소유자에 대한 사업시행인가처분은 단순히 사업시행계획에 대한 보충행위로서의 성질을 가지는 것이 아니라 구 도시정비법상 정비사업을 시행할 수 있는 권한을 가지는 행정주체로서의 지위를 부여하는 일종의 설권적 처분의 성격을 가진다.

Ⅱ. 문제의 제기

원심(서울고등법원 2011.7.13. 선고 2010누43275판결)이 토지등소유자들이 직접 시행하는 도시환경정비사업에서 사업시행인가처분이 사업시행계획에 대한 보충행위에 해당한다고 전제한 다음, 기본행위의 무효를 이유로 그에 대한 인가처분의 무효확인을 구할 수 없다는 법리에 따라, 원고가 피고 서울특별시 종로구청장을 상대로 이 사건 사업시행인가처분의 무효확인을 구할 법률상 이익이 없다고 판단하였다. 원심이 인가적 접근을 강구한 반면 대상판결은 사안이 정비사업의 주체가 조합이 아니라 토지 등 소유자들인 점을 착안점으로 삼아 설권적 처분 즉, 특허적 접근을 하였다. 판례는 도시환경정비사업조합이 사업시행자인 경우에 사업시행인가에 대해서 의문 없이 그대로 인가적 접근을 하였다.[1] 대상판결에 의하면 도시환경정비사업의 경우 사업시행인가의 법적 성질이 시행자가 누구인지에 따라 다르게 된다. 대상판결은 토지등소유자들이 사업시행자인 경우를 조합이 사업시행자인 경우에 연계시켜 논증하였다. 그러나 사업시행인가를 통해 토지등소유자에게 행정주체적 지위를 부여하는 것은 치명적인 공법적 문제점을 안고 있다. 사업시행인가의 원천적 문제점을 바탕으로 대상판결의 문제점을 살펴본다.

Ⅲ. 사업시행인가의 법적 성질에 관한 논의

일찍이 대법원이 "조합이 사업시행계획을 재건축결의에서 결정된 내용과 달리 작성한 경우 이러한 하자는 기본행위인 사업시행계획 작성행위의 하자라고 할 것이고, 이에 대한 보충행위인 행정청의 인가처분이 그 근거 조항인 도시정비법 제28조의 적법요건을 갖추고 있는 이상 그 인가처분 자체에 하자가 있는 것이라 할 수 없다" 하여 인가적 접근을 강구하였는데,[2] 이는 지금도 그러하다. 반면 인가와 특허의 양성적 성격으로 보는 입장도 있다.[3]

1) 대법원 2010.12.9. 선고 2010두1248판결.
2) 대법원 2008.1.10. 선고 2007두16691판결.
3) 박균성, 행정법론(하), 2012, 510면 이하.

Ⅳ. 관견(管見)

1. 기왕의 인가적 접근의 문제점

사업시행인가는 정비사업을 구체적으로 실현에 옮기기 위한 첫걸음이다, 사업시행계획서의 성격을 보아야 한다. 법 제30조에 의하면, 그것은 해당 정비사업이 목적하는 건축물 및 정비기반시설 등을 위한 설계도이면서 동시에 그 설계도대로의 시공을 위해 필요한 각종의 계획을 포괄한 것이다. 사업계획안에 불과하고 행정계획으로 보기 힘들다. 인가는 법적 행위로서의 기본행위를 출발점으로 한다. 그런데 사업시행자가 작성하는 사업시행계획은 그 자체 법적 행위가 아니라 정비사업에 관한 하나의 사업계획안과 같은 것이다. 따라서 사법(私法)상 법률행위를 기본행위로 하여 보충하여 그것의 법적 효력을 완성시켜 주는 인가메커니즘이 존재하지 않는다. 사적 법률행위를 전제로 하여 추인으로서 인가의 본질적 징표가 확인되지 않는 한, 인가적 접근을 강구해서는 아니 된다.[4]

2. (일반적인) 사업시행인가의 구체적인 법효과 및 법적 성질

사업시행인가의 구체적 효과를 보면, 우선 시행자는 인가를 받고서 비로소 정비사업을 적법하게 시행할 수 있다(제85조 제7호의 반대해석: 금지해제적 효과). 사업시행자는 정비구역안에서 정비사업을 시행하기 위하여 필요한 경우에는 '공익사업을 위한 토지등의 취득 및 보상에 관한 법률' 제3조의 규정에 의한 토지·물건 또는 그 밖의 권리를 수용 또는 사용할 수 있다(제38조). 그리고 법 제40조 제2항에 의해, 사업시행인가의 고시가 있은 때에는 공익사업법 제20조 제1항 및 제22조 제1항의 규정에 의한 사업인정 및 그 고시가 있은 것으로 본다. 여기서의 사업인정은 토지수용권을 부여하는 설권적 효과를 지니기에, 사업시행인가 역시 그와 같은 효과를 갖는다(설권적 효과). 그리고 사업시행자가 사업시행인가를 받은 때는 다른 인가·허가·승인·신고·등록·협의·동의·심사 또는 해제가 있은 것으로 보며, 사업시행인가의 고시가 있은 때에는 다음의 관계 법률에 의한 인·허가 등의 고시·공고 등이 있은 것으로 본다(제32조 제1항: 다른 법률의 인·허가등의 의제적 효과). 요컨대 사업시행인가의 이런 법효과에 비추어, 그리고 사업시행계획 자체가 법률행위가 아닌 점에서, 주택법 제16조와 제17조의 사업계획승인 마냥 여기서의 인가 역시 허가적 측면과 설

4) 인가의 개념적 징표에 관해선 김중권, 행정법, 2013, 213면 이하.

권적 측면을 함께 지닌 허용행위로 보는 것이 바람직하다.[5)]

3. 사업시행자인 토지등소유자를 행정주체로 보는 것의 문제

다른 정비사업과는 달리 도시환경정비사업의 경우에 조합이 아닌 토지등소유자도 사업시행자가 될 수 있다. 도시환경정비사업은 대체로 5인 이하의 대토지 소유자와 몇몇의 소필지 소유자가 존재하는 지역에서 비교적 소규모로 진행되어서 굳이 조합을 결성할 필요성이 크지 않고, 현실적으로 조합을 구성하여 사업을 시행하는 것이 어렵거나 무의미한 경우가 많다는 점이 이유로 제시되곤 한다. 그런데 도시정비법은 토지등소유자가 도시환경정비사업의 시행자될 수 있다고 규정할 뿐, 조합설립인가와 같이 토지등소유자에 대해 사업시행자적 지위를 부여하는 통제장치가 없다.

법 제38조에 의해 전체 토지등소유자의 4분의 3 이상의 동의를 받아 사업시행인가를 받으면, 사업시행자인 토지등소유자는 동의하지 않는 토지등소유자에 대해 강제적으로 토지수용권을 발동할 수 있다. 이는 일종의 사인을 위한 공용개입(공용수용)을 인정한 것으로 볼 수 있다. 사인에게 다른 사인을 상대로 강력한 공권력인 수용권을 행사할 수 있는 권능을 부여한 것이 정당화되기 위해서는 권한행사의 근거규정만으로 충분하지 않다. 대상판결이 조합설립인가의 설권적 성격에 착안하여 사업시행인가를 사업시행자지정에 갈음하는 식으로 논증한 것은 사업시행자지정의 메커니즘을 관철하기 위한 나름의 시도이다.[6)] 그 나름 정당성과 설득력이 인정될 수 있긴 하지만, 성립에서 아무런 공법적 통제를 받지 않은 자에게 사업시행인가를 통해 행정주체적 지위를 부여하는 것은 공법적으로 문제가 많다. 행정주체적 지위를 가질 수 있는 것과 그 행정주체적 지위를 설정하는 것은 구별되어야 한다. 사인(私人)에게 행정주체적 지위를 설정하느냐의 문제는 공무위탁의 메커니즘에 관한 것이다. 공무위탁의 메커니즘은 법령에 의하거나 법령에 의거하여 행정행위나 행정계약에 의해 행해진다. 민간투자법 제13조의 사업시행자지정과 같은, 사인을 행정주체로 전환시키는 메커니즘이 존재해야 한다. 따라서 사업시행인가에 대해 행정주체적 지위의 창설의 효과를 인정하는 것은 바람직하지 않다. 공법적으로도 허용되지 않는다. 사실 도시환경정비사업이 대토지 소유자 위주로 진행되는 현실을 감안할 때, 공법적 통제장치인 사업시행자지정의 메커니즘을 규정하지 않은 현행 법상황은 치명적인 공법적 문제점을 안고 있다.

---

5) 참조: 대법원 1989.6.27. 선고 87누743판결.

6) 한편 헌재 2011.8.30. 2009헌바128·148은 사업시행인가 신청시 필요한 토지등소유자의 동의가 행정주체로서의 지위를 가지는 사업시행자를 지정하는 문제라고 지적하였다.

도시정비법 제28조의 사업시행인가를 기점으로 하여 법 제38조에 의해 토지수용권이 부여되게 한 것은 사업시행자가 이미 공무위탁의 방법으로 행정주체적 지위를 갖고 있다는 점을 그 전제로 한다. 따라서 사안처럼 사업시행자가 토지등소유자인 경우에 공법적 의문을 유발하지 않기 위해서는, 법 제38조가 적용되지 않아야 한다. 공법적 문제가 없기 위해서는 여기서의 사업시행인가는 이상의 일반적인 사업시행인가와는 달리 도시환경정비사업의 시행을 허용하는 데 그치는 단순한 강학상의 허가에 해당해야 한다.

Ⅴ. 맺으면서 – 인가제 전반에 대한 전수조사

일찍이 필자가 재건축조합설립인가는 인가로 볼 수 없고 특허로 보아야 한다고 지적한 이후 그것이 바람직하게 광정(匡正)되었다. 사적자치를 고려하여 인가이후에는 인가가 아닌 기본행위(사법행위)를 대상으로 다투어야 한다는 것이 인가 특유의 권리보호메커니즘인데, 이로 인해 자칫 공법적 권리보호의 공백이 초래될 우려가 있다. 하지만 '처분(?)에 대한 인가'를 설정한 셈인 관리처분계획인가에 대해 별다른 의문이 제기되고 있지 않듯이, 인가론에 대해서는 향상된 인식이 접목되지 못하고, 스테레오타입이 지배하고 있다. 단언컨대 행정법의 대표적 휴경지이다. 실정법상의 인가제 전반에 대한 전수조사(全數調査)가 시급하다.[7]

* 법률신문 제4161호, 2013.9.26., 소수.

7) 도시정비법상의 각종 인가에 관한 분석으로 김중권/최종권, 법학논문집(중앙대) 제37집 제1호, 2013.4., 271면 이하(본서 433면 이하) 참조.

제 4 장

獨逸 原電閉鎖의 公法的 問題點

Ⅰ. 처음에 – Moratorium vs. 법치국가원리

2011.3.11.에 일어난 후쿠시마 원전사고는 1986년의 체르노빌 원전사고가 그러했듯이 엄청난 재앙이다.[1] 그것의 후속양상은 최근의 일본수입생선의 방사능오염 문제와 같이 여전히 현재진행형이다. 안전에 대한 민감성이 남다른 독일의 경우, 후쿠시마 원전사고 직후 곧바로 연방정부가 2011.3.14.에 제11차 원자력법[2] 개정에서 규정된 -평균적으로 12년인- 가동연장을 3개월간 중단하는 것을 내용으로 하는 일련의 비상가동중단조치(Moratorium)를 발하였다.[3] 그 후 7월과 8월에 에너지전환을 위해 원자력법 제13차 개정을 비롯한 개정한 일련의 법률이 공포되었는데, 가장 핵심적 사항은 신속한 원전폐쇄(원전포기: Atomausstieg)이다. 2002년의 제1차 원전폐쇄법을 전면적으로 수정한 제11차 원자력법개정(2010.12.8.)이 행해진 지 4개월 남짓 사이에

1) 국제 원자력 사고 등급(INES)에 의하면 후쿠시마 원전사고와 체르노빌 원전사고는 최고단계인 재난에 해당하는 7단계사고이고, 미국 스리마일드 원전사고는 그 밑 5단계사고에 해당한다.
2) 공식명칭은 '원자력에너지의 평화적 이용 및 그 위험에 대한 보호에 관한 법률'이다(Gesetz über die friedliche Verwendung der Kernenergie und den Schutz gegen ihre Gefahren).
3) Offizieller Mitschnitt des Bundeskanzleramts uber die Pressekonferenz vom 14. 3. 2011, http://www.bundeskanzlerin.de/nn_683698/Content/DE/Mitschrift/Pressekonferenzen/2011/03/2011-03-14bkin-lagejapan-atomkraftwerke.html.

원래의 2002년 원전폐쇄의 상황으로 되돌아갔다.[4] 마치 냉온탕이나 롤러코스터와 같은 극단적인 상황이 조성되어, 독일 원자력법제와 전력산업은 새로운 국면을 맞이하고 있으며,[5] 독일 공법학계 역시 지난 2002년의 제1차 원전폐쇄에 이어, 제13차 개정의 내용 가운데 특히 원전의 운전가동연수의 제한을 두고서 가히 대회전에 필적하는 치열한 논쟁을 전개하고 있다.[6]

한편 독일의 원전운영자인 전력회사들은 과거 2002년 원전폐쇄 때와는 달리 적극적으로 권리구제를 도모하여, 비상가동중단조치에 대한 행정소송과 더불어 제13차 원자력법개정에 대해 헌법소원심판을 제기하였다.[7] 그런데 2013.2.27.에 Kassel 고등행정법원이 Hessen주의 두 원전(Biblis A, Biblis B)과 관련하여 원전운영자인 RWE가 제기한 비상가동중단조치취소소송에서 원고의 승소판결을 내렸다.[8] 원전사고와 같은 치명적인 비극에 즈음하여, 국민의 불안감이 최고도로 고조되어 정치권 역시 그 불안감에 강하게 사로잡힐 수밖에 없는 극단적인 상황에 직면하였을 때, 평상심을 견지하고, 법의 존재를 염두에 두면서 법치국가원리를 되새기기란 매우 어렵다. 이 점에서 실정법규정에 천착한 Kassel 고등행정법원의 판결은 향후 다른 원전의 동일한 사건은 물론, 헌법재판에서 중요한 이정표가 될 수 있다.[9]

우리 역시 초창기에 건설된 노후 원전의 안전성이 연일 논란이 되고 있음에도 불구하고 관련한 규범적 논의가 殆無하다. 언필칭 안전이 핵심 국정과제라고 일컫지만, 그것이 口頭禪에 불과함을 웅변한다. 이 글은 독일의 원전폐쇄결정과 관련한 독일의 공법적 논의상황을 개괄적으로 살펴봄으로써 리스크사회에서 공법학의 소임을 강구하고자 한다.[10]

---

4) 심지어 이런 입장이 향후의 입법상황에 좌우되지 않도록, 녹색당은 기본법 자체에 원전포기규정을 담으려 한다. 이에 관한 상론은 vgl. Enzensperger, Gehört der Atomausstieg in das Grundgesetz? HFR(HUMBOLDT FORUM RECHT) 2013, 30ff.

5) 독일 제13차 원자력법개정의 주요내용을 연전에 소개하였는데(졸고, 후쿠시마 원전비극에 따른 독일 원자력법 개정에 관한 小考, 법률신문 제4015호, 2012.3.15.), 아쉽게도 리스크법의 핵심주제인 이 주제에 대한 학계의 관심은 극히 저조하다. 새삼 예링의 지적이 연상된다: "법학은 변혁에 대항하기보다는 반대로 이를 즐거이 환영하여야 한다. 왜냐하면 법학은 그에 의하여 새로운 개념형성 활동의 기회를 가지게 되기 때문이다"(양창수(역), "다시 지상에서-어떻게 개선할 것인가?", 서울대 법학 제39권 제3호, 1998, 77면).

6) 2002년 논의가 핵합의로 인해 원전가동기간의 산정과 관련한 학문적 차원에 그친 반면, 지금의 논의는 실제 소송의 문제이다.

7) 독일의 모든 원자력발전소는 4개의 전력콘체른(EnBW AG, RWE, E.ON, Vattenfall)에 의해 운영되고 있다. 이중 Vattenfall은 독일이 아닌 스웨덴의 母에너지콘체른이 출자한 콘체른인데, 스웨덴의 母콘체른은 100% 스웨덴국가가 출자한 회사이다. E.ON과 RWE가 2012년 여름에 헌법소원심판을 제기하였고, Vattenfall은 2012.5.에 미국 워싱턴의 국제중재재판소에 독일정부를 상대로 소를 제기하면서, 독일 연방헌법재판소에 헌법소원심판 역시 제기하였다. 독일의 원전현황에 관해서는 http://de.wikipedia.org/wiki/Liste_der_Kernkraftwerke_in_Deutschland#Kernkraftwerke 참조.

8) VGH Kassel, Urteil vom 27.02.2013-6C824/11.T und 6C825/11.T.

9) 이런 지적으로 Battis/Ruttloff: Vom Moratorium zur Energiewende-und wieder zurück, NVwZ 2013, 817ff.

10) 여기서의 법률과 법원 등의 명칭은 특별히 표현하지 않으면 독일의 그것을 의미한다.

Ⅱ. 논의의 전제로서 독일 원자력법상의 위험과 리스크의 모델[11)]

위험개념과는 달리 리스크개념(Risiko)을 법에서 다루는 데는 곤란함이 있다.[12)] 그 이유는 리스크의 배후에는 모호한 개념이 숨겨져 있기 때문이다. 법학에서 위험은 침해자(장애유발자, 경찰책임자, Störer)에게 책임을 귀속시킬 수 있으며, 법익침해의 발생이 충분한 蓋然性이 있을 때 인정된다. 그러나 리스크의 경우에는 이 모든 징표가 불확실하다. 특히 법익침해의 발생이 불확실하다. 그것이 당장 내일 발생할 수도 있지만, 100년이 지나 발생할 수 있을 뿐더러, 필경 그렇지 않을 수도 있다. 또한 어떤 법익이, 그리고 어떤 것의 법익이 위험스러운지를 예상할 수 없으며, 어떤 효과상관관계가 인과관계를 조성할지도 예상할 수 없다. 따라서 리스크의 경우에는 개인화가능한 침해자 역시 곧바로 확인되지 않는다.[13)]

리스크개념은 위험개념상의 복합적 성립요건 가운데에 어떤 것에 관련할지가 불분명한데, 독일에서는 두 가지 기본적 이해가 대립한다. 즉, 훼손(손상)개연성을 목표로 할 것인지 아니면 훼손(손상)가능성을 목표로 할 것인지 여부이다. 먼저 삼단계적 모델이다. 이는 위험과 리스크를 蓋然性에 따른 구분에서 접근한다. 고전적인 경찰법적 危險 개념은, 객관적으로 기대될 만한 사건발생이 방해받지 않고 진행되면, 상태나 행위가 충분한 개연성을 갖고서 보호법익의 훼손(손상)을 초래할(한) 상황에 초점을 맞춘다. 이에 '삼단계적 모델'은 리스크를 낮은 개연성을 지닌 위험으로 설정하여, 리스크를 전통적 체계성에서의 법문제로 분류하고자 시도한다. 따라서 위험을

11) 리스크개념에 관한 상세는 김중권, 행정법기본연구Ⅱ(2009), 491면 이하 참조. 그리고 리스크의 법적 논의에 관한 참고문헌: 김남진, 위험의 방지와 리스크의 사전배려, 고시계 제53권 제3호(613호) 50면 이하; 윤혜선, 리스크의 관점에서 본 담배규제의 법적 쟁점, 행정법연구 제27호(2010.8.), 105면 이하; 동인, 리스크 규제에 관한 공법적 연구: 식품안전법제를 중심으로, 서울대학교 대학원, 2009; 조태제, 리스크정보의 공표와 그 법적 통제, 토지공법연구 제43집 제1호(2009.2.), 539면 이하; 동인, 식품법에서의 리스크행정조직, 법학논총(한양대) 제24집 제4호(2007.12.) 43면 이하; 조인성, 학제적 문제로서 리스크규율(Risikoregulierung) 및 리스크 의사소통(Risikokommunikation)의 흠결 및 해결방안 : 독일에서의 논의를 중심으로, 토지공법연구 제43집 제2호(2009.2.), 125면 이하; 김종천, 과학기술발전에 따른 리스크 · 위험방지를 위한 국가의 안전보호의무, 외법논집 제33집 제1호(2009.2.), 339면 이하; 박종원, 환경리스크 대응법제 연구, 2009; 김현준, 환경행정법에서의 위험과 리스크, 행정법연구 제22호(2008.12.), 133면 이하; 김은주, 리스크 규제에 있어 사전예방의 원칙이 가지는 법적 의미, 행정법연구 제20호(2008.4.), 67면 이하; 박효근, 환경영역에서 리스크방지를 위한 협동원칙, 한양법학 제22집(2008.2.) 289면 이하; 동인, 예방적 환경리스크관리의 법적 방안, 환경법연구 제28권 제1호(2006.5.), 657면 이하; 한국법제연구원, 리스크 사회에 있어서의 공법적 과제: 한 · 독국제학술대회, 2006; 한귀현, 환경리스크의 통제에 관한 법리, 환경법연구 제27권 제4호(2005.12.), 5면 이하; 조홍식, 리스크관리체계로서의 환경법, 법학 제43권 제4호(125호)(2002.12.), 27면 이하.

12) 한편 우리의 경우 영어상의 risk와 danger에 각각 비견되는 Risiko와 Gefahr를 의미에 맞게 옮기기란 쉽지 않다. 의견이 분분하다. 일부에서는 Risiko를 위험가능성, 위험성, 위험도 등으로 부르는 데 대해서, 일부에서는 정반대로 Gefahr를 위해로 Risiko를 위험으로 부르고 있다. 이제까지의 용례를 좇아 'Gefahr'는 危險으로, 'Risiko'는 리스크로 옮긴다.

13) 위험과 리스크의 구별에 관해서는 김남진, 위험의 방지와 리스크의 사전배려, 고시계 제53권 제3호(613호) 50면 이하 참조.

위해서는 충분한 개연성이 요구되는 반면에, 리스크는 등급적으로 낮은 개연성과 관련이 있다. 요컨대 삼단계적 모델은 개연성정도에 따라 위험, 리스크와 잔여리스크(Restrisiko)로 나눈다.14) 이런 구상은 잔여리스크와 관련하여 주효하는데, 즉, 그것은 단순한 假定的 可能性으로서 蓋然性을 갖지 않기에, 법적 규율의 대상이 결코 아니다. 이런 모델은 1980년대에 독일 원자력법을 구축함에 있어서 성립하여 이제까지 견지되어 왔다.15) 하지만 제13차 법개정으로 잔여리스크가 부정된 지금 삼단계적 모델은 전혀 다른 양상에 놓여 있다.16)

한편 이단계적 모델은 可能性에 따른 구분을 지향한다. 즉, 범주의 관계를 회전시켜, 리스크를 上位槪念을 설명함으로써,17) 삼단계적 모델상의 결함을 메운 것이, '이단계적 모델'이다. 이는 다음과 같은 새로운 구분기준을 제시한다: 훼손(손상)발생의 가능성. 이에 의하면 위험은 개연성에 국한하지만, 리스크는 훼손의 가능성과 관련이 있다.18) 위험과 리스크가 (국가개입에 상응하여 인정여부가 나뉘는) 청구권에 따라 분리되면, 잔여리스크를 위한 새로운 구분문제가 생긴다. 이 모델에 의하면, 원칙적으로 수용가능한 잔여리스크는 더 이상 존재할 수가 없다. 왜냐하면 수용가능의 한계 그 자체가 불확실하기 때문이다. 가능성기준에 의해 비로소 리스크개념은 위험개념으로부터 해방되고 고유한 특질을 얻는다. 이런 리스크개념이 독일에서는 1990년대에 성립하여, 문헌상으로도 입법상으로도19) 실현됨으로써,20) 법학에서 리스크의 법적 개념을 정립하는 데 성공한 셈이라고 한다.21)

---

14) 한편 통상 사회전체의 리스크로 받아들여져 종래 별다른 법적 물음이 제기되지 않았던 이른바 잔여리스크가 후쿠시마 원전비극에 따른 독일 원자력법 제13차 개정을 통해 법적 통제의 대상이 되어버렸다. 이는 사실상 그것의 부정을 의미한다. 원전의 안정성과 잔여리스크에 관해서는 이종영, 원자력발전소의 안전성과 잔여위험 가능성 : 원자력 정책방향과 법적 대응, 과학기술법연구 제2집(1996.12.) 167면 이하 참조.

15) BVerfGE 49, 89(137-143);53, 30(59); Breuer, Gefahrenabwehr und Risikovorsorge im Atomrecht, DVBl. 1978, 829(835f.); Bender, Gefahrenabwehr und Risikovorsorge als Gegenstand nukleartechnischen Sicherheits, NJW 1979, 1425.

16) 독일의 원자력법제에 관한 상세는 문병효, 독일의 원자력에너지 리스크관리법제, 행정법연구 제30호(2011.8.), 1면 이하 참조.

17) 이런 인식은 D. Murswiek의 지적-기술안전상의, 일반적인 위험방지법상의 모든 위험은 동시에 리스크이지만, 모든 리스크가 위험은 아니다-에서 극명히 표현된다. Ders., Die staatliche Verantwortung für die Risiken der Technik, 1985, S.83.

18) 개념정의의 규준으로서는 특히 vgl. Kloepfer/Rebinder/Schmidt-Aßmann/Kunig, Umweltgesetzbuch-Allgemeiner Teil, 1990, §2 Abs.6.

19) 가령 독일 醫藥品法(AMG) 제40조 제1항과 유전공학법(GenTG) 제6조 제1항과 제2항 등에서 리스크개념이 명문으로 사용되고 있다.

20) 그러나 독일의 경우 리스크개념의 기본이해를 둘러싼 논쟁은 아직 끝나지 않았다. 가령 O. Lepsius 교수는 훼손발생의 가능성은 결코 법적 규율의 대상이 될 수 없다고 본다. 그리고 리스크사전대비로 훼손가능성을 피할 수 있으리라는 독일에서 만연한 기대는 환상적 목표를 지향할 뿐더러, 법적으로 전환불가능한 요건에 바탕을 두고 있다고 강변한다. 그리하여 그는 이단계적 모델식의 리스크이해란 폐기되어야 한다고 주장하면서, -리스크를 불확실한 개연성으로 파악하여- 불확실한 개연성을 개인적으로 귀속시키는 것만이 리스크행정법의 임무일 수 있다고 강조한다. O. Lepsius, Risikosteuerung durch Verwaltungsrecht, VVDStRL 63, 2004, S.264(277ff.).

Ⅲ. 독일의 원전폐쇄와 관련한 법제의 연혁

1. 2002년 제1차 원전폐쇄

전력회사와의 협상에서 2000.6.14.에 연방정부는 핵에너지로부터의 전력생산을 정연하게 종료하기로 의견의 일치를 보았다. 이런 핵합의의 산물로 '영리적인 전력생산을 위한 에너지이용의 정연한 종료를 위한 법률(2002.4.22.)'이[22] 제정되어 원자력법이 수정되었다. 그것은 핵에너지사용을 종료시키기 위해 다음과 같은 두 가지 결정적인 요소를 담고 있다. ⅰ) 원전의 신규건설의 금지, ⅱ) -개개 원전에 대해 최대 전력생산량을 확정함으로써- 개개 원전의 일정한 가동기간의 확정. 그리고 2000. 1.1.부터 통용되게 되는 소위 잔여전력량은 동법률의 부록3의 欄 2에 규정되어 있다. 동시에 개정된 동법 제7조는 잔여전력량이 한 원전에서 다른 원전으로 이전될 수 있다고 규정하였다. 원래 원전가동허가(Anlagengenehmigung)에 대해서는[23] 가동기한이 설정되어 있지 않았는데, 동법률에서 확정된 잔여전력량은 32년이라는 원전의 전체 운전가동기간을 상정하여 계상되었다. 이런 법률적 규정이 지속될 경우에 잔여전력량을 어느 정도로 이전할 것인지 확실히 말할 수는 없지만, 아무튼 약 2023년까지는 원전이용이 가능할 것이라고 평가되었다.[24] 그런데 그 당시의 상황은 지금과는 달랐다. 지금의 제13차 개정의 경우에는 원전과 관련한 에너지회사들이 소송을 통해 다투어지고 있는데, 그 당시에는 이들 회사들이 '핵타협'(Atomkomproiss)과 '핵합의'(Atomkonsens)의 차원에서 그리고 2002년 법률의 법상황의 존속을 신뢰하여 권리구제를 포기하였다는 것이다.[25]

---

21) 그러나 유럽법의 경우 다른 상황이다. 즉, 유럽법의 리스크개념이 가능성에로의 확대를 허용하긴 했지만, 현재는 개연성관련에로의 회귀가 그 특징이다. 가령 위험개념을 사용한 Novel Food-Verordnung 제3조 제1항이나 리스크를 훼손발생의 개연성의 징표로써 정의하는 식품기본명령(Lebensmittel-Basisverordnung) 제3조 제9호가 가능성이 아닌 개연성을 목표로 삼음으로써, 독일에서 달성된, 위험과 리스크의 용어상의 구분마저도 의아스럽게 만든다.

22) BGBl Ⅰ, 1351.

23) 이것의 전제가 되는 금지의 법적 성질이 문제되는데, 일반적으로 -예외적 승인의 전제가 되는- 면제유보부 금지가 아니라, -통제허가의 전제가 되는- 허용유보부 예방적 금지로 본다. 독일 연방헌법재판소 역시 Kalkar 결정에서 이런 입장을 취하였다(BVerfGE 49, 89(145)). 한편 원전폐쇄법의 제정이후에는 원전가동허가와 관련해서 예방적 금지가 억제적 금지로 바뀐 것으로 볼 수 있다(Ossenbühl, Eigentumsschutz von Reststrommengen beim Atomausstieg, DÖV 2012, 697(699)). 행정법상의 금지의 유형에 관해서는 김중권, 행정법, 2013, 198면 이하 참조.

24) 일본 호소노 고시(細野豪志) 원전담당상이 2011.1.6.에 원자로규제법을 개정해 원전의 운전기간을 원칙적으로 40년으로 제한하겠다고 발표했다. 일본은 지금까지 가동 30년이 넘은 원전을 대상으로 시설의 안전성을 평가해 10년마다 재운전을 허용해왔지만 가동 기간의 명확한 기준은 없었다.

25) 제13차 법개정에 부정적인 입장을 피력하는 문헌에서는 이 점을 크게 부각시킨다. Degenhart, Grundlagen und Direktiven legislativer Abwägungsentscheidungen - Verfassungsfragen der 13. AtG-Novelle, DVBl. 2013, 207(207).

2. 원전가동기간연장: 제11차 원자력법개정

기독민주당을 비롯한 독일 우파세력은 2009년의 연방의회선거에서의 승리를 기화로 원전의 가동기간과 잔여전력량을 바꾸는 원자력법개정을 강구하였다. 그리하여 2010년 말에 이런 법률개정에 연방참의원(Bundesrat)의 동의가 필요한지 여부의 물음에 관해 각 정파간에 격심한 정치적 논의가 벌어졌으며,[26] 드디어 2010.12.8. 제11차 개정이 행해졌다.[27] 이는 그때까지 통용되어 온 2002년의 원전폐쇄규정을 전면적으로 수정하였다. 즉, 법률 제7조 제1항의 a의 부록 3에 난4를 덧붙여 아직 가동중인 개개의 원전에 대해 가동기간연장을 위해 현저하게 추가된 (생산가능)전력량을 설정하였다. 이에 따른 가동기간연장은 평균적으로 오래된 원전, 즉 1980년 이전에 가동에 들어간 7곳의 원전의 경우에는 8년, 덜 오래된 원전, 즉 나머지 10곳의 원전의 경우에는 14년에 해당하였다. 평균적으로 원전가동기간을 12년 연장하는 것을 내용으로 하는 제11차 법개정은 원전의 완전종료에 이르기까지 독일에서 기후보호, 경제성, 공급의 안정성을 보장하며, 원자력에너지에 대해 가교적 기능을 부여한 것이라고 하지만, 법률개정에 대해 몇몇 주와 야당은 헌법재판을 통해 특히 입법절차의 차원에서 연방참사원(Bundesrat)의 동의 문제를 제기하였다.[28]

Ⅳ. 2011년 제2차 원전폐쇄: 제13차 원자력법개정

1. 경 과

후쿠시마 원전재앙으로 인해 인간과 주위한경에 대해 상상을 초월한 심각한 결과가 초래되어, 이를 계기로 잔여리스크의 존재이유를 새로이 숙고하였다. 독일 연방정부는 2011.3.17. 원전안전위원회(RSK)에 대해 독일 원전의 안전성심사를 위한 요구목록을 작성할 것과 이런 바탕에서 시행된 시험의 결과를 평가할 것을 맡겼고, 동 위원회는 2011.5.15.에 제출된 보고서에서, 후쿠시마 원전사고의 원인을 자세히 분석한 다음, 외부 자연에 의한 가능한 영향에 대해 독일의 경우에는 일본과는 달리 과학기술수준에 의해 고려되어야 할 것이 원전설비에 빠짐없이 고려되어 있으며, 독일 원전의 전력공급은 후쿠시마 제1원전보다 철저하고 더 확고하다고 결론을 내렸다.

---

26) 관련문헌의 현황은 Sellner/Fellenberg, Atomausstieg und Energiewende 2011-das Gesetzespaket im Überblick, NVwZ 2011. 1025(1027) Fn.32.

27) BGBl Ⅰ, 1814.

28) 관련 문헌현황은 vgl. Wallrabenstein, Die Verfassungsmäßigkeit des jüngsten Atomausstiegs, HFR, 11/2011, S.2 Fn.4.

이 점은 유럽연합의 원전스트레스심사를 위한 심층조사(peer review)를 통해서도 확인되었다.[29)]

그런데 에너지전환을 위한 법제정비 작업과 병행하여 독일 연방수상은 2011.3.22.에 '안전한 에너지공급'을 위한 '윤리위원회'(Ethik-Kommission Sichere Energieversorgung)를 발족시켜, 동위원회에 대해 안전한 에너지공급을 위한 결정근거와 결론을 만들어 낼 것을 맡겼다. 동위원회의 임무는 원전의 종국적이고 가능한 짧은 가동기간을 통해 에너지전환을 성립시킬 수단을 강구하는 것이다. 동위원회는 원전사고의 실제양상이 잔여리스크의 평가에 실질적으로 영향을 미치며, 사고의 직접적인 통제가 불가능할 수 있다는 것이 국가의 범주에서 중핵적인 의의를 갖는다고 결론을 내렸다. 그리하여 동위원회는 2011.5.30.의 보고서에서[30)] "독일원전에서 기인할 리스크를 장래에 배제하기 위하여" 전력생산을 위한 핵에너지이용으로부터 벗어날 것을 권고하였다. 즉각적인 원전폐쇄를 위한 권고의 결정적인 이유는 잔여리스크조차도 현실화될 수 있다는 것이다.[31)] 그 후 이 권고를 결정적인 근거로 삼아 2011.6. 30. 연방의회는 압도적 다수로(513/600) 원전폐쇄를 내용으로 하는 원자력법개정을 하였고, 2011.7.8.의 연방참의원의 동의와 2011.8.1.의 연방대통령의 서명을 거쳐 2011.8. 6.부터 그것이 발효하게 되었다.[32)]

요컨대 독일 입법자는 동일한 회기에서 그 자신이 몇 달 전에 의결하였던 가동기간연장을 원점으로 되돌려 신속한 (제2차) 원전폐쇄를 결의하였다.[33)] 이 제13차 원자력법개정은 후쿠시마원전사고에 따른 '에너지전환'의 핵심적 부분이자, 원자력법상의 원전가동허가의 법률적 형성에 있어서 잔여리스크의 終焉을 고하는 등 劇變한 전개의 종결점이다.[34)]

---

29) Vgl. Peer review country report Germany S.21.

30) Deutschlands Energiewende-Ein Gemeinschaftswerk für die Zukunft, 2011: http://www.bundesregierung.de/Content/DE/_Anlagen/2011/07/2011-07-28-abschlussbericht-ethikkommission.pdf.

31) 하지만 윤리위원회의 이런 확인이 불충분한 지식베이스에 바탕을 둔 것이라고 비판이 가해진다. 즉, 후쿠시마사고는 잔여리스크의 영역과는 무관하고, -원전안전위원회의 보고서에서 드러나는 것처럼- 원전설비가 대비한 리스크가 실현된 것이라고 한다. 원전안전위원회의 보고서는 일본에서 쓰나미는 잔여리스크의 영역에 들어가지 않으며, 일본의 원전이 100년에 한 번 이상의 발생확률인 홍수에 대해 설비상의 결함을 드러내었다고 평가하였다.

32) BGBl I, 1704.

33) 제1차 원전폐쇄와 다른 출발상황 및 그에 따른 규율내용, 정책적 목표와 입법자의 헌법적 고려 등에서의 차이에 관해서는 vgl. Wallrabenstein, a.a.O., S.3f.

34) Degenhart, Grundlage und Direktiven legislativer Abwägungsentscheidungen-Verfassungsfragen der 13.AtG-Novell, DVBl 2013, 207(207).

2. 제13차 법개정의 주요 내용

국민의 생명과 신체의 보호를 최고 우위에 두면, 국가는 최대의 위험방지와 리스크사전대비(배려)의 원칙이 충족되도록 위험스러울 수 있는(riskant) 기술을 규율해야 한다. 그러나 불가피한 잔여리스크가 여전히 존재하는 것은 허용될 수 있다. 왜냐하면 그렇지 않다면 위험스러울 수 있는 모든 자유활동이 그 잠재적 영향을 이유로 금지될 수밖에 없을 것이기 때문이다.[35] 개정이유서에 의하면 전체적으로 제13차 법개정은 잔여리스크의 새로운 평가 즉, 그것의 부정에 터 잡았다. 이런 변화로 인해 개연성정도에 따라 위험, 리스크와 잔여리스크(Restrisiko)로 나눈 이른바 삼단계적 모델인 원자력법의 기조가 바뀌게 될 것이다. 후쿠시마 원전재난 이후에 바뀐 국민적, 사회적 인식을 감안한 것이다.

(1) 원전의 운전가동의 종결

제11차 법개정에 의해 설정된 추가전력량을 삭제하였고, 추가적으로 모든 원전에 대해 운전가동권의 소멸시점을 처음으로 확정하였다. 즉, 제11차 법개정에 의해 설정되었던 추가적인 전력량이 새로이 포함된 원자력법 제7조 제1항의 a 제1문과 제2문에 의해 취소되었다. 동법의 부록 3의 欄 4가 삭제되었다. 이런 추가전력량의 축소로 인해, 2002.4.22.의 법률의 부록 3의 난 2에 있는, 종전의 잔여전력량만이 통용된다.[36] 그동안 개개 원전의 이들 잔여전력량 가운데 상당 부분이 소모되었다.[37]

나아가 동법 제7조 제1항의 a 제1문의 새로운 규정에 의해 개개 원전의 운전가동의 종료시점이 처음으로 확정되었다.[38] 그리하여 Moratorium에 의해 이미 가동이 중단된 8개 원전들의[39] 경우 개정법이 발효하면서 즉, 2011.8.6.부터 바로 운전가동권이 소멸하게 되었고, 다른 세 원전들의[40] 경우 2022.12.31.이 경과하여 운전가동권이 소멸하고, 그 나머지 원전들의[41] 경우 원전가동권이 2022년 이전에 단계적으

35) Kersten/Ingold, Die Beschleunigung des Atomausstiegs – Verfassungsrechtliche Anforderunge, ZG 26 (2011), 350 (360).

36) 이런 추가적 잔여전력량의 소멸로 인해 제11차 개정입법에 대해 몇몇 주와 야당이 제기한 헌법적 다툼은 失效될 것으로 추정된다.

37) 그러나 2010.12.8.의 제12차 개정법은 제13차 개정과는 무관하다(BGBl I, 1817). 이는 2010.12.14.부터 발효되었다. 그리하여 특히 동법 제7조의 d-리스크에 대한 계속적인 사전대비를 위한 규율-는 변함없이 통용된다.

38) 이로써 잔여전력량의 탄력적인 이전가능성 역시 분명히 제한을 받게 되었다.

39) Biblis A(1975년 가동개시), Neckarwestheim 1(1976), Biblis B(1977), Brunsbüttel(1977), Isar 1(1979), Unterweser(1979), Philippsburg 1(1980) 및 Krümmel(1984). 이 가운데 Mühlheim-Kärlich 원전은 2004년 여름부터, Brunsbüttel 원전은 2011년 11월부터 해체에 들어갔다.

40) Isar 2(1988), Emsland(1988), Neckarwestheim 2(1988년).

41) 2015년: Grafenrheinfeld(1982), 2017년: Gundremmingen B(1984), 2019년: Philippsburg 2(1985), 2021년: Grohnde(1985), Gundremmingen C(1985), Brokdorf(1986)

로(2015/2017/2019/2021) 종료하게 설정되어 있다. 결국 독일의 원전은 2022.12.31.을 최종시한으로 하여 가동이 종료된다.

(2) 잔여전력량의 이전

독일의 판례와 다수 문헌에 의하면, 잔여전력량은 원자력법에 의거한 공법적 할당이다.[42] 새로이 추가된 원자력법 제7조 제1항의 b의 제4문은 매우 중요하다. 이에 의하면 부록 3의 난 2에 있는 전력량은 운전가동권이 소멸한 뒤에도 -동법 제7조 제1항의 a 제1문 제1호에서 제6호까지 언급된- 일정 원전으로부터 다른 원전으로 이전될 수 있다. 입법자는 운전가동의 종료이후의 이전가능성을 통해 원전운영자에게 가동종료하명을 -적어도 부분적으론- 보전할 수 있는 기회를 주려고 하였다. 이런 규율이 실제로 어느 정도로 또한 누구에게 효과적인지는, 전력시장에 대한 다양한 경제적 전가가능성 및 동법의 실체적 엄격함으로 인해 불확실하다. 자세한 예측이 입법절차에서 행해지지 않았고 또한 그것은 현재에도 불가능하다. 아무튼 제13차 법개정의 발효로 인해 더 이상 가동불가한 원전의 운영자로서는, 부록 3의 난 2에 의해 할당되었지만 사용하지 않은 잔여전력량과 관련해서는 분명 처음부터 그것을 매각하는 것이 주된 관심사이다. 물론 2002.4.22.의 개정 이래로 잔여전력량을 위한 이전규율과 관련한 다툼은 여전히 중요한데, 문제는 잔여전력량이 신규의 원전시설로부터 오래된 원전시설로 이전될 수 있는지 여부 혹은 단지 오래된 것에서 신규의 것으로의 원칙이 통용되는지 여부이다.

(3) 예비운전가동

예비운전가동(冷機豫備, kaltreserve, cold reserve)에 관한 개정법 제7조 제1항의 e 상의 규율은 어쩌면 있을지도 모를 불의의, 만일의 전력곤란상황을 예방할 것이다. 간단히 말해, 연방망행정청(BNetzA)은 법률의 발효이후에는 더 이상 운전가동권이 없게 된 원전 가운데, 전력생산을 위해 늘 가동가능한 상태에 있어야 하는 원전을 선택하여야 한다. 그에 합당하는 행정청의 결정은 2011.9.1.까지 발해져야 하고, 2013. 3.31.이 경과하면 통용된다. 예비운전가동과 전송망의 운영자에 의해 동원된 공급은 에너지관리법(EnWG) 제118조의 a 제2항에 의해 상당하게 보상이 지급되어야 한다.

---

42) BVerfG, NVwZ 2009, 921(923); Kloepfer, 13.Atomgesetznovelle und Grundrechte, DVBl. 2011, 1437(1438); Bruch/Greve, Atomausstieg 2011 als Verletzung der Grundrechte der Kernkraftwerksbetreiber? DÖV 2011, 794(795). 이에 대해 Ossenbühl은 개별 원전의 허용된 전력량을 이용권능으로 파악하여 반론을 주장한다(후술).

V. 원전비상가동중단조치(Moratorium)에 관한 공법적 논의

1. 비상가동중단조치의 내용과 경과

후쿠시마 원전사고가 발발한 직후 곧바로 독일 연방정부는 2011.3.14.(2010.12.8.의) 제11차 법개정에서 규정된 -평균적으로 12년인- 가동연장을 3개월간 중단하는 것을 내용으로 하는 비상가동중단조치를 발하였다.[43] 2011.3.15. 당시 가동중이던 -1980년 이전에 운전가동을 개시한- 7개의 노후 원전에 대해 가동을 중단하도록 통보되었는데, 다음 날 연방환경부가 해당 주의 원전감독청에[44] 대해 관련 원전운영자를 상대로 잠정적인 가동중단을 발하도록 요구하였다. 이에 의해 원자력법상 감독관청인 주장관이 연방환경부장관의 지시에 따라 이들 7개의 노후 원전을 포함하여 총 8개의 원전에 대해 3개월 동안 가동을 중단하라고 하명처분을 발하였다. 이유인 즉, 특히 노후 원전의 경우 후쿠시마원전사고에 즈음하여 이제껏 고려하지 않은 사고후속시나리오와 관련해서 어느 정도로 새로운 평가가 요구되는지를 조사해야 한다는 것이다.[45] 동시에 독일의 모든 원전 17기에 대해 대대적인 안전성심사가 명해졌다.

한편 2011.3.17.에 연방의회에 보낸 정부성명에서, 연방정부는 Moratorium을 위한 규율근거로 독일 원자력법 제19조 제3항 제2문 제3호를 들었다. 하지만 Rebentisch는 가동중단조치의 성립요건의 측면에서 근거점이 될 규정은 원자력법 제19조 제3항 제2문 제3호가 아니라, 감독차원에서 위반상태제거를 내용으로 하는 하명처분의 근거가 되는 동항 제1문이 된다고 주장한다.[46] Kassel 고등행정법원 역시 동일한 입장을 취하였다.

2. 비상가동중단조치의 위법성 논란 및 그 논거

Frenz 교수는 위험인정에서의 역비례원칙을 들어 -후쿠시마 원전사고에서 나타난 것과 같은- 극히 고도의 잠재적 위험상태의 경우에는 원자력법상의 위험개념을 낮

---

43) Offizieller Mitschnitt des Bundeskanzleramts uber die Pressekonferenz vom 14. 3. 2011, http://www.bundeskanzlerin.de/nn_683698/Content/DE/Mitschrift/Pressekonferenzen/2011/03/2011-03-14bkin-lagejapan-atomkraftwerke.html.

44) 독일 원자력법 제24조 제1항 제1문에 의해 원전감독은 주의 관할이다.

45) 가령 Hessen 주의 경우 주 환경장관이 2011.3.18.에 Biblis A, Biblis B의 가동을 3개월간 중단하는 처분을 발하였다.

46) 이유로 원자력법 제19조 제3항 제2문 제3호 규정은 행정의 하명처분과는 직접적으로 관련이 되지 않고, 비례원칙의 한계내에서 고려되는 수단을 열거한 법효과의 측면과 관련이 된다는 점을 들었다. Rebentisch, “Kernkraftwerks-Moratorium” versus Rechtsstaat, NVwZ 2011, 533(534).

게 설정해야 한다고 주장하면서, Moratorium을 위해 원자력법 제19조 제3항 제2문 제3호가 충분하다고 주장한다.[47] 그러나 대부분의 문헌들, 심지어 제13차 법개정의 합헌성을 지지하는 Ewer, Kloepfer, Bruch, Greve 조차도 비판적 입장을 보인다.[48] 대체적으로 다음의 논거로 위법성을 논증한다.

(1) 법률적 근거의 결여

불과 몇 개월 전에 법개정으로 의결된 원전가동기간의 연장을 일본 원전사고를 기화로 3개월간 중단한 것과 관련하여 법률적 근거가 문제된다. 그런 조치를 원자력법 제19조 제3항 제2문 제3호는 예정하고 있지 않다. 동법 제19조는 일정한 요건이 충족된 경우 개별 원전에 대해 잠정적, 종국적 가동중단을 발할 수 있다는 것을 규율한 것이어서, 결코 원자력법 제19조 제3항 제2문 제3호를 가동기간을 법률적으로 연장시킨 법률의 집행을 중단하기 위한 근거로 볼 수는 없다.[49] 다시 말해, 현행 원자력법은 비상가동중단조치를 위한 규정을 전혀 두고 있지 않다.

한편 얼마 전에 원전가동기간을 연장시킨 법개정이 있었다는 점에서, 법률적 근거가 없음에도 불구하고 연방정부 및 그 최고수반인 총리가 성명을 통해 Moratorium을 발한 것은 권력분립의 의의와 존재에 관한 국민적 법의식을 浸蝕시킨다. 행정의 법률적합성과 마찬가지로 권력분립원리 역시 민주적 헌법국가의 기본적인 구성요소이다. 따라서 행정부는 의회법률에 구속되어 그에 반해서는 아니 된다. 즉, 통용되는 의회법률을 준수하는 것이 요구될 뿐이고, 의회법률의 내용에서 벗어나는 것은 금지된다. 그리하여 연방정부에 의한 금번 조치는 행정으로 하여금 법에 구속되지 않는다고 여기게 할 뿐만 아니라, 심지어 법률적 근거에 의거하지 않아도 무방하다고 만든다. 이런 전개양상은 개별사건을 넘어 그 동기와 관계없이 민주적 헌법국가에 대한 위험이 된다고 지적된다.[50]

(2) 비상가동중단조치의 성립요건상의 문제

연방정부가 Moratorium을 위한 규율근거로 든 독일 원자력법 제19조 제3항 제2문 제3호에 의거하든 감독권차원의 하명처분의 근거인 동조 제3항 제1문에 의거하든, 비상가동중단조치의 성립요건의 충족과 관련해서 관건은 방사선의 영향으로 인

---

47) ders., Energieträger zwischen Klimaschutz und Kernschmelzen NVwZ 2011, 522(525). 그 역시 가동연장의 종국적인 중단을 위해서는 법률적 근거가 요구된다고 한다.
48) 비판적 문헌현황은 vgl. Battis/Ruttloff, a.a.O., 817(817) Fn.4.
49) Cosack/Enders, Atomenergie nach Fukushima, DVBl 2011, 1446(1447).
50) Ewer, Das “Atom-Moratorium” der Bundesregierung und das geltende Atomrecht, NJW 2011, 1182 (1183).

해 생명, 건강 또는 재산에 대한 위험이 생겨날 수 있는지 여부이다. 먼저 위험의 존재가 문제되는데, 원자력법상의 위험 개념은 경찰법과 안전법상의 그것과 마찬가지로 이해된다. 즉, 사건의 진행에 방해받지 않을 때 예상가능한 시간이 지나면 보호법익에 대한 훼손발생의 객관적인 가능성이 충분히 개연성이 있을 상황이다.[51] 한편 원자력법상의 위험 개념은 원칙적으로 판례와 대다수의 문헌에 의해 위험혐의를 성립시키는 -현재의 과학수준에서 일정한 인과관계를 확실하게 시인할 수도 부인할 수도 없어서 배제할 수 없는- 훼손발생가능성을 포함한다.[52]

그런데 원전의 건설과 가동에 따른 손해발생에 대해서 현재의 과학기술에 비춰 필요한 사전배려가 행해진 경우에만 원전건설허가가 행해질 수 있다.[53] Obrigheim 판결에서 독일 연방행정법원은 최대로 가능한 위험방지와 리스크의 사전배려라는 원자력법의 원칙은 고전적 의미의 위험방지를 넘는 규율이 발해짐으로써 실현된다고 판시하였다.[54] 즉, 최대로 가능한 위험방지와 리스크의 사전배려라는 엄격한 규준이 허가절차에서 요구된다. 여기서 리스크의 사전배려는 위험과 리스크가 실제적으로 배제되는 경우에 비로소 종료하며, 이 경우에 잔여리스크가 존재한다. 결국 보호청구권을 실천이성에 따른 위험과 리스크의 배제에 국한하는 것이 헌법적으로 허용된다. 실천이성을 넘는 불확실성은 인간의 인식능력의 한계에 그 원인이 있으며, 사회적으로 적당한 부담으로서 모든 사람이 감내해야 한다. 따라서 현행 원자력법에 의하면, 실천이성의 규준에 의해 더 이상 고려될 수 없는 잔여리스크의 경우 감내하는 것이 기본권적 보호의무와 일치한다.[55]

한편 독일에서 다투어지는 것은 원자력법 제19조 제3항의 감독조치의 성립요건으로 -동법 제7조 제2항을 참조하여- 위험혐의의 존재로도 충분한지 여부이다, 즉, 허가절차에서의 이상의 엄격한 요구치를 감독조치의 단계에 그대로 대입할 수 있는지 여부이다.[56] 엄격히 구분하는 입장에 의하면, 독일 노후 원전의 가동에서 구체적인 위험이 존재해야 하는데, 이는 부정적이다. 위험혐의의 존재만으로 충분하다는 입장에 의하면, 원자력법 제19조 제3항 제1문 및 제2문 제3호에 의거한 비상가동중단조치가 정당화되기 위해서는, 원전의 계속가동으로 인해 -법적으로 감내할 수 있는-

---

51) Schoch, in: Schmidt-Aßmann, Bes. VerwR, 14.Aufl., 2008, Kap.2. Rn.84; BVerwGE 45, 51=NJW 1974, 807.

52) BVerwGE 72, 300=NVwZ 1986, 208; Schoch, in: Schmidt-Aßmann, Bes. VerwR, Kap.2. Rn.95.

53) 원자력법 제7조 제2항 제3호.

54) BVerwG, NVwZ 1998, 623(627). 그 이유로 위험혐의나 잠재적 심려 역시 훼손(손해)의 사전배려를 유발할 수 있어서, 손해발생개연성을 판단함에 있어서 현재의 과학기술적 경험지식에만 의거할 필요는 없고 보호조치가 단지 이론적인 고찰과 예상에 의해서도 고려되어야 한다는 점을 든다.

55) Vgl. BVerfG, NVwZ 2009, 171; BVerwG, NVwZ 2008, 1012(1016).

56) 상론은 Vgl. Cosack/Enders, a.a.O., 1446(1448).

잔여리스크를 초과하는 상황이 발생하였다고 확인되어야 한다. 따라서 구체적인 경우에 감독청의 개입이 없을 때 원전가동으로 인한 훼손(손해)이 가능성의 범주에서 즉, 최소한 이론적으로 고찰가능한 범주에서 실제로 발생할 수 있어야 한다. 요컨대 후쿠시마 원전사고의 비극상이 상상을 초월할 정도로 너무나 충격적인 원전사고라 하더라도 그 상황이 독일에서의 실천이성의 규준에 비추어 훼손(손해)원인으로서 배제되는 경우라면, 사회적 부담으로 용인되는 잔여리스크에 속하는 발생우려를 -감독법상의 즉시조치를 정당화시키는- 위험혐의로 분류할 動因이 그 사고로부터 제공되지 않는다. 즉, 독일의 경우 -설령 노후 원전과 관련해서도- 원자력법 제19조 제3항 제1문의 위험상황이 존재하지 않았다.57)

(3) 재량해태의 문제

원자력법 제19조 제3항 제1문의 하명처분은 재량행위이기에, 의무에 합당한 성실한 재량행사가 요구된다. 이유제시가 행정청의 재량고려를 공감가능하게 만들기 때문에, 이유제시를 통해 개개의 원전과 관련한 어떤 구체적 관점이 고려되었으며 어째서 그런 가동중지조치가 내렸는지를 알 수 있어야 한다. 그런데 비상가동중단처분상의 이유제시로부터 그런 점이 도출되지 않는다. 그리고 노후 원전에 대해 원전사고에 따른 후속시나리오의 문제가 특별한 방법으로 제기될 수 있다거나 그래서 연방정부와 주지사가 이들 원전을 차단하기로 결정하였다고 하는 식의 추상적인 언명은 결코 이유제시에 해당하지 않는다. 따라서 비상가동중지조치는 재량해태에 의한 재량하자의 관점에서 위법하게 된다. 비상가동중단조치의 중대성과 최후적 성격의 측면을 감안한 즉, 목적달성의 차원에서 덜 치명적인 수단은 동원될 수 없었다는 자세한 기술이 필요했는데, 비상가동중단조치에서 그런 점을 확인할 수 없었다.58)

그리고 심지어 설령 위험혐의가 인정될 수 있는 경우라 하더라도, 여기서의 비상

---

57) (3) Die Aufsichtsbehörde kann anordnen, daß ein Zustand beseitigt wird, der den Vorschriften dieses Gesetzes oder der auf Grund dieses Gesetzes erlassenen Rechtsverordnungen, den Bestimmungen des Bescheids uber die Genehmigung oder allgemeine Zulassung oder einer nachträglich angeordneten Auflage widerspricht oder aus dem sich durch die Wirkung ionisierender Strahlen Gefahren für Leben, Gesundheit oder Sachguter ergeben können. Sie kann insbesondere anordnen,
1. daß und welche Schutzmaßnahmen zu treffen sind,
2. daß radioaktive Stoffe bei einer von ihr bestimmten Stelle aufbewahrt oder verwahrt werden,
3. daß der Umgang mit radioaktiven Stoffen, die Errichtung und der Betrieb von Anlagen der in den §§ 7 und 11 Abs. 1 Nr. 2 bezeichneten Art sowie der Umgang mit Anlagen, Geraten und Vorrichtungen der in § 11 Abs. 1 Nr. 3 bezeichneten Art einstweilen oder, wenn eine erforderliche Genehmigung nicht erteilt oder rechtskräftig widerrufen ist, endgültig eingestellt wird.

58) Rebentisch, a.a.O., 533(535). 그는 가동중지처분이 법치국가원리에 부합한 신뢰할만한 행정작용의 결론이 아니라, 정치상황에서 무분별한 히스테리의 결과물이라고 혹평을 하였다.

가동중단처분은 과잉금지에 반하고 본질적으로 어처구니없는 조치에 해당한다 할 것이다. 왜냐하면 재량행사에는 특히 비례원칙을 준수하여야 하는데, 이에 관한 고려가 전혀 없었다. 그리고 위험혐의가 존재할 경우 국가적 조치는 불확실성을 밝히는데 그 목표방향을 두어야 하고, 그 일환으로서 위험조사조치를 취했어야 한다. 하지만 3개월간의 가동중지조치는 여기서 아무런 도움을 줄 수가 없었다. 비상가동중단조치는 목표달성에 적합하지 않거니와, 없어도 무방하며, 나아가 과잉금지에 반한다. 사실 잠정적 비상가동중단조치는 구체적 위험상황을 제거하기 위한 최후수단(ultima ratio)로서만 고려되지, 단순한 위험혐의 경우에는 고려되지 않는다.

한편 비상가동중단조치의 대상이 된 노후 원전의 해당성 여부를 원전의 안전성 정도를 도외시하고 전적으로 가동개시시점(1981년)으로 가늠한 것에 대해서, 일률적인 재량행사인 동시에 재량의 불행사(해태)라는 비판이 가해진다.[59] 그것은 후쿠시마 제1원전의 경우 가동중인 독일의 거의 모든 원전보다도 더 오래되었으며, 심지어 비상가동중지조치의 대상이 되지 않은 상대적으로 신규의 원전에서도[60] 의문의 돌발사고는 배제될 수 없기 때문이다. 따라서 오로지 가동개시시점에 의거하여 일률적으로 나눈 것이 평등원칙에 위반하는지 여부가 문제되었다.[61]

3. Kassel 고등행정법원의 판결의 주요 내용

Hessen 주 환경장관이 내린 노후 원전(Biblis A, Biblis B)에 대한 3개월의 가동중지조치에 대해, Kassel 고등행정법원은 절차적 차원은 물론, 실체적 차원에서도 위법하다고 명확하게 판시하였다. 먼저 당해 법원은 연방정부의 지시를 이유로 소송책임이 연방정부에 있다고 하는 피고(주감독청)의 항변을 책임의 법률적 귀속은 연방정부의 지시에 의거하였다 하더라도 면해지지 않는다는 이유로 받아들이지 않았다. 그리고 동 법원은 피고가 Hessen 주 행정절차법 제28조 제1항에 따라 요구되는 청문을 하지 않았고, 청문하자의 정도가 논외의 경우에 해당하지 않으며, 절차하자의 치유가 없었다고 하여 비상가동중단조치의 절차적 위법성을 확인하였다. 또한 동 법원은 원자력법 제19조 제3항 제1문의 요건이 존재하지 않았고, 감독청이 재량을 합사실적으로 행사하지 않았으며, 비례원칙에 부합된 법효과를 선택하지 않았음을 이유로 실체적 위법성도 확인하였다.

59) Rebentisch, a.a.O., 533(535); Cosack/Enders, a.a.O., 1446(1449).

60) 가령 Krümmel 원전이 그 예이다. 1984년에 가동을 시작한 동원전은 발전기변압기의 고장으로 2009년부터 가동이 중단된 상태에서 후쿠시마 원전사고를 맞이하여 그 이후로 가동이 영속적으로 중단되었다.

61) Ewer/Behnsen, Das “Atom-Moratorium” der Bundesregierung und das geltende Atomrecht, NJW 2011, 1182(1185).

동 법원은 리스크의 사전배려의 범주에서의 잠정적인 조치가 원자력법 제19조 제3항 제1문에서도 고려되어야 할지 여부에 관해 자신의 입장을 드러내지는 않았지만, 일본에서의 사고를 바탕으로 적어도 리스크를 새로이 정하는 것을 정당화시키는 사안을 제출하였다는 피고의 일률적인 주장이 충분하지 않다고 여겼다. 리스크를 새로이 평가하거나 새로이 정하는 것은 사실차원에서 여태 알지 못한 인식이나 새로운 과학지식을 요건으로 하는데, 피고는 이들 어느 것도 주장할 수 없었다. 지진과 범람에 관한 사전배려가 기왕의 허가절차에서 충분히 고려되었다. 오래 지나서 알려진 사실적 근거에 관해서 새로이 행한 평가과정을 정당화시킬 수 있는 새로운 혹은 뒤에 얻은 과학지식이 존재하지 않았다. 실제로 연방환경부 스스로 독일 원전이 국제적 규준에서 정한 특히 높은 안전기준을 충족하고 있다고 지적하였는데, 따라서 동 법원은 비상가동중단조치에 대해 "대안이 없는 활동이라고 말할 수 없다"고 함축적으로 지적하였다.

동 법원은 하자있는 재량행사를 질책하면서, 연방정부의 지시가 있더라도 관할 감독청이 나름의 재량고려를 하여야 할 의무가 면해지지는 않는다고 지적하였다. 심지어 재량의 영으로의 축소의 상황의 경우에도 재량행사가 없어서는 아니 된다고 강조하였다.[62] 당해 법원은 원전과 같은 고도의 리스크기술의 경우에도 일본의 사고와 같은 여건하에서도 기본권적 구속은 통용된다고 분명하게 강조하였다. 이런 사고가 독일 원전의 가동의 기술적 혹은 법적 여건(소여)에 대해 아무런 변화를 가져다주지 않는다. 끝으로 동 법원은 비상가동중단조치가 개개의 원전을 실체에 어긋나게 차별한 것을 바탕으로 하였다고 확인하였다. 기본법 제3조 제1항의 평등원칙을 감안하여 차별취급은 오로지 안전성의 기준에 의거한 경우에만 정당화될 수 있고, 준공이나 가동의 시점은 결코 적합한 기준이 아니라고 강조하였다.

Ⅵ. 제13차 원자력법개정과 관련한 공법적 문제점

1. 문제의 제기

제13차 법개정과 관련하여 가장 문제되는 것이 운전가동연수의 제한이다.[63] 개개의 원전을 여러 상이한 군으로 귀속시키는 데 대해서 그들 기본법 제3조와 제14조에 따른 기본권의 측면에서 헌법적 의문이 제기된다. 과거 2002년 원전폐쇄에서 원

62) 그래서 재량의 영으로의 축소가 인정되더라도 재량규범이 기속규범으로 바뀌는 것으로 보아서는 아니 된다. 김중권, 행정법, 96면.

63) 잔여전력량의 이전과 예비운전가동의 문제는 졸고, 법률신문, 제4015호 참조.

전의 총가동기간을 확정함에 있어서, 운영자에게 그의 투자분의 회수와 함께 상당한 이윤의 획득을 가능케 하기 위하여 32년이라는 원칙적인 가동기간을 출발점으로 하였다. 이런 원칙적인 가동기간이 제13차 개정에서도 바탕이 되었다곤 하지만,[64] 가령 1984년에 가동개시한 Krümmel 원전의 경우 1980년 이전에 만들어진 소위 노후 원전에 속함으로써, 그 가동기간이 27년에 불과하게 되었다. 심지어 원전의 가능한 신속한 폐쇄를 찬동하는 전문가보고서에서도 당해 특별규정의 위헌가능성이 지적되었다고 한다. 그리고 즉각적인 가동중단에 처한 8개 원전을 제외한 나머지 원전의 경우에도, 가동종료를 위한 일련의 순서가 입법자의 어떤 고려에 바탕을 두었는지가 불분명하며, 이를 위한 어떠한 체계적인 고찰을 대상으로부터 전혀 끌어낼 수가 없다고 지적된다.[65] 그러나 독일 입법자는 개정이유서에서 이런 상황이 비례원칙에 어긋나지 않는다고 보았다.[66]

2. 논의의 출발점으로서의 원전의 평화적 이용 및 잔여리스크 문제

1978년 Kalkar I 결정에서 원자력의 평화적 이용의 헌법적 허용성이 문제되었는데, 연방헌법재판소는 그것을 기본법위반을 보지 않았다.[67] 그리고 이런 입장을 1년 뒤 Mühlheim-Kärlich 판결에서도 입증하였다.[68] 원자력의 평화적 이용 그 자체에 대한 부정을 현재의 기본법으로부터는 도출할 수가 없다. 따라서 전력회사들은 제13차 개정법에 대해 기본권적 논거에 바탕을 두고서 원전폐쇄가 손실보상이 요구되는 공용개입이거나 최소한 -잘못된 사실적 근거와 위반된 신뢰보호에 의거하여- 보전이 요구되는 재산권의 내용결정에 해당한다고 하여 동 개정법에 대해 헌법소원심판을 제기하였다. 여기서 후쿠시마의 원자로노심용해의 경우 잔여리스크가 현실화된 것이 아니라, 결정적으로 개별적인 해석의 잘못, 법률의 위반, (운영주체 등의) 칠칠치 못하였다는 점을 핵심적인 착안점으로 삼았다. 후쿠시마원전에서 노심용해가 일어났음에도 불구하고, -그 중심에 잔여리스크 개념이 있는- 독일 원자력법의 보호구상상으로는 그것은 전혀 문제되지 않는다는 것이다. 즉, 후쿠시마의 사건은 '실체적으로 배제된' 잔여리스크의 현실화로 여겨질 수 없다는 것이다.[69] 더불어 절차의 차원

64) 한편 이 원칙적 운전가동연수 32년은 입법자의 고유한 평가에서 비롯된 것이 아니고, 2000년의 '핵타협'의 참여자들이 합의한 산물이어서, 이로부터 입법자가 곧바로 재산권개입의 비례성을 도출할 수 있는 것은 아니라고 Degenhardt는 지적한다(a.a.O., 207(213)).

65) Sellner/Fellenberg, a.a.O., 1025(1028).

66) BT-Drs. 17/6070, S.6.

67) BVerfGE 49, 89(91).

68) BVerfGE 53, 30.

69) Degenhardt, a.a.O., 207(208).

에서, 원자력법개정에 결코 유용한 입법이유제시가 행해지지 않아 이유제시요청이 전혀 충족되지 않았다는 점도 위헌의 논거로 제시되었고,[70] 나아가 법개정의 결정적인 출발점이 된 윤리위원회의 활동과 관련해서, 위원들의 전문지식의 결여는 물론, 의회로부터 수권을 받지 않아서 민주적 정당성이 결여된 점이 비판되고 있다.[71]

독일 연방헌법재판소는 리스크사전대비(배려)와 잔여리스크의 경계설정을 소위 '근사적 지식'에 바탕을 두고 있다.[72] 그리고 현대 기술의 이용과 결부된 잔여리스크의 경우 시민은 사회적으로 합당한 것으로 감내하여야 한다는 입장을 견지하고 있다. 즉, '잔여리스크의 축소'에 관한 기본권적으로 인정된 청구권은 존재하지 않는다.[73] 그런데 윤리위원회의 권고에 따라 제13차 개정원자력법은 잔여리스크의 실현가능성을 상정하여 그 존재를 규범적으로 부정한 것을 바탕으로 하였다. 결국 제2차 원전폐쇄결정의 위헌성 여부는 궁극적으로 원자력법상 잔여리스크의 인정여부의 물음이 된다.[74] 물론 그 이전에도 잔여리스크에 대해서는 기대될 수 없다고 비판이 제기되었는데, 특히 Wollenteit는 기왕의 잔여리스크가 확률론적 철학에 의거한 점에서 치명적인 결함을 내포하고 있다고 실증적인 자료를 들어 그것의 폐기를 적극적으로 논증하였다.[75] 그런데 Voßkuhle 헌법재판소소장은 후쿠시마의 비극에 직면하여 독일 헌법재판소로서는 사회가 원자력과 관련한 잔여리스크와는 타협할 수밖에 없다는 기왕의 입장을 견지할 것인지 여부가 기대된다고 지적하였다.[76]

3. 제13차 원자력법개정의 합헌성 여부에 관한 논의상황 – 특히 재산권보장과 관련하여

원전폐쇄결정은 복합적인 형량결정에 해당한다. 따라서 헌법차원의 효력을 갖는, 에너지정책상의 주요사항–에너지의 안정적이고 저렴한 공급, 생명신체의 안전을 포함한

---

70) 개정이유서의 문제점에 관한 공방에서 비판적 문헌으로 vgl. Degenhardt, a.a.O., 207(210ff.), 긍정적 문헌으로 vgl. Wollenteit, Vom Ende des Restrisikos ZUR 2013, 323(324f.).

71) Degenhardt, a.a.O., 207(212): 그는 정치적 책임의 탈의회화의 위험(Voßkuhle, Sachverständige Beratung des Staates, HStR Ⅲ, 3.Aufl. 2005, §43 Rn.22)이 윤리위원회의 결과지향적인 자문활동에 의해 심화된다고 지적한다.

72) 근사적 지식(Annäherungswissen)은 완전한 확실성을 매개하지 않고 일체의 새로운 경험에 의해 수정가능하며 그래서 번복되지 않은 가능한 착오의 최신의 수준에 항상 전적으로 처해 있다: BVerfGE 49, 89(143); BVerfG, NVwZ 2010, 702(705).

73) Vgl. BVerfG, NVwZ 2009, 171.

74) 그런데 윤리위원회의 권고와 관련해서 Degenhardt는 다음과 같이 비판을 가했다: 권고에 따르면 잔여리스크의 범위에서 리스크 자체가 바뀐 것이 아니라, 잔여리스크의 파악이 바뀐 것에 불과하며, 잔여리스크의 현실화에 관한 위원회의 주장이 불충분한 지식베이스에 바탕을 두고 있으며, –독일 원자력안전위원회의 보고서가 강조하듯이– 후쿠시마 사고케이스는 잔여리스크의 문제가 아니라 원전가동에 즈음하여 대비했어야 할 리스크가 실현된 케이스에 해당한다(a.a.O., 207(208)).

75) ders., a.a.O., 323(328f.)

76) Voßkuhle, Umweltschutz und Grundgesetz, NVwZ 2013, 1(7).

환경보호, 사회적 친화성(수용성) 등-을 조정해야 한다.[77] 이하에서는 실체적 문제점을 중심으로 전개된 논의현황을 살펴본다. 객관법적인 차원에서 보자면, 이런 극적인 에너지전환은 법치국가원리로부터 도출할 수 있는 일관성의 원칙(Kontinuitätsgebot)의 차원에서 문제를 삼을 수 있으나, 전력회사의 관점에서는 무엇보다도 기본권이 중요하다.[78] 해서 당해 개정법의 헌법적 물음에서 다룰 내용은 전력회사가 기본권주체가 될 수 있는지 여부,[79] 관련 기본권이 무엇인지, 그리고 기본권개입이 비례원칙에 부합하는지 여부이다. 독일 문헌에서는 위헌판단기준으로 재산권보장, 직업의 자유 그리고 -특히 종료기간에서 4년의 차이가 나는 원전 Gundremmingen B와 C의 건에서 문제되는- 평등의 원칙이 동원되는데, 여기서는 지면관계상 재산권보장과 관련하여 소개하고자 한다.[80]

(1) 재산권보장의 보호영역과 전력량의 법적 성질

재산권보장의 물적 보호영역의 차원에서 보자면, 먼저 기본법 제14조 제1항의 재산권은 원칙적으로 입법자가 수여한 일체의 구체적인 재산적 가치가 있는 권리이다.[81] 원자력법상의 원전가동허가 그 자체는 고권적 행위로서 기본법 제14조 제1항의 재산권에 해당할 수 없다.[82] 하지만 허가에 기하여 건설되고 운전가동중인 관련 시설은 당연히 재산권적 보호에 포함된다.

전력량 및 잔여전력량의 법적 성질과 관련해서는 상이한 두 가지 입장이 맞선다: 공법적 권능으로 보는 입장과 재산권적 이용권능으로 보는 입장. 전자에 의하면, 2002년 제1차 원전폐쇄법에서 정해 놓은 잔여전력량은 원자력법에 근거한 공법적 할당이어서 당연히 보호영역의 전개가 고려된다. 공법적인 법적 지위는 단지 예외적

---

77) Degenhardt, a.a.O., 207(209).

78) 한편 기왕의 투자의 회수와 관련하여 신뢰보호를 주장할 때 일관성요청을 결부시키는 것처럼 기본권으로부터도 일관성요청을 도출할 수 있다. 물론 일관성의 요청이 에너지정책에서 원칙적인 정책전환을 저지할 순 없고, 단지 기껏해야 -경과기간을 요구하는 식으로- 변화의 속도 그 결과를 완화시킬 수 있다. Schröder, Verfassungsrechtlicher Investitionsschutz beim Atomausstieg, NVwZ 2013, 105(105, 110).

79) 한편 인적 측면에서 자연인이나 독일 내국 사법인만이 기본법상의 재산권보장을 향유할 수 있고, 국가 등이 출자하여 그 지배를 받는 공법인은 배제된다. 따라서 원전과 관련한 전력회사 가운데 공기관의 지배를 받는 EnBW AG는 재산권보장을 주장할 수 없고, 나머지 전력회사(RWE, E.ON, Vattenfall)의 경우에 재산권보호가 문제되는데, 다만 Vattenfall는 스웨덴 국가가 100% 출자한 회사이어서 논란이 있다. 기본권주체와 관련한 논의는 vgl. Wallrabenstein, a.a.O., S.5

80) 한편 Wallrabenstein는 원래 국가에 의해 부여된 권리는 기본법 제14조의 재산적 지위를 갖지 못한다는 점을 강조하여, 원전폐쇄 문제는 재산권적 개입이 아닌 기본법 제12조의 직업자유에 대한 개입으로 접근하는 것이 더 설득력이 있다는 주장을 전개한다(a.a.O., S.8). 그러나 양자 공히 궁극적으로 개입의 비례성 여부에 의거하여 판단이 내려진다.

81) Vgl. BVerfGE 24, 367(396); 53, 257(290): 58, 300(336).

82) Kloepfer, a.a.O., 1437(1438); Bruch/Greve, a.a.O., 794(795). 그리하여 원자력법상의 설비(시설)허가는 공법적 지위에 해당하는데, 그것에 대해 인적 급부나 자본투입이 맞서는 경우에만 그 자체가 기본법 제14조 제1항에 의해 보호된다고 한다.

으로만 기본법 제14조 제1항의 보호영역에 포함된다. 이를 인정하기 위해서는, 관련 법적 지위가 일종의 전속적 권리에 따라 개인에게 귀속되어 있어야 하고,[83] 대저 개인의 고유한 급부에 의해 획득되었어야 한다.[84] 잔여전력량은 원자력법 부록 3을 통해 모든 원전에 대해 개별적으로 확정되어 있다. 전속적 권리의 종류에 따라 그때그때의 원전운영자는 잔여전력량을 처분할 수 있다. 즉, 전력량을 생산하거나 원자력법 제7조 제1항의 b에 의해 다른 원전에 이전시킬 수도 있다. 이에 독일의 다수 문헌은 2002년 제1차 원전폐쇄법 이래로 잔여전력량을 일종의 공법적 권능으로 재산적 가치있는 권리로 여겨, 기본법 제14조 제1항 제1문에 의한 보호영역에 들어간다고 본다.[85]

반면 후자의 입장을 대표하는 Ossenbühl에 의하면, 통제허가로서의 원전가동허가의 본질에 비추어 그것은 본래의 이용권능을 부여하는 것이 아니라, 그 범위를 확정하는 것으로 보아야 한다. 그리하여 원전운영자가 갖는 원전이용권능의 재산권적 보호는 원전설비재산권의 본질적인 구성요소인 동시에 그 자체로서 바로 기본법 제14조에 의해 보호된다고 주장한다.[86] Degenhart 역시 전력생산에 의한 가동허가이용권능이 주어지는 것이 아니라, 형식적, 실질적으로 적법한 원전가동과 직접적으로 결합되어 있다고 강조한다. 그리고 잔여전력량의 박탈과 잔여가동연수의 축소는 -경계이론에 의하든 분리이론에 의하든 그에 관계없이- 원전운영자의 재산권을 심대하게 제한하는 것으로 본다.[87]

원전가동허가에 따른 효과로서의 전력량에 관한 이런 상이한 입장은 그것에 대한 제한인 잔여전력량과 관련해서 -그것의 재산적 가치가 있는 권리로서 보는 데는 차이가 없지만- 과도한 재산권개입인지 여부 즉, 보전(보상)유무를 판단하는 데 있어서 다른 접근을 가능케 한다. 당연히 후자의 입장에 의하면, 원전운영자는 강한 존속보호(신뢰보호)를 누릴 수 있고, 원전폐쇄의 정당성(합헌성)에 관한 요구치가 높게 설정된다.

(2) 재산권적 개입의 성격

먼저 검토되어야 할 점은, 원전의 신규허가를 배제하는 것을 전제로 하여 현재의

83) Vgl. BVerfGE 69, 272(300); 72, 175(195).

84) Vgl. BVerfGE 18, 392(397); 48, 403(413); 53, 257(289).

85) 이를 받아들여 독일 연방행정법원 역시 Mülheim-Kärlich 판결(BVerwG, NVwZ 2009, 921(923))에서 잔여전력량을 원자력법에 의거한 공법적 할당으로 보았다. 문헌현황은 vgl. Ossenbühl, a.a.O., 697(697) Fn.1.

86) Ossenbühl, a.a.O., 697(700). Ossenbühl은 2002년의 잔여전력량 배정은 일괄해결의 차원에서 일종의 화해적 해결방안의 일환으로 행해진 점을 들어 잔여전력량을 공법적 권능으로 본 Mülheim-Kärlich판결은 특별케이스로 접근해야 한다고 지적한다.

87) ders., a.a.O., 207(209f.).

원전을 대상으로 하여 그것의 운전(가동)허가의 사후적 가동기간설정을 규정한 개정법 제7조 제1항의 a 제1문상의 규율이 기본법 제14조 제3항의 공용개입의 문제인지 아니면 제1항 2문의 내용한계결정의 문제인지 여부이다. 재산권에 대한 공권적 개입의 귀속유형은 중요하다. 이유는 제3항에 의한 공용개입은 동시조항의 요청에 의해 보상규정을 동시적으로 동반하여야 비로소 허용되는 반면, 제1항 제2문의 (재산권의) 내용・한계의 결정의 경우에는 재정적인 보전책이 예외적 수단에 해당하기 때문이다. 일찍이 독일에서는 2002년 원전폐쇄결정이 재산권의 개입유형 가운데 무엇에 해당한지가 심하게 다투어졌다.[88] 분리이론에 대해 비판적인 입장을 취하는 Ossenbühl, Di Fabio 등은 준공용개입(수용유사적 침해)을 인정하는 맥락에서 공용개입의 문제로 접근한다.[89] 과거 경계이론에 터 잡아 공용개입을 덜 엄격하게 설정한 데서 벗어나 분리이론의 차원에서 보자면, 입법적 원전폐쇄는 공용개입이 아닌 재산권의 내용・한계의 결정에 해당한다.[90] 한편 신법상의 이런 규율이 개별 원전에 대해 할당된 잔여전력량과 관련해서 과연 기본권에 대한 개입으로도 받아들여져야 할지 여부가 문제된다. 원전운영자는 2002년에 할당된 잔여전력량을 사용하는 것이 기간설정으로 인해 모든 경우에 사실상으로 불가능하게 될 것이라고 공공연하게 이의를 제기한다.[91]

(3) 위헌성 여부

재산권의 내용・한계의 결정은 헌법적으로 정당화되어야 한다. 특히 비례원칙을 유의하여야 한다.[92] 즉, 재산권의 내용・한계의 결정은 그것이 비례원칙을 고려하면서 공익의 근거에 의해 정당화될 경우에만 허용된다. 따라서 원전운전가동권의 기간설정은 우선 정당한 목적에 이바지하여야 하고, 그 다음 정당한 목적의 실현에 적합하고 필요하여야 한다. 끝으로 관련 재산권자의 부담이 규율로 추구하는 이익과 상당한 관계에 있어야 한다.

---

88) 2002년 원전폐쇄를 두고서 내용한계결정으로 본 입장과 공용개입으로 본 입장의 전반적인 현황은 특히 Vgl. Kloepfer, a.a.O., 1437(1439) Fn. 26.

89) Di Fabio, Der Ausstieg aus der wirtschaftlichen Nutzung der Kernenergie, 1999, S.148.

90) 경계이론과 분리이론에 관한 상론은 김중권, 행정법, 696면 이하 참조.

91) 여기서 Kloepfer는 법 제7조 제1항의 b 제4문에 의해 원전의 잔여전력량은 설령 해당 원전이 폐쇄되더라도 가동하는 다른 원전에 이전될 수 있음을 들어 가동기간의 설정이 잔여전력량과의 관계에서 법적 지위의 개입에 해당한다고 볼 수는 없다고 강조한다. 다만 아직 남은 잔여전력량의 이전이 실제로 객관적으로도 불가능하다면, 기간설정의 규율이 법적 지위인 잔여전력량에 대한 개입에 해당할 수 있을 것이라고 한다. Kloepfer, a.a.O., 1437(1439).

92) BVerfGE 75, 78(97f.); 76, 220(238); 92, 262(273); 110, 1(28).

(가) 목적의 정당성 여부

1) 후쿠시마 사고와 목적의 정당성의 문제

원전운전기간을 설정한 목적은, 영리적인 전력생산을 위한 원자력이용을 최대한 조속한 시점에 종결시킴으로써 민수용 원자력이용의 리스크를 축소 내지 제거하기 위한 것이다.[93] 이런 목적의 설정은 특히 후쿠시마 원전사고이후에 원자력에너지의 이용과 결부된 잔여리스크를 새로이 평가한 데 따른 소산이다(잔여리스크의 배제의 문제는 후술).

이런 목적의 정당성을 판단함에서 있어서, 원전사고의 실제양상이 잔여리스크의 평가에 대해 실질적인 영향을 미쳤다. 가령 Kloepfer는 원전사고의 특별함은 통제가 불가능할 수 있다는 점을 들어, 원자력에너지의 민간이용이란 잔여리스크를 그처럼 새롭게 평가를 하는 것이 신속한 원전폐쇄결정을 위한 정당한 목적을 제공할 수 있다고 지적하였다.[94] 그런데 후쿠시마 사고와 관련해서 그런 일이 과연 독일 원전에도 일어날 수 있는지 여부의 물음이 남는다. 독일에서도 범람과 지진은 배제할 수 없지만, 강도의 면에서 일본에서와 같은 상황은 거의 일어날 수가 없다. 이 점에서 비판적 문헌은 제13차 개정의 기초가 된 윤리위원회의 권고의 부당성을 기점으로 삼아 목적의 정당성 자체에 대해 의문을 제기한다.[95] 앞에서 보았듯이, Kassel 고등행정법원 역시 일본에서의 원전사고의 존재만으로 Moratorium의 정당성을 입증하기 어렵다고 보았다. 사실 원전가동을 위한 새로운 리스크를 알게 된 것도 아닌 점, 불과 몇 달 전에 입법자가 동일한 회기에서 원전가동기간을 고도의 안전성수준에 의거하여 연장한 점, 제13차 개정시점에 독일에서의 원전가동의 법적, 기술적 여건은 그 이전과 여전히 동일하다는 점에서 목적의 정당성을 문제 삼는다. 결국 변화된 리스크의 문제가 아니라 정치적 선택고려상의 변화의 문제라고 본다.[96]

이에 대해 긍정론의 입장에서는 독일에서도 연쇄적(직렬식)재난 내지 다중재난의 현상은 확실하게 발생할 수 있다는 점을 지적한다.[97] 나아가 긍정론의 입장에서는 입법자가 추구한 목적의 정당성을 결정하는 데 있어서, 입법자에게 현저한 판단여지와 예측여지가 주어진다는 점을 강조한다. 아울러 기본권적 보호의무의 관점에서 목적의 정당성을 논증한다. 즉, 비록 연방헌재가 1978.8.8. Kalkar I 결정에서 기본권적

---

93) BT-Drs, 17/6070, S.1,5. 이런 운전기간설정은 장차 전력을 원자력이 아닌 재생가능에너지로부터 생산하는 방도와 관련해서 架橋的 기능을 발휘한다.

94) Kloepfer, a.a.O., 1437(1440).

95) Degenhardt, a.a.O., 207(212f.). 그런데 입법제안서는 일본에서의 실제 발생과 독일에서의 잠재적 발생의 비교가능성에 대해 아무런 대답을 하지 않고 단지 원자력안전위원회의 보고서를 참조지시할 뿐이다. BT-Drs, 17/6070, S.1, 5.

96) Battis/Ruttloff, a.a.O., 817(823).

97) Kloepfer, a.a.O., 1437(1440).

보호의무로부터 완전한 리스크배제에 관한 청구권이 도출되지 않으며, 손해(훼손)의 발생이 실제적으로 배제되어 있으면 충분하다고 판시하였지만,[98] 이는 헌법상으로 요구되는 최소한의 보호기준일 뿐이고, 입법자는 이를 넘어 국민의 생명과 건강을 보호하기 위해 원전이용을 미래에 완전히 금지할 가능성을 갖는다고 강조하였다.

한편 비판적 입장인 Degenhardt는 원전가동허가에 대한 입법에 의한 사후적 제한은 허가당시에는 예상할 수 없었던 새로운 리스크가 생겨나야 비로소 요구된다는 점을 전제로, 그 목적에 비추어 개정법이 변화된 리스크에 대한 대응이 아니라 변하지 않은 리스크에 관한 변화된 파악에 대한 대응으로 여겨지는 경우에는, 리스크평가에서 입법자는 평가·판단의 특권을 주장할 수 없다고 강조한다. 나아가 그는 원전폐쇄와 같은 입법자의 형량결정이 중요한 헌법적 지침을 충족시키지 못하는 불충분한 환경정책적 결과판단에 바탕을 둔 점을 이유로 헌법적으로 하자가 있다고 강변하였다.[99]

2) 잔여리스크의 부정의 문제

전력회사들이 목적의 정당성과 관련하여 제기할 수 있는 핵심적 물음은, -Kalkar I 결정에서 연방헌법재판소에 의해 수립된- 감내해야 할 잔여리스크에 관한 원칙이 여전히 정당화될 수 있는지 여부이다. 연방헌법재판소의 판례에 의하면, 발생의 가능성을 생각은 할 수 있지만 그 발생이 실천이성(praktische Vernunft)의 규준에 의하면 배제될 수 있는 위해(훼손)의 경우 일반적인 민간부담으로 감내되어야 한다.[100] 원자력에너지의 생산을 장래에 거부하는 것은 원전가동의 잔여리스크를 배제하는 셈이 된다. 여기서 Kloepfer는 잔여리스크가 감내되어야 한다는 것은 강제적이지 않다고 전제한 다음, 특히 원자력법의 경우 원자력의 잔여리스크 그 자체도 더 이상 감내될 수 없는 이유에서 원전시설이 허가될 수 없거나 거부되어야 한다는 것도 생각할 수 있다고 지적하였다. 그 논거로 양적인 측면(관련자의 수 및 손해지속성)과 질적 측면(손해강도)에서 엄청난, 원전사고의 잠재적인 위해규모를 들었다.[101]

그러나 반대의 입장(이른바 위헌론)에서는 사안을 잔여리스크의 차원에서 접근하는 것에 대해 비판적이다. 후쿠시마 사고는 잔여리스크의 영역에서 일어난 것이 아니라. 원전이 대비했어야 할 리스크가 실현된 것으로 보아야 한다고 주장한다. 그리고 원전폐쇄를 권고한 윤리위원회의 판단과 결정이 불충분한 지식베이스에 바탕을 두어

98) BVerfGE 49, 89(143).
99) ders., a.a.O., 207(209f., 214).
100) BVerfGE 49, 89(143).
101) ders., a.a.O., 1437(1440). 마지막으로 Kloepfer는 민간의 원자력이용의 신속한 금지가 기본법 제20조의 a에 헌법적 근거를 둔 자연적인 생활근거의 보호에도 이바지한다고 지적하였다.

근거가 매우 취약하다는 점을 강조한다.[102] 사안규명의 원칙에 비추어, 입법자는 규율을 위해 중요한 사안을 적절하게 완전히 심사하여야 하고, 이 사안에 의거하여 객관적으로 관계된 모든 중요사항과 이익을 결정의 기초로 삼아야 하며, 이들을 포괄적으로 추체험적 방법으로 상호 형량을 해야 한다.[103] 이에 Kassel 고등행정법원의 판결에 견줘, 개정법에 대해 문제점을 지적하기도 한다.[104]

(나) 적합성과 필요성의 원칙에 부합하는지 여부

적합성의 원칙의 차원에서, 원전운전가동(운영)권의 기간설정이 강구된 건강보호의 실현에 적합하여야 한다. 강구된 효과의 초래가 적어도 가능하다고 여겨져야 할 경우에, 국가적 조치의 적합성이 긍정된다.[105] 국가적 조치가 목적달성에 “객관적으로 유용하지 않은 것”[106]이 되어서는 아니 된다. Kloepfer는 법률상의 조치가 목적의 실현에 근접한 상태에 있어야 하지만, 실제로 목적이 실현될 필요까지는 없다고 지적한다.[107] 그리하여 완전한 리스크배제가 적합성의 원칙에서 요구되지는 않는다는 것을 전제로 하여,[108] 원전가동허가의 기간설정이 리스크축소를 위해 원칙적으로 적합하다는 점은 시인되어야 한다고 주장하였다. 그리고 비록 독일의 인근 몇몇 국가에서 원전이 계속 가동되고 있지만, 그 사실이 독일 입법자가 의도한 리스크축소와는 아무런 관계가 없다고 지적하였다.

필요성의 원칙의 차원에서, 원전운전가동권의 기간설정은 리스크축소를 위한 가장 낮은 정도(필요)의 수단이어야 한다. 연방헌법재판소의 지속적 판례에 의하면, 강구된 국가적 조치의 목적이 대체적으로 동일한 효과의 다른 수단에 의해서는 관련 기본권을 덜 강하게 제한하는 식으로 실현될 수 없는 경우에 강구된 국가적 조치는 필요성의 원칙에 부합하게 된다.[109] 여기서 Kloepfer는 그런 순한 그러나 대체적으로 동일한 효과의 수단은 명백하지 않다는 것을 전제로 하여, 경과를 두지 않는 급작스런 원전폐쇄보다는 시간적인 기간설정을 통해 더 완화된 수단이 선택된 셈이 되는 점, 규정한 것보다 잔여가동기간을 늘이면 효과적인 리스크축소가 실현될 수 없을 것이라는 점, 안전성을 제고하는 조치에서 기간설정을 포기하는 것이 대체적으로 동일한 보호를 가져다줄 수 있는지 여부는 의심스럽다는 점을 지적하였다. 요컨

102) Degenhardt, a.a.O., 207(208).
103) BVerfGE 95, 1(23).
104) Battis/Ruttloff, a.a.O., 817(822).
105) Vgl. BVerfGE 25, 1(12f.); 96, 10(23).
106) BVerfGE 16, 147(181).
107) ders., a.a.O., 1437(1440).
108) 동지: Bruch/Greve, a.a.O., 794(798).
109) Vgl. BVerfGE 30, 292(316); 78, 38(50); 90, 145(172).

대 Kloepfer에 의하면, 향상된 안전성의 기준하에서 원전불가동이 원전가동보다는 원자력의 리스크로부터 더 확실한 안전을 도모할 수 있다고 한다.

(다) 상당성의 원칙에 부합하는지 여부

1) 논의의 전제

끝으로 비례원칙심사의 마지막 단계로 기본권개입의 상당성(수인가능성, 협의의 비례성)이 심사되어야 한다. 개인에 발한 부담이 공익에서 비롯된 이익과 합리적 관계에 있는 한 그 개입은 기본권주체에 대해 수인될 수 있으며,[110] 목적과 수단간에 극단적인 불균형이 존재하는 경우에만 기본권개입의 상당성(수인가능성)이 부인될 수 있다. 극단적 불균형의 존부가 관건이다. 이에 위헌가능성을 축소시켜 합헌론을 견지하기 위해 Kloepfer는 '구체적인 경우에 개인적 권리의 제한의 강도가 그로 인해 추구하는 목표보다 더 높다 하더라도' 극단적인 불균형이 존재하지 않는 한, 기본권개입의 수인가능성이 인정될 수 있다고 주장하였다.[111]

2) 구체적 검토

우선 기본법 제2조 제2항 제1문으로부터의 생명과 신체를 보호하기 위한 국가적 보호의무의 수행과 제20조의 a로부터의 자연적 생활근거를 보호하기 위한 입법임무의 수행이, 운전가동기간의 설정에 의한 원전운영자의 처분자유와 이용자유의 훼손(제한)에 대비된다. 여기서 기본권제한과 추구된 목적간에 극단적인 불균형이 존재하는지 여부에 대해, Kloepfer는 부정적이다.[112] 그는 전력회사로서는 원전가동기간설정으로 인해 현저하게 이윤상실의 위험을 직면하기에, 사안에서 재산권자유에 대한 개입은 심대하지만, 입법자에 의해 추구된 생명을 보호하려는 목표가[113] 더욱더 중요하다고 지적하였다. 그리하여 이런 헌법적 법익을 보호하기 위하여, 입법자는 현저한 기본권개입도 행할 수 있으며, 이런 상관관계에서 입법자의 광범한 판단여지와 예측여지를 새롭게 참조하여야 한다고 강조하였다. 그리하여 Kloepfer는 비록 후쿠시마 사고가 독일 원전에 대해 새로운 잠재적 위험을 결코 드러낸 것은 아닐지라도, 일본의 원전재난 이후에 원전사고의 리스크를 정책적으로 새롭게 평가할 불가피성은 납득할 만하다고 지적한다.[114] 그렇지만 입법자의 판단・예측여지를 인정한다 하더

---

110) Vgl. BVerfGE 76, 1(51).

111) ders., a.a.O., 1437(1441).

112) ders., a.a.O., 1437(1441f.).

113) BVerfGE 115, 25(45): "생명은 기본법적 질서안에서 가장 높은 가치에 해당한다."

114) Vgl. Bruch/Greve, a.a.O., 794(797). 그런데 여기서 Kloepfer는 일찍이 원자력안전위원회가 비행기의 공습으로부터 원전을 안전하게 방어하는 데 불충분하다고 확인한 점을 들면서, 비록 이것이 후쿠시마사고와는 직접적 관계가 없지만, 원전이용과 결부된 잔여리스크를 새롭게 평가하는 것을 動因으로 든다.

라도, 명백한 하자, 분명한 번복가능성, 헌법질서에 대한 불일치와 관련해서는 사법심사가 가능하다. 따라서 반대 입장에서는 후쿠시마의 원전사고가 독일 원전운영의 기술적, 법적 소여에 관한 추상적 결론을 정당화시키지는 않는다고 강조한다.[115]

3) 보전장치의 결여 문제

원전운전가동권의 기간설정에 따른 손실보상의무나 보전의무를 개정법이 전혀 규정하고 있지 않기 때문에, 가동기간설정의 수인불가성(상당성위반)이 생겨날 수 있다. 분리이론에 의해 기본법 제14조 제3항의 공용개입은 항상 손실보상의무를 동반하여야 한다. 하지만 동조 제1항 제2문의 재산권의 내용·한계의 결정은 그렇지 않다. 재산권적 보호를 받는 대상의 지속적인 경제적 이용가능성을 배제하는 것은 사적 효용이 있는 사용가능성을 종국적으로 배제하는 것인데, 이 경우 관련인의 법적 지위는 재산권의 이름을 행사할 수 없을 정도의 상황에 가깝다. 따라서 당연히 보상이 주어져야만 비례원칙에 합치하게 된다(ausgleichspflichtige Inhalts- und Schrankenbestimmung).[116] 그러나 법을 새롭게 정하면서 입법자는 종전의 법적 지위를 보전하느냐 아니면 보상부로 박탈하느냐의 양자택일의 상황에 놓이지는 않는다. 즉, 입법자는 상당하고 수인가능한 경과규정을 통해 개인의 법적 지위를 전환시킬 수 있다. 다만 재산권의 내용·한계의 결정으로 인한 과도한 부담이 경과규정이나 예외규정 및 면제규정에 의해서는 피할 수 없는 특별한 경우에만 재정적(금전적) 보전이 필요하다.[117]

개정 원자력법 제7조 제1항의 a 제1문이 원전가동권의 종료를 경과기간의 경과에 의존시키는 식으로 하여 경과규정의 형식으로 실체적 보전을 규정하고 있기에, 규정된 경과규정이 원전가동자의 기본권적 지위를 충분한 정도로 고려하였는지 여부가 결정적인 물음이다. 이는 궁극적으로 투자보호의 문제인 점에서 투자회수의 차원에서 부진정소급효의 문제이기도 하다. 따라서 가동기간의 형성에서 원전운영자의 신뢰보호가 문제된다(후술).

4) 특히 신뢰보호의 문제

법질서의 신뢰성은 자유행사의 기본적 전제요건에 해당한다. 자신의 행위가 나중에 불이익한 결과에 연계되지 않으리라고 믿을 수 있는 者만이 자신의 자유권을 행사할 것이다.[118] 신뢰보호의 원칙은 우선 기본법 제14조 제1항에 의거하여 강구할

115) Battis/Ruttloff, a.a.O., 817(823).
116) Ewer, Der neuerliche Ausstieg aus der Kernenergie-verfassungskonform und entschädigungsfrei? NVwZ 2011, 1035(1037).
117) BVerfGE 100, 226(245f.); BVerwGE 87, 332(383); 94, 1(12). 그런 점에서 경과규정 등과 같은 실체적 보전이 재정적 보전에 앞선다.
118) Voßkuhle/Kaufhold, Vertrauensschutz, JuS 2011, S.794.

수 있다.[119] 기본법 제14조 제1항의 범주에서 신뢰보호원칙은 '개인의 신뢰훼손의 정도'와 '공공복리를 위한 법률상 주안점'의 의의 간에 형량'을 명한다.[120] 통상 전자('개인의 신뢰훼손의 정도')보다 후자('공공복리를 위한 법률상의 주안점')에 대해 중요성이 부여되기에, 쟁점은 전력회사의 '신뢰훼손의 정도'가 -경과기간을 포함한- 기간설정규율에 의해 충분히 제한되는지 여부인데, 경과기간을 정하는 데 있어서 중요한 기준은 기 투자분의 회수에 대한 물음이다.[121]

기 투자한 것을 넘어 상당한 이윤의 획득까지도 가능해야 하는지 여부가 다투어지는데, 여하튼 투입된 자본의 평균적 이자까지는 시인될 수 있을 것이다. 제13차 개정이유서는 법률상의 운전가동권의 시간적 제한이 원전운영자로 하여금 투자를 회수하고 상당한 이윤을 획득할 수 있도록 형성되었다고 강조하면서, 32년이란 원칙적인 가동연수를 기점으로 삼았고,[122] 이 32년 운전가동연수는 기간설정규율의 도입이후에도 가능하다고 명시적으로 지적하였다.[123] 2000년의 핵합의에서 합의된 32년의 가동연수에 대해, 압도적인 다수 문헌은 투자회수와 상당한 이윤획득을 보장하는 데 충분하다고 여긴다.[124] 원전의 32년 가동연수를 설정한 것을 제13차 개정법의 출발점으로 삼으면, 결과적으로 가동기간설정의 규율은 그 자체 일단 과도하다고는 할 수 없다. 결국 모든 원전에 대해 가동개시부터 32년 동안 전력을 생산하는 것이 사실상으로 가능한지 여부에 좌우된다. 가능할 것 같으면, 제13차 개정법에 따른 가동기간설정에 의한 재산권적 개입은 정당화된다. 다만 구체적인 사안에서 가동연수를 끝까지 소진하는 것이 객관적으로 불가능할 때는 문제점이 생겨날 수 있다.

그런데 기존원전에 대해 신규투자가 행해졌을 경우, 보전책을 마련하지 않은 채 가동기간을 설정하면 비례원칙에 반할 수 있다. 전력회사가 자신의 원전시설을 2002년에 할당된 잔여전력량이 소진될 때까지 이용할 수 있다고 신뢰하고서 -안전성의

---

119) 대부분의 우리 행정법문헌은 신뢰보호의 원칙의 근거와 관련해서 법적 안정성설이 독일에서의 다수학설과 판례가 취하는 입장이라고 소개하지만, 독일의 연방헌법재판소는 물론, 대부분의 문헌은 우선 해당 기본권(예: 재산권, 직업자유 등)으로부터 당사자의 신뢰보호를 도출하되, 다만 신뢰를 보호할 만한 상황이 개별기본권의 보호영역에 포함될 수 없는 경우에 비로소 즉, 보충적으로 법치국가원리를 동원하였다. 즉, 전체적 경향은 기본권으로부터 신뢰보호를 도출하되, 법치국가원리는 보충적으로 동원하고 있다. 개별기본권에 의거하면 신뢰보호의 원칙을 더욱 적극적으로 강구할 수 있다. 이에 관한 상론은 김중권, 행정법, 46면 이하 참조.

120) BVerfGE 70, 101(114).

121) Vgl. Schröder, a.a.O., 105(108f.). 여기서 Schröder는 신뢰의 보호가치성을 시점(원전설치당시의 시점, 2002년 제1차 원전폐쇄결정이후, 원전가동연장의 제11차 개정 이후)에 따라 검토하였다.

122) 2002년 제1차 원전폐쇄법과 잔여전력량의 도입에 있어서 32년의 원칙적 가동연수가 바탕이 되었다. 연방정부와 원전운영자가 이런 일괄적 가동연수에 타협을 보았다.

123) BT-Drs, 17/6070, S.6.

124) 반면 투자회수기간을 그보다 짧게 하더라도 충분하다고 여기는 입장도 있다: Denninger는 25년 내지 26년으로 충분하다고 보며(Verfassungsrechtliche Fragen des Ausstiegs aus der Nutzung der Kernenergie zur Stromerzeugung, 2000, S.87), Schmidt-Preuß은 15년으로 충분하다고 하면서 25년 수익기간을 요구하였다(NJW 1995, 985(989)).

요청과 관련해서- 신규 투자를 한 경우에 보전의무가 문제된다. 가령 스웨덴계 전력회사 Vattenfall은 자신이 경영권을 갖고 있는 原電 Brunsbüttel(1977)과 Krümmel(1984)에 대해 명목상 700백만 유로를 투자하였다고 주장한다.[125] 기대이익이 재산권적 보호를 누리지 못하는 것처럼, 기왕에 행한 투자의 장래 이용가능성은 그 자체 결코 재산권적 지위에 해당하지 않는다. 그렇지만 실은 그것은 입법자에 의해 재산권의 형성과 제한에서 즉, 비례성의 심사에서 고려되어야 한다.[126] 따라서 잔여전력량이나 행정청의 요구를 신뢰하고서 구체적인 투자가 행해진 경우에, 만약 보전적 수단을 마련하지 않고 운전가동기간을 설정하면 비례원칙에 위배될 수 있는데, 물론 신규투자가 회수되지 않을 것이 그 요건이다.[127]

따라서 신규투자의 회수가 문제되는 사안은 Moratorium이후 영속적으로 폐쇄된 8개 원전에 대해 2011년 말의 제11차 개정법에 따른 가동기간연장을 신뢰하여 투자한 경우이다. 그런데 제11차 개정법의 발효일(2010.12.14.)부터 후쿠시마 사고에 따라 제11차 개정법을 원점으로 돌리는 연방정부의 조치가 내려진 기간이 기껏 3개월에 불과하다. 해서 Ewer는 이 점을 들어 당해 원전운영자가 신법에 의해 부여된 새로운 법적 지위의 존속을 신뢰하여 현저한 정도로 투자를 할 수 있었다고 하는 것은 개연성이 극히 낮다고 평하였다.[128]

Ⅶ. 맺으면서 - 공법적 쟁점에 대한 切問近思의 자세

원전폐쇄를 둘러싼 독일의 논의현황은 에너지정책의 전환과 원전의 차원만이 아니라 공법학의 차원에서도 매우 흥미롭다.[129] 특히 종래 사회전체의 리스크로 감내되어야 할 것으로 여겨진 잔여리스크가 법적 통제의 대상이 되어, 새로운 원자력법에서는 잔여리스크의 범주가 포기되는 결과가 초래되었다. 안전민감성이 고조된 가

125) 그런데 2007년 이래로 가동이 중지된 이들 원전의 운전가동권은 개정법 제7조 제1항의 a 제1문 제1호에 의해 2011.8.6.에 만료되었다. 그런데 이들 원전에 대한 신규 투자는 더 이상 활용될 수 없다. 시설투자는 개개의 해당 시설에 구속되기 때문이다. 이런 신규투자는 가동연수의 법률적 새로운 규율에 의해 무가치한 것이 된다. 하지만 이들 원전의 잔여전력량의 이전가능성에는 아무런 변화가 없다.

126) Kloepfer, a.a.O., 1437(1442).

127) 한편 Ewer는 원전운영자로서는 입법자가 가동허가시점에 알려지지 않은 새로운 사정에 의해서 핵에너지의 평화적 이용에 관한 근본결단을 견지하는 것의 정책적 합목적성에 대해 새로이 평가내릴 수도 있다는 점을 고려해야 하며, 아울러 입법자가 형성의 자유의 테두리안에서 정책적 새로운 평가를 하는 것이 재산권보장에 의해 저지되지는 않는다고 강조하였다(a.a.O., 1035(1038)).

128) ders., a.a.O., 1035(1038). 다만 극히 짧은 기간이라도 만약 장기적인 투자회수를 염두에 둔 투자가 행해졌다면 보상청구권이 처음부터 배제되지는 않을 것이라고 부연했다.

129) 찬반양론이 주안점을 두는 쟁점이 다소 다르다. 위헌론의 입장에서는 목적의 정당성 및 과학적 근거없는 잔여리스크의 배제를 문제로 삼는 반면, 합헌론의 입장에서는 입법형성의 자유의 관점에서 위헌성을 불식시키려 한다.

운데 향후 리스크법제에 어떤 영향을 미칠지 가늠하기란 쉽지 않다. 그런데 우리의 경우 독일 원전폐쇄의 법상황에 관한 관심이 극히 낮고, 관련 논의 역시 殆無하다. 지난 정부시절 가히 녹색 어젠다가 공법학을 지배하였는데, 언제부터인가 그것이 공론의 장에서 사라졌다. 원자력법제의 입법상황 및 관련 논의에 비추어, 우리의 현재 수준에서 과연 녹색성장을 운위할 수 있는지 개인적으로 지극히 회의적이다.[130] 언필칭 녹색을 내세운 법제의 현주소는, 법제는 물론, 국민의식과 같은 체제의 기본이 갖춰지지 않았음에도 불구하고, 환경의 상업화와 산업화를 도모한 것의 당연한 귀결이다.[131] 우리의 원자력법제가 독일의 그것과 현저히 다르기에, 여기서의 논의는 한계가 있을 수밖에 없다. 하지만 법개정에 따른 추후적인 기본권제한의 상황과 관련해서는 나름 유용한 시사점을 분명히 확인할 수 있다.

原電閉鎖와 같은 민감한 주제에 즈음하여, 상황에 예민하고 대중에 영합하는 정치적 기회주의가 팽배하여, 자칫 긴급피난의 이름으로- "긴급필요는 법을 알지 못한다": Not kennt kein Gebot- 법적 논쟁이 실종될 우려가 있다. 법학적 미네르바의 비상이 황혼녘에 이루어질지언정, 결코 법치국가원리가 도외시되어서는 아니 된다. 독일 Kassel 고등행정법원은 Moratorium을 '대안부재의 행위'라고 말할 수 없으며, '대안부재'의 미사여구는 법학적으로 영(0)이라고 판시함으로써, 극단적인 비상상황에서도 법의 좌표를 모색하여 법치국가원리를 여하히 관철하려고 하였다. 국가개입의 확대를 정당화시킬 수 있는 안전국가나 예방국가 등이 운위되면 될수록,[132] 공법학은 법치국가원리에 의거하여 공법적 쟁점에 대해 切問近思의 자세를 견지해야 한다.

* 한국행정법학회 2013년 행정법분야 연합학술대회(2013.12.13.) 발표문, 101면 이하 소수.

130) 한편 독일 Mühlheim-Kärlich 원전은 매우 특이한 케이스이다. 지진위험을 감안하여 원래 예정한 부지로부터 70미터 떨어진 곳에 신규건설허가 없이 원자로가 건설되었고, 이런 위법사유로 가동을 개시한 다음 해인 1988년 9월에, 정상가동 100일만에 가동중단에 처해졌다. 그 뒤 주정부가 1990년에 새로이 건설허가를 발하였는데, OVG Koblenz가 행정청이 원전에 대한 지진리스크를 철저히 충분하게 조사·평가하지 않았음을 이유로 신규 건설허가에 대해 취소판결을 내렸고, 연방행정법원 역시 이를 확인하였다(BVerwG, Urteil v. 14. 1. 1998 - 11C11 13/96).

131) 한 나라의 역사가 국가와 국민의 수준에 비례하듯이, 법제와 법학 역시 그러하다. 가령 독일 원자력안전위원회의 보고서는 온라인에서 바로 확인할 수 있어, -우리의 경우와 비교하여- 해당기관은 물론, 국가정책의 신뢰도가 제고된다.

132) 일찍이 Di Fabio 교수가 "법치국가적 원리의 제방을 리스크사전대비란 우리의 海圖에 더욱 명료하게 기입할 필요가 있다"고 지적하였다. Di Fabio, Risikovorsorge-uferlos?, ZLR 2003, 163(172.).

판례색인

[대법원]

[고등법원]

[서울행정법원]

[헌법재판소]

사항색인

[저자약력]

부산 출생
고려대학교 법과대학 졸업
고려대학교 대학원 수료(법학박사)
충북대학교 법과대학 조교수, 부교수
독일 München 대학교 법과대학 방문연구
미국 Indiana 대학교(Bloomington) 법과대학원 방문연구
헌법재판소 헌법연구위원
제14회 법학논문상 수상(한국법학원)
현재: 중앙대학교 법학전문대학원 교수
　　　법무부 행정소송법개정위원회 위원

〈저 서〉

주관식 행정법(공저), 경세원, 1994
세법(공저), 법문사, 1998
지방자치법주해(공저), 박영사, 2004
조선시대의 규범이론과 규범체계(공저), 한국학술정보, 2006
행정소송(Ⅰ)(Ⅱ)(공저), 한국사법행정학회, 2008
유럽화된 독일행정절차법에 관한 연구, 한국법제연구원, 2008
행정법기본연구Ⅰ, 법문사, 2008
행정법기본연구Ⅱ, 법문사, 2009
행정법기본연구Ⅲ, 법문사, 2010(대한민국 학술원 선정 우수학술도서)
부동산법제(공저), 한국방송통신대학교 출판부, 2012
행정법, 법문사, 2013

行政法基本研究 IV

2013년 12월 15일 초판 인쇄
2013년 12월 20일 초판 발행

저　자 金 重 權
발행인 裵 孝 善
발행처 도서출판 法 文 社
주　소 413-120 경기도 파주시 회동길 37-29
등　록 1957년 12월 12일/제2-76호(윤)
전　화 (031)955-6500~6 FAX (031)955-6525
E-mail (영업) bms@bobmunsa.co.kr
　　　(편집) edit66@bobmunsa.co.kr
홈페이지 http://www.bobmunsa.co.kr
조　판 법 문 사 전 산 실

정가 35,000원　ISBN 978-89-18-08328-5